思想觀念的帶動者

文化現象的觀察者

本土經驗的整理者

生命故事的關懷者

心靈工坊 PsyGarden

Holistic

探索身體，追求智性，呼喊靈性

攀向更高遠的意義與價值

是幸福，是恩典，更是內在心靈的基本需求

企求穿越回歸眞我的旅程

海王星：生命是一場追尋救贖的旅程

The Astrological Neptune and the Quest for Redemption

作者—麗茲・格林 Liz Greene

譯者—韓沁林

目錄

contents

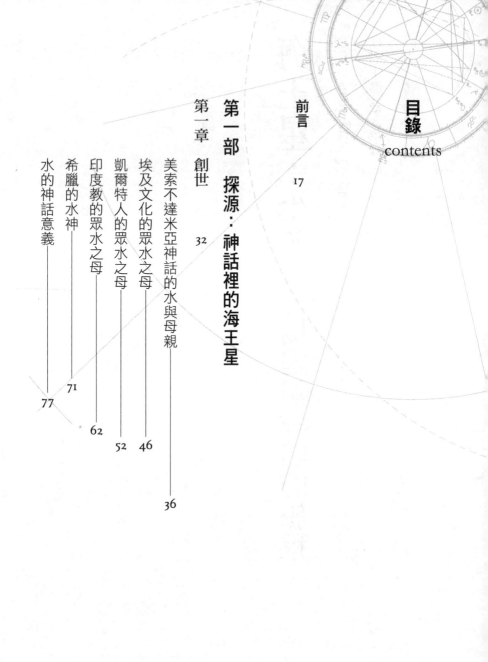

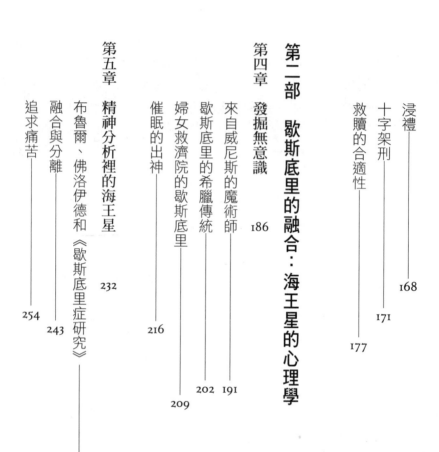

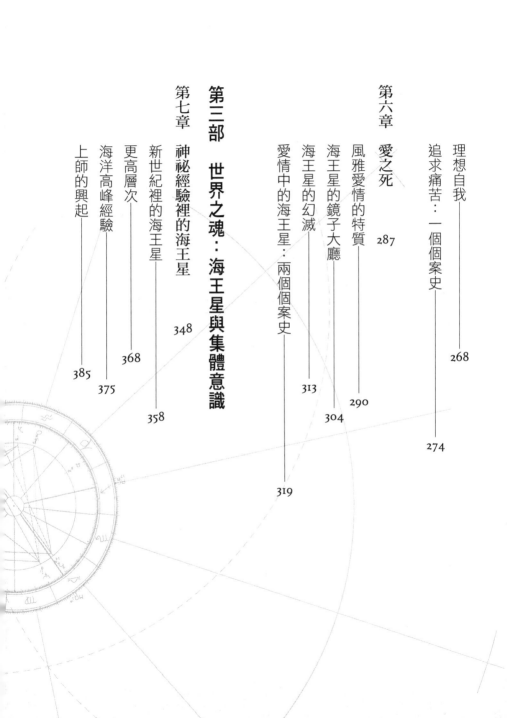

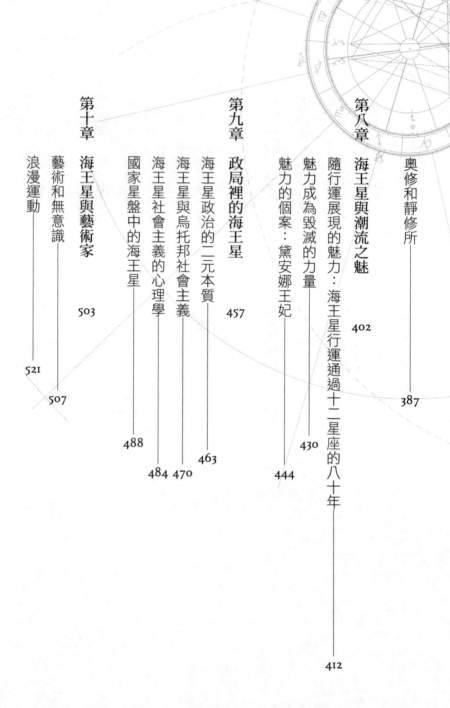

圖表目次

編輯說明：

1. 本書在行星相位表達上，為求精簡，並表達行星間的主副關係，視文意脈絡適時以下列方式表述：
句例1：「太陽—海王星相位」→「日海相位」
句例2：「太陽與海王星成對分向」→「太陽對分海王星」
2. 本書以第三人稱方式指稱海王星（或其他行星）時，若指的是「星球」本身，以「它」表之；若指的是海王星所象徵的「精神原型」，則以「祂」表之，以表現其所代表的神性、靈性特質，但並無推崇、神聖化海王星特質之意。
3. 本書引述《聖經》處，採用新標點和合本譯文。

流浪者安格斯之歌

我遊蕩到一片榛樹林
只因心裡有股炙火燃燒
我剪下一段樹枝剝去樹皮
在鉤魚線上勾了顆野漿果
當白蛾振翅飛舞
繁星如白蛾般閃爍
我把漿果拋入溪中
釣起一尾小銀鱒

我將銀鱒擱置地母手心
起身吹旺火苗
地上沙沙作響
有人在呼喚我的名字
鱒魚變成晶瑩剔透的少女

髮鬢上插著蘋果花
她呼喚著我的名字　轉身跑開
消失在明亮的曙光裡

我雖已是暮年浪子
穿過空曠的荒野和丘陵
我終會找到她的去向
親吻她的唇　牽起她的手
並肩沿著斑斕的綠草地漫步
一起摘採
月亮的銀蘋果
太陽的金蘋果
直到光陰荏苒　時光不再

——威廉・巴特勒・葉慈（William Butler Yeats）

前言

泉源從一個眼裡能發出甜苦兩樣的水嗎？

——《聖經新約．雅各書》

人類對救贖的渴望如同一個古老、陌生又面貌多重的惡魔，它棲身在眾生的靈魂深處，連最庸碌的凡人亦然。它時而滔滔雄辯，時而闃然無聲，渴望與全觀、博愛又無以言喻的「他者」形成某種隱晦的融合。我們可以在「他者」的全然擁抱中找到些許安慰，撫慰死亡襲來的窒息感與令每個人恐懼的孤立感，那種感覺儘管是無意識的，卻深埋在每個生命的角落。我們沒有用任何神聖名諱來稱呼「他者」，但卻把自己的奉獻和嚮往都轉向祂未被認出的代理人，像是人類全體、家庭、藝術、愛戀或國家。即便如此，我們對救贖的渴望仍然清晰明確，不會將它和慾望、熱情、愛慕或對某特別人或事物的崇拜等較為個人的感受弄混。對救贖的渴望帶有以下特徵：首先，那是一種深層熱切的渴求；其次，它帶有強迫性且不容置疑，同時通常會嚴重牴觸個人的價值系統；第三，這份渴望的目的並不是為了建立關係，而是消融人我之間的屏障。

打從舊石器時代，人類的祖先在洞穴的空白岩壁中，透過咒語召喚出魔幻的馬、長毛象和野牛時，我們就一直在勾勒他者的形象，這意味著人類不僅是想透過狩獵來獲取超自然的助力，同時也必須感覺「某個東西」的存在，以舒緩生命的稍縱即逝與無足輕重。芸芸眾生裡，只有人類會創造儀式和藝術作品，藉此明確地與神聖的起源再次連結。神聖的起源是生命的原點，一旦死後，我們也要重返源頭。佛洛伊德就推測，人類不斷盼望重返神聖，可能是因為昇華了對母親的子宮與乳房極樂的亂倫渴望。這種意念存在於某些象徵裡，保存了無意識渴望的強烈與真實，卻規避令人癱弱的罪惡感和羞恥心，伺機等待著一些會踰越這古老禁忌的人。榮格則推測，人類的天性中本來就帶有對救贖的渴望，好比生殖的衝動，是一種與生俱來且無法抗拒的原型傾向。榮格原創性的著作《轉化的象徵：精神分裂症的前兆分析》[1]等於宣示了他與佛洛伊德分道揚鑣，該書主要揭露的啟示是，驅使著我們產生救贖的超越形象的，並不是內在嚴厲的道德審查，這股渴望是一種無意識的心理狀態，並會產生某些徵兆，而我們會尋求減輕徵兆的力量，藉此轉化渴望的強迫性與命定本質。依榮格所見，我們將原慾（raw libido）轉化成奉獻的藝術、高貴的人道理想、神聖儀式中令人敬畏的莊嚴肅穆，又或是極度血腥、璀璨奪目的原始創作，將人性中沉重的鉛塊提煉為黃金，這一切的始作俑者並非社會或超我，而是源自靈魂深處。換句話說，我們尊稱的上帝即是大自然，佛洛伊德把這種原始的天性稱為「本我」（id）。它會試圖從受死亡陰影籠罩的惰性中傾洩而出，尋求自由。但這並非依照達爾文論述所說的形式進化，而是透過表達和意識來轉化，這種轉化的工具是一種永遠難以捉摸的能力，也就是我們所稱的想像力。

儘管榮格在一開始更傾向於人類動機、更訴諸心靈方面的詮釋，但也許榮格和佛洛伊德都是對的。渴望救贖的表現同時帶有佛洛伊德定義裡的亂倫意識和榮格所說的超越性質，但這種並存卻造成深切的道德困境，因為其中不只包含了持之不懈的努力，試著去體驗永恆並將永恆形式化，同時還涉及到許多更可怕的上癮、精神失常和身心失調等狀況，針對這些狀況，現代人們多仰賴醫學治療，而非透過宗教處置。當一個人的身、心在神的旨意下瓦解，我們將無法再低聲討論神的話語，到最後，會連日常生活中最簡單的需求也無力應付。我們何時可以寬恕一位藝術家的過度行徑，不再把他視為悲慘或瘋狂的化身，反因他那使我們變得高貴的苦難，而視他為受到神性啟發的天才？我們何時才能替割掉自己耳朵的梵谷（Van Gogh），或

1　C. G. Jung, *Collected Works, Vol. 5, Symbols of Transformation* (Princeton, NJ: Princeton University Press, 1956)

是覺得受到名字的詛咒，認為父親只是披上了父親外衣的惡魔因而弒父的英國畫家理察·戴德（Richard Dadd）找到正當理由，宣稱這只是充分展現了才華？我們何時可以不再把預言家當成瘋子，反視之為一名聖者？這種標準是否代表有多個夾藏在信仰和科學之間的安穩年代消逝了？當今我們對於基督宗教的隱修先驅聖安東尼（St. Anthony）昭然若揭的情色幻想（編按：相傳聖安東尼一方面禁慾，一方面又看得到充滿肉慾的誘惑）會有什麼看法？聽起來他疑似是個容易產生妄想的精神分裂患者。同樣地，聖方濟各（St. Francis）的情色污名呢（編按：相傳聖方濟各能與萬事萬物溝通）？倘若他身處現代，也可能被診斷為歇斯底里症而關進精神病院。歷史上曾有數以百計的聖者，是被凡人輕易封聖的，儘管他們的聖行只是諸如守身如玉、下場淒涼，或是有一、兩次曾聲稱破損衣服會自行補好，斷裂的骨頭會自然痊癒等。如今梵蒂岡較以往謹慎行事，目前世界盛行現實的集體觀點，人們不再相信奇蹟的存在。執意堅守的貞操只會引來驚訝和憐憫，而非讚嘆和尊敬，每個人都可能以險惡的結局告終，所以封聖的標準也就越來越嚴格了。

那麼這股強烈的渴望到底是什麼？可以讓任何的犧牲、任何殘破肉身的永恆呼喚合理化？或是，這只是脆弱人格絕望的防衛機制，因父母的養育不善和自身的退化、傷痕累累而變得幼稚軟弱，不願意或沒有能力因應日常生活的困難突襲？我們不懈尋覓救世主或上師，幫助我們進入難以言喻的皈依狀態，但在這過程中，我們如何分辨他們到底是基督耶穌還是希特勒？答案是兩者皆是，只是方法不同。他們的出現，都是為了回應人們絕望尋求救贖的吶喊。這種問題顯然會讓一些人感到憤怒，畢竟他們相信自己具有政治正確性或擁有較高的靈性，總是能自動辨識其中的差異，不只能分辨救世主的真偽，還能認清自己的慈愛和破壞面向。我曾聽聞許多占星師、療癒者和神職人員表達過這種觀點，他們認為靈性不同於心理學，不在心理學的範疇內，人們不該透過心理學所創造的粗陋工具來探索或詆毀靈性。這些人的意識形態完全一致，他們深信自己的動機超脫心理研究的層次，因為自己只想著社會的福祉。然而，人類體驗到的任何東西都屬於心理範疇，因此也具有心理性，所謂的心理就是一個人的身體、心智、情感和靈魂如何認知並詮釋所謂現實的所有事物。所有的經驗都是主觀的，因為這都屬於個人的體驗。如果我們的政治和靈性信念過於精琢，不允許誠實面對自己極端的人性動機，那麼，凡以救贖為名，由戀人、父母、孩子、配偶、朋友、甚至國家等造成的種種傷害，與我們之間又剩下些什麼？

占星學中有個行星符號可以描繪人類所有的強烈慾望，而渴望救贖如同人類其他慾望一般，皆是出自天性，這個符號被稱為「海王星」（Neptune），是以羅馬神話中的深水之神命名。海王星、天王星和冥王星，都是近兩百年才被人類發現，在這短促的時光裡，占星學者難以向存疑的人們解釋何以海王星會得到一個神話名字，並與其象徵的意義如此貼近。對救贖的渴望就像企盼消融在誕生前的溫柔水鄉裡，這水鄉指的是子宮的羊水，宇宙的甘霖，抑或兩者並融。海王星被天文學家命名在先，占星學者之後才著手觀察和記錄祂在星象中的表現。在現代科學的思考架構下，我們幾乎無法解釋這種同時效應背後的現象，因此我們需要另一種思惟，甚至是全新視野的世界觀。在接下來的章節裡，我將分享自身對海王星的研究經驗和探討歷程，包括專業領域與私人範疇，並參考其他有助於我們認識這個行星的占星學者或其著作。

倘若海王星獲取了一個非水性天神的名字，例如潘（Pan）或伏爾甘（Vulcan），我會確信這命名有誤，正如海王象徵的意涵，這個名字很適切，但卻不盡完美——海王星應以海洋女神命名，而非海洋天神，這讓渴望融合的生命源頭炫耀著一個男性的名字，卻戴了張女性的面具。

若套用占星師最鍾愛的海王星字眼來形容，人類對於救贖的渴望是「令人困惑」的。這份渴望讓人時而散發熱切的光熱，想要與人親近、與萬物合一；時而卻顯得柔弱，帶著深幽傷慟，執著於誕生之前還未與子宮分離時那孤寂的原始感受。對於前者，宗教文獻的著墨甚多，比比皆是豐富動人的形容，而心理學的文獻則在描述後者上占有大量篇幅，其中常是充滿艱辛且累贅的論述。這兩者都有助於我們認識海王星，而本書將在適當的章節中深入探討兩者的觀點。這兩種看似矛盾的海王星面向，其實擁有相同的核心，兩者的差異在於，想用哪種態度來體驗這股有如惡魔般的渴望？想要將這可以強化生命而非毀滅生命的方式融入個人現實生活至何種程度？許多占星師有些操之過急，將海王星貼上「靈性」的標籤，但在海王星的水域中其實暗藏險惡的居民，他們會讓猶太人看起來就像一道可口的醃漬鯡魚，比較婉轉地說，人們就會把他們稱之為「欺騙」和「幻覺」。同樣地，傳統所稱的病態、上癮或瘋狂，其實都有箇中深刻的意義。這些被海王星的獨特方式控制而耗弱的人們，最終往往能比治療這類病人的醫生看到更多、更深入的意義。什麼是欺騙？什麼是幻覺？是誰在欺騙誰，騙了什麼？所有的海王星特質彰顯的人都會提問，到哪裡可以找到一本指導手冊，為現實提供一種穩固的定義，讓我們最終可以確切知道自己渴望的「他者」，到底是一種群體的精神鴉片，還是正活生生地矗立在所謂生命的至高無上裡。或是，「他者」其實只是母親的另一種稱謂？

若想要認識海王星，就必須沿著曲折的水道順流而下。任何一個人類觸及的領域，都無法避免對救贖的渴望，我們必須探索的不僅是個人的心理，還有神話、政治、宗教、時尚和藝術。除了少數的例外，占星學關於海王星的文獻[2]往往詭譎地侷限於這些領域對海王星的敘述，無視於精神分析針對歇斯底里、分離焦慮、理想化、投射性認同、自我與物體的融合、受虐狂和初級自戀（primary narcissism）的架構磅礡，幾乎全都是在處理海王星的議題。然而在占星學的敘述中，海王星卻鮮少是全然有益的，多是提及欺騙、幻覺和上癮，也會提到業力義務和放棄的主題，而當要提供個案、病患，甚或自己任何真實的洞見時，這些詞彙便顯得貧乏不堪。金星或月亮與海王星形成困難相位，或海王星落入七宮的人，的確容易在愛情中陷入欺騙、幻

2 針對海王星最具綜合性的分析，請參閱 *The Gods of Change* by Howard Sasportas (London: Penguin, 1989) 及 *Astrology, Karma, and Transformation* by Stephen Arroyo (Sebastapol, CA: CRCS Publications, 1978).

覺、失望和遭受冷落等狀態，但究竟為何如此？如果這些人無法面對背後隱藏的感情議題，無法自滿於內在的需求，而傾向在理想主義的迷霧中欺騙伴侶，那麼任何靈性的哲學都將無法保護他們，也將無可避免地導致這類模式在不同的層次上不停重複。這陌生又令人困惑的無力感，有時會讓一個人宣稱這一定是「業力」作祟，因此必須為了一個更高的目的，犧牲所有個人成就的慾望。但我們應該挑戰這種想法，而非只看表面地接受它。有些人則會因為海王星型的伴侶或孩子覺得身陷海王星的情緒漩渦，他們也許迷惘、痛苦、無法掌握任何一種樂趣，所以便透過信仰來合理化自己的不快樂，因為心靈提早演化的人必得承受更多的痛苦。

占星學欠缺完善的海王星定義情有可原，因為這多面的惡魔真的變化無常。祂能於剎那間改變，讓人迷失在看似無關的表相裡。舉個例子，歇斯底里和超自然現象的奧祕之間有何關聯？歇斯底里是一種古老的心神不寧，希臘人認為那是源自一個錯亂的子宮，但很少有精神病學家（除了像榮格這種鬼才，他的太陽四分海王星）會認為這個問題值得嚴肅以對。極力追求「心靈力量」和藥物酒精上癮之間又有何關聯性？前者對靈性領域的天真探索者而言，極具魅力；後者卻傷害蒼生，塗炭生靈。上癮與超個人心理學形容的「海洋高峰經驗」之間又有什麼關係？或是超個人心理學和電影明星有何關聯？或是電影明星和激進左派政治之間有什麼關係？

要替海王星制定清晰的概念，將祂視為人類心靈中一股原始的渴望，並非棘手難行。根據經驗，將海王星連結到個人和集體的行為模式、情節、感情和世界觀，也不是件困難的事。困難的是那惱人的古老矛盾：何時是超個人的渴望，必須精準地實現？何時是幼稚的退化，必須用富於同情心的現實主義加以對抗？何時又是兩者皆是呢？也許這就是海王星欺騙的真實本性。若從海王星象徵的極端程度來看，由身心瓦解的這端到揭露內在以轉化生命的彼端，我們幾乎無法明確地分辨出到底是哪一端在進行偽裝。深沉未被認清的靈性渴望，可能會假扮成上癮或絕望地逃避現實，就像一個宣稱開悟的靈魂可能有著成年人的外表，卻帶著嬰兒的情緒自戀，或是抗拒生命，拒絕離開世外桃源。不斷犧牲自我的父母、愛人或是諮商者，他們的真面貌可能是一隻張牙舞爪的章魚，而看上去是邊緣族群的人，像是小偷、妓女、成癮者或流浪漢，他們可能比醫生、心理學家和社工組成的大軍，以及透過集體認可的言行高聲宣揚對人類大愛的政治家們，更加了解真正的同情心。正如莎士比亞名劇《馬克白》中的巫婆宣稱：

> 美即是醜惡，醜惡即是美。
> 穿越雲霧濁氣，我們盤旋飛翔。[3]

3 Shakespeare, Macbeth, Act I, Scene i, lines 11-12, *The Complete Works of William Shakespeare* (London: Octopus Books Ltd., 1980)

海王星帶出的迷局，遠比「欺騙」或「幻覺」等詞彙擁有更豐富的心理模式。這迷局有時也因伴隨著對救贖的渴望，而在道德議題上顯得模糊不清。一個人可能藉由顯而易見的善行，遮掩嬰兒般無止盡的貪婪，不停抓扒著母親子宮關上的大門。一個人也可能實際觸碰至高無上的力量，理解到區隔和分離是毫無意義的；也有人因蒙受恩寵，而發展出獨特的療癒行為——儘管這些人通常都不會意識到自己擁有這種天賦。人類永遠會有種不確定感，尤其是關於自身一切。所以當一個人確信自己是聖潔無瑕時，通常最容易犯下海王星式的錯誤。當一個人相信自己的愛無庸置疑時，通常也是被無意識裡的雙親情結掌控得最明顯的時候。當一個人陷入喪失自尊的崩潰和重擊時，反而更容易貼近那道四散的陌生光芒——這是一扇神奇之門，開啟之後就可以一窺神聖的奧祕。這奧祕就像雙尾女妖梅露欣（Melusine）一樣，會消失在一般人認知的清醒冷光中。

所謂的瘋狂與所謂的證入神性，兩者之間總有一個詭譎多變的界面。對於古希臘人而言，瘋狂是被神占有的狀態，而對於中古世紀的基督徒而言，瘋狂則是因為被惡魔控制，但這其實只是一體兩面。當一位澳洲原住民要短期「流浪出走」時，按照精神病學的術語，便是精神錯亂，但按他自己的脈絡，那是他跟土地和祖先合而為一的神聖時刻。也因此，透過理性的鏡片觀察，當薩滿祭司進入狂喜的恍惚狀態時，也是精神病發作的狀態。海王星可以象徵愛、慈悲和創造性洞察力的最高層、最崇高的展現，當人們認清萬物終為一體，並以此取代拘泥於世俗的幻覺時，就能身歷其境。同樣地，當人們尚未坦然面對寂寞和死亡的恐懼時，就會出現最絕望、最具破壞力的吞噬衝動。到底何者為真？兩者可能都是真的。對於許多人而言，海王星的領域可能是一個非常重要的議題，因為這形同「聖牛」（scared cow），無法使用其他領域的經驗給予同樣的謹慎檢驗。當我問到犧牲的神聖性和無私的魅力時，勢必得冒險引起讀者某種程度的敵意。在這種質問下不會有怪物現身，也不會出現不可觸及的天神，只會出現神祕得無以復加的人類。這只是基本的人性，非常難融入海王星的世界，人性負載著太多奧菲斯教所謂的泰坦尼號——即土星的本質，既是海王星永遠的敵人，也是海王星永恆的彌補。令人遺憾地，正是那些最有想像天賦的人們，當他們一邊熱切地渴望施展自身才能時，一邊又親手毀掉不斷追尋的事物。所以他們常會陷入物質厄運、疾病和犧牲的困網，在身體上和情感上不斷地受傷，卻從來無法充分表現內在的豐沛，因為他們在內心深處某種無法觸及的層面相信，這種承受可在尋求的「他者」眼中，變得更加潔淨，更能被接納。當他們認為生活中的一部分是必須領受的痛苦和犧牲時，我不禁深深懷疑這些字眼被濫用的方式，及背後想要隱藏的意涵。正因如此，為了這樣的人們，我試圖更清楚地闡述海王星的世界。

執筆本書之際，海王星仍持續與天王星漫步於祂倆的合相之旅，儘管準確合相的時間已過，但還會在彼此的容許度內遊走一段時間。4 在占星的世界裡，已有太多人針對這罕見、重量級的外行星相遇做出卓越的研究，而每位執業的占星師也都會在此時遇到高比例的個案，他們出生盤受到強烈的觸動，因此經歷巨大的內在、外在變化。國家的星盤也為政治和經濟的轉變提供了許多洞見，如同東西德的統一就是發生在這特別的時刻。我們都知道自己正身處一個危機和劇變的時代，因而在此時認識海王星別具意義，因為此時海王星象徵的需求、感覺和防禦特別地強烈，也已成為個人日常生活經驗裡的一部分。對於救贖的渴望，是人類經歷中很基本的一部分，但在某些社會領域中，海王星泛起的洪水似乎會徹底吞噬個人責任和選擇的能力。我們可以藉由這脈絡理解許多較為困難的社會議題，這份理解將有助於一個人更深入地覺察自己的決定、承諾和行為背後的動機。因此，我在書中收錄了一個稱為「政局裡的海王星」的章節，政治一直是人類努力、渴望被救贖的領域之一，儘管人們會用不同的名字稱呼救贖，但政治領域是最能自在追尋救贖的所在。

對於希冀尋找一本占星「食譜」，詮釋出生盤裡海王星的讀者，可翻到本書最後一部分，其中描述海王星在每一宮位，還有與其他行星的相位，以及在比對盤及組合中點盤之中的表現。在此之前的部分，包括相關神話和宗教主題的討論，還有發現及探索這無意識行星的陌生歷程，這些都是認識海王星的無價之寶。海王星在集體靈魂中的運作舉足輕重，而這通常都是透過流行趨勢、精神和宗教的狂熱崇拜以及藝術來展現。無論你對占星的研究和工作有哪種特別的傾向，影像世界最能充分表達這個行星的意義，衷心期盼我的某些見解能夠激勵讀者。因此我從海王星的起源著手，從水的創造神話，從失落和尋獲的天堂，從洪水和千禧年開始寫起。一開始我就極力克制莫過於仔細地詮釋這古老的意象，常言是隨性發揮而非分析定義，才能啟動想像力，讓讀者更貼近海王星的情感基調，更能帶著覺知去理解。儘管我是用同樣的方式來解釋所有的占星符號，但這種方法特別適合海王星，因為祂會滑溜地避開關鍵字，就像涓水會透過篩網流走。所以，讓我們一手堅定地放在祈禱書上，一手輕扶嬰兒搖籃，透過無意識慣常的自我描繪，從自發的想像啟航，展開捉摸不定的海王星之旅。

4 這個合相仍會持續，直到兩個行星從摩羯座進入水瓶座，至一九九九年年初以前都還在容許度之內。

第一部

探源

神話裡的海王星

我又看見一個新天新地，因為先前的天地已經過去了，海也不再有了。

我又看見聖城新耶路撒冷由上帝那裡從天而降，預備好了，就如新婦妝飾整齊，等候丈夫。

我聽見有大聲音從寶座出來說：「看哪！上帝的帳幕在人間。祂要與人同住，他們要作祂的子民。上帝要親自與他們同在，作他們的上帝。

上帝要擦去他們一切的眼淚，不再有死亡，也不再有悲哀、哭號、疼痛，因為以前的事都過去了。」

坐寶座的說：「看哪！我將一切都更新了！」又說：「你要寫上，因這些話是可信的，是真實的。」

他又對我說：「都成了！我是阿拉法，我是俄梅戛；我是初，我是終。我要將生命泉的水白白賜給那口渴的人喝。

——《聖經新約．啟示錄》21：1-6

【第一章】創世

所有生命都源自於水

——《可蘭經》

海王星的神話從水的神話開始。在占星學的符號象徵中，海王星是雙魚座的守護星，雙魚座是三個水象星座（編按：巨蟹，天蠍和雙魚）中排序第三的星座，這個行星的名字則是以統治深海的天神命名。然而，即便這行星被取了其他的名字，曾經歷海王星重要行運（transit）及推運（progression）的人們，也會很自然地說出與「水」有關的語言。我一再從毫不熟悉占星學人們的口中，聽到他們用下列詞彙來形容這重要時段的感受與和認知，像是溺水、氾濫、漂流、消融、沉沒、淹沒和隨波逐流。他們在這交會點的夢境也會反映出水的領域：浪潮、沉沒的船、漏水的水管、阻塞水溢出的廁所、淹水的房屋和傾盆大雨。儘管是無意識地，人們通常會用極度精準的字眼來描繪重要歷程的原型背景。海王星的字彙就是水，在任何時代、任何文化的神話中，水都象徵了原始的物質、本源及起源，意即所有創造物的源頭。水的神話特別抗拒用清楚的語言來勾勒其中意義，因為水是如此浩瀚又難以捉摸，通常缺乏人類性格的描述而著重於宇宙的創造，其在心理層面的意義看似與原始的經驗有關，但我們對那些經驗只有最隱微的意識。既然所有的神話都是一種自身過程的心靈描述，那麼在某種層次上，這些創造出來的故事就是將人類的受精、懷孕和誕生的過程，向外投射到宇宙，並將這想像成世界的誕生。人類的誕生並不限於一種形式，不只是嬰兒脫離母親的子宮稱為誕生，這也意謂從集體靈魂未分化的汪洋中誕生了一個獨立的身分認同。古老神話中關於水的創造，提及誕生「以前」的世界，是我們無法「記住」卻可以憶起的狀態，有如青春期的感情和性的衝突。個人的記憶必須仰賴自我來鎖住事物，但在海王星的汪洋之域中，不存在任何的「我」。

神話中的水如同夢境中的水，其影像象徵了所有未成形、具有潛力的事物，意即「第一原質」（prima materia），是萬物形式的起點，也是最後回歸的終點。這種回歸也許是透過萬物自身無法避免的瓦解，或是經歷神性驅動的重大浩劫，在痛苦掙扎中回到終點。在每一次宇宙循環的開始，都有水的存在，而在結束時，水也會回到終點，水甚至會存在於繼往開來之際，其中蘊含著未來世界的種子，在深處等待萌芽。如果想要更全面掌握水亙古、神聖的意涵，就必須與內在那些涉及古老、語言尚未出現之前、具有更完整感官認知的生命接觸。孩子初次看見大海的奇妙與神祕，可以比任何來自古老宗教儀式的學術分析，告訴我們更多關於水的敬畏。當經歷一天的疲累，浸泡在溫水浴缸裡，我們能揭露更多水的療癒和滋養力量，遠勝於任何智力的理解，也就是水如何愉悅地滑過皮膚，如何舒緩疼痛的肌肉，如何誘惑著身體，無須施力就可以漂浮。水的神話意象與最早期的身體經驗有關，也與最細膩的感官有關，其中包括如何被安慰、安撫、保護、淨化和恢復元氣。這些不只是感官的幻想，也是我們的過去，雖然我們並不記得。我們都在羊水中開啟生命，以奶水獲得初次滋養。我們還可以從幼兒的經驗中，知道非常多有關水的神話中的地府水妖，這不僅是來自產道的經驗，還有勉強或意外的洗禮，這意味著早期的窒息感、盲目的恐慌、某種無底的恐怖事物，如同被一個巨大動物吞噬到胃裡而失去意識。害怕在深水中游泳的人也許可以透過探索海王星的意象，洞穿自己恐懼背後更深層的根源。有些電影的主題是潛伏在深海的怪物，從《黑湖妖譚》（*The Creature from the Black Lagoon*）到《大白鯊》（*Jaws*）都獲得巨大的回響，證明了對於人們而言，這些意象是如何地令人害怕，但又帶有一種無法抵擋的誘惑，即使是一個老練的現代覺知者也難以抗拒。

按照神話的說法，當一個人浸泡在水裡時，無論願意與否，都是重返存在之前的狀態。這種重返可能發生在死亡當下，可能發生在神祕經驗的掙扎時，也可能出現在藥物催眠的恍惚世界中。這也可能發生在原慾高漲淹沒意識的當下，「我」就因而泯滅了。這種經驗在某些時刻，對某些人而言，可能顯得非常美妙，充滿魔力，特別是當生命很冷酷、嚴厲又令人沮喪時。然而，倘若當一個人努力不懈地要求自己做個無愧於世的人，這種經驗就顯得異常恐怖，因為它預告著瘋狂、無助，還有徒勞無功的努力。我們不記得沒有形式的狀態，除非是被特別的海洋經驗操控，這通常有點像是一種事後的模糊，就像歡醉後記憶裡有些「空洞」。不過，儘管缺少記憶，但經年累月下來，我們已經能在神話、宗教符號主義和意識中想像、描繪誕生之前如水般的狀態。生命起源於水也是一種奇蹟，怎可能有東西從空無而來？——這只是在重複創造的行為，首先從中誕生一個全新的宇宙，清新、閃閃發光、純潔無罪；也可能是新生的嬰兒，帶著一身黏呼呼的血液和體液來到人間。水和水面下的生命一直誘惑著我們。有智慧的牙醫會在等候室內飼養一缸熱帶魚，因為人們對麻醉和鑽牙的恐懼不分老少，透過安靜的水族箱多少可以為病患帶來催眠作用以獲得舒緩。自古至今，噴泉也具有某種魔力，聰明的導演和製片會在映著月光的噴泉旁安排情人相會，讓情人們沉浸在情感的流動之中。在小孩眼中，魚擁有神奇的魔力，對許多成人而言亦然如此，抓到一條魚就像接受了一種祝福。在這個充滿界線、蒼蠅和誘餌的具象世界背後，這如同一種恩賜，好比一條河流、一個湖泊或一個海洋讓出它的寶物。實際上，在所有古老的啟蒙儀式中，如同基督教的受洗，沉浸在水裡可以淨化過往的腐敗，賦予新生，而這些過程都發生在祕密隱蔽的地方，只能透過想像的大門進入此地。

美索不達米亞神話的水與母親

從史前時代起，水就象徵了人類和宇宙的生命及繁殖力，所以無論是海洋、湖泊、溪流或噴泉，都是水原始神性的具體呈現。新石器時代和青銅器時代，所有的聖地遺址都位於水源附近，其意義更勝於飲水和洗滌的實際考量，水被視為一種神聖的來源。在比較晚期的文化中，則發展出更為複雜的眾神宮殿和更加考究的敬神儀式，神壇通常設置在泉源或噴泉旁。人們認為造物之神看管著無形隱匿的地府及死後世界，而水從神祕深處出現，就如造物之神穿透了塵世。人們也把神聖生命來源的呈現，擬人化為一位自體受孕的女神，或是陰陽同體的神祇，其主要力量存在於女性的面孔之中。按照神話的語言，人類在自我存在之前的子宮經驗，就是一種猶如大海般，絕對的女性力量。

有關世界起源的蘇美神話約出現在公元前三世紀，透過巴比倫文明傳承至今，該文明吸收了蘇美人的文化，並在漢摩拉比（Hammurabi）國王（公元前一七九二年至一七五〇年）的統治下臻於成熟。關於巴比倫文明中的創世故事，至今已無文獻可考，但可以在《創世史詩》（*Enuma Elish*）中看到這則整整傳承五千年的神話。人們在亞述國王亞述巴尼拔（King Ashurbanipal）的圖書館中發現《創世史詩》，亞述巴尼拔的統治介於公元前六百八十年至六百三十年，這是目前所知最古老的創造神話，沒有其他更古老的版本。Enuma Elish 意指「當時天上」（也是這首詩的開場白），內容記錄在七塊泥板上，全部共約一千句詩句。所以我們是在拉凡特（編按：Levant，是指地中海東部附近諸島及沿岸諸國在內的地區）首次與海王星的神祕世界相遇，並由蘇美人奠定了西方文化的基礎。對於蘇美人而言，萬物源自於水。

在現存的蘇美人泥板中，女神納木（Nammu）的名字是由象形文字的「A」所表示，意指「大海」，被描述成「生育天與地的母親」。[1] 英國歷史學家尼可拉斯．坎皮翁（Nicholas Campion）對 nammu 或 namme 還有另一種詮釋，他認為此字義約等同於本質、命運或天命。[2] 這兩種詮釋是有關聯的，因為神聖的來源也被視為所有生命的本質與天命，生命來自於此，最終也將回歸於此。蘇美人的神話沒有解釋太古之海的來源，因為它就是本源。我們也可以在其他創造故事中的造物者身上，推衍出這種特質，而這也是宇宙誕生的神話的特性之一。我們如果不斷地回溯，就會發現無法找到自己的過去，「某個事物」終究就存在那裡。這種對於永恆來源的主觀感受，不受制於時空的限制，超乎邏輯思考的侷限，就是海王星的特質。納木女神是海王星來源最早記錄的形象。在蘇美人的語言中，「水」這個字同時有精子、受孕和生殖的意思。偉大的蘇美海洋之母是孤雌生殖，她既是播種的精子，也是最潤澤、接納的子宮；她是

1 S. H. Hooke, *Middle Eastern Mythology* (London: Penguin, 1985), P. 24.

2 Nicholas Campion, *The Great Year* (London: Arkana, 1994), pp. 48-49.

男性也是女性、雌雄同體，尚未分化。她的形象既象徵了宇宙的原始混沌，同時也是子宮內未成形的黑暗世界。

蘇美人的神話認為萬物創造皆源於海洋，巴比倫人接受了這種說法，然後加以衍生詳述。《創世史詩》告訴我們，一開始除了水的存在，世界萬無一物。阿普蘇（Apsu）代表甜水之海，蒂雅瑪（Ti'amat）代表鹹水之海。這兩位天神的結合，將陽性與陰性特質融合在一個自我吞噬、循環性的大海意象中，眾神也由此誕生：

當時天國尚未命名，地府也沒有稱謂
阿普蘇乃眾神之始，天神之父
穆木（混沌之神）和蒂雅瑪（天神之母），眾神皆由其生
當時眾水混沌未分，匯為一處
尚未形成青草陸地，也未見蘆葦沼澤
眾神尚未成形，沒有名字，也無歸屬
當時從他們之中，創造眾神 3

《創世史詩》提到，蒂雅瑪和阿普蘇的後代出生後，不斷地吵鬧喧囂，於是他倆謀策了消

滅這些粗暴後代的計畫，但計畫為年輕的天神們所發現。出於自衛，年輕的天神們殺死了父親阿普蘇，蒂雅瑪也因此和自己的孩子陷入道德對抗，勢不兩立。火神瑪杜克（Marduk）是其中最強壯也最勇敢的天神，他挑戰母親進行單一決鬥。瑪杜克用自己的網困住母親，當母親張口要吞噬他時，他朝她射了一箭，將她的心一分為二，並將她遭肢解的上半身做成穹蒼，下半身做為大地，完成了表象世界的創造。

接下來我將更完整地介紹這宇宙意象的心理暗示，及其與海王星的占星象徵的關聯。我們可以從這古老的故事中蒐集到一些基本的意涵，也許其中最重要的就是生命起源的矛盾本質。蒂雅瑪從她水般的身體生出孩子，旋即又決定終結他們的生命。子宮不只是賜予狂喜的領域，這位創造女神基於某些只有自己清楚的理由，在此親手瓦解由自身創造的生命。我們可以在蒂雅瑪的身上清楚地看到，嬰兒天生就具備了誕生前與誕生後世界的雙重性，部分是天堂極樂的融合，部分是徹底滅絕的恐懼，蒂雅瑪被籠罩在黑暗之中，而這就是我們的來源地。此外，還有一點值得強調，《創世史詩》描述源自無形深海的萬物創造，都是伴隨著暴力的分離，並且毫無選擇。這象徵了生命必須努力掙扎，才能從原始的無意識中痛苦地擰出獨立的存在感，也

3 Alexander Heidl, *The Babylonian Genesis* (Chicago: University of Chicago Press, 1942), p. 18.

可將這解讀為小孩出生時的生死掙扎似一場戰役，力圖從家庭與群體的集體心理中形成獨立的身分認同。蒂雅瑪並不是充滿無條件慈愛的子宮與乳房，她是巨大醜陋的海蛇，在瑪杜克看來必須消滅，她並且改變其形貌。瑪杜克象徵人性發展的某個階段，曾經被視為極樂狂喜的源頭，如今變成了一個危險、不再愉悅的地方。不過，蒂雅瑪也並非只是隻必須被宰殺的怪獸，如回音一般，她持續穿透了之後的神話，其中都充滿了渴望。儘管《創世史詩》並未提到瑪杜克為了自己（與母親）暴力分離的行徑感到悲傷，但就人類而言，破壞了最初的完整必然會導致遺憾和渴望，渴求能找到已經失去的融合。這也導致了遭致報復的持續恐懼感。

蒂雅瑪的死亡只是一種象徵，她永遠安息於由自己身體創造的世界裡。巴比倫神話在《吉爾伽美什史詩》（*Epic of Gilgamesh*）中暗示了這種矛盾，這故事是蘇美人的原創，源於公元前兩千年。依歷史的角度，吉爾伽美什是早期蘇美城市烏魯克（Uruk）的國王，按照心理學的角度分析，他如同大部分的神話英雄，象徵一個獨立的自我，在與天神力量抗爭時顯得光芒四射，崇高偉大且永生不死。在這個故事中，他長途跋涉，一心尋找在太古之海遭到破壞、在創造世界時遺失的永生樹，因為蒂雅瑪挫敗時導致不可避免的毀壞。生命唯有安置在永恆的泉源中，才可能永生不朽，吉爾伽美什首先必穿越天佑之島（Isle of the Blessed），其中住著永生不死的洪水英雄烏塔那匹茲姆（Utnapishtim），他與妻子在那裡享受永恆的賜福，這對夫婦用療癒之水替他清洗，告訴他永生樹生長於海底。這位英雄在途中飽受蹂躪，最終找到了永生樹，砍下了一根樹枝後逃走。當他安全度過了死亡之海，再次踏抵國土時，在一條小溪旁暫歇過夜，認為他的獎品已經安然無虞，沒想到從溪中冒出一條水蛇偷走並吃下樹枝，之後脫皮獲得永生。吉爾伽美什忍不住坐下來哭泣。[4] 海洋之母蒂雅瑪偽裝成卑微的水蛇，重新取回她的恩惠，徒留人們死亡的命運和永恆的渴望。也許在海王星的影響下，我們會想起永生樹身藏在死亡之海的下方，會努力對抗痛苦和犧牲，透過個人意識的浮現與失去的完整再次建立連結。然而，若將吉爾伽美什的故事視為一種值得信服的心理陳述，我們必須知道或早或晚，手中握有的永恆只是稍縱即逝，終究會再次失去永生樹。

迦南神話與希伯來創世紀的誕生故事息息相關，很多的意涵都承襲於蘇美人與巴比倫人的神話。在迦南神話中，蒂雅瑪被稱為亞舍拉（Asherah），意指「海洋之女」和「眾神之母」。敘利亞人稱她阿斯塔爾塔（Astarte），意指「海之貞女」及「水之女」，而她名字的原意是「子宮」或「來自子宮的議題」。[5] 她也被稱為阿希特瑞絲（Ashtoreth），阿納絲（Anath）或

4 S. H. Hooke, *Middle Eastern Mythology*, pp. 54-55.

5 Anne Baring and Jules Cashford, *The Myth of the Goddess* (London: Penguin, 1991), P. 460.

阿希塔（Ashtar）。在美索不達米亞文化中，她被稱為依希塔（Ishtar）。非利士人和腓尼基人則叫她阿塔伽提絲（Atargatis），代表「魚之女神」。在烏加里特或迦南語言中，有時也簡單稱她為依雷絲（Elath）或「女神」。她是所有天神的雌性祖先，通常被描繪為仁慈的母性形象，不僅哺乳自己的後代，甚至也讓人類的王子受惠。原始資料中較為犧牲的形象是蒂雅瑪海怪不可或缺的一部分，這是從亞舍拉的救濟形象中拆分出來的，存在於醜陋怪物羅坦〔Lotan，希伯來人稱之為鱷魚（Leviathan，利維坦）〕這住在深海裡、較為黑暗的伽南形象中。羅坦或利維坦也被稱為「盤旋的海蛇」（Tortuous Serpent），即是卡巴拉神話中的莉莉絲（Lilith），「她會誘惑男人順著彎曲的路走。」[6] 莉莉絲不僅是狐狸精，還會吞噬小孩，「讓他們在睡眠中快樂地笑著，然後再無情地徒手將他們勒死，才能掌控天真無邪的靈魂，將自己安置其中。」[7] 蒂雅瑪從宇宙的源頭降級為惡毒的女妖，卻仍無法消滅她的恐懼。

《聖經．創世紀》中有兩則關於創造的神話，在第二則神話耶和華（Yahwist）中提到，耶和華如何如瑪杜克一般，與水發生暴力的衝突，猛烈攻擊多頭的羅坦或鱷魚，之後創造了白天與黑夜、天空、天體和四季的順序。《以賽亞書》二十七章第一節又重複了這個主題：

到那日
耶和華必用他剛硬有力的大刀

> 刑罰鱷魚——就是那快行的蛇
> 刑罰鱷魚——就是那曲行的蛇
> 並殺海中的大魚。

巴比倫人的海洋之母稱作蒂雅瑪，詞源上與希伯拉文的tebom有關，這指的是《創世紀》第一則創造神話中的深淵：

> 地是空虛混沌，淵面黑暗，上帝的靈運行在水面上。

當瑪杜克的炙熱狂風吹向蒂雅瑪的黑暗深淵時，以羅興（編按：Elohim，希伯來文，可用來單指創造宇宙的那一位上帝，也可泛指一般的神明）的靈魂盤旋在深淵的黑色表面之上。瑪杜克用天上的水和地下的水擴張母體的上半身當成屋頂，在《創世紀》中，以羅興用這些東西做成天空，將天上的水和地上的水區隔開來。而當瑪杜克擊敗了蒂雅瑪，上帝也戰勝了鱷魚。在十五世紀的卡巴拉經

---

6 Raphael Patai, *The Hebrew Goddess* (New York: Avon Books, 1978), p. 214.
7 *The Hebrew Goddess*, p. 222.

文中，根據米德拉西（Midrashic）的注釋，將上帝「冷卻」陰性的鱷魚，重新解讀為上帝讓莉莉絲變成不孕，再也無法生育後代。[8]然而，在猶太人後代的民間傳奇中，鱷魚不只是怪獸，還是美麗且受人們鍾愛的天神。

海洋動物的掌管者是鱷魚……牠一開始被創造成兼具陽性與陰性……但最後顯然成為一對怪獸，可以用結合的力量消滅整個地面。上帝殺死了牠的陰性面。鱷魚是如此地龐大，需要所有從約旦流進大海的水才能平息自己的渴望……但是鱷魚不僅巨大且強壯，還神奇地讓身旁之物相形見絀。牠的鱗片會散發明亮的光芒，連日光都因此看來朦朧昏暗，牠的雙眸炯炯有神，常會突然地讓大海閃閃發光。也難怪這隻令人驚奇的野獸會成為上帝的玩物，陪上帝消磨時光。[9]

有趣的是，鱷魚在這段敘述中變成了陽性，因為上帝已經毀壞了這循環個體的陰性層面，讓牠變得貧瘠不孕。這是嘗試解決海王星問題的一種方式，也是凡人常會採取的一種方式。然而這種方式在神話之外的可效性，實在令人質疑。

現在時機恰當，該是介紹魚象徵的海王星意象了。蒂雅瑪是海蛇，同時也是一隻鱷魚，一隻巨大的魚。無論我們在哪裡看到這深海怪獸的畫像，不管在古代或現代，總是古怪地融合了兩者的形象。很久以前，在魚變為基督教主要象徵的化身之前，一直與中東神話中，象徵生命來源的偉大海洋女神的形象有關。這種充滿生氣、孕育的水的力量，如同它銀色的神聖後代，就代表了魚。我們可以把這個源頭，吞噬的深淵，想像成魚的嘴巴，將約拿（編按：Jonah，《聖經》故事中的一位先知）吞下肚後又把他吐出來。這條魚既是自產的海洋之母的生殖器，也是貪婪的吞噬之嘴，可以把親手孕育的上帝之子吞下肚。腓尼基女神阿塔伽提絲象徵了這個海洋之母的形象，她被描述成「魚的住所」，長有魚尾。亞舍拉和阿斯塔爾塔最初也有魚的形狀。[10] 魚的母親是原始的海洋，她賦予生命，輕擁魚胚入懷，也就是保護尚未出生的天神——這種神話意象反映出我們在誕生之前直接的肉體經驗。人類的胚胎中交織了生命與神話，初期的形體猶如魚體一般，長著好比魚鰓的器官，可以存活在子宮的羊水中。誕生之前，母親與胎兒都融合於魚的形象中。從水中誕生如魚般的小孩，最後都變成了救贖者，正如我們所見，他們身上都背負了特殊、悲劇般的命運。

占星師對魚很熟悉，因為雙魚座的形象，必然與海洋之母及其神性後代的古代神話有關。

---

8 *The Hebrew Goddess*, p. 215.

9 Louis Ginzberg, *Legends of the Bible* (Philadelphia: The Jewish Publication Society of America, 1956), p. 14.

10 Erich Neumann, *The Origins and History of Consciousness* (Princeton, NJ: Princeton University Press, 1954), p. 71.

星群中，位於南方的小魚是兒子，他的本質與命運將在後文中仔細檢視，而北方的大魚是女神母親，即象徵了創造的來源。[11] 兩種形象都與占星中的海王星有關，就像雙魚座有種天生的二元性。[12] 蒂雅瑪吞噬小孩，同時也養育他們，因為所有以形式存在的事物都會面臨滅絕。這是吉爾伽美什必須面對的討厭事實，儘管他有如英雄般的事蹟表現。孕育生命的水總有一天也會升起，淹沒生命。在海洋之母與其後代的關係中，渴望與恐懼緊緊相隨。蒂雅瑪、亞舍拉、阿希特瑞絲、阿希塔、依希塔、阿斯塔爾塔、阿納絲和鱷魚全都是這偉大海洋之母的化身，象徵了生命的雌性始祖和毀滅者，會親手摧毀自己創造的一切。

埃及文化的眾水之母

埃及文化如同蘇美文化一樣古老，蘇美人的楔形文字和埃及人的象形文字到底何者較早出現，在學術上至今仍爭論不休。儘管埃及和底格里斯河與幼發拉底河河谷之間因為貿易、入侵與移民，不可避免地相互滋養，但埃及的文化和神話發展出特殊而高度獨立的本質，是受當地獨特情況所的影響。在這塊幾乎乾枯的土地上，孕育和生長全都仰賴偉大、喜怒無常的尼羅河的心血來潮。對於學者而言，埃及神話的錯綜複雜一直是個問題，複雜的支脈最遠可以追溯至希臘，因為每個埃及城市都孕育出各自的名字和故事，還有各種天神與動物的關聯性。然而，埃及的創造故事是單線發展，不可避免地把矛頭都指向水。

若要體驗埃及宇宙觀的特殊觀念，就必須考量尼羅河的奇蹟。埃及上方及下方的地區，除了沼澤較多的尼羅河三角洲，幾乎都沒有降雨，僅靠著這條偉大河流的年度氾濫對河岸施肥。但自從在阿斯旺（Aswan）蓋了水壩後，就不再發生這大規模的年度氾濫，再也沒有鱷魚恣意遊蕩，進入村莊的泥磚瓦房中找尋食物。但在此之前，每年一月至六月，土地已經乾涸龜裂，人們開始擔心下次洪水。七月中旬，河水開始升高，讓河岸邊低窪地區的人們侷促不安，洪水在初秋時漲到最高點。冬季時，退潮的河水留下一層淤泥，其中富含礦物質，替下個季節的作物施肥。在春天時，作物會開始旺盛地生長，六月初乾季來臨前就可以準備收割。這年度氾濫的循環深深進入古代埃及人的覺知中，也定義了他們的宇宙觀。在埃及神話這個特殊的角色背

---

11 希臘人把魚的星群與愛芙蘿黛蒂（Aphrodite）（敘利亞的阿斯塔爾塔和美索不達米亞的依希塔）連在一起。愛芙蘿黛蒂和她的兒子厄洛斯（Eros）被妖魔巨人堤豐（Typhon）攻擊時受到驚嚇，將自己和兒子沉入幼發拉底河，他倆之後變成黃道中的兩條魚。拉丁文經典作者曼尼烏里斯（Marcus Manilius）認為雙魚座是兩條魚，讓金星（愛芙蘿黛蒂）和她的兒子脫離危險。這條大魚也許與送去吞噬安朵美妲（Andromeda）的怪獸有關，最後被宙斯的兒子英雄珀耳修斯（Perseus）殺死，這明顯是源自於瑪杜克—蒂雅瑪的故事。請參閱 Richard Hinckley Allen, *Star Names: Their Lore and Meaning* (New York: Dover, 1963), pp. 336-344.

12 在曼尼烏里斯的著作《天文》（*Artronomica*）中，雙魚座是由海神涅普頓（Neptune）守護——這是首次有文獻記錄兩者的關係，儘管人們當時還不知道海王星。

後，還可以看到熟悉的與水有關的陰性源頭的原型意象：

> 他（埃及人）每年都會看到自己的世界融化成水的荒地，接著他的世界會再次出現，當洪水退去時，一開始先會看到一丁點或一小堆的新土地。但是他很固執地認為，新土地的出現並不是因為洪水退去，而是因為土地升起……在很短的時間內，曾經是荒水之上的貧瘠小丘，現在變成一層厚厚茂盛的植物，伴隨著昆蟲與鳥類的生態……在這片混沌之水中，包含了未成形萬物的起源，升起了一個原始的土丘，開啟了開天闢地的創造運作。13

埃及人把混沌之水稱為努恩（Nun）或努涅（Nune），每年都會從努恩之中升起原始的小丘，這被擬人化成為自我發展的太陽神阿蒙神（Amun-Re或Amun-Ra）。這過程和巴比倫神話中的瑪杜克及蒂雅瑪不同，它顯然很平靜，從原始黑暗出現陽光的過程沒有眾神之間的戰爭，也沒有水的母親遭到分解，只是一個由神性法則統治的循環，人類的生存完全仰賴它。埃及人敘述世界創造的故事中帶有命定的特質，而我們必須很慎重地從心理觀點來看待這件事，並非每個人或集體都是以瑪杜克和蒂雅瑪血腥戰役的方式來體驗生命的出現。至於這種被動是否「健康」，並不是一個容易回答的問題。埃及創造的意象中有種奇怪的短暫美麗，最古老版本的神話告訴我們，在生命出現之前，世界只是無盡的黑暗大海。從黑暗的水中升起一朵巨大發光、含苞待放的蓮花，為世界帶來光亮與香氣。這朵蓮花成為太陽的象徵，每天清晨從黑暗水面的混沌中冒出，就像每年由氾濫河水中升起的土丘，所以蓮花也象徵了太陽神。[14] 埃及的卡納克神廟祀奉阿蒙神，至今，訪客仍能在群柱的門廊中，看見從黑暗中升起如巨大森林般的圓柱，每個圓柱的頂端都有蓮花開展的花瓣，這就反映在太陽神從水中奇蹟現身時的永恆石頭。

努恩是埃及最古老的天神，有時會被分裂成一對，稱為努恩和納烏涅特（Naunet），如同雌雄同體的蒂雅瑪和阿普蘇。努恩是啣尾成圈的水蛇，環繞著祂誕生的大地，而到世界末日，所有從中而生的物體將會回到大地的深淵中。啣尾蛇這個象形文字的意義是「上帝」，帶有統合和一神化的意思，在英文中看起來像是「ntr」或「netjer」。這是個非常古老的字，可以回溯至書寫發明的時代，而啣尾蛇的形狀就出現在努恩的名字中，意即在所有我們認為與古埃及有關的、各式色彩繽紛的動物頭的形象背後，站著一位一致且無形的神祇。這股原始的力量就是所有創造出現之前的混沌之水。努恩也與古代的尼羅河之神哈碧（Hapi）有關，或者就等同於哈碧。哈碧被稱為「原始的一」，祂被形容成一位留著長髮的男子，擁有如老女人般的

---

13 Cyril Aldred, *The Egyptians* (London: Thames Hudson, 1984), pp. 71-72.

14 Robert A. Armour, *Gods and Myths of Ancient Egypt* (Cairo: American University in Cairo Press, 1986), p. 11.

沉重乳房。哈碧雌雄同體的形象，結合了陰性與陽性創造生命的力量，大河就是其具體的表現。原始的水也稱為mehtyr，意指「巨大的洪水」，被人們想像成是一隻母牛——女神哈索爾（Hathor），稱為「天上如水般的深淵」。就像亞舍拉一樣，她有時也會哺乳成為法老的王子，帶有水和乳牛形象的哈索爾如同蒂雅瑪一樣，可以發狂屠殺萬物，她也被稱為努特（Nut）、涅特（Net）、奈斯神（Neith）或西方女神。她沒有配偶獨自產下兒子拉（Ra）或歐西里斯（Osiris），又是個孤雌生殖的海洋之母的另一個形象。努特這個名字也和古老象形文字「ntr」有關，意即「上帝」，代表了在上及在下的水、「眾神之母」、生與死，還有象徵世界的水蛇，她會透過尼羅河每年的氾濫，生產、破壞又再生自己的後代。努特的象形文字是水瓶，「她會蒐集並傾倒來自天堂的雨水」。15 因此，儘管努特有複雜的名字和形象，但埃及神話如同中東的神話一樣，也把生命的源頭想像成一個含水、如宇宙般廣大的子宮。

如同蘇美—閃族的神話一樣，埃及神話中也出現魚的圖像。這不令人意外，既然那裡有水，通常就會有魚的出現。埃及的魚就和中東的魚一樣，象徵了水之母親與她的神性後代。努特有時也會被畫成魚的形狀，稱作哈特美西特（Hatmehit），而在尼羅河三角洲當地則稱她為「魚之前的她」。但最重要的魚的象徵則是賦予了歐西里斯（Osiris），祂是受努特養育的神子，最終變成埃及神話中最偉大的受害者——救世主，這與基督的一生非常相似。崇拜歐西里斯的中心位於阿拜多斯（Abydos），當地將歐西里斯描繪成一條魚，是更精緻的太陽神阿蒙神

（阿蒙神源於亦父亦母的努特深處）。歐西里斯複雜的命運給予我們重要的洞察指引，讓我們看到眾水之母與後代的矛盾關係中令人較為不自在的一面。歐西里斯為黑暗之神賽特（Set）所肢解，賽特被描繪成一條巨大的河蛇或鱷魚——埃及版的鱷魚，亦是海洋之母毀壞陽具的形象，因為歐西里斯的陰莖被一條魚吞下肚。儘管歐西里斯最後恢復原狀，但再也沒有找回陰莖，只能以泥作品取代。

某種程度上，這故事暗示著天神的陽具是身上唯一會死亡或腐敗的部位，因為這是泥作的肉體——藝術之神卜塔（Ptah）即是用泥土在製陶工人的輪子上塑造出人類。儘管歐西里斯是天神，卻也因為性徵而顯得脆弱。不同於瑪杜克或雅威（Yahveh）英勇征服黑暗深淵的性格，如果歐里西斯沒有做出慘烈的犧牲，就無法戰勝水怪。他的被閹割和無法治癒的傷口，讓我們看到海王星神話中最鮮明也最令人憂心的形象。這形象經由性徵展現，是我們最無力招架，只能任憑洪水恣意妄為的領域，即使是動用了如神般的覺知力量來防禦自我亦然。這種來自深處的入侵通常都是透過生殖器官，而非靈性或感覺——儘管在海王星如夢似幻的牽引下，起初看似誘發肉體融合的慾望，通常只是人們期待日後達到更重要的「靈魂融合」的管道。我們也許可

15 Baring and Cashford, *The Myth of the Goddess*, p.257.

以在埃及人被動接受洪水循環，以及歐西里斯的神話中看到這種命定的特質。在神話中，歐西里斯被黑暗的敵人擊敗，永遠無法復原。我們可以把這些創造的神話，視為生命經驗的認知模式，在無意識中認同這種原始世界觀的人，就會像古埃及人一樣等待自己的命運，其中沒有任何暫時的力量可以克服水之母親的退行引力。於是歐西里斯不同於中東神話中的英雄同伴，他留給埃及人一個苦樂參半、命中要害的冥府天神，他向人們承諾死後便能獲得救贖，而非今生兌現。

凱爾特人的眾水之母

有關凱爾特人的最早文獻並非來自於他們自己的記載，而是阿維阿努斯（Rufus Avienus）在公元前六世紀的一份海岸調查中，敘述在西班牙及法國南部旅行經驗時提及。[16]大約在公元前五世紀，米利都的赫卡塔埃烏斯（譯按：Hecataeus of Miletus，古希臘歷史學家）再次提到凱爾特人或蓋爾托（Keltoi），半世紀之後，希羅多德（譯按：Herodotus，古希臘作家）認為他們與多瑙河的來源有關。有關凱爾特人及其天神的資訊非常混亂，包含各種不同的來源，其中囊括古希臘羅馬文化和本地的凱爾特人。儘管人們一再傳誦凱爾特神話，目前世上仍有他們的英雄史詩〔像是《阿爾斯特故事》（*Ulster Cycle*）和《馬比諾吉昂》（*Mabinogion*）〕，但凱爾特人並沒有留下類似《創世史詩》的手寫宗教編年史，我們必須依賴凱撒的《高盧戰記》（*De Bello Gallico*），許多傳承下來的愛爾蘭、蘇格蘭、威爾斯和英國民間故事和傳說，還有考古的證據，才能一窺這群敏捷多變的人的神話核心。根據這些來源，很顯然地對於凱爾特人而言，水就是根源，也就是他們精神生活的中心。

凱爾特人將水視為「彼世」（譯按：Otherworld，神居住的地方）的元素，流動、神祕、賦予生命，但也善變且具破壞性。對凱爾特人而言，水是治療與重生的來源，特別是噴泉的水。我們已在蘇美人永生樹的神話中，以較宇宙的形式討論過這個主題，這棵樹生長在死亡之海的海底。而凱爾特人則喜歡使用較易表達的神奇大鍋象徵水的治療性質，舉個例子，愛爾蘭的孕育天神達格達（Dagda）擁有一個神奇的鍋子，有永遠取之不竭的豐沛、回春及靈感能量。即使不是精神分析學家，也能知道這鍋子呈現子宮的形狀，也就是眾水之母誕生萬物的殿堂。浸泡在這神奇容器的水中，或是飲用其中的水，這些儀式都能帶來淨化、療癒和重生，但對凱爾特人而言，這鍋子如同眾水之母本身，非常模稜兩可。辛布里人（Cimbri）獻祭戰俘的方式，就是在鍋上縱

16 Miranda Green, *The Gods of the Celts* (Gloucester, England: Alan Sutton, 1986), p. 1.

切他們的喉嚨，而容器都具有神聖性，有時辛布里人也會把戰俘淹死在一桶水中。海王星這個神奇的鍋子好比水本身一般，擁有生與死的二元意義。

凱爾特人非常崇拜水，甚至有把最珍貴寶藏扔到河裡、湖裡和溪流裡的儀式，以表示對水的尊敬。人們後來在泰晤士河裡發現大量黃金打造的凱爾特人的武器和衣物，之後還在塞納河和塞文河，愛爾蘭和威爾斯的湖泊中發現了黃金的匾額和項鍊。凱爾特人把禮物或祭品扔進井、泉源和河流的習俗，一直延續到羅馬時期，羅馬城市巴斯（Bath）就是一個實例，這以前是凱爾特人的居地。這些祭品是獻給生命的奧祕，而這都揭露於流動的潮汐、難以理解的大海、湖泊、河流和溫泉深處。我們也能解讀為，這些禮物是安撫水毀滅性力量的一種方式，即是把捐贈者最有價值的財產敬獻給水。在這種習俗中，可以看見海王星另一個重要主題的輪廓：犧牲這些自我認同的外界形式，不僅可以更靠近本源，也可以牽制它任性的憤怒。我們之後會更廣泛的討論這個主題。

凱爾特人將水擬人化成最偉大的創造女神。愛爾蘭人將之稱為多努（Danu），威爾斯人則稱其為冬恩（Don）。她是圖哈達德南族（Tuath De Danann）的母神，這是凱爾特神話中的一個神族，她暗黑的面貌被稱為多姆努（Domnu），意義是「深淵」或「深海」。就像伽南人的亞舍拉和羅坦，凱爾特神話也謹慎地將水區分出賦予生命及破壞生命的兩種面向。許多河流都依「多努」命名，不僅在英國和法國，還包括俄羅斯最大的河流頓河，從莫斯科東南方一直流向烏克蘭東部，直到羅斯托夫（Rostov）。黑海的聶伯河（Dnieper）和聶斯特河（Dniester）似乎也以多努命名，但最重要的是多瑙河，多瑙河盆地孕育的文化，最後成為凱爾特風格最易辨認的根源。在凱爾特人棲居的每個地方，這位水之女神還會用其他名字出現。在法國就有一個崇拜河流的直接證據，在塞納河的源頭有一座神廟祭祀女神塞夸納（Sequana）。馬恩河的名字是來自於「神性母親」馬卓那（Matrona）。英國的河流名字也有這種暗示。迪河（Dee）來自於德瓦（Deva），代表「女神」或「聖者」。克萊德河（Clyde）源自於克羅塔（Clota），代表「神聖的洗衣女工」。安格爾西島（Anglesey）的布蘭特河（Braint）和米德塞克斯（Middlesex）的布倫特河（Brent）就是紀念凱爾特女神布列甘提（Brigantia）或布莉姬（Brigit）。愛爾蘭的博因河（Boyne）和香農河（Shannon）是女神波昂（Bonn）和塞寧（Sinainn）的具體化身。以上都是偉大女神多努的展現，這也就是凱爾特人的形式，他們沒有留給我們如《創世史詩》一樣石刻的古代史詩，把她的記憶刻印在後代身上，而是以她命名的川流不息的河流，讓整個歐洲實際見證她的力量。[17]她易變的性格，全然展現在與大自然不斷改變的關係中，忠實地反映出自然萬物的本質。

17 Michael Senior, *Myths of Britain* (London: Guild Publishing, 1979).

……一致呼應的感覺——一件事與另一件事情相互呼應，這都表現在凱爾特人的宗教中。這種直觀帶有來自薩滿時代的人性，認為整個世界都相互連結，互有關聯，而這也是佛教的基本概念。按照凱爾特人的說法，它的形狀是會移轉的，同時會改變形貌。英雄經歷的改變會從養豬者變成烏鴉，再變成海怪，最後是愛爾蘭的國王。會魔法的天神也可以暗中任意改變它們的外形，以不同的形狀出現……物質的形式從來都不是刻板自主的，總是流動著、舞動著，充滿了相異的精神。任何東西都可以轉變成另一種東西，因為沒有任何東西是最終且完整的——所有事物都蘊藏無限的潛能。[18]

魚在凱爾特傳說中也占有一席之地，魚象徵了陽具崇拜，並且展現了水富饒和重生的特質。在凱爾特人的眼中，鮭魚和鱒魚是至高神聖的。他們把棲息在療癒泉水的魚視為守護靈，便是眾水之母的顯形。然而變成魚或蛇身女妖的眾水之母，不總是溫和仁慈的，凱爾特人對於她飢渴面貌的幻想並不少於巴比倫人。儘管一開始很難在凱爾特人針對水之女神的有趣傳說中看到如怪獸般的蒂雅瑪，但她們都有同樣的吞噬習性。河流和湖泊的傳說永遠不會遠離人類的死亡，凱爾特人普遍相信，需要定期獻祭給水的眾神，祭品就是人、金項鍊和金幣。在蘇格蘭，人們認為每年都必須把一個人獻給斯佩河（Spey）。

嗜血的迪河（Dee），每年都需要三個人；
但是愉悅的頓河（Don），她完全不需要。[19]

在威爾斯的格溫內斯湖（Llyn Gwernan）和辛威奇湖（Llyn Cynwich）也有類似主題的故事，認為眾水之神需要每年的奉祭。當一年過去時，人們就會聽到一個聲音大喊：「時間已經到了，但人還沒出現！」接著就會看到一個男人匆忙地一頭跳進湖裡，被迫體驗回應女神的呼喚。[20]

凱爾特這則豐富生動的傳說，衍生出許多有關蛇身女妖和水靈的民間故事。在蘇格蘭蓋爾洛赫（Gairloch）的費迪爾湖（Loch na Fideil），就有女鬼費蒂爾（fideal）陰魂不散，還有一個名為「碎片」（luideag）的女妖在凱斯島（Skye）黑鱒魚小湖（Lochan nan dubh bhreac）的湖畔縈繞不去。格拉斯蒂（Glaistig）據信是一個半人半羊的女妖，住在淺灘及瀑布的後方。這

18 Anne Bancroft, *Origins of the Sacred* (London: Arkana, 1987), p. 92.
19 Janet and Colin Bord, *Sacred Waters* (London: Paladin, 1986), p. 150.
20 *Sacred Waters*, pp. 150-151.

些生物都是眾水之母多努—多姆努的縮影，以範圍較小的形式展現她不可靠的天性。我們可以從其中一則典型的傳說中看到她的全貌。這些故事流傳到十九世紀，經過人們世世代代不斷地轉述，我們可以在英國、愛爾蘭和歐洲北部找到大量典型的女性水靈傳說。沒有什麼事物能比這些典型的傳說，更能表達凱爾特人眼中神聖的水，其中充滿了多變的魔法、美貌和邪惡的誘惑。或許也沒有其他事物能用如此精緻的手法表達占星學中海王星模糊不清的特質，我們馬上可以認出她穿戴著美人魚的尾巴。

康沃爾人和美人魚

從前，在克利（Cury）蜥蜴角（Lizard Point）高地住著一個康沃爾人，名叫路特伊（Lutey），他是個安靜、輕聲細語的中年男子。他的孩子們已長大離家，他就釣魚打發時間，蒐集蘭姆酒、醃漬牛肉、銅製裝飾品和大包的亞麻。這些東西都是損毀船隻的物品，被海水沖上康沃爾岩岸。他的妻子是個焦慮不安的婦人，但他很滿足這樣的日子，就這樣過了許多年。終究，他的生活注定要出現改變。

一個起霧的春天，路特伊帶著他的狗，在小屋下方的岩岸遊蕩，查看有什麼新的寶藏被沖上岸。突然間，他聽到一個微弱的哭聲，周圍窸窸窣窣，再加上浪潮的重擊聲，他幾乎聽不到這個微弱的聲音。他順著聲音走，經過一堆礫石到了岸邊，聲音稍稍地減弱。平日這裡在漲潮時，潮水可恣意地上岸又退散，但在退潮時，就會形成一個與大海隔離的潮汐池。這是一個易變又神奇的地方，會隨著潮汐改變界線。路特伊知道，陌生的靈魂可以透過這種地方進入人類的世界，他往下凝視這個潮汐池，發現池水深處也有一雙海綠色的眼眸在盯著他。

路特伊更靠近地看，看到一張漂亮蒼白的臉龐，金紅色秀髮盤繞遮住了一半的臉龐。起先他以為她是名年輕女子，但看到她沒有下半身，水面下出現的是修長、光滑、閃閃發光的鱗片。

她低聲地說：「救我！」「幫我回到大海。你如果可以幫我回到大海，我可以給你力量。」路特伊彎下身將她從水裡拉出，她用雙手環繞著他的頸子，他抱著她走向沙灘。她就像一片雲那麼輕。

美人魚說：「告訴我你最渴望的東西，無論你有什麼渴望，我都會讓你擁有。」

路特伊望向大海，然後又看著腳底下的沙。他說：「我想要療癒的力量，我想要打破邪惡的魔咒。」

美人魚露出微笑，然後說：「一言為定。你還想要其他的恩賜嗎？」

路特伊抱著她再往前一步，直到浪花已在他膝蓋旁泛成泡沫。「我想要把這種力量傳給我的兒子，還有他們的兒子，代代相傳。讓我家族的名字可以永遠受人敬仰。」

美人魚說：「一言為定。」「你可以得到兩種禮物，因為你很仁慈。」她從長髮上取下一把象牙髮梳作為信物，把髮梳放到他的手中。路特伊此時感覺浪潮有股令人暈眩的拉力。他在岸邊的狗開始嗥叫。美人魚勾著他的頭，舌頭伸入他的耳中。

「跟我在一起，」她低聲呢喃著，「陸地上沒有什麼能留住你。」

路特伊開始掙扎，把她的手從脖子上扯開，他感覺自己正滑向海底。他的狗衝進海裡，咬住他的褲腳猛拉。他踉蹌地放開美人魚，本能地從口袋中抽出刀子。美人魚猛甩尾巴，游到他碰不到的地方，美人魚就像許多另一個世界的生物一樣，對鐵恐懼萬分。

「你做了愚蠢的決定，」她說，「但你很善良，我會信守承諾。再會！九年以後，我們會再次相遇。」她躍入深海之中，路特伊看著她游走，有如火焰般的秀髮消失在浪潮裡。他掙扎回到岸邊，爬回他的小屋，一隻手緊握著髮梳，另一隻手握著刀。

他的妻子在門口等他回來。「你去做什麼了？」她問。「泡到水裡渾身濕透了，整個下午撿破船殘骸，只帶回來一小塊骨頭！」

路特伊回答，「這是一把髮梳。」

「這只是鯊魚下顎的一排牙齒，」他的妻子反駁。

路特伊看著手中的東西，才發現妻子說的是真的，但他還是保留了這個東西。美人魚實現了她的承諾，路特伊破除了許多女巫的魔咒，拯救了許多瀕死的牲畜，讓農夫保住家計，治癒了許多已被醫生放棄、只能等死的孩子。他療癒者的稱號聲名遠播，窮人遇到麻煩時也會來找他幫忙。當窮人付不出錢時，就會給他微薄的禮物，像是魚油或是一段堅韌的繩子。他的兒子一個接著一個把船停泊休捕，加入他的行列，他們也同樣神祕地擁有了療癒的天賦。路特伊從未提起這份禮物來自何處，但是多年過後，他越來越孤僻，時常一個人去潮汐地旁坐著看海。

有一天，就在他第一次遇見美人魚的九年之後，他整理漁網準備出海。他對妻子說：「我要去捕魚。」

但是那一天不適合捕魚，憤怒的海浪拍打著港口的漁船，天色陰沉，風起雲湧。路特伊的兒子們面面相覷，面有難色。最小的兒子跟著路特伊，確定父親安然無恙，但是沒有人能阻止路特伊出海。他的小艇上下搖擺，不斷前後顛簸，他無法操控船的方向，然後突然間，從水面下冒出一顆髮色明亮的人頭。美人魚的外貌沒有改變，但路特伊現已老朽，頭髮稀疏泛灰。當他的兒子在岸上看時，美人魚招手引誘，路特伊站起來，小艇在洶湧的波浪中突然傾斜。

「我的時間已經到了」，他對他的兒子大喊。他一跳躍入水中，然後不見人影。美人魚的魔法延續了世世代代，克利的路特伊對抗疾病和巫術的力量廣為人知，但是美人魚一直要獲得報償。每隔九年，如同潮汐般地規律，路特伊的一名後代子孫必會在海中消失。[21]

---

21 故事取自 *Water Spirits* in "The Enchanted Word Series" (Amsterdam: Time-Life Books, 1987).

印度教的眾水之母

至今我們已經檢視了三種偉大文化中的神話，分別是中東、埃及和凱爾特文化，三者對現代西方心理發展貢獻斐然。在上述文化中，水是不斷循環的生命源頭的意象，象徵了自我生育和模稜兩可，反映了嬰兒誕生前後的生命經驗，體驗到母親既是滋養者，也是破壞者。在印度教的創造神話中，我們又將遇到相同的主題，但其中具有較為細微的哲學意涵，可以提供更多深刻的理解，以洞悉海王星的內在世界。印度教宇宙觀的核心形象是有韻律的出生與重返：生命會不斷地從宇宙之海折返，最終消融在原始之水，繼而代之的是新宇宙的誕生。印度教的生命觀帶有深厚的宿命論色彩，人們常認為這很消極。其中沒有神奇的大鍋或必須勝取的永生樹，沒有耶穌再臨的審判日，沒有天堂或瓦爾哈拉（Valhalla，譯按：北歐神話中的天堂），讓正直或勇敢的靈魂可以升天獲得永生。最終的現實就是虛無之水。

如我們所見，不同的神話反映出不同的情感氛圍——巴比倫神話中充滿了暴力，凱爾特神話曖昧不明，埃及的神話則瀰漫著被動性。各種不同的論調反映出人類對於最初原型經驗的不同認知。以個人心理學的角度來看，這些差異是源自經歷者的性情，他或她的年齡及發展狀態。若從集體的角度來看，也有同樣的傾向。充滿活力的巴比倫文化認為生命的出現就是一場宇宙的戰爭，而埃及人則覺得那是和平且仁慈的，但卻也是個無法控制、必然發生的循環事件。凱爾特人透過祭獻、贖罪和詩歌來定義他們與本源之間不斷改變的關係，把人類視為這場宇宙之舞中不可或缺的活躍元素。而印度教神話是所有神話裡看似最嚴峻也最順服的版本，認為人類生命是場幻象。就心理層面而言，這意味著印度教神話徹底認同誕生之前與母親共融的狀態，獨立存在的感受微弱且短暫，生命不過是一場夢境而已，同時充滿疲憊。這些感受無疑隸屬海王星的國度。

然而這種如韻律般的、海洋式的、絕對陰性、帶有海王星幻想本質的宇宙觀，在西方人的眼中是很消極的，因為他們無法看透生命中當下的獎賞和懲罰。排除人生而不平等的事實，以及對於「罪惡」的極度主觀定義，這樣的宇宙觀比起一次機會決定要永世煎熬，或舒適的和天使在天堂裡生活的信念來說，無疑是較好的方式。羅馬歷史學家米爾加・伊利亞德（Mircea Eliade）針對這個主題，簡明扼要的表達個人看法：

> 我不確定是否能把這稱為一種被動、悲觀的生命觀，這是一種比較順從的觀點，只是從看著水、月亮和變化的模式來決定。洪水的神話全都在暗示人類的生命可能與某種「心智」相稱，而不僅限於人類的心智。就水的「觀點」而言，人類的生命非常脆弱，必須定期地遭到吞噬，因為這是所有形式的天命，必須受到消融再獲得重生。如果沒有透過週期性地在水中溶

解，再次產生「形式」，這些形式就會粉碎崩解，耗盡創造力，最終殆盡。[22]

對印度人而言，宇宙之海就是萬物出現的「大聖母」（Devine Mother）。在印度南部，人們將她描述成凸眼，稱為「魚眼的人」，她被命名為馬哈卡利（Maha-Kali），意指偉大的時間，也被取名為尼提亞—卡利（Nitya-Kali），意義是無盡的時間。自公元前兩千五百年起，她便主宰了印度河流域的文化。當時的世界沒有生物，沒有太陽，沒有月亮，沒有植物，沒有土地，只有被黑暗層層包覆的闃黑，當時只有「母神」，「無形的唯一」，也就是馬哈卡利獨自存在。經過了宇宙的破壞，在每一次的偉大循環步入尾聲時，她會為了下一次的創造收藏種子。創世紀後，她的原始力量就留存於宇宙。她會展現每一種表象世界，然後瀰漫其中。她束縛了肉體的存在，同時也象徵了可以帶來解放的成道。在她的「摩耶」（maya，後譯「幻象」）的誘惑之下，也就是她的幻覺或魅力，人類會因為自身難以馴服的慾望臍帶，累世糾纏在重生的輪迴中，但人們也可以透過她的仁慈，即是透過苦難獲得的智慧，達成自我的解放。她被稱為救贖者，也是移除者，她可以解開人類與世界連結的鎖鏈。一首來自印度教《祕典概要》（*Tantrasara*）的讚歌提到海王星偉大的眾水之母：

母神！起源和世界之母！

您是最初一體存在的藝術
萬物之母
您是所有天神的創造者，包括創造之神梵天
保護之神毗濕奴，還有破壞之神濕婆！
母神，唱誦讚美您能淨化我的言語
只有月亮能為潔白的夜蓮帶來喜悅
只有太陽能為白晝的蓮花帶來喜悅
所以親愛的母神啊！只有您的閃爍一瞥能讓宇宙充滿歡愉[23]

「摩耶」的概念不單是印度教的基礎，同時也是海王星，以及強烈認同海王星世界觀的心理學根基，但這個字如同「業力」（karma）一樣，最近遭受一些奧祕團體濫用。就摩耶的觀點而言，外顯的世界並非真實的「事物」，而是源於宇宙之海的發射，物質世界只是短暫的載具，讓大聖母的實體得以循環流通。我們所知的現實只是幻覺或海市蜃樓。我們，還有我們所

---

22 Mircea Eliade, *Patterns in Comparative Religion* (New York: New American Library, 1974), p. 211.
23 節錄自Joseph Campbell, *Oriental Mythology* (London: Souvenir Press, 1973), p. 39.

稱的生命，不過是馬哈—卡利的一場夢。這種概念令比較具象的西方思想深感困擾，對帶有西方思惟的人而言，夢是虛幻的，物質是真實的，人的生命是宇宙之海眾多的幻夢之一，生命事件只是彰顯了她的存在。正如我們相信，人類的夢境影像來自大腦，依此來看，人類的死亡就是一場夢的結束。同樣地，心理複雜的西方人可能會藉由過濾夢境，淬鍊出其中的意義，並在蒐集到精華之後，遺忘了夢中的影像，所以人的一生很快就會被淡忘，但宇宙之海會從這場生命夢境中吸取精華意義。

印度大聖母誘惑且絕對的力量，與巴比倫蒂雅瑪女神如野獸般卻相對的力量形成了強烈對比。相同的生命經驗卻有不同的認知，這要告知我們什麼訊息？也許其中的差異就在於自我意識的力量與完整性，與初始之母的關係。瑪杜克這位弒母的世界創造者性格猛烈，代表了陽性的力量，他象徵了戰鬥的力量及自我表達的驅力，他可以單獨對抗來自子宮的威脅，退回本源的拉力，費力取得獨立的存在。他也具體呈現出一種極端的觀點，意味著如果我們認同這種太陽、尚武的自我力量，那麼當我們在體驗本源之水時，當我們在內心中體驗到他們所代表的早期渴望及需求時，只會覺得恐怖，覺得生命遭受威脅。這是海王星的一種經驗：祂就猶如一名吞噬者，我們必須與之抗爭，才能維持自我的現實。在占星的出生盤上，海王星與太陽和火星的四分相，特別是太陽和火星位於火象或土象星座時，就會反映出這種認知。相較之下，印度人對大聖母的體驗，就是一種宇宙的純然喜悅。自我感才剛剛萌生，非常脆弱，感覺就如一場夢，而終極的感受就是個人的自我意識完全浸淫在水的本源中。一個人的生死都是毫無意義的，所有的意義都存在於她之中。這是海王星的另一種經驗：祂是宇宙極樂至喜的狀態，在對抗宇宙超驗的窮凶極惡時，個人的感覺、需求和價值都顯得毫無意義，甚至可鄙。在出生盤上，一個落於開創宮位（編按：指第一、四、七、十宮）的海王星三分太陽或月亮時，再加上有強化的水元素或十二宮，就會反映出這種覺知。當我們考慮海王星在星盤中的位置和相位時，無法肯定哪種態度會主宰一個人的意識。端看整張星盤時，也必須考慮外在的因素，好比家庭背景，還有一個人誕生時盛行的文化價值。但可以肯定的是，如果有任何極端的主宰狀況，其對面的能量遲早會找到方式滲入個人的生命之中。

對印度人而言，世界不過只是一場幻象，僅僅代表了「元素」。就其所創造的外表而言，幻象也是一種藝術。我們可以開始從「元素」上看到大聖母創造形式的「藝術」，與人類藝術家來自想像的創造力之間有著密切關聯。我們也可以看到幻象的元素、德國物理學家梅斯墨（Franz Mesmer）稱的「宇宙流體」（universal fluid），及榮格的「客體精神」（objective psyche）之間的關聯性。大聖母如同幻象一樣無形，可以單雌孕育，既是顯像現實的生產者，也是破壞者，其中包含了個人的自我，人們一直深信這是一種自覺意識。若是任何一個人曾經用一種獨特、同步性的方式，體驗到看似既定不變的情勢甚至物體，會在剛好的時間出現改變，產生合適的經驗，就會認清這種「元素」的神奇本質。而對印度人而言，這才是唯一的現實，幻象只是計量的表現或創造的形式，它也可能是任何的幻覺、把戲、詭計、欺騙、戲法、妖術或巫術的運作。天神本身就是幻象的產品，就是尚未分化的神性流體的自發性創作。

因此，摩耶這位大聖母不只會創造天神，也會創造其所運作的宇宙。即使大聖母本身也只是幻象的把戲，因為幻象本身是沒有形狀的。人類的想像摩耶是「她」，而人類的想像就是她，這也許是我們能體驗到最純粹的形式。創造的過程可能是一本書、一段音樂、一齣戲或是發明的祕訣，所以不是「我」在運用「我的」想像力，而是想像力透過「我的」人生來自我表現——而它本身也是同樣原始元素的產物。藝術家總會把創造之海視為神性的來源，讓自己沉浸其中，這也許就是為何人們常認為他們瘋了，而他們也常會失去理智。幻象是至高的力量，它創造了宇宙的戲劇性表演，並替這場表演賦予生命。莎士比亞似乎知道這個祕密，這就是何以他會認為整個世界就是一個舞台，所有的紅男綠女都只是演員。在印度教的教義中，幻象被稱為「夏克提」（Shakti），意指「宇宙的能量」。有趣的是，夏克提或是沙克蒂（sakti）這個字，也代表了女性的性器官。摩耶—夏克提被具體化成終極本體的女性、母性臉龐，具有保護世界的力量。但正如我們預期，她在印度神話中的形象是不值得信任的，儘管《祕典概要》裡有另一種描述。她先滋養宇宙眾生，再用她易腐的產物包覆住自己創造的萬物，還用難以招架的魔法誘惑眾生，讓他們無法忍耐，就像在瑟西島上奧德修斯（Odysseus）的子民，因痴心渴望被救贖，所以透過可以反映她（大聖母）的物品而變為野獸。印度哲學思想的目的，一直是要人們學習幻象之網的祕密，所以人們可能會穿越它，抵達一個超越肉體、情緒和絢爛心智的現實。如煙火般的絢爛心智會阻礙我們真實的覺知。所以這種哲學是努力地朝向無執的境界邁進，因為摩耶會透過對於慾望的強迫性力量，約束她所創造的一切。人們若是只想透過禁慾和苦行抗拒她的創造元素，那根本就是一場騙局，因為這也是一種慾望，一股想要擺脫慾望、或是避免被慾望傷害的慾望。在印度人的心中，只有經歷多次輪迴轉世的滿足和醒悟，並對宇宙循環的本質有透徹的認知，最終才得以擺脫幻象。

在印度神話中，水是摩耶的主要具象，代表這位神祇維持生命的本質，會藉由雨水、精力、精液、奶和血的形式，透過她創造的萬物循環運作。這些形式都是神奇的物質，被賦予了大聖母的生產和再生力量，因此潛入水裡就意味著探究幻象的祕密，追尋生命的終極奧祕。宇宙之水是無窮且不滅的，這曾是萬物的源頭，也是令人敬畏的墳墓。

> 混沌的能量會透過自我轉化的力量釋放，或是以個體化的形式，賦予其短暫的生命和有限的自我意識。她曾經滋養了萬物，以生氣勃勃的精氣供養他們，然後她會無情且一視同仁地，再次地將他們消融，讓他們回到萬物皆同的能量中，而這也正是他們的源頭。這是摩耶的作用和特質，她就是消耗一切的母性孕育地。[24]

24 Heinrich Zimmer, *Myths and Symbols in Indian Art and Civilization* (Princeton, NJ: Princeton University Press, 1972), p. 34.

印度教神話假設已被創造的世界會無限延續，之後會被它們出現的混沌之海吞噬。這些元素會消融恢復成無差異的流體，月亮和星星也會消失，只有一片毫無界線的水，這就是梵天之夜的暫歇時刻。人們還把水想像成一條巨大的水蛇，類似水蛇母神蒂雅瑪。天神毗濕奴（Vishnu）負責維護每一個宇宙，同時也是大聖母放射的表現，印度藝術把毗濕奴描述成橫躺在巨蛇「舍沙」（Ananta，意指「無限」）的盤旋之上，在天神體內則是一個新宇宙。不久以後，從他的體內生出一朵蓮花，擁有千片純金花瓣。蓮花對於印度人而言，就像埃及人眼中，自然出現生命時的神聖太陽花。毗濕奴展現了造物天神梵天，梵天坐在金色蓮花的中央，之後就創造了新的宇宙。

印度河流充滿了極具影響力的神話，人們常認為河流是女神，是賜予食物和生命的母親，她們在印度藝術中的形象和大聖母的形象並無差異。恆河女神（Ganga）是主宰恆河的女神，她賦予繁榮興旺，確保能賜予救贖。她承諾骨灰和遺體進入恆河的人能洗刷罪惡，確保他們能獲得更快樂的重生。恆河透過可觸摸的形式展現神性恩典的流動，讓生育力散播，遍布稻田，把純粹注入信徒的心中，浸淫在她肥沃的河水中。前往印度的西方訪客每次看到眾多的窮人、骯髒的人擠到水中，無視於會傳染或感染的疾病，都會看得目瞪口呆。但對印度人而言，只有用肉身與恆河女神接觸，才能轉化信徒，讓他或她超脫幻象。透過這種儀式，可以轉化世俗天性的基本元素，凡人的血肉之軀就能具體呈現至高永恆境界的神性本質。

與水有關的印度教神話特別描述了海王星的內在世界。出生盤上有強烈海王星傾向的人，常有厭世和渴望被遺忘的經驗，這些感受都以最基本的哲學用語表現在印度教神話中。海王星型的人與印度世界觀之間有著強烈密切的關聯性，這是很容易理解的，我們可以將出生盤上一顆強勢的行星視為鏡片，出生盤的主人會透過這副鏡片來體驗和詮釋生命。因為我們都是經由自己極力篩選的鏡片來認知周遭的一切，這也便是我們內在的本質。若透過海王星向外看，當見到了世間無盡的苦難和看似毫無意義的生死輪迴，會得到一個結論，認為最重要的是生命來源的母體，而非生命本身。孕育眾生的母體會貶低差異的個體及其重要性，沒有比歸本溯源更重要的事情，無論如何，萬物都只是發源地的化身與幻象。我們甚至會把消融在宇宙之海的渴望視為死亡的願望，儘管主動又具侵略性的自我毀滅的衝動，與渴望獲得神聖回歸的赦免，其實大不相同。

希臘的水神

希臘神話中關於水的本質和意義，將讓讀者們沉入無限豐饒增殖的意象裡。在這場眾神的水宴中，可找到多位有助於詳述海王星世界的神祇。希臘神話的豐富多元並未掩蓋水性源頭最本質的簡單性，古老希臘神話中眾水之母的原始力量，最終為一個陽性的對應人物所取代。而希臘冥府的主宰權也出現同樣的轉讓，一開始是由擁有陽具的女神統治，之後僅被描述成一位有陽具的天神，即是男性天神黑帝斯（Hades）。儘管最後是尊奉大地之神波賽頓（Poseidon）為公認的大海之神，但最初希臘神話中的大海卻是被擬人化為女性的，無論是在個人的形式，或是超個人、極樂又恐怖的形式中，都與所有稍早的海洋之母有關。若想要理解占星學中的海王星，就不能只看波賽頓好鬥又狂暴的一面，必須更深究他的面貌。波賽頓的形象之後被融入羅馬時代涅普頓，海王星的名字由此而來。

在佩拉吉斯人（Pelasgian）的創造神話中，這是目前我們所知最早有關宇宙來源的希臘故事。[25]世界之初，只有萬物女神歐律諾墨（Eurynome），她從卡厄斯（Chaos）中裸體現身（卡厄斯即是印度的摩耶），並讓自己化身為女神，卻發現雙腳下沒有穩固的物體可讓自己棲息。在《創世紀》影響的延續下，她從天空分出大海，獨自在海浪上跳舞。在寂寞時，創造了海蛇俄菲翁（Ophion）並與他交媾，揣摩出鴿子的形體，產下宇宙之卵，這就是萬物的來源。女神歐律諾墨有許多面貌，其中一個是海洋統治者歐律比亞（Eurybia），也是忒提斯（Thetis，處置者）或是變相的忒堤斯（Tethys）。她也是海怪刻托（Ceto）或刻托斯（Cetus），與希伯來的鱷魚和巴比倫女神蒂雅瑪相互呼應。她還是涅瑞斯（Nereis），象徵了水的物質元素。到如今，無論她被冠上什麼名字，我們應該都可以辨認出她了。

目前為止，這位創造女神如實符合我們介紹過的所有人物。歐律諾墨如妖怪般的陽具臉龐也出現在海怪刻托斯和海蛇俄菲翁的形象裡，如同印度人的舍沙、凱爾特人的多姆努、拉凡特的羅坦一樣，都是小心翼翼地從女神身上分裂出來的。不過幾個世紀之後讀到荷馬（Homer）的史詩時，已經發生了預期中的變化。荷馬將歐律諾墨稱為俄刻阿諾斯（Okeanos），象徵生命的來源，也是萬物的開始。這位陽性的神祇是一位水神，擁有無盡的生育能力，他的溪水流至大地的最外圍再回歸自身，形成一個循環，如同最崇高又無止盡的印度海蛇舍沙。每條河流、每個泉源、湖泊或噴泉，甚至整個大海，都來自他強大永恆的身體。當奧林匹亞的宙斯統治了全世界時，也只允許俄刻阿諾斯擁有之前的頭銜，可以在世俗現實及彼世（Otherworld）之間畫出界線。但俄刻阿諾斯並非獨自統治，他與女神忒提斯共同統治水的領域，忒提斯就像古老佩拉吉斯神話中的眾水之母歐律諾墨，是原始的創造女神。正如葛瑞夫斯（Graves）推測，俄刻阿諾斯是較晚版的佩拉吉斯神話。到了荷馬的時代，眾水之母必須與配偶分享權力，最終的功勞全歸於配偶。

希臘水神們的數量族繁不及備載，除了眾水之母執行生死的原始特質，其他任何一個最奇

25 參閱 Robert Graves, *The Greek Myths* (London: Penguin, 1955)

異的水性形象都值得我們駐足涉獵，因這有助於我們了解海王星的其他面向。海洋的老人被稱為普羅透斯（Proteus）和萊瑞茲（Nereus），這是男性的形象，但他無疑是女神忒提斯或忒堤斯的另一種面貌。普羅透斯的意思是「第一個人」，他擁有原始來源的預言能力。普羅透斯如同印度的大聖母，可以任意變換形狀，他是流動且無法掌握的，又擁有預見未來模式的能力。因為宇宙整體都源於眾水之母的子宮，她天生就知道宇宙發展和最終結局的計畫，因為她是由自己的元素所構成的。我們可以在「上帝的攝理」（God's Providence）中呼應這個概念，基督徒相信上帝知道祂的子民會發生什麼事，無論大事小事，因為他們是祂的產物。

水能散發預知能力，這是一個久遠的概念，不限於希臘或印度教的神話。巴比倫人稱海洋為「智慧之家」，用俄安內（Oannes）這稀奇的半人魚形象來展現海洋的預知天賦。俄安內源於波斯灣，向人類揭露文化、寫作和占星學的知識。與水有關的預言能力，不同於阿波羅（Apollo）等天神，或是神話人物卡桑德拉（Cassandra）和特依西亞（Tiresias）的神諭能力。這不是直觀預見的天賦，傾向於知道自己孩子舉止的親密認知，因為這些特質不會與自我分開。這比較接近所謂的「通靈」，原因是造物者和創作之間的同一性。海王星和傳統占星學中的通靈能力有關，但這個用詞著實令人困惑，也無法協助我們釐清這種能力的內涵。海王星的心靈觀並非指示更高層的人格整合或意識，通常更像與缺乏自我疆界感有關。這有時會帶來破壞，代表人我身分的模糊不清，及光明世界與無意識世界之間的界線混亂。這種欠缺疆界反映了小嬰兒與母親之間的精神融合，每個母親普遍都有「知道」孩子很痛苦或陷入麻煩的經驗，也常看到小孩「拾取」並演出母親沒有表達出來的情感，可能是一陣焦慮，發脾氣或退縮。這種融合也會發生在毫不相關的人身上，夢到或知道將會發生一場意外或天災——彷彿個人土星式的皮膚，已和集體靈魂的海王星之水失去界線。我們可以在前述神話人物普羅透斯的身上，遇見海王星的心靈論。

暢泳大海時，我們可能會游經許多的涅瑞伊德斯（Nereid）、特里同（Triton）、賽蓮（Siren）、斯庫拉（Scylla）和卡律布狄斯（Charybdis），還有其他好色、迷人、充滿智慧、具有療癒能量、怪異又殘酷的水神，希臘人將祂們描述得充滿激情神韻且樣貌多變，如同我們在其他文化中看到的水神。但最後一定不能忘了考量天神波賽頓，他是羅馬人口中的涅普頓。這位天神最初的形象和水並無特別的關係。英國考古學家庫克（Arthur Bernard Cook）說過，希臘的波賽頓最初就是專業形象的宙斯。[26] 波賽頓是泰坦神克洛諾斯和瑞亞的兒子，是宙斯的哥哥（或宙斯的雙重人格），大地女神狄蜜特（Demeter）的配偶，也是豐收之神，與羊、馬和公牛的飼養有關。同時還是地震之王，人們將他想像成一隻巨大的黑公牛，在地底下的凹洞裡猛踏

26 A. B. Cook, *Zeus: A Study in Ancient Religion* (New York: Biblo and Tannen, 1965), p. 582.

腳，推倒了山脈和宮殿。他的三叉戟之後被認為是魚叉的形狀，不僅與一隻權杖有關，權杖上還有一朵宙斯配戴的蓮花，也與宙斯的雷電有關。[27]人們有時描述他同時拿著三叉戟和權杖。前古典時期的波賽頓並沒有提供太多有關占星學中海王星的資訊，這位天神最終與海之女神安菲特里忒（Amphitrite）結為配偶，而如同許多希臘神祇一樣，他漸漸地篡奪了妻子的權力。他不再只是一位豐收之神，搖身成為了海洋的獨立主宰者，他的三叉戟好比康沃爾人的美人魚髮梳，與醜陋但已被拔去毒牙的海洋之母的牙齒有關。[28]與海洋結親之後，波賽頓原本的大地特質似乎就被設想為他年老妻子的任性妄為和無法預測。所以他在古典神話中變成野性不忠的天神，毫無道德感，不在乎其他的天神、人類和歷史，在他自己的波浪中隨波逐流。

在羅馬變成偉大的帝國之前，義大利的族群如同凱爾特人一樣，會崇拜許多地方的水神。涅普頓納斯（Neptunus）起初只是義大利人崇拜的水神之一，不過這神祇當時還是女性的形象。女神朱圖爾納（Juturna）統治死水和河流，女神厄格里亞（Egeria）則管轄拉齊奧（Latium）的一個噴泉和洞穴，並可以預言新生兒的命運。當地許多的女神皆與泉源有關，都擁有預言的能力。台伯河（Tiber）是由天神第伯里努斯（Tiberinus）統治，維斯塔（Vistal）女祭司為了防止台伯河河岸氾濫，每年會將二十四個柳條編織的人偶投進這不值得信任的水裡，此為以前人類祭品的文明遺跡。[29]終於，羅馬人將當地的涅普頓納斯和希臘的波賽頓結合為涅普頓，接受涅普頓成為無庸置疑的海洋統治者。詩人曼尼烏里斯（Manilius）將他命名為雙魚座的守護者。羅馬的藝術家們喜歡用漂亮的馬賽克來呈現他和伴侶安菲特里忒，及一車的沙蠶、三叉戟、海豚、章魚、水生版的邱比特（編按：長著魚尾的邱比特）和海洋怪物，類似海馬和長著魚尾的公羊。不難預期，在任何一個羅馬浴堂的遺跡中，可以瀏覽到這些馬賽克作品。涅普頓和他的水上列車雖然被瑣碎化了，但也會出現在石棺和喪禮的紀念碑上面。比利時考古學家法蘭茲·屈蒙（Franz Cumont）指出，這些形象與死亡，還有靈魂從此生通往來世的通道有關。[30] 儘管在羅馬的光榮時代，漸漸開始把天空的範圍視為人類靈魂最終的安息之地，但更古老的海洋形象，就是我們來自的地方，也是有一天一定得回去的地方，這都永存於恆星不滅的珍貴希望下。

水的神話意義

還有許多的神話將水形容成生命的起源，其中也描述了眾水之母曖昧不明的天性。即使

27 庫克對於三叉戟來源的討論請參閱 *Zeus*, pp. 786-798.

28 一個伊特拉斯坎（Etruscan）晚期的玉髓聖甲蟲寶石中，可以看到這位年輕、面貌光潔的天神正要登上戰馬車，他的右手握著雷霆，左手拿著三叉戟，腳邊還有一隻非常卑微又驚恐萬分的海怪臣服於下。（參閱Cook, *Zeus*, p. 795, fig. 760）

29 Larousse, *Encyclopedia of Mythology* (London: Hamlyn, 1975).

30 Franz Cumont, Astrology and Religion Among the Greeks and Romans (New York: Dover Publications, 1960), p. 105.

在北方地區，陽剛味十足的傳說裡也保留了水的永恆主題，將水視為生與死的神聖來源，天神祕密的守護者。北歐神話的女海神瀾（Ran）從龍舟中取得她的人類祭品，她將這些人留滯在大海下方的宮殿，這是一個神奇的大鍋，賦予這些人永恆的生命。在《尼伯龍根之歌》（Nibelungenlied）中，萊茵水仙將金子藏在萊茵河底，後來德國作曲家理查・華格納（Richard Wagner）將此煉化為他最偉大的音樂創作之一〔編按：《尼伯龍根的指環》（*Der Ring des Nibelungen*）〕。這種意象是宇宙且永恆的，而我們只看到了其中的一小部分。有關創造起源於水的神話，只是人類想像力的自然流露，描述了生命本源的原型經驗。這些神話也象徵了人類在出生之前，或在剛出生尚未形成獨立的自我意識之前，對於母親的主觀經驗。在神話的意象中，我們可以看到對子宮、產道和胸部的強烈、勢不可擋的肉體經驗。其中也帶有原始的情緒，好比無法抵擋的渴望、自卑的驚恐、刺骨的極樂和恐怖的突變，當在意識世界中突然爆發這些情緒時，將自己投射在他人或情境上時，常會使成年的我們錯愕萬分。許多人發現，出生盤中的海王星擁有許多相位，或當行運或推運引動出生盤中的海王星時，將很難處理海王星的情緒層面，這點並不令人意外，因為這些感覺既廣大無垠又幼稚萬分。這種意象就如宇宙的創造一樣壯闊，是在告訴我們，當下正在處理的經驗並不屬於我們「記得」的時刻，因為記憶只是自我經驗的線性連續，只是「自我」感受的容器。

所以占星學的海王星不像出生盤裡的月亮，使用相同的方式傳達出個體與母親的肉體和情感關係，除非當出生盤中的海王星與月亮形成相位，或海王星落入十宮時，才能比較明確地與這領域產生關係。所謂的關係帶著既定的分離感受，脆弱的不堪一擊。海王星的感覺具有擴散、初生的、難以言喻和超個人的本質，但我並不將「超個人」與「靈性」畫上等號。當我們在體驗占星中的月亮能量時，便已經呱呱墜地，已經開始記錄與母親有關的個人身體和情緒感受，而母親也正逐漸地癒合成一個獨立的個體。然而，海王星意指個體尚未從無形元素中出現的時刻。因此，請將海王星的神話銘記在心，在認識海王星之初，必須考量海王星象徵了重返生命源頭的嚮往，渴望回歸於水的國度和回歸於子宮的永恆世界，個人意識會消融其中，回到賦予生命的他者（Other）之中。海王星坐落的宮位能提供我們重要的指引，讓我們理解無意識會在生命的什麼領域裡投射出對本源的渴求。我們可能會對這替代品（編按：意指海王星所在宮位有關的生命領域）出現不同的情緒反應——擁有永生樹的強烈渴望，逃離原始大洪水的驚慌失措，或是無法抗拒的強迫衝動，好比瑪杜克為了保全性命與蒂雅瑪作戰，然後創造了世界。或者也可能混合了以上所有的經驗。透過海王星的鏡片，觀察他人看來簡單的外在現實，就會變成充滿奇異幻想、夢、渴望、恐懼，以及象徵生命中最初源頭的未知力量。我們會在這裡體驗到自己與本源之間的神祕認同感，若未意識到本源的強烈力量，這股力量會滲入看待事物的觀點裡，因而帶來困惑、欺騙及如嬰兒般凡事被動的狀態——除非他或她願意動身探索這奧祕的力量，溫和地揭開覆蓋於外的物體、意識形態和人。所有前文已探討過的神話意象，皆在描述與本源失去一體性後留下的嚮往，還有必經的考驗與磨難，都只是為了再次體驗本源的療癒力量。關於天堂，這已失去但終將重新找回的主題，必然引領我們走到最初分離的原點。我們追求的死後獎賞，其實就藏在生命現身的國度。

【第二章】

千禧年的追尋

耶和華上帝在東方的伊甸立了一個園子，把所造的人安置在那裏。耶和華上帝使各樣的樹從地裏長出來，可以悅人的眼目，其上的果子好作食物。園子當中又有生命樹和分別善惡的樹。

——《聖經．創世紀》2:8

天堂的神話就跟創造的神話一樣，既古老又普遍。但是天堂較偏人性而非宇宙性，它關心的是男人與女人的本質及命運，而非世界的創始。它也描述了海王星的渴望——一種靈魂的強烈憧憬，渴求在歷經貧瘠的塵世荒原的放逐生涯之後能夠重返本源。偉大的創造神話把宇宙大戲描寫得巨大又抽象，不可能與個人的視角產生連結，但是天堂的意象就非常貼近人心了。源自水的創造是受孕和誕生的象徵，但是天堂是誕生之後的世界，彷彿沉浸在乳房的極樂之中。

我們若想重返失落的本源，只能在死亡的彼方找到它，或是透過世界末日的暴力介入，表現海王星最詩意的感受氛圍，其中帶著一種渴望，意圖重拾已然消失的純潔無暇，並且恆久地信服一個充滿慈愛的神祇，可以與祂永恆共處。

伊甸的西方

任何沿著天堂河流的旅途，都會從一個想像的地方啟程，而這也是西方遺澤最核心的部分——伊甸園。伊甸園的景色中有許多地方與我們討論過的原始水域有同樣的情感特質。創造的故事少了一個主題，但這個主題對於了解我們如何體驗海王星非常重要。這個主題就是墮落。亞當和夏娃的「原罪」不只出現在聖經的《創世紀》裡，也出現在許多其他文化的天堂故事中，這是我們疏離上帝、遠離極樂永生之地的主要方式。這是我們的罪，源於自己和與本源的結合之間；這是我們的罪，促使我們透過痛苦和犧牲來贖罪，以期有一天能獲得寬恕，被允許重返天堂。儘管在不同文化中，故事細節略有不同，但在所有的故事中，撕裂了天堂的架構、預示人類歷史漫長的荊棘路，通常都會被認為是種「錯誤」。在創造的神話中，並沒有可以區分對錯的衝突——人們只是逐字地描述「天神的行為」，甚至包括蒂雅瑪的殘忍屠殺——但是，天堂神話包含了非常明確的道德立場。我們相信必然有些原因才會身處此地，而非他方，要放下這種信仰是很困難的。我們如果不更仔細地檢視這個道德議題，就不可能理解海王星的模糊世界，因為這是海王星在個人心理學中固有的意義及表現方式。

最有用的方法就是從伊甸神話稍早的版本的開始。我們可以預期《創世記》中的這則神話，會類似蘇美—巴比倫文化的迪爾蒙（Dilmun）天神花園，在這個樂園中沒有生死，野獸不會互相獵捕。

迪爾蒙的土地是純潔之地，清淨之地。
迪爾蒙的土地是清淨之地，明亮之地。
在迪爾蒙，獵捕完全沒有哭喊
老鷹完全不會發出狩獵的鳴聲
獅子不會殺生
狼不會攫取羔羊
沒人聽過殺孩子的狗
沒人聽過吞噬穀物的野豬
眼疾的人不會說「我眼睛病了」

頭疼的人不會說「我的頭病了」
迪爾蒙的老婦不會說「我是老婦」
迪爾蒙的老叟不會說「我是老叟」
歌者不會哭泣
在城池週遭，他毫無悲痛[1]

在世界創造之初，水神恩基（Enki）要求祂的母親，原始之海納木（Nammu），幫祂用一些泥土塑造新生物，負責照料天神的住所迪爾蒙。結果非常令人滿意，恩基開始創造其他人類，人類也開始繁衍。曾經有一段時間，天神與人類一起快樂地住在迪爾蒙。恩基也創造了人類生活及享受所需的所有植物：黃瓜、蘋果、葡萄、無花果和其他美味的食物。這樣的情況短暫延續了一陣子。但在人類墮落之後，只剩下天神住在迪爾蒙了，就像回到人類被創造出來之前的狀況。接著在歷經大洪水之後，只有烏塔納匹茲姆〔Utnapishtim，我們比較熟知的名字是諾亞（Noah）〕和他的妻子被允許住在這裡，大洪水的意義是要淨化世界的罪惡。迪爾蒙顯然就等於伊甸園。但是有趣的是，蘇美文化中人類祖先的「原罪」，並不同於希伯來文化中的人類祖先。阿達帕（Adapa）的神話，也就是《創世紀》裡的亞當，在古代中東地區非常普遍；我們可以在埃及的阿馬爾奈（Amarna）檔案中可以看到這個神話的片段。阿達帕和亞當有類似的名字，不過他們也只有這一個相似處。

阿達帕雖是凡人，但他有時被稱為是水的主宰者恩基之子，而他也像許多其他眾水之母的男性後代一樣，象徵了她的陽具創造力量。恩基把阿達帕創造成「人類的模範」，賦予他智慧，但卻沒有賜予他永生。阿達帕的職責之一，就是提供魚給眾神。有一天，當他在捕魚時，「南風」吹來，把他的船吹翻了。阿達帕在一陣憤怒中（恩基顯然給他的創作灌輸了壞脾氣），折斷了「南風」的翅膀，讓南風七天無法吹送。當眾神之首安努（Anu）發現南風不見時，就派他的使者伊拉布拉克（Ilabrat）去詢問原因。伊拉布拉克回來，向安努報告阿達帕做的事。安努下令把阿達帕帶到他面前。水神恩基此時提供兒子智慧的建議，告訴他該如何面對安努。祂告訴他，應該要表現得很悲痛，披頭散髮，編出一個令安努悲傷的故事，稱是因為有兩位天神從人類的世界消失，讓他失去平衡，才會容易盲目地攻擊南風。當安努提供死亡的麵包和水時給他時，也一定要拒絕。一切都如恩基的預言般發生了，阿達帕的真誠獲得了安努的歡心，安努也原諒了南風的事件。之後，安努賜予阿達帕生命的麵包和水，阿達帕順從父親的指示，同時也誤解了賞賜的本質，就拒絕接受。安努大笑，問阿達帕為何會有這麼奇怪的表現。

1 S. H. Hooke, Middle Eastern Mythology (London: Penguin, 1985), p. 114.

阿達帕解釋，自己是在遵從父親恩基的建議。安努於是告訴他，因為他的這個行為，他必須被剝奪永生的禮物。儘管之後，阿達帕擁有許多特權和尊榮，統治了大地，但疾惡和不幸也從此永遠跟隨著人類。[2]

這是一個很有趣的故事，因為這裡的原罪，不是亞當不順從上帝的旨意，而是太順從；盲目的順從，導致人類失去永生的賞賜。我們對此可能會有豐富的揣測，這個與《創世紀》大異其趣的故事有什麼意義？難道我們「陷入」痛苦和死亡，不是因為亞當的一意孤行，而是因為他盲目地接受神性父母的引導？這個早期版本的墮落故事在神學上也許有些挑釁，它可能在久遠以前受到色彩鮮明的道德觀轉化，而形塑了猶太─基督教文化的特色。西方集體靈魂的神聖天堂，代表了我們已經遺失的原始極樂之地，因為這是海王星如此費力避免的、極度模糊不清的人類屬性：個人選擇的力量。

當一個人發展出完全的自我之後，天堂的情境就被徹底破壞了。在嬰兒的狀態中，生命是由一種更豐沛，且更具包容性的事物掌握，而到最後，生命會很自然地依賴這種充沛的包容。我們可能會從宗教的角度來看，因此認為一切都是由上帝控制；或是我們可以從道德上想像，認為一切都仍安好，惡魔仍未進入這個世界。[3]

天堂是天上的居地，等待著正直的靈魂死後進住，這是一種古老的論調，就如在人類墮落前的樂園。[4]可以預期地，這兩者有相同的形式，也對消失的樂園有一樣的情感氛圍，世上第一個男人和女人，就是在這裡被憤慨又毫不寬容的天神驅逐出境的。我們起源的地方，是我們曾經與神性他者完美地融合之地，也是我們最終的歸處，它提醒我們為所當為，在棲身地球的期間應擁護正確的行動和信仰，以彌補原始的「錯誤」。海王星的渴望會像洪水一樣灌入兩個方向：對於失落原鄉的鄉愁，還有渴望在某個地方、某個時間點，在遙遠的未來能重新融合。對於許多現代西方人而言，從心智的角度觀之，伊甸園來世的宗教觀點似乎有點含糊不清。但是，這種鄉愁和渴望並沒有消失，這種狂喜重聚的企盼被打入無意識裡，當「對」的人，或「對」的工作出現時，或是當每件事都莫名神奇地變得「很對」的時候，它會被投射在未來的某個生命點上。這些情緒很人性，無所不在，我們每個人偶爾都會有這種體驗。這些是海王星渴望的特徵表現，提醒我們儘管有目前的苦難，最後總會有「某個東西」回應我們的呼喚。

2 Hooke, *Middle Mythology*, pp. 56-58.

3 Erich Neumann, *The Origins and History of Consciousness* (Princeton, NJ: Princeton University Press, 1954), pp. 114-115.

4 針對死後的天堂，完整的歷史檢視請參閱Colleen McDannell and Bernhard Lang, *Heaven: A History* (London: Yale University Press, 1988).

這種感覺可能會激勵人心，讓人重新燃起希望，特別是在經歷惱人的土星或冥王星行運時。但是這種過度的海王星傾向，以及這種讓人在此生追求著神奇來世的幻想——停止所有的分離痛苦，重回原始融合狀態——可能會淹沒活在當下現實中的能力。

人們用來描述伊甸園和來世（就像許多生命中的感官和情慾經驗）的英文字「天堂」（paradise），其實源於波斯文：pairi（意指「附近」）和daeza（意指「一面牆」）。因此，天堂也意味著「有牆的園地」，就像子宮一樣，包括了死後的世界，一如誕生前的境地。在西方的傳統中，天堂不只是一個聚集死者和虛弱無實的幽靈之處，它就像希臘人的至福樂土（Elysian Fields）。早期的瑣羅亞斯德教（Zoroastrian，約在公元前一千四百年）教義——影響了公元前六世紀猶太人的末日信仰，最後成為基督教對來世的認知——就包括了肉體的復活，人們可以透過感官享受喜樂的有牆花園，就像在另一個層面的亞當和夏娃。[5]在保羅的基督教中，復活的肉體絕對只是肉體，儘管這是精神層面的形容，而非物質層面。保羅並未定義這個新身體的「精神」特質，不過他的確暗示，世俗的肉體不具有解剖學或生理學意義，因為上帝會破壞身體裡面的胃和食物。[6]換句話說，這具肉體沒有任何導致亞當和夏娃惹上麻煩的慾望。生前天堂和死後天堂，不僅是在意象和調性上有些不同，在一些麻煩的人性慾望的表現上也會有所差異，這會讓一連串的痛苦化身和贖罪，破壞了誕生前和來世的永恆喜樂。

《創世紀》（2:15）非常清楚地提到伊甸園的狀況，確保能延續這個原始天堂的狀態：

耶和華上帝將那人安置在伊甸園，使他修理，看守。耶和華上帝吩咐他說：「園中各樣樹上的果子，你可以隨意吃，只是分別善惡樹上的果子，你不可吃，因為你吃的日子必定死！」

由此可見，此時我們無需在詳述這個議題，就能確定天堂的極樂與善惡的知識（或是意識，特別是性的意識），兩者是互相排斥的——擁有了後者就會破壞前者。意識暗示了選擇，結果就需要定義一個獨立的自我，讓一個人可以根據自我的價值做出決定。這跟與上帝、父母或集體的融合背道而馳。善惡的知識，其實是與本源分離的狀態，但就像神學和心理學教科書中履次指出的，畢竟是上帝把這顆蘋果放在那裡，央求人類吃下肚。蘋果是伊甸園的一部分，這是人性狀態的一部分，甚至在子宮的羊水中時，這種可能性就已經存在了。蘋果已經被創造出來了，難道沒有人想要吃它嗎？而且，如果人類否定它，為什麼上帝要讓亞當和夏娃擁有這種危險（或健康的）的好奇心，導致他們最後得反抗創造他們的人呢？這條蛇當初到底來自何方？牠也是上帝創造的，也是伊甸園的一部分。除非我們想要宣告《創世紀》的上帝只是個惡意的騙子或變態，不然就算神學家不斷試圖求解，這些問題仍無法回答。這也許就是伊甸園

5 Heaven, p. 12.
6 Heaven, p. 35.

的重點：它的道德問題是無解的。生命的本質指示我們不能停留在子宮裡，否則我們就會死，就像瑪杜克如果不戰鬥就會落得一死。我們最後必須以獨立的肉體誕生，帶著本能和情感的需求，遲早都會與母親的意志產生衝突，迫使我們進入痛苦的分離經驗中。我們可以把失落的伊甸園視為一個心理故事，這就像誕生一樣，帶有一種必然性，而我們渴望重返時必然伴隨的自責，也是一種無法避免的原型心理。所有一切都必須仰賴我們對此的覺知，以及我們在生命中表現它的方式。

在希伯來文中，伊甸園這個名字意味著「喜悅」或「喜悅之地」。伊甸園是有牆的喜悅花園，在花園中有兩棵樹，一顆是知識樹，另一顆是永生樹，就像吉爾伽美什在宇宙之海下發現的永生樹一樣。在伊甸園的中央，有四條河流來自一個永不枯竭的泉源，流往四個方向，向讓世界煥然一新。伊甸園也是水的源頭，就像源於印度大聖母的河流一樣，可以救濟大地。我們可以把伊甸園的景色想像成是一個小嬰兒在吸奶，跟創造女神同在，不需痛苦費力就能獲得滋養。卡巴拉的《光輝之書》（*Zohar*）對伊甸園的水提出有趣的評論：

> ……Y（這指的是YHWH，構成上帝不可稱之名的四個字母）產生一條來自伊甸園的河流，這就等於我們的神母。神母懷了兩個孩子，W代表「兒子」，第二個字母H代表「女兒」。神母生下他們，哺乳他們……[7]

這份祕傳的文件描述了伊甸園河流與神聖眾水之母之間坦然公開關係。「兒子」和「女兒」是人類祖先，就是她的孩子。「兒子」與「女兒」的名字就是亞當與夏娃，其意義分別是「土地」和「生命」。兩人破壞規則吃下禁果，被驅逐出伊甸園，誕生成為凡人。上帝唯恐他們會像吃了善惡知識樹的果子一樣，又吃下永生樹的果子，就詛咒他們，把他們趕走，又在伊甸園的東邊安設「基路伯」（cherubim，掌管知識的天使）並發動火焰的劍，守住通往生命樹的所有道路。我們現在太過細緻化了，把這視為實際發生過的歷史，認為伊甸園就是位於底格里斯河－幼發拉底河平原以東（或是根據最近的歷史，是位於馬達加斯加）的某個有牆的綠色花園，裡面有一條會講話的蛇，第一個女人是由男人的肋骨形成，還有兩顆神奇的樹，上帝禁止人們食用樹的果子。我們每個人的心中都有失落天堂縈繞不散的影子，它的古代遺跡和普世性，就宣告了其原型本質。伊甸園是最根本的人類經驗，無論它是蘇美人的迪爾蒙，希臘人的至福樂土，凱爾特人的青春不老之地，北歐神話的瓦爾哈拉（Valhalla），中古世紀傳說的聖杯城堡，一瓶琴酒，一顆迷幻藥，或是愛人的擁抱。伊甸園是描寫海王星內在世界最有說服力的神話之一，似乎只要是被海王星迷惑的人，都無法忘記天堂的泉源，而他或她，似乎也無法

7　Raphael Patai, *The Hebrew Goddess* (New York: Avon Books, 1978), p.127.

停止試圖吐出帶來所有麻煩的果子。再次進入伊甸園的渴求，會變成這個人一輩子最關注的焦點，儘管外界並不一定如此認為。伊甸園現在有了其他的名字了。

衍生出《創世紀》意象的天堂和墮落故事，並非源自以色列人，也不僅限於蘇美、巴比倫和伽南的神話。禁果也不永遠都是禁果。對於希臘人而言，禁果就是火。巨人普羅米修斯（Prometheus）偷走神聖火焰的故事，在其他印度—歐洲的神話中獲得共鳴，導致人類飽受所有的道德折磨。在這場劇變之前，生活輕鬆而平靜，男人和女人生活在「黃金時代」（Golden Age），與大地和眾神保持完美的和諧。普羅米修斯其實是人類的創造者，他教導人類建築、占星、數學、航海、醫學和冶金術。然而，宙斯開始嫉妒這些傑出作品與人類日俱增的才華和創造能力，決定摧毀他們。宙斯在普羅米修斯的緊急求情之下赦免了人類，但是不准他們擁有火的禮物，因為這會讓人類變成天神。普羅米修斯拒絕支持這個不公平的限制，因為這會侷限他開發人類未來的潛能。所以，他從太陽燃燒的馬戰車上偷了火花，把它帶到人間，藏在一根中空的茴香莖梗中。宙斯為此嚴厲懲罰普羅米修斯，同時為了報復人類，把令人無法抗拒的潘朵拉（Pandora）送到人間。她帶著一個盒子來到人間，盒內裝著所有折磨人類的壞心眼——瘋狂、熱情、暴力、貪婪、背叛、疾病和年老。

希臘版的墮落故事，儘管其意象不同於亞當和夏娃的原罪，但也有同樣的道德難題。這個版本有典型的希臘英雄和悲劇為陣容，但與尼采（Nietzsche）認為《創世紀》中的「女性影響力」形成強烈對比——這指的是淘氣的違抗、說謊的不實陳述、誘惑、貪婪和強烈性慾。普羅米修斯雖然具有神性，但他只是巨人，就和克羅諾斯—薩頓（Kronos-Saturn）一樣是大地的靈魂，地位高於平凡人，但卻低於奧林匹亞眾神。我們可以把他視為象徵惡魔—人類靈魂一種擬人化的特質。希臘人物普羅米修斯和《創世紀》的人物不同，尼采把他對嫉妒的眾神的藐視，視為大膽不敬、勇氣十足的成就。不過就像亞當和夏娃一樣，這個巨人違抗神意，最後和人類一起受到懲罰。紅男綠女之前享受著的、寧靜富饒的極樂黃金時代，就此瓦解，成為「黑鐵時代」（Iron Age），至今我們仍在其中苦苦掙扎——如果我們相信古希臘詩人赫西俄德（Hesiod）的說法。

我們必須擁有墮落之前如孩童般的純真，才能享受死後的天堂極樂，因為若基路伯允許我們進入天堂，就必須彌補亞當和夏娃的罪惡。值得一提的是，上帝施加在亞當和夏娃身上的詛咒，包括誕生的痛苦和謀生的辛勞，在我們的認知裡，也是成年人最基本的兩種特色。為人父母，以及擔負個人物質需求的責任，都是與自己的父母分離，以及脫離嬰兒式的身心依賴的深刻表現。順從上帝旨意時，就像嬰兒接受哺乳時感受的完美和永恆喜悅。亞當（大地）和夏娃（生命）的名字合在一起，簡要地勾勒出一個帶有生命力的肉體，而被逐出伊甸園就象徵了肉體的誕生。這也象徵了心理的成熟與自主，斷絕了青春期之前無意識、魯莽的純真。行運的土星與出生盤上的土星形成的相位循環，就是這個過程的占星藍圖。通往成熟的旅途並不是從A

到B的直線，也沒有一個明確的「正常」成長程序。這是一條蜿蜒的道路，最後通常會根據每個人獨特的本性和天命繞回原點。試著從個人的角度來定義成熟，就像定義愛一樣困難。成熟雖然有各種表現方式，但是過程的核心都是某種心理的必要性，而這源自上帝對亞當和夏娃的詛咒。變成父母——這並不一定是實際上生兒育女——象徵了認為自己不是某人的兒子或女兒，而是一個獨立個體，在宇宙中孤身一人，必須負責找到自己的意義和目的，而不再依賴父母（或集體）的權威來左右個人的價值和決定。在物質上自給自足也是一種象徵，反映在靠自己的內在資源，獨自面對生命的能力。但這些都是海王星渴望避免的生命經驗。

我們對於善惡的知識，以及對這個骯髒老化世界的貪婪、限制和妥協的認識，都是努力掙來的土星知識。其中包含了世俗責任的負擔、決定的痛苦、性與愛的衝突（我們可不要忘了摩羯座的好色公羊）、孤獨和自給自足的挑戰，還有芸芸眾生的不公平。若是衡量這些，再從海王星的觀點來看，世俗生命根本是一片荒漠，伊甸園成了唯一可能的選擇。音樂和詩最能鮮明地表達海王星苦樂參半的憂鬱，反映出被放逐的深刻哀愁。失去的伊甸園，以及土星典型世界的冷酷嚴厲，是威爾斯作家亞瑟·瑪臣（Arthur MAchen）的兩大主題，他的太陽與凱龍星合相在雙魚座，與落入天秤座的土星形成緊密的對分相，又與落入牡羊座的金星和海王星合相。他的故事充滿神奇，經過優美地精雕細琢，又令人深感心神不寧，可惜一般人對他並不熟悉。瑪臣所有的故事核心都圍繞著這個信仰：

我們住在非常偏遠的內陸，但是我們擁有對「上帝廣闊海洋」（pelagus vastissimum Dei）最深沉的記憶，而這也是我們來自的地方……對於凱爾特人而言，整個物質宇宙都只是一個巨大的符號；其藝術在於一種偉大的魔法，可以相當程度地重建已經失落的天堂。8

無論這真的是凱爾特人的世界觀，或者只是一個有強烈海王星本質的人的世界觀，這都有待爭議。也許是兩者皆是。就如我們所見，凱爾特神話會令人想到海王星，不僅因為其中提到與水有關的冥府主題，還有其中的情感特質及呈現方式。另一方面，十八及十九世紀德國的浪漫派詩人，也認同相同的生命與藝術的幻想，但是他們卻很難算是凱爾特人。9 瑪臣在一個叫做「N」的故事裡，提到他對伊甸園及墮落的想像。

……葛蘭維爾先生經常思索人類墮落的結果，雖然他常不承認。「當一個人屈服於」，他會說，「聖經的象徵性語言暗示的神祕誘惑時，整個宇宙一開始是流動的，也是他靈魂的僕人，此時開始變成堅硬固體，開始衝撞他，把他壓垮，讓他臣服於它的勢力及安魂彌撒之

8 Arthur Machen, *The Collected Arthur Machen*, Christopher Palmer, ed. (London: Duckworth, 1988), p. 3.

9 關於海王星在浪漫派詩人及作曲家的星盤中扮演何種角色，特別是土星與海王星的相位，可參閱第十章。

下。」我要求他針對這個主題，提供我更多的觀點；我發現他認為，我們現在認為頑固的事物，按照他神奇的措辭形容，最初曾經是「天上的混沌」，那是一種柔軟且易延展的物質，一個未墮落的人可以運用想像力，將它模塑成任何他假設的形狀。「這看起來也許很奇怪」，他補充，「阿拉伯故事狂野的創作（就如我們認為），提供了我們一些有關『人類原生質』（homo protoplastus）力量的想法。繁榮的城市變成了湖水，毯子可以立即、甚至不需要時間，把我們從地球的這一端帶到另一個地方，一座宮殿可以瞬間憑空升起。當我們在嘲笑這種本領的可能性時，會把這所有一切稱為『魔術』。但是這種東方的魔術其實是混亂且片段地回想人類最初天性的活動，以及當時就託付給人類的『變成』（fiat）。」[10]

瑪臣的寫作卓越地描述了失落的伊甸園，還有它與灰色「內陸」的對比。但是關於在人類墮落之後摧毀人們的「勢力」和「安魂彌撒」，我們也許可以在美國詩人艾略特（T. S. Eliot）的詩中找到最具力道的描述，他為了能重返伊甸園，最後改信天主教。他晦澀複雜的詩作《荒原》（*The Waste Land*），其中有對無水世界的驚駭祈願，可說是二十世紀心靈荒漠最優秀的意象創作之一。

與具象的乾枯景色相比，天堂就像未來獎賞的想像，而這必然會凝聚在水的意象之上。上帝在舊約聖經《以賽亞書》41:18-20之中，對以色列人民提出具體承諾，提供人們極樂之水：

> 我要在淨光的高處開江河，在谷中開泉源；我要使沙漠變為水池，使乾地變為湧泉。我要在曠野種上香柏樹、皂莢樹、番石榴樹，和野橄欖樹。我在沙漠要把松樹、杉樹，並黃楊樹一同栽植；好叫人看見、知道、思想、明白；這是耶和華的手所做的，是以色列的聖者所造的。

在杜撰的《以諾書》（*Books of Enoch*）中，描述只有被選定的人、正直的人和聖徒可以進入伊甸園。伊甸園位於天國的邊緣，伊甸園的四條河流流動著蜂蜜、牛奶、油和酒。伊甸園不僅是一片許諾給以色列人的青翠綠地，它也是來世，也是極樂天國。在末日般的劇變之後，人們對於新世界的救世主、千禧年的想像，開始同時具有地上和天上的特質。而被選中的人，無論是已死或是還活著的人，都會在一個洗淨罪惡的世界中復活並轉變。我們可以在許多美國電視頻道中聽到這樣的訊息，儘管它近來看起來像中世紀時代，想要進入天堂還不如適當的金錢捐獻重要。但是無論是在現今或往後的世界裡，天堂的允諾都是非常強大、極具誘惑又具催眠性的訊息，對於社會整體的影響力並不少於個人。我們只能在基督教的歷史中考慮它的影響力，只要提起這兩件事就能證明，十字軍和宗教法庭的血腥及瘋狂，都是受到天堂獎賞的保證

---

10 Machen, *The Collected Arthur Machen*, pp. 312-313.

而激勵起的。我們也可以在一些非基督教的宗教教義中，看到人們同樣願意犯下駭人嗜殺的行徑，只為了死後能得到天國發源地的純潔至喜。我們也可以在一些個人案例中看到同樣傾向，這些人的海王星陷入狂亂，還會把心理層面的殘忍及破壞性合理化，極力想要把另一個人捆綁在永恆融合的狀態中。

中世紀樂園

諸如以西結（Ezekiel）這樣的猶太先知傳統，不只對早期基督教的末日論有深刻的影響，也影響了中古世紀的天國神學。重返天堂必然與天啟的靈性有關，也被視為是在千禧年和審判日之後賜予公正人士的獎賞。有些中世紀伊甸園文獻的部分內容，有助於傳達新耶路撒冷的本質，儘管當中有暴力的啟示意象，但還是跟《創世紀》中對伊甸園、巴比倫的迪爾蒙以及奧特弗里德（Otfrid of Weissenburg）的敘述一樣。奧特佛里德是九世紀的德國僧侶詩人，他曾經承諾他的同修在天啟後能擁有以下的鄉間修行生活：「水仙及玫瑰永遠為你盛開，甜蜜的芬芳永不枯萎……靈魂將會不斷地從花香中吸入永恆的極樂。」[11]同一時期廣為流傳的修行手冊《闡述》（*Elucidation*）也提到：「罪惡的懲罰，意即寒冷、炎熱、冰雹、暴風雨、閃電和其他的不便，都會完全消失」，而大地「將會充滿永恆甜美芳香的花朵，水仙、玫瑰和紫羅蘭永遠不會褪色」[12]諸如義大利道名會修士薩佛納羅拉（Savibarika）這類的都會預言家，也會渴望田園式的天堂，其中會再加上幾面寶石鑲嵌的牆：

「（天堂的大門）……被高牆圍繞，上面鑲滿了貴重的寶石，似乎環繞了整個宇宙……我們會往上望，會看見一片廣闊的原野，佈滿了芳香的天堂花朵。生意盎然的剔透溪流流往四處，安靜地喃喃低語。成群的溫和動物，像是白羊、貂、兔子等無害動物，比雪還白皙，在流水旁的百花綠地中開心地玩樂。……當我們[對聖若瑟（St. Joseph）]說話時，我被吸引著更靠近王座，看到無數的白衣嬰兒迎面而來，手上拿著芳香的蒼白小花……」[13]

也許有人很容易就覺得這種十五世紀的天堂景象，讓人有點倒胃，但是我們看到了相同的形象——花、水、善良的動物和穿著白衣的純真小孩——一再地出現在過去二十個世紀的宗教

11 Mcdannell and Lang, *Heaven*, p. 70.
12 Heaven, pp. 71-72.
13 節錄自"The Compendium of Revelations" by Girolamo Savonarola, in *Apocalyptic Spirituality*, Bernard McGinn, ed. (London: SPCK, 1980), p. 241.

文獻中。但在現今的世俗世界，人們對永生不死的集體幻想裡已經沒有這些畫面了，我們會在電視、雜誌廣告、浪漫電影中找尋天堂的景象，如果出現像是外星人踏出太空船的畫面，也無可厚非了，因為看起來，只要用對了洗髮精或吃對了巧克力，就能重返天堂。三世紀的基督教雄辯家拉克坦提烏斯（Lactantius）對康斯坦丁有著極大的影響力，他在康斯坦丁大帝正式宣布基督教是羅馬帝國的國教之後，也提出了自己的觀點：

> 太陽會比現在更明亮七倍。大地的生育力會被開啟，自然地產出最肥沃的果實。山中的岩石會滴出蜂蜜，小溪流著美酒，河流滿溢牛奶。此時世界歡欣鼓舞。整個大自然都獲得自由，從惡魔的統治、對神褻瀆、犯罪和錯誤中釋放，因此感到欣喜。此時野獸不會嗜血，鳥兒不會被獵捕，牠們會和平寧靜共處。獅子和小牛會一起站在食槽旁，狼不會搶羊，狗不會狩獵，鷹隼不會殺生。[14]

很遺憾地，這些作家並沒有告訴我們，在千禧年之後，我們全新復活的「靈性」身體，會不會覺得無聊。

當然，在天堂裡沒有公認的性慾望。這裡不能重複亞當的罪行。但是這些中世紀的天堂描述，表現出一種古怪的淫亂，揭露了小嬰兒明顯的性衝動。《闡釋》宣稱，在天堂中，被賜福的人會恢復裸體：

他們會一絲不掛，但深諳保持端莊。他們不會像現在一樣，因為身體的任何部位面紅耳赤，因為他們擁有了美麗的雙眸。15

羅馬帝國哲學家奧古斯丁（Augustine）提出一個最棒的解釋，這幾乎是中世紀對「軟調色情」的答案：

（在審判日）會出現兩性。那裡不會有淫慾，那是羞恥的源頭。在他們犯罪之前，他們都是裸體，而男人與女人都不會感到羞恥。身體的所有缺陷都會消失，但會保留自然的狀態。女性不是缺陷，這是自然的狀態，當時並不了解交媾或生育。女性的器官仍然存在，但不再是為了古老的目的，而是為了一種新的美麗，而這並不會引起旁觀者的淫慾。因為在那裡沒有淫

14 *Apocalyptic Spirituality*, p. 73.
15 McDannell and Lang, *Heaven*, p. 84.

慾，這只會激發智慧的禮讚和神的仁慈。這些都創造了反效果，擺脫了祂造成的墮落。[16]

我們不需要明講，也都知道中世紀天堂純真田園式的裸體，顯然與現代「自然營」中試圖再現裸體有關。當然，裸體是一種很容易達到的、美麗的自然情境。不過純真就比較難以理解。

但丁（Dante）在《神曲》（*Divine Comedy*）中，對中世紀的天堂幻想提出最美麗的描述。這裡的天堂與光芒四射的碧翠絲（Beatrice）密不可分。碧翠絲是但丁筆下神性靈魂的形象，引導他通過九重天：

……我望見一條光河
閃耀著奪目的光彩在兩岸間奔湧
春天的奇瑰如此明亮
這條浩蕩的大河活光燦燦
河中激射出火花墜落在群花叢間
就如紅寶石嵌落於黃金中閃亮
火花彷彿因馥郁而醉酡
再次墜入極樂絢爛的光瀾中

一火花落入 即有另一火花射出流波[17]

但丁的天堂位於煉獄山頂，這裡被想像成一系列的圓圈，一重比一重高，一重比一重明亮，結合起來就宛如一朵巨大的玫瑰。天堂與地獄的分層形成對比，越往上一重，住在其中的人類，精神層次就更加提升。但丁的摯愛碧翠絲年幼就夭折了，她沒有機會跟他說一句話，但是具有穿越每一重天的能力，因為她就是坐在中央備受愛戴的瑪利亞。在但丁的天堂中，真正的主宰者不是天父，而是聖母瑪利亞。我們顯然又會看到陰性的「來源與建立」（fons et origo），這在神話水域中具有神聖地位，萬物皆源自於此。埃里希・諾伊曼（Erich Neumann）在《大母神》（*The Great Mother*）中如此評論但丁：

> ……因此在但丁的詩中，屬於聖母瑪利亞的聖潔白玫瑰是最極致的光明之花，它會在夜晚的星空中綻放，宛如世俗最崇高的靈性展現……女王坐在天堂的中央，被尊崇為王，膝上抱著她的孩子，四周包圍著福音和美德。她是曼陀羅的創造中心，再次以陰性的自我展現。[18]

16 McDannell and Lang, *Heaven*, PP. 62-63.
17 Dante, Paradiso, Canto XXX, in *The Portable Dante*, Paolo Milano, ed. (London: Penguin, 1978), p. 525.
18 Erich Neumann, *The Great Mother* (Princeton, NJ: Princeton University Press, 1963), p. 326.

中世紀基督教的天堂，不只是失落的極樂與純潔，它曾經也是高牆隔離的喜樂花園，人類因為有罪不得進入此地。這裡也是天國，一個永遠安息及死後贖罪的住所，肉體會恢復成誕生前的狀態，透澈清明、永生且未腐化。中世紀的天堂也是死者沉睡的花園，百花綻放。這裡不同於維吉爾的至福樂土，其中有「溪澗灌溉的鮮美草地」。這種景色不僅是聖經獨有，異教徒也有同樣的描述。綠地、花、溫和的動物、芳香的空氣和流水，這些愉悅的景色伴隨著復活的應許。這也許是因為它們帶有毫不隱藏的情慾感，但在十二世紀以後的宗教圖像中，我們就很少看到這種內容了。自此以後，當它們再次出現，就是在浪漫戀愛故事的圖文裡了。

當純潔的基督徒反抗這些愉悅的圖像時，認為它們只是迷信時，天堂就不再是芬芳的花園了。天堂開始在美國的黑人間找到棲身之處。以黑人為靈感的電影會用一片綠色牧地或白雪覆蓋的原野來表現天堂。19

在過去幾世紀以來，人們以各種靈活及狂熱的詮釋，說明進入這個如子宮般國度的必要條件。但是無論這些條件是性的純潔、減少貪念、愛你的鄰居，或是任何集體認同的美德，全都指向同一個方向：斷絕慾望，這是一種對個人現實的陳述，因為肉體正是慾望的載具，因此需要分離、淨化它的污濁。拉克坦提烏斯對於進入的條件頗有見識，就如他對天堂的意象一樣：

人類的靈魂是永恆的，不會因為死亡滅絕，但是它們能重返其它所來自的天上，這裡是純潔的、沒有痛苦且受到祝福的。此外，他們會被帶到幸運的原野，享受奇妙的喜悅。但是邪惡的靈魂，因為惡魔的慾望玷污了自己，只能停留在死亡和不朽之間的位置，擁有來自肉體墮落的缺陷。他們會對肉體的慾望和淫慾上癮，背負著抹不去的污點及俗世的瑕疵，這一切會長久地徹底穿透他們。[20]

因此，只有幼兒可以進入這座有牆的花園，而我們則被告知，必須回到在青春期性別認同出現之前，甚至是誕生之前神奇、開放、純真的狀態，才能進入其中。這最能反映在許多父母會把對天堂純潔的意象，投射到自己的孩子身上，忽略了小孩本身複雜的個人性，還要小孩成為能替家族贖罪的媒介。基於這種深刻的原型投射，從集體角度來看，就讓我們特別難以接受一個獨立的小孩其實可能會感覺並表現出嫉妒、惡意、憤怒或怨恨，甚至會有一些蓄意的犯罪行為。我們假設小孩不會說謊，所以當小孩表現得像是壞心腸的成年人時，我們就開始獵捕代罪羔羊（通常是差勁的父母，或是沒有適當教養社會的政府），而不是忍受我們對於贖罪

19 Philippe Aries, *The Hour of Our Death* (London: Allen Lane, 1981), p. 26.
20 *Apocalyptic Spirituality*, p. 66.

的原型夢想，被美國作家亞瑟・米勒（Arthur Miller）的《熔爐》（*Crucible*）或威廉・戈爾丁（William Golding）的《蒼蠅王》（*Lord of the Flies*）所描寫的殘酷現實玷污了。一九九三年，三歲的詹姆斯・博格勒（James Boulger）被兩個分別是九歲及十歲的小孩謀殺，震驚了全英國，不只是因為這起犯罪的野蠻殘忍，更因為人們對童年純真的珍貴夢想已經被徹底破壞，無法挽回了。

對於海王星而言，充滿罪惡的世俗生活沉重地令人無法承受。我們如果想要打開那扇手持火劍的天使守護的大門，關鍵就在於斷絕。海王星重返天堂的渴望，無可避免伴隨著一種深切的罪惡感。這種罪惡感深埋於肉身的經驗中——這在所有有關天堂的宗教文獻中都昭然若揭。這也難怪當這種原型的罪惡感壓過了個人的自我價值感時，重返本源都會帶有些身體的自殘（儘管是無意識的）——透過疾病或上癮，甚至是死亡本身。

另一個地方

如果天堂是正直者的獎賞，那麼不正直的人會去哪裡？無庸置疑地，重返本源的條件如此嚴厲，必然有許多無法或不願意付出必要代價的人被拒之門外。無論這個代價是中世紀基督教精神的性純潔，或是希臘精神裡對於個人命運界線的接受，或是有如北歐精神在戰爭中表現的、堅定不移的勇氣。代價的本質最後還是取決於他們追求的「他者」的本質，以及在神話中所描述的、面貌多重的本源意象。任何一個地方，只要有天堂故事，就一定會有相反的故事。無論這個受苦的地方是要描述世俗生活本身的悲慘，或者只是死後一個永恆折磨的住所。地獄的神話就跟天堂的神話一樣無所不在，也與海王星有關。其中一個故事必然會喚起另一個故事，兩者的核心主軸都必然是有價值與無價值、善與惡，還有聖潔與罪惡。舉個例子，希臘除了有至福樂土，還有塔爾塔羅斯（Tartarus）恐怖黑暗的領域，違抗天神犯下罪惡的人，會在此飽受永恆的折磨。在北歐神話瓦爾哈拉的天堂中，英雄有權利與天神狂歡，每一種感官慾望能得到滿足；尼福爾海姆（Niflheim）則平衡了天堂，這裡是平凡、無價值的亡者的世界，只有嚴寒和永無止盡的黑夜。它的要塞是「海爾」（Hel），英文單字的地獄由此起源，此地當時是由一名惡毒的女妖統治。這裡有個趣味點，當這個故事流傳到了伊莉莎白女王統治英國的時期，「地獄」（Hell）的俚語意思是女性的生殖器。如果天堂是重返至我們誕生之前、想像中的永恆慈愛母親的懷抱，那麼地獄象徵的母親，就是會永遠否定我們、折磨我們、挑起幼稚情慾感受，把我們留在需求未被滿足的悲慘之中。

地獄神話的意象，與天堂的神話有著令人好奇的相同之處。如果拉克坦提烏斯寫的「神奇的喜悅」，是賜予清白者奇怪的縱慾獎賞，那麼另一個地方的折磨也是縱慾的。中世紀駭人聽聞的圖像，過度地提醒我們墮落果子的高度感官滋味，直到如今，在恐怖電影裡，這種滋味還不斷地招喚我們，就如美國導演法蘭西斯・柯波拉（Francis Coppola）執導的電影《吸血鬼》（*Dracula*）。在全世界的神話中，地獄都充滿了肉體的挫敗及痛苦，肉體會被棄置於此，飽受慾望的折磨。永無止盡的口渴和飢餓、烤炙、鞭打、刺穿、撕裂、冷凍、羞辱和羞恥、寂寞和無止盡的黑暗，都出現在每種文化的地獄中。我們如果把這種無所不在的肉體悲慘視為一種隱喻，馬上就能理解我們是如何無意識地描述這個充滿本能需求的地獄，當這些需求沒有被滿足時，我們就會飽受折磨。這也一種海王星受挫的語言。我們渴望激情；我們對愛飢渴；我們慾火焚身；我們在分離時痛苦揪心；我們被衝突的慾望撕裂；我們因為寂寞或被愛人拒絕感到心寒。地獄的意象中包含每一種可以想到的、情感和生理被剝奪的字彙——不只是性，還有對食物、溫暖、安全及歸屬感這些更原始的需求。耶羅尼米斯・博斯（Hieronymus Bosch）古怪又如難解深謎的三連畫「人間樂園」（The Garden of Earthy Delights），首先就帶領讀者進入如伊甸園般的景色中，第一個男人與第一個女人，與上帝手牽手共行；接著就是一個被遺棄的美妙國度，所有身體的慾望都可在此獲得滿足，以繪畫史上最不凡的方式勾勒出肉慾的放縱；最後會進入一個黑暗又令人害怕的景色中，裡面點燃恐怖的火焰，人類飽受折磨，不斷遭到惡魔之手鞭打。博斯的畫比起拉克坦提烏斯五百頁的描述，更能呈現發自肺腑的地獄面貌。地獄就是排斥的母神拋棄我們的地方，這裡沒有緩刑，也沒有釋放。天堂就是我們最後與她結合的地方，其中沒有罪惡，永遠安息，所有的感官都因滿足而平靜，在心愛的人的懷抱中入睡，在永無止盡的乳汁中獲得安慰。

在靈知派（Gnostic）的教義中，地獄就是俗世生活。這跟將地獄視為來世或冥府相比，更能在心理層面上細膩地表達海王星的情感。我曾經遇過許多出生盤中海王星能量很強的人，清楚地表達「一開始不想來到這裡」的感受，因為生命令人如此受傷。靈知派和基督教的地獄都描述了同樣的經驗，表達了與本源分離的痛苦。但是兩者的差別在於，靈知派認為地獄只會持續一世，但是在基督教的教義中，地獄會永遠持續，永無止盡。靈知派是一種基督教出現之前的宗教運動，源自於希臘和波斯，在基督教初期發展時與之競爭，但也對基督教帶來極大的影響。靈知派的世界觀最後透過卡特里派（Cathars）等異教教派或是阿爾比十字軍（Albigensian），進入中世紀的宗教運動。這在一些祕傳的團體中仍很盛行，他們等待千禧年的來臨，想像著屆時，現代世界所有的恐怖及腐敗都會轉變成一個充滿愛與手足情誼的「黃金年代」。把肉身視為地獄，一直是海王星內在生命的一部分。

靈知派的神話再次描述到，靈魂是來自光的國度，靈魂如悲劇的墮落和囚禁，就像是外星人來到了地球，其中也提到了靈魂在身體內的折磨，以及它的釋放，最終會回到天上的國度。靈知派的教派雖然很多，但其基本的主題都是相同的。靈魂——真實的內在自我——就如一個光明天神的火花。在奧菲斯教義中，這位天神就是希臘酒神戴奧尼索斯（Dionysus）。在很久很久以前，他被惡魔的黑暗力量擊敗，惡魔將他碎屍萬段。接下來，惡魔想從黑暗混沌中創造塵世，便把這些光的火花變成所需要的「黏膠」，因為他們嫉妒光的火花，所以想要創造一個自己可以統治的世界。只要有任何受禁錮的光的火花掙脫而得到自由，塵世就會瓦解，回到原始混沌的狀態。惡魔努力地麻木我們，讓我們陶醉，讓我們昏沉入睡，忘記了我們天上的家。這種做法有時會成功，但有時一種天國本源的覺知依然醒覺。此時，一個人就會知道自己被禁錮在一個有如外星球的世界，渴望獲得救贖。最高的天神在過去或未來的某些時候，會憐憫這些被禁錮的光的火花，曾經派遣——或將會派遣——他的兒子來到人間來拯救他們。當這位救贖者完成了他的任務時，當所有的光的火花都邁向他們的天堂之家，世界末日就會到來，整個世界都回到原始的混沌狀態，只剩黑暗。**21**

如果不是我們慾望的惡魔力量，又會是什麼將我們最初完整的一體撕成碎片？在這個古怪的宇宙論中，我們有一個非常清楚的「原罪」形象，我們因此被逐出天堂。但是人類並沒有犯下任何錯誤，必須要為這種罪惡負責，這畢竟不是亞當和夏娃犯下的罪，而是惡魔所為。這就好像個人的慾望包含了一種自主、外在的黑暗力量，與「真實」的自我抵觸，就像一片邪惡的霧氣，讓我們無法看到自己真實的天性和本源。祕傳教義的學生馬上就會在這樣的世界觀中，認出這種二元性及其奇怪的消極觀點，這既現代又古老。政治學的學生可能也會認出這些觀點，但會用其他的語彙表達。如今我們可以在許多基督教和類似東方的神祕教派中找到靈知派的思想。我們甚至會看到一些占星師擁護這種想法，認為我們如果想要能再次回到本源，就必須「超越」出生盤中比較底層的領域，或是認為整張星盤——好像整張星盤中除了海王星之外，其他都是惡魔力量施加在我們身上的事物。

所以生命就像地獄一樣，我們毫不知情地被囚禁於此，而原始的靈性—母性之家，是我們與生俱來的權利。靈知派的神話提供了深刻的洞見，讓我們認識受到海王星強烈影響的人的主觀感受——儘管這通常是無意識的。接下來這首靈知派聖歌，最細膩地表達了這些感受：

是誰把我扔進了提比爾（塵世）？
是誰把我扔進了塵世？
是誰封起了圍牆？
是誰把我丟進了這個有如框架的世界？
誰用鎖鏈綁住我，如此無法忍受？
誰讓我穿上這形色多變的長袍？

21 Rudolph Bultmann, *Primitive Christianity* (London: Thames Hudson, 1983).

誰把我扔進這個黑暗的住所？
你為什麼要把我從家裡擄走，帶我來到這個監獄，變成這臭惡的肉體？
這個黑暗世界的前方還有多遙遠？
我們必須走的道路是如此漫長，永無止盡！22

大洪水之後

如果所有文化裡的天堂和地獄神話都一樣，那麼洗淨人類罪惡的神話應該也都相同。洪水象徵眾神派來根除世間腐敗的使者，這個象徵和水創造一切的象徵一樣古老。這也是最廣為流傳的故事之一。大洪水不像中世紀神學家描述的個人贖罪，那需要一種有意識的補償行為，這比較像是一種無差別的普世性懲罰，由天神發起，而不是受苦者因為良心的罪惡感挑起，所以就許多方面而言，也更有吸引力。畢竟這比較不費力，一個人什麼也不必做，只要等候洪水來臨。儘管公元前第二個千禧年時23，在地中海地區發生的地震、火山爆發和海嘯都有考古證據，但是出現洪水神話的國家，根本不可能發生這種巨大的天災。24這些故事總是與天神對於人類踰矩的憤怒有關。墮落的人類終有一天會受到恐怖的懲罰——這樣的主題至今依然跟著我們，有時被描述成末日的宗教圖像，有時表現在一種原型的焦慮中，就像我們談到一場原子浩劫或彗星撞地球導致大地瞬間毀滅時，當下心中會出現的感受。我們也可以在洪水神話的主軸中看到這個主題：上帝或眾神，或是偉大的海洋之母，一開始會原諒違抗者的罪惡，但是報復終究會到來，毀滅的恐怖及重返本源的極樂，都融合在洪水的意象之中。

洪水的聖經故事奠基於巴比倫人，源自蘇美人。第一個以歐洲語言寫下的洪水故事，是由巴比倫占星師、瑪杜克祭司貝羅蘇斯（Berossus）以希臘文寫成的。人們公認，是他把占星的藝術傳授給希臘化的世界。在公元前約兩百七十五年時，他還寫了一本描述祖國的歷史書，名為《巴比倫史》（*Babyloniaca*）。書一開始就提到創造的神話，描寫洪水的故事。曾經有很長一段時間，只有西方知道貝羅蘇斯的故事，直到上一個世紀，才有更古老的證據出土。洪水故事有三個亞述版本。第一個是在尼尼微（Nineveh）出土的文物裡，約在公元前七世紀。這變成巴比倫《吉爾伽美什史詩》（*Epic of Gilgamesh*）的一部分，就如《創世史詩》（*Enuma Elish*）一

22 曼德恩教派的文字節錄自 Ginza, M. Lidzbarski, trans., 節錄自Rudolph Bultmann, *Primitive Christianity*, p. 164.

23 人們對於這些證據的時間有些爭議。火山爆發毀掉了聖托里尼島（Santorini，也就是西拉島（Thera））一大片土地，這顯然出現在公元前一千五百年前，比米諾斯克里克特島（Minoan Crete）的毀滅早了五十年。到底是一次火山爆發導致了一次巨大海嘯，然後剛好發生了一場地震，最後摧毀了克諾索斯（Knossos）的米諾斯宮殿，還是這個地區爆發了一連串的事件，至今仍無定論。

24 針對世界各地的洪水神話，最全面廣泛的研究請參閱 *The Flood Myth*, Alan Dundes, ed. Berkeley: University of California Press, 1988.

樣，是由勇敢無畏的古代神話記錄者——亞述巴尼拔國王（King Ashurbanipal）謄寫。第二個亞述版本是在庫揚吉克（Kuyunjik）出土，與第一個版本十分相似，也是亞述巴尼拔國王藏書的一部分。第三個亞述版本是來自皇家圖書館，其中出現了一個有趣的變化：在眾神想出洪水這個最後解決方法之前，都是用飢荒、傳染病、貧瘠不育的土地、人和牲畜來處罰人類。

在亞述人的石板之後，人們又發現了更古老的巴比倫版本洪水故事。一開始是在尼普爾（Nippur）發現，這可追溯至巴比倫第一個王朝（公元前一八四四年到一五〇五年）。這個版本所留甚少，但已經古老到讓我們知道洪水的神話早於聖托里尼（Santorini）和克里克特島（Crete）爆發的事件。第二個巴比倫版本是在西巴爾（Sippar）出土，可追溯至巴比倫阿米薩杜卡國王（King Ammi-saduqa）統治的時期（公元前一七〇二至一六八二年）。最老的版本是蘇美人的版本，也是在尼普爾發現。這個版本與《蘇美王表》（*Sumerian King List*）相互呼應，記載從公元前二一二〇年至二〇六五年，其中把蘇美人的歷史分為「大洪水前」和「大洪水後」兩個時期。所有的洪水故事都有相同本質。洪水故事來自於我們最早的根源，就如水創造生命的神話傳統一樣古老。

蘇美人的洪水神話所留甚少，我們只找到後段三分之一的石板。但是這個遺跡告訴我們，天神因為人類的喧鬧和混亂，決定讓破壞力量降臨人類。儘管天神決定如此，還是選了創造第一個人類的水神恩基，化身為朱蘇德拉（Ziusudra）——一位充滿智慧又虔誠的國王——命令他打造一艘巨大的船來拯救人類。各種亞述—巴比倫版本的洪水傳說，給了我們一個更完整的故事。現在，朱德蘇拉又被稱為祖德斯拉（Xiusthrus）、阿特拉哈西斯（Atrahasis，「極具智慧者」）或烏塔納匹茲姆（Utnapishtim，「長壽」）。[25] 烏塔納匹茲姆用蘆葦搭了一間小屋，埃亞（Ea，巴比倫對水神恩基的稱呼）在牆外低聲地告訴他，在女神依希塔（我們已經從其他的名字中認識這號人物）的挑撥下，天神已經決定用一場洪水來毀滅大地。埃亞叫烏塔納匹茲姆打造一艘船，裝上「所有生物的種子」，同時告訴他船的尺寸及形狀。根據指示，這會是一個完美的立方體。埃亞還給了仔細的指令，告訴他什麼東西必須裝上船。

我擁有的一切都要裝在船上
我擁有的所有銀子都要裝在船上
我擁有的所有金子都要裝在船上
我擁有的所有活物都要裝在船上
我所有的家人及創造的子嗣都必須登船

25 Daniel Hämmerly-Depuy 在 *The Flood Myth* (p. 59) 中認為各地神話版本中的名字差異，是因為採用不同的稱號及頭銜，但是洪水英雄都是相同的。

原野的野獸原野的野生動物
所有我創造的工匠都得登船。26

接著暴風雨就來臨了。阿達德（Adad）轟隆隆地作響。尼爾格（Nergal）摧毀了阻擋天上海水的大門門柱。阿努納奇（Anunnaki）舉起他們的火炬，「怒視之下放火燒了大地」。結果天神們自己都嚇壞了，就像狗一樣蜷縮在天國的牆邊。就在此時依希塔動了慈悲之心，為了自己的行徑放聲痛哭，剩下的天神也與她同泣。暴風雨肆虐了六天六夜，直到第七天才平息。烏塔納匹茲姆向外望，發現所有人類都變回泥土。《創世紀》的大洪水神話跟這個故事只有細微差異。譬如暴風雨持續了四十天，而不是七天，而烏塔納匹茲姆被變成了諾亞。這裡還有一個差異點值得一提。巴比倫天神把洪水任命為女性，但在上帝的《創世紀》中，洪水是男性。儘管巴比倫故事中的依希塔，和希伯來故事中的雅威（編按：Yahveh，基督教上帝耶和華的舊稱），都忠實地承諾不會再讓這種厄運降臨，但我們仍心存懷疑，而這是可理解的。從心理學的角度來看，受到海王星束縛的人，內心深處仍存在著對大洪水的恐懼；而在世界末日、千禧年和審判日的夢想中，這甚至是一件令人期待的事。

埃及人也有對人類施加懲罰性報復的神話。太陽神「拉」（Ra）派祂的密使，掌管牛的女神哈索爾（Hathor）殺掉所有的生物。就跟巴比倫神話一樣，實際的摧毀者就是原始的造物女神。不過拉大發慈悲，想出了一個計畫，製造七千罈大麥啤酒，染成紅赭色，就如鮮血一樣。然後把啤酒傾到在原野上，深達九公寸（二十二公分）。哈索爾看到這鮮紅的洪水在晨曦中閃耀，映照出自己的美貌，她一時陶醉，開始飲用洪水，最後喝醉了，忘了對人類的憤怒。[27] 希臘人也有自己的洪水故事，提到由憤怒的宙斯派人去毀滅人類。在其中一個版本中，萊卡翁（Lykaon）兒子們殺死了自己的兄弟尼克提姆斯（Nyktimus），還將他烹煮成湯，宙斯為此褻瀆行為心生憤怒。[28] 最為人所知的希臘洪水故事，則與普羅米修斯的罪惡有關，宙斯為了懲罰他盜取神聖的火，就大肆毀滅一切。顯然光是潘朵拉的盒子還無法平息宙斯的憤怒。希臘的洪水英雄叫做杜卡利翁（Deukalion）。他是普羅米修斯的兒子，他受到父親的警告，就像埃亞警告烏塔納匹茲姆一樣，要建一艘方舟。杜卡利翁將船上裝滿了糧食，跟他的妻子皮拉（Pyrrha）登上船。此時南風吹起，開始下雨，河流水位急遽升高，怒吼奔流入海，將所有海岸和平原的城市都沖毀。整個世界都被淹沒，杜卡利翁和皮拉保存的所有牲畜和作物都不見了。[29]

最古怪的洪水神話，也許就是印度的梵文史詩《摩訶波羅多》（*Mahabharata*）。這講的

26 Hooke, *Middle Eastern Mythology*, p. 48.
27 *Middle Eastern Mythology*, p. 74.
28 Robert Graves, *The Greek Myths* (London: Penguin, 1955), p. xx.
29 *The Flood Myth*, p.127.

是摩奴（Manu）的故事，他就像印度版的諾亞。他有一天坐在森林裡，溪流中躍起一隻魚。魚要求他保護它，對抗另一隻想要吞掉它的大魚。摩奴將它安置在東方的罐子裡，小心地照顧它，直到它變得非常巨大。這隻魚要求能被轉送到恆河，但是當他們抵達河邊時，魚宣稱它大到連聖河都無法容納，要求能被送到大海。摩奴順從它的意思，把它放到大海裡。魚告訴他，根據偉大宇宙的循環轉折，這個宇宙即將瓦解。它指示摩奴打造一艘巨大的方舟，把婆羅門（Barhmans）統治時所提到過的各種種子都帶上船。魚還承諾當可怕的洪水肆虐奔流時，它會化身為有角的海怪，從水中現身，協助摩奴度過難關。摩奴按照魚的指示行動，在海上划著方舟。此時魚出現了，摩奴用繩子綁住它的角。海水淹沒了土地，放眼所見汪洋一片，連天國和天空都消失了。摩奴在水上漂流了好多年，直到一個新的宇宙被創造出來時，魚就把他拉到喜瑪瓦特（Himavat）的最高峰。此時魚就揭露自己就是梵天（Brahma），賜福給摩奴，賦予他創造新人類的天賦。[30]

就像諸多的創造神話一樣，人們還有許多的洪水神話。這些故事提供一個清楚的命運原型，意即當天神憤怒至極時，墮落的人類將會面臨何種命運。在這種令人害怕的天懲中，我們將會面臨什麼？洪水的神話裡包含了一種與生俱來的罪惡感，還有被憤怒的父母天神消滅的恐懼。罪惡（sin）這個字來自於拉丁文sons，意指「有罪的」。有罪（guilt）這個字則是源自於安格魯薩克遜語的gieldan，意指「回報」或「償債」。罪惡和有罪都與欠造物主的債有關，這是生命本身的債，需要透過順從和犧牲來償還。當我們將造物之神的形象以及對生育之母的個人經驗放在一起討論時，就無須在此詳述這種債務的心理暗示了。任何關於獨立個體性的證據，都可能會引起恐怖的懲罰。我曾經在許多海王星特質很強的人身上，見識過這種深刻又無法解釋的恐懼——這種恐懼就像一個人若膽敢為了獲得快樂和成就感，走上「非法」或「不順從」的生命路徑，一切都難免會恐怖地出錯——大洪水終究會來，這個人將會被徹底毀滅。我們是帶有原罪的生物，生命債務是既原始又不可饒恕的，如果背棄，我們會感到罪惡。這種罪惡感源於我們原始的天堂之家，也會讓我們不斷處於沉淪的危險之中，甚至更嚴重地墮落——一旦墮落，我們終將會遭到報復，所有帶罪的生命形式將被完全抹除，為一個新宇宙、新的伊甸園和新的人類鋪出一條道路。

這當中總會有倖存者，相較於大多數的人，他免於罪惡，而且總會有一位天父，會警告這位被選中的人去打造一艘船。無論我們把這個男性天神拯救生命的介入，詮釋成嬰兒期父親保護角色的意象，或是視為個人本身守護靈的意象，這都是大洪水神話中不可或缺的一部分。[31] 這

30 Donald A. Mackenzie, *Indian Myth and Legend* (London: The Gresham Publishing Co., n. d.), p. 140, and The Flood Myth, p. 128.

31 在蘇美人、巴比倫人和亞述人的故事中，救贖天神是水神恩基或埃亞。在貝羅蘇斯人的故事中，則是救贖天神是克羅諾斯（土星）。

也是海王星整體的一部分，反映出小公魚的救贖者角色：這與我們和海洋來源的認同感分離，也可以拯救我們免於在原始的情緒洪水中滅頂。當我們在假想這位神祕的內在靈性保護者時，可以開始有點頭緒，知道如何理解海王星——它本身就像恩基或埃亞，是原始海洋的後代。方舟就像是一種自我容器，一艘由木頭和瀝青製成的船。就作用而言，它就像肉體自我的淨化器，透過凡人的努力、謙卑和樸實辛苦地打造而成，堅固到可以抵抗原始之水的暴怒。我們內心所有的海王星面向——最初來源，保護的天神，被挑選到的倖存者和大洪水帶來的浩大情緒淹沒——也就是這艘方舟，描述了我們如何能在海上漂浮時，保持乾燥、隔離和從容自若，直到洪水必然的消退之時，把我們留在一個淨化過的世界裡。方舟既不是象徵壓抑（因為它隨波而流，而非試圖堵住洪水），也不是意味著溺死（因為它在水上仍很安全）。這是一種矛盾，我們之後還會看到更多類似的意象。

在大洪水神話的威脅中有絕對的巨大恐懼，也有巨大的渴望，這一點也不令人意外。也許最後一切都會更好，也許我們值得這一切。至少這種罪惡感、痛苦、寂寞和與本源的分離都會結束。這同時有一種對死亡的恐懼和期望。海王星對於死亡的矛盾，與分離感所滋生的罪惡感和肉體墮落，兩者之間有直接關聯。亞當和夏娃都曾經犯下罪惡，全人類都染上了他們的污點，隨之而來的就是向下沉淪，這只能靠費力的個人犧牲及贖罪來避免，或是藉由一位救贖者的降臨，或是透過一次偉大的集體淨化，能永遠地擺脫所有人。我們會在下一章討論救贖者，稍後再討論個人贖罪的主題。但是我們現在最適合探討的主題，是我們為何會樂於把對大洪水的恐懼變成對世界末日的希望，因為這具有暴力意象，但也承諾——至少是對虔誠的人而言——能再次重返那座流動著永恆生命之水的高牆樂園。

現代的世界末日

基督教總有關心「末世」和「世界末日」的教義。基督教的千禧年，指的就是相信在耶穌再臨之後，基督徒會在人間建立彌賽亞國，這就如第二座伊甸花園，可以統治人間長達一千年，直到審判日來臨。彌賽亞國的人民將會是受苦的信徒。耶穌再臨時就會是世界末日。人們普遍相信世界可以立即被毀滅及轉化，這種想法現在變得非常流行，就如公元前第一世紀，我們可以在古代猶太人的《預言書》（*Prophetical Books*）裡面找到根據（畢竟耶穌是猶太人）。正如我們所見，在這些書中的新巴勒斯坦，恰如一個新伊甸園，就如恢復了人間的天堂。但在這個新耶路撒冷恢復虔誠之前，必然會有一個憤怒的大日（Day of Wrath），彼時日月星辰都會黯淡無光，天空風起雲湧，大地搖晃震動，眾水奔流。儘管有雅威（Yahveh，猶太古代經典中的上帝）的承諾，大洪水會再次發生。在這場大災難之際，無信仰者會被審判並拋棄。

世界末日思想的核心意象，就是世界是由一個邪惡暴虐的力量統治，它具有無限的破壞能力，比人類還要邪惡，而人類就是它的代理人。這呼應了我們之前談到的一些靈知派的主題，世界末日的思想其實有強烈的靈知派傾向。這種邪惡力量的暴虐會越來越粗暴，受害者的痛苦也會越來越大，直到受苦的信徒站起來推翻壓迫者，世界末日才會接著來臨。接著，輪到被選定的人統治整個大地，而這將會是整個歷史的鼎盛期。這一開始可能會與大洪水極為不同。但是古代的洪水英雄，無論他是叫做朱蘇德拉、烏塔納匹茲姆、諾亞、杜卡利翁或摩奴，其實正是上帝的選民。他是無罪的人，順從上帝的旨意，所以能本著良知償還債務，能在洪水的浩劫中獲救，其他人卻失去蹤影。洪水再臨，其實只是過去大洪水的再現，只不過有更多的選民在方舟上。在某些基督教基本教義派的圈子裡，曾明確提到這個數字是十四萬四千人。那些無意識地認同神話裡的大洪水英雄的人，很容易過於從字面上相信這種說法，依此以為自己是無罪的，其他人則都是墮落、應受懲罰的。由此我們開始可以看到這種模稜兩可的殉道心理的概廓：它最終追求的是統治大地；它有著奇怪又糾結的根源，而且因為承諾（有時是賦予）絕對的權力，讓人很難捨棄；它也是海王星內心世界非常重要的基礎。

諾曼．孔恩（Norman Cohn）在《千禧年的追求》（*The Pursuit of the Millennium*）**32** 中非常清楚地提到這些千禧年教派的共同特色。首先，他們是集體性的：必須是一群信徒才能享受救贖。其次，他們把救贖想像成生命中的具體事件：必須在地上而非天上實現；必須在肉體還能享受時便滿足對伊甸園的渴望——或是一種渴望，能不再感情脆弱，並找回與全能母親之間失去的融合，心理學家佛洛伊德將此稱為原型自戀（primary narcissism）。第三，千禧年教派相信救贖即將來臨。第四，救贖必須是整體性的：它會把地上的生命轉化成完美的狀態，重建天堂。第五，救贖必然是奇蹟性的：由男男女女完成，但由上帝的幫忙、授意和掌控時機。

對於認同千禧年想像的人而言，這種信仰非常鮮明、真實又不容爭辯；但對於不相信的人來說，這些意象充其量只是奇怪，但是無害；而從最糟糕的角度看來，這會是病態、帶有破壞性的。在此我並不關心千禧年教義最終的真假，這屬於神學而非心理學領域。這也不屬於占星學領域，儘管許多世紀以來，人們常會用占星學來支持千禧年思想家認為審判日即將到來的說法。[33] 世界末日的夢想也可以是一種極度的個人化想像，雖然是無意識的，但這深埋於被海王星主導的人的內心深處。我們也可以把世界末日想像成以「外界」暴虐面孔表達的一種深刻的內在無能及無助感，當中帶有神性復仇的彌補性幻想，而復仇必然伴隨順從。就如英國精神分析學家梅蘭妮·克萊恩（Melanie Klein）敏銳的觀察，把這形容成小嬰兒的「偏執型精神分裂」。儘管受苦的信徒沒有負罪，邪惡的惡魔仍會施加折磨，而介入拯救的父母天神其實都在個人的心中。海王星的知名特色，就是不太能清楚反映內心複雜議題。我們比較常在日常生活中見到

32 Norman Cohn, *The Pursuit of the Millennium* (London: Granada Publishing, 1970).

33 想完整探討歷史上千禧年思想與占星學的關聯性，請參閱 Campion, *The Great Year* (London: Arkana, 1994).

這種動力的表現，就像殉道者會有某種方式挑起其他人心中的一定程度的殘忍。這也許是因為扮演暴虐力量角色的人，以憤怒回應了他們在長期受害者身上感受到的無意識的侵犯，這不難理解。但是對於靈知派這樣記得天國之家的人而言，這種生命的無能經驗，以及困在身體和世俗世界的禁錮感，都是非常真實的痛苦來源。我們可以在這片黑暗的水域中看到多頭海王星惡魔的另一面，它的手段有時可能比表面上看來更加骯髒，而它的幻想，可能含蓋了對塵世疆界之外的真實理解。

我們最偉大的西方千禧年幻想，就是聖經的《啟示錄》（*Revelation*）。

我又看見一個獸從海中上來，有十角七頭，在十角上戴著十個冠冕，七頭上有褻瀆的名號……又任憑他與聖徒爭戰，並且得勝；也把權柄賜給他，制伏各族、各民、各方、各國……我觀看，見天開了。有一匹白馬，騎在馬上的稱為誠信真實，他審判，爭戰，都按公義……在天上的眾軍騎白馬，穿細麻衣，又白又潔，跟隨他……那獸被擒拿；那在獸面前曾行奇事、迷惑受獸印記和拜獸像之人的假先知，也與獸同被擒拿。他們兩個就活活地被扔在燒摖硫磺的火湖裏……我又看見那些因為給耶穌作見證，並為上帝之道被斬者的靈魂，和那沒有拜過獸與獸像，也沒有在額上和手上受過他印記之人的靈魂，他們都復活了，與基督一同作王一千年。

這段文字中有些特色可能很相似——例如從海中升起的獸，以及將折磨信徒的暴虐邪惡力量擬人化。我們現在可以認出牠的面貌了。儘管我們會要到第五章，才以個人心理學的背景來深入討論這個夢想反映的內在議題，不過我們還是得在此重申，這種世界末日的掙扎，最終就是一場對抗世俗痛苦的戰役。個人因為誕生的天命被逐出原始的極樂故鄉，被囚禁在肉體的牢籠中，因為分離的痛苦和對本能的強迫性飢渴飽受折磨，所以透過消融或毀滅尋求解救，而這會對身體施加恐怖的折磨，身體就是那隻「來自大海的獸」。母獸蒂雅瑪不只象徵了我們的本源，也象徵了我們的天性本質。這位毀滅母親的幼稚和原型幻想，仍活生生地活在我們不斷需索的肉體和飢渴的心靈中。世界末日之後在人間出現的第二個伊甸園，只是恢復了原始的一體感。不過，這個幻想清楚顯示的基本矛盾，在於這隻必須被消滅的原始海妖，其實就是要賜給信徒的天堂之水。兩者都具有神性，兩者都是母親。在善與惡、罪惡與救贖之間有一種內在的撕裂，其實兩者都是相同的，但人會不斷地在困惑中鞭打自己，試圖想要區分本來就是一體的事物——就如大魚與小魚，創造者與被創造者，天神與凡人，心靈與身體。

對於海王星而言，如世界末日般結束了肉體的折磨，可能不是生理性的死亡，這也許是疾病、上癮或瘋狂，或是可以有效地帶來同樣效果的替代物。我們從這困惑之海中聽到永恆的呼喊，渴望一位能把痛苦和寂寞帶走的救贖者。因此海王星的終極疑惑終將自行浮現：我的救贖者何時到來？

【第三章】

救世主的降臨

我當日傳給你們的，原是從主領受的，就是主耶穌被賣的那一夜，拿起餅來，祝謝了，就擘開，說：「這是我的身體，為你們捨的，你們應當如此行，為的是記念我。」飯後，也照樣拿起杯來，說：「這杯是用我的血所立的新約，你們每逢喝的時候，要如此行，為的是記念我。」你們每逢吃這餅，喝這杯，是表明主的死，直等到他來。

——《聖經．哥多林前書》11:23

救贖需要一位救贖者來提供服務。就其本質而言，對於救贖的渴望，暗示一個人內心感覺有某件事必須獲得拯救——有些罪惡或缺陷必須被補償、淨化或轉化。即使這種罪惡被向外投射，看似是一種在世間運行的惡行或暴虐，但無論我們承認與否，這最終都是來自於自己。我們覺得這種罪惡是人類的一部分，所以無論是透過身體的慾望、貪婪或破壞性的感受、忤逆上帝或父母的戒律、或是像是大洪水這種普世性的事物來體驗罪惡，和解和原諒，都是獲得救贖的唯一希望。提供救贖的人物必須擁有更高的純潔、神聖或智慧，遠勝過於他自身所具備的。畢竟，唯有被冒犯的天神派來的使者，才能為人們帶來救贖。即使是無意識的，罪惡感仍會很自然地帶來這種無法避免的原型結果。在海王星的世界裡，罪惡感與失去伊甸園的分離罪行有密切關聯，通常是本能的天性和身體居住的俗世，必須為這種罪行負責。就如靈知派教派一樣，海王星型的人在體驗事物時，常會覺得處於黑暗惡魔的領土。所以在心理層面上，常會將救贖者想像成一個不會被周遭所影響或驅策的模範。他或她會是更純潔、更慈愛、更願意付出的人，沒有性慾，或至少不會被性需求操控，會避免憤怒和激進，擁有無條件的愛，非常願意為自己所關心的失落靈魂做出任何犧牲。在嬰兒的眼中，這些都是理想化的好母親的特質，但是在神話中的救贖者，儘管並非全心全意，卻通常都是男性。

我們還能在詞源學中發現一個趣味點。「救贖者」（redeemer）這個字源自於拉丁文redemptio，這個字也是「贖金」（ransom）的字根，字面的意思就是「買回」。我們的罪是一種未償還的債務，因為我們忽略或違背了對創造者的因果義務，所以懲罰就是化為肉身，困在物質生活牢籠中。救贖者會將我們從隔離的地獄中贖回，替我們支付贖金。渴求救贖，代表心中存在一種希望，希望某些「他者」能提供能量、物質以及苦難，讓我們再次純淨和被愛。這種可能性不斷地迷惑著我們，讓我們以為人類雖被逐出天堂，在一些無形的、失去恩寵的擔慮中痛苦掙扎，仍能在內心找到足夠的能力，自愛且自我原諒，完成救贖的行為。從冗長又混亂的宗教歷史，以及社會、情感和性生活的經歷中，我們固執地付出最高代價，在自身之外的人或事物身上尋找救贖。

即使我們相信自己已經找到救贖者，我們仍會身陷麻煩。只要我們覺得非得向外尋找一個更有價值的人，我們遲早都會開始憎恨他或她——他或她被理想化，卻會讓我們覺得自己很沒用。我們避免不掉理想化的邏輯，在理想化之後必然會出現無意識的憤怒。於是，我們把救贖者分肢解體，釘在十字架上，對其誹謗並殘酷羞辱，因為我們對其所抱持的完美善良的幻想，讓我們自覺鄙劣又差勁；我們也可能對自己做同樣的事，把自己的頭送上救贖者揮舞的犧牲大刀之下，此時，救贖者變成了暴君。那些寧願向外尋找救贖者、而不願認清原型的凡人，還有那些一定得找一個罪人來拯救自己的凡人，到底是為了什麼？到頭來，所有一切都是靠投射來完成。那些費勁保持聖潔的靈魂，會以拯救冥頑靈魂為名，將自己送上喜悅的十字架，很容易讓所有人覺得非常憤怒。他們依然是海王星水域的子民，心中滿是神祕的罪惡感，而他們的懲罰，就是由夥伴親手為他們帶來痛苦。海王星的戲碼一直都是在扮演大魚和小魚。當我們盲目地游在水中時，傾向替自己選一個角色來演，然後找另一個人來演對方。但是角色是可以互換的。

在生命旅程中，每個人對追尋救贖者這件事都很熟悉——特別是出生盤受到海王星主宰的人。我並不懷疑，我們可能虧欠某些更高層次的事物一些恩惠，我也不質疑在生命的重要時刻，必須透過斷絕或犧牲某種東西，才能重新想起並更新這份連結。這是海王星在星盤上行運和推運時更深層的意義。但我們誤將外在的客體變成內在的現實，不只讓我們的救贖者、也讓我們自己的犧牲顯得僵化刻板。神聖的救世主常被想像成與魚、水、海王星或雙魚座特質有關，回顧我們在前面章節討論過的古老宇宙意象時，這種聯想應該不令人意外。我們與水有關的本源帶有那依稀記得的極樂——無論我們把這本源稱為上帝、母親或集體無意識——這是如此古老又根深蒂固，所以我們尋找的救贖者，無可避免地會像自己一樣，從水中現身。他或她都跟我們一樣具有人性，因此也會遭受肉身轉世的痛苦。但是這位有點神奇的人物，也會更超越人性，對於純粹的世俗事物不會有強迫性的本能，所以他或她比我們更靠近我們努力接近的父母天神，他或她是天神派來的，甚至可能是天神的子嗣。這位救贖者無論是像耶穌或奧菲斯（Orpheus）那樣的好人，用血肉之軀拯救人類，或是像歌劇《漂泊的荷蘭人》（*Der fliegende Hollander*）中的珊塔（Senta）那樣的愛人，捨棄生命讓愛人被詛咒的靈魂自由，都只能透過一種慈愛的自我犧牲來達成救贖。救贖者為了拯救失落的靈魂，必然會變成受害者。

基督教之前的上帝之子

在神話中，這位神的使者長什麼模樣？具有什麼特質？在西方文化中，最明顯的是從耶穌開始。但是我們必須先超越這個看法，畢竟把救贖者視為天神的肉身子嗣的觀點，遠比基督教的寓意更加古老。我們已從已經之前看過的埃及神話中，看到最早期的受難救贖者形象。歐西里斯被他的兄弟（或母親）分屍，雖然缺少了陽具，但仍主宰統治著冥府，負責指引亡者的靈魂。在接下來要討論的神話中，我們仍會看到這種喪失陽具或獨身的救贖者，不斷偽裝成各種角色出現。這裡有種形式上的象徵，對於海王星而言，擺脫肉身腐敗的自由，可以重新打開通往天堂的上鎖大門。天主教教堂開放到可以看待歐西里斯（比耶穌古老許多的人物）的故事，把這視為其教義的預示。這雖然有些狂傲自大，但至少勝過完全忽略古埃及的救世主靈魂。

歐西里斯是天神之子，也是雙重的太陽神，我們可以在他的苦痛中明顯看到與十字架刑求的關聯，還有上帝與基督的身分矛盾與雙重性。我們如更深究這個神話及其在希臘文化中代表的意義，就能明白法老在當時其實就等同於西方文化中的基督（或教宗、大祭師或「偉大的橋樑製造者」）。沒有肉身轉世，就無法達成救贖，因為這就等於沒有證據顯示上帝願意為他（或她）的子民受苦。如果沒有這種共同的受難經驗，就無法與神產生一體感。對於埃及人而言，法老是救世主歐西里斯的化身，他既是神，也是人。神掌控死後的世界，法老則統治現世，為他的子民承擔了現世的重擔。儘管對於二十世紀的人而言，這種想法似乎是過時又原始的信仰，但我們可能忘了，每個人的星盤中都有海王星，而海王星的世界觀就是古老而原始的，屬於黎明前暗淡的歷史，也屬於日出前昏暗的嬰兒世界。今天，在人們對個人問題產生嗜血新聞式的想像中，在現代貴族的盛衰變換中，我們可能忘記了這種君主身分的神聖性，的確在整個歷史中有其象徵意義。這就是為何我們會認為這些具有完美人性的凡人如此迷人，我們為何會有某種恐怖的傾向，會很享受地看著（或是造成）他們受苦，而在那當下，我們會將他們理想化。

這種君主身分的象徵核心，就是救世主天神和國王的一體性。我們把國王視為神的化身，而不是帶有政治意味的政府。在史前時期，神話詮釋下的君主必須有其具體角色模式，統治者透過定期奉上儀式性的祭品，確保能獲得天神們的恩惠、大地的生育能力，以及人們的生存與繁榮。1 而今，皇室的存在仍為現代世界保留了這種無法抗拒的魅力——儘管有許多鼓譟聲浪，抗議皇室已經過時，花了太多納稅人的錢——而這又回到國家救世主象徵的可能性。其他像我們這樣的凡人，也有可能詭異地成為天神的代言人，清贖邪惡人民的債務。這就是希特勒提出的原型，他讓德國人民把他投射成古老的齊格弗里德（Siegfried）神話，藉此允許他來控制人們的集體心靈。所以國王既是牧者，也是犧牲的受害者——一位彌賽亞、一位「抹油的聖者」。

1 直到二十世紀，人們仍普遍接受英國的一種傳統，相信國王或王后只要把手放在生病的部位，就可以治療像是淋巴結結核等皮膚病。這是一種非常古老信仰的遺跡，認為統治的君主擁有救贖的力量。

人們把埃及的法老視為天神歐里西斯的兒子，他等同於神聖的父親，但也是人類，所以也會經歷人類的生死。他會透過第三者與自己的靈性來源連結。埃及人稱這位第三者為卡木特夫（Ka-mutef），「母親的公牛」——就是埃及人對聖靈的解釋。人們會把第三者想像成一種看不見的生命力，一種灌輸在天神與國王身上的生殖靈，讓法老的母親受孕，就像聖靈讓聖母瑪利亞受孕，之後有了基督的誕生一樣。我們在埃及的文化中看不到清白無瑕的概念，儘管我們在基督教教義之外時常看到這個主題。虔誠的基督徒會把耶穌誕生這個歷史事件，視為上帝之子降臨到人間來拯救人類；但是上帝會不斷地透過聖靈在浸禮和彌撒儀式中的奇蹟介入來更新承諾。對於虔誠的埃及人而言，這種更新發生在每一位法老輪迴登基之際，以肉身來展現神性。

在這個神奇的過程中，一個終將死亡的凡人會變成某種永恆的代言人或媒介，這就是海王星投射的某種動力特徵。這個平凡人——電影明星、上師、政治領袖、流行音樂家、時尚模特兒和愛人——彷彿被灌輸了帶有救贖承諾的神力。我們如果與這個人融合——無論是性或精神層面，或是兩者兼有——就等於與神融合。海王星理想主義的本質其實就是與救贖者—原型的「神祕參與」（participation mystique）。就本質而言，這個過程是無意識的，我們都只感受到一種與被選定者同在時才有的提升感。一九六六年，我曾經在紐約希亞球場（Shea Stadium）聽過一場披頭四的演唱會，現場有四萬人尖叫、暈眩，產生無意識的高潮（至少他們聽起來像是這個狀態），而且他們如果能近到與偶像有身體接觸，無疑會用酒神狂歡的風格，把偶像的血肉之軀撕成碎片。在這所謂理性的現代世界裡，我們很難理解這種強烈的集體反應，就如我們會震驚地承認，仍能在德國紐倫堡明顯地看到希特勒可怕的心理力量。

不過，當我們想一下救贖者化身為血肉之軀的神話時，我們就能對這種情形，還有對海王星有更多的理解。

有些宗教歷史學家會爭論巴比倫和埃及的救贖者—天神，或是像是奧菲斯和酒神戴奧尼索斯這種古希臘人物，討論他們對基督教教義的影響程度，這實在毫無意義。這些顯然影響了基督教。巴比倫人在巴比倫囚虜時期就已經完整地形成了猶太教，我們也可以在迪爾蒙和伊甸、烏塔納匹茲姆和諾亞、瑪杜克和蒂雅瑪的戰役、還有雅威與鱷魚的戰鬥中看到類似的情形。猶太教強烈受到希臘化思想的影響，猶太王國在亞歷山大大帝死後，有部分時期是被希臘托勒密王朝統治，之後又被羅馬人統治，他們把希臘化的傳承帶入所有征服的領土中。更有甚者，當猶太人在埃及時，埃及的宗教主題也影響了猶太人，而這在托勒密統治時期，又融入了希臘化的融合中，繼續延續到整個公元一世紀，把歐里西斯、奧菲斯和戴奧尼索斯的神話和教義注入了基督教神話日益擴張的主軸裡。我們也可以想一下印度哲學中的「第一個人類」原人（Purusha），還有波斯神話人物伽約瑪特（Gayomart），他是另一個「第一個人類」和光明天神的兒子，他變成黑暗世界的受害者，必須透過人類的痛苦重獲自由。這些神話人物影響了希臘化思想和早期的基督教。不過，神聖的救贖者—受害者為了創造世界或拯救世界脫離邪惡，自發性地、或不自覺地把自己當成祭品，這個情況，是一種比時間還古老的原型形象，反映了人類心理中最深刻又永恆的需求。因此，把歐西里斯、阿提斯（Attis）、戴奧尼索斯、奧菲斯、密特拉斯（Mithras）和基督之間驚人的相似處，都只歸類成「文化傳遞」，實在是毫無建樹。我們也可以說，談論「預示」是毫無益處的——這彷彿在所有的救贖者中，只有其中一人擁有正當的主張，其他都只是直覺性的神話摸索。

基督教時代（Christian Era）來臨前的一個世紀和之後一個世紀，被占星師稱為雙魚世代（Piscean Age），似乎有接二連三的救贖者出現。這並不令人意外，因為春分點所通過的黃道星座（雙魚座）的意象和情感調性，最能展現在這個時代來臨時出現的新的宗教價值中，而雙魚座畢竟是由海王星主宰。儘管埃及的歐里西斯、敘利亞的耶穌魚（Ichthys）、巴比倫人的塔木茲（Tammuz）、歐涅斯（Oannes）以及弗里吉亞的阿提斯，都能追溯至史前時代，但是他們的形象和崇拜方式在當時都經歷了重大改變。當時救世主教派不尋常地激增，這在之前的古老世界中都是前所未見的。世界末日的猶太預言，還有即將到臨的彌賽亞王，都只是現象的一部分。這些新出現的救世主教派，包括早期的基督教，都同樣專注在至善主義、想像經驗、禁止性慾和殉難——我們一眼就能認出這是海王星領域的特質。

到了公元第四世紀，盛極而衰的羅馬帝國在蠻族不斷入侵的壓力之下崩解，拜占庭王國正要開展漫長且光輝的千年榮景，此時有三位救贖者爭相登上帝國的官方宗教位置：密特拉斯、奧菲斯和耶穌。在這三位救贖者中，前兩位有比較古老的根源。但是在第二世紀時，他們徹底改變了早期的特質，變成了末日論。他們的教派傳遍整個帝國，變成現在所謂的廣泛的靈知主義。換句話說，這些教派之所以能應許救贖人們擺脫俗世的墮落，其實是依據某種「知道」的神祕內在經驗。這兩個教派都把宇宙想像成黑暗與光明之間的大戰場，而人類的身體是由黑暗的物質組成，只有靈魂是光的碎片。雖然有些靈知論教派，例如摩尼教，認為耶穌是他們的救贖者，但這些靈知論者或是「異端」的基督徒，跟密特拉主義一樣，從來沒有跟最後比較成功的對手融合。不只一位歷史學家曾經提到：

> 基督教如果在問世之初受到人間疾病的阻撓，這個世界就會變成密特拉教的天下。**2**

選擇基督教作為帝國的國教，不僅帶有政治意義，同時也能鼓舞人心。繼承戴克里先（Diocletian）的康斯坦丁大帝是一位精明的統治者。他敏銳地知道必須在帝國中維持宗教的凝聚團結，所以迫切地選擇一個擁有最多有權勢以及具政治影響力的追隨者的宗教。公元三一二

---

2 Ernest Renan, *Marc-Aurèle et la fin du monde antique* (Paris: Calmann-Lèny, 1923), p. 579. Franz Cumont, in *Oriental Religious in Roman Paganism* (New York: Dover, 1956) 也有類似的觀察。

年，他選擇了基督教，只有具有異端想像傾向者，才可能精采地推測如果真的發生了法國哲學家勒南（Ernest Renan）所說的「人間疾病」，我們二十世紀的世界會變成什麼模樣。比較虔誠的人當然會認為沒有選擇，康士坦丁大帝是根據神的指引行事。他最有名的幻像傳說就是在戰爭的前夕，在天空中看到「十字架的記號」，而在他接下來的夢境中，有一位發光的人物——後來被認定是基督——命令他要把「上帝的天國徽章」刻在士兵的盾牌上，這就是他皈依基督教的故事。但是康士坦丁本人並沒有馬上認為這些就是基督教的象徵，他只是認為上帝，無論叫什麼名字，都是站在他這一邊。他後來向具有影響力的基督徒請教，有關他在天上看到奇怪雕像的意義（其實是十字架上有一個圓環，這有幾種不同的解釋）；所以西方世界就變成了基督教的天下。

> 人們比較關注如何詮釋一個幻影，勝過於幻影為何會出現。基督教的詮釋深植於君主的心中，而且如果西班牙主教奧瑟斯（Ossius）已經隨侍在側，我們就必須考慮到奧瑟斯的影響力。這位君主接下來許多有關基督教的事物處理，都是由奧瑟斯主導。3

也許康士坦丁大帝是受到神的啟發；也許他只是出於政治考量，這兩者也許是同一件事，也許不是。但是奧菲斯教和密斯拉教廣泛的影響力，還有怪異的阿提斯派和其被閹割的牧者們，因為具有可辨別的海王星主題，都能幫助我們更清楚地理解受害者—救贖者的原型意象。

密特拉斯之謎

我們可以把密特拉教稱為羅馬世界的共濟會。沒有人能確定這個教派的起源時間及地點。印度吠陀中曾提過的天神密特拉斯，也是波斯祆教教義的一部分。他的名字意味著「朋友」，最遠可以追溯至公元前第九世紀。[4] 但是密特拉教在羅馬帝國如此活躍地竄起，跟吠陀的空氣和太陽天神截然不同，他猶如波斯天神，主要擔任誓言和契約的執行者，象徵了真理的力量。當這個教派出現在基督時代之前的西方世界時，密特拉斯就如真正的救贖者，承載著我們一直

---

3 Robin Lane Fox, *Pagans and Christians* (London: Penguin, 1988), p. 617.

4 比利時考古學家法蘭茲・屈蒙在二十世紀初期對於密特拉教的透徹研究，直到最近才被世人接受，將此視為真理。屈蒙認為救世主天神顯然具備波斯的根源和本質。屈蒙儘管才華出眾，但他有非常強烈的偏見——像是針對整體的「亞洲」思想與文化，還有特別針對占星和宇宙的主題——讓他的作品容易失去客觀性。新的密特拉教的研究，像是大衛・尤蘭西（David Ulansey）（*The Origins of the Mithraic Mysteries*, Oxford: Oxford University Press, 1989）和羅傑・貝克（Roger Beck）（*Planetary Gods and Planetary Orders in the Mysteries of Mithras*, Leiden: E. J. Brill, 1988），還有其他學者，已經挑戰了屈蒙的推測。羅馬密特拉教帶有天神語調的教義，是源自於希臘話宇宙—占星的傳統，這不僅跟奧菲斯教和基督教有許多相似之處，也跟柏拉圖、新柏拉圖和斯多葛的哲學有密切關係——雖然它有一個波斯天神的名字。

在討論的事：半人半神，光明之神的兒子，為了拯救世界，臣服於肉身轉世的痛苦。這個教派散播四方，特別是在士兵和商人之間，還有密特拉神殿的遺跡——羅馬帝國不列顛的學生們很熟悉這些地下的膜拜室——我們最遠可以在英國北方的哈德良長城（Hadrain´s Wall）發現神殿的遺跡。密特拉斯的追隨者不會被具排他性的忠誠要求所限制，他們就像現代的「美生」（Masons，共濟會兄弟），可以跟隨任何他們喜歡的其他宗教儀式。但是他們會受到祕密的重誓束縛，而這顯然是針對一位令人敬畏的聖者。多虧他們的沉默，密特拉教大部分的儀式和教誨至今仍模糊不清。

密特拉斯與耶穌的相似點非常明顯，這也難怪早期的基督教徒認為這個教派很令人害怕，又具有敵意。身為至高光明天神的兒子，密特拉斯從天上往下望，看著人類在黑暗的力量中受苦。他帶著慈愛的憐憫，依據天神父親的意願，化為肉身降臨人間，在冬至當日（十二月二十三日）從處女的腹中出生，就跟人類的小孩一樣，只有幾位牧羊人目睹這個過程。因此，密特拉斯就像耶穌一樣，具體地象徵了天上的光明用最謙卑的偽裝，在一年中最黑暗的一天裡，進入了大地的黑暗之中。很有趣的是，密特拉斯和耶穌都是在摩羯座之下化為肉身，受到土星主宰，注定透過十字架來完成他們的天命。[5] 就像耶穌一樣，密特拉斯必須以人的外表遭受許多考驗與痛苦，也在回到天堂之前，與門徒共享最後一頓晚餐；到了世界末日那一天，伴隨著末日般的暴力，他會重新回來審判復活的人類，帶領被選中的人穿越火河，邁向極樂的永生。密特拉教和基督教連圖騰都詭異地相似。密特拉斯常被描繪成聖童，手中握著俗世的圓球，就像中世紀圖騰中的耶穌小孩，會握著一個神聖的球，球上方有一個十字架。

基督教故事的核心意象是十字架刑求，密特拉教則是屠牛，這描述的是屠殺一隻宇宙的公牛，屠殺公牛是光明之神的第一個創作。天神下令兒子犧牲公牛，才能製造人類。密特拉斯順從父親的心願，與他的獵犬一起出發追尋，最後找到了公牛，把牛頭拉過來，用左手抓住牛鼻，右手持匕首刺進牛的咽喉。死牛的血液中噴出了穀物及其他生命，其中包括人類。此時黑暗的天神立刻派遣奴僕，也就是蠍子和蛇的首領，舔食孕育生命的鮮血。[6]但是這徒勞無功，鮮血已經散灑了整片大地。自此之後，黑暗之神不斷地試圖毀滅人類，他的武器庫中包含發動一場超級大洪水，讓整片大地哀鴻遍野，飽受痛苦。不過密特拉斯是無法征服的，他是天上與大地之間的協調者，也是人類的朋友。他會幫助虔誠的人努力對抗惡魔的邪惡準則。他不只是人

---

5 在密特拉的謎之中，土星扮演非常重要的角色。最高層的啟蒙者派特爾（Pater，意指父親），就是受到土星的「監護」。請參見 Beck, *Planetary Gods and Planetary Orders*, pp. 85-90.

6 尤蘭西和貝克都認為在密特拉教的屠牛圖騰中，公牛、蠍子、蛇、狗、渡鴉和杯子這些角色，不只呈現了波斯光明天神與黑暗天神之間的戰役，同時也顯現了當金牛座與太陽一起落入西方地平線時，在天體赤道上，金牛座和天蠍座之間的星座分布，藉此描繪宇宙的對立意象，同時也反映了起源（金牛座象徵的世俗生育力）和脫離起源（天蠍座象徵從實體形式中釋放）的準則。不過兩位作者都接受了一個前提，認為密特拉儀式與靈魂的救贖有關，也與靈魂解脫世俗命運的力量有關。

類堅強的夥伴，也是地獄力量的對手，確保自己的追隨者在今生和來世都能得到幸福：

當墮落的精靈擄獲了屍體，黑暗的幽靈和天國的使者們就開始爭奪，試圖佔有已經離開肉身囚禁的靈魂。靈魂會站在密特拉之前接受審判，如果在神的秤砣上，它的優點勝過了缺點，它就能抵抗阿里曼的代理者，不被拉進地獄的深淵。它最後會被引進由歐馬茲特統治的天國領土，浸浴在永恆的光明中。7

在各種殘存的雕像和繪畫中，密特拉教的屠牛是我們最熟悉的圖像之一。自此開始，我們發現密特拉斯和基督再也沒有相似處了。密特拉斯沒有經歷十字架刑求，也沒有被分割解體，而是化為肉身。必須忍受痛苦命運的是公牛，不是密特拉斯。不過在這個圖像中，我們仍能看到明顯的禁慾主義，當中充盈著那個歷史時期所有救贖人物的特質。公牛是性能力和繁殖能力最古老的象徵，在牠被殺害時，就等於描述了肉體慾望的犧牲或昇華。密特拉斯畢竟和歐西里斯相差不遠，歐西里斯犧牲了自己的陽具，而公牛其實就代表密特拉斯本身的陽具。我們再一次看到了與海王星型救贖者有關的閹割意象。

密特拉斯和公牛其實是同一個人物的兩種面向。公牛是天神的陽具，犧牲了陽具，靈魂才能得到救贖。直到雙魚世代來臨前，救贖者來來去去，獻祭的君主只是救贖者的化身。8 但是這些天神的主要作用，從來不是帶領人類在救贖和永生不死的希望中邁向禁慾之路。其作用是要提升生命的豐盈及大地的繁殖。甚至連被閹割的歐里西斯，都從來沒有要求人類要為了靈魂棄絕性的歡愉。但到了基督的形象中，我們已經很明顯地看到拋棄肉體世界的象徵。而在密特拉斯的形象中，這種象徵就反映在公牛的犧牲，反映在該教派所強調的忠誠、忠實、兄弟情誼和壓抑身體慾望上。就如比利時歷史學家法蘭茲・屈蒙（Franz Cumont）所說：

> 所有的東方教派中，沒有一個教派像密特拉教一樣如此嚴苛，沒有一個達到同樣的道德提升，沒有一個能如此強烈地堅持心智和心靈。[9]

我們之後會討論奧菲斯教，它與密特拉教及基督教有相同之處，也有不同之處。它不是靠著崇拜一位特定犧牲的天神或天神之子，藉此讓國家或土地的肥沃獲得神佑。這些海王星型的救贖者—天神，提供了一種新的恩賜：一條脫離肉體墮落通往救贖的道路，淨化物質世界的罪惡和渣滓，以求在世界末日之後，能在極樂的來世中與靈性的本源重新融合。

---

7 Cumont, *Oriental Religious in Roman Paganism*, p. 158.

8 針對生生不絕的植物之神，最詳盡的分析請參閱Sir James Frazer, *The Golden Bough* (New York Macmillan, 1936).

9 Cumont, *Oriental Religious in Roman Paganism*, p. 159.

就歷史的角度來看，這種靈性救世主的角色非常新穎，和我們海王星型的救贖者—天神有非常重要的關聯性。在雙魚世代來臨時，開始出現一種奇怪又無助的靈肉分裂，而這似乎是海王星世界觀固有的特質。就像兩條魚分別代表了肉體的貪婪飢渴和靈魂的救贖渴望，兩者永遠被一道無法切斷的枷鎖綁著。海王星的二元論，會用類似古老密特拉教虔誠者的方式來體驗生命。世俗的世界是腐敗的，受到凡人的命運約束。靈性的世界則永不腐敗，並能從痛苦中產生唯一的救贖。而在這當中，一定要有某個事物被犧牲，人們通常都把這詮釋為慾望的本質。這種世界觀到底是不是一種「病態」，至今仍有爭議。病態的定義會襯映出正常的定義，而這可是眾所皆知地充滿彈性，取決於個人的參照架構。二元論是一種原型的生命認知，儘管不是唯一的原型，但它主宰了雙魚座統治之下的歷史紀元，就如它無意識地主宰了海王星型的人的靈魂。它的「病態」並非反映在其本質上，而是呈現在某些個人生命中的破壞性表現。而它也幾乎是一種難以忍受的矛盾觀點，因為它為痛苦和犧牲所承諾的獎賞，就是在神性本源的懷抱中享受天國的救贖。這就等於是在象徵肉體邪惡的世俗肉身母親的懷抱中，享受著感官之樂。心理學上有一個老生常談，如果面對兩個對立的觀點時，一個人若只能認同其中的一個觀點，就會不自覺地對另一個觀點著魔。這在海王星逃離肉慾的行徑中表現得最明顯，這會產生某種救贖的形象，而其中必然刻印了同樣的肉慾。當我們在檢視密特拉斯這號人物時，我們可以看到他和他的救贖者弟兄們都代表了那隻小魚，透過肉體誕生時的臍帶與偉大的慾望母魚結合——

而她的毀滅者其實就是自己暗藏的另一半。

「漁夫」奧菲斯

密特拉教的教義之中有部分是末世論——它會替信徒準備一個死後的靈性存在。基督教也是末世論，特別是那些等待世界末日即將來臨的教派。奧菲斯教也是如此，奧菲斯的追隨者被教導認為身體是靈魂的墳墓，世俗的人生只是一個試驗場，人們只能透過半人半神的奧菲斯所揭露的教誨和儀式，獲得來世的極樂。在早期的希臘神話中，奧菲斯是一位色雷斯詩人，他一開始只是阿波羅的祭司牧者（也許是兒子），他的音樂帶有特別的魔力。他的形象隨著時間演變，帶領狂喜教派的植物天神戴奧尼索斯，朝著比較健全、比較阿波羅的路線改變。戴奧尼索斯是非常古老的天神，他最初將原始的本質擬人化，代表出生、成長、衰老和重生的生命準則，後來慢慢演變成救贖者—天神的形象（儘管他提供的救贖是在現世，而非來世），他也跟歐里西斯一樣飽受痛苦，被泰坦巨人撕裂成碎片，獲得重生，之後又因為希拉（Hera）的嫉妒變得瘋癲。他在自己難以駕馭的神祕中放任感官的享受，藉此讓人類獲得神聖的極樂。[10]戴

10 有關戴歐尼修斯在希臘早期神話中的天性和作用，完整的敘述請參閱C. Kerenyi, *Dionysus* (London: Routledge & Kegan Paul, 1976).

奧尼索斯與海王星有重要的神話關聯性，因為戴奧尼索斯展現了許多海王星發狂的混亂狂喜。追根究底，他的神聖物質就是酒。古老的奧菲斯並不太反對這一點，他自己都在狂喜的狀態中吟唱。但是在希臘化和羅馬時期出現的「新」奧菲斯，古老戴奧尼索斯神天生的肉慾和野蠻就變成了詛咒。奧菲斯發現了音樂家喬瑟林．哥德溫（Joscelyn Godwin）所謂的「兼具禁慾和思索的戴奧尼索斯主義，目的同樣是要從世俗的狀態中獲得釋放，但是要用一種比較有覺知、控制、理智的方式」。[11] 換句話說，奧菲斯淨化了戴奧尼索斯的形象，把酒和極樂天神的淫蕩慶典，變成罪惡和救贖崇高的抽象信條，並在他的追隨者身上強加一種純潔和犧牲的完美道德。

我們不知道是否真的有奧菲斯這號人物。在羅馬時期，他被視為一個真實的人，就像畢達哥拉斯或耶穌一樣，是一位半神或受神性啟發的導師和天神化身。但是他的神話血統中隱含了一種原型、而非人類的核心。這兩者當然不一定互相排斥，原型和歷史人物也可以互相符合。我們現在知道的奧菲斯教，是一種難以理解的教義，其中包含複雜的宇宙進化論和一連串「正確」生活的必要條件，這遠比那位聲音甜美的詩人年輕多了。儘管奧菲斯的開始是斷斷續續的，約起源於公元前六世紀的義大利南部和希臘。直到希臘化晚期和羅馬時代之前，它都沒有非常普及，因為它並不符合希臘集體宗教的價值。它一直是「邊緣的」教派，它雖然對柏拉圖等哲學家有極大的影響力，但因為太過神祕，無法在希臘城邦正式的眾神廟中找到歸宿。不過當羅馬開始統治希臘和希臘化的王國時，奧菲斯這位詩人就變成了「漁夫」奧菲斯。他的名望漸增，變成了一位真正的救贖者—受害者，帶有半人半神的特質，其實就是雙重的基督。其教義發展出一整套絕對一神論的宗教教條，他的詩歌揭露了宇宙源起的奧祕、上帝的本質，以及靈魂如何超越肉體禁錮、與神達到永恆極樂結合的方法。

> 此生與死後的暗示，並非是無法挽回的對立狀態。兩者形成了一個世界，一個人如被賦予了超乎人類的想像力（表現在預示性、類神性的歌曲中），或是被賦予了超乎人類的愛的力量，就會知道這個更偉大的整體，可以從此生超越到死後，然後再次回來，而且能「救贖」別人，給予他們同樣的力量，給予他們一個「新人生」[12]

就如基督被釘在十字架上，也如密特拉斯公牛被屠殺後，血水灑遍大地，奧菲斯也被狂野的色雷斯女人們撕成碎片；這隻小魚在其超越但命定的輪迴中，最後還是會被大魚吞噬。德國詩人萊納．瑪利亞．里爾克（Rainer Maria Rilke）在《致奧菲斯的十四行詩》（*Sonnets to Orpheus*）中，把他稱為一位「失落的天神」，一種「無止盡的探索」——就如線索或一條金

11 Joscelyn Godwin, *Mystery Religious in the Ancient World* (London: Thames Hudson, 1981), p. 144.

12 Charles Segal, Orpheus: *The Myth of the Poet* (Baltimore: Johns Hopkins University Press, 1989), p.35.

線，領導我們邁向一種必須追求、必須恢復的更深廣的奧祕。[13]這裡的奧菲斯比較像基督，勝過於密特拉斯，因為他的身體被肢解了，而不是一個宇宙之牛的替代象徵。奧菲斯的宇宙進化論很值得深入探究，雖然連精通古典希臘神話的人都覺得這很奇怪，但這的確可以提供我們更多的洞見，理解奧菲斯教和海王星的「救贖」本質。

奧菲斯的宇宙進化論很怪異，跟荷馬（Homer）和赫西俄德（Hesiod）的長篇史詩截然不同。屈蒙和其他學者甚至認為奧菲斯教因為固有的二元性，在概念上是「非希臘的」，甚至是「亞洲的」。不過奧菲斯教首先出現在義大利南部，所以我們若把所有的二元性都怪罪在無法測知的東方，即使稱不上傲慢，也是錯誤的。這就彷彿在說，奧菲斯教與西方的心理發展毫無關係，一切都是從「外面」「引進」的。不只是西方的占星術有海王星，東方的也有。在奧菲斯的宇宙開始時，只有「時間」存在——這是一種空無或帶有智慧的宇宙虛空——奧菲斯把「時間」描述成一種形象，長有獅子的頭，老鷹的翅膀，還有一條蛇盤饒著的一個人的身體，身體上刻印著或圍繞著黃道的記號。「時間」也被叫做艾翁（Aion），他創造了宇宙的銀蛋，從銀蛋中出現了初生的原始神法涅斯（Phanes），他也被稱作戴奧尼索斯（後文稱這位天神為「法涅斯—戴奧尼索斯」）。法涅斯是雌雄同體的天神，身上盤繞著蛇，代表著光與美德，其名字意味著「帶來光」或「照耀」。

到目前一切都還不錯。我們已經看到了初生的、雌雄同體的光明之神，從虛無或是深水中出現，生出了宇宙。就像埃及的太陽神拉（Ra）從原始的洪水中出現，印度的梵天會從摩耶的宇宙之水中誕生。奧菲斯教也強調了這個古老的故事。法涅斯先創造了一個女兒，名叫倪克斯（Nyx）或奈特（Night）。奧菲斯既是她的父親，也是她的母親。法涅斯之後又與倪克斯生下了蓋婭、烏拉諾斯和克洛諾斯，也就是希臘神話中比較為人熟知的巨人。克洛諾斯又生了宙斯，所以宙斯其實就是法涅斯—戴奧尼索斯的孫兒。但是宙斯必須透過吃掉自己的祖父原始神法涅斯，才能進入這個世界。奧菲斯教把宙斯視為那個年代最偉大的天神，但宙斯卻不是他們最愛的天神。奧菲斯教最鍾愛的是戴奧尼索斯，它的宇宙進化論也自此開始變得極為混亂，因為這位備受喜愛的戴奧尼索斯，和同被稱為戴奧尼索斯的法涅斯不同，他應該是宙斯的兒子。無論如何，既然宙斯都已經吃掉了他的祖父法涅斯—戴奧尼索斯，新的戴奧尼索斯就既是這位天神之王（宙斯）的兒子，同時也是他的孫子。他以宙斯兒子的身分重生，但又保有了古老的主權，仍然是初生的光明天神。

在奧菲斯教的教義中，天神並非天生就擁有神性，神性也非天神獨有的特質，只有透過「為人父親」這個行為，才能傳遞神性。這是一種神聖的活力或本質，可以被吞噬和消化。天

13 Rainer Maria Rilke, *Sonnets to Orpheus*, 1.26, lines 9-14, M. D. Herter, trans. (New York: Norton, 1962).

神是具可食性的，同時透過這個方式把神聖的特質傳遞到凡夫俗子身上，這不只是奧菲斯教的重要特色，同時也是海王星的重要意涵。當我們一路探索海王星型救贖者的本質時，務必將聖餐饗宴的象徵意涵謹記在心，神的血肉身骨最後是被追隨者吃掉的。這並不是基督教獨有的現象，密特拉教和奧菲斯教也有同樣的意象。所以，我們必須牢牢記住我們具有一種原型的慾望，想要分解並吞噬具有神性活力的人。撕裂和吃掉救贖者（或是被投射成救贖者的人）的抽象意義，也是海王星渴望中較令人不安的特色之一。這既古老又稚嫩，就像嬰兒透過哺乳消化母親的神性。海王星的理想化中有一種古怪的貪婪特質，我常聽到領受者形容這種感覺像是被「活生生地吃掉」。我們也會用一種特別的方式來描述具有肉體吸引力的東西——通常是一個小孩或一隻可愛的寵物——我們會說，「這好到讓人想吃掉」。這就像大魚張著嘴，隨時準備吞下自己創造的救贖者。

奧菲斯教的戴奧尼索斯，就跟希臘的戴奧尼索斯一樣，承受了被泰坦巨人撕裂分肢的痛苦。但是奧菲斯教派的「非希臘」（這在十九世紀末的學術圈中，真的是野蠻情感的同義詞）開始露出原形，習慣把獵物撕裂成碎片的泰坦巨人將他吃了。宙斯為了替被毀滅的兒子復仇，就用雷電將泰坦巨人劈成灰燼，從灰燼中又生出了人類，之後泰坦巨人及其恐怖的天性，簡單說就是世俗性，就隸屬於黑暗領域，而非光明國度。由於泰坦巨人吃掉了具有神性的戴奧尼索斯，所以從泰坦巨人焦黑屍骨中誕生的人類，仍然保有神的本質——這就是來自法涅斯—戴奧尼索斯的宇宙之光的火花碎片。這樣的人類想像帶有二元性，有黑暗的世俗面，也有光明的靈性面，這就是奧菲斯教重要的核心價值。身體（泰坦）是邪惡的，但靈性（戴奧尼索斯）是良善的。泰坦的罪行就是奧菲斯教的原罪，就等同於猶太教－基督教中的亞當的墮落。這種信仰反映了奧菲斯教對於世俗生活的貶抑，深信人類必須斷絕自己體內的泰坦天性，只追尋認同戴奧尼索斯的特質，才能讓自己獲得救贖。換句話說，救贖就是靈魂必須重新想起自己真實的本源，忠於本源，同時必須完全否定靈魂在肉體誕生時所陷入的世俗外殼。

因此肉體只是靈魂的牢獄，靈魂會追尋自己的神性本源，與之重聚。奧菲斯教的規矩與儀式就是要表達這種重聚。奧菲斯教相信一種對抗邪惡的末日天國報復，主張透過極度禁慾的方式來超越世俗的肉體。任何肉慾愉悅的耽溺都變成了與光明世界對立的罪惡，最後會招致可怕的報復。奧菲斯教相信一種能夠對抗一切的天國懲罰，這也意味著人類的泰坦本質必然會引導出一種奧菲斯的地獄概念，地獄必然是一個極度痛苦的地方，等待著否認自己真實的、戴奧尼索斯天性的人們到來。有些奧菲斯教派擁護人生即地獄的信念，但是對於其他人而言，地獄則是一個比肉身轉世更恐怖的來世。就性質而言，奧菲斯教的地獄與希臘的塔爾塔羅斯截然不同，後者是一個折磨的地方，只有因為驕傲地挑戰凡人被賦予的有限性的人才會到此受苦。在奧菲斯教中，最大的罪惡不是傲慢，而是拒絕被救贖。冥頑不靈的泰坦、男人與女人們會堅持否認自己的「真實」天性，依附在肉身的滿足和慾望上面，當天國的報復終於降臨時，這些死不悔改的靈魂就會像由來已久的千禧年，永生永世地受到詛咒。

奧菲斯教基於對報復式正義、淨化和贖罪的信仰，形成了一種特別的來世觀點。他們為不潔者和行惡者創造了一個污穢和折磨的來世——我們可以把這稱為地獄。他們就是希臘地獄的「發現者」。14

奧菲斯從溫和的詩人變成偉大的「靈魂漁夫」，他毫無疑問就是上帝之子基督的雙胞胎兄弟，化為人類的肉身之軀，而他的教誨就是唯一可能得到救贖的道路。奧菲斯教也用一種比較不同或更浪漫的方式反映了海王星型救贖者的無性慾或閹割：他有一個愛人（歐利蒂絲），他在失去了她之後，餘生都在不斷地哀悼悲嘆。懷念失去的完美至愛，否認所有可能的新對象，並認為所有新對象都無法與逝去的愛人比擬，這正是海王星特有的一種模式。所以這也是一種逃避的陰性特質，因為「新的」奧菲斯就像密特拉斯和耶穌一樣，不會碰女人一根寒毛。羅馬詩人奧維德（Ovid）在《變形記》（*Metamorphoses*）中，把他形容成同性戀。我們也可以從「漁夫」奧菲斯與音樂及詩的關係，看到海王星的另一個特色。在古希臘哲學家畢德哥拉斯教導的影響下，奧菲斯教認為這位詩人的歌曲就象徵著宇宙的音樂，而他的七絃琴就是通往宇宙和聲的關鍵。在接下來的世紀中，奧菲斯變成了創造性想像力和藝術世界的主要象徵，而這些就是人間可以接觸得到的一種天堂形式。包括居斯塔夫．莫羅（Gustav Moreau）在內的畫家，還有里爾克等詩人也採用了他這方面的背景。[15]奧菲斯教抽象的被動充滿了海王星式的消沉。奧菲斯這位詩人的悲劇死亡，也是一種海王星式的故事，他因為與人類共同分享痛苦，所以比起令人敬畏、但無法靠近的天神創造者，更貼近人類，更容易被接近。我們可以分享他的歌，還有他的悲傷。所有的受害者和救贖者，都是我們當中的一份子。

奧菲斯的分解就像基督被釘在十字架上，象徵了救贖者世俗面向的終點，但是神性的面向卻獲得釋放，永生不死，而這就是對信徒的預示。他因為肉體承受過痛苦，所以能同情世俗眾生的痛苦。他知道什麼是犯罪，因為他天生就是帶有罪惡的身軀，所以他能認清並接受人性的罪惡，為此償還代價。「同情」（compassion）這個字意味著「一起受苦」。一個人如果從未體驗過罪惡，就不可能生出同情。救贖者如果沒有經歷過我們的苦痛，我們就無法相信他能帶來救贖。他如果不曾因為泰坦般的強迫性衝動受到玷污，落得支離破碎的下場，他如何能了解我們的苦痛？我們要能同情他，才會覺得跟他有血緣之親，而不是像盲目愚蠢的小孩一樣，必須

14 Walter Wili, "The Orphic Mysteries and the Greek Spirit," in *The Mysteries*, Joseph Campbell, ed. (Princeton, NJ: Princeton University Press, 1955), p. 76.

15 有關海王星與藝術家的關係，更完整的解釋請參閱第十章。

由一個看上去更有智慧又更有力量的人引導前進。當我們開始探索海王星救贖者體驗到的更個人的面向，我們就能更加理解，為何人們總是選擇一些受傷或痛苦的人，永遠都不會選「正常人」。憐憫和崇拜會融合在一起，成為海王星的追尋中最具影響力的一個面向。16

阿提斯和閹割的意象

阿提斯教從來不像密特拉教及奧菲斯教一樣普及，原因顯而易見：該教派的教士都是自閹的男人。羅馬帝國初期曾經做過很多努力，想要壓抑這個教派中一些比較野蠻、血腥的儀式。不過這種殘缺天神的形象，一直都讓一群被選中的信徒特別迷戀。這個教派非常古老，甚至可以追溯至基督教時代的初期。它一開始不只獻身於俊美的年輕牧羊人，同時也奉獻給他的母神希栢利（Cybele）。它最早源自於公元前七世紀的小亞細亞，是典型的黑暗宗教，崇拜大母神和其短命的配偶，將其視為繁殖力和季節循環的象徵。就如中東的穀神塔木茲（Tammuz）和掌管植物的天神阿多尼斯（Adonis），阿提斯的死亡與再生就象徵了大自然每年的死亡與再生。但是阿提斯教就跟密特拉教和奧菲斯教一樣，在雙魚座年代開始時經歷了一些改變，這位年輕的植物天神轉變成一位靈性的救贖者。他的自我閹割可說是古代神話中最令人不愉快的一種意象，象徵著海王星對性慾最強烈的否認，儘管現代的一般人，即使是沒有宗教信仰者，可以透過許多細微的方式做到這一點。阿提斯是偉大女神希栢利的兒子，她是「人類與天神的母親」。他長大人後，希栢利被兒子的美貌點燃熱情，讓他成為她的愛人，逼他認真地發誓對她忠貞。這對亂倫配偶一起度過了一段幸福時光。但是有一天，阿提斯遇到了一位迷人的女神，兩人陷入愛河，他違背了自己的誓言，嚐到了與同輩結合的喜悅。希栢利受傷的嫉妒心如排山倒海一發不可收拾，就折磨這位年輕人，讓他因為罪惡感陷入瘋狂。在瘋狂的狀態中，阿提斯為了彌補自己的背叛，就切下自己的陽具，這樣就再也不會犯下不忠的罪惡。結果他因傷重死去時，希栢利哀慟不已，把他的屍體變成一棵松樹，象徵他永存的精神。

阿提斯的神話之後跟某些奧菲斯教派融合在一起，而希栢利的形象就從含糊但受人尊敬的生命繁殖之源，被貶為對肉體有可怕渴望的形象，她會迷惑靈性之光的活力，將其禁困在黑暗的物質世界裡。在雙魚世代的庇護下，人們並不認為阿提斯的瘋狂和犧牲是為了恢復他對女神的誓言，反而把這視為性強迫問題的終極解決手段。人們並不把天神的閹割和死亡視為悲劇，而是一種救贖。儘管到了第二世紀，人們認為獨身就象徵了閹割，教士們也不再在「血祭日」

16 如果想要更清楚、更廣泛地認識奧菲斯教義，還有它對希臘—羅馬哲學和宗教的影響力，請參閱W. K. C. Guthrie, Orpheus and Greek Religion (Princeton, NJ: Princeton University Press, 1993)。奧菲斯派投胎轉世的信仰，與海王星特別有關。有點諷刺的是，現在許多所謂的「新世紀」信仰其實都是「舊世紀」，因為他們跟這個古老的神祕宗教有非常密切的相似處，該宗教早在基督教世紀來臨前的六世紀就已經出現了。

時狂熱起舞，進而自宮，但這種野蠻的原始儀式仍然處處存在。有時人們會奉獻一隻公牛來象徵閹割，這與密特拉教的屠牛相互呼應。崇拜者會站在動物被屠殺的平台下方，任鮮血從上而下淋倒在自己身上，彷彿替代了自己的犧牲，將自己清洗淨化。17

早期的基督教當然對這些儀式很反感，這不只因為上述那些顯而易見的理由，也因為阿提斯就像密特拉斯一樣，都有些太過接近自己的教義了。血祭日和它伴隨的其他天神慶典，都是在每一年春分點第一個滿月的那一週舉行，基督教的復活節也是同一時間。所以在新的基督教帝國中，這個教派受到無情打壓，即使它的儀式正都象徵了在基督教教義中廣為流傳的同樣主題。對於早期的基督教而言，阿提斯也很令人困擾，因為他是希栢利單雌生殖產下的兒子，並沒有一位凡間的父親。對於現代西方靈魂而言，在所有雙魚世代的救贖者—天神之中，阿提斯是最陌生的，但自我閹割卻是海王星很重要的主題，有些人會在心理上演出這種戲碼，這些人無法或是不願意好好面對與母親分離的痛苦過程，進而體驗熱情的分離情緒。自我需要成形到一個足夠程度，才能有那種熱情，渴望能成為另一個人，而這必然得冒著拒絕與痛苦的風險。熱情這個字其實是源自拉丁文passio，意指「受苦」。所以熱情是某種形式的地獄。海王星的情慾渴望帶有種古怪的被動，是一種沒有熱情的融合。一個人如果有強勢的海王星，同時又有象徵強烈熱情的占星符號，像是牡羊座、天蠍座，或是有力的冥王星或火星，他必然會陷入兩難，此時象徵自我閹割的性無能、令人虛弱的疾病、上癮，或是對生命的全面被動和自我犧牲，似乎就是解決兩難衝突的唯一方式。

基督教裡的象徵

基督教諸多最重要的主題和形象都帶有海王星特質，同時也受到其他救贖人物的影響。這裡要討論的問題，並不在於耶穌到底是不是「真的」彌賽亞。就心理層面而言，所有的救贖者—天神都是「真的」。基督教就像任何宗教一樣，會有許多不同的變化和混合，會對故事的基本元素提出不同的重點和解釋。我們必須好好思考的，其實是象徵的本身。因為被害者—救贖者的原型人物，都會背負著異教和基督教的主題，我們最後都會不自覺地把這種原型，與被投射了海王星渴望的人、機構和意識形態融合在一起。我們如果不把救贖者視為過去或未來的真實彌賽亞，而是把他當成每個人內心都具有的靈魂形象，那麼基督的誕生、一生、受難和復活，以及基督教的儀式，都像是演出了我們的內心旅程一樣，別具意義。

當與受害者—救贖者有關的投射動力出現時，很容易產生一些非常令人不安、而且往往很痛苦的結果，特別是在浪漫的愛情幻想中。當我們愛上一個人，祕密地將對方視為奧菲斯／阿

---

17 Maarten J. Vermaseren, *Cybele and Attis* (London: Thames & Hudson, 1977), pp. 101-107.

提斯／密特拉斯／基督，試著與對方建立肉體關係，同時又不知不覺地把對方轉化成聖餐的麵包和酒，最後就很容易導致深刻的傷害和幻滅。很顯然地，這種關係的性生活就跟日常的生活安排一樣，很容易造成許多問題。不過，在個人生活中，這種海王星特質的迷亂，大部分都來自於將個人及日常生活中的狀況，與原型的救贖者畫上等號。基督教的符號在現代文化中持續具有重要性，所以也能提供我們極多見解，讓我們認識自己尋求的救贖本質為何，以及我們尋求救贖的方式。

處女生子

我們可以把處女產子，像是耶穌、密特拉斯和阿提斯的誕生，視為海洋母親漫長的單雌生殖脈絡的最終意象。因為世上除了她，別無他物，因此她所有的創造物都是來自單雌生殖。從心理學來看，這個新生兒的夢想世界還容不下一位世俗的父親，因為母親與孩子之間的完全融合，會排除任何其他的關係。在我們誕生後的幾天和幾週內，除了母親以外，沒有其他的現實存在，她就是我們的全世界，是生命唯一的賜予者和破壞者。沒有人能跟嬰兒解釋，爹地的精子其實也是誕生方程式中的一部分。我們一開始的肉體經驗完全只有母親的身體，而許多小孩都有同樣的幻想，以為父親其實是另一個外人，一位神祕的陌生人，而不是我們在家裡稱為

「父親」的那個男人。這種「另一個人」的想法其實有其原型背景。在神話裡，他總是一位天神，或是上帝。希臘神話中的英雄一定都神和人產下的，通常是父親帶有神性。18 小孩必須在長大之前，從無法了解自己除了英國小說家萊特・哈葛德（Rider Haggard）口中那位「她必須順從的人」，沒有其他的祖先。父親其實非常抽象又超然，不會對嬰兒與母親的原始連結構成威脅。現代社會中，有很多父親會參與孩子的誕生，這在情感層面上，對於父親、對於這對伴侶而言可能很有幫助；但是實在很令人懷疑的是，在這樣的參與中，小嬰兒是否理解在融合的神奇狀態外，還有一個獨立的個體存在。

處女生子代表一種免除肉慾污點的肉體化身，因此也能免於「原罪」。瑪利亞自己神奇地受孕，沒有受到玷污。她是唯一適合的載具，可以讓這位天神人類從天堂下凡，把人類從原罪之中「贖回」。

> 對瑪利亞產子的異常謹慎真的很引人注目：無瑕的懷孕，根除罪惡的污點、永恆的童貞……當我們把這些套用在瑪利亞時，她就被提升至女神的地位，也因此失去了某種人性。她

18 最知名的例外是阿基里斯（Achilles），他的母親是海洋女神忒提斯（Thetis），他的父親是羅馬英雄埃涅阿斯（Aeneas），其母親是維納斯（Venus）。

永遠不會像其他所有的母親一樣，在罪惡中孕育她的孩子，所以他（她的孩子）也永遠不可能[19]

就這個角度來看，救贖者在凡人中是很孤獨的，他可以免於亞當的詛咒，而基督因為禁慾生活（儘管福音書中並未提到這一點，但是教堂的戒律中總是會提到禁慾），變得適合替凡夫俗子彌補肉慾墮落的罪孽。

> 他是藤蔓，掛在他身上的人是枝幹。他的身體是可以食用的麵包，他的血是可以飲用的酒。他也是會眾形成的神祕身體。當他以人現身時，他既是英雄，也是天神下凡，他沒有罪惡，比天生的人類更完整也更完美。人類對他而言，就像是小孩面對成人，或是動物（羊）面對人類。[20]

因此我們就像心理長不大的小孩，會被原始的需求驅策折磨，無法讓自己脫離對母性本源的依賴，同時又渴望回到極樂忘神的狀態。於是，我們會從某個人的身上尋找賜福與援助，此人能犧牲肉體的強迫需求，所以能免於罪惡。但是這種犧牲一定得是實際的壓抑或分離嗎？這兩者都是某種形式的自我閹割。或者，犧牲可以更微妙一點？「犧牲」這個字來自拉丁文sacer（意指「神聖」）及facere（意指「成為」）。所以犧牲的字面意義就是「成為神聖」。原本褻瀆又強迫性的事物，必須變得神聖且發自內心。它必須被賦予一種比滿足需要和服從職責更偉大的意義，從自身揭露一種更高層或更深刻的本源。這不等於放棄某件事情，它並不是一件必須放棄的事，而是必須認同的事。

換句話說，當帕西法爾（Parsifal）看到聖杯時，他該提出什麼問題：聖杯該為誰服務？如果肉體，就如密特拉斯的公牛、阿提斯的陽具、奧菲斯和基督的凡人軀體，只是為了滿足嬰兒自我滿足的自戀需求，那麼肉體就不是「神聖的」。肉體仍充滿了原罪，仍不能與神性的本源重新產生連結，也不能為人世提供任何價值感或意義。我們的存在如果就只是為了吃、睡、私通，然後死去，生命就真的變質了，因為每次酒醉狂飲過後都會有失落等著我們。如果肉體和其愉悅都是心靈與靈魂更深沉、核心的載具，天上的救贖者就會真的降臨人間，與人類共同生活。平凡的生命將不再平凡，因為每一刻都很重要，而每個選擇都取決於它的品質，而非數量。但是肉體如果已經因為斷絕而變得多餘，就像阿提斯麻煩的陽具一樣，就無法具體呈現更深沉的核心。依照這種角度看來，海王星對本能的排斥其實都是一種欺騙。這裡沒有真正的犧

19 C. G. Jung, *Collected Works*, Vol. 11, *Psychology and Religion* (London: Routledge & Kegan Paul, 1973; Princeton, NJ: Princeton University Press, 1969), p. 626.

20 *Collected Works, Vol.* 11, p. 229.

牲，有的只是想要逃避。我們最後只剩下自我加諸的斷絕，導致犧牲、永無止盡的憤慨，無法珍惜生命或自己。

聖靈

聖靈是基督教教義中最複雜的形象。基督本身就是聖靈；凡人耶穌是由聖靈所產生，之後又充滿了基督的神性。而當耶穌死後，基督或聖靈仍然是撫慰者和救贖者，就像一種無形的「氣息」或「普紐瑪」（編按：pneuma，源自古希臘的一個詞，表示「氣息」，在宗教文獻裡指「精神」或「靈魂」），可以帶來人與神融為一體的體驗。在過去數世紀，對聖靈本質的神學爭論永無止息，這對基督教的本體帶來一些可怕的傷害，特別是西方天主教和東正教的分裂。我們如果可以避開這些爭論，改而討論早期基督教的聖杯，就能獲得更多洞見。任何偉大宗教架構的青春期版本，都能對其符號象徵提供耳目一新的見解，當中仍充滿了個人天啟的內在火焰。靈知派的基督教徒把聖靈解釋成靈性的聖母，認為聖靈是陰性的。我們可以在蘇非亞（Sophia，希臘文的「智慧」）這個觀念中看到這種詮釋：

> 審判和靈光乍現都是透過無意識的活動顯現，人們常將這些歸於一位原型的女性人物、靈

魂或摯愛的母親……以這種觀點來看，聖靈這個中性名號很容易被女性特質取代……聖靈和邏各斯（Logos，希臘文的「話語」）都融合在靈知派的蘇菲亞觀念裡。[21]

我們在這裡到底要討論什麼？這種無形的陰性「氣息」是一種神性的散發，帶有繁殖的陽性力量，但它也是人類得以分享及體驗的撫慰者與整合者，這很顯然就是一種海王星的意象。氣息跟印度的摩耶有許多共同之處，摩耶創造了宇宙，然後把宇宙「留在那裡」，透過人類來具體呈現。基督教的救世主可以帶來救贖，是因為他充滿了這種「氣息」，這是他與生俱來的，他的母親就是透過「氣息」而非男人受孕。我們可以在受洗的儀式——浸在水中——啟動這種氣息。基督把它傳給門徒，門徒們又把它傳給信眾。這是靈性療癒最精髓的媒介，可以由一個人傳給另一個人，也可以透過信徒來引導，他們會「以我為名」聚集在一起，任它「隨著意思吹」（源自《約翰福音》3:8），它會為無信仰者的帶來預料外的恩典，有時又會執意避開最狂熱的信徒。

榮格把這種海王星的「氣息」稱為「靈感」（inspiration），能夠開放心胸體驗到「氣息」

21 *Collected Works, Vol. 11*, p. 240.

的人們，馬上就認同這種說法。它可能出現在預期的宗教儀式場合裡，人群或會眾有時會覺得自身與他人之間，或是與某種更深沉、更神祕的存在之間，充滿了一種莫名的一體感。它也可能出現在音樂家和其聽眾之間，也可能出現在劇場裡，像是某種神奇魔法同時降臨在表演者和觀眾身上。希臘人認為喚起氣息是一種神聖的儀式，而這正是劇場存在的真正目的。它也可能出現在分析性、甚至是占星的研討會中，在一些最不經意的時刻，談話的內容變得純然地「宗教性」。它也會在愛人之間神祕地傳遞。在醫院和精神病院的痛苦與絕望中，人們也會發現它的存在。它還常出現在創作的過程中，人的想像力會開始出現一些奇怪和超自然的呈現，並與自己創造的某個事物融為一體。在基督教的教義中，人們把聖靈想像成一隻白鴿，可能就與這些經驗有關，但這可能會被視為異教徒的觀點。不過這些的確是同樣的經驗，都是透過占星師所稱的海王星渴望和覺知模式引起的。這是一種「事物」相互連結的幻象，可以滲透萬物，足以突然且善變地穿透厚重的感官面紗。換句話說，這是與某種心理上的融合經驗、某種超越個人疆界的「他者」合為一體，讓我們能一窺伊甸園的面貌。我不認為一定要稱它是「聖靈」，不稱它聖靈不代表它的定義不正確。但是你也可以把它等同於奧菲斯的音樂，或是埃及天神卡木塔夫，或是宇宙海洋。

彌撒

除了上述的例子外，彌撒也是一種儀式或典禮，目的是要喚起或恢復聖靈的療癒和合為一體的經驗。彌撒的參與者會透過食用淨化過的聖酒和聖餅，接觸到救世主的核心奧祕。對於信徒而言，這些東西不僅具有象徵性，實際上也「變成」了基督的血和肉。這很怪異地呼應了奧菲斯教的宇宙演化論，凡間的泰坦巨人會吃掉從光明中誕生的戴奧尼索斯，再讓自己和人類充滿從他們自身殘骸中出現的神性火花。當我們在觀察彌撒儀式時，就能很清楚地理解吃下天神這種行徑最核心的重要性，以及如何藉此來傳遞「神」（或神性）。這種血肉食物祭品的儀式做法其實是非常古老又普遍的，儘管一開始，這些被屠殺的野獸（在更早之前的黑暗時期，則是被屠殺的男人與女人）是要提供天神滋養，而燃燒祭品的煙，據信可以把食物傳送到天神們在天上的住所。在稍後的階段，人們則把煙視為祭祀食物的靈性形式。這種概念就是香的起源，香至今仍是教堂儀式的基本元素。雙魚時代早期的救贖者教派都具有彌撒和聖餐的形式，其中包含了象徵性地食用和喝下救贖者的血肉。這讓人們可以開始感受和救贖者之間的一體經驗，進而與本源融為一體。我們可以在聖經《哥多林前書》11:23中，看到有關基督教彌撒聖餐最古老的敘述，這正是我們在本章一開始引用的內容。

用文字來描述彌撒，一定跟一位虔誠基督徒實際參與的經驗截然不同。我們一直很難用文字來描述海王星的本質，因為那是短暫又非常主觀地發生的。這就像當我們聽到特別感動的音樂時，或是非常投入一齣戲劇時，很難用文字描述我們體驗到的感受。所有能具體呈現傳遞神祕「普紐瑪」（氣息）的聲音、動作、物體或影像，本質上都是稍縱即逝的。只要音樂或戲劇還持續著，這種融合狀態就會一直存在，儘管結束之後就消失了，但都已經莫名地改變了我們。彌撒是基督教最重要的儀式，其目的就是要喚起神性救贖者的經驗，藉此讓信徒獲得必要淨化和贖罪，與救贖者重新連結，把救贖者視為永恆的存在而非歷史性的事實。母教堂不是意外出現的說法，我們要是把教堂的情感力量描述成個人母親的替代品，其實並不正確，也有失公允，不過這其中還是有諸多溪流都奔向了海王星的水域。

榮格曾經針對彌撒在心理上的重要性發表過許多作品[22]，他很多的想法都值得在此討論。他認為彌撒的獻祭結合了兩種明顯的概念：希臘文的depinon，意指「餐食」，還有希臘文thysia，意指「犧牲」或「屠殺」，也有「燃燒」或「閃耀」的意思。後者與祭祀中的火有關，祭品可以在火之中供天神們享用。前者則與參加祭祀者共享的餐點有關，信徒們相信天神會在祭祀現場。depinon也是「神聖」的一餐，過程中可以吃下「神聖化」（consecrated）的食物。我們必須更仔細地研究「神聖化」的意思，因為按照這個脈絡，酒變成了救贖者的血，麵包變成了他的肉。「consecrate」（奉為神聖）這個字與「sacrifice」（犧牲）有同樣字根，這意味著「與……神聖」或「一起變得神聖」。我們為何要讓酒和麵包這些非常世俗的東西變得神聖？

答案就是「一起」：透過集體的「神祕參與」將一件事物轉變成另一件事物，這種做法其實不只在宗教儀式中才出現。比較平凡的做法就像是，我們會把所珍藏的、舊情人送的情人節卡片神聖化，因為對我們而言，這象徵了一個消失的人的愛，而我們可以透過這張卡片再次與他或她結合。我們會把童年珍藏的東西看得很神聖，像是衣櫃裡的泰迪熊玩偶，或是一小撮嬰兒時期的頭髮，因為這些東西具體呈現了一種失去的純真經驗，讓我們可以與一個充滿愛的家庭重新連結，無論是真實地，或只是在想像中。把日常生活用品神聖化，就像把失去的、過去的、超然和無形的東西放在一個容器裡，在我們的心中，這些東西就有如救贖者。

就更根本的層次來看，所有的宗教聖髑都被神聖化了。儘管現代知識份子可能會認為，想像一位久逝殉道者的頭蓋骨可以治療癱瘓或讓不孕的女性受孕，實在很荒謬。但是信徒相信並認同它象徵的神聖人物，就會把它轉化，認為它不再只是一塊骨頭而已。這其中有「瑪那」（mana），意指天神的轉化性物質。對於信徒而言，這不只是象徵，甚至是變成了這位救贖者──聖者的拯救精神。當祭拜者、救贖者和這個物品之間發生一種瞬間又整體的一體感時，奇蹟真的就會出現。這些奇蹟到底要歸因於教條的「真理」，或是信徒靈魂中的療癒力量，我們

22 參閱Jung, *Collected Works, Vol. 11* 以及 *Vol. 9, Part 2.*

到任何一個有香氣的天堂。

無法回答。但是對於信徒而言，也許最重要的就是，這是真實的。神聖化的確是一個謎，就像美一樣，存在於每一個旁觀者的眼裡。每一個宗教都宣稱透過其聖髑和天神的名義，創造療癒的奇蹟；而每一個宗教都有非常實際的理由，認為這種療癒的確發生過。這就像香的氣息會傳到任何一個有香氣的天堂。

因此，神聖化還包括把世俗的物質轉化成救贖者的本質。泛黃的情人節卡片會變成已經不在的愛人；滿是灰塵的泰迪熊變成消失童年的愛與溫暖；廢棄教堂玻璃櫥櫃中的頭蓋骨會變成已逝聖者的忠誠、勇氣和療癒力量。在海王星的國度裡，我們都會把某件事投射在一個物品上，因此改變了我們的內在，但這又如何？麵包變成了肉，酒變成了血，在物體變質過程中還會出現奇蹟。麵包和酒非常普通，牧者不過是一個男人，直到最近才可能是一個女人。集會的成員們也都是凡人，也都背負著他們的日常罪惡。但是彌撒的儀式一步一步地改變平凡的現實；而對於信徒而言，就在這一刻，基督透過聖靈存在於當下的時空裡，可以被參與者食用，把救贖的奇蹟散播到他或她的身心靈之中。彌撒創造了一種神祕的整體性，讓牧者、會眾、麵包、酒和香都充滿了基督的存在感。所以這種儀式就像是基督的生命和痛苦的濃縮版。當中奉獻的禮物是受害者─救贖者本身，牧者和會眾也獻出自己，所有一切都神奇地結合成為一體。虔誠的基督徒會堅持，的確是在聖餐當下被轉化的麵包和酒產生了奇蹟。同樣地，也可能是這個人的心靈具有某些神祕的力量，可以導向那些物品，讓它們具有力量。這個物品變成了神奇的法寶，但真正的神奇其實是在信徒心中。

> 神聖化的內在意義不是重複一個曾經在歷史上發生過的事件，而是揭露了存在於永恆之中的某種東西，這等於裂解了將人類靈魂與永恆視野隔離的時空限制。這個事件必然成謎，因為這超越了一個人的理解或敘述能力。[23]

如果這種神祕的轉化是來自於個人，而非物體和教義，我們就可以再進一步探討下去。我們不僅可以透過彌撒的物品、聖髑和個人消失伊甸園的珍藏藝品來尋找救贖，也可以透過更黑暗的海王星物質，像是海洛因或酒精。我們可以從這個背景來認識海王星與上癮的關係。上癮是個複雜的議題，任何一個尋求治療的海洛因上癮者或酗酒者，都很清楚知道，當他們上癮的右手絕望地想要抓住自由時，他們的左手又會偷偷地跟毒藥中隱藏的奇蹟救贖掛鉤。我們無法用任何邏輯滲透這個海王星世界，因為對於上癮者而言，這些顯然有害的物質就是救贖者的血和肉，可以將他們從肉體的禁錮中釋放，打開早已失去的天堂上鎖大門。對於那些盲目透過神聖化物品得到救贖的人而言，性也可能變成一種海王星的毒品。在這種情況中，性的目的完全

23 *Collected Works, Vol. 11*, p. xxx.

不是追求肉慾歡愉，也不是維繫伴侶關係，而是要忘卻寂寞與焦慮。我曾遇到有些人的伴侶陷入這種困境，他們告訴我，當他們進行性行為時，他們的愛人、丈夫或妻子從某種角度看來「並不在場」，這種性行為並不關心與真實的人做愛。這比較像某種自慰，把自己重新纏繞成盤尾蛇，把這種渴望重新帶回子宮無意識的遺忘中。

上癮通常與海洛因或酒精等物質有關。我們通常不會認為一個人會對海王星式的性愉悅、靈性的戒律或身體的運動「上癮」。但我們的確很清楚，食物也是一種上癮的來源，各式各樣所謂的「飲食失調」就是證據。我不是在暗示每一種強迫性的進食者、暴食症或厭食症其實是在尋找某種靈性的事物。比較常見的是，一位母親吃了奶油麵包，會成為一位「好」的原型母親，她的奶水不會有毒。而「壞」的母親冷酷地把心封閉，關上了伊甸園的大門，就會因暴食症而嘔吐，或因厭食症而抗拒食物。我們必須根據出生盤上的海王星最具影響力（或是行運或推運）的領域，觀察海王星真實的表現方式。上癮就像彌撒儀式一樣，都是把一個平凡的物質轉換成救贖者的神奇血肉罷了。

浸禮

直到第三世紀，人們通常都會用水來慶祝彌撒。這應該不令人驚訝，因為救贖者是從永恆來源的水中出現，上帝和母親在此結合，而他的血跟我們不同，既非鮮紅色，也沒有充滿火星的熱情，而是海王星半透明的靈液形成的。《約翰福音》7:37-39預示了水的聖餐，

節期的末日，就是最大之日，耶穌站摖高聲說：「人若渴了，可以到我這裏來喝。信我的人就如經上所說：『從他腹中要流出活水的江河來。』」耶穌這話是指信他之人要受 聖靈說的。那時還沒有 賜下聖靈來，因為耶穌尚未得榮耀。

《約翰福音》4:14中也可以看到同樣的主題。

人若喝我所賜的水就永遠不渴。我所賜的水要在他裏頭成為泉源，直湧到永生。

我們在《舊約》和《新約》中，到處都可以看到把水等同於救贖者的轉化物質。我們稍後也可以在鍊金術的救贖象徵符號中看同樣的比喻。在這些形象中，水不再是邪惡破壞者的猛烈大洪水，而是創造生命的液體，賦予精神的不朽。這神聖的水等同於基督，也等同於基督時代以前從海洋母神水域中出現的異教徒救贖者。水也是聖靈，既是流動的，也是無形的，我們可以在浸禮的聖水器中發現它，內在的男性或女性會在此獲得重生，洗淨罪惡，就像印度的教徒

會透過恆河的水獲得淨化和提升。浸禮的儀式不會像彌撒一樣定期舉行。這只提供給新生兒，迎接他或她正式加入會眾，同時能淨化這具帶有父母肉慾罪惡的身體。這也提供給新的皈依者，因為這就像一個小孩進入了新生命。浸禮的水就像彌撒中的麵包和水一樣，因為已經被神聖化了，所以是轉化過的物質。這不只是從水龍頭流出被氯消毒過的物質，而已變成了救贖者本身流動的肉體。

基督教的浸禮儀式，和其他文化的淨化儀式和神話之間，有很明顯的關聯性。水是原始創造者的物質，也是救贖者的血。所以水能驅散邪惡，恢復誕生之前的原始純真。民間故事也保留了古老的信仰，認為水能抵抗惡魔，而且女巫不能跨越水。我們甚至可以在《綠野仙蹤》找到同樣的情節，桃樂絲把一盆水澆在西國女巫身上，就把她殺死了。我們也可以在強迫症患者不斷洗手的儀式中看到這個原型概念，彷彿水的救贖力量多少可以洗淨背負著罪惡（通常是性的罪惡）重擔的靈魂。我認識許多心理治療師和療癒者，當他們與病人或個案結束一個特別困難的療程之後，都有洗手的習慣。我們再次來到了詩人艾略特的《荒原》（*Waste Land*），其中提到缺水就像是缺乏與生命來源的連結，寂寞、墮落和死去的靈魂會進入沙漠荒原，雷雹和淨化的雨水就像一場浸禮，而這些靈魂可以透過救贖者肉體的物質獲得重生。這些就是水性本源的物質。

十字架刑

我們現在要必須探討基督教故事的核心象徵，這提供了西方宗教傳統中最具影響力的犧牲形象。十字架刑就像大部分的基督教意象，是一個非常古老的神祕主題。在條頓人（Teutonic）的傳說中，天神奧丁（Woton）為了獲得重生，被倒吊在世界之樹上九天九夜。十字架就像樹一樣，是大母神最古老的象徵之一，也是她在世俗世界的具體化身。吉爾伽美什人在宇宙之海的海底發現的永生樹，還有伊甸園的知識樹，都屬於大母神。所以這也不令人意外，這位曾經是半人半神的救贖者，自願被釘在象徵物質的母親之樹上，飽受最痛苦的折磨，讓我們剩下的人都不自主地被懸在那裡。公元七世紀時，基督代表了絞刑的上帝，就像奧丁被固定在生命之樹上面一樣。這個意象被流傳下來，就變成塔羅牌中的「倒吊人」。對於海王星而言，肉身隔離了一切，最終極的痛苦就是死亡。然而，接受十字架刑就像補償了原罪，也是重新進入伊甸園的代價。被釘在十字架上，就象徵了海王星被禁錮在土星的世界裡，土星的占星雕像就是一輪弦月上有一個十字架。只要能耐心地接受處決，完全了解自己犯下的罪惡，這就會是重返（伊甸園或本源）的通道。

我們也可以把基督的十字架刑比喻成奧菲斯和戴奧尼索斯的肢解，密特拉斯公牛的屠殺，還有阿提斯的閹割。這同時象徵了肉身和苦修。物質的世界是土星的領土，具有「四」的特質，而十字架就是最純粹的表現方式。任何固定是四位一體的東西都象徵了具象化，因為具體的現實是透過四個方向與四種元素呈現。24神性救贖者真實的「誕生」，不是因為從處女的子宮中具體現身，而是他自願讓肉體受苦。在基督教的教義中，十字架刑早已被預知且接受了。耶穌為了挽救受困的人類，接受了這個命運，而我們從中看到一種熱情犧牲的主題，看到人類命運的共同經驗，並且彌補亞當和夏娃的孩子罪惡。從這個核心象徵中，我們就可以充分了解一些被海王星主宰的人的奇怪被動態度，他們常會忍受、甚至津津有味地享受自己的不快樂。他們自己對此難以理解，對於想要提供協助的占星師和心理治療師而言也很棘手。有些時候看來，似乎這個世界所有的洞見和正面建議，都無法改變海王星對痛苦的上癮。但是救贖者願意代表自己犯錯的群體受苦，也讓我們看到了一些在個人層面上運作的無意識模式。一個擁有強勢海王星的人常會尖銳地感受到分離的痛苦，但「演出」救贖者自我犧牲的神話，是否就真的能化解這份痛苦，實在還需要更完整的討論。這種個人的殉難其實是無意識地認同了救贖者及自己的祈求，儘管在有覺知的生活中，這個人其實並沒有宗教信仰。

基督教救贖幻想的核心中，顯然有受苦意願和　放棄世俗快樂的主題。亞當和夏娃的後代必須完全接受生命加諸於自己身上的痛苦不幸，才能獲准進入天堂。在基督教的歷史中，自願受苦的信仰還有一些更荒誕的形式，就像中世紀鞭笞派（Flagellant）的鞭刑，或是基督教神學家俄利根（Origen）著名的自我閹割（這比較像是效法阿提斯，而非基督）。更糟糕的是，這最後發展成一種信念，以為其他人的肉體也應該受苦才能被拯救，無論他們是否同意。所以教堂就發明了西班牙宗教審判的酷刑，還有焚燒女巫及異教徒的儀式。我們同樣也可以在靈知派傾向的純潔派教徒（Catharism）的身上，看到可怕的莊嚴與冷靜。這些人自以為是唯一的「真實」基督徒，這也許還算合理，他們還自認為是保羅教派之前的早期信仰唯一真實繼承者，可以在蒙特塞居笑著走進火焰，接受火刑。從古到今，這都還有更多例子，這些人帶著願意犧牲的沉著勇氣，面對可怕的肉體折磨和死亡。海王星還是一樣地模糊不清，會在殉教的混濁之水中同時映照出恐怖又如天使般的面孔。就教義的角度而言，海王星可能沒有基督教的氣息，但祂絕對是帶有犧牲性格的，同時我們常會在認同這種世界觀的人身上，看到他們透過自願受苦來超越分離感。

人們有時會透過發誓放棄所有的個人快樂，來展現海王星自我施加的十字架刑，以為感覺悲慘或被剝奪是件「好事」，彷彿因為放棄個人滿足所體驗到的內心磨難，都會以某些方式為這個世界或來世帶來救贖。就視覺而言，十字架就強烈地暗示著這種態度。一個人的手和腳被釘子定住，就是某種癱瘓的意象，因為這個人哪裡也不能去，什麼也做不了。佛洛伊德相信夢

24 有關四、十字架、正方形和四價元素這些符號象徵意義的古老來源，參見Plato, *Timaeus*, Proclus, *A Commentary on the First Book of Euclid's Elements*, Glenn R. Morrow, trans. (Princeton, NJ: Princeton University Press, 1970), and Campion, *The Great Year*.

到受傷或手腳截肢，就是一種清楚的閹割象徵，因為我們的手腳就是生命潛能的工具。十字架刑也可被視為一種挫折的象徵，象徵身體的慾望受到阻礙，可以帶來靈魂的釋放。我們會說「背負十字架」，暗示我們因為命運或宿命無法改變一件事，但如果自願承擔這一切，就會在某些方面讓自己變成更好的人。

> 犧牲行為一開始包含了把屬於我的某個東西送給別人……我們給的東西基本上只是一種象徵，只是一個具備多種意義的東西；但是由於我沒有意識到這只是一個象徵性的角色，它還是會依附著我的自我，因為它是我性格的一部分。因此無論是清楚地或模糊地，個人的訴求都會與每種天賦都有緊密的關係。所以，每一種天賦都帶有一種個人目的，奉獻天賦並不是一種犧牲。只有當我放棄了接受某種回饋的含蓄目的，才能算是犧牲。[25]

就海王星的背景來看，榮格對犧牲本質的論點非常有趣。他認為十字架刑的犧牲是一種「真正的」犧牲。不過如果犧牲是帶了救贖希望的自發性殉道，就變成完全相反的一碼事了。如果帶著個人對救贖之禮的請求，就根本就稱不上犧牲——這其實是一種交易，想要與上帝或生命進行交易。當我們想要有建設性地運用出生盤上困難的海王星時，如何分辨這種差異，也許就是最重要的關鍵之一。

海王星渴望融合，而這勢必得放棄一種獨立的身分認同。首先，身體就是獨立存在最好的宣示，畢竟誕生無法挽回伊甸園的結束。我們的肌膚會將我們定型，創造出一種與母親之間的障礙；棲息在一個身體中的經驗，最終則會讓我們與她隔離。我曾經聽過許多出生盤中有金星—海王星和月亮—海王星相位的人會表現這種情緒，他們會抱怨當他們在做愛時，身體會「擋在中間」，讓他們無法與另一半達到完全融合。

對於許多人而言，性就像一間密室，可以讓我們進入原始融合的狀態。儘管過程中有穿透，身體這個實體仍然在執行分離的功能。我們只有在子宮裡面，才能感受到兩顆心合而為一地不斷跳動。身體的慾望也會把我們區隔開來，因為這些慾望定義了主觀與客觀，定義了哪一個是想要的，那一個是被渴望的。當慾望沒有被充分或完全滿足時，就會帶來無法忍受的拒絕、失望、挫折和寂寞。海王星的救贖在於恢復一體性，而一體性需要犧牲一個分離的自我。所以身體似乎就是最佳的原型罪犯，完全不會放鬆它對自主性存在的控制。任何的個人慾望也都會變成罪犯，其收穫來自於別人的失去、羨慕或憤怒。所以我們會假裝我們不再渴望了。但這只是一種交易，我們的心裡面永遠有一種「收益」，眼中永遠有一個目標：也就是荊棘之

25 Jung, *Collected Works*, Vol. 11, p. xxx.

路底端的伊甸園。榮格繼續暗示，日常生活中沒有獲得回報的付出，感覺比較像是一種失去，而非一條通往救贖的道路。犧牲應該感覺像是失去，因為犧牲的姿態中並沒有自我的訴求。耶穌在十字架上的吶喊：「我的神，為什麼遺棄我？」，這才是真正的犧牲。我們如果是希望能上天堂才犧牲，那也許根本不需要費事，因為在最終的獎賞中，還是有我們的一份。到目前為止，這暗示了，唯有放棄通往失落天堂的訴求，才能開始真正的犧牲。然而這裡的矛盾點在於，此處必須放棄的東西，就是被救贖的希望。

所以「真正的」救贖就是奉獻自己，並且不帶著被救贖的希望，既不透過行為，也不透過接受者。我相信這就是海王星比較深層的意義：我們必須放棄的不是自己的快樂，或是任何能在生命中帶給我們喜悅的事物；我們必須放棄的，是偷偷算計的交易，是另一個人能救贖自己的希望。這也許就是為何當海王星行運時，常會有一段時間，我們會覺得自己可以做出前所未有的付出，還可以拒絕任何付出帶來的獎賞。交易通常都是深層無意識的，是海王星的行運終於把這種動力引進了我們的意識覺知中。在海王星的洪水泛濫之後，剩下的只有自己——一個赤裸的自我，脆弱又毫無遮掩，但卻矛盾地比算計交易被揭露時，更有智慧，更強壯。當海王星在星盤中很活躍時，生命傾向於呼喚我們，要求我們做出這種微妙的犧牲。我們如果沒有認清自己的內在動力，就必須有一種實際的犧牲，激勵我們領會其意。但是熱切追求外在的犧牲，其實是非常可疑的。就像印度教一直很清楚，渴望無執本身就是一種渴望，而自我犧牲的狂喜出神，其實只是另一種形式的上癮。當我在占星或治療個案的星盤上，看到海王星行運通過出生盤每個行星時，我觀察到這種犧牲的過程，其實是一種寶貴的救贖幻想，而這通常是因為失去了一個被我們投射成救贖者的人、物品或處境。我們一定有機會可以找到被交易的領域，所以我們要更加認識愛的本質。愛之中應該包含了尊敬，這與對原始融合的渴望形成對比，後者可能會踐踏了別人的界線。不過海王星行運時，並不保證我們會接下這個機會。比較常見的情形是，我們會把海王星困難行運相位導致的失落感，怪罪於別人的殘酷，然後再找一個新的救贖者。

救贖的適合性

世上有許多種類的救贖者，但不是所有的救贖者都意識到自己扮演的角色。有些人會提供別人真正的希望及療癒，有些人比較像是穿上僧士長袍的蒂雅瑪女神。但是由於救贖者和自己意圖拯救的對象之間有種認同感，所以我們可以預期發現這位引導犧牲之路的下凡天神，就像尋求救贖的受苦者一樣，都會受到海王星的強烈影響。所以我們要在這裡簡單討論三張星盤中的海王星角色，其中有的是透過自己的覺知選擇，有些則是透過其追隨者的忠誠和意念，最後演出了二十世紀救贖者的角色。下面這些案例的目的，不是要解讀他們的生命和動機。但是海王星在這些星盤中的重要性，與太陽形成了強硬相位，非常明顯地與他們的世界觀有關，也與他們的救贖願景有關，而救贖願景就是海王星的主要象徵。

美赫．巴巴（Meher Baba）（參閱圖表一）是二十世紀最偉大的靈性導師之一，他可稱為最經典的範例。他的太陽落在一宮的雙魚座，四分四宮的海王星。美赫的父親對宗教非常虔誠，在五十五歲左右才生下他，那時他母親才十六歲。我們不需要詳述這個背景的心理暗示，毫無意外地，美赫從小就喜歡獨處和冥想。一九一三年，當行運的土星會合出生盤的海王星，觸動了出生盤上日海四分相，他開始受到一位知名穆斯林神聖女子的影響。在她的教導之下，他被反覆灌輸一種崇高的天命，有一整年都處於狂喜出神的狀態。他恢復神智之後，開始跟隨一位偉大的印度老師學習。他之後建立了許多學校，在西方傳播東方的教義，在東方傳播西方的教義。一九三六年至一九四九年，他加入印度的「聖人」行列，忍受極大的艱困。他從一九二五年直到一九六九年逝世前都沉默不語，只透過符號溝通，直到一九六九年一月三十日辭世。

葛培理（Billy Graham）（參閱圖表二）是美國福音佈道家，他是截然不同的一號人物。他的出生盤中有很明顯的火星和火元素本質，太陽落入八宮的天蠍座，火星與月亮合相在九宮的射手座，與天頂合相，而他的上升點落入牡羊座。這種比較狂熱表現能量及強度的方式，很適合一個人花了畢生精力呈現自己特別的上帝觀念，熱情地掀起聖戰。他對拯救的想像比較像是一場對抗惡魔力量的英雄戰役，而不是溫和地脫離世俗世界。這裡有強烈的千禧年精神。不過他的太陽也四分海王星，海王星落入五宮的獅子座。我們可能無法馬上想到要拿葛培理和美赫·巴巴這位溫和內向的印度神祕主義者比較。我們很清楚地記得印度教和美國新教的宗教態度背後，有截然不同的原型背景。我們可以預期天蠍座的太陽與五宮獅子座的海王星的四分相，會製造出流行的靈性煙火秀，但比較流動、內向的雙魚座太陽與四宮雙子座海王星的四分相，永遠都不可能這麼做。然而，他們兩人的教誨中都有絕對的救贖渴望，這在本質上都是一樣的。

第三張是榮格的星盤，如今許多占星學子都對它很熟悉了（參閱圖表三）。儘管榮格在許多方面都非常像是塵世的產物，他幾乎完全沒有禁慾，但是他把非凡的精力和能力都投注在理解人類心理對宗教渴望的根源。他是否有明顯的「受苦」，這還值得爭論，因為他身體很健康，物質生活也很有保障；不過他內心因為一種可怕的疏離感飽受折磨。儘管他憑著精神醫學文憑和經驗主義成為科學家，但是他的作品中充滿了神祕主義的世界觀，這就跟上面兩位公開的宗教導師一樣，都帶有海王星的本質。他非常關心救贖，從他把個體化視為人生目標的概念，就能看出這一點。這也反映在自我與自性的結合中，而這也就是鍊金術的聖婚（hieros gamos）。我們又再次看到他的太陽位於七宮的獅子座，四分三宮金牛座的海王星。集體無意識這個概念非常貼近古老奧菲斯教的統一現存宇宙的想法，儘管並不完全一樣。第歐根尼·拉爾修（Diogenes Laertes）引用奧菲斯文獻的話：「萬物來自一體，終會分解化為一體。」[26]，這很容易可以應用在榮格的心理哲學。榮格在鍊金術的研究中，非常深入地探討對於奧菲斯教而言非常重要的原初物質，之後再次出現時，就變成了中世紀和文藝復興時期鍊金術的prima materia（原初物質）。正如蘇格蘭學者格斯里（W. K. C. Guthrie）所說：

> （奧菲斯教派的）核心思想，就是萬物一開始都存在於混沌的質量中，創造的過程就是分離與區隔，而我們時代的結束必然會回到原始的混沌中這種推論一再地以不同程度的神話色彩，出現在許多宗教和宗教的哲學中。[27]

對於榮格而言，個體化過程的結束並不會回到原始的混沌中。這會在「自性」（Self）而非自我（ego）中出現一種新的靈魂整合，而其核心是要療癒分離與區隔的毀滅，許多人因此生病。多虧了榮格星盤中的土象元素，這是一個非常完整穩固的海王星願景，比較容易與現代生活結合。不過，這仍然是海王星。在佛洛伊德的心理學中沒有救贖，只有可能性，必須透過誠實地面對自我，才可能接受自己衝突的強迫性，學會與它共處。佛洛伊德從來沒有承諾心理分析可以帶來轉變（Tibil），但是在榮格的分析心理學中，救贖則是今生可能獲得的獎賞，即使不能保證一定會有。在他的宇宙論中，救贖者都存在於自己的內心之中。

26 Guthrie, *Orpheus and Greek Religion*, p. 75.
27 Orpheus and Greek Religion, p. 75.

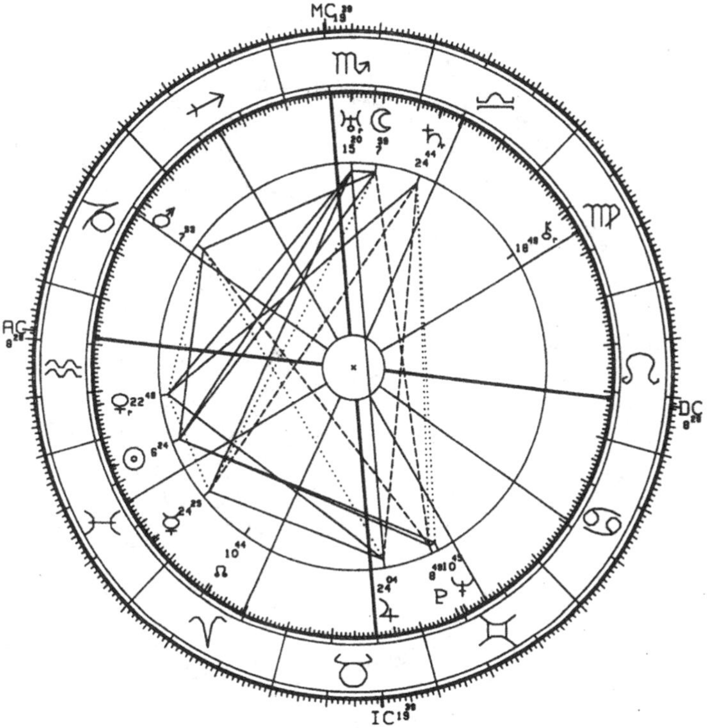

圖表一　美赫・巴巴

1894/02/25，4:35 A.M. LMT（23:54:00 GMT, 1894/02/24），印度普納（Poona）。普拉西度分宮制。來源：*Fowler's Compendium of Nativities*, edited by J. M. Harrison (London: L. M. Fowler, 1980)。

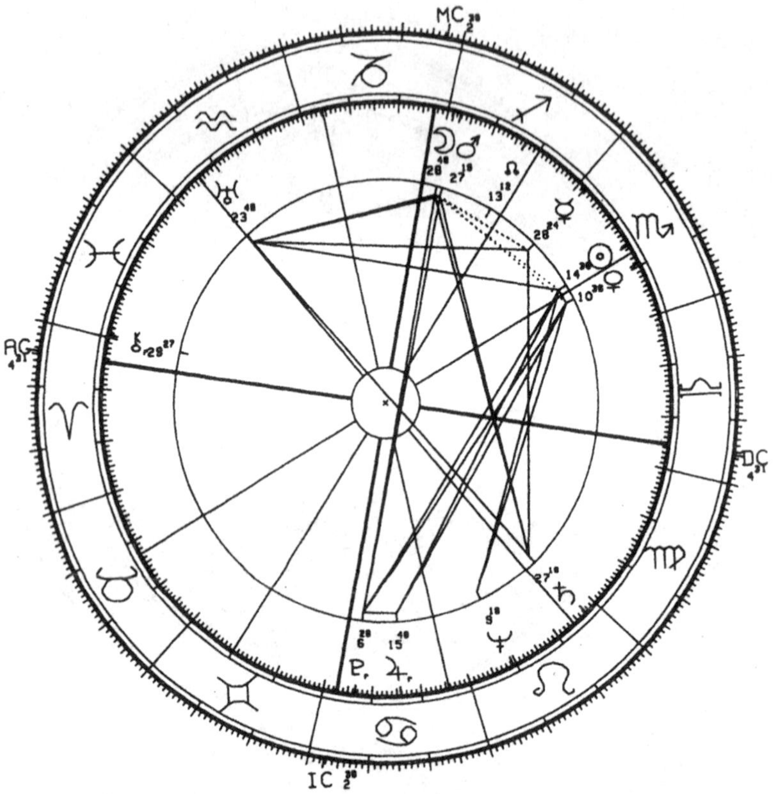

圖表二　葛培理

1918/11/07，3:30 P. M. EST（20:30:00 GMT），美國北卡羅來納州夏洛特（Charlotte）。普拉西度分宮制。來源：Hans-Hinrich Taeger, *Internationales Horoskope-Lexikon* (Freiburg, Germany: Hermann Bauer Verlag, 1992)。

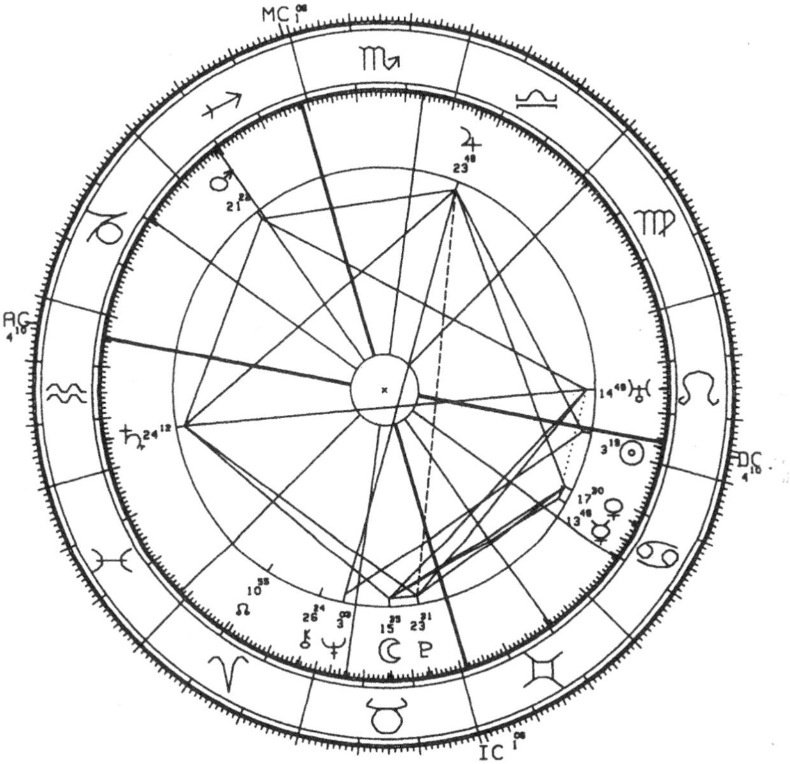

圖表三　榮格

1875/07/26 7:32 P. M. LMT（19:02:00 GMT），瑞士凱斯威爾（Kesswil）。普拉西度分宮制。來源：榮格的女兒葛瑞特．鮑曼一榮格（Gret Baumann-Jung）提供資料：她也是占星師。有些占星書籍會提供不同的上升點漢斯．特格爾（Hans Taeger）的Internationales Horokope Lexikon提供的是摩羯二十七度，馬克．艾德蒙．瓊斯 （Marc Edmund Jones） 的*Sabian Symbols*給的是水瓶二十度）。佛勞爾（Fowler）的*Compendium of Nativities*則跟我的來源相同，認為上升點是本圖表的水瓶座度數。

第二部

歇斯底里的融合

海王星的心理學

……我的愛人在山裡。在奔跑的信徒中，他傾倒在地。他穿著神聖的鹿皮，他獵殺山羊，食用新鮮血肉，喜樂洋洋……地面流著鮮奶，流著美酒，流著蜂蜜的瓊漿。我們喧鬧醺醉的領袖高舉松枝火炬，烈焰搖曳，散發如敘利亞煙霧般的乳香芬芳……「啊！」他長嘯，高聲喊著：「信徒們！前進！特摩羅斯河流著金沙，作為它的耀眼驕傲，妳們要伴隨著隆隆的鼓聲，讚頌戴奧尼索斯！用弗里吉亞的呼叫吶喊，榮耀喧鬧的神！笛聲甜美聖潔，為狂野的信徒們奏出歡樂的曲調！上山去！上山去！」信徒少女們滿心喜悅，如小馬般輕步跳耀，在青草間與母親亦步亦趨。

——古希臘悲劇家歐里庇得斯（EURIPIDES）

《酒神的女信徒》（*The Bacchants*）

【第四章】發掘無意識

勸服的巧妙力量必須歸因為歇斯底里，因為在歇斯底里的狀態中，總是有這麼豐富的感覺，有如此的天賦演出這一切，無論其中有多少謊言，多少誇浮。歇斯底里的人永遠可以讓人們受騙相信他們，即使是醫生也常相信他們的詭計。

——卡爾・榮格（C. G. Jung）

海王星的主題總是能餵養靈感，供詩人、作家、畫家、音樂家和戲劇家享用，同時滋養了世上最偉大的神祕主義傳說。我們可以在過去數百年的療癒方法中，看到一些海王星主題最鮮明的表現。因為救贖的渴望不可避免地會伴隨著對肉身的厭惡，這都會展現在一些特定形式的身心疾病和治療之中。心理學的術語相對來說是晚近的，源自於十八世紀一系列特別的事件，讓現代深度心理學之父法蘭茲・安東・梅斯墨（Franz Anton Mesmer）在研究中「發現」了我們現在所稱的無意識（unconscious）。當然人們早就發現了無意識的存在，只是用不同的名字稱呼它。梅斯墨本身學習占星和帕拉塞爾蘇斯（Paracelsus）鍊金術，他很清楚這一點，但仍然宣稱自己為醞釀中的啟蒙時代發現了一個新的、「科學的」東西。海王星的世界和祂象徵的疾病一樣，一直在原始的醫學和宗教之中占有一席之地。海王星的水域中不只住著海洋的母親們和她們的救贖者兒子，其中還有非常特別的人類痛苦，我們如果想要一探究竟，就必須穿越兩個緊密相連的通道：催眠和歇斯底里。即使就二十世紀的醫學和心理學而言，它們仍是難解的謎題。

我們如今以為，人們是在治療歇斯底里的過程中發現了催眠，但早在人類開始進入部落生活時，催眠就已經扮演了療癒的角色，只是冠上了不同的名字。巫師、草藥師、薩滿和牧師無疑地一直都在利用一些催眠的技巧，儘管他們很少承認自己在做這件事，而這麼多年來，人們一直把催眠的現象歸因於天神的介入。我們至今仍可以在非洲、波里尼西亞和美國印第安部落的儀式中看到催眠的作用。印度托缽僧睡在釘床上，南太平洋的火舞者可以鎮靜地穿越火焰，兩者都利用了催眠的麻醉感，早期的基督教殉教者可能也是如此。在古埃及有「睡眠聖殿」，當中一份三千年前的紙莎草文獻提出一種程序，任何現代的催眠師一眼就能認出，那就是讓一名受試者進入催眠的慣常作法。在埃皮達魯斯（Epidaurus）、帕加馬（Pergamum）、科斯島

（Kos）的阿斯克勒庇俄斯聖殿，會讓病患進入催眠的睡眠中，透過暗示的力量，讓他們看到天神的幻覺。阿波羅的女祭司們則會在入神的催眠狀態中說出預示，我們不僅常能在現代許多降神師的傳達中看到這種現象，連進入深層催眠的夢遊者，還有因幻覺破滅陷入痛苦的歇斯底里者，也都會有同樣的表現。

在原始儀式性的療癒和啟蒙儀式中，人們都會重新呈現該部族的偉大傳說，許多強大的催眠工具，像是色彩鮮豔、具有喚起象徵的服裝、吟唱、音樂和舞蹈，都是要結合參與者進入一種整體的心靈狀態。像是盧爾德（Lourdes）等地的神殿就呼應了這種召喚施法，當地令人驚豔的美景、噴泉和石穴、莊嚴的儀式、壯觀的列隊前進、祈禱者日夜不斷的低鳴吟唱，還有參訪者提升的期待感，都創造出跟部落儀式一樣的「神祕參與」。在所有的療癒儀式中，我們可以在療癒者、病患、群體和天神的心靈融合中看到海王星的身影。我們認為，這就是異教徒救贖者天神的神聖饗宴的最基本動力，在彌撒中亦然。我們都住在海王星的領域裡，因為儀式與和諧是人類已知最有力量的催眠技巧，它們可以瓦解個體自我意識的屏障，可能釋放大洪水，也可能打開伊甸園的大門。

催眠這個名字是由蘇格蘭醫生詹姆斯．布萊德（James Braid）在一八四〇年代創造，這與發現海王星的時間點相互呼應。布萊德的研究雖然對往後精神分析理論的發展影響甚深，但他的基礎卻是來自威尼斯醫生梅斯墨備受誹議的實驗。發現通往無意識通道的故事非常有趣，之後的心理學、精神學、醫學和神祕主義者對此都有非常深刻的分歧觀點。就梅斯墨本身而言，這就像一種救贖者—受害者情節。他的「宇宙流體」（universal fluid）的概念、他的病患和他的生命模式，都徹底展現了海王星的本質。

簡略地檢視梅斯墨的出生盤（參閱圖表四），其中的海王星並未顯露出強大的影響力，祂既不位於角宮（編按：指一、四、七、十宮），也不像美赫．巴巴、葛培理和榮格擁有海王星與太陽的相位。梅斯墨的海王星坐落自己的原生宮位——十二宮，除了六分金星之外，便不再與任何一個內行星形成主要相位，其餘只和水星及土星形成四十五度的半四分相。然而海王星卻與另兩個外行星有著強烈的連結，不僅三分冥王星且對分天王星。由此可以推測，和梅斯墨同一世代出生的族群，都受到這組象徵集體抱負和理想的外行星相位的強烈影響[1]，但是梅斯墨的個性務實（水星與土星合相入金牛座），極度個人主義（雙子座的太陽，三分水瓶座裡月亮火星這組合相），還有自我吹捧的傾向（雙子座的太陽對分五宮射手座的木星）。他的故事告訴人們，他所發展的宇宙流體的概念，還有讓他在心理學歷史上留名的起伏事業，全是受到海王星極具影響力的行運影響。

1 關於海王星運行與另外兩個外行星的關係，參閱第九章和第十章。

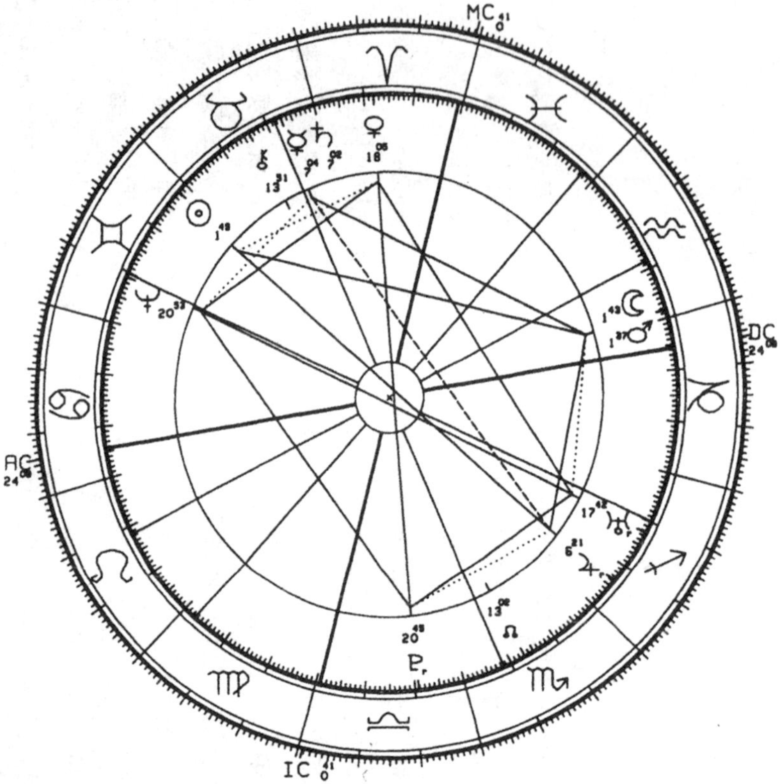

圖表四　法蘭茲・安東・梅斯墨

1734/05/23, 8:00 A. M. LMT（07:24:00 GMT），德國博登（Bodensee）伊茲南（Iznang）。普拉西度分宮制。來源：*Internationales Horoskope-Lexikon*, p. 1039。

來自威尼斯的魔術師

梅斯墨誕生於一七三四年，當時的醫學理論和療法都還非常野蠻。儘管希臘人已經創造了歐斯底里這個字眼，之後的醫生也知道其存在，但在基督教初期，當最後一個異教徒的療癒聖殿被關閉之後，對於身心靈飽受痛苦的人而言，傳統的療法自此不斷地衰敗。一七六六年，三十二歲的梅斯墨已成為歐洲最奢華的首都裡的一位合格醫生，但他卻無法全然認同自己接受的傳統訓練。他在旅行中累積了相當的知識，都是古代和文藝復興時期理論針對占星學、鍊金術、磁性療法和身心連結的討論。當他抵達威尼斯時，行運的海王星從獅子座轉移到處女座，即將四分他本命十一宮的太陽。而行運的土星也正通過他本命出生盤的太陽，逼近太陽與海王星的中點，並將長時間合相他的海王星。他來到此地時，渾身充滿了宇宙的使命感，接受到更神祕領域的「氣息」輕撫。

梅斯墨發現，他可以藉由「通過」的方式讓病人進入催眠狀態，也就是在病人的臉和身體上方掃動輕撫。一開始他使用磁鐵，但當他的理論越來越完整，便變得比較大膽，如同現代催眠師一樣開始徒手操作。在催眠狀態中，病人會被引入「危機」，伴隨著抽搐和激烈的情緒爆發後，症狀就會減輕。他的病人通常是女性，有時也可能是男性。經過一段時間，梅斯墨累積了許多令人印象深刻的痊癒個案，這些個案之前都曾被醫療機構貼上不治之症的標籤。他意識到這種催眠、危機和治療必須仰賴他與病人之間一種獨特的情感認同。他把這種認同稱為「親和」（rapport），現代精神分析圈則把這稱為移情和反移情。榮格稱之為「神祕參與」，意指神祕的超自然融合。也許是在那段時間，行運的海王星四分梅斯墨本命的太陽，加深了他對救贖者—療癒者原型的認同，也增加了他對這種超自然融合的暗示感應性，他因此更能自由地進入病人無意識的情感衝突中。行運的海王星，特別是與太陽或土星形成相位時，常會有「超自然」現象發生在個人的生命中，因為此時自我的外表比較容易被穿透，而個人最深層的渴望會更貼近意識的門檻。

梅斯墨與棘手的病人顯然創造了奇蹟般的成果，然而他在歐洲闖出名聲，卻沒有得到同儕的青睞。身為一位具備豐沛知識及洞見的專業人士，他知道自己正在盲目地運用一些非常神祕的能量。而身為一位醫生，身為一個亟欲獲得大眾認同的人，他必須擁有一個體面的理論以禁得起當時嚴厲的理性考驗。最後，他將自己的原理具體化，但這原理可能並非為梅斯墨所創，而是源自於海王星的領域。他認為整個宇宙都飄浮在一種類似乙太、相連的流體之中，其中一個實體的顫動，會透過無形媒介的流動影響另一個實體。這種論點是根據一些古老的來源，他也相信占星學，因為行星的能量會透過這種流體傳遞，人類的身體也會接納這些能量，並受其影響。這種神祕物質的流動如不適當，反映的結果就是疾病。有些人擁有特別的天賦，被上天賦予特別多或特別有影響力的宇宙流體，他們（太陽對分木星的梅斯墨，自認自己是最出眾的例子）只要透過身體的接觸，或是一個手勢的通過，甚至是無生命的物體，例如一盆被療癒者的碰觸「磁化」（或「神聖化」）水，就能影響另一個人的身體，使其體內的磁極重新恢復平衡。

梅斯墨的原理雖不具豐富的生理學事實，但擁有大量心理學的真理，然而，這並沒有讓維也納大學醫學院刮目相看。最後，梅斯墨因為一名女子陷入麻煩，必須離開這城市。這是他生命的重大轉捩點，發生在行運的海王星往處女座推進，四分他本命的海王星時。這名引起爭議的女子只有十八歲，容貌出色，她的名字是瑪利亞・泰瑞莎・佩瑞戴斯（Maria Theresa Paradies，佩瑞戴斯為音譯，原意是「天堂」），彷彿在證明生命就是藝術的複刻品。瑪利亞的視力等同盲人，她在三歲時失明，但雙眼卻毫無生理性的疼痛折磨。她在音樂上才華洋溢，以「盲人鋼琴家」的身分公開表演，因為奧地利女大公瑪利亞・泰瑞莎（Empress Maria Theresa）讚賞她的天賦，她的父親因此可以領到一份補助津貼。很遺憾地，我們沒有瑪利亞的出生資料，她可能比梅斯墨更像一個真正的海王星人，這不只是根據她的自傳資料，還根據梅斯墨的金星六分海王星，同時也是因為當受到海王星行運的強烈影響時，生命中常會發生受害者—救贖者的神祕故事，這通常是有另一個人進入生命中，以某種方式演出海王星的特質。因為眼睛的生理功能正常，梅斯墨知道瑪利亞的情況是情感問題作祟，而非生理問題。她父母抱著最後一絲希望帶著她來求助，他同意替她治療。瑪利亞也有嚴重的憂鬱和多次譫妄症狀。在過去多年，她為了恢復視力，遭受許多殘酷但無效的方法虐待，這讓她變得很害怕，很緊張，很容易陷入嚴重恐慌。在一百年後，在法國心理學家尚—馬丁・夏考（Jean-Martin Charcot）的時期，像她這樣的女性會被診斷成歇斯底里患者，醫生會探索她的情緒衝突。但在十八世紀的維也納，當時的醫療機構並不了解她的狀況。梅斯墨把她接到家裡住，就像一位居家病人，他每天讓她進入催眠狀態，在她身上進行「通過」，認為這可以讓他自己健康的宇宙流體進入她受損的身體內。他帶領瑪利亞經歷了無數的「危機」，她慢慢地可以分辨明暗，可以模糊地辨識出她的救贖者的面孔特徵。

然而如同常在歇斯底里個案身上所見的，當最初的症狀消失後，就會出現另一種症狀，瑪利亞開始出現暈眩。與此同時，家庭中隱藏的衝突就像瑪利亞心中暗藏的衝突一樣，開始浮出表面。當她的視力持續改善時，她父親開始煩惱女兒住在梅斯墨的家裡，煩惱女兒被梅斯墨觸摸，成為他施展力量的對象。接下來，她彈奏鋼琴時也出現問題，她因為新生的視力陷入困惑和不確定，如果瑪利亞停止彈琴，就無法獲得補助津貼，她的父母雖然不願意承認這個真正的原因，最後還是決定讓她脫離梅斯墨的照顧。他們執行這個決定的過程非常悲慘，就像我們不斷在精神病院見到的情形一樣，當這位「被認定的」病患的症狀開始改善時，那些沒有意識到自己參與了這場病程的家人就會變得團結，將病患從療程中拉出，以避免一些長久懸而未決的衝突，而這都是治療必得面對的歷程。

當佩瑞戴斯的父母來到梅斯墨的家，準備把瑪利亞帶回家時，她可憐地緊抓著梅斯墨的大衣，拒絕離開。佩瑞戴斯的母親法蘿・佩瑞戴斯（Frau Paradies）開始抓狂大吼，不停跺腳，要求梅斯墨把她的女兒還給她，並控告梅斯墨性虐待。赫爾・佩瑞戴斯（Herr Paradies）還拿著一把劍衝向梅斯墨。忠誠的瑪利亞飽受驚嚇折磨，病情惡化，抽搐發作。瑪利亞的母親抓住她，把她壓在牆上。梅斯墨試圖把他們趕出去，但最後是政府機關出面，瑪利亞也被迫回到父母的家裡。不意外地，她又失明了。人們不禁猜想在這樣的家庭裡，到底誰才是歇斯底里的人。海王星在出生盤中呈現出強勢並擁有困難相位的人，很可能就像是瑪利亞的例子，不單暗示了此人可能有前述的問題，也暗示了這個人可能背負了一個家族，甚至是一個更大社會團體的歇斯底里。但是在十八世紀的維也納並沒有這樣的概念，當時人們還沒發現海王星的存在，也還沒發明家族治療。梅斯墨因為認同這個原型付出代價，他被取消醫生執照，被趕出維也納。他去了巴黎，希望當地能比較開明地接受他的概念。當時行運的天王星正通過雙子座，即將合相他的海王星，並對分天王星。他痛苦幻滅地離開了維也納，心中充滿了殉道者的鬱悶。

梅斯墨在巴黎的事業很不幸地又上演了同樣的故事，他雖然很受病人歡迎，卻遭到醫學界人士的誹謗中傷。行運的天王星在那時通過梅斯墨的海王星，且對分天王星，凸顯了神祕幻覺與科學認知之間的內在分裂。這個對分相表現在梅斯墨經歷的外在衝突，他的名氣鼎盛，擁有無可爭辯且完整的治療文獻，但機構體制完全排斥他。他的反應變得越來越浮誇，越來越頑強，自大地認定這被誤解的天賦。擁有這類型出生盤的人（特別是月亮－火星的合相，四分水星－土星的合相，再加上太陽－木星的對分相）時常會出現這種反應。這樣的相位配置意味著一個人有激烈和執拗的傾向，很容易對試圖剝奪自己思想或行動自由的人表現出盛怒，特別是針對權威人物。土星入十宮，四分七宮裡的火星，象徵著當遭遇無來由強加的事物時，將更激烈地與權勢抗衡。不過一七七八年時的巴黎人很喜歡梅斯墨的古怪反常，畢竟當時是啟蒙時代，而且大約再三年時間，人們就要發現天王星的存在了。當時牛頓和伏爾泰是菁英的天神，熱汽球和避雷針的發明支持了狂熱的信仰，以為人類心智很快就能變成大自然隱藏力量的主宰者。革命的暗流四處蔓延，異教也很流行，當時的巴黎充滿了算命師，巫師、煉金師和魔術家。這種異教的次文化正對梅斯墨敞開雙手，但他陷入了神祕主義與科學研究的拉扯中，他羞辱地否認這種次文化，自認為是科學家，決意要讓自己的宇宙流體理論得到認同。

最後梅斯墨說服了法國皇家醫學院的兩位代表來參觀他的診所，這些保守派的紳士看到了他們所見過最古怪的場景，寬敞、裝潢奢華的諮商室中擠滿了各行各業的人——身穿蕾絲、撲粉和戴假髮的貴族，與衣衫襤褸的窮人們摩肩接踵。梅斯墨在病患的選擇上廣泛不設限，要不他就不是天神荷米斯（Hermes）的真傳子嗣（編按：神話中荷米斯為水星的象徵，水星有整合不同意念的力量，好比擁有神奇力量的魔術師一般）。他在這個房間中央設了一場「宴席」，一個注滿磁性水的大浴缸，裡面充滿了金屬棒，幾十名女子站在浴缸旁，單手放在金屬棒上。其中有些病患快要昏倒，有些人陷入了不同程度的抽搐，有些人尖叫哭喊，有些人目光呆滯處於催眠狀態，還有些人被助理抬到鋪滿墊子的「危機」室。正當這一切發生時，一個小型室內管弦樂隊彈奏的音樂傾流而出，主持這場海王星酒神節盛宴的梅斯墨，穿著紫色絲衣和鑲著金色花邊的披風，加入樂隊的演奏，偶爾會彈奏玻璃琴。這一切對醫學院的紳士而言都太超出常理了。更糟的是，病人還正在康復。

當行運的海王星到了梅斯墨出生盤的天底時，與他的太陽形成三分相，梅斯墨被趕出巴黎。不過他已成功地建立了一所學校，名為「親和學院」（Socie`te` de l'Harmonie），他在學院裡傳授執業醫師催眠術的科學（或藝術）。儘管他自己的事業快速地滑下坡，並有越來越多的信徒開始排斥他，與他斷絕關係，糾紛不斷，但他的學校仍不斷開設分校，催眠術的研究和使用已經擴展到歐洲所有的首都城市。一八一五年，梅斯墨在波登湖旁的一個德國小鎮悄然辭世。當時行運的海王星進入射手座，對分他的海王星，且合相天王星，行運的冥王星則來到雙魚座的中間度數，與他的天海對分相，形成了T型相位。也許這象徵他終於得到機會去發現宇宙流體的真理。梅斯墨離世時，催眠術已經穩穩扎根，到了下一個世紀，就出現了歐洲心理研究兩個最重要的核心機構——位於巴黎的南錫學院（School of Nancy）和婦女救濟院（School of Salpetrière）。

醫學機構對於梅斯墨的動物磁力學（animal magnetiam）仍然高度存疑，不過梅斯墨的一些信徒對他的理論有更勝於他本人的深入研究，因為他們沒有花時間向科學圈證明自己的理論無誤。在這些後繼的研究者中，最重要的人物就是馬赫基．阿赫蒙．賈克．薛斯特內．德．皮塞袞（Marquis Armand Jacques Chastenet de Pusegur），這位友善的法國貴族將一名牧羊男童磁化。這個男童不像巴黎那些世故複雜的歇斯底里患者，從沒聽過理應在催眠狀態中出現的危機。這位男童名叫維克特，安安靜靜地進入了夢遊催眠，也就是知覺處於警戒，甚至是高度警戒的狀態，但他確實正處於深層催眠中，完全順從口語的暗示，當他清醒後則完全不記得自己說過的話。德．皮塞袞發現了催眠中的危機和抽搐是不必要的，它們只是梅斯墨盛大的木星式（編按：誇張式）雷電表演中的一部分，而他的病人顯然很容易受到影響，樂於助人地提供了梅斯墨想要的表現。德．皮塞袞發現易受影響的催眠狀態，還有催眠師與被催眠者之間的親和，才是治療的關鍵。這是第一個針對被催眠者的批判性觀察。德．皮塞袞在被催眠者身上發現了催眠狀態和暗示所扮演的角色，即使要到將近五十年後，蘇格蘭醫生布萊德才替此命名。

動物磁力學在十八世紀末期短暫流行了一陣子，之後就消聲匿跡，只有南錫學院和婦女救濟院繼續安靜地進行研究。不過這門學說出現了一個奇怪的分派。催眠術開始與一八四〇年代在美國出現的屬靈主義運動連成一氣（這又與發現海王星的時期相互呼應）。很快地，美國各地都感染了一種極大的渴望，想要與靈性的世界建立連繫。屬靈主義者的團體、手冊、期刊和研討會不斷增加。一八五二年開始，海王星的浪潮越過了大西洋，在短短一年內就淹沒了整個歐洲。降靈會是最明顯的海王星活動，需要成員進入神祕參與的狀態，像是輕敲桌子、喧鬧和不尋常的噪音這些物理現象，還有液體的現形或「靈質」（ectoplasm），都是必要的時尚準則。這種夢遊的催眠被視為一種通靈狀態，無形的存在可以藉此互相溝通。儘管這種流行慢慢地退潮，許多屬靈主義者團體仍然很活躍，至今仍是如此。無論人們如何認為理智的光芒只能朦朧地照亮海王星的世界——關於這一點我們會在第七章更完整地討論，海王星的確為研究人員提供了寶貴的資料，幫助他們進入人類的心理，在那裡安靜地打造有關人類無意識動力的巨型知識架構。稍後在十九世紀時，南錫學院的醫生希伯萊特．伯翰（Hippolyte Bernheim）按照布萊德對催眠的新研究，更進一步地探討德．皮塞裘對夢遊症的研究。伯翰提出了一種暗示理論，與被他催眠的歇斯底里病患有關。當時心理學研究的偉大創新者之一尚－馬丁．夏柯（Jean-Martin Charcot）也發表了一種理論，討論巴黎婦女救濟院醫院歇斯底里患者和催眠術的關係。他們密集深入探索了人類痛苦中一些最難以捉摸也最神祕的通道，最後終於出現了佛洛伊德（Sigmund Freud）和榮格。無意識的大門終於被敞然推開，深度心理學和動力精神學的時代終於露出曙光。

那麼，到底什麼是歇斯底里？什麼是催眠？乍看之下，前者似乎比後者容易解釋，因為在大部分的精神病學的教科書中已經對前者有合乎情理的定義，但歇斯底里其實就跟催眠一樣，都像是一條滑溜的魚，很難到手，且最終都會藐視反抗理性的解釋。我們會先從歇斯底里開始，它擁有一個最古老的出身血統，追根究柢，就是一種海王星的抑鬱。不過，即使用抑鬱來稱呼它，依然不能真正地貼近其義。雖然我們常認為歇斯底里是一種疾病或「性格失序」，但就整體而言，它其實是人類心理資產，如同海王星一樣，或多或少都存於每個人的心裡。海王星在一個人的身上出現狂亂表現，其實是很特殊的情形。然而，每個占星符號都會反映出不同程度的創造力和破壞表現，兩者都是來自同樣的原型核心，沒有一個行星是完全的「好」或「壞」。所謂有害的火星和土星，可以透過現實主義、力量和勇氣來維持生命，而所謂有益的金星和木星，亦可以因為盲目的天真、自我誇大和浪費而破壞生命。任何行星若是有過度的能量，壓過了星盤內的其他因素，都會表現出它獨特的病態和特有的天賦。海王星不像土星麻痺的刻板和防衛，不像天王星不寒而慄的瓦解與分裂，也不像冥王星偏執的破壞。在與海王星有關的紛擾情感狀態中，有一種稍微有問題的面向，無論嚴重程度如何，或多或少都會表現出神的特質。出神（ecstasy）這個字來自希臘文的字根，意指「在自己旁邊」或「在自己之外」。大洪水就要來臨，海水即將淹沒大地，自我如此容易被穿透或尚未成形，我們都會因為一種壓倒性、與本源融合的古老渴望瓦解自我——無論願意或不願意。

海王星的出神可能表現成一種極端的情緒性，或是一些獨特的生理症狀，只有部分的症狀被正統醫學認定為身心失調。出神的狀態也可能是一座隱藏的伊甸園，當事人會抽離退出，將他人留在這座花園牆外等待，為這個嬰兒心滿意足的呆滯、平靜與鎮定感到困惑不已。這些作用可能自然地從內散發，也可能透過藥物或酒精引起，不過它們的情感調性都很明顯。這個人無法在明確的自我界線中泰然自若，而是覺得自己模糊、消融、流走了。即使當一個人表現出最戲劇性且無疑地是最真實的情感時，還是會覺得不是一個人，而是一股原始物質的浪潮在感覺這些東西，也無法與任何連貫性的認同感產生連結。海王星的出神既是海洋的母親，也是神聖的孩子。那是一種回到出生前極樂狀態的退化，與神性融合、如大海般廣闊的體驗，同時又會在面對任何分離威脅時爆發原始的憤怒。海王星式的失去界線既具有侵略性，又帶有某種逃避。自我性格外型的瓦解，不只會在土星的世界中變得非常脆弱，隨後還會抗拒被拉出自己的世界，進入寂寞又灼痛的晝日中，這也會導致極大的焦慮。那些被壓倒性渴望控制的人，會不經意地試圖瓦解別人的界線，對方甚至可能是陌生人，只為了達到自己尋求的融合。所以當其他人在面對一個人表現出海王星式的狂亂時，常會感覺到一種古怪的模稜兩可，因為這個人試著尋找一種明確的、一致的實體存在，但卻遍尋不著，反而會遇見一種脆弱未成形的東西。這種未成形的東西的潛力和影響力，有時會非常驚人，因為這個人可能會透過最幽微的情感方式，對其他人發揮極大的影響力。隨著這種嬰兒的無助，還會出現創造女神編織詛咒的原型表現，這位女神就是摩耶（幻象）女妖。

我們可以在俄國導演安德烈．塔爾科夫斯基（Andrei Tarkovsky）執導的電影《飛向太空》（*Solaris*）中看到這種「藝術」其中一種最鮮明的描述。表面上看來，這只是一部科幻電影，裡面提到某個外星球擁有一種能力，可以反照出所有人深埋於無意識心靈中最深層的渴望，然後用幻覺的方式來表現這些渴望，對於外星球的訪客而言，這一開始帶來了喜悅，最後卻很恐怖。這能辨認他人心靈，且能輕易「變成」另一個人祕密渴望的東西的多變能力，就是海王星性格中最具藝術性、最具療癒力量的天賦。但當一個人欠缺正直和自我誠實的基本核心，這種天賦就會是極大的危險。倘若一個人未曾探索深埋無意識裡的童年創傷，就會在某些基本層面上，永遠欠缺這種基本核心。認同一種原型總是能帶來力量，但是這種力量是借來的，一旦陷入彌補生命早期不足的需求中時，就會變成人類層次上的一種欺騙，一位終極的破壞者。認同海王星可以喚起一種誘惑的魅力，還能召喚兩位神話人物的水的魔法——海洋的創造母親，還有具有神性的救贖者兒子。然而如果是一個非常受傷、人格尚未成形的人來操控這些力量，這個人就會以其他人為代價，利用迷惑的力量來滿足嬰兒式的渴望——無論這種天賦到底有多偉大。所以歇斯底里的人格就如精神病學所認定的，其實就等同於最可恥的欺騙、操縱和情感勒索。

歇斯底里的希臘傳統

希臘文中的歇斯底里（hysteria）意指「子宮」，Hysterai這個字又被按照字面解釋成「後面的部分」。我們可以在希波克拉底（Hippocratic）的短篇論文《關於處女》（*About Virgins*）中，看到這個神祕器官的怪異行為會導致哪些社會問題。[2]他在論文中將歇斯底里的生理症狀歸咎於經血的方向出現問題，氾濫淹沒了身體的其他器官，包括大腦。這些症狀包括四肢的麻痺或顫抖，功能性的失明（就像瑪利亞·佩瑞戴斯）、耳聾、呼吸急促、胸痛、喉嚨腫痛、腿或鼠蹊部疼痛、暈眩發作、皮膚疹、消化不良、口吐白沫和各種性障礙。

希波克拉底在其他論文中提到，子宮會在身體內四處遊蕩，它很淘氣調皮，直到能被再次帶回到適當的位置。儘管希臘醫生們對女性身體的結構極度無知，卻意識到這些生理症狀伴隨著一種流動而不穩定的特別情緒，並將這些症狀與源自器官的問題區隔開來。這通常容易表現出搖擺不定的情緒，有時會很猛烈，還伴隨著無法控制、對於當下處境很不恰當也毫無關聯的大笑、哭泣或憤怒。希臘人認為，寡婦和處女比已婚婦女容易出現歇斯底里，治療的方法通常都包括結婚和性交。這種務實的做法有點貶低人，不過通常都效果奇佳，可以治療挫敗的海王星渴望，意即渴望能找到一個人，和對方融為一體。希臘人非常了解歇斯底里的表現如果越戲劇化，根源顯然都是來自性愛，即使隱藏在宗教狂熱的掩飾之下。

2 有關希臘人對歇斯底里定義的出色分析，參閱*Heroines and Hysterics*, Mary R. Lefkowitz (London: Duckworth, 1981), pp. 12-25，以上和其他希臘醫學的研究都是來自此書。

在夏考對婦女救濟院病房的生動描述中、在邁那得斯（Maenads，酒神戴奥尼索斯的女信徒）的雅典風花瓶繪畫中，還有在當代海地巫術的儀式中，我們看到衣冠不整的亂髮，頭往後仰，眼神渙散，身體拱起，緊繃或扭動，嘎然而止後一片寂靜。在每一個例子中，這些身體動作都在表達類似的意義：性興奮和出神、生產、渴望從限制中獲得解放，努力地與強大的幻想人物融為一體。3

希臘人也很了解集體歇斯底里的現象，關於這種集體狀態，歐里庇得斯的《酒神的女信徒》中有令人害怕的戲劇性描述，至今仍是首屈一指的作品。對希臘人而言，歇斯底里的所有問題，無論發生在個人或團體中，其實都是酒神戴奥尼索斯的議題。在戴奥尼索斯的儀式中，邁那得斯的放任其實就是一種集體認可的、象徵性的，及普遍認為較具創造性的表現，而非獨自經歷的歇斯底里發作。戴奥尼索斯這位天神代表所有人類背後整體的生命力（梅斯墨把這稱為宇宙流體），這實際上主宰了出神狀態。它是無法表達、也無法被滿足的渴望，所以當它侵入個人的生命領域時，就只是一種病態。換句話說，歇斯底里是缺乏戴奥尼索斯，而非過多的結果。這位天神如果沒有以正確的方式獲得祂應有的東西，就會以錯誤的方式取得。在神性占有的出神狀態中，會慢慢地累積緊張，直到當神掌控一切，讓一個人不再屬於自己，而接下來發生什麼事情，通常都不記得了。我們會在一些酩酊大醉的人身上看到這種典型的失憶，他們會徹底鬆綁自我控制，行為舉止顯然就是酒神的風格，隔天醒來後宣稱什麼也想不起來。他們否認這種行為，就像夢遊催眠後的反應。有某種東西暫時掌控了一切，也許是酒精、天神或無意識（或是三者皆有）。這就像一場小洪水，其中的水能夠洗淨大地，生命因而重新開始，不帶有任何過去的罪惡，包括在出神狀態中可能犯下的額外罪惡。歇斯底里性格的人在一些較為誇大的情緒爆發之後，也會出現有利於己的健忘。

《酒神的女信徒》中瘋狂的邁那得斯一開始是順從的家庭主婦和母親，被太過土星作風的彭休斯（Pentheus）國王掌控，我們至少可以這麼說，她們因為這樣的生活感到強烈的挫敗感。但是她們透過天神達到的出神狀態，接觸到一種合一的、雌雄同體的生命力，所以她們會站起來，占用男性的功能和力量，拋下若隱若現的威脅，拋下孩子，拿起武器擊敗男人。她們把幼小的動物撕裂成碎片，表現淪為孩子奴隸的憤怒。她們還揮舞著酒神杖——根本就是勉強偽裝的巨大陽具。彭休斯是至高理性但顯然愚蠢至極的統治者，他主宰了她們狂放的國度，威脅要將她們抓起來，要她們再次從事家務工作，結果他失去了他的頭，佛洛伊德詮釋這象徵彭休斯失去了自己的陰莖和神智。在歇斯底里的情緒操控下，隱藏了一種喪失力量的報復憤怒。彭休

3 Bennett Simon, *Mind and Madness in Ancient Greece* (Ithaca, New York: Cornell University Press, 1978), p. 251.

斯把驅離戴奧尼索斯這件事執行得太過火，已經到了極點，也因此付出可怕的代價。這樣看來，希臘人就和夏考和其他之後的學者一樣，將歇斯底里視為大規模、持續性壓迫最極致的狀況——這不是針對一個特別個人的成年性慾望，而是嬰兒無窮的情慾渴望，亟欲與他或她的神性本源融合。

> 泰瑞西亞斯（Tiresias，盲眼先知）：你譏笑這位新神，但祂在全希臘即將受到的尊重，遠非言語能形容……祂（戴奧尼索斯）發現了葡萄的流液，介紹給人類。當他們喝過了它之後，就能讓悲傷止息，獲得安眠，忘卻了所有的日常煩惱。痛苦沒有其他解藥。我們傾倒的祭酒就是酒神自己，祂讓我們與天神休戰，人類都是透過他獲得福祉。祂是預言的天神。那些充滿了祂的精神的人，就像被占據的人，沒有絲毫預示的力量。無論何時，當這位天神充分進入人的身體時，就會占有他們，讓他們說出未來……聽我說，彭休斯，不要誇口權力能主宰人間事務，不要因為你不健全的想法，自以為充滿智慧。歡迎這位神來這裡，對祂灑下祭酒，戴上藤條頭冠，狂歡吧！[4]

根據亞里斯多德（Aristotle），瘋狂有三種形式：出神（或情慾）、狂躁和憂鬱。我們在一開始就能認出歇斯底里，很有趣地，正如泰瑞西亞斯在劇中對彭休斯說的話，在希臘人的心中，這種形式的瘋狂與心靈的力量有關。出神的瘋子或瘋女可以看到幻影和預言，就像宣告阿波羅神諭的女祭司。這是海王星很熟悉的領域，所以希臘人認為出神狀態與想像力和影像化的天賦有密切關係。幻想和夢想的海洋世界會沖破理智的堤防，現實和幻想之間的界線會因此瓦解。海王星的瘋狂是無法在理性和非理性中折衷的失敗，或是換種說法，這種失敗就是無法在海洋母親的國度和方寸土地之間找到妥協點，這片方寸之土就是所謂的個人自我，完全依賴著土星的功能才能存活。在歇斯底里的狀態中，詩意的創造力會不小心陷入危險的現實扭曲之中，這種能力會替個人的生命注滿了水底世界中萬物一體的印象與感受。

> 一個人如果不允許自己暫停測試現實的技能，就不能享受戲劇，太放縱自己這麼做的人，就是瘋子……這很有可能……戴奧尼索斯是幻覺的天神，所以祂非常適合成為戲劇的天神。[5]

希臘戲劇就像戴奧尼索斯的狂歡一樣，是一種集體認可的海王星經驗。戴奧尼索斯的儀式

4 Euripides, *The Bacchants, in Ten Plays by Euripides*, Moses Hadas and John McLean, trans. (New York: Bantam Books, 1985), pp. 286-287.

5 Simon, *Mind and Madness in Ancient Greece*, p. 147.

的主要目的，是要滿足那些被壓迫的、挫折的和被貶低的女性的需求，每個人都能接觸到戲劇。對戴奧尼索斯而言，戲劇是很神聖的，演員都是祂的僕人。她們戴的面具宣示了自己的原型角色，因為戴奧尼索斯的經驗本來就是宇宙性的，而非個人性的。戲劇的主要目的是宣洩（catharsis），就像彌撒一樣，是一種集體心靈淨化，可以連結表演者、觀眾和天神，用一種非常深刻、情緒化的體驗方式，在眾神面前表現對於人類命運的憐憫和敬畏。我們現在會用宣洩這個字來形容釋放被壓抑的情感，其主要的目的是淨化和重生。這就是梅斯墨的「危機」，大地被海水淹沒的感覺，希臘的觀眾不如我們現在這樣循規蹈矩，他們會跟著演員一起嚎啕、尖叫、哭泣、詛咒和痛苦掙扎。有趣的是，希臘文的「演員」（actor），就是「hypokrites」，我們可以從這個字衍生出英文單字hypocrite——根據《錢伯斯二十世紀字典》的定義，這代表一個人「隱藏自己真正的性格」。占星學子很快就可以認出，這就是海王星本質中一個較為困難的面向。

希臘人常會讓悲劇與喜劇如影隨形，而他們的喜劇總是粗俗、崇拜男性生殖器又下流。這是一種一體的經驗，也是戴奧尼索斯的部分天性，祂掌管了所有心靈和感官的出神放縱。戲劇和戴奧尼索斯儀式裡的歇斯底里，都是深刻又精緻地確認了一種天神賜予的渴望，如果沒有認清並活出這股渴望，就會導致身體和心靈的疾病，但若能適當地疏導這股渴望，就能帶來一種與宇宙生命力量整合的重生經驗。到了現代，人們很流行根據導演的政治信念，將歌劇和戲劇變成枯燥的、意識形態的評論，把宗教儀式變成毫無活力的社交活動。這也難怪現代的歇斯底里會被歸屬為精神病院領域的疾病。

婦女救濟院的歇斯底里

夏考和法國醫生皮耶．讓內特（Pierre Janet）前瞻性的研究，還有佛洛伊德和榮格早期的研究，主要都是針對歇斯底里。我們已經知道，針對海王星世界的心理探索，都源於十八世紀後期催眠術的理論發展，這也屬於一場將生命奧祕合理化的整體性運動，我們現在把這稱為「啟蒙」。從這些人的著作中，可以看到有關歇斯底里的簡潔臨床描述，就許多方面而言，這種寫作模式目前已不多見，也不合時宜，部分原因是疾病會反映在當時的著作裡，但歇斯底里在現今已經視為常態。不過這些著作仍能提供我們相當多資訊，以洞悉海王星的病態表現。在婦女救濟院中大部分的病患都是女性，她們罹患一些沒有生理原因的身體疾病——四肢麻痺、失明、無法控制的顫抖，或是幻覺發作、情緒發作、說不出話或其他獨特的歇斯底里表現。轉化症歇斯底里（conversion hysteria）指的是有身心失調問題的人，意指情感的困境、壓抑和無法體驗有意識的人格，這些都會被轉化成身體的症狀，象徵原始的衝突。這一點也不令人驚訝，當我們透過催眠來探索時，大部分被壓抑的問題最後都帶有情慾的本質，而且會與父母的形象有關。

讓我們嘗試看看，至少要能部分地辨識出創傷性歇斯底里麻痺的產生機制……我們必須找一種表面上比較迂迴的途徑，再次回到一些已經占據個人注意力的事物上。我指的是那些明顯的麻痺，現在被稱為「生理的麻痺」、「源自於想法的麻痺」和「想像導致的麻痺」。現在注意一下，我沒有說「幻想的麻痺」，因為這些源自於心理的運動麻痺，就跟器官障礙導致的麻痺一樣客觀，它們會偽裝成許多相同的臨床症狀，非常難以診斷。6

沒有什麼比「想像導致的麻痺」更容易讓人聯想到海王星了，印度教早在兩千年前就告訴我們，身體「所有太過固著的物質」，都會根據靈魂的意志變成流動的，同時具有可塑性。夏考在上面引述的那段話中，幾乎已經接近了之後佛洛伊德針對神經機能問題起因的主要理論：一種相關記憶、想法和感受融合的高度緊張「情結」，由於那具有無法接受的本質，最後就與意識分離，開始危害情感和生理健康。

夏考繼續提到：

我們很清楚在特定情境中，一種想法可能會導致一種麻痺，相反地，一種想法也能讓麻痺消失。對於處於催眠睡眠狀態中的人，我們可以透過暗示、一種或是一連串相關想法來主宰這個人，讓他或她維持孤立，透過相應的動作表現來展現自己。7

這種概念不再令人驚訝，有鑑於我們的心理越來越精明世故，對於一些無法確定起因源於器官的疾病，還有那些規律地表現出這些疾病的人，或多或少都會有些懷疑。「身心失調」這個字已經成為我們日常用語的一部分，雖然這通常都是用來描述別人而非自己的疾病。但我們必須記得十九世紀醫學世界中這個影響深遠的發現，在異教徒的時代之後，人們就已經忘記了心靈控制身體的力量。佛洛伊德在他為夏考寫的訃聞中，表達了這種洞察力的重要性：

> 夏考的研究在某個時間點超越了他對歇斯底里症的整體治療，他向外踏出的這一步，讓他成為第一位能清楚詮釋歇斯底里症的人，因此獲得前所未有的榮耀……這種想法來自於，他先謹慎地分辨一些不同於器官困擾的麻痺，然後透過人工的方法重現這些麻痺，為了達到這個目

6 A. R. G. Owen, *Hysteria, Hypnosis and Healing: The Work of J-M Charcot* (London: Dennis Dobson, 1971), pp. 112-113.

7 *Hysteria, Hypnosis and Healing*, p. 113.

的，他透過催眠術讓歇斯底里的病人進入夢遊狀態。他成功地創造了完美無缺的證明，顯示這些麻痺是因為在一些具有特別傾向的時刻，病人的大腦中有一些特定的想法出現動搖。這是人類第一次揭開歇斯底里情況的運作機制。8

所以歇斯底里者是意志分裂的人，一方面想過著運作正常的生活，另一方面又想要維持在病懨懨的狀態裡。在不會感情用事的夏考看來，這些人會對任何斷絕無意識「想法」的暗示，表現出深奧的頑強，而這些想法導致了所有的麻煩，彷彿對於他們而言，生病和犧牲狀態帶來的痛苦，終究不比認清自己的感覺現實，以及獨立生活的挑戰來得難熬。我們馬上可以認出這種融合的渴望，帶有如此鮮明的海王星特質。歇斯底里就如魚一般滑溜，這是每一位精神治療師都遇過的情形，每當治療師太深入探索被壓抑的「想法情結」時，便會讓一個正直誠實的人變成習慣性的「偽君子」，即使根據最原始的診斷標準，那些根本稱不上「歇斯底里」的人也會出現這種反應。其實每當我們呼喚海王星，要求它給一個解釋時，所有人都會有這種反應。雖然在接下來的數十年，讓內、奧地利醫生約瑟夫·布魯爾（Josef Breuer）和佛洛伊德把歇斯底里症擴充到包含了純心理和身心綜合的表現，但是這種無意識中想要維持生病的慾望，仍然是歇斯底里症獨具的特色。這就是一種非常常見、非常人性化的表現，展現了內心深處的海王星渴望，希望能回到與本源融合的極樂狀態——被照顧、被仁慈地縱容、被無條件地愛著、受到一位強大又有能力的生命賦予者保護，免於「外在」世界的恐懼。

夏考針對歇斯底里的催眠實驗還有另一個明顯的特色，就是醫生與病患之間強烈的依附本質。我們已經看到梅斯墨形成了這種依附，把這稱為「親和」，他認為必須要有這種融合狀態才能發揮療效。我們無法馬上知道，親和當中到底包含了什麼，或是如何達成這種親和。但是梅斯墨顯然非常清楚這帶有情慾的特質（他就是因此被逐出維也納），還有依賴並願意被引導的成分。夏考發現歇斯底里的人格，會無法避免地傾向加重這種依附關係，遠超過正常的醫病關係，病人最後會變成醫生意志的延伸品。針對夏考的發現，讓內特也發展出自己的觀點：

> 如果夢遊和暗示成為了治療的一部分，這種應治療需要培養的依附關係，就會發展到一種異常的程度。這些古老的磁化者常常歇斯底里地主導一切，雖然他們常沒意識到自己在這麼做，還會重複描述這種情形。也許我們應該向這個磁學的歷史性時刻致敬，把它稱為磁性熱情……**9**

8 *Hysteria, Hypnosis and Healing*, p. 123.

9 *Hysteria, Hypnosis and Healing*, p. 173.

若將在海王星經驗中出現的完全認同狀態謹記在心，就會知道讓內特寫到的磁性熱情，其實是一種心靈融合的經驗，如同小嬰兒和母親的融合。未定型、沒有界線的病人，會與醫生的性格融為一體，憑著一種海王星特有的敏感，病人能直覺知道這當中需要些什麼，進而提供所需的東西——甚至到了會表現醫生有意識或無意識中期待出現的症狀的程度。在現代許多心理治療的形式中，無論病人是否有歇斯底里的臨床表現，時常都能展現這種神祕的能力，提供療癒者需要的症狀。這也便是為何有許多佛洛伊德派分析家的病人，夢境中都充滿了口腔、肛門和陽具的意象，榮格派的執業醫師則會又驚訝又滿意地不時聽到病人敘述的夢境，其中充滿了鍊金術的過程、曼陀羅和自性的象徵。我們又再次地進入了海王星滿掛鏡子的大廳堂。

佛洛伊德為何在臨床治療中放棄了催眠術，這已經是老生常談的故事，他其中一位女病人在催眠中接受淨化治療時突然醒來，帶著相當強烈的性衝動抱著他。佛洛伊德稍後宣稱，他在當下理解了「催眠術背後運作的神祕元素」——也就是催眠師的「磁性熱情」，我們可以用現代深度心理學的術語，稱之為「情慾移情」（erotic transference）。但是我們如果放下臨床的術語，這種心靈融合的強烈舉動顯然不只發生在心理治療師的診療室，這會發生在任何地方，各行各業，無論性別，每個人或多或少都會有這種表現，對象也不一定是人。海王星的情慾渴望其實是一種重返伊甸園的強制性衝動，這一直都是一股驅策的力量。

我們現在有太多的診斷標籤，可以用來描述人類可能陷入的各種心理混亂狀態。在精神病術語中，歇斯底里症變成一個越來越讓人質疑的標籤，越來越少人使用，特別是十九世紀巴黎和維也納的「轉化的歇斯底里」（conversion hysteric），最後在精神病院中已經看不到這個角色。二十世紀的歇斯底里人格疾病儘管會有極度的慮病症，但通常都沒有生理症狀。時代已經改變了，道德和性別的角色也不同了，我們現在有不同的疾病來滿足不同的文化標準與醫生們的不同期望。但是也許人類性格中歇斯底里的部分都深埋在每個人心中的某個角落，仍然在展現它非凡的海王星彈性，只是，它創造出各種新形式的出神，我們現在稱之為「躁鬱症」、「精神分裂症」、「功能性自閉症」、「癲癇人格」或「飲食失調」。歇斯底里有時甚至能好好地存在於一些我們相信與器官有關的疾病裡，因為這些疾病伴隨生理症狀，也因為有些疾病可能致命——像是心臟病、癌症、腺熱（在美國被稱為單核球過多症）、多發性硬化症，還有最新的疾病，病毒後疲勞症候群，通常被稱為慢性疲勞症候群（ME），夏考肯定會對這種定義嗤之以鼻。

在夏考的年代，除了那些像是腦損傷或第三期梅毒等與器官因素有直接關聯的疾病外，大部分的瘋狂狀態都會被貼上歇斯底里症的大標籤。儘管近期的研究努力區隔出一種「精神分裂」基因，但是夏考卻可能是對的。梅斯墨和同儕們發現的最大奧祕就是心靈的異常流體和創造性特質，當心靈發現一些無法承擔的東西時，就會任意地切斷關係，然後會透過身體重新複製自己的痛苦，而身體顯然受到心靈的控制。夏考不只對歇斯底里症患者催眠，也對一些多發性硬化症患者催眠（這是夏考自己創造的說法）。夏考一開始雖然是臨床醫生，但也沒有忽略精神症狀的生理性牽連，因為這些症狀可能會伴隨著明顯的身體改變。無論如何他都相信，即使像是多發性硬化症這樣明顯的器官疾病，也包含了歇斯底里的成分。如今，這種概念可能會觸犯許多罹患這種疾病的人，還是會認為這完全是身體的疾病，然而，夏考的看法可能是對的。

催眠的出神

儘管較廣義的歇斯底里巧妙地避開了某些特徵，但是早期的催眠師認為，歇斯底里症最令人困惑的特徵之一，就是歇斯底里者很明顯地容易受到暗示。我們熟悉的各種歇斯底里的症狀，都會對催眠的指令有極強烈的暗示感應性，這種過度的暗示感應性反映了他們與催眠師之間的強烈「親和」，也揭露了無界線性格的重要面向。過度的暗示感應性和歇斯底里之間的關聯，讓夏考特別感興趣，他認為對於催眠的明顯順從——可以不知不覺地陷入深度的夢遊催眠狀態，就等於歇斯底里者「移情」症狀中的暗示感應性。換句話說，歇斯底里者會不自覺地自我催眠，進入一種特別的身體狀態，以避免內在的衝突。這種身體狀態的具體本質是出自個人的生活環境和個別需求的特別「暗示」，更簡單地說，歇斯底里的症狀似乎總是詭異地契合受苦者的無意識需求。因此按照夏考的說法，催眠的出神可以被視為一種病態或病變的狀態。

在南錫學院，伯翰針對催眠暗示的同類研究則得出了不同的結論，他認為催眠的暗示感應性不只限於歇斯底里的人格，而是一種普遍的心理現象，這或多或少都會出現在每個人的身上，都受到暗示的引誘和規範。夏考和伯翰是如此地對立，所以有一段時間陷入激烈的較勁，試圖定義催眠的領域和意義。夏考承認，他對次催眠術（le petit hypnotisme）沒有特別的興趣，這指的是輕微的催眠現象，可以用在沒有強烈歇斯底里性格的人身上，他關心的是主催眠術（le grand hypnotisme），他的病人都有非常明顯的特別的病狀。不過如果將這兩位心理學早期的重量級人物放在一起，就會發現他們可能都是對的。歇斯底里反映出人性本質中一種未定型、有彈性的、幼稚的面向，每個人或多或少都有這一面，也許這正是無意識心理本身的一種資產。因此，每個人都可以透過出生盤中海王星象徵的入境港口，表現出某種程度的暗示感應性。但是當歇斯底里主宰了性格，掩飾了深層的情感傷害，間接地滿足了被壓抑的本能需求時，這些需求沒有更健康的出口可以宣洩，我們就會認為這是一種病態，還會伴隨著極端的催眠的暗示感應性。

> 暗示感應性無疑是所有人類的特徵之一，儘管每個人的程度並不相同……普遍認為，就整

> 體而言，女性比男性對催眠更有感受，更容易接受暗示。不過學術文獻幾乎一致反對這種概念……所有的研究都證明，幾乎百分之百的孩童都能接受催眠，直到十四歲以前，他們都能了解並順從必要的指示。10

這段話的最後一句，引述自一段將近四十年前所寫的有關催眠術的敘述，非常值得我們更深入地探討。儘管現在有「社會順從」等比較近代的理論可以解釋催眠的現象，但如今我們對催眠的認識並沒有比上述這本書完成的時候增加多少。根據這本書的作者所述，所有的孩童在十四歲以前都是歇斯底里的，要不然就是能反映出一種天生流動的、沒有界線的特質，直到青春期來臨才會減弱。按照占星學的說法，青春期的心理變化反映了行運的土星即將首次對分本命土星的狀況。在此我們可以將青春期和伊甸園的第一對男女連結在一起，他們就是因為反映出豐富的性知識後才會被趕出伊甸園。不妨將青春期想像成吃下禁果，因為這是某種形式的誕生——出現某種形式的性別身分意識，性慾望的覺知也會不斷增加。

伴隨著這性別身分誕生的儀式，我們將與同性別的父母產生摩擦，在青春期時視他們為競爭對手。青春期的孩子善於複製仿造，因而能憑己之力成為父母之一（或是一位創造天神）。嬰兒時期與摯愛父母天神融合的幻想受童年時期的創傷而變得執著，容易在青春期時以較具威脅性的方式表現出來，因為當時的身體已經成熟，也具備了足夠的性能力，可以截然不同的方式實踐這種幻想。對於許多年輕人而言，這伴隨而來的心理變化既困難又令人恐懼，所以不乏看到敏感又具想像力的青少年會在此時經歷一個激烈的宗教階段，彷彿重返天神懷抱和子宮的庇護，就能逃離體內如野獸般的黑暗衝動降臨。通常也是在這個交接點，大多數厭食的小孩——通常是女孩，開始表現出強迫行為。某種程度上，我們可以把這看成是想要回到青春期之前的狀態，當時沒有月經，也沒有母親的敵意威脅。青春期恰如身體的甦醒重生，花花世界裡的各式挑戰讓與另一半融合的渴望愈發強烈，無可避免的，此刻海王星對於重返本源的嚮往顯而易見。這階段常見沉重的土星行運啟動海王星的幻想，且將這幻想視為一種逃避痛苦和衝突的工具，即使當時本命的海王星並沒有直接受到這行運的影響亦然。渴望與母親心靈相通的心理狀態，是童年時期很自然的一部分，在出生後的前幾週很完整，然後隨著年齡增長而慢慢消失，後來新生的、帶有性別意識的青春期身體出現了，便自行毀滅了認同雌雄同體的父母形象——神性的根源的能力。

歇斯底里性格的情緒年齡通常遠早於十四歲，在嬰兒和孩童時期，歇斯底里的特徵是恰當的，也是無法避免的，不過成年之後就將變得十分棘手。下面這段話解釋得很清楚：

10 Leslie LeCron and Jean Bordeaux, *Hypnotism Today* (Los Angeles: Wilshire Books, 1959), p. 76.

歇斯底里性格的人不同於精神病患和精神官能症者，歇斯底里的人即使生理成熟了，在情感上仍受到抑制，感到信心不足，但是不會完全從現實中退縮。這些人會因為適應不良的阻礙，無法適切地面對生命，他們的症狀會變成一種藉口，允許部分的逃避。他們傾向於創造自己渴望的注意力和同情，常會找託詞避免上班，理由就是病得太嚴重了。這些症狀就像一種保護罩，讓他們躲在裡面享樂，這可能表現在任何面向上，像是裝病，模擬一些疾病的症狀，或是抽搐發作，失明、耳聾、啞巴、痲痺、攣縮、身體疼痛等。這種欺騙可能是故意的，但更常是無意識的。11

我們或許能在這段話中察覺，人們對於歇斯底里者特別沒有同情心，因為精神科醫師、分析師和諮商師已經太熟悉歇斯底里症了，更別說這些人的小孩和伴侶。下面這段話中將看到更明顯的憎惡，把話說得更清楚了：

歇斯底里症的行為有廣泛的不同，但是許多患者會大聲地咒罵自己的疾病，向家人和朋友宣稱他們有多悲慘，誓言願做任何事情，只要能再次恢復健康。但是歇斯底里症患者在無意識中喜歡保持生病，因為他發現這十分有利，所以會抗拒治療。他跟精神病患者不同，有非常高的暗示感應性，很容易被催眠，雖然有時也會出現抗拒。無論是哪種心理治療，歇斯底里症者會在自己的症狀中找到樂趣，因而治療變得很困難。一旦症狀明顯地減輕了，很容易就會復發；當一種症狀減輕了，另一種症狀就會冒出來。如果他的症狀透過催眠的暗示移除了，這通常立即就能達到效果，但這些症狀隔天又將再次被激發，或是又出現新的症狀。儘管歇斯底里症有時能被治癒，但是它是所有執業醫師的絕望。**12**

當孩子為了無條件的愛和絕對的關注而表現出操縱或不直接的爭取時，我們較能自在面對，至少不會太驚訝，但當一個成年人有同樣的行徑時，就非常令人不悅了。也許是因為圍繞在成年人身上的，是以強烈侵略性和情慾感覺為核心的感受，但孩子尚未累積起如此高張的無意識攻擊——儘管在某些例子中，孩子極度操縱的行為可能會引起父母、老師和手足的暴力憤怒。小孩要求完整又包容的愛時，我們可以容忍，也能以同理心相待，因為我們知道小孩需要保護，同時也知道他或她有一天會長大。然而當面對成年人，特別是伴侶，卻遇到這巨大且無邊際的飢渴時，我們的同理心就會被耗盡了。我們會覺得被一種長期的窒息感困住，受到

11 LeCron and Bordeaux, *Hypnotism Today*, p. 167.

12 *Hypnotism Today*, p. 168.

威脅。在挑戰歇斯底里者操縱的痛苦時，也很難從罪惡感中抽身，畢竟我們是在一種特別的氛圍中成長，被教導要善待我們的鄰人，儘管常做不到，但仍想認為自己是個友善又體面的人。此外，每個人心中的海王星也會讓我們需要感覺被愛、被接受，不會被趕出集體認可的庇護子宮。歇斯底里者如此厚顏無恥地表現了自己的海王星特質，正是來自於海王星希望處處受到關愛與接納的渴望。

他人歇斯底里的行為，無疑使人不悅，沒有人樂於遭受利用、操控和吞噬，尤其是當這位吞噬者還忙著聲明自己兼備關愛與付出時。這種人物，特別是在戲劇或電影裡，永遠會引起觀眾強烈的不舒服。成人的歇斯底里的行為之所以常引起反感，有時甚至會遭受公開的凌虐，很可能是因為我們將海王星特質深藏於某處，以致無法接受他人明目張膽地顯現出亟欲重返誕生前的渴望，畢竟我們曾是多麼努力的拒絕成為一位「成人」。少數能容忍這種行為的人，通常在無意識中也被同樣的問題折磨著。所有歇斯底里不同的交易手段，都是指向某些「次要收穫」——獲得愛、注意力、關心、肉體的愛、同情和物質支持，其中沒有任何來自「受害者」的貢獻。當然，我們可以將此視同為努力滿足人性渴求，但問題在於，這些努力表現得過於明顯，略過坦誠的溝通，便冒險地讓心靈的融合出現裂痕。爭取心之所欲的事物是星盤中火星的功能，而火星如同土星一般，天生與海王星處於對分點，因為火星代表了個人慾望的明確主張，但這卻是合一的盡頭。海王星傾向追尋他人的渴望，是一種融入對方性格的獨特手段。

如果其中有差異，就可能產生衝突、拒絕和寂寞，但對於海王星這一方而言，光是有差異就夠糟糕了。海王星人的歇斯底里並非因為他或她的需求異常病態，而是因為這些都是原型需求，且顯然是所有人類的需求，我們如果只把這當成嬰兒的需求，就錯誤呈現了基本的人類渴望。不過，這是個程度問題，海王星能量強勢的人，常會覺得自己無法忍受一丁點兒的區隔與疏離，他們幾乎無法忍受孤獨引起的焦慮，因為這會召喚伊甸園大門外貧瘠不毛、滿是痛苦與死亡的荒土。在某些極端的例子中，他們會透過任何必要的手段來滿足個人的需求——甚至會刻意地生病，毀滅自己及他人的自由。

我們也可以把深度催眠視為一種歇斯底里，因為其中包含與催眠師的融合狀態。被催眠者放棄了個人的自主，像嬰兒對母親一樣，順從地向對方開啟心靈的界線。儘管有一些催眠師宣稱口語的暗示就能引導催眠——因此有無數「自助」的錄音帶，一個聲音單調地吟誦，就能讓一個人昏昏欲睡，變得放鬆。但我曾經跟許多敏感的催眠師聊過，他們坦承有過一種特別的下降感受，覺得和被催眠者一起進入催眠的出神狀態。這種感受不只出現在生理層面，也包括心靈層面。碰觸到自己海王星感覺的催眠師，可以直接體驗到催眠中發生的心靈融合，有時甚至會與被催眠者共同分享一些身體反應。催眠是一種結合的事物，可以重建生命誕生幾週時、父母與子女之間融合的原始狀態。

檢視催眠現象的特定面向是很有幫助的。這有時就像一個受海王星主宰的人，遊走在永無止盡的半催眠狀態中，驚恐地接受任何經過事物的暗示。我們不能拿「社會順從」替自己的集體暗示感應性找藉口，這會讓我們陷入痛苦的脆弱，受宗教、廣告和政治機制操控。正如我們所見，被催眠的能力是充滿變數的。整體而言，被催眠者必須對催眠師有相當程度的信任或是移情作用，此外，還參雜暗示感應性的神祕特質。催眠師普遍同意，有些特定類型的人非常難被催眠，而精神病患、酒鬼和毒癮者則可能存在另一些無法克服的問題，催眠狀態需要讓出自我控制並交付給催眠師，但是上述三種人，根本沒有自我可以託付給他人。相對來說，超級理性的性格也很難被催眠，因為他們有極度的防衛心，缺乏暗示感應性。暗示感應性是無意識的，常在最無預期的狀態下被招喚出來，就像陷入愛河時的心醉神迷著迷。

我們可以透過特定的反應特徵來評估催眠出神的深度，「似睡的」狀態包括放鬆的感覺或困倦睡意，也許眼瞼還有些眨動。輕微的催眠出神則可能出現部分的身體僵直——換句話說，被催眠者會遵循指示讓不同部位的肌肉體驗不尋常的僵硬，像是眼瞼和四肢，然後會伴隨著緩慢深層的呼吸，出現脫離或漂浮的感覺。就在此時，催眠者和被催眠者之間的「親和」會發揮強烈作用。在中度的出神狀態中，催眠師引誘被催眠者產生部分的失憶和麻木，被催眠者還會把觸覺性的幻想，像是發癢、灼熱，或特別的味覺或氣味等當成是真的。在深度或夢遊的出神狀態中，夏考認為這是歇斯底里人格會伴隨出現的狀態，被催眠者可以張開眼睛，但是瞳孔放大且凝視不動，可以達到非常敏銳的感官覺知。有時會發生靈視或心電感應的現象，被催眠者也能被引導出完全的失憶和麻痺，還會順從地遵從一些催眠後的暗示。甚至更不尋常地，被催眠者可以依指示控制器官的生理機能，例如心跳、血壓和消化，皮膚也可能因此出現水泡，但有些顯然棘手的生理症狀，像是終身的牛皮蘚則可以減輕，這暗示了這些症狀在一開始皆由歇斯底里所引起。催眠師可以從深海中拉出被催眠者在每個生命階段失去的記憶，也可以透過暗示，讓被催眠者產生幻覺，被催眠者所有自發性的活動都會被抑制，一切都受到催眠師的絕對操控。

當舞台催眠師進行催眠時，許多觀眾都難以相信眼前發生的事情是真的，還會比較安全地推測，被催眠者是從觀眾席中挑選的「白老鼠」，之前就已經排練過要按照劇本走。但是催眠的現象是很真實的，也徹底令人感到不安，尤其是我們仍然不了解它們的真實本質和動力。南錫學院的伯翰認為，催眠就是一種修正的睡眠形式。然而，人在自然的睡眠中，意識是完全停止的，但在催眠中，絕對有意識存在，雖然是一種比較受限的形式。被催眠者的世界充滿了催眠師的存在與聲音，就好像小嬰兒跟媽媽在一起一樣。在催眠狀態中，呼吸和心跳運作基本上還是跟清醒狀態一樣，只是比較緩慢，但與睡眠狀態相當不同。催眠狀態中的膝躍反射（輕拍膝蓋時，膝蓋會猛然踢動）跟清醒狀態時一樣，但是在睡眠時，人對於這個刺激則幾乎是完全沒有反應。就生理而言，催眠出神不是睡眠狀態。

讓內特則假設一種互連想法及感覺形成的情結——通常都與針對一位父母型人物的情慾衝

突有關——我們會在意識中嚴厲地壓抑這些東西，把它們藏在歇斯底里症的「衝突意願」後面。這會導致某種性格分裂，此時無意識的情結自我呈現並與自我的意志直接作對。讓內特相信，催眠是人為地把性格分裂成意識和無意識兩種成分，在催眠出神的狀態中，無意識會居主導地位。但是順從催眠暗示的分裂，必須是被催眠者本身性格就有某種分裂所致。讓內特呼應老師夏考的看法，認為壓抑的情節會藏在歇斯底里的表現後面，也會藏在夢遊者極度暗示感應性特質的背後，因為所有人類在擁有自我意識及完整心靈這兩種需求之間，都會存在某種分裂，只是程度的多寡而已。這些心靈的需求很複雜，通常都是相互衝突的。因此所有人類對暗示都有某種程度的感應性，包括他們的自我暗示。

催眠現象裡最神祕的面向之一，就是「親和」的重要性。梅斯墨認為，親和是一種混和物，來自於醫病關係中的宇宙流體。在強烈海王星行運相位的影響下，他將親和定義為兩人之間，或是一個更大團體內部流動的無形物質——有點類似聖靈。只有布萊德宣稱引導催眠的是暗示，而非某些神祕「物質」的傳遞，但是催眠出神的某些面向會影響催眠師，彷彿催眠師和被催眠者已經成為一體。梅斯墨很浮誇又難搞，但他不是後輩心理學者所稱的怪人。催眠親和的有趣點在於，除非有直接的指令要被催眠者把暗示感應性轉移到第三者身上，不然被催眠者只會對自己催眠的人的暗示做出回應。這反映出一種深奧的神祕參與，假如這真的是一種機械式的反應，被催眠的人就會接受任何人的指令。被催眠者顯然渴望取悅催眠師到了極不平凡的程度，就算這些指令擺明很荒謬、令人窘困或不愉快，他們仍會執行催眠師的指令。即使被催眠者在正常生活中很難相處，很棘手，還是表現出一種無法抵抗的取悅慾望。他們也有強烈的衝動想要展現部分或假裝——就像偽君子一樣，認同催眠師的願望。儘管這些願望沒有被清楚表達出來，或是更奇怪地，連催眠師本身都沒有意識到這些願望。歇斯底里者也具有同樣的可塑性，他們最出名的一種訣竅，就是透過某些神祕的同化滲透，可以獲得關於別人的所有私密、通常是無意識的深刻理解，然後有時就會用一些非常邪惡的方式來促成自己對於親密的迫切探索。歇斯底里症狀通常也會反映出這種角色扮演，歇斯底里症者不只會製造能獲得最多「次要收穫」的症狀，還有自己的醫生無意識中需要的症狀。症狀就像裙子的長度，會跟著流行走。我們會帶著這種發生在最原始連結中的心電感應力量，再次優游在母親與嬰兒融合的水域裡。

催眠引導的方法本身就很有趣，值得深入探討。我們都很熟悉舞台催眠師華麗的表演，這是很好看的演出，就像梅斯墨那個動物磁力學的年代，催眠師會以最戲劇性的手勢在被催眠者的面前來回掃動。催眠師有時會使用精心設計的機械設備，像是閃光燈或旋轉的輪子，有時則會在一條鎖鏈上懸掛擺動某個明亮耀眼的物品。這在歌舞表演中，或是對新的催眠對象時很管用，因為我們都知道他們是催眠者的工具，而這些物體是被催眠者一定會順從的直接暗示。如果被催眠者和催眠師之間有足夠的移情作用，光是安靜的聲音就能引導催眠的出神。我們如果想要了解這些引導催眠的機制是如何地普及化，就不能只探討這些催眠師的訣竅——詭計和幻覺的幻象世界。

就如我們所見，儀式是一種非常強大的技巧，可以引導個人或團體進入催眠狀態。祈禱者的吟唱，持續急切的鼓擊聲，舞蹈的韻律擺動，全都會從個人自我界線的表面下迂迴滲入，開啟光明世界和原始海洋之間的通道。迪斯可舞廳裡面的閃爍燈光，不斷發自內心的拍打節奏，也不亞於儀式和戴奧尼索斯的狂歡。我們如果延伸對催眠的想像，想像它不只是一個誇張可笑又昏沉的被催眠者坐在椅子上，對著昏暗的燈光「降低意識的門檻」，所有的宗教儀式和政治慶典都會有這種橋段，我們就可以開始在集體的層面上一窺海王星的面貌。我們都很容易感受到原型符號的世界，因為這些符號可以打開意識的裂縫。如果心靈無意識的底層已經匯集成形，我們隨時都準備放棄自己清楚的個人自主能力。在海王星的領域裡，我們帶著所有幼稚的飢渴和翻攪人生的救贖渴望，很快就能從宗教儀式裡振奮人心的戲劇，轉移到政治或社會集會中令人恐懼的集體歇斯底里，這些集會常會變得狂暴失控——無論這是在美國南方放火燒了黑人貧民區，在慕尼黑砸爛猶太人的窗戶，肢體攻擊拒絕參加罷工的同事，或是破壞足球場，毆打對手的支持者。

第三德意志（納粹德國）的興起，或多或少並不只是意外「發生」，也不只是一個人的惡毒領袖魅力造成的結果，相反地，這是經過謹慎構思和刻意組織。希特勒的政黨帶著驚人的自我意識和複雜心理，開始啟動並操縱德國人民的宗教衝動……他們訴諸於人們的心、神經系統、無意識和心智。為了達到這個目的，他們使用了許多最古老的宗教技巧——精心設計的儀式，唱誦，韻律的背誦，魔咒般的雄辯，色彩和光線。惡名昭彰的紐倫堡集會不像是如今西方社會的政治集會，而是某種巧妙監督的劇院。舉個例子，就是在希臘宗教儀式中必要的劇場一樣，所有細節都經過精密地計算，包括制服和旗幟的顏色、觀眾的位置、夜間時刻、閃光燈和探照燈和時機感……群眾的臉龐都印上無意識的至福，空虛入迷的痲痹，這與宗教復興教堂集會中的臉龐可以完美互換。[13]

這是一種令人生懼的集體催眠景象，用於最具破壞性的目的。當我們投入宗教儀式中深觸人心的祈禱時，就等於送給自己嬰兒般的信仰。很遺憾地，我們常無法聰明地辨識出神聖與非神聖的差異。商業廣告利用這種催眠技巧，用源源不絕的勾引、高度象徵性的影像轟炸觀眾，擊中每個人心中的伊甸園按鈕，說服我們某個特別的產品或政治候選人，可以為我們帶來健

13 Michael Baigent, Henry Lincoln and Richard Leigh, *The Messianic Legacy* (London: Jonathan Cape, 1986), p. 136.

康、美、愛和無止盡的極樂。我們當然不可能關掉這個勾引象徵的世界，即使我們做得到，但是彷彿我們需要能在自己生命中的某個地方，表達戴奧尼索斯的渴望。我們必須非常嚴肅地看待彭休斯和邁那得斯的故事，因為如果將融合的需要逐出生命，這種需要就會導致生病和瘋狂，把我們扔進一個無法容忍的荒地。認識催眠和歇斯底里都是生命的面向，知道我們都有暗示感應性，明白光有理性，無法保障個人界線的效力這都可以幫助我們找到一個地方創造性地表達海王星，同時還能維持努力掙來的個人性，這的確可以獨立保護我們不要被煽動者感染。希特勒親自告訴我們，什麼是我們最脆弱的地方：

> 在群眾的集會中……思想被消滅了。因為這是我需要的心智狀態，這確保我的演講能有最好的共鳴，我命令每個人都要參加集會，他們變成了群眾的一部分，無論他們喜歡與否，「知識分子」和中產階級都跟工人一樣。我把人們混合在一起。我把他們當成一個集體，對他們演講。[14]

暗示感應性是海王星的特徵之一，是人類必要且無法避免的一部分，因為這不只反映出我們心靈的分裂與區隔，也反映了我們對其他人的開放性，以及必須歸屬於一個更大生命體的需求。但同樣地，我們也知道這種暗示感應性的確會毀滅我們，無論是個人或是群體。個人意識、個人價值和個人的自給自足都可以補充暗示感應性——這些性格特徵可以用比較建設性、而非壓抑態度的方式來平衡暗示感應性。成人身上的暗示感應性可以是創造力，可以激勵人心，而嬰兒身上的暗示感應性則是必要且無法避免的。然而，把嬰兒的暗示感應性當成是成人的，就很不幸，因為這會讓任何東西看起來都像是救贖者。

在占星學中，個人身分意識中支撐生命的特質，主要都反映在太陽、火星和土星的功能上，這些都是「自私的」行星，要求自我實現、自我確立和自我保護。海王星天生就無法說「我」，所以希特勒如此喜歡在集會中使用這種題目的語調。對抗個人自主性最厲害的武器之一，就是操縱性地運用「自私」二字——無論是一個母親對表達獨立想法和感覺的孩子這麼說，一個愛人在他或她有其他生活掛念的愛人耳旁低聲抱怨，或是一位政治領袖對那些膽敢鼓勵自給自足的對手如此宣示。自私的控訴會觸動這個惹事嬰兒心中的恐懼及罪惡感，這會一直延續到成年，對任何可能強化個人完整性和自我價值的衝動產生罪惡感。而就如這位偉大的獨裁者親自對我們說過，這正是他需要的狀態。

---

14 節錄自*The Messianic Legacy*, p. 138.

【第五章】

精神分析裡的海王星

歇斯底里的痛苦多來自回憶。

——西格蒙德・佛洛伊德（Sigmund Freud）

十九世紀末時，醫學和精神學已經累積許多研究，在極度受暗示的狀態與歇斯底里的性情之間建立重要連結。這裡浮現出一張人格結構圖，顯示歇斯底里者的部分心理「區塊」是獨立於意識之外的，這些「區塊」包含意識自我所不能接受的感覺和記憶，因此透過各種表現出衝突象徵生理和心理症狀，主宰一個人的生活。在這種衝突中，我們看到「罪惡的」強迫驅力和贖罪需求之間的牴觸，帶有強烈的海王星特質——儘管精神分析的重點在於個人和病理層面的情緒問題，而非問題的原型及目的。歇斯底里的理論後來變成古典精神分析理論的基礎。前面章節探討過的神話人物，其核心意義不僅幫助我們理解這種情結的內在表現，同時也能讓我們一窺它更寬廣的意義。

在海王星特有的痛苦形式底端，存在著一些仍停留在嬰兒狀態的感覺和幻想。在身體成長、心智發展的同時，有一種感情狀態殘留著融合的極樂，融合的對象就是博愛、全面呵護的父母天神。這種融合帶有情慾色彩，也很神祕。在嬰兒的世界裡，感官的次元和一體性的心靈體驗都具有主宰地位，因為置身這個存在階段，很難分辨身體和情感的差異。基於環境和體質的因素，當小孩長大成人時，既無法，也不願面對必要的心理分離，這種分離經驗可以搭起一座橋樑，將伊甸園的原型世界和關係與肉身具體化的人類世界連結起來。自我，也就是個人性格的核心並不會完全癒合，而海洋天神們的原型領域會偶爾或不斷地用一種極度破壞性的方式入侵日常生活。此時心中的伊甸園並沒有敞開大門，接受由一體性和意義滋養的人生，大門如果沒有完全敞開，個體性的核心就會被禁錮在天堂樂園的磚牆中。

當核心邊緣的性格日趨成熟時，這座祕密的內心伊甸園，還有其中的永生樹和永恆滋養的泉水，仍然會對這個人表面的自由選擇和行動發揮極大影響力。不過由於這是一種亂倫的結合，所以內心深處總有種罪惡感，當這個人面臨外界挑戰的威脅時，恐懼和憤怒就會透過一些症狀自我表態，這不僅是在試圖消滅環境中的威脅，同時也是在懲罰這種罪惡。早期的精神分析家將這股驅力稱為歇斯底里，而這也正是讓海王星狂亂失控的驅力。從占星學的角度，當一個強勢的海王星與出生盤裡的四交點或其他重點，例如太陽或月亮形成合相或主要相位時，便象徵想要長時間逗留在伊甸園的內在特質裡。這到底是「好」或「壞」，必須視此人是否能表現出生盤裡的其他部分。天堂的水既可以滋養超凡的創作天賦，也能提升對人類痛苦的敏銳度。並不是每一個擁有強勢海王星的人都是歇斯底里症者，除非我們把歇斯底里的定義延伸至所有以融合為目的的操縱性心理手段。每個人都有歇斯底里的一面，而這也是藝術和宗教的基礎，因為這兩者都是歇斯底里症候群的呈現。

布魯爾、佛洛伊德和《歇斯底里症研究》

一八八八年，佛洛伊德首次發現可以利用催眠的暗示，讓他的病人想起壓抑的回憶，釋放感情。他花了一點時間和夏考一起待在婦女救濟院，觀察這位大師如何對歇斯底里症者施展催眠術。他也曾造訪南錫學院，學習如何像法國醫師安布魯瓦茲—奧古斯特・萊伯特（Ambroise-Auguste Liébeault）及伯翰一樣，成功地運用暗示的技巧，但他卻避開了歇斯底里病理學的真實基礎。他的朋友布魯爾醫師是一位比他資深許多的維也納諮商師，曾經用非常新穎的方法治癒一位飽受歇斯底里所苦的女孩（雖然這也並非全新的方法，梅斯墨早在上一個世紀就發現這種方法了）。這種方法的根基在於，歇斯底里是源自於病人忘記的心理創傷。治療的過程就包括催眠病人，喚起創傷，隨之產生適當的情緒淨化。這種淨化就像梅斯墨的「危機」，雖然梅斯墨的病人都是透過強烈的身體釋放來進行淨化，而非口頭重述一個痛苦到無法容忍和遭受壓抑的童年事件。雖然佛洛伊德和布魯爾最後分道揚鑣，但佛洛伊德也因此發展出另一種理論和技巧系統，最後將其命名為「精神分析」。儘管海王星的意義顯然無法含括精神分析理論的完整結構，不過其中流動的、創造性的、操縱的、產生幻覺的特質，的確與占星主題有關，佛洛伊德和榮格之後將這些東西歸類為無意識。我們已經在神話的水域中一再地遇見它們。

一八九五年，佛洛伊德和布魯爾聯合發表了《歇斯底里症研究》。[1]我們不能低估它的重要性，因為這是史上第一次制定心理意識—無意識基本分歧的基礎理論，同時也歸納整理了「親和現象」（如今臨床上稱之為「移情」，日常生活中稱之為「投射」）。若占星師對於海王星的詮釋不限於「靈性的」方式，通常都會借力於榮格和他的海洋集體無意識概念。佛洛伊德早期的研究儘管沒有如此明顯的關聯性，但也是同樣的概念。這幫助我們了解一個人如何在過往和日常生活的事物中體驗這海洋般的國度。人們通常不認為佛洛伊德是「靈性的」作家。按照他自己的說法，他是無神論者，所以也常被占星圈拒之門外。他在政治圈比較受歡迎，因為他

1 Sigmund Freud and Joseph Breuer, *Studies on Hysteria* (London: Penguin, 1986)

對宗教的不信任，以及他對社會的願景，正如一個充滿敵對勢力、永無止盡的戰場，因此他的理論吸引了許多馬克思主義者。人們通常都會把靈性的名號歸於榮格，他顯然較像所謂「新世紀」的居民。不過對於佛洛伊德而言，「本我」令人驚嘆的創造才華也充滿了神聖奧祕。我們之前已經見識過，海王星的情慾面向就如神祕面向一樣明顯。根據本書最後一些個案資料，我們將會很明顯地看到，認識嬰兒與神話驅力的本質是很件重要的事，特別是針對深受典型海王星議題折磨的人。他們如果想要替自己的衝突找到任何創意性的解決方法，就必須對此有所認識。

佛洛伊德對於歇斯底里的研究是從假設開始，他以為就本質而言（或是說，基於占星學而言），歇斯底里者在情慾方面比其他人更為早熟。這些人因為這種基本的「易感性」，或是對於感官及情感刺激的開放性，與其他小孩相比，他們父母的關係會對他們造成更強烈、更深刻且更持久的影響。到了青春期時，當第一個性別區分的幻想出現時，所有童年時期的融合記憶，無論是真實的或想像的，都會帶著一股巨大的力量浮上檯面，並伴隨著相互呼應的強烈身體感受。如果有深層的傷害和羞辱包覆著童年未滿足的渴望，這些物質就會開始為操縱性的行動奠定基礎，之後就會變成「歇斯底里」。所有的肉體感官衝動及反應都會有非常強烈的感覺，因此任何身體獨立生活的需求，都會與強烈的羞恥感及厭惡感連結在一起。

這種情結包括以下特質：原始亂倫情慾需求的結合；因為這些需求帶來的早期羞辱和失

望；對於融合狀態的彌補幻想，該狀態遭到現實否定、濫用或太早被剝奪；必須太快離開伊甸園的強烈憤怒，結果換來了外在世界永遠的寂寞和剝奪。意識人格自然無法接受這種情結，因為其中充滿了獨立的、情慾的和侵略性的感覺和記憶。這是身體的「原罪」，每個人都會在無意識中將這歸咎於父母和接下來其他人的所有拒絕，並會透過羞恥和自我厭惡來壓抑它。在往後的人生中，有時是在青春期，有時是在成年以後，當這個人遇到一個能勾起愛意及情慾吸引力的人時，因為所有無法抗拒的原始力量觸動了這種情結，反應便會相當激烈，且顯然會演變成無法解決的衝突。渴望會與恐懼碰撞，情慾的需求會與侵略性衝突，這些都會導致人生病，若沒有透過生理症狀展現，就會出現古怪又無法控制的行為，這在無意識中都是想要透過把伴侶趕走或犧牲自己來破壞關係。

首先，佛洛伊德相信是一種實際的生理創傷，造成歇斯底里者的早期情慾需求被否定、濫用或扭曲。他以為之後的歇斯底里症狀都象徵性地與這最初的傷害有關：

（創傷和症狀）之間的連結並不簡單。這僅存在於突發原因及病態現象之間，我們也許可以稱之為「象徵性的」關係——這是健康的人會在夢中形成的關係。舉個例子，心理的痛苦可能會伴隨著神經痛，道德的厭惡感可能會伴隨著嘔吐。我們已經研究過許多病人，發現他們會充分利用這種象徵來表現。2

佛洛伊德一開始推測這種情結包含了一個明確事件的記憶，就像父母的性虐待，或是一次特別受屈辱的拒絕。

決定歇斯底里現象的記憶會持續很長一段時間，帶有驚人的新鮮感，以及所有感情的渲染……病人無法自由支配這些記憶。相反地，當病人處於正常的生理狀態時，這些經驗完全不存在於病人的記憶中。著名經典病例中會有非常明顯的意識分裂，以「雙重意識」的形式呈現，就像每個歇斯底里者都會擁有的基本頭銜……這也會傾向形成某種分裂，並帶出異常的意識狀態（我們會將此全都歸類於「類催眠」（hypnoid）的說法），而這也是精神官能症的基本現象。3

最終，佛洛伊德明確地解釋了這些被遺忘事物的本質，也就是這種情結的核心。

目前為止，性是病態表現中最重要也最具成效的因素。4

強調成人心理問題中帶有嬰兒時期的性源頭，外行人一聽，馬上就會聯想到佛洛伊德的理論。然而很多人覺得被冒犯了，因為許多較細微的感受和渴求，竟被縮減成一個如此原始的等號。這種批評是海王星本質中特有的一面，人們會習慣性地避免與身體領域及本能慾望正面對質。此外，人們常太照字面解釋佛洛伊德的「性」，將其描述成一種成人的淫慾。正如榮格最出名的說法，陰莖只是陽具的象徵，而交媾只是情慾經驗眾多的面向之一。基於非常明確的因素，我會使用「情慾」而非「性慾」。當我們在討論海王星時，不是在討論生理的性活動，這部分在占星學中可能與火星或金星有關。海王星的情慾也不等同於柏拉圖式的熱情。熱情的經驗反映出一種意識，跟積極渴望另一個人的經驗完全不同。正如我們所見，海王星的渴望無法辨識出與他者的差異性。這裡沒有「我」或「非我」，只有包含兩者的一體性。嬰兒不會向母親的乳房獻殷勤，而是以為乳房就在那裡，只是嬰兒本身的延伸。「情慾」這個字來自天神厄洛斯（Eros），但厄洛斯不是通姦的天神，他是宇宙中偉大連結與結合力量的具體化身，這位天神比較接近梅斯墨的「宇宙流體」，而非只是肉慾和做愛。

2 Sigmund Freud and Joseph Breuer, *Studies on Hysteria*, p.55. 括號內文字來自作者詮釋。

3 *Studies on Hysteria*, pp. 60-62

4 *Studies on Hysteria*, p.328.

海王星追求的不是交媾，而是消融。然而這種自我與本源的融合，不只是脫離肉體的狀態，而是深刻且全然訴諸感官的行為，儘管此處注重的是一體的包容性，而非兩者的相遇和交媾。星盤中，最能充分展現歇斯底里症者天生的早熟情慾為海王星，而非火星、金星或冥王星。就個人層面而言，這在嬰兒期會表現成無法抗拒地想要和父母形象的人物融合，但這並不代表每個嬰兒都有同樣的需求，帶有強烈天王星特質的嬰兒可能會躲避過多的情感和身體親密，而強烈土星特質的嬰兒可能會擁護象徵父母穩固存在的常規和儀式，同時維持個人的自理。但是海王星對一體性的需求，如能在童年時期或多或少得到愛的回應，父母處理心理分離的過程能溫和而非嚴厲，歇斯底里症候群就不會變成注定的命運。我們可以預見，這人會擁有非常活躍的想像生活，持續地需要親密的陪伴。這些特質絕對不是病態的，只是描述了特定的一種人，他們很有同理心，很容易產生共鳴，也很善變不定。海王星的情慾主義和情緒性不同於其他行星的表達，卻絲毫不減其效用或正當性。但很顯然地，一個嚴厲、操控、情緒和感官感受匱乏的早期環境，會從海王星綜合的本質中引出最災難性的結果。

最後佛洛伊德開始質疑自己的創傷理論，他設想如果可以先藉由催眠，再透過「自由聯想」（free association）的技巧，描繪出某人實際發生過的創傷，那麼他所認識的每個人幾乎都曾在童年時期遭受過性侵害，即使在維也納，這種推論也顯然過於荒謬。他接著探討想像層面的創傷，可能等同其字面上的強大作用力。他認為歇斯底里來自的「記憶」，漸漸變成象徵性的想像，而非實際的事件。這些想像也許會透過一個事件具體呈現，也可能反映出精神而非身體的事件，例如家族中未爆發的暴力暗潮。最終，佛洛伊德承認想像與具體事實擁有等質的影響力，甚至可能引發更有害的羞恥感和厭惡感，因為想像源於自己，無法怪罪他人。於是一個人會將無意識中對父母的亂倫情感，結合童年情慾天性裡「實現願望」的幻想，融合成一個從未發生過的「記憶」。

至今時下仍非常關心這些早期的性創傷的真偽，當媒體宣稱童年受到性侵害的案例不斷倍增時，人們的反應開始以異常恐怖的方式向兩極化的方向發展。有些社工人員、心理治療師和精神科醫師認為，所有聲稱的侵害經歷件件屬實，即使當事人是在事件發生後的四十年，才「突然」想起自己曾經遭受侵犯，且早已在其他生命領域裡發展出自欺欺人的傾向，彷彿這件事從未發生。其他人則認為，在往後人生中意外想起的侵害記憶則全然是幻想，只是病人想要取悅治療師黑暗的慾望，雖然是處於無意識層面，但這通常是蓄意地，想要傷害或毀掉一位父母，而父母犯下的罪惡不過是凡人常見的粗鈍罷了。對於那些宣稱遭受侵害的小孩，我們也抱持著兩極化的態度。要不是認為孩子們無恥地說謊，就是認為他們太年幼，根本不可能說謊，因而必須立即將他們帶離父母的侵害，脫離父母的監護。虐待兒童的事件時常發生，遠超過我們願意相信的數量，遠比只是「邪惡的」父母在快樂又調適良好的家庭中犯下惡行來得複雜。此外，最近輿論著眼的議題提供了某些人良好的利器，讓他們在有意無意中想要對一位家庭成員進行毀滅式的報復，只因為對方沒有給予他們認為值得的絕對奉獻。童年的侵害並不一定，甚至也不常造成歇斯底里人格疾病，更多時候是導致孩子的疑慮和自我詆毀，以及由一位父母那方獲得的背叛感受，這位父母常是孩子期待該理解他發生了什麼事，和該提供更好保護的對象。有時當我們翻閱報紙時，會發現輿論還是無法認同人性中海王星的複雜面向，即使佛洛伊德早在一個世紀前就已對此進行開創性的探索。

我們的確是在摩耶幻象的水域中泅泳，因為歇斯底里的整體現象漸漸浮現成發自內在的心理議題。這不能歸咎於任何的生理狀態，也並非明確地由單一的早期災難事件造成。這並非歇斯底里症者有意識地計算自己的行為模式，甚至也不是「假裝的」。這種痛苦真實無誤，雖然其本質深藏在微妙的水域裡。這是受苦者完整演出內在想像世界的戲碼，而就最深層面來看，這齣戲演的就是亞當和夏娃的故事。歇斯底里性格的人在每一次的特別演出中，都會跟著古老故事的腳本走，從原始一體的極樂到蛇的進場，從吃下禁果到被驅逐出伊甸園，還有在伊甸園牆外的肉體的羞恥及痛苦。我不至於斗膽地說每一種折磨人的疾病都起因於歇斯底里，但必須承認，我的確懷疑很多疾病都與歇斯底里有關。催眠狀態的詭異世界會透過絕妙的戲劇性方式向我們展現身體具有多麼強烈的暗示感應性，還能順從、精準地演出精神的衝突。我們的許多疾病都帶有操縱特質，無論是疾病的本質或發病的時間點，當生理因素永遠列入考量時，我們被伊甸園逐出的痛與怒也必須列入考量。

融合與分離

許多在佛洛伊德之後的精神分析寫作，都很關心個人身分意識形成的初期階段。英國精神分析家梅蘭妮．克萊恩（Melanie Klein）和英國兒童心理學家唐諾．溫尼考特（D. W. Winnicott）就特別關心這個主題，開始針對幼童進行系統性的研究。我們如果無法理解嬰兒努力探索自我存在的想像世界，就無法了解海王星，因為我們都曾是嬰兒，可以從這個基礎開始探索。海王星的困境通常都與某種未成形的事物有關，所以我們必須更仔細地觀察童年的發展階段，也許是周遭環境和孩子內心有某個部分「出錯」，才會破壞了海王星式渴望和其他性格因素的脆弱平衡。

溫尼考特是最容易理解的精神分析作家，就像他許多出版成書的演講，是針對一般的父母，而非只限於心理治療領域的同儕們。對占星師而言，他的許多構思都非常珍貴，他會和不熟悉精神分析術語的個案進行一對一的諮商，而非進行那種一週五天佛洛伊德派或克萊恩派的冗長分析。

嬰兒存在的地方是很古怪的，那裡沒有任何東西被區分成「非我的」，所以那裡根本就還沒出現一個「我」……這並不是說嬰兒將自己與母親融為一體，而是根本沒有母親，根本不知道自身之外的任何物體。不過連這種說法都是錯的，因為這裡根本還沒有自身，我們可以說，非常早期階段的嬰兒只具有可能性。5

我們可以把這個「古怪的地方」當成海王星的世界，也就是母親與嬰兒融合的伊甸園。溫尼考特也描述過童年的第一個階段：

對於嬰兒而言，最初的一體包括母親。如果一切都很順利，嬰兒就會開始理解母親和其他所有的東西，把這看成「非我的」，所以現在有「我的」和「非我的」……在嬰兒的自我建構中，只有在母親形象人物的行為夠好時，才可能開始「我是」的階段……所以就這個角度來看，母親一開始只是錯覺，嬰兒必須有能力否認錯覺，此時會渴望取代不舒服「我是」成分。在「我是」成分之中，失去了與原始成分的融入，但原始成分才是安全的。嬰兒的自我必須有母親的自我支持，才會變得很強壯，否則就會很衰弱。6

換句話說，嬰兒在一開始必須由母親提供足夠的伊甸園情境，才會願意離開海王星的水域，承接個體生命的負擔與喜悅。

溫尼考特強調母親在「『我是』成分」形成階段扮演的角色時，並沒有考慮每個人的天生模式，但這卻是占星師在檢視一張出生盤時必然會檢視的要素。無論海王星在出生盤中的位置為何，相位多麼困難，海王星型的人能否處理個人的性情，或是成為幼稚又無助的嬰兒性格，其中的差異大部分都取決於母親與孩子之間的連結。有狀況的海王星相位常會反映出周遭環境，特別是涉及代表母性的月亮和十宮，但出生盤終究還是會告訴我們，將如何回應和認知這個世界。我們的認知可能是真的，但卻是選擇性的，我們的回應帶有高度的個人色彩。自我發展是每個嬰兒都會經歷的過程，即使出生盤中有一個挑戰的海王星亦是如此，自此開始，每個嬰兒都會體驗到各類的痛苦。星盤中的配置無法告訴我們，這個嬰兒能否生存於伊甸園之外，它只能告訴我們將沿著什麼路線走，會帶有什麼樣的內在衝突和資源。這位「不夠好的母親」可能只是不幸又不情願地傳遞了延續數代的家族衝突。我們也可能會面對一些遺傳的生理和心理困擾，感覺就像宿命一樣，因為它們已經在家族的結構中運作了好長一段時間，終究無法避而不見。但是當一個人遭受嚴重傷害，同時又受到海王星負面強迫性的影響時，通常需要來自心理治療師或諮商師的幫助——至少是在一開始。這等於提供了一個「夠好的」容器幫助幼

5 D. W. Winnicott, *The Family and Individual Development* (London: Routledge & Chapman Hall, 1965), p.15.

6 D. W. Winnicott, *Home is Where We Start From* (London: Penguin, 1986), p.62.

稚又未成型的性格能在生命中找到立足點，換言之，就是找到一艘方舟。無論出生盤中的海王星有多麼棘手的議題，當事人都不必顯得無能為力，也不必陷入所謂的「業力」痛苦模式。雖然一個人不可能重新分配到一個全新、相位理想或不具影響力的海王星（也不應該抱持這種希望），但我們可以與一個「不夠好」的母親一起解決這個問題。

溫尼考特提出「夠好的母親」這個用詞，已經在治療圈內創造極大成效，足以舒緩人們心中一個隱含的標準，其中會要求母親達到不可能的完美。這位「夠好的母親」無論有任何缺點（可能會有相當多的缺點），都能提供她的孩子足夠的感情支持，足以發展出合理的、整合性的性格——無論是海王星型的性格，或是其他類型的性格。孩子出生時如果沒有受到強勢海王星的庇護，他或她的家族問題就可能反映在由其他行星象徵的感情面向。但若一個孩子特別有感應力，擁有天馬行空的想像力及屬於海王星的強烈情慾，而他或她的母親無法提供「夠好的」支持時，通常就會導致帶有海王星特質的問題。

> （「一個夠好的母親」的）主要特色就是願意、同時也能夠扮演母親角色，可以排除自我的興趣，把心力投注在嬰兒身上……有兩種母親的疾病會影響這件事。其中一種極端的情形，是母親本身的興趣太令人著迷而無法放棄……另一種極端的情形，是母親無論遇到什麼情形都會全神投入，嬰兒就變成她病態性的全神貫注。這位病態性全神專注的母親不僅可與嬰兒產生

時間過長的連結，也可能突然把專注力從嬰兒身上轉移到之前專注的事物上。正常的母親從對嬰兒的專注中恢復過來時，通常會提供某種形式的斷奶。第一類的生病母親無法讓自己的嬰兒斷奶，因為嬰兒根本就沒擁有過母親，所以斷奶沒有意義。另一類的生病母親則會無法斷奶，或是突然斷奶，不會考慮必須斷奶的嬰兒正在逐漸發展的需求。7

占星學中，我們可以在嬰兒的出生盤上看出一個「強迫性自我本位」的母親，這可能表現於月亮和土星、天王星或火星的強硬相位（包括合相）上，或是這些行星中有任何一個位於天頂或（和）十宮。海王星的小孩可能會覺得母親很冷漠、孤僻、野心勃勃、暴躁、易怒、不耐煩或長期地憤怒。這有時反映了一個真實的狀況，母親的確擁有力量、決心、野心和獨立的精神，但卻找不到勇氣或能力去展現這一面，勇敢承擔母親的角色。在這種情形下，母親可能會因為內心的不安全感，「犧牲」了自己的獨立慾望和野心。她對自由與權威的需求仍然停留在無意識中，而她的挫折常會被小孩解讀為排斥。有時小孩會覺得母親非常令人恐懼，非常矛盾，常是一天充滿了愛與情感，隔天又表現出憤怒與敵意。還有一些比較少見的情形，母親可

7 Winnicott, The Family and Individual Development, p. 25. 括號內文字來自作者詮釋。

能會犧牲家庭以活出自己的獨立天性，此時小孩就會覺得完全地受到忽略與漠視。我們永遠無法確定一個母親會做出多少令人責難的事，但可以認清的是，母親自身的需求與本性與她海王星小孩的需求和本性，基本上是無法相容的。任何的諮商師必須對案主的痛苦懷抱同理心，案主本身也必須對自己有同情心，但最終的目標不是痛責父母，而是要有能力在所有錯綜複雜的情形下處理自己的個體性。海王星的病態表現通常不會成為主要的問題，除非小孩的情感匱乏感有幾分真實性。但當這兩種因素合併在一起，意即隱隱或公然排斥孩子的母親，再加上小孩的敏感與依賴，就會引發強烈的反應，讓一個人抗拒離開天堂般的水域。

在小孩的出生盤上，過度「專注」的母親，也就是無法斷絕自己與小孩融合的母親，將表現於月亮與海王星或冥王星的強硬相位，或是月亮、海王星或冥王星位於天頂或（和）十宮。這有時可能反映了一個母親沒有完全發展出自己的性格，便會透過與子女的融合找到自己的意義，或是透過子女來活出自己。小孩也許覺得母親被生活折磨、壓抑和迫害，也可能感受到一種慢慢滲透的罪惡感，還有一種對母親的感情義務，覺得自己的界線長期受到侵犯，儘管很細微。任何想要形成獨立自我身分的嘗試，都會招致排斥和報復。不過再強調一次，我們永遠無法確定這位母親是否真的像她的小孩所認知的操縱及依賴，但小孩會認為母親的情感需求就是要求絕對的占有。面對這種困境的海王星小孩常常無法忍受背叛的寂寞，長大之後會因為害怕說「不」的後果，試圖安撫每一個人。有時兩種母親的形象會同時出現——像水一樣、未發展成型的母親，另加上抗拒又冷漠的母親——這在小孩的出生盤上，常擁有月亮與海王星、天王星的T型相位，或是月亮與海王星、土星的T型相位。這代表了母親有時過度地侵略，有時又突然對小孩失去興趣，也許海王星小孩需要比較漫長且溫和的斷奶期。出生盤中有這般強硬相位的小孩，可能會覺得母親很矛盾，因為他或她本身就情感矛盾。不過正如溫尼考特所說，一個「夠好的母親」知道小孩會有什麼感覺，會帶著足夠的敏感度來回應小孩波動的需求。

更仔細地檢視陷入海王星問題的母親角色，並非指控母親即是犯下所有海王星禍害的罪犯。許多人必須把眼光放得更遠，略過他們對於父母背景的保護性理想主義，務實地檢視父母已傳給小孩的疏忽和職責問題。每個人都帶有天生的習性，會用特有的方式回應無法避免的缺憾，但最終須由自己擔起責任去療癒與改變。所有人都必須處理心理與生理的遺傳，這是父母在我們之前就已面對的東西，也是我們痛苦和妨礙的來源。以同情及現實的角度來看，其實很少有父母真的會邪惡到想摧毀自己的孩子，反而比較常看到許多父母試圖表現慈愛又寬容，但只是沒有意識到一些衝突，才使孩子成為被勉強的接受者。英國心理治療家法蘭西絲・圖斯汀（Frances Tustin）曾在著作中探討心理失序的成年人的自閉症和自閉障礙，她用非常清楚且有幫助的方式來描述這個現象。雖然我們始終必須考量家族傳承的損害層面與海王星波譜中較為棘手的面向有關，而重要的是，我們必須把她說的話謹記在心。

我對這些（憂鬱的）母親有無比的憐憫……這種母親的憂鬱在臨床上通常不是一次住院治療可以解決的，這通常與生活中變化無常的事件有關，會在一個特別脆弱的時間點衝擊一位脆弱的母親。舉個例子，家庭搬家或是父親有許多時間不在家，或是母親住在國外，或可能是一樁混合的婚姻（種族上或宗教上，或是兩者皆有），或是一個情感上很重要的親戚去世了，或是有一些干涉的親戚，或是在小孩誕生時的重要紀念日。

這種母親的部分問題可能是覺得沒有來自父親的支持（這可能是重複她自己嬰兒或童年時的感受）。所以會緊抓著自己的孩子不放，彷彿孩子仍然是自己身體的一部分。她是如此地憂鬱又缺乏自信，但仍這麼做，好讓生活繼續。這可能發生在當小孩還在她的子宮內時，或是在小孩誕生後。她很懼怕這個「黑洞」，承認他與她的分離。

不過，由於某些令人困擾的事情發生，讓許多相對正常的母親變得憂鬱，但她們的孩子並沒有因而變得自閉。我相信是小孩天性的某些特質讓小孩容易罹患自閉症，所以對我而言，比較有效的方法是研究小孩失序的原因，而非專注在母親身上。我們可以提供小孩一些幫助，但是無法改變他（或她）嬰兒時期的母親。8

諸如歇斯底里症、上癮症，生活整體的無力感及扮演受害者等海王星式的問題，當事人如果沒有顧及或改善這些屬於早期童年所引起的問題，也許就會頑強地抵抗治療。這不代表當事人需要完整的精神分析，還有許多的治療方法。不同學派的執業者可能會激烈爭論彼此的理論或整體哲學，不過只要執業者正直且敏感，認真且同理個案的內在本質，其實有許多心理學觀點皆能替個案提供持續的幫助。光是精神層面的治療，可能無法治癒個案，雖然無法痊癒正是海王星的偏好。浮士德傳說中的惡魔梅菲斯特（Mephistopheles）只能從他進入的那扇門離開。在海王星的範例中，那扇門就是原始的親子連結。通常必須有一些治療性的結盟（無論叫什麼名字），當事人才能面對孤獨、空虛和毀滅的恐懼，相較之下，遺忘的水域則顯得迷人多了。無論父母多麼「應受譴責」，最終還是得靠當事人自己去面對融合與分離的議題。個人內在特質中的神祕成分，可供我們在一開始時判斷此人是否會成為海王星病態面向的受害者，關於這點，星盤能提供許多實用的見解。另一個勢均力敵的神祕成分則是個人的選擇，這將決定一個人是否繼續停留在這個狀態。

> 嬰兒必須要有一個夠好的母親，才可能開始個人和現實發展的過程。如果一個母親不夠好，這個嬰兒就變成收藏侵犯的個體，無法形成真正的自我……[9]

8 Frances Tustin, *Autistic Barriers in Neurotic Patients* (London: Karnac Books, 1986), pp. 61-62.

9 Winnicott, *The Family and Individual Development*, p. 17.

這個還沒有發展完全的自我，因為在情感上還沒有「斷奶」，長大成人後仍然會渴望一開始並不存在的母親——一個具包容性的安全之地，最早期的自我可以在此萌芽。無論這種人發展出任何符合星盤配置的習性，永遠都無法切斷重返伊甸園的海王星渴望。我們已經在天堂的神話中看到誕生前與誕生後的存在，這在人類的想像中也是相同的情形。渴望與象徵美好萬能母親的「原始物體」融合，可能會被體驗成對死亡的渴望。海王星的死亡願望並不激烈，這是一種緩慢的感官經驗，讓生命透過精神疾病、藥物和酒精悄悄地消融。

（生命）開始的本質就是孤獨……在這種孤獨之前是一種無生氣的狀態，而死亡的願望通常都只是一種偽裝，其實是渴望自己根本沒有活著。第一次甦醒的經驗會讓人們以為可以透過極端的退化，平靜地達到一種無生氣的和平狀態。一般人對死亡大部分的想法和感受，其實都是在描述活著之前的第一個階段。**10**

海王星的性格會讓人非常強烈地追尋無生氣的狀態，這不只是一種與母親替代者融合的經驗，或是自我超越的狂喜，這是一種身體出現之前的階段，沒有衝突也沒有本能的飢渴。這種不惜以肉體生命力為代價，強迫性地追求靈性，在本質上和那些公開的求死意願並無不同，像是毒癮、酗酒或是歇斯底里的退化性情緒。這所有的表現都是在抗拒孤獨和自性的自理，這些東西阻礙了我們重返伊甸樂園。

> 會有一個階段，小孩變成了一個單位，變得能夠感受到「我是」，同時有個內在自我可以駕馭自己的本能風暴繼續前進，也能控制內在心靈現實中出現的緊張和壓力。這個小孩已經能表現抑鬱了，這是情感成長的一種成就。[11]

受海王星強迫性影響的人有個奇怪的特徵，就是他們從未表現出「真正的」憂鬱，這指的是接受自我的黑暗、下流、猶豫和隔離。海王星性格的人非常欠缺克制焦慮的能力，當他們面對衝突時可能顯得驚慌，盲目地發洩情感，習慣性地依賴別人的拯救。海王星也會現身在言談中，這些人在面對帶有強烈情感需求的挑戰時，會不斷地宣稱「我救不了它！」他們幾乎允許任何的情感經驗，唯一不允許的就是在面對混亂時，維持自己內心的堅持和陰鬱。有些人可能將自己提升至宇宙的國度，有些人則是淪陷到身心瓦解之界。他們可能讓自己投入父母、小

---

10 Winnicott, *Human Nature* (London: Free Association Books, 1998), p. 132. 括號內文字來自作者詮釋。

11 Winnicott, *Home is Where We Start From*, p. 172.

孩、愛人、伴侶、心靈導師或意識形態的懷抱裡，卻也可能一直努力避開冷酷的土星疆域，因為在那裡需要面對現實，包括面對自己的現實。海王星也許會透過排山倒海的罪惡感和自我厭惡，還有某種悲劇性的憂鬱性格，認為生命不過是眼淚匯聚的溪谷，藉此來模仿真正的抑鬱，這有時也會成為自尋痛苦的恐怖傾向。這種人很少將形成「我」的核心的土星物質當成一艘可能的方舟，駕舟在水上航行前進。因為一個人有沒有學會信任並尊敬自己，全憑他或她是否找到了自我滿足的能力，所以外人通常很難同情海王星的痛苦，儘管這痛苦無疑是真實的。在演出者如水般的表現中的確存有某種物質，而其中通常缺乏土星淬煉後的續航力和可靠性。

追求痛苦

海王星的痛苦既是自我加諸，也是操縱性的。無論我們認為這種痛苦是源自亂倫幻想的深沉罪惡感，或是想要透過源自痛苦的謙卑讓自己得以與神性融合的渴望，海王星人常會毫不遮掩地愛上自己的不幸。正如莎士比亞在《奧賽羅》（*Othello*）宣示：

> 你害我的力量還不如我挺身受害力量的一半
> 我注定遭受傷害

這種歇斯底里的性格可能會無意識地利用痛苦進行操縱，希望能吸引他人的同情與保護，同時也能卸下自我懲罰的內在責任。我們最常用受虐癖來形容這種行為，受虐的行為無論是在性的領域，或是整體的心理生活模式內，全都歸屬海王星國度管轄。這種行為的核心存在於一種熟悉的原型內，其中包含了羞恥感、需要透過受苦贖罪、侵略性的間接表達，以及對救贖的強烈渴望。我們也許會將受虐癖視為病態，但也可以把這看成個人實現一種更深層、雖然是無意識的需求，意圖藉此體驗人性狀態的痛苦。當我們在認識海王星時，這兩種觀點都非常珍貴。

臨床上針對受虐癖的關注，源自於早期的精神分析。在前幾世紀，普遍不會認為這是一種病態，因為這深埋於基督教的性格中。

> 在科學將受虐癖視為一種疾病之前，宗教把它視為一種治療。中世紀的教堂會把全體牧師懺悔的聖典視為「靈魂的治療」。基督教早期懺悔式的語言就是醫療的語言……懺悔是一種「彌補」和罪惡的藥方。[12]

12 Lyn Cowan, Masochism: *A Jungian View* (Dallas: Spring Publications, 1982), p. 19.

倘若把受虐癖單純視為病理，就顯得過於偏頗、過於簡單的看待這複雜萬分的議題。當面對這議題的複雜性時，特別容易遇到障礙，因為這將無可避免的與受苦的想法糾結在一起，而視受苦為更接近上帝的途徑，是整個西方宗教史中相當重視的概念。不過，一旦無法打破自身的身心痛苦迴圈，而尋求占星師或心理治療師的協助時，我們就會將其完全稱之為病理。因為當事人正是以疾病的方式在體驗痛苦，之後即能與精神分析的架構相互呼應。

受虐癖這個字源自於十九世紀末奧地利作家李奧波德・范・薩克－馬索克（Leopold von Sacher-Masoch），他曾經發表幾本帶有自傳色彩的小說，在德國和奧地利惡名昭彰，因為他以華麗的文字描繪了甘願臣服為奴隸、性羞辱、殘忍，以及侵犯身心等主題。儘管奧地利精神病學家理察・克拉夫特－埃賓（Richard Frafft-Ebing）創造了受虐癖一詞以指示非常明確的性行為形式，但這在精神分析學派中的定義較廣，包含了以下描述的「道德受虐癖」行為。

> 道德受虐癖……也許最好被定義為一種終身的無意識模式，會在不同的功能領域中安排困難或失敗。這就是我們社會中的「輸家」，這個人需要被不必要地拖累，甚至失敗。觀察者很難看到這種隱藏的性滿足，這是一種公然的變態，甚至連病人本身都沒有感受到這一點。13

透過精神分析的鏡片來看，這就是海王星犧牲的特有主題。這有時（但並非總是）會隱藏與性之間的關聯性，但會明顯表現出懲罰的需求。道德受虐者會在權威者或命運的手中追求痛苦、屈服或羞辱，藉此來殘酷地滿足自己初萌的亂倫渴望。無論我們在自己身上體驗到這股強迫的渴望，或是在別人身上看到這股渴望，都十分令人不安，其中參雜了愉悅、折磨、自憐、故意的無助、無能和壓抑的憤怒，都讓人難以承受、面對或擺脫。

佛洛伊德針對受虐癖的主要著作包括在一九〇五年發表的《性學三論》（*Three Essays on Sexuality*），還有一九二四年發表的《受虐癖的經濟問題》（*The Economic Problem of Masochism*）。他早期的想法論述非常累贅難讀，一開始假設這是逆轉的侵略或殘酷本性，之後又發展出另一種概念，認為這是天生的自我破壞本能，本來就藏在無意識中的享樂本能背後。佛洛伊德把受虐癖視為一種執念，一種發展的遏制，在某個時間點會有刺激與情慾的興奮，混合著痛苦、臣服與羞辱。受虐癖可以被定義為痛苦中的愉悅，佛洛伊德最後總結認為，這種愉悅與痛苦的融合，皆源自於亂倫慾望引發的可怕罪惡感及焦慮感，所以任何愉悅成就的經驗，都會伴隨著自我懲罰的自動需求。這是在罪惡發生同時的立即補償，較上帝和父母的報復先發

13 Stuart S. Asch, "The Analytic Concepts of Masochism: A Reevaluation," in Robert A. Glick and Donald I. Meyers, eds., *Masochism: Current Psychological Perspectives* (Hillsdale, NJ: The Analytic Press, 1988), p. 100.

制人，同時又能享受禁果。這種立即補償的需求不單只會出現在性的領域而已，人們早已踰越了原始的亂倫禁忌。這可能會吸引來生命中的任何事物，該事物已經成為慾望的目標，像是一個人、一種事業的抱負，或是一種自尊與自信的內在經驗。這種源於罪惡的受虐癖會帶來強迫性的補償，導致我們破壞關係，也導致個人的物質不足、破壞工作面試、破壞個人的創意計畫、強化所有自我毀滅和自我詆毀的行為。這會讓我們愛上那些拒絕、侵犯和羞辱自己的人，或是那些有操縱需求的人，讓我們的生活變成挫敗的地獄。我們可以從海王星在星盤上的宮位，看出這種行徑會特別清楚呈現在哪一個生命領域之中。

佛洛伊德之後的精神分析作家熱切討論並詳細敘述他的原始推論。美國心理學家威廉・賴克（Wilhelm Reich）對於受虐行為中的侵略成分很感興趣，他相信受虐性格的人會利用他們自行施加的痛苦，來防禦自己憤怒所導致的結果。這個假設反映在別人因自我犧牲的行為引起的憤怒中，但也預期可以換來別人的憐憫，受虐者即使沒有其他的感受，甚至沒有認出這些感受，他們的被動通常都掩飾了更多的仇恨。以臨床的術語來說，受虐行為中隱藏的侵略性，只是反映了世界末日審判日的幻想，到時專橫邪惡的統治者會被懲罰，會被推翻，而受苦的正直者可以繼承獲得大地。賴克認為，潛伏的受虐癖者可能在童年時遭遇過度的挫折或傷害，但是父母的難以駕馭，再加上受虐癖者本身的被動和對分離的恐懼，都會養成深層的防禦機制，並以此對抗發洩性的侵略。賴克曾經非常清楚地描述火星與海王星不一致的情緒基調，常反映在這兩顆行星互成強硬相位，和這兩顆行星分別守護的星座上。如果碰到「不夠好」的父母養育，這種內在衝突便會導致更多問題。我們再一次面對了應付環境的天性所導致的化學反應。在自我犧牲的行為中有如此明顯的被動式的侵略，但是無論是在治療的過程，或是對於一個占星案主而言，都很難對抗這種侵略，因為在對抗的當下，當事人一定會試圖引起迫害者的罪惡感，這通常會發揮出色的效用，因為他們也觸碰到了其他人的海王星按鈕。

德國心理學家凱倫．霍尼（Karen Horney）知道受虐癖者必須建立「痛苦的策略價值」，才能對抗虛弱和無意義的感受，還有對於愛和肯定的過度需求。受虐癖者在面對一個抗拒或挫折的世界時，會背負著無法忍受的無能感，他會讓自己陷入戴奧尼索斯縱慾的折磨中，因為這是自己導致的結果，所以他還會添加權力與選擇的幻覺。痛苦或重複失敗帶來的狂喜最後會變成一種防禦手段，用來抵抗完全無力的感受，因為這個人的痛苦顯然都是由自己控制的。這時常會被高貴地稱為「自我犧牲」，聽起來很荒謬地悖於常理，但是在這種瘋狂中，其實有一種海王星的手段。我們可以在霍尼對受虐癖的描述中清楚地看到，自我犧牲的人會特別抗拒任何真實的援助，打敗精神分析師甚至是占星師的貢獻是很重要的事，因為唯有如此，受虐癖者才能保留幻覺，認為自己強大到可以抗拒別人。大部分從事協助工作的人一開始都會遇到這種抗拒，在面對這樣的個案時，接受過分析訓練的精神分析師會把自己的無助視為一種反移情（個案試圖要讓治療師感受到自己試圖避免的無力感）。但是許多占星師不熟悉心理學的方法，就會覺得耗盡心力、挫折、受到傷害，時間一點一滴過去，不斷遇到重複的情境，最後就會嚴重喪失自信。受虐癖者會藉由讓別人覺得罪惡或無能，假裝自己無所不能，這也是一種手段，透過自我傷害的過程來獲得控制，而其受傷的程度遠勝過於其他人能帶來的傷害。

> 受虐癖的本質就是痛苦與愉悅之間的親密連結……這是尋找或追求身體或心靈的疼痛、不適或羞辱，而此時的不愉悅都變成了滿足或愉悅的。不過無論是尋找或追求，或是兩者皆有，都是無意識的行為。事實的確如此，受虐癖者時常沒有覺察到自己的動力和滿足，他們只知道自己體驗到的痛苦是來自外在，是命運或別人造成的，而別人因為他們的痛苦受到指責時，都會非常憤怒。有時很顯然地，受害者的聲音會帶有明顯的喜悅，或是眼神閃閃發光，當他們在承認另一次的失敗或羞辱時，就彷彿在最後一刻奪得勝利。**14**

這的確是一種病態，儘管我們對於這種行為模式反映出的內在痛苦，由衷地深感同情，但實在很難把這種毀滅人生的強迫性，理想化成「無私」或「淨化」。它們很狡猾、操縱，儘管明顯帶有人性，卻無疑很骯髒。海王星特有的態度帶有強烈卻無法接受的驅力和慾望，當我們看透態度的掩飾後，就等於進入了嬰兒的國度。我們在此期盼，占星諮商師能鼓勵被自我犧牲所控制的人探索這些行為背後更深層的意義，讓他們用更直接、更有創意的方法來面對他人，面對人生。當告訴這類個案，他或她的犧牲是「業力」必然的結果，並不會有特別地幫助。這些到底是不是另一種的必然性，必須深入更細微的層次探討，但唯有誠實面對，才能看到真相。

如果從精神分析的角度來看，受虐癖一點也不浪漫，這或許是為何有那麼多的占星師不願意以受虐癖這論點視為海王星的原型、靈性層面或預測面向的一個重要補充。海倫·邁耶爾斯（Helen Meyers）對於受虐癖的精確描述，並不是占星著作中常見的海王星解釋，但根據我的分析，還有我對海王星人的占星經驗，事情應該如此。

> 受虐癖的疼痛與痛苦都是為了禁忌的、無法接受的戀母慾望及侵犯付出代價，避免被報復、傷害和拋棄的危險……當受虐癖者激起並邀請別人的傷害和憤怒，且試圖用自己的痛苦玩弄他們的罪惡感時，就等於對外演出侵犯。[15]

難道所有的犧牲最後必然只能歸納出這種最不吸引人的核心嗎？我不是暗示所有的犧牲都

---

14 Helen Meyers, "A Consideration of Treatment Techniques in Relation to the Functions of Masochism," in Glick and Meyers, eds., *Masochism: Current Psychological Perspectives*, p. 178.

15 "A Consideration of Treatment Techniques in Relation to the Functions of Masochism," p. 179.

是如此。也許是因為佛洛伊德的星盤中缺少太陽和海王星的強勢相位，讓精神分析的觀點並不關心救贖，所以能誠實地面對人類。與此同時，精神分析的雄偉架構就像其他的心理學理論一樣，可能會變成一些海王星型執業者的某種救贖，他們會遵守這些信條，彷彿是天神的啟示。因此，致力於佛洛伊德派的學者也無法辨識純然天性之外的人性表達領域。嬰兒情慾感受的本身，可能是在表達某種更深層、更普遍性的意義。戀母情結的衝突也許是、也可能不是受虐癖行為模式的基礎，但海王星關切的重點在於提出這個問題並非壞事。海王星的受虐癖中還有許多更有意義的面向，這通常會與個人的家族史交織在一起，但並非必然。假設一個人所有自發性的慷慨和利他行為都是祕密慾望的昇華，那就太荒謬了，這裡指的是因為戀母情結罪惡感追求痛苦的慾望。然而受虐癖性格中複雜的童年模式，常與海王星較崇高的抱負混合，十分難以鬆綁。想要療癒人類痛苦的渴望，可能就等於療癒母親的痛苦，還有自己嬰兒期痛苦的渴望。

> 這裡有個共同的背景……性虐待其實是一個人與相對不存在、抑鬱的母親的關係。她有時會不恰當地、過度地誘惑，但大多數時間都是沒有反應的，沒有共鳴的……這種母親怨恨養育小孩的負擔。她們希望自己才是被照顧的人，她們嫉妒小孩在生命中擁有新的機會、自主、能力、力量、青春、吸引力……在嚴重匱乏的服務中，自主不會受到尊重，只會被毀滅。[16]

無論在童年或成年時期，海王星人能敏感地感受到別人的痛苦，別人的痛苦會在他們的心中如實演出。童年時期，小孩也許無法客觀地理解痛苦，即使是一個成熟又具洞察力的成年人也很難有充分的疏離經驗來認識痛苦。一個小嬰兒不可能看著他或她憂鬱又幻滅的母親，就能得出結論：「嗯，她把自己照顧得很糟糕，我想要的支持和包容，她也想要，所以她當然會要求我能療癒她的痛苦和寂寞，而不是回應我的痛苦和寂寞。」透過小孩的眼睛看來，整個世界都充滿痛苦，因為母親就是生命之初的世界。這裡沒有任何的治療方法可以用來放棄一個人的感情需求，放棄感情需求只是為了達到周遭安全的假象。因為這位幼小的海王星人憑直覺就知道那些未說出口的暗示，就像好演員憑直覺就知道觀眾喜好的轉變一般，所以，需求過度的母親造成的痛苦，常是這個具有情感天賦的小孩承受最多。這個訊息很清楚：不能與我分離，因為沒有你，我就一無所有，也一無是處。只有你能拯救我的悲慘和寂寞。哪一個易感的小孩能抗拒這種請求？海王星的小孩當然辦不到，與母親同為一體，也代表與她的痛苦融為一體。「道德受虐癖」者內心有一種比較深層的面向，就是不敢快樂，因為這意味著拋下母親與小孩的原始結合，而其基礎就是共享犧牲和失望。用個人生命達成的任何事情，都是一種分離的行

16 Stanley J. Coen, "Sadomasochistic Excitement," in Glick and Meyers, eds., *Masochism: Current Psychological Perspectives*, pp. 45-46.

為，而要與一種從未擁有的東西分離，是非常困難的事。

因此，海王星小孩可能會承擔拯救母親的繁重任務，這可能會變成成年階段的一個議題，因為當一個人認同受害者與救贖者的模式，就會想要「拯救」不健全或生病的父母。他們可能會因為覺得被迫拯救一個受苦，但背地裡其實只是幼稚的母親，才會投入一些助人工作，儘管這工作與自己性情不合，或已因為工作過重、挫折或嚴厲的官僚制度而失去了它的精神。這是海王星療癒慾望中較為黑暗的面向，通常反映在一個母親會把救贖者的衣缽傳給自己的孩子承擔。我們一點也不意外在助人的行業中看到許多海王星人，他們自己常常筋疲力竭，疾病纏身，有一堆身體與心理問題，疆界感很薄弱，對於給予自己的收入和時間也要求過少。療癒者和無助又依賴的病人之間界線模糊，一如無助又依賴的病人和無助又依賴的母親之間，也沒有清楚界線。

我們必須更仔細地探討經常附加在這種「犧牲的人生」上的靈性名號，因為有祈禱書的地方，就有嬰兒車存在。無論是用傳統的宗教語言或社會學用語，利他主義和幼稚病的結合常會以複雜的方式運作，在這過程中，當事人會認同受害者與救贖者的原型模式。我們需要相當的勇氣，才能用更深層的觀點看待自我犧牲，畢竟社會大眾一般都會把自我犧牲視為高貴的行徑。史都特．亞希（Stuart Asch）認為在過去幾百年來，教堂已經透過世間斷捨和受苦的教條形式確立了自我犧牲，藉此換得未來的報答，因此如果有教徒經歷足夠的不幸，教堂就會設法讓他減輕罪惡感，同時產生一種自戀的喜悅。17

在此面對的問題就是要區分以下兩者：一種是能隨時認同別人痛苦的同情，以想要療癒或安慰的慾望回應對方，甚至不惜犧牲自己；一種則是受虐癖，這會要求絕對的回應，同時要排除任何的個人成就或喜悅。我們會發現一種非常微妙的平衡，而這也是非常私人的事，這裡沒有所謂「正常」的指導方針，但如果不去探索自我犧牲中的受虐面向，就不可能找到任何平衡。同樣地，鎖鏈和皮鞭的性受虐流派雖然一般都不被社會大眾視為「靈性的」派系，但也許在更深的層次上，這反映了林恩．考恩（Lyn Cowan）所稱的「宗教對性的態度」，也就是努力在這種最世俗的生命表現中一窺神性水域的超個人世界。這也許會反映在努力補償性行為中固有的身體侵犯和自戀，將這視為「神聖的」行為，就能更接近上帝。

受苦的狂喜是中世紀基督教中常見的主題，其中最清楚的例子就是鞭笞派（Flagellants），他們的懺悔意指一種怪誕的肉體懲罰。對於他們而言，這種痛苦是如此地精緻敏銳，可以被轉

17 Asch, "The Analytic Concepts of Masochism," in Glick and Meyers, eds., *Masochism: Current Psychological Perspectives*, p. 113.

化成強烈的情慾樂趣。關於這種痛苦與樂趣的融合，可以在電影《勞頓的惡魔》（*The Devils of Loudon*）中到看最出色、但也最恐怖的呈現，而這也是我們至今所見最棒的虛構描述，讓我們看到靈性與情慾之間的界線、自我犧牲和受虐癖之間的界線有多麼模糊。

鞭笞派「把他們的懺悔視為集體『模仿基督』（imitation Christi），這擁有一種獨特、末世論的價值。」普羅大眾也認為他們在表演一種集體的懺悔行為，這也許能加速這個世界朝基督的千禧年統治邁進。18

這種痛苦的宗教狂喜通常與千禧年的憧憬有關，受苦者會有意識或無意識地等待審判日的到來，邪惡的人會受到懲罰，無罪的人會被賦予統治世界的力量。對於許多現代的海王星受害者而言，審判日可能沒有這麼明顯的靈性意涵，這可能是離婚律師有一天設法從犯錯的丈夫那裡拿走最後一分財產和收入，或是裁掉自己的公司導致破產。我們常在許多由海王星主宰的人身上，在他們殉教般的行為中，看到迫切期待末日來臨的狀態。我們常會看到他們為一些遙遠又不明確的日子，儲存一些靈性的積分，到時所有的犧牲都會被算上一筆，都會被兌現。我們可以在這種精神中，看到一個毀滅性的母親在她的孩子身上慢慢灌輸情感債務，她隨時可以討債，甚至在死後也能。這種深刻無意識卻威力極大的模式，可能藏在驅策的特質背後，這也是認同救贖者角色的人的一個特徵。他們必須用糟透的急促步調一次拯救全世界，彷彿有個母親在背後等著替自己的犧牲領取報償，而且還越來越缺乏耐心。

但因為我們都是凡人，都存活在肉體裡，我們真的被一體的靈性經驗拒於門外——除了轉瞬之間的體驗。從這種觀點來看，我們因為個人的貪心和自我中心感到罪惡，的確是很合理的。宇宙之愛的伊甸園不只是我們最主要的強迫性自戀，也是我們的最高理想，可以將我們卑微自私的生命提升到極美至樂的領域。這裡的難題在於理想與平凡人類之間的差距，還有我們建橋連結差距的方式。愛與藝術是海王星兩種最具創造性的造橋管道，在這兩個領域中，我們如果抑制了其中一個，便不可能真正嘗到天堂樂園的瓊漿。不帶隱藏價格的免費付出，的確有些神聖意味，同樣地，那些為了在天堂中得分而加諸己身的痛苦，確實有些邪惡與腐敗。海王星是兩者俱全。

> 從殉教轉移到受虐癖，就像從罪惡轉移到羞恥……罪惡始於法律，而恥辱始於體現了一個比你偉大的自我。我們可以用對與錯、犯罪與懲罰、有罪及矯正的角度來運用罪惡的字彙……

18 Cowan, *Masochism: A Jungian View* (Dallas: Spring Publications, 1982), p. 22.

羞恥屬於靈魂的次元，意味著不存在解藥、永恆的欠缺與無法矯正……這是一種永存的欠缺、不足及不恰當，無法透過任何自我的活動做對或糾正……罪惡屬於道德和法律類，羞恥則屬於靈魂的宗教經驗。19

海王星心理學中常見的羞恥感，等於深刻地承認人類的缺點和不妥，這通常與謙卑，而非羞辱有關，謙卑才可能出現同情，還有人類情誼的感受。自我羞辱是海王星較為黑暗且幼稚的一面，常會偽裝成謙卑，但最後卻經常導致別人受到侮辱，這正意味著溫和的海王星較為虐待性的無意識幻想。

理想自我

一九一四年，佛洛伊德引進了「理想自我」（ego ideal）的概念，這是精神分析理論中最基本的面向，同時也是海王星渴望最佳的臨床定義。在某些占星學教科書裡，海王星等於集體無意識，因此也被賦予了全球超個人的能力。但很重要的一點是，我們必須謹記在占星的符號學中，所有的行星都代表了基本的心理慾望，儘管所有人對行星的體驗都有某種共同或原型的模式，但是行星會在人類的範疇內表現出特別的人性方向和需求，內行星和外行星都是如此。雖然天王星、海王星和冥王星帶有超個人的特質，因為它們反映出人類靈魂中較為集體的層面，與各種世代和社會運動有關，不過它們仍然在個人的星盤中運作，造就了個人性格的複雜。故若將海王星等同於集體無意識，就會錯過重點，因為所有的行星都代表了某種原型，因此都會包含某種偽裝的集體無意識。海王星象徵渴望和偏好一種特別原始、「來世」類型的情感和想像經驗，這個領域非常明確，會透過短暫和厭世的感覺，還有救贖和消融的意象展現。它包含了一種世界觀，全然和其他行星一樣具備原型象徵。

這種理想自我的概念一開始由佛洛伊德提出，後來由法國心理學家潔妮・柴斯古特－史莫喬爾（Janine Chasseguet-Smirgel）發展，協助我們將海王星想成每個人內心中一股特別的驅力——儘管這是集體的驅力，已經表現在歷史上許多的社會和宗教運動上。

> 一個人無法放棄他曾經體驗過的滿足，就是「不願意放棄童年自戀的完美」，也想「追求重新找到新的理想自我形式，而這是他早期無法保留的完美。他在自己眼前投射的一切，其實是替代了自己童年遺失的自戀，而當時的他就是自己的理想。」[20]

19 *Masochism: A Jungian View*, p. 80.

20 Janine Chasseguet-Smirgel, *The Ego Ideal* (London: Free Association Books, 1985), p. 11.

在童年「遺失的自戀」中，嬰兒就是自己的理想，這也是用另一種方式描述了母親與嬰兒的融合狀態，嬰兒會將母親賦予生命的全能力量視為自己的一部分。這就是納木和蒂雅瑪如海洋般的子宮，其中所有的生命都永恆不死。這也是伊甸園，其中亞當和夏娃與上帝同為一體，因此也分享了上帝的權力及永生。這個原始國度的神話意象，用大量華麗的辭藻形容遺失的完美有多麼誘人。受到海王星強烈影響的人，就是從未放棄融合原始狀態的人，佛洛伊德認為沒有人真正徹底地放棄了它，而占星學肯定了他的診斷，每個人的海王星都藏在出生盤的某個地方。然而有許多人會充分努力地達成理想自我，所以個人現實與失去全能之間的差距，並沒有導致這種折磨。人們朝理想邁進的抱負，可以用非常有益和創造性的方式呈現。

賺錢（或鄙視金錢）、擁有一棟豪宅（或是吹噓波希米亞的生活方式）、裝扮得很有趣或很有創意、養育漂亮的小孩、信仰一種宗教、喝酒、信奉一種特別的意識形態、愛與被愛、寫一本有智慧的書、創造一個藝術品……，每一種都代表了試圖用不同的方式縮小自我和理想之間的差距。不過最真切的是，人們除了在自己身上找到滿足，還會被某種深刻的事物激勵，某種更絕對、更永恆的事物，可以超越不斷變化的內容，超越各種短暫的形式，讓他或她為自己基本的慾望，再次找回遺失的完美。這些嘗試就像通往死亡路上的中途休息站，卻能在人生中鼓舞人心。21

追求與理想自我的融合，好比在生命的每個面向中揭露了我們渴望某種難以形容、無法言喻的「事物」，藉此紓解寂寞，允諾永生。這可能是很美好的感受，看來只要能撥弄這條心弦，我們都很高興地買票進場看任何一場電影，即使只是技巧上有點關聯性。海王星憂傷的浪漫主義讓我們愛上了蕭邦的小夜曲、史蒂芬史匹伯的《外星人》、路易斯（C.S. Lewis）的《納尼亞傳奇》，或是墨詮艾佛利製片公司的《消失的英國愛德華時代》。這些意象不僅豐富萬分（雖然也許和社會無關），同時也深刻地連結了人類，我們因為同樣的渴望動機創造出美麗的事物，讓我們能與已經失去的完美再次連結。

如果追求理想自我的過程是如此地挫折又充滿痛苦，而使一個人在意識中壓抑所有類似的渴望，那生命不過就是死亡的序曲。更糟糕的是，對這種人而言，所有能夠而且的確透過創造性方式追求理想的人，最後都會變他們羨慕和憎恨的目標。因為那是以某種理智態度面對人生的動力，那會粉碎所有非功能性的事物，將所有美的感受都化為灰燼。但矛盾的是，當一個人如此費力地抗拒這種理想時，出生盤上一定會出現居於主宰地位的海王星。[22] 這兩者的核心並無

21 *The Ego Ideal*, p. 8.

22 我們很適合從這個背景來看法蘭茲・屈蒙的出生盤，即是在第三章中提過的古代神祕教派那位前衛無懼的研究者。他對於神祕事物的幻想，包括它們的占星面向，讓他終其一生都迷戀不已。但是他不斷詆毀它們的世界觀，把其稱為「極端荒

差異，就如我們與敵人在私下常有許多共同點。但是這個人不會在意識層面上認同海王星的世界，反而會試著毀滅它，因為這種認同是無意識的，常會對自我構成很深的威脅。出生盤中海王星強勢的人，可能變成生命中無助的受害者，不斷受到世界迫害，要求他或她擁有不可能的堅強和自給自足。這個人也可能變成譏諷者、懷疑論者，充滿敵意消除所有非理性事物的人、詆毀浪漫幻想的人、愛辯證的物質主義者，將所有事物都簡約成機械式的功能。整體而言，這個人會因為「命運」刻意作對的介入，背後跟著一個具有明顯海王星特質的父母、伴侶、孩子或病人。

稍後的精神分析領域出現了某種認同馬克思主義的元素。馬克思主義占用了精神分析圈的某些領域，製造出一種古怪的宗教教條，卻偽裝成「科學的」心理和社會理論。也許是因為這種元素對海王星型的人並不具吸引力，他們才開始接受占星學和其他的祕傳學說，甚至覺得精神分析的架構十分羞辱人，根本就是毀滅靈魂。然而，我們也可以在諸如珍妮·柴斯古特－史莫喬爾等作家的寫作中很清楚地看到，認識並認同追求理想自我所伴隨的幼稚面向，不必然會貶抑我們想要繼續與早於「我」出現狀態結合的需求。我們將理想自我這個議題「單純地」解釋為個人的母親，實在有許多難以理解的地方。首先，理想是因人而異，即使有共同母親的兄弟姊妹也不會有相同的理想。這暗示著不只是一個天生的人格傾向，而是某種性格背後，更接近榮格「自性」概念的東西——這既是個體完整性的天生潛力，同時也是生命一體性的終極想望。

分析到底，每個生命都是在實現一種整體性，也就是一個自我，所以這種實現可被稱為「個體化」。所有的生命都必然與實現生命的個體傳遞者有關，如果沒有這些傳遞者，我們完全無法想像生命。但是每個傳遞者都有獨自的命運和目標，而實現這些東西就造就了生命的意義。**23**

個人的命運如果缺少了這種內在意涵，就根本沒什麼值得計較了。發現某種目標感是一件令人敬畏又美好的事，好比看到自己內在發生另一種轉化、重生的經驗。在精神分析的理想自我中，個人的命運感也許是最具創意性的表現，因為它就是我們努力奮鬥的原因。

謬」，把其歸類於一些模糊的「東方的」或「亞洲的」匯合，認為其最終將毀滅希臘—羅馬的社會架構。屈蒙無法忍受他摯愛的希臘—羅馬知識分子不是穿著官袍的真正的維多利亞英國人（或是比利時人），而這些人假設的現實基本上是神祕又直覺性的。讓我們簡單看一下他的出生盤，其中揭露了太陽與海王星的四分相，月亮與海王星的合相。（來源：*Internationals Horoskope Lexikon*, p. 355.）

23 Jung, *Collected Works, Vol. 12, Psychology & Alchemy* (London: Routledge & Kegan Paul, 1968; Princeton, NJ: Princeton University Press, 1968), p 222.

無論這個世界對宗教經驗有何想法，有過宗教經驗的人就如擁有巨大的寶藏。這對他而言，就像生命、意義和美好的源頭，同時能為世界和人類增添新的光彩。他擁有了純淨與寧靜。24

榮格所稱的心靈的宗教作用就很類似這種內在的努力。佛洛伊德的理想自我源自於重返與原始母親的融合狀態，榮格的宗教功能源自於某種不同於自我、朝人類願景邁進的感受。他們其實是用不同的方式看待同一件事，但是兩種方式都必須謹記在心——我們時常看到占星師的角色，就如精神分析師一樣，是要促進對前者的覺知，才能釋放後者。

追求痛苦：一個個案史

圖表五是我占星個案的出生盤，我稱她茱莉。她多年來不幸的感情史，還有自己加諸的痛苦，似乎就是生命的唯一解答，也鮮明地呈現了海王星在人類心靈中較為黑暗的一面。茱莉奮力對抗、處理個人問題的過程讓我們受益良多，使我們看到海王星議題的狡猾難解。然而這些議題如同所有人面對的一樣，即使不能接受「療癒」，也能獲得整合，讓生命可以在天堂樂園大門的另一邊找到獎賞。

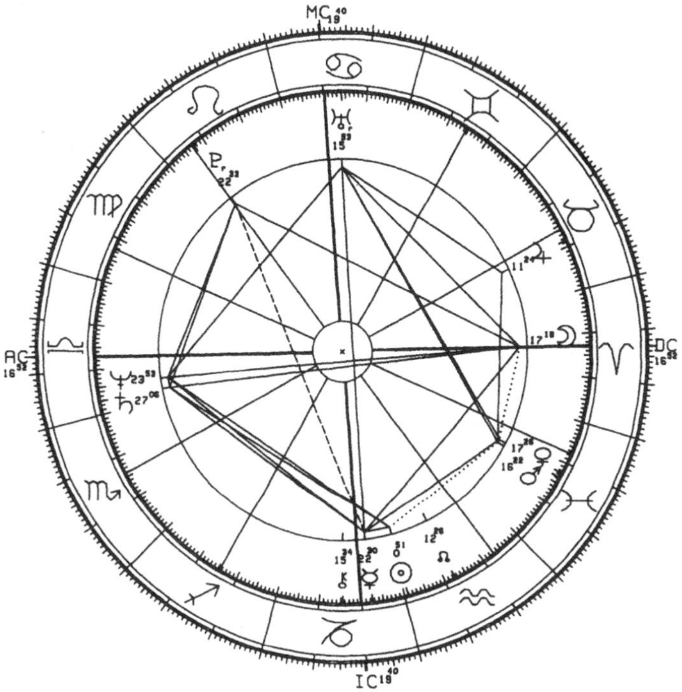

圖表五　茱莉，資料保密

回歸黃道，普拉西度分宮制，真交點。資料來源：出生證明。

24 Jung, *Collected Works, Vol. 12, Psychology & Alchemy* (London: Routledge & Kegan Paul, 1973; Princeton, NJ: Princeton University Press, 1969), p 105.

茱莉是美國人，偶爾住在英國，她的背景顯赫，出身在一個非常富有、社會地位崇高的家庭。她是家中的長女，也是唯一的女兒，顯然是個完美環境下長大的完美女兒。她的父親是非常成功的商人，很早就退休，沉溺於飼養參賽的獵犬，這是他最愛的消遣。她的母親也是好家庭出身，沒有念過大學，從沒有為生計工作過，但聰慧過人，十分有成就，在地方的慈善圈內很活躍。茱莉在理想的環境中成長，上最好的學校，完成所有人對她的社會和學業期望。她一九九〇年初第一次來找我時，形容自己的童年「幸福快樂」，她的父母「棒極了」，她的母親很「完美」，父親很「瀟灑」，和三個弟弟的相處非常「耀眼」。茱莉回答問題時總是笑容滿面。她很有吸引力、聰明、討喜、裝扮美麗、言行舉止無懈可擊，風采迷人。當個案使用幸福快樂來形容自己的童年時，再加上像茱莉出生盤上的開創大十字（大十字橫跨四交點，涉及兩個父母宮位，如同其中月亮的影響力，且有個強勢、合相上升點並居於大十字主導地位的海王星），私下保留一點批判是可以諒解的。理想化是一種最深根、最強大的人性防衛，也是受傷海王星的特色之一。如果想要療癒傷口，每個人遲早都必須面對理想化的挑戰，但首先必須擁有足夠的自足感，才能放下理想化的事物活出人生。

茱莉尋求占星諮商，是因為她對自己的「方向」很「迷惑」。她有家庭提供充裕的零用錢，這讓她不需要工作，但她仍希望能為自己的人生做點事。她後來透露自己全身上下都長滿了恐怖的疹子，包括脖子、胸部、腹部、腿和手臂，都小心地藏在袖子、高領和長裙底下，再搭上不透明的緊身衣，這已被確診為牛皮癬。**25**她在解釋這個症狀時，仍一慣面帶微笑，彷彿身體上的痛苦與自己無關。她嘗試過非常多的另類療法，仍無法停止疹子擴長，她因此痛到抓狂，也覺得丟臉。自從她在兩年前開始長牛皮癬後，就以自己的身體為恥，拒絕與別人有任何肉體上的親密接觸。身為許多大師和靈性紀律的半調子信徒，她隱約覺得自己是在償還某個前世的業力債，她不認為精神分析有機會解決自己的問題。我看到行運中的天王星和海王星正貼近她出生盤上的凱龍星，即將形成合相，同時對分天王星，將引動她的大十字。而速度較緩二次推運中的火星也將四分她的凱龍星與天王星，且合相她下降點的月亮。這狀況看來急迫，茱莉已無法再抵禦那些她必須體驗的內在疼痛與憤怒，接下來的幾年，顯然有某種危機正在慢慢逼近，可能成就她，也可能讓她瓦解，但是她還沒準備好，只願意接受一些避免面對自己的幫助。

不到一年，茱莉又來找我。她經歷了一場嚴重車禍，導致股骨碎裂，但沒有完全康復，牛皮癬變得更嚴重了。她隱約地暗示這是我的錯，她的父母堅持要她回家，讓他們接手照顧她。

25 這種皮膚不適的症狀取名源自於希臘字psora（癢的意思），是正統醫學一直無法達成共識的疾病。這很常見，但是從來沒有找到生理原因。這和濕疹一樣，但卻比濕疹更具毒性，通常被視為與極度緊張狀態和未表達的侵略感受有關。有時被歸類為「過敏」反應，但不知道患者對什麼東西過敏。這可以反應海王星對生命的原生過敏。

她回了一趟紐約，儘管家人都「好極了」，但她承認有「幽閉恐懼症」的感覺，回到英國才鬆了口氣。她已和一位男士訂婚了好幾年，對方對她似乎很忠心，他除了有「輕微的」飲酒問題，其他都很「完美」，她一直很渴望未來擁有婚姻並當個母親（直到牛皮癬侵入），所以接受他的求婚。她在一九八七年的秋天第一次遇見他，當時行運的土星經過射手座，四分她落入雙魚座的金星－火星合相。她從來沒有愛上他，只是對他明顯的愛意感到滿意，而且他讓她很有「安全感」。她把他帶到大西洋的另一端拜見父母，父母也認可了這位男士，唯一的問題是她未來可能永遠定居在英國，離他們非常遙遠。當她留在紐約，試圖解決與父母之間的衝突時，她的未婚夫先返回英國了。

就在當時，一九八八年的冬天，當行運的冥王星在天蠍座，對分她七宮裡的木星時。不出所料，她遇到另一位男士，這是她生命中第一次感受到無法抗拒的性吸引力，他倆成為情人，陷入愛河。雖然當時茱莉已經三十五歲，但她的性經驗只限於未婚夫，這並非基於道德原因，而是因為一種不承認的厭惡。她對愛的觀念不只是理想化，根本有如奧菲斯派般神祕。她向新愛人承諾會放棄現有的關係，回到美國和他在一起，但當她回到英國時，發現自己無法實現承諾，因而開始第一次牛皮癬的發作。她在痛苦和羞恥中結束了兩段關係，在她尋求占星諮商前，這兩年期間她都保持單身。在經歷了非常大的壓力後，她同意嫁給原來的未婚夫。他已經全面考慮過她的皮膚狀態，似乎並不介意。

茱莉不願意討論她的感情困境，這個話題只在我們第二次諮商時出現。她的態度就像這個困境的本質一樣，揭露了一些事實。她想要掩蓋一個事實，那場車禍其實發生在她正式宣布訂婚的一週之內。訂婚和受傷這個「不幸」的巧合，甚至連她自己都無法忽略，當時行運的土星即將合相她的火星，四分海王星，行運的凱龍星也四分土星，而行運的海王星更將與凱龍星合相在三宮。這所有的行運相位都該死地暗示著恐懼、渴望逃避、自我欺騙，還有啟動深層的痛苦及不足感。不出意料，她打從心底不甘願許下承諾，但她直到諮商結束，走到門口時才提到自己並不是「真的很確定要結婚」。我認為像她這種持續性的情感混亂和猶豫不決，選擇精神分析的方法似乎比較適當。她接受了我的建議，記下一個分析派同僚的電話，兩年過後，我才聽到她的消息，發現她已經依我的建議採取行動。

當時天王星與海王星正在她的大十字上植根，而行運的冥王星四分她的冥王星，二次推運的火星也已到了她的下降點，合相月亮。行運的土星則已經完全通過了大十字，正與她本命的水瓶座太陽形成合相。茱莉第三次來找我諮商時，帶著深色眼鏡，試圖遮掩嚴重的眼睛瘀青。短短兩年內，她與未婚夫結婚，懷孕，然後流產。她丈夫變得酗酒過量，也越來越暴力，讓她很擔心自己的安全。她的大腿骨折復原得很差，導致一輩子跛腳。牛皮癬的猛烈發作毫未減輕。她曾經拿到抗憂鬱的處方藥，一口氣吞下一整瓶，醒來時已躺在醫院接受洗胃。她的喉嚨刺痛，身上的疹子全都攤開來給別人看。她當時打電話給我的同事，因為海王星的水域終於出現了鯊魚，取代天堂的果實。她終於得面對自己的自我犧牲。

茱莉出生盤中的海王星，能量非常強大，海王星合相上升點，對分月亮，並與太陽、水星、凱龍星和天王星分別形成四分相，上升點的守護行星金星則落入五宮的雙魚座。茱莉對於現實和自我的認知，深深受到海王星對遺失伊甸園的幻想影響。她本質上是個理想化的靈魂，易感且纖細，很難招架一個陷落且感情複雜的家庭背景。她出生盤中最明顯的相位也許是上升點附近土星與海王星在天秤座的合相，這組合相與太陽形成四分相，暗示著她對美感及靈性理想具體化的需求，以及渴望逃離這醜陋又不完美世界，兩者之間充滿深刻的衝突。我們將在第十章和第十二章詳細討論土星與海王星的關係，因為這兩個行星的象徵具有原型的衝突。我現在只強調這整個世代面臨的難題，這世代人的土星與海王星合相於天秤座，又四分巨蟹座裡的天王星，其難題就在於如何讓始終存在的天堂樂園幻想，與現實世界達成調解。茱莉並非我首次遇到這個世代的人，而她已用肉體呈現了自己的衝突，就傳統的醫藥占星學來看，土星主宰了皮膚和骨頭，她的牛皮癬和復原極差的腿傷，都暗示了薄弱的疆界感，還有內心欠缺的架構和穩固。她對於必須在人世間具體化的憤怒，比自己所能承認的更加恐怖，以致只能透過狂發疹子來表現。她的火星與金星合相在雙魚座，隸屬海王星掌管，反映出她訴諸感官、精緻的情感和性本質。這組合相最不擅長的就是展現果決和自作主張。茱莉一直活在不被愛的恐懼陰影之下。

茱莉終究無法逃避「超棒」父母的問題，由於茱莉的太陽和月亮都與海王星有相位，顯示她承襲了父母幼稚的理想主義。茱莉的父母以各自的方式表現得有如情緒化的小孩，他們幻想有個完美的婚姻、完美的養育和完美的後代，所有人都住在綠意盎然的伊甸園，裡面有溫馴的獵犬，還有毛茸茸的玩具。他們都因為容易獲得的物質保障，免於生命的衝擊，也都不需要去面對自己無力應付的事。對他們而言，茱莉從來就不是真正的孩子，她是父親的小公主，母親的小洋娃娃，而她的海王星容易接收到環境中的情感暗流，讓她打從很小的時候就意識到完美是這家商店中唯一接受的貨幣。因為她漂亮又聰明，使得她不需要特別的努力就能輕易展現必要的美好，並要她當個海王星小孩，她永遠是最佳演員。如此的愛的代價就是她的感受和靈魂。她的憤怒是全面又具毀滅性的，儘管她對憤怒的力量一無所知。

二次推運裡的月亮在茱莉誕生之前，便已通過了與天王星和凱龍星的四分相。這出生盤中出相位的四分相反映出，當茱莉還在母親的子宮裡時，母親有種深藏在無意識中的焦慮和憤怒。即使在真實的伊甸園中，蛇也未曾停止工作。當茱莉大約五至六個月大時，推運的月亮四分水星，對分海王星。當她九個月大時，推運的月亮對分她的土星。在她出生後的幾個月內，情感的氛圍一直處於高壓狀態，當時她的父母可能處於爭吵狀態或是對彼此不滿意，雖然我無法確定。茱莉沒有漏掉前述的任何一部分，她感情極度脆弱，而外面的世界充滿了恐怖的威脅及危險。位於下降點的月亮，暗示了她很難承認自己的熱情和侵略性（月亮在牡羊座）。她習慣把這些投射到其他地方，就像一個好演員一樣，會對其他人的暗示產生回應。

除了海王星是她父母的重要指標，她對母親的認知也反映在天頂的天王星，雖然天王星落入九宮。茱莉從未體驗過母親給予的安全，她小時候總是充滿焦慮，認為隨時會發生大災難。長大後，她仍然長期處在這種焦慮狀態，儘管表面上不太明顯，但這是皮膚爆發症狀的助因之一，反映出她持續的憂慮。茱莉的父親形象也很複雜，他很理想（太陽四分海王星），但也讓茱莉怨恨（太陽四分土星），因為他對茱莉似乎有些冷漠、疏離，並不在意她具有哪些特質。太陽落入四宮，象徵她與父親有很深的連結，茱莉很渴望父親但卻從未擁有他。水星落入四宮，意味著她認為父親很聰明，但過度吹毛求疵。而凱龍星落入三宮，合相天底，代表她的父親曾祕密地被生命傷害，所以也會對別人施加極大的傷害。她愛慕他，需要他，但也恨他，而她之後的關係模式極大部分都歸咎於這些混亂且矛盾的感覺。

茱莉一直害怕親密關係，顯然對男人沒有興趣，直到行運的冥王星接近木星，這個行運反映了強烈的性覺醒。木星行經金牛座，六分七宮裡的金星和火星，暗示了她會將肉體感官帶來的愉悅享受投射到別人身上，而非覺得這是自己天性的一部分。但從占星符號上來看，她真正的性問題在於強勢的海王星，這確定她仍然是個未成型的女人。她出生盤上月亮與天王星、海王星和凱龍星的強硬相位，似乎就在描述溫尼考特所稱的「病態性專注的母親」，這類母親要不是過度投入在嬰兒身上，便是突然地疏離，讓孩子無法應付。茱莉從沒有得到母親足夠的關注，也許是母親真的被其他事情霸占，只能偶爾陪在她身旁，或是母親善變的情緒節奏，剛好糟糕地與茱莉本身波動的心情相互配合。根據茱莉的描述，以上兩者情況都有，茱莉無法在內心形成一個正面、堅持一致、能給予情感支持的母親形象，這讓她一直都處於幼稚，長不大，只能回應別人想要她做的事。她的性慾不是被抑制，而是根本未曾發育，她三十五歲時的性愛反應仍停留在六至九個月左右的階段，當時推運的月亮已經和本命的土星和海王星形成對分相。

雖然茱莉在行運冥王星接近本命木星時「甦醒」，但仍因罪惡感和焦慮排除了一段進行中的關係——一段在情感上和性方面都很滿足的關係。她起初交往的男友看似安全，但其實意味著在這段婚姻中，她可能仍是個前青春期的小孩。他的酗酒問題反映了父母雙方隱藏的無助和混亂。她的婚姻其實是想逃離成年生活，努力想要爬回子宮裡，卻因為以性愛回應美國愛人被驅逐出境。她的衝突鮮明地描繪了她的感覺，就像大部分的身心失調症狀一樣。她的皮膚灼熱騷癢，必須抓破皮才能止癢，她的疹子也暫時地在無意識中發揮作用，確保自己必須斷絕所有的關係，才能避免衝突湊在一起。然而她無法忍受寂寞，最後選擇了婚姻，這違背了她的靈魂，以致最終只能透過訂婚後那週發生的車禍來表示抗議。她的流產有可能是因為單純的生理因素，也可能是因為極度壓力和焦慮的狀態，更別提她心中的猶豫不決會促使任何現存的生理因素發作。她的丈夫也有自身的海王星議題，這應是意料之中的事，因此就在她將無意識中的無力和憤怒投射到伴侶身上時，他的暴力傾向加重，可能是因為他知道，儘管是無意識地，她一開始想相守的人並不是他。

行運中的行星對本命行星的影響，如同天王星、海王星這組合相觸動茱莉的大十字，這告訴我們，她出生盤裡某種特別的心理模式蓄勢待發。出生盤上的所有配置在一生當中會被觸動許多次，經常性的小觸動通常是由行運的月亮帶來，而非經常性的重要觸動則多由外行星的行運導致。每一次行運的觸動都會上演相同的原型議題，儘管外在的表現方式可能會有所不同，但對於粗心的人而言，這二者並不相干。在生命對外的舞台上，我們會不斷地進出自己內在的角色，進而呈現出我們的模樣。茱莉和丈夫的關係開始時，行運的土星四分她金星、火星這組合相，暗示當她遇見他時，非常寂寞與挫折，她也許將他視為可能的救贖者，能拯救她隱藏的無助和虛幻感。而當她遇到美國愛人時，則啟動了擁有良好相位的金牛座木星，讓她有生以來第一次覺得快樂、樂觀、被人渴望、充滿渴望和性滿足。當她的大十字被啟動時，即預告一個冗長時期的到來，期間她必須面對生命中最深層也最根本的衝突。雖然之前已有移動較快的行星多次啟動過大十字，但卻未像天王星、海王星這組行運如此猛烈。[26] 由於這個大十字是由位居上升點的海王星主宰，因此她的危機必然會喚醒一直在她心中運作的受害者—救贖者的原型神話。她一直是家庭的救贖者，努力試著讓父母的完美幻想維持原封不動。她開始與一個以為能拯救自己的男人交往，結果轉變成這男人需要的救贖者。她試過許多導師和療癒師，所有人都承諾能拯救她，然後再讓她失望。她在嘗試自殺之前都是個受害者，試過自殺之後，才發現自己其實渴求活下去。

整體而言，茱莉的療程至今都很有幫助。她現在離婚了，儘管她總是拄著拐杖走路，但這個身體缺陷的象徵似乎不再是種恐怖的折磨。她的牛皮癬偶爾還是會發作，但已不再像以前那麼嚴重。這些導致外在改變的內在變化非常細微，但也非常重要。茱莉對家人經歷了必要的憤怒和憎恨階段，過程中不免有海王星的自憐，但她已經學會和他們保持距離，不再貶低自己對他們的愛和需求感。她認清了母親在心理上比她年輕，因而對母親和自己產生同情心。她也了解了自己將父親理想化成愛人和救贖者，自己想要討好他的迫切需求，卻否認自己成熟女性的身分意識。她已經看到，當一個女人與自己的母親競爭，視母親為對手，同時又停留在前青春期的心理以確保自己「安全」，會讓事情如何發展。她也開始認清自己的「道德受虐癖」，是一種對於慾望和需求的自我懲罰。她覺得這些需求恐怖異常，令人無法接受，因為這就等於宣

26 冥王星行運通過天秤座時，在一九七七年至一九八二年間啟動了茱莉的大十字。這大概發生在她二十四歲至二十九歲之間，當時行運的土星正和冥王星在天秤座的尾端會合，剛好完成了她的土星回歸。我沒有任何資訊了解她當時的經歷，那對她而言，想必是生命中很困難的階段，因為與父母分離、表現明確個體性等議題，都會在當時出現。雖然出生盤的冥王星不是大十字的一部分，但是天王星和海王星卻參與其中。當行運的行星重現了出生盤的配置時，就像這個例子中，行運的合相重現了出生盤的四分相，就再也無法逃避隱藏的議題了。

示了要與家族的融合幻想分離。

茱莉仍將是一名浪漫主義者，持續在完美世界中追尋一種完美的融合，也可能永遠易於理想化和幻滅。但是她現在和土星的關係改善了，較能放下防衛，面對現實，也比較能不帶緊繃地安然自處。她展現了更多的真實性情，而她的魅力也不再是贏得愛的工具。她會永遠渴望天堂的花園，但可以在自己的渴望中找到幽默和感傷。金星是茱莉的上升守護星，與火星合相落入五宮，再加上水星四分土星—海王星合相的強烈互動，暗示她必須透過一些藝術形式來表現她極度活躍的想像世界——也許是透過寫作，水星、海王星的相位象徵天生的故事家。茱莉必須發掘自己的五宮，認清當她試圖拯救無藥可救的人時，美、喜悅和創作就像救贖的工具般有效。就像許多受傷的人可以透過另一個人當替代品，進而獲得一些療癒，她也隱約提過想要「幫助別人」，儘管因為強勢的海王星，她不一定會付諸實行。她大部分的人生都需要被人需要，做別人想要她做的事。她的海王星需要身體，她不能再以犧牲自我為名，更進一步地瓦解崩潰。她想要重返原始之水的海王星渴望，她根深柢固抗拒自己和生命任何的不完美，都無法歸咎於她的父母。這是她靈魂的特徵，她必透過負責的選擇，與之安然共處。對我而言，她能夠認清這一點，便已是一個最好的印證，證明海王星的自我犧牲，並非是一個人必然活出的命運。

【第六章】愛之死

你是我的方向；如果你遠離，我失神遊蕩。
你是我的光；如果你躲藏，我該如何盲目？
你是我的生命；如果你退縮，我將死亡。

——英國詩人法蘭西斯．夸爾斯（Francis Quarles）

在當代，人們對救贖不再如一千年前那般熱切。在西方國家，除了神職人員，很少看到有人能帶著覺知地奉獻生命，一心追求與神性的融合。偉大神祕主義者的年代已經過去了，如今我們常在精神病院的樓梯間發現鞭笞者和隱士，但他們已偽裝成歇斯底里症者和精神分裂症者。如今，如果真遇到一個穩重而不失理智，卻全心奉獻給上帝的人，我們反而會變得不太自在，對他很客套，彷彿遇到一隻海雀。自一九六〇年代起，帶有神祕傾向的次文化在大西洋兩岸萌芽，靈性大師和社群如雨後春筍般出現。這種次文化就像羅馬帝國末期的神祕教派，將占星學視為其一部分的世界觀，占星師開始接受許多在靈性發展中尋求指引的個案。我們也許可以將這次文化當成中世紀全心追求救贖的現代版。不過，現代的神祕次文化規模較小，且已自行與集體脫離。這種文化通常拒絕與比較物質性的觀點進行創造性的對話，會用自己的死板來回應科學世界觀的僵化，有時會與世俗世界變成兩極化的對立，就像一個海王星小孩遇上令人害怕又厭惡的土星父親一樣。

這些日子以來，集體目標更乏味了。這多少是因為我們在熱切的抱負中增加了現實主義的成分。這也許不是件壞事，現代的生活品質遠比耶穌即將再臨的那些日子好太多了。雖然我們傾向把過去理想化（海王星的習性之一，類似黃金時代的希臘神話），但是在那個比較單純的年代，人類的平均壽命不到三十歲，持續的戰爭和瘟疫變化無常，整體社會暴力而混亂，使三十年的人生，多半都不太愉快。我們相對健全的司法制度，還有習以為常的言論和通訊自由（有時已經近乎荒謬），在當時都不存在。若說有人能透過奮發努力改變自己的社會地位，就更是難以置信。女人能在生產時存活下來就算幸運，假使她的孩子能熬過襁褓階段就更是上天垂憐。一個人發表的宗教意見，如果明顯不同於主流的教會權威，很可能依異教和巫術的名義被活活燒死。也許這些日子以來人們對救贖渴望的減少，是因為西方國家的俗世生活已不再像地獄一般，儘管還是存在些許海王星特徵的抱怨。

不過，即使傳統的宗教詞彙不再有系統地解釋救贖渴望，這股渴望的巨大潛力仍一絲未滅。而今，人們比較常在戀愛的狀況下體驗救贖。雖然每個人至少都應該體驗兩次這種最愉悅、也最折磨的人性狀態，但在我所遇到最不開心的個案中，有很多人都身處於困難的海王星濃霧中，他們透過戀愛為媒介來表達自己的痛苦無助。

> 浪漫愛情是西方精神中最偉大單一的能量系統。在我們的文化中，這已經取代了宗教，成為男人與女人追求意義、超越、完整和狂喜出神的競技場……浪漫戀愛不只是愛一個人，它意味著「在愛之中」。這是一種非常明確的心理現象。當我們「在愛之中」，我們會相信已經找到生命的終極意義，而這都在另一個人的身上揭露無遺……生命突然變得具有某種完整性，有一種超人的強度，可以把我們提升至日常平凡存在的狀態之上。[1]

談戀愛令人興奮，多采多姿、還具有轉化性；與另一個人建立關係是困難的任務，但就算必然帶來幻滅，一切都還是很值得。但也有人沒經過戀愛，就實現了終身的伴侶關係；甚至在他們找到所求之前，沒有談過兩、三次戀愛，沒有透過一次次邂逅來獲得經驗和洞見。他們

1 Robert A. Johnson, *The Psychology of Romantic Love* (London: Routledge & Kegan Paul, 1984), pp. xi-xii.

反而被痛苦的鉤子緊緊勾住，不斷迷戀一個無法擁有的人，或是重複地受傷，被一連串災難般的選擇迷惑；或者他們會因為一連串短暫且無法抗拒的迷惑，在穩定的關係中飽受折磨，這些迷惑就像命運般入侵人生，每次都會導致痛苦不幸；又或者，他們會愛上長期侵犯他們，或是不斷背叛他們的人，又或是帶有嬰兒般殘酷的人，企望他們全部的身體和靈魂。處在這種糾纏中的受害者，無法靠自己擺脫海王星的迷惑之網，這讓他們長期擺出受害者—救贖者一體兩面的姿態。這類人常展示出高度的想像力和敏感度，他們能過更快樂的人生，也不顧一切地希望如此。對他們而言，戀愛在蜜月期過後就失去了光彩。這是來自地獄的輔助品，就像海洛因或酒精一樣，最終會摧毀希望和自尊。若將這種情形解釋成「業力」，或是好聽一點的「靈魂演化」，只是有害無益，畢竟這根本是毀滅性的力量。所謂「看在孩子的份上」接受這種悲慘，也沒什麼好驕傲的，因為小孩通常會被教導「關係就是某種地獄」，進而繼承這種痛苦模式。我們必須檢視海王星為何、如何在愛的國度中變得如此惡毒兇狠，以及一個人該做些什麼才能讓自己擺脫殉教精神，同時不要破壞了浪漫的愛情幻想——正是這種幻想導致了這一切的發生。

風雅愛情的特質

上述的極端狀態，可能會展現在出生盤的配置中，好比海王星對分或四分金星；海王星落入七宮或八宮，又有困難相位；或太陽或月亮與海王星形成困難相位，又因彼此有守護關係或共享守護星，而與七宮或八宮產生連結。也可能是火星和海王星有相位，暗示增添了性上癮或受虐癖的成分。但很顯然地，不光是這些相位「造成」愛情中的痛苦。一個模式必須由多條線索編織而成，其中包括特定類型童年的連串線索。在此謹記一個精神病學的用詞，將有所幫助——「多重決定」（overdetermination），這適用於一種疾病或病態，其病根不只一個，而有許多——每個病根都可能是充分的引爆點，當所有病根湊在一起時，就會創造出一種無法抗拒的命運感。除此之外，一個人可能會在其他行星（通常是金星或火星）推進，與出生時的海王星形成重要相位時，或是行運的海王星與出生盤的某個行星（通常是金星、火星或月亮）形成主要相位時，經歷一段痛苦的海王星戀愛。但無論是「單一事件」或重複情節，都是一樣的動力。在重複情節的狀態中，此人通常天生傾向抓住天堂的大門不放，很難突破這種模式。

榮格派心理學家羅伯特・強森（Robert Johnson）在《戀愛心理學》（*The Psychology of Romantic Love*）中，追溯至公元十一或十二世紀時西方對戀愛的關注以及風雅愛情（Courtly Love）的狂熱。他把風雅愛情描述成強大陰性形象爆發而進入集體意識的現象，這種形象在過去因為文化發展太過僵化、太過教父色彩而遭到否認。占星學中的海王星隸屬「陰性」，因為祂與感覺、想像力、還有象徵母子的海洋世界有關，所以也被視為象徵了全體人類的情感需求。風雅愛情的主題與海王星的主題相互呼應，所以，當我們考量一個人的海王星在愛情中的表現時，如能先更深入地探討這社會史上的古怪章節，將會很有幫助。風雅愛情在兩個最具創造動力的世紀中開花結果過後，並未就此消蹤匿跡。它仍好好地活在我們的無意識中。如同靈知派對天國之家的幻想，召喚了源自黑暗物質的靈性火花，風雅愛情的夢想是海王星世界的基石之一。

無法確定風雅愛情何時成為一種關係的模式。只能從吟遊詩人的歌曲和詩人的浪漫故事中，繼承它全盛時期的表現方式。風雅愛情的核心主題是騎士無私地愛慕無法獲得的女士，將她視為自己的理想。她是他的靈感泉源，真善美的具體化身，可以感動他，使他成為一位尊貴、心靈純潔且高尚的人。風雅愛情要求愛人之間的非肉體關係——即便不在他們的日常生活中落實，至少在詩歌中如此。逾越這道禁慾的藩籬將會破壞關係的正當性，所以騎士和他愛慕的女士永遠不可能有性關係。她通常有一位年長許多且尊貴的丈夫（這是被安排的婚姻），而她終身都必須與丈夫相繫。她可能為丈夫生子，但是她的性經驗和生活歷練，絲毫不減在騎士心中的純潔無瑕。最後騎士只能找「底層」女人或是「平凡」的妻子作為性慾出口，以滿足他的生理慾望和傳宗接代的義務。

風雅愛情無法存在婚姻之中，因為女人會因此變成單純的俗人，不再是男人永恆熱切渴望的象徵。她藉由婚姻和通常高於騎士的社會地位維持遙不可及的距離。對她而言，由於騎士久無機會表現危險的騎士行徑，再加上婚誓的約束，騎士也顯得遙不可及。在這想像結合的背景中，徘徊不去的角色就是受人尊敬但又具有威脅的高傲丈夫，他的存在既阻止了他們將慾望付諸行動，同時又刺激他們追求慾望。沒有什麼比禁忌更具誘惑的事物了。就是這股衝動賦予戀母情結如此巨大又持續的影響力。風雅愛情的戀人們必須不斷讓自己燃燒著熱情，因強烈渴望對方而身心煎熬，而這股渴望卻永遠都無法獲得滿足。所以他們可以透過痛苦煎熬體驗更高層的愛情，在神性世界的極樂中合為一體。而如果這位騎士還擁有其他才華，可能會書寫一些令人滿意的情詩。

如今，性愛顯然更加開放，在現代觀點看來，從壞處想，風雅愛情似乎是強烈變態又邪惡的行徑，從好處想，就是毫無意義，或是根本很愚蠢。這在現代非常罕見，很難看到一個人會為了特定的愛情和宗教哲學，發自內心去追求這種關係——雖然也可能在僧侶和聖母瑪利亞、或是修女和基督之間看到類似關係。不過這底下隱藏的驅力並沒有離開我們，它成為佛洛伊德在定義理想自我時很重要的一部分。雖然現代的愛情關係既有性，也有浪漫，但這並不意味愛情一定是真實的。中世紀風雅愛情中有個清楚的必要條件，就是無法擁有，這對海王星而言就像飛蛾撲火，常有一種無法抗拒的吸引力。我們常在受苦的人身上或其星盤中看到明顯的特徵，所有人都一目了然，只有受害者自己看不清：那就是當事人存心，即使是出自無意識的，去破壞任何共度生活的關係形成的可能。雖然這些人會大聲嚷嚷說自己最珍貴的願望，便是承諾一段關係。

被海王星綑綁的人帶有某種特質，會對挫折與犧牲進行投資，以致人們無意識地選擇最終無法擁有的愛情。這障礙可能是其中一人已對他人許下承諾，或是遠距，或是倫理的宗教或精神規範限制兩人結合，或是有些棘手的情緒或生理問題導致關係永遠無法落實。這難以捉摸的愛人可能實際存在，甚至是合法的伴侶，但卻會用許多偽裝的手法讓另一半無法擁有。而另一位獻身的受害者則有大量的選擇：性冷感、生病、終身殘障、長期出軌、酗酒、藥物上癮或是需要不斷旅行的工作，這只是其中的少數選項。在旁觀者眼中，無法擁有看似一種美的存在。言外之意就是，我如果想要從你身上獲得超出凡人能提供的愛，那麼即使你真正愛我，你就是我無法擁有的。

如果讀者已經消化了前述的精神分析理論，定會看見其中有類似的受虐癖模式，其動機是源自於意圖贖罪的基本需求。我們也可以在風雅愛情中看到明顯的戀母情結，還有深層的亂倫本質。這導致了自己的罪惡，因此必須自我懲罰。但這如果看起來如此殘忍地不浪漫，或許可由目的論的觀點切入，也能有效地適用於海王星的領域。此外，這兩種觀點並非互相難以理解。也許可將渴望卻無法擁有的人事物，視為一種理性的精神機制，雖然看來違悖常理，但卻開啟了創造性想像的大門，同時也產生了巨大的挫折與痛苦。前者可能替這種經驗提供了更深層的意義和「目的」，而後者是我們為此付出的情感和生理代價。然而，為了發現海王星更具創造性的面向，不可能的愛在此成為通往豐富內心世界的道路。這些人首先必須誠實面對，是自己一手促成了無法擁有愛人的現實，而許多痛苦的根源都能回溯至童年最早的「家族浪漫」。

十二和十三世紀普羅旺斯的吟遊詩人在他們的詩歌中，具體描述風雅愛情的特質，這些詩歌被稱為「合組曲」（canzone），有些合組曲是由女性創作。風雅愛情如同海王星一般，不限於男性的追求。由詩歌中看出，這些高貴的女士和她們的騎士一樣飽受痛苦。詭譎的海王星夢想持續困擾了我們如此多個世紀，對於想要了解祂完整風情的人而言，不僅能從詩的詮釋中受益，還能從其憂鬱且不安的音樂中獲得理解，許多音樂都被歐洲「早期音樂」團體美麗地記錄流傳。兩個傑出的例子，分別是由 Hesperion for Reflexe 錄製的 *Cansos de Trobairitz*，及由I Madrigalisti di Genova for Ars Nova 錄製的 *I Trovatori*。現存的詩歌比保存下來的旋律還多；我們只傳承了約兩百五十種旋律來搭配兩千五百首歌曲。然而，詩歌本來就可以吟唱。音樂和文字交織成具神祕美感的表演，作曲和文字當初也許是分別寫下，也許是即興創作。

歷史學家常揣測這些吟遊詩人的歌詞，認為它們其實是一種工具，可以傳遞諸如純潔派（Catharism）等異端教義，其中許多歌詞都包含了特定象徵性的「關鍵」。靈知派基督教在中世紀的法國很盛行，但卻遭到禁止，這反映了我們已在羅馬帝國救贖者教派中看到的古老二元論。吟遊詩人的詩中表達了「正確行為」的複雜規則模式，特別是愛情帶有某種儀式性的氣質，即使詩中沒有實際的拙劣模仿，也呼應了天主教的崇拜。在十二及十三世紀，歐洲經歷了某種復甦，屈蒙（編按：Franz Cumont，十九世紀的歷史、考古學家，以研究東方神祕宗教聞名）會將此稱為「亞洲的」思想和感覺。也許是隨十字軍東征而西傳之故，他們在數世紀以來第一次與希臘、拜占庭和希臘化的文學、藝術及精神傳統接觸，再次發現了自己遺失的宗教遺產。從純潔派異端到以「聖母崇拜」（Mariolatry，聖母瑪利亞的教派）為最高層次展現的神祕基督教，海王星的二元論，挾帶著強烈的救贖幻想和絕對的女性神祇，大量注入西歐地區。這段歷史發展印證了強森的觀察，他認為風雅愛情反映了集體精神重要的轉變，占星師可以將其定義成海王星的氾濫。2

很顯然地，我們在十二和十三世紀目睹了強烈文化慾望的突破，這些慾望曾經被壓抑，目前在既有的宗教、藝術和文學形式中找到了出口。寬容的「母親」形象從其無意識的位置冒出來，侵犯我們心智的核心領域。3

吟遊詩人的合組曲表達了感情難題，其中愛的喜悅，混合了熱情不被回應或只被部分回應的痛苦和悲傷。合組曲會用常見的、幾乎空泛的言辭來讚美一個得不到的愛人，清楚地反映出這種愛情具有想像性、最終非個人性的本質——彷彿所有的詩人都在試著描述同一位女士，但她從來都不是個真實的人。女人寫的詩中也可見到同樣的特質。詩中的騎士有種奇怪的一成不變，彷彿他只是某種人格類型（或是一種原型），並不是實際的人。詩人洋洋灑灑地表達渴望和痛苦，但痛苦的原因似乎不如結果重要。這也許便是重點所在。詩人全心投入的，並非被愛者的實際情況，而是被愛者在愛人心中激起的情感。被愛的人其實是某種鏡子。愛人看到的並不是一個人，而是依稀瞥見、難以捉摸的本質，自己內心深處某種事物的投射。更殘忍地說，風雅愛情只是一種自戀的愛情，其中一位詩人曾這樣描述自己：

> 她讓我凝視她的雙眸，那面讓我如此愉悅的鏡子，此後我無法自拔。鏡子，我在其中見到自己，無力承受自艾自憐；我迷失了，就像俊美的納西瑟斯（Narcissus）在水池中迷失了自己。[4]

在愛情迷戀的催眠狀態中，一個人會體驗到提升和全能的感受，這正是早期與賜予生命的

---

2 吟遊詩人和純潔派等教派的全盛時期，也許和天王星—海王星的兩次合相有關，這期間形成了一個完整的循環。第一次合相發生在公元一一二六年，造成了這種世界觀的興起；第二次合相發生在一三〇八年，當時亞維儂教廷的「巴比倫的被擄期」宣示了大迫害時期的來臨，其中包括純潔派的根絕（「阿爾比十字軍」）和聖殿騎士團的毀滅。

3 Paul Zweig, *The Heresy of Self-Love* (Princeton, NJ: Princeton University Press, 1980), p.94.

4 Zweig, *The Heresy of Self-Love*, p. 96.

母親結合時的固有感受，也正是佛洛伊德所稱的理想自我。換種說法，一個人可以在愛人眼中看到自己內在「靈魂形象」的反射，榮格則將這稱為「阿妮瑪」（anima）或「阿尼姆斯」（animus）——象徵了創造力和無意識精神的奧祕。柏拉圖早在兩千年以前，就用一種更優雅的方式來描述它：

這種經驗就是人們所稱的愛，但當你聽到神如何稱呼它時，可能會對它的古怪一笑置之……每個人都樂以為愛人應如自己的神，當他贏得愛人時，他會引導他們走在他們的神的道路上，而他也會按照愛人的喜好形塑自己……所以當他愛時，卻不知道自己愛的是什麼，他不了解，也不知道自己遇上什麼事；就好像因為別人罹患眼疾的人，這不是他的責任，他不知道他的愛人只是一面他注視自己的鏡子。所以當對方在他身旁時，他會分享自己免於痛苦的緩刑，當對方不在時，也會分享他的渴望和被渴望，因為他擁有的是反愛（counterlove），其實是愛的鏡像。5

雖然戀愛的經驗參雜了許多複雜的心理因素，這不僅是渴望一個實際存在的人，但是，這不只是昇華而已。當我們陷入愛河時，自戀的成分必然存在，但是這個經驗的轉化潛力也十分明顯，而且意義重大。

從更根本的層面來看，一個人戀愛時，自我感也會有些改變。愛情會激起我們某種正面的東西。在最佳狀態中，這可以帶來善良、回歸、和諧和親密。因為在這種狀態下，每個人都把愛人視為最佳的自我，之前所有被埋藏、無法實現的自我價值都能在此呈現。愛情如此努力追求的就是這種善良。戀愛的人會在內心感受到擴張、一種新力量，還有一種新發現的善良。他會試圖當最好的自己……愛人會看到他的美好，他自己卻矇懞懂懂。我們通常是因為自己在愛人眼中的美好模樣而墜入愛河。這種模樣會讓我們愛自己，由此去愛另一個人。[6]

我們在戀愛中感受到的療癒，與我們透過與某些人物，像是老師、精神或宗教領袖、諮商師和治療師等的融合而獲得的療癒，兩者之間有很重要的關聯性。性愛也是帶領我們進入戀愛的方式之一，不管是刻意或無意的。在所有情感融合的經驗中，特別是沒有性愛成分的經驗，時常可以瓦解一個人的自我障礙，這個自我向來過度嚴密防衛，或是一直被扭曲成某種「錯誤

5 Plato, *Phaedrus*, in *Plato: Collected Dialogues*, Edith Hamilton and Huntington Cairns, eds. (Princeton, NJ: Princeton University Press, 1989), pp. 498-501.

6 Ethel Spector Person, *Love and Fateful Encounters* (London: Bloomsbury, 1989), p. 68.

的」自我，從內摧毀著人生。此時海王星的水就能發揮神話般的消融、淨化和重生作用，就像洪水能沖走所有的邪惡不正，讓人類能重新開始。

然而，當一個人試圖永遠留在這片水域中時，就會出現問題了。如果愛人眼中的自己是自我價值的唯一來源，問題就來了。當愛是透過性來展現時，也會出現問題。在日常生活中，性可能會讓一段關係更穩固更充實，但也會瓦解了原始的連結。這就是為什麼當神父、上師或治療師用身體誘惑他的信徒或病人（或是他被誘惑），我們都會有種特別的厭惡感。同樣的事發生在其他的生命領域中，我們不會多加思索，但是在這些「神聖的」關係中，卻會勾起形同對侵犯孩童的厭惡感，而就基本的層面來看，這的確就是侵犯孩童。這裡的難處，在於決定哪一方才是孩童，通常兩方都是。我們可以在這種行為中看到亂倫禁忌的象徵性踰越，提前破壞了一個脆弱、難以捉摸但又可能發揮深層療癒的經驗。令人難過的是，這是海王星國度不可避免的一部分，這是上師或諮商師、門徒或個案兩方的共同經驗，兩方都在海王星的水域中痛苦掙扎。

風雅愛情中含蓄的鏡射，就跟有天份演員的投射天賦一樣。這是一種千變萬化的特質，靠的是一種模糊的自我疆界才可能創造的深刻融合經驗——儘管這種融合和一般的看法相反，這實際上並不是跟另一個人融合。一個人的自我定義如果太過實際穩固，就無法當一面鏡子。一個人的個性輪廓如果越明確，就越無法把自己靈魂擴散的深度不斷地投射在別人身上。這也就是為何有些舞台或電影「偶像」，會永遠耽溺在海王星的萬靈藥中，他們常可以勾起觀眾非常強烈的愛慕，自己卻無力地困在憂鬱和寂寞的迷霧枷鎖之中，常常沉淪於酗酒和藥癮；他們畢生都在反映別人，從來沒找到真實的自我。很多人在談戀愛時，會無意識地開始表演由來已久的海王星儀式，把自己轉變成一面鏡子，映照出愛人的理想靈魂形象。這可能會透過最微妙的方式展現，當事人常沒有意識到自己在這麼做。但是這個過程必然需要一個人改變自己的天性和反應，才能反映愛人未吐露的救贖需求及夢想。水碰到任何物體，就會隨著物體的形狀改變。當兩個人參與這種無意識的對話時——這其實是共同努力與本源融合——很容易創造一種氛圍，讓當事人覺得著迷又神奇，但又常引起別人的孤獨和惱怒，因為這是如此地排外，又如催眠般地令人恍惚。這整個世界其實不是「愛著愛人」，因為看別人溜進被拴住的伊甸園大門，會讓留在外面的人非常羨慕。法語文雅地將此稱為「兩人共享的瘋狂」（folie à deux），因為這的確是某種瘋狂——如果我們將瘋狂定義成自我意識被原型國度淹沒的狀態。當一個母親完全沉浸在養育新生兒的經驗中時，也會產生同樣排外又如催眠般的氛圍，而許多父親若仍然透過一條強大的臍帶依附著自己無意識的融合需求，就會在某些時刻感受到無預期的強烈嫉妒、憤怒和寂寞，因為覺得太丟臉，他們不會承認這些感受，但這之後卻可能會破壞他們與孩子的關係。

在戀愛的蜜月期時，我們看著這面魔鏡時，會覺得愛人就是我們一直夢想或渴求的理想，顯然就是我們生生世世尋找的靈魂伴侶，終於又再重逢，不過當蜜月期過後，我們又會渴望乾燥的土地，開始做自己的模樣。然後「第一次爭吵」就會發生了，蛇會在天堂花園中虎視眈眈，我們會被趕到真實的關係中，如願地實現最棒或最糟的關係。不過與海王星有強烈連結的人會固執地不斷把別人當成鏡子，畢竟，只為了有利於經營更平凡的俗世之愛就放棄伊甸園，是他們所無法忍受的。不過，沒有人是純粹的海王星人，因此性格的其他面向，像是比較強烈又明確的一面，或多或少都會一直受到限制，無法表現出來——特別是太陽、火星及土星的功能。所以十年過後，當一個人仍在說：「是的，親愛的，我願意做任何讓你開心的事」，真正的意思是：「不，該死，那我呢？」「我」這個字從來沒被說出口，因為鏡子是無聲的。經年累月之後，這過程的必然結果就是深層的、啃噬人心的憤怒，最後透過許多隱密的、有時非常下流的形式表現，這反映在神話中就是閹割去勢，還有原始海洋母親的貪婪面孔。因此，一個人必須完全離開伊甸園，但這永遠都看似是對方的無感天性破壞了這段理想的愛。

鏡子的主題令人回想起母親與嬰兒的連結，因為嬰兒就是透過母親的投射功能，漸漸發現個人的身分意識。在生命之初，我們必須有一面鏡子才能了解自己；否則我們怎麼知道自己的模樣，怎麼知道自己是誰？當一個人的內在確立了性格的輪廓後（透過精神分析所稱的「好客體」的內在投射），就越來越不迫切需要鏡子了。我們會開始接受與別人分離，學著找到反映自己的方式——透過興趣和價值的培養、工作和創造性追求，以及我們的朋友、同事、愛人和我們與自己內在生活的關係。但是一個母親本身如果沒有被母親滋養，自己也未定型，也就是溫尼考特所稱的「不夠好的母親」，就無法當那面鏡子，因為她自己也在尋找一面鏡子，以辨識自己現實的輪廓。此時她就會要求小孩變成她的鏡子。她其實是在跟自己的孩子談戀愛（無論性別），而且透過孩子給她的回應，覺得自己是一個善良、慈愛又有價值的人。海王星的小孩天生就擅長此道，很快就會發現忠實的投射是買到愛與讚美的最佳貨幣。因此這種模式就被安排好了。演員，也許還有精神分析師，都必須善於利用鏡射的藝術才能在工作上有成功表現。這種訓練從出生後就開始了，但一般人不會承認這一點。[7] 當我們在思索合組曲的形象時，會不斷地看到納西瑟斯這號人物，他愛上自己在池塘裡的倒影。在許多詩中提到的「納西瑟斯湧泉」（Well of Narcissus），其實就是「愛之湧泉」（Well of Love），這可以同時從字面和象徵意義上來解釋，因為湧泉就是子宮。海王星的愛就是帶著所有強烈的情慾，追尋一種嬰兒原始融合的消遣。所以不能把愛人看得太清楚，也不能把自己看得太清楚。

> 太靠近看一個形象，只會讓形象破滅；就如太靠近一位女士，就會發現一個真實的女人，

7 如果想要更深入探討療癒者、諮商者和治療師早期的自戀創傷，請參閱Alice Miller, *The Drama of Being a Child* (London: Virago, 1987).

她的情感只會擾亂「真愛」的肉體孤獨。8

海王星的鏡子大廳

海王星的領域是神話與幼兒的交接處。因此，若我們在雙魚世代來臨之前思索一下救贖者教派神話中的鏡子意象，將會受益良多。早期靈知派的文獻中必然有很明顯的敘述。在風雅愛情的詩歌中，愛人的雙眸有如一面鏡子。一個人可以從鏡子的反射中看到珍貴的靈魂本質，若無這面鏡子，靈魂還會繼續深陷在黑暗的泥沼中。但是在靈知派的文獻中，自戀之愛的鏡射是危險的，因為它象徵了墮落。當海王星在愛情的領域中現身時，無論何時，都會出現某種深刻的矛盾。這是真正的靈魂融合嗎？會把我提升，迎向光明嗎？或者這只是一種誘惑的魅力，只會把我拉進黑暗的深淵，用痛苦和折磨餵養我？有一則靈知派的創造神話提到，最初的人類是由上帝創造的，他就像光的純潔之子般地活著，後來他覺得乏味又很虛度光陰，所以向上帝請求靠自己掌控和創造的能力。上帝答應他的請求，但也預示會有不幸的結果。

他（原始的人類）擁有完整控制俗世的能力，可以透過「合聲」，讓無理智的動物臣服，可以穿透穹蒼讓大地眾生見識上帝之美。當她看到他內在永不枯竭的美，擁有所有與上帝形式結合的統御者力量時，她微笑地墜入愛河，因為她已在水中看到人類最完美形式的映照，還有其灑落在地上的陰影。他也一樣，看到自己的形影存在於她之中，就映在水中，因而愛上了那形影，渴望住在其中。此時願望成真，他住進了這毫無理智的形影裡。自然女神接納了這位愛人，毫不保留地擁抱他。他們融為一體，燃燒著愛的火焰。[9]

這個人類靈魂，這位光之聖子，看到自己耀眼的俊美映照在海王星漆黑的水面上，因為迷戀自己的形影陷入輪迴轉世。這個古怪的靈知派故事讓我們看到一種可能會在母親與孩子或是愛人之間出現的動力。這位母親（自然女神）愛上了自己孩子（靈魂）潛在的神性，而孩子也是她渴望的救贖者。孩子也會愛上自己映照在母親眼中的神性。如按照這種方式理想化，無論是父母、孩子、愛人、門徒或病人（甚至是一整群人）都是極度誘惑的經驗，因為這可以讓我們充滿瑕疵的人性獲得光榮的療癒。因為我們相信，如果自己可以拯救所愛的人，我們自己也會變得令人喜愛，然後獲得救贖。我們充滿了神聖全能的狂喜，伊甸園的翠綠美景映入眼簾，

---

8 Zweig, The Heresy of Self-Love, p. 98.

9 源自公元第三世紀*Poimander*, 節錄自 *The Heresy of Self-Love*, p. 11. 括號內文字來自作者詮釋。

一覽無遺。

每個人偶爾都需要這種海王星形式的愛，特別是受到創傷的時候。有些人會對它上癮，沒有它就活不下去，但這代價遠超過他們所能想像。這其實是一種最微妙又最徹底的墮落，會把人帶往空虛和暗地裡自我憎惡的地獄。但一直渴望伊甸園大門能再次敞開的海王星，如何能抗拒這種誘惑？這就像披上了一件完美理想的斗篷後，人便很難再接受自己的平庸，畢竟凡夫俗子不得進入天堂。每段關係經過一段時間後，都會揭露人性，當完美的想像褪色時，就需透過來自完好新來源的愛慕進行定期「修復」。這就是愛情當中最典型的海王星形式。這並不是朝三暮四或無情，儘管在被傷害的人看來的確如此。

很多與海王星連結的人會迫切希望被愛人理想化，而非因自己的本性被愛。他們很恐懼被看清楚本性之後，就一定會被排斥。有時這種完美理想與肉體的美有關，有時則與精神特質有關，有時我們可以在一個無條件地充滿愛的心中找到這種理想。無論是哪一種，這些人都會想像自己原始的人性很匱乏，但是強迫性地追求非人的境界，會破壞快樂的可能性。我們可預見，戲劇、電影和流行音樂的圈子中有很多這類型的人，他們的特殊才華也許不是源自於被理想化的需求，但是他們想要成名的強迫驅力，肯定源自於此。美國影星瑪麗蓮夢露（Marilyn Monroe）的海王星在獅子座，合相上升點，三分金星，並對分落入七宮水瓶座裡木星、月亮這組合相，是這股驅力的最佳個案。其實從事助人工作的人也有同樣的痛苦，只是方式不同。傳統醫生也不例外，他們常會被理想化成救世主，或是美麗的愛人。我們常看到病人愛上自己的精神分析師，也常聽到女人愛上幫她恢復青春的整形醫師，跛腳的士兵愛上協助他康復走路的護士。其實我們每個人的星盤上都有海王星，我們都需要在每一段重要的戀愛關係中，用某種方式來扮演這個角色，無論這個角色有多渺小。當我們不能再扮演這個角色時，我們就會被輕視了。

一個人如果需要認同某種原始的形象，才覺得自己很討喜，按照精神分析的說法，會說這是一種自戀的傷口。這個人的內心中沒有真實感和價值感，只會迫切地渴望愛慕或被愛慕，以在愛人雙眸鏡子中愛上自己。不過，理想化會造成長期黑暗的陰影。我們自覺如此缺憾、罪惡、墮落和卑劣，就會增加對別人的理想化，而我們也需要同樣程度的被理想化，才能有自我價值感。當我們輕視自己時，海王星總是準備好提供祂最浪漫的魔力，而我所見過最悲劇的海王星糾纏，都是發生在雙方完全不自愛的情境中。浪漫愛情的美就在愛之中，這既不病態，也不具毀滅性，是生命最棒的禮物之一。不過當一個人的自尊和自我形象受傷時，或是他或她的性格仍未成型、懼怕生命時，這種海王星式的浪漫愛情就可能導致一種徹底自我貶低的強迫性模式。當美夢破碎時，隨之而來的就是極大的憤怒，會對自己和別人帶來毀滅。比較強壯的自我可以對抗愛人和本身不可避免的原始人性；其他的感情經驗也同樣有價值，能在之後取代理想化。自我對外界的適應能力可以確保我們在一開始就知道愛人只是凡人，同時也是美麗的象徵。所以有些健康的理想化仍然存在，就像某種持續的愛。但是對於由海王星主宰的人而言，對方根本就不是真實的，自己也不是真實的。

> 一個人把自我貶抑投射到愛人身上，是導致戀愛失衡最常見的因素。也許這是最容易了解的機制，美國電影明星喬魯格・馬克思（Groucho Marx）的知名格言是最好的總結：「我不會加入會收留我這種人的俱樂部。」把這句話詮釋在愛情領域中，就意味著如果一個人的自尊心非常低，他就會認為任何真正愛上自己的人，就定義而言都是有缺陷的，都是不夠得體的……同樣的機制當然也讓某些人散發浪漫的誘人魅力，他們看起來無法親近或很矜持，他們擁有人們稱為自戀性疏離的吸引力。**10**

海王星的天性易變，會在風雅愛情的驅力中快樂地扮演愛人或被愛者的角色。在掛滿鏡子的大廳中，這些角色其實是能偷偷地互相變換。海王星既是大魚，也是小魚，既是救贖者，也是熱情的混亂狀態，我們會從中追尋被拯救的機會。海王星既是阿提斯（Attis），也是希栢利（Cybele），既是密特拉斯（Mithras）也是公牛，既是奧菲斯（Orpheus），也是將他碎屍萬段的瘋女人。海王星可以在風雅愛情戲碼中扮演被欺騙的丈夫（或是他的女性版，被欺騙的妻子），因為對故事的進展而言，他的重要性不亞於那對熱情但又挫折的戀母情結愛人。當看到海王星落七宮，或金星對分海王星這類配置時，很難知道這些人會選擇扮演哪個角色，也不知道他對其他有同樣需求的演員將如何表現。這股趨力在兩人的比對盤（synastry）中非常鮮明，我們常在風雅愛情的故事中看到，不單是個人星盤裡的海王星居於重要位置，雙方的其他行星也會經由彼此的海王星串聯起來。此時也常看到與海王星相關的推運，將兩張星盤緊扣在一起——例如，甲方推運的太陽，逐漸合相乙方出生時的海王星。或看到甲方行運的海王星觸動乙方的其他行星。若對海王星的內在世界有些認知，即可以推測故事的本質，儘管無法預測最後的發展。

舉個例子，我的金星合相你的海王星，你會從我身上，體驗到與原始來源（海王星）的深刻融合，透過我對你的愛慕（金星），或（如果我們沒有交往的話）只是因為我的某些天生特質，讓你感到愉悅。若當下另有足夠強烈的行運觸動，你可能會在精神上和肉體上獲得啟發和靈感（海王星），但也可能因為自身強烈的渴望感到憤怒或受到威脅。假設我們發展出一段關係，你會試著將你認為我最渴望、最重視的特質（金星），投射回我身上（海王星）。與此同時，你害怕失去自主權（海王星），你因為抹滅自我而感到憤怒，這些都會讓你試圖微妙地破

10 Person, *Love and Fateful Encounters*, pp. 190.191.

壞我的自我價值感（金星）。你甚至樂於想見到我無助或被羞辱（海王星的投射），因為在意識或無意識中，這就是你對自己的感覺。儘管海王星十分理想化，但祂總是在投射，不會直接表達，最終可能由於一種因依賴而生的憤怒，導致金星這方受傷、沮喪。如果關係失敗了，海王星會責怪金星欺騙和玩弄操縱。但是，如果我的海王星對分你的金星或月亮，理想化和幻滅將是你來我往的，雙方就可演出被痛苦支配的風雅愛情的夢想。更進一步，如果我們兩人的出生盤中都有海王星特質和問題的傾向，那麼這樣的夢幻終將破滅和瓦解，夢醒時分徒留憤怒、幻滅和自艾自憐，而對我們各自而言，這類議題也可能並非頭一回經歷。

榮格在書中描寫的阿妮瑪類型（他沒有提到阿尼姆斯類型，但我們可以自行定論）是與投射的過程有關的。他認為女性基於環境與結構上的因素，沒有體驗過穩固的自我感。所以女性反而會去認同阿妮瑪的原型人物，也就是永恆的女性形象，這既是虛構的，也部分代表了無意識的救贖潛力。這樣的女性時常無法抗拒許多人，所以她需要某種力量。認同阿妮瑪會產生某種有迷人又誘惑的氛圍，好像能滿足所有人的需求，這常會導致一連串的失望，但還是會有得不到回應的追求者在門外大排長龍，每個人都追求能實現一種無法言喻的夢想。

> 這（女性的母親情結）會導致她認同母親，麻痺了女兒自發的陰性本質。她會把自己的性格完全投射在母親的身上……女兒就像個影子活著，時常明顯地被母親榨乾，還會透過某種持

續的血水交融延續母親的生命。這些毫無生氣的處女不可能躲過婚姻。儘管她們虛無又被動，她們在婚姻市場中卻行情很高。首先，她們如此空洞，可以讓男人任意在她們身上灌輸任何幻想。此外，她們如此地缺乏意識，導致自己無意識做出無數無形的試探，這可是名副其實的章魚觸角，會吸收所有的男性投射；這會帶給男人極大的歡愉……女孩惡名昭彰的無助，就是一種特別的吸引力。[11]

榮格在這裡描述的，可是會導致婚姻災難的海王星食譜的心理背景：一種無意識情結會導致女性無法與母親分離，無法靠自己的力量形成自我。儘管榮格描述的現象是根據他在瑞士的觀察，當時是一個比較早期、比較欠缺社會「啟蒙」的時代，但他的觀察並不過時。我遇過有許多這種問題的女性，她們仍未完整發展出自我，儘管在今天，她們不總是像榮格描述般無助，許多人都戴上能幹和自立的面具，對自己和別人隱藏了這個問題。她可能終其一身都犧牲了個人的實現，這不是為了母親本身（意識中時常鄙視的角色模範），而是為了母親的痛苦代理人，包括愛人、丈夫、朋友、孩子和個案，這些人會私自地希望能拯救別人或被拯救。如果

11 C. G. Jung, *Collected Works*, Vol. 9, Part 1, *The Archetypes and the Collective Unconscious* (London: Routledge & Kegan Paul, 1959; Princeton, NJ: Princeton University Press, 1968), p. 169. 括號內文字來自作者詮釋。

星盤呈現較為依賴的性格，這模式就變得明顯，如果星盤沒有這種特質，這模式就將被隱藏，而通常是藉由出生盤中月亮與海王星的困難相位來反映。

榮格還提到，當一位女性非常激烈地抗拒母性的連結、想要脫離它時，會出現所謂的「過度發展的厄洛斯（Eros）」。她如果還跟母親保留無意識的臍帶，她的自我就會變得僵化，這可能讓她變成激進好鬥的女性主義者（這在榮格的時代很罕見），也可能變成女性主義運動所鄙視的蛇蠍美人或「萬人迷」。這種不擇手段的婚姻破壞者會全面逃離母親，而這位母親是純粹本能的、基本上發展不全的，絕對是女神蒂雅瑪化身的，她最後會帶給女兒自身本能和情感天性的發展不全，這種天性仍然飢渴又殘缺，且會投射成她所選中的男人心中的妻子角色。

> 女兒會反應性地強化自己的「厄洛斯」，其目標鎖定某些仍試圖從強勢的「女性—母性」生命元素中獲得救贖的男性。這種類型的女性被婚姻伴侶的無意識勾動時，常會出自本能地介入。她會干擾一種舒適自在，這對一位男士的人格而言是非常危險的，但常會被他認為是忠實的婚姻伴侶……這種類型的女性常會把她的「厄洛斯」的熾熱光芒映照在一位男性身上，他的人生都因為對婚姻的牽念而窒息，而她也會因為自己的行為產生道德衝突。然而若缺乏衝突，永遠不可能出現意識的人格。[12]

我們一開始可能很難理解，這位「無助」女子怎麼會與萬人迷，或是以意識形態為名而激烈抗拒所有女性化集體象徵的女子，有如此多的共同之處。不過我們只要思考一下，就會發現第一類型和第二類型的女子，必然會在她們渴望的男性的身心折磨當中，與對方一起引導宿命的相遇。第三類型的女子往往是第一類型女子的女兒，她終其一生都在對抗無助和犧牲，她認為這不僅是自己母親的形象，還是所有女性的處境。海王星偏愛三角關係，而它們就是非常明確的一種。任何海王星型的女性如果認同原始的母親，就會導致她欠缺明確的身分意識，這會迫使她總是透過與另一個她能投射的「他者」建立關係，從中體驗自我。海王星很喜歡扮演被折磨、被欺騙的妻子，或是最後注定會挫敗的愛人（「我知道他愛我，但是他因為小孩不能離開她」）。海王星也會扮演專制父權世界的受害者，而其激烈的憤怒常會掩蓋真相，真正的壓迫者其實不是外在的父親，而是內心的母親。

海王星的幻滅

當你最後得到了無法擁有的人時，現實會變得如何？那些海王星與金星、火星、太陽或月

12 *Collected Works*, Vol. 9, Part 1, p. 176-177.

亮形成困難相位的人也許會知道答案：幻滅。他們有時會把這種幻滅表現成對愛人的身體「關掉開關」。當海王星近距離看著對方，夜復一夜，魔法就蕩然無存了，剩下的只是人性和日益衰老。海王星曾經因為幻想愛人的肉體有一天會屬於自己，因此慾火焚身，如今只會殘忍地強調愛人雙頰上的斑點、嘴唇上方毛髮過多、腰腹有「救生圈」，早上有口臭。完美只能停留在幻想世界裡。當一個幻想從天堂墜落，就像伊卡洛斯融化的翅膀一樣，就必須出現另一個幻想。這世上充滿了不快樂的中年女子，她們遭人拋棄，被適婚的年輕花朵取代了。這部分是因為她們的丈夫無法面對妻子身體的老化，或是更重要地，無法面對自己的老化。部分也可能因為其中有些女人就像她們消失的伴侶一樣，耽溺於融合的夢想之中，從來沒有靠自己的力量成為獨立個體。她們也可能不再對伴侶感興趣，因為她們對自己也沒興趣。老化就暗示著死亡，而伊甸園中沒有死亡的位置，也不歡迎個人身分意識。對於雙方而言，在海王星的愛情國度裡最大的痛苦來源之一，就是在面對愛人的肉體現實時有一種永久又無法言喻的性趣消失。無論多美麗的肉體，都會擋在原始融合的中間。它們會凝聚亂倫幻想的焦慮，其可能造成的可怕結果，也會凝聚對死亡的恐懼。

海王星複雜的浪漫有時會表現成性無能或性冷感，而這可能就發生在性行為的當下。我們很常在不倫戀的初期看到這種情形，此時期盼與焦慮發生衝突，親密的可能性勾起了拋棄的恐懼。但這有時也是一種持續性的問題。一個人可能對自己許下感情承諾的對象燃不起熱情，卻被遭人暗中鄙視的伴侶勾起強烈的興趣——對方可能是妓女，或是來自「低等」社會或種族團體。榮格把這種難題稱為阿妮瑪和阿尼姆斯「分裂」的結果，因為情慾感覺和理想化朝各自的方向前進，而且看似命中注定、卻永遠無法在同一個人的身上相遇。人們常用這種方式來牽制焦慮感，而這都源於海王星吸引力中的亂倫成分。這不只讓伴侶顯得很可悲，有這種問題的人也很可悲。他或她會背負著相當沉重的罪惡感和羞恥心，最後可能因為這種罪惡感，毫無意義地造成極大的傷害。

就海王星二元論的世界觀而言，身體與心靈的分裂是很基本的元素。若從心理學而非神話的觀點分析，我們又回到了理想自我的領域中。在那種狀態下，情慾和情感經驗的原始融合都可獲得滿足。母親與小孩的早期關係帶有性別成分時，就有可能出現這種狀態——換句話說，當母親的行為帶有誘惑的成分時，會勾起小孩心中的禁忌感，小孩會很害怕這些感覺的力量和暗示。這跟侵犯兒童並不相同。這種誘惑行為通常是完全無意識的，也不會有任何肉體的主動涉入。這可能發生在任何性別的孩子身上，因為這是一視同仁的情慾主義，而不是主動的性慾。會出現這種情形，可能是因為母親在婚姻裡不快樂又挫折，卻同時發現哺乳的經驗、與孩子親暱的皮膚接觸以及情感的親密性，非常能勾起慾望。這種情形也可能出現在當母親把孩子視為自己痛苦的救贖者，因而出自本能地想要試著透過操縱孩子的感情和情慾需求，而把孩子與自己綁在一起時。這是很常見的情形，但一般大眾常會忽略這層比較深層的自我。不過，這會在海王星小孩身上留下持續的性傷痕，而這種小孩已經帶著過分的罪惡感了。亂倫禁忌是很脆弱的界線，任何一個小孩都很難應付這種情慾的感覺，還有伴隨而來的焦慮感。母親如果逾越了這道界線，無意識中將小孩變成了自己想像中的愛人，小孩長大成人後，就會發現情慾刺激和依賴需求之間的相似性實在太具威脅性，令人無法承受。

海王星的幻滅有時候並不特別是在性方面，但是會像瘴氣一樣悄悄蔓延，慢慢產生一種感覺，讓一個人認為關係已經失去了其中的「神奇」。在這個人眼中，愛人不再是令人愛慕、永遠殷勤的神性父母，之後這個人就會有其他興趣，或是心情不好，或是展現了嚴重的人性缺點。在最糟糕的狀況中，之前的救贖者（愛人）可能會變得需要救贖。這個人必須停止投射，而天堂的承諾已經變成一種欺騙。接踵而來的分離感，可能會勾起無法忍受的寂寞，這只能靠著找到另一個人或另一件事來提供必要程度的融合，才能紓解寂寞。這也可能引起恐怖的憤怒和痛苦。

愛情之中的理想化，當然有廣泛不同的本質和結局。其中一種極端表現就是不現實和原始的理想化，另一種極端則是比較區別和現實的類型。理想化的程度如果越不現實，越神經質，經過一段時間後就越可能瓦解，瓦解時就會產生極大的憤怒。13

海王星的理想化——把救贖者投射到愛人身上——本質上並不是「神經質」，但一定是非現實的，因為沒有人能提供我們神性的救贖。另一個人可能激發靈感，激發心靈的開啟，讓我們可以一瞥海王星的療癒水域，這是海王星在愛情中最具創造性的面貌。但是這個人並不是救贖者，救贖者其實存在於內心之中。當理想化粉碎時，會讓我們徹底絕望，陷入絕對的黑暗。理想化會覆蓋現實，因為這個人在一開始就不想要一個真實的伴侶。這是「愛得太深的人」常見的話題，但是其中的感情到底是愛，還是某些比較原始的東西，仍值得商榷。浪漫時期文學的「愛之死」（liebestod）也不是「神經質的」，這是華格納在《崔斯坦及伊索德》中細緻表現的愛與死亡，也是海王星希望能在人類關係中找到的東西。但是這東西是原始的。「愛之死」的古語就存在於它的原型本質中，因為類型的愛其實是遺忘水域中真正的消融。情慾的熱情只是通往它的道路，而非它真實的實現。幻滅就是它的代價，如果幻滅的程度太劇烈，而這個人又沒有成熟到能承受隨之而來的憤怒和痛苦，甚至可能因此付出死亡代價。一個人因為愛人離開而自殺（不同程度的自殺），或是一個人摧毀（不同程度的摧毀）了不忠實的愛人，這一點都不浪漫。這些行為不是源自於冥王星迷人的「激情的犯罪」（crime de passion），這表達的是

13 Person, *Love and Fateful Encounters*, p. 195.

被拋棄的海王星末日般的毀滅。

我們有時可以在想像的國度中，替海王星不可避免的浪漫幻滅找到安慰。創造的過程很像墜入愛河，但仍需要個人的詮釋，還有把幻想化為現實的世俗紀律。因為海王星的理想化不屬於另一個人，而是屬於我們自己的靈魂，所以也許最終「注定」要以創造的形式表現。我們所有人都把童年的渴望當成多餘的包袱扛在背上，我們必須不顧那重量，找個方式昂首闊步往前走。不過我們不像但丁（Dante）、諾瓦利斯（Novalis，十八世紀德國浪漫主義詩人）、白遼士（Hector Berlioz，十九世紀法國作曲家）或多恩（John Donne，十六至十七世紀英國玄學派詩人），我們無法輕易地找到勇氣，透過詩或音樂表達我們失望的夢想，因為我們很害怕在大眾挑剔的眼光中，表現了自己的「才華」不足。但我們必須嘗試，這是為了別人，也是為了自己，即使我們只是私下試圖創作，之後把作品鎖起來。把海王星從感情的病態轉化成創作絕非易事，這需要極大的努力。我們每一個人心中都有海王星，隨時準備抱怨對關係的失望。在那當下，這類的抱怨聽起來很合情合理，但當我們認清了其中根深蒂固的不相容，就會發現它們有截然不同的調性和動機了。然而，擺出陰鬱的受難姿態也不是解決之道，這只是海王星銅幣的另一面。對於海王星的人而言，學習分辨自己、愛人和神性來源，可以提供一個比較適度但可行的救贖方式。

愛情中的海王星：兩個個案史

知名演員的愛情生活通常都浸淫在海王星中。就某些部分來說，是因為演員通常有濃厚的海王星特質，就是一種非常明顯的海王星職業，而浪漫的理想化必然會變成兩位「明星」之間部分的吸引力——他們兩人已經習慣扮演所有角色，除了自己。明星的戀愛關係，通常都是從他們在電影或舞台上飾演情侶時開始。這種關係隨後可能會透過激烈的職場競爭或極度的幻滅宣洩，到達我們一般人無法碰觸的美和狂喜，然而，當事人通常也會深墜入滿是情感和肉體的暴力、上癮或瘋狂的黑暗深淵。我們可以透過名人的愛與悲傷，間接地體驗些許海王星海洋國度的魅力和壯闊。即使在這令人疲倦的、千禧年降臨的前十年期間，社會、政治和環境問題需要我們急迫的關注，我們仍然會對海王星的情愛起伏迷戀不已。

二十世紀兩段名人婚姻的簡短歷史——勞倫斯・奧立佛（Laurence Olivier）和費雯・麗（譯按：Vivien Leigh，鑑於台灣讀者較熟悉「費雯麗」全名，後文都以全名出現），還有李察・波頓（Richard Burton）和伊莉莎白・泰勒（Elizabeth Taylor）——能提供豐富的資料，讓我們看到海王星如何在浪漫愛情的領域中運作及玩樂。如今，那些私通已不再像從前那般令人震撼：但這些事發生在很久以前，在那個時代，拋棄丈夫和妻子可是件嚴重的事，儘管如此，他們仍述說了永恆的故事。他們不像比較現代的名人醜聞帶給我們淫亂敗壞，他們幾近風雅愛情的夢想，保留了一種浪漫純真，我們如今則常會用一種小心粉飾的憤世忌俗心態看待這種純真。這兩段私通之間也有詭異的相似處。這其實並不令人驚訝，因為我們正在處理一種我們曾經釋放過的原型模式，不管參與者如何有意識地努力，這種模式會按照自己的進程發展。這兩段關係都持續了很久，顯然有某種遠比海王星夢想更堅固的東西，讓這兩對夫婦能一直在一起。不過這兩段婚姻還是充滿了海王星的疾病、崩潰、酒精問題、暴力爭吵、不忠、狂喜熱情和恐怖幻滅的模式。兩對夫妻都沒有生孩子，即使他們都迫切渴望能透過結合中得到。兩段關係的最後，都是其中有一方找到了新歡。但是在兩對夫婦中，都有其中一人不曾真正地從破碎的婚姻中復原，並在幾年後就與世長辭了。

「賴瑞和費芙」

在此我們不適合介紹勞倫斯・奧立佛或費雯麗豐富的個人生命歷史，關於這個部分，讀者可以去看相關的自傳。也許最能啟發人心的就是這些天才演員演的電影，其中有些是史上最出色的。費雯麗一生當中大部分的時間都飽受躁鬱症折磨，隨著年紀增長，病情也更加嚴重。這讓她的私人生活（還有奧立佛的）有如地獄，但也讓她部分的表演充滿強大的力量及魅力。她最棒的角色是電影《亂世佳人》（*Gone with the Wind*）的郝思嘉（Scarlett O'Hara），還有《慾望街車》（*A Streetcar Named Desire*）的布蘭琪・杜波依斯（Blanche DuBois）。奧立佛有許多優秀的舞台和螢幕演出成績，但最能喚醒人心的就是他第一部電影的角色——《咆哮山莊》中痛苦的希斯克里夫（Heathcliffe）。當一個演員的星盤組合剛好符合他演出的角色時，就會發生非凡的事情。占星學子可以從這位演員上升點附近的冥王星，及冥王星四分土星的相位中，對冥王星有更深入的認識。這也近乎完美地呼應了創造這位角色的作家（編按：艾蜜莉．伯朗特Emily Jane Brontë），作家的冥王星合相土星，而冥王星正是她上升星座的守護星，並三分她的上升點。（參閱圖表六和圖表七）。

奧立佛和費雯麗都是野心勃勃的年輕演員，兩人都已經結婚，各自有一個小孩。他們在一九三五年的耶誕節相遇，當時奧立佛二十八歲，費雯麗二十二歲。他們熱烈地陷入愛河。當時行運的海王星正在處女座中間徘徊，停留在處女座十六度，非常接近奧立佛出生盤的月亮，同時三分他落入八宮摩羯座的火星。行運的海王星也四分他的上升點。隨後的幾個月，這段婚外情萌芽的時期，海王星繼續在出生盤的這些位置上來來回回。經歷這類行運時常會出現熱情又強烈的浪漫投入，特別是「非法」的戀情。其中牽涉了傳統上與愛情（五宮）和性表達（八宮）有關的宮位，行運中的海王星合相出生盤五宮內的月亮，意指會出現生命初期階段的極樂渴望。另在奧立佛的推運盤中，海王星也相當活躍。推運的上升點進入與推運海王星合相的容許度內，推運的天頂則三分出生盤的海王星。由此可見年輕的勞倫斯，無論是否故意希望如此，他都即將要面對大洪水的來臨。

奧立佛男爵的出生盤並沒有明顯的海王星特質。太陽與月亮並未與海王星形成相位，海王星也不居於四交點上。上升點附近的冥王星四分月亮，顯示他的魅力源自冥王星帶有邪惡氣質的性吸引力，透過上升雙子的靈活心智、敏捷地肢體和出色的演技呈現出來。不過，奧立佛的太陽和水星落入十二宮，這是海王星的先天守護的宮位，暗示著他對集體靈魂如水般的世界具有深刻的感受性。所以他能扮演任何角色，因為他能與所有人融為一體。此外，他出生盤裡的海王星與巨蟹座的木星合相，而木星守護了七宮，這組合相對分八宮中摩羯座的火天合相。因此可以預期地，在他的關係與性議題上，能看到海王星浪漫的理想主義和對融合的渴望，對抗偶爾略顯無情的自我意志以及從任何威脅個人自主的糾纏中脫身的巨大抽離能力。費雯麗最主要的失望之一，就是他在性議題上逃避她——表面上是因為他的工作耗盡了他所有的精力，但也許是因為她的感情需求觸動了他的火天合相，導致他突然地退縮。由於奧立佛的出生盤的土象特質和自給自足的偏見傾向，故火天合相的特質將更容易展現，而海王星較為脆弱和神祕的特質，便會投射在他的戲劇作品和伴侶上。當行運的海王星經過他出生盤上的月亮時，他遇見了深埋於肉體中的混亂渴望。

費雯麗的出生盤上也沒有明顯的海王星特質。太陽與月亮皆未與海王星形成相位，但海王星卻居於四交點，從三宮尾合相天底，也合相火星，火星是她七宮的守護星。海王星寬鬆四分她的上升守護星金星，並三分七宮內的水星。最後，海王星還對分位於天頂的天王星。可以預

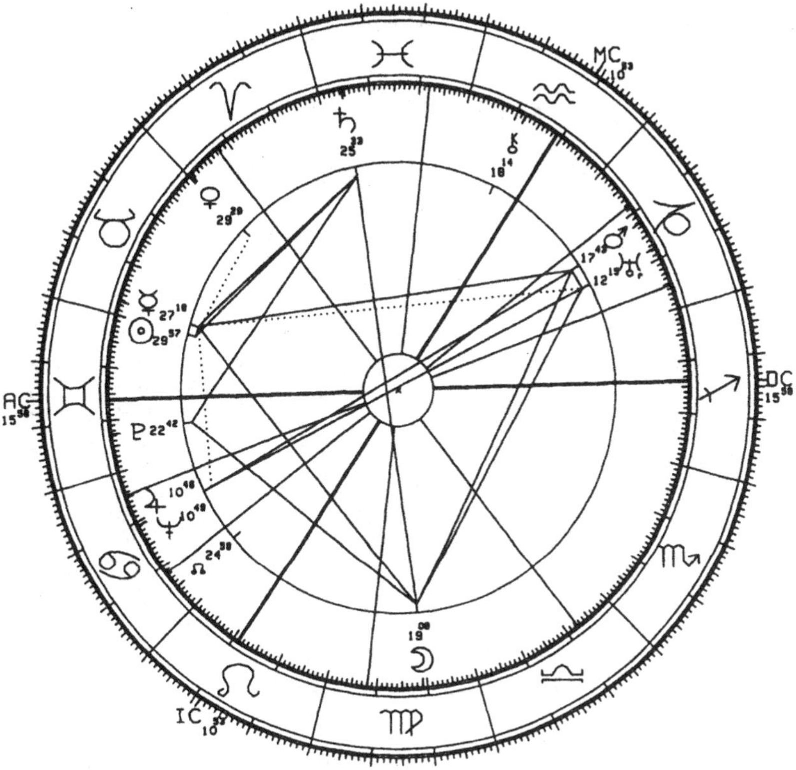

圖表六　勞倫斯·奧立佛

1907/05/22 5:00 A.M. GMT, 英國多爾金（Dorking）。回歸黃道，普拉西度分宮制，真交點。來源：*Internationales Horoskope-Lexikon*。

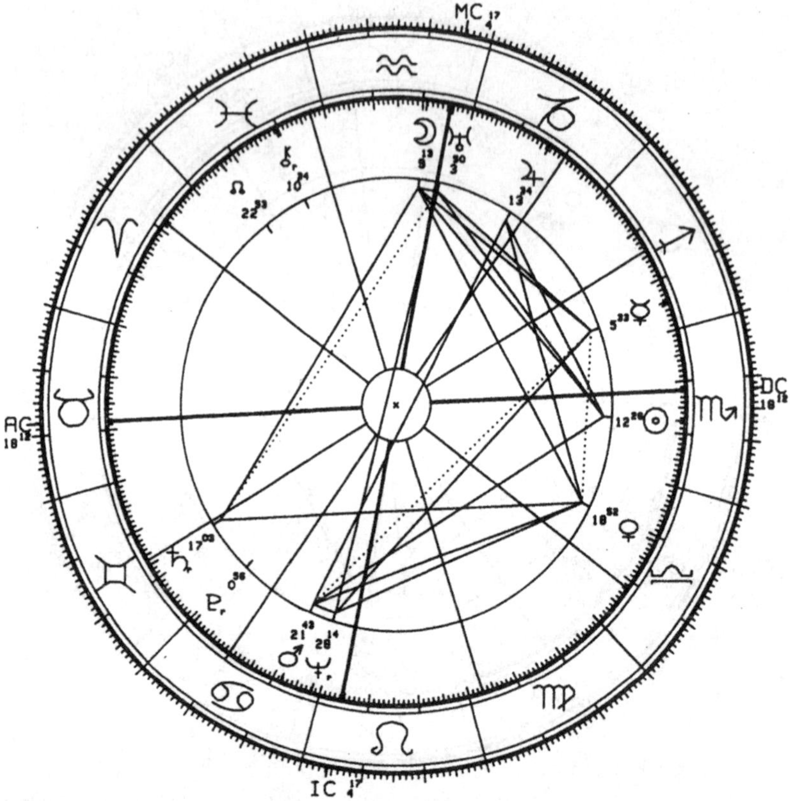

圖表七　費雯麗

1913/11/05 5:30 P. M. LMT （11:37 A.M. GMT），印度大吉嶺（Darjeelin）。回歸黃道。普拉西度分宮制。真交點。來源：*Internationales Horoskope-Lexikon*。

見她將透過關係來展現海王星的能量。位於四交點的海王星，比位於固定宮位裡的海王星更具能量，費雯麗的出生盤有利於海王星，因為其中的水元素特質處於主導地位。她的出生盤內有個水象大三角相位，包括太陽、冥王星和凱龍星。另有三個行星落入巨蟹座，一個行星在天蠍座，一個行星在雙魚座，意味著她的性格比奧立佛更容易進入感覺領域，也會更明確地表達感覺。此外，只有木星落入土象星座（儘管上升點是土象的金牛座），反映出她很難在現實生活中將幻想落實。

費雯麗的精神崩潰史也許和她出生盤內許多不同的因素有關。並非單一的相位或組合是她躁鬱症的「標誌」。她天生的固著性質顯示出強大的力量，但也暗示她一旦確立了某些事物，她的慾望和目標就會與現實產生激烈的衝突。她的海王星合相火星，暗示著她可能會訴諸憤怒又操縱性的手段，以削弱對立的力量。月天合相在天頂，海王星位於天底，反映出她與父母有許多問題，在她看來，父母的婚姻可能也不斷地處在破碎邊緣。月天合相也象徵著她的一生，可能都會籠罩在源自於童年時期的強烈緊張及焦慮。而火海合相落入三宮巨蟹座，顯示她對現實的理解很容易被心情和幻想扭曲，而她深深依賴別人的愛與肯定，將干擾她的決策能力。土星四分凱龍星顯示了她深刻的個人匱乏（土星在二宮）和孤寂（凱龍星落入十一宮）。當她遇到奧立佛時，行運的海王星正要啟動她的土凱四分相，並緊密四分土星。與此同時，行運的冥王星也反複地通過出生盤的海王星。由於海王星位於天底，與費雯麗對父親的認知有關，值得注意的是，她的父親是長期的花心漢。他也是業餘演員，而她非常崇拜父親。[14] 奧立佛出現時，她推運的金星剛好趨近下降點——這是愛情與婚姻的傳統象徵。但是兩人相遇時，行運的冥王星也剛好通過她天底的海王星，所以這也像啟動了她的深層渴望，想要追尋一個理想化卻難以捉摸的父母，一個她從來不曾真正得到的父母。

這段婚外情一開始祕密進行，但後來被攤在世人眼前，在他們結婚之前的那幾年，彼此熱情絲毫不減。這並不令人意外，因為當愛充滿焦慮和期待時，海王星通常會表現出最美好的一面。海王星和婚姻有時就像災難性的結合，吟遊詩人非常清楚這一點。奧立佛把這形容成「純潔、強勁的、無法控制的、熱情的愛」。[15] 他們兩人都無法成功地辦好企求的離婚，最後都拋棄了原本的家、伴侶和孩子，同居在一起。在這段時間，行運的海王星與冥王星繼續分別地與奧立佛的月亮、費雯麗的海王星形成合相。與此同時，行運的土星正要對分奧立佛的月亮，四分他的上升點。這讓他雖然身處對費雯麗迷戀中，但是對於家庭生活的瓦解感到痛苦萬分，也深深自責。費雯麗則顯然完全不後悔。行運的凱龍星經過她的土星，而行運的海王星則繼續四分土星，但是她當時並沒有為這些帶有悲傷和不確定性的不快樂相位，找到表達情感的方式。她的情緒雖然很不穩定，但是還不像之後那麼嚴重，後來她必須要用鎮定劑、住院和電筋攣療法以維持精神狀態。無論她體驗到什麼罪惡和悲傷（她畢竟是在天主教家庭長大的），她把所有跡象都壓抑下來。在這段期間，費雯麗達成了她最渴望的職業目標，就是飾演郝思嘉，但是她痛恨好萊塢，也就是他們當時居住的地方。在那裡，人們並沒有指責他們的婚外情，就像之後對待波頓與泰勒的私通也是一樣。如果真有什麼，反倒是當全世界都淪入戰爭的黑暗之際，「賴瑞（奧立佛的暱稱）和費芙」只被人們視為勇敢和耀眼的光芒。一九三九年十二月，美國雜誌《電影劇》（Photoplay）曾經發表以下的海王星式的觀察：

> 他們各自都有一個孩子，可能永遠都無法再見上一面。他們可能會聽到一些非常嚴厲的話。英國人對這種事從不會矯揉做作地說話，而賴瑞和費雯麗非常在乎這一切。他們都會被一種熱情和活力感動，這讓他們非常在乎所有事情。但是他們更在乎彼此。他們在乎彼此勝過於金錢、事業、朋友或刺耳的話，甚至於生命本身。[16]

奧立佛和費雯麗終於在一九四〇年八月三十一日結婚。當時行運的冥王星已經離開費雯麗的海王星，佇立在天底，並對分出生盤裡的天王星。她的整個世界都被破壞，然後重建。行運

14 Alexander Walker, *Vivien* (London: Orion Books, 1994), p. 43.
15 Alexander Walker, *Vivien*, p. 154.
16 Alexander Walker, *Vivien*, p. 178-179.

的木星停留在金牛座十五度，對分出生盤的太陽，合相上升點，並對分推運中的金星，以上都反映了她對美好的期待。但行運中的木星與土星即將合相，停留在金牛座十四度。可能為這段新的婚姻會帶來限制、傷害和失望，雖然她當時並不知道。當他們結婚時，行運的凱龍星取代了行運冥王星位於巨蟹座尾端的位置，與她的海王星合相。這再次強調了她的父親與新丈夫之間的關聯性。就在此時，行運的海王星開始來回地四分奧立佛的冥王星，對分他的土星。長久以來他一直自己掌控人生，但現在面對了一個他無法控制的局面。此外，行運的天王星正逐漸合相他出生盤的水星與太陽。這個合相大約會持續三年，而他在此時達到了事業的高峰。

在一開始，海王星的神奇水域中看不到鯊魚的跡象。但是費雯麗在工作上的表現前後不一，常遭到影評猛烈批評。她的情緒不穩定變得更明顯了。影評人亞歷山大．沃克（Alexander Walker）曾說：

> 費雯麗在當時發現了一件事……而這潛隨著她的野心，最後攪亂了她餘生的情緒平衡。她發現自己演過的角色，會出現在她和即將要演的下一個角色之間。每當她長時間投入一個角色……她就很難擺脫掉那個經驗，很難把這個角色移出內心，甚至很難將劇裡的對話從記憶中抹去。她到了晚年時……將演過的角色重疊在一起，這就像累積了不同的身分意識，當她狀況不錯時，她的眼中和心理都沒有這些東西，但在一些災難的循環時，這些東西會突然地、無法

控制地再次占據了她。[17]

她也因為不斷流產飽受折磨。一九四四年六月，她第二次流產後，發生首次嚴重的精神崩潰。這段時期，行運的冥王星已完成與天王星的對分相，轉而對分出生盤上的月亮，當她崩潰時，行運的冥王星正停在她月亮和天王星的中點上（編按：此中點為固定星座六度的位置）。行運的海王星和土星分別四分、合相出生盤的冥王星。另行運的天王星即將四分出生盤的凱龍星，當時行運的凱龍星也正緊密對分（編按：原著為四分，但經行運確認後為對分）出生盤的凱龍星。這一系列恐怖的相位反映出深層的痛苦、焦慮、迷惑、可怕的不足感，同時爆發了原始的情感，其中包括極強烈的憤怒。這些感覺也許不只圍繞著失去孩子的痛苦，也圍繞著早期與女兒和前夫分開，還有更久以前與父親有關的傷痛。她的救贖夢想似乎無法成為現實。在接下來幾年，費雯麗的狂躁和憂鬱狀態越來越頻繁。奧立佛無法理解她發生了什麼事，試著支持她，卻無法提供她所需要的、絕對和無條件的愛。一九四九年，她告訴他，自己不再愛他了，開始與演員彼得・芬奇（Peter Finch）出軌。當時行運的海王星即將合相她的金星，救贖再次引誘著她，儘管這一次是

17 *Vivien*, p. 184.

透過另一個救贖者。而行運的海王星則分別四分奧立佛的木海合相及火天合相。這段愛情在海王星的良好相位時萌芽，卻在海王星的挑戰相位中崩解。他們沒有離婚，但漸行漸遠，越來越少在一起。費雯麗這段時間的精神崩潰越來越嚴重，她與芬奇的婚外情也斷斷續續。那時行運的土星與海王星，均四分費雯麗出生盤的火海合相。奧立佛並沒有抱怨她的出軌，反而在她需要住院時出現協助。在海王星的惡夢中，他設法維持自己的神智清明，還有高品質的工作，展現了金牛座的耐力。他最後提議離婚，剛好當時也遇到了瓊．普洛萊特（Joan Plowright），她後來變成他的第三任妻子，也是他最後一個妻子。奧立佛和費雯麗在一九六〇年十二月離婚。當時行運的海王星慢下腳步停留在天蠍座十一度，合相費雯麗的太陽，三分奧立佛的木海合相。海王星行運對費雯麗而言，象徵了最終的痛苦幻滅，也放棄了終其一生的夢想。儘管她也有了一段新的關係，但是從她病情加重，到因為肺炎加上用藥過量致死，只有短短六年半的時間，這意味著天堂樂園的大門一旦被永遠地關上時，也沒什麼值得繼續下去了。

當我們比較兩人的出生盤時，正如眾所預期的，海王星在雙方的比對盤中非常活躍。費雯麗的海王星緊密四分奧立佛的金星。她把他的俊美和優雅理想化了，也許也回應了他寂寞的光環（金星落入十二宮），而這正是他主要的魅力所在。也許她感覺到他需要被救贖——這一點無庸置疑，他的確如此，他的金星落入十二宮。她的海王星也與他落入三宮的北交點合相，暗示了她也因為他語言表達的天賦，將他與別人接觸的能力理想化了。奧立佛的海王星則四分費雯麗的金星，並三分她的太陽。他也將她理想化，不僅是她的美貌，還有她情感的深度和複雜。在本章節稍早，我曾粗略提及金星與海王星的典型對話在兩張星盤中的交互關聯。在此我們可以看到這在現實生活中是如何展現。奧立佛最後感覺被妻子吞噬了，感受到妻子透過不斷崩潰來操縱自己，因此變得越來越疏離。她則覺得幻滅、被背叛，也越來越難控制自己不斷滋生的憤怒。雖然是她和芬奇的婚外情讓這段關係開始走向終點，但某種程度上，她可能是想藉此刺激他，重燃他的熱情。他對婚外情的寬容，變成了對她最後的侮辱。當然他倆除了金星與海王星的相位外，還有許多其他重要的比對相位。像是奧立佛的月亮三分費雯麗的上升點，六分她的太陽，這類相位在傳統上象徵了和諧與相容。而奧立佛的月亮四分費雯麗的土星，便是傳統上摩擦和情感不滿足的預兆。當他倆開始進入關係時，在活躍的海王星行運及推運背景下，比對盤中強勢的金海交集相位就反映出海王星浪漫愛情的所有主題——祂的狂喜、痛苦的幻滅、迷惑和悲劇，還有從骯髒卑鄙到無法形容的各種經驗。

最後，這段關係的組合中點盤（composite chart，以下簡稱組合盤）值得我們檢視，因為這張盤凸顯了金星及海王星的交叉關聯。在組合盤中，金星合相海王星，同時對分天王星（參閱圖表八）。意味著他們不僅會有典型的浪漫理想化和幻滅，同時也會出現一種衝突，一方面渴望融合，另一方面又會有強烈的衝動，不惜任何代價在關係中維持自主。組合盤裡的金海合相落在費雯麗出生盤的火星上，對她而言，這段私通的神話本質不僅帶來了強烈的性刺激，同時也毀滅性地破壞了她的獨立和決策能力。她已經有扭曲周遭世界的傾向，當丈夫在身旁時，她特別無法把事情看清楚。當組合盤的相位與個人出生盤的行星形成緊密相位時，就能非常精準地看出這段關係的能量將如何影響這個人。組合盤的金海合相落在奧立佛的北交點上。組合盤中，月亮準確地四分凱龍星，而此組相位與奧立佛出生盤的太陽形成衝突。這段婚姻讓他的事業更上層樓，卻妨礙了他金牛座對穩定和平靜私人生活的需求。然而組合盤的海王星不斷受行運觸動也與此有關。他倆結婚時，行運的凱龍星經過組合盤裡的金海合相，象徵是浪漫的幻想和共同的傷害將彼此緊緊相繫。行運的凱龍星如同一個觸媒，帶來潛伏或未成形的實際議題。我已在他們各自的出生盤和組合盤中看到凱龍星發揮作用，凱龍星具有土象特質，猶如土星，會將傷害和助人的潛力具體化。此張組合盤中金海合相象徵的「愛之死」，即是行運凱龍星來到此位置時，變成了一段實際的婚姻。而當行運土星對分組合盤的金海合相時，這段婚姻和「愛之死」便宣告結束，因為殘酷現實的介入以致塵埃落定。費雯麗辭世時，行運的海王星精準地四分組合盤裡的太陽。當行運的海王星合相費雯麗的太陽時，這段關係正式結束，而行運海王星四分組合盤的太陽時，則是一種更徹底的結束。這段關係和她的生命令人感傷的結束，就像這整個婚姻一樣，都沉浸在海王星渴望返鄉的哀愁中。

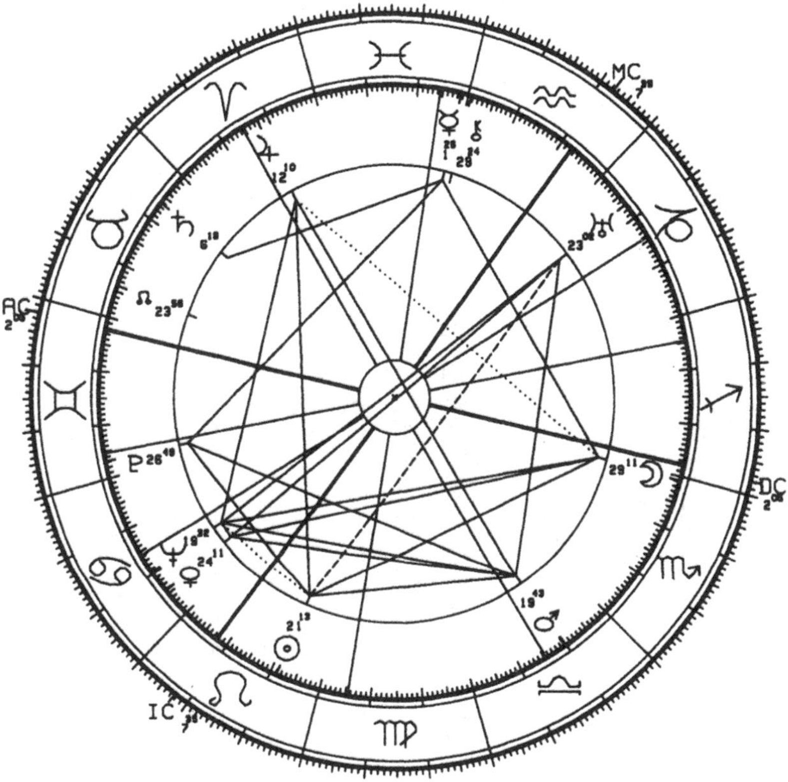

圖表八　費雯麗和勞倫斯・奧立佛的組合中點盤

回歸黃道，普拉西分宮制。這張組合盤同圖表十一一樣，都是根據兩張出生盤中每對行星位置的中間點，包括上升點、天頂和各宮宮頭。

「撲克臉和肥婆」

李察・波頓和伊莉莎白・泰勒並沒有造成同樣的浪漫悲劇，也許部分原因是因為他們雖身為演員，卻從未達到職業的水準。波頓的人生經常欠缺任何的自我控制，所以我們很難對他產生像對奧立佛和費雯麗那樣的共鳴。這部分可能歸因於泰勒無法抗拒的婚姻生涯，這讓她聲名狼籍，也剝奪了她的尊貴；但或許也因為這兩位演員在他們漫長的職業生涯中演了太多真的很愚蠢的電影。無論如何，海王星在這段關係中更顯活躍。所以我們也不意外，他們會在電影《埃及豔后》（*Cleopatra*）中飾演安東尼（Antony）和克里奧佩托特拉（Cleopatra）時陷入愛河，這部傷風敗俗、海王星過度氾濫的影片有時會被人稱為品味最差的「乳頭和寬袍」史詩片。這部片本身無疑是在海王星彰顯和水星逆行的影響下開始的，經過了四年的混亂之後，期間有人生病，不斷換角，導演和編劇出現又人間蒸發，場景搭好之後又搬移、毀損和重建，電影才真正開始拍攝。

就像奧立佛和費雯麗一樣，波頓和泰勒都是在有家庭的狀況下開始戀情。（參閱圖表九和圖表十）。波頓的婚姻堅固又傳統，泰勒的背後已經丈夫成群。當他們在一九六二年一月一起拍攝第一場戲時，行運的海王星停留在天蠍座十三度，合相泰勒的月亮，觸動她出生盤上月亮、木星與凱龍星的T型相位。就像奧立佛遇到費雯麗時，他也正在經歷行運海王星通過出生盤的月亮。當時行運的冥王星正反複地經過泰勒的海王星，對分她火星、太陽、水星這組合

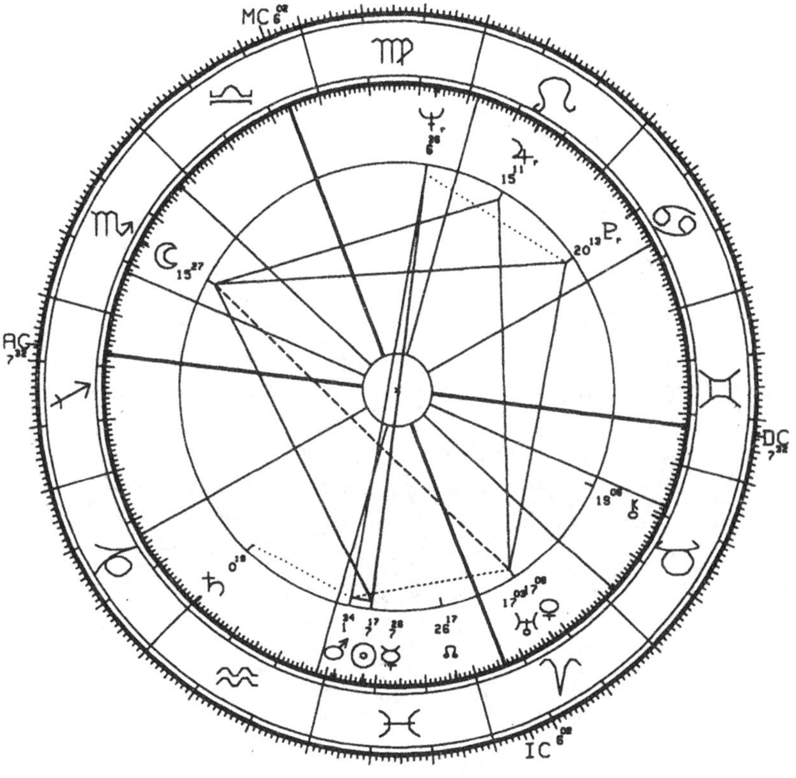

圖表九　伊麗莎白・泰勒

1932/02/27 2:00 A. M. GMT，英國倫敦。回歸黃道。普拉西分宮制。真交點。來源：*Internationales Horoskope-Lexikon*。

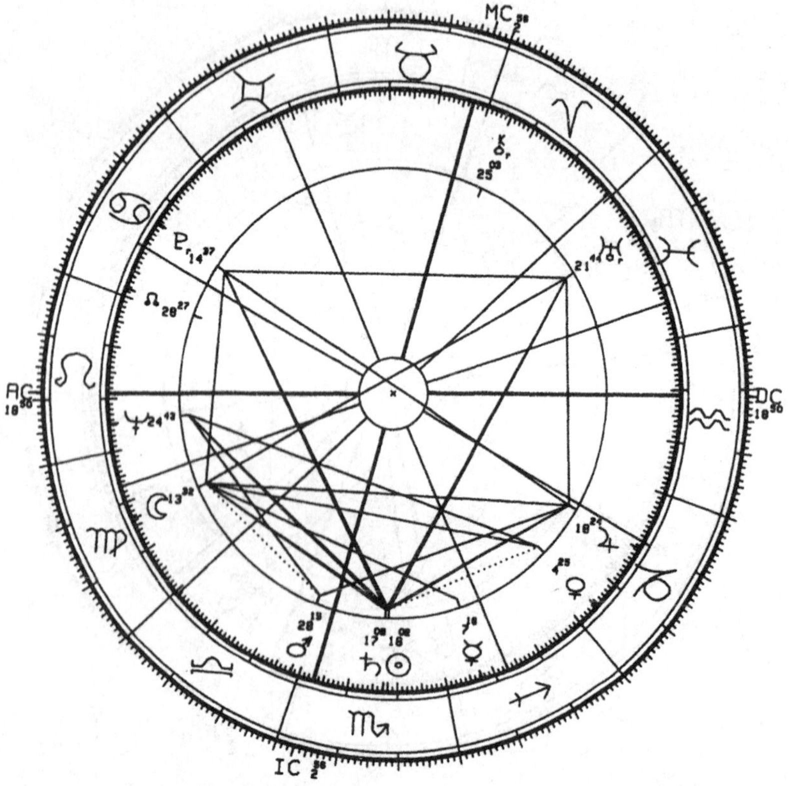

圖表十　李察·波頓

1925/11/10 11:00 P. M. GMT，英國威爾斯（Wales）龐特海地芬（Pontrhydyfen）。回歸黃道。普拉西分宮制。真交點。來源：*Internationales Horoskope-Lexikon*。

相。行運的凱龍星則經過火星、太陽、水星的合相，並對分她的海王星。這些與海王星有關的強烈行運相位，都象徵了強烈的迷戀情感，同時也預告了一段深刻受傷的經驗。泰勒的出生盤實際上是受海王星主宰。太陽、火星與水星合相在雙魚座，這三個行星同時對分海王星。海王星也緊密四分上升點。這張盤中並沒有金星與海王星的相位，反而看到牡羊座中緊密的金天合相，落入四宮。這是比較肆無忌憚而非浪漫的相位，也暗示了在早期的生命經驗中，與父親擁有強烈但高度不穩定的連結。這個童年議題沒有解決，再加上太陽、火星和七宮的守護行星水星，都對分海王星，她會透過與自己結婚的不同男人以尋找救贖，然後拋棄或是失去。她非常脆弱，揹負許多與母親有關的早期情感創傷，以上都反映在她出生盤中月亮的T型相位上。她表現了歇斯底里者對犧牲和長期疾病的強烈偏好，對酒（還有強迫性進食）的興趣也不亞於波頓。當她遇見他時，備戰的月亮顯然被行運的海王星觸動。也許她感覺克里奧佩托特拉一定有過同樣的感受，認為她的救贖者終於來了，父親與母親都混為一體了。波頓的兄弟大衛．傑金斯（David Jenkins），同時也是他最近一本自傳的作者，提到泰勒和波頓，還有他們扮演的歷史人物之間，有極明顯的雷同點。他引用莎士比亞學者凱斯（R. H. Case）形容莎士比亞筆下的安東尼和克里奧佩托特拉：

我們必須承認這與最崇高的世界相差甚遠，而這兩位主角的人性也遠稱不上高尚。但是他們怡然自得，透過對彼此的熱情把自己提升至最高點，而這已是他們升騰的極限。我們若是口頭上否認他們的熱情是一種「愛」，把它抹滅成為「純淫慾」，那根本就是愚昧至極。這無疑不是最高尚的愛，這完全只是一種雙重的自私，無法在這份愛之外啟發任何事物，但是其中有某種東西，是最高尚的愛的必備元素，而且這至少是人類而非動物的熱情，這是來自心靈和身體的熱情。18

無論波頓和泰勒的婚姻之後顯得有多荒謬，在一開始時，的確擁有了上文極力描寫的辛辣和美麗。

波頓的出生盤裡也有個佔盡優勢的海王星。落入獅子座的海王星合相上升點，四分天蠍座裡的日土合相，六分火星，同時與金星和凱龍形成大三角相位。波頓的每個生命領域最終都受到海王星的浪漫主義和救贖渴望的影響。再加上海王星在上升點的顯著位置，他與外界的互動都染上了自我神話的強烈色彩。他想要無所不能。一般人都認為他擁有非凡的才華，但是酒精似乎占有了他。日土星合相落入四宮，暗示了他苦惱的自卑感與父親和卑微的出身有關，而這似乎不斷地折磨著他。位居獅子座合相上升點的海王星提供了補償：他藉由名聲成為帕西法爾（Parsifal，編按：華格納歌劇中經由考驗而成為「完美騎士」的主角）型的人物，成為他受傷父親（他也是重度酗酒者）、母親（很早就犧牲自己，與世長辭）、眾多的手足，還有早期貧窮艱困的救贖者。波頓跟奧立佛不同，後者的冥王星合相上升點並四分土星，象徵著強烈的自給自足，波頓則迫切地需要被愛。當他在克里奧佩托特拉的場景中遇到泰勒時，行運的海王星恰好精準地六分他的月亮，三分他的冥王星。而推運的上升點同時合相他的月亮，推運的月亮落入摩羯座，三分推運的上升點和他出生盤的月亮，且對分冥王星。行運的海王星觸動了這些重要的推運相位。當他們陷入愛河時，推運的太陽即將三分他的海王星，精準到只有一分的容許度。波頓可能體驗到了他之前不容自己感受的深度熱情、感情脆弱、匱乏和神祕的確定性。當一個人面臨這些相位時，很容易深刻地質疑「選擇」的意義。然而，行運的土星在他的七宮來回地對分出生盤的海王星，那時已是對分的最後一年；這時是最後的對分時刻，附近還有行運的木星和行運的火星。他如果拋下了之前的人生，隨著自己的心進入海王星的水域，那些浪漫的幻想和奢侈的美夢，就會與他必須放棄的現實產生衝突。他最早付出的指標性代價之一就是他的女兒潔西卡，她一直飽受溝通困難的折磨（後來被診斷為自閉症），在他離開妻子後，她就徹底地抽離，再也沒有開口說話。

波頓和泰勒擺脫了當時的配偶，在一九六四年年初結婚。當時行運的海王星又有了新的停

18 David Jenkins, *Richard Burton: A Brother Remembered* (London: Arrow Books, 1994), pp. 113-114.

留，剛好落在波頓的日土合相上。他的自我防禦本能降低了，幻想增加了，救贖彷彿就在眼前。波頓的日土合相，又與泰勒的月亮合相，顯示他們之間有穩固的連結，遠勝過於海王星的「愛之死」。在他臨死之前，當時他與泰勒第二次離婚已過八年，他告訴自己的兄弟：「如果我能活一百歲，我會永遠愛這個女人。」[19]然而，似乎是海王星把一種不可能的理想主義注入這段關係，吸引了兩個充滿魅力但又迫切飢渴的人進入一個彼此都無法承受的夢中。行運的海王星通過波頓的日土合相，反映在家庭的破碎和女兒悲劇性的退縮，他餘生都為此悔恨不已——但也許並非如此。當他們結婚時，海王星停駐的位置靠近泰勒的月亮，延續了他們兩年前相遇時高昂喜悅的狀態。而當時天王星已進入處女座，合相她的海王星，對分她的日水合相，並四分她的上升點。顯示她能從日海相位裡無所不在的感傷中衍生出某種喜悅和自由感，卻也擺脫不了根深蒂固的憂傷、犧牲和迷失感。泰勒和波頓決心藐視大眾的陰鬱預言，堅信人們在未來二十年都會繼續嘲笑他們，但他們的婚姻依然很幸福快樂。

然而，他們各自的海王星問題仍然存在，從來沒有原諒過他們的社會大眾還是贏了。酒精成為他們兩個共同的詛咒。他們顯然無法控制充滿敵意的競爭和對炫耀場面的偏好。他們就像奧立佛和費雯麗一樣，渴望擁有一個小孩替兩人的結合蓋上封印，但是泰勒在早期的婚姻中曾經難產，醫生建議她不要再生小孩，但波頓非常渴望有一個兒子（他的第一任妻子生了兩個女兒），把這加入他不斷增加的失望清單裡。泰勒越來越依賴安眠藥和酒精，波頓則已經坦承自己就是個酒鬼。一九七三年夏天，兩人同意分居。那時行運海王星的停駐位置，非常靠近泰勒的上升點和波頓的水星，且即將四分她的日海對分相。他們兩人都無法找到力量或清楚的思慮來讓關係永遠結束。在接續的三年裡，當海王星在射手座前十度迂迴漫步時，他們經歷了離婚、再婚，最後在一九七六年第二度離婚。當時行運的海王星四分波頓的月亮，以一種較為嚴厲的形式重現了他們初相遇時的六分相。對他而言，當他們終於分開時，他經歷了最糟糕的幻滅。而她可能更早就幻滅了，推測應是在行運的海王星四分她的日海對分相時。儘管在波頓一九八四年辭世之前，兩人都又找到新的伴侶，但是他們從來沒有把對方從自己的愛之中除名。我們只能同情他接下來的兩任妻子，她們都不允許忘記偉大海王星夢想失落的愛。

他們兩人的比對盤再次凸顯了海王星的影響力。波頓的海王星寬鬆地三分泰勒的金天合相。他將她的美貌，還有她合作過的演員和導演都惡評不斷的極度固執，都理想化了。泰勒的海王星合相波頓的月亮，這是更具影響力也更困難的相位。她則將他的敏感情緒和細緻理想化，迫切地想要成為他希望她變成的模樣，但在此同時，她又讓他覺得自己被淹沒、被暗中傷害、被背叛了。她的海王星也三分他的金星，就像奧立佛和費雯麗一樣，我們再次在這種交叉

19 David Jenkins, *Richard Burton: A Brother Remembered*, p. 208.

的金海關聯中，看到這會激起把對方強烈理想化的傾向。但是泰勒和波頓兩人都是深根積習的海王星，打從出生起就很習慣自己內心的混亂，所以也會更同情對方的軟弱。所以他們也能讓關係中的魔法持續更久。其實這種魔法從來不曾離開。奧立佛和費雯麗的許多性情都是相反對立的，同理的能力也很有限；但是波頓和泰勒的太陽都是水象星座，也都與太陽形成困難相位，他們兩人在本質上是非常相像的。

在波頓和泰勒的組合盤中（參閱圖表十一），金星對分海王星，再次凸顯了比對盤中彼此的金海關聯。組合盤的金星緊密對分波頓的海王星，這段關係的強烈程度，加上有時過度地歇斯底里，顯然都促成他現實感的破壞，讓他縮進一個更神奇、超乎生命的世界。他在剛結婚前幾年送給泰勒的奢華珠寶，例如「克魯柏鑽戒」（Krupp Diamond），就反映出他越來越浸淫在想像中，在《埃及艷后》的場景中也不難見到這樣的飾品。組合盤的海王星如同泰勒出生盤的海王星一樣，對分她火星、太陽、水星的合相，且幾乎精準的對分她的火星。這意味著這段關係中狂喜的情緒和情慾主義，不只勾起了她的性慾，同時也勾動她深層的憤怒和競爭心，而她透過許多炫耀又弄得眾所皆知的爭吵表現出這種憤怒。他們給對方取的綽號「撲克臉」和「肥婆」，既深情又惡毒。其中特別尖銳的觸點就是組合盤中的金星，觸動了波頓的海王星和日土四分相。無論這對夫婦如何努力地解決問題，關係的失敗都加重了波頓個人的挫敗感，讓他更想要透過酒精，最後甚至是透過死亡來逃避自己。在他們最後分開後的八年中，波頓越來越常披上受害者的斗篷，飽受各種身體殘障失能的折磨，動了幾次痛苦的脊椎手術，隨之而來的酗酒症狀導致身體的崩解。雖然他最後的死因被診斷為腦溢血，但真正的原因是海王星服用過量。

波頓在一九八四年八月五日辭世。行運的冥王星剛對他出生盤的火星完成最後一次巡禮，在他死前一個月，就已停駐在火星的位置上。他一定經歷了拔山倒海般的挫敗感。行運天王星（落入射手座）停駐的位置四分泰勒的太陽，合相她的上升點。行運的凱龍星（落入雙子座）停留在她的下降點，同時四分她的太陽。這組行運中強大的天凱對分相，也觸及了波頓四宮內的水星。這個相位反映在泰勒的本命盤上，非常清楚地可以看到她的悲傷和失落，她依然與他緊緊相連，即使他們已經離婚好幾年了。波頓的死，就跟費雯麗一樣，並非公然蓄意的自殺。結核病和腦出血這些疾病，通常不是難確診的病因。然而，我們很難清楚分割身體和心理這兩個緊密相連的部分，特別是在處理海王星的議題時。波頓的酗酒習慣，就跟費雯麗對藥物的依賴一樣，最後只會導致同樣的結果。在兩人之中，泰勒有許多方面顯然都比較具有恢復能力，所以能安然倖存，她真正的悲劇在於極佳的天賦被浪費了。然而，不能把所有的錯都怪給這樁婚姻，畢竟這是波頓畢生追求出神消融狀態的關鍵。對許多海王星人而言，唯有這種狀態才能解決他們對世俗的厭倦。他自己就清楚表達了海王星較黑暗的面向，比任何自傳作者或占星師都還要貼切。

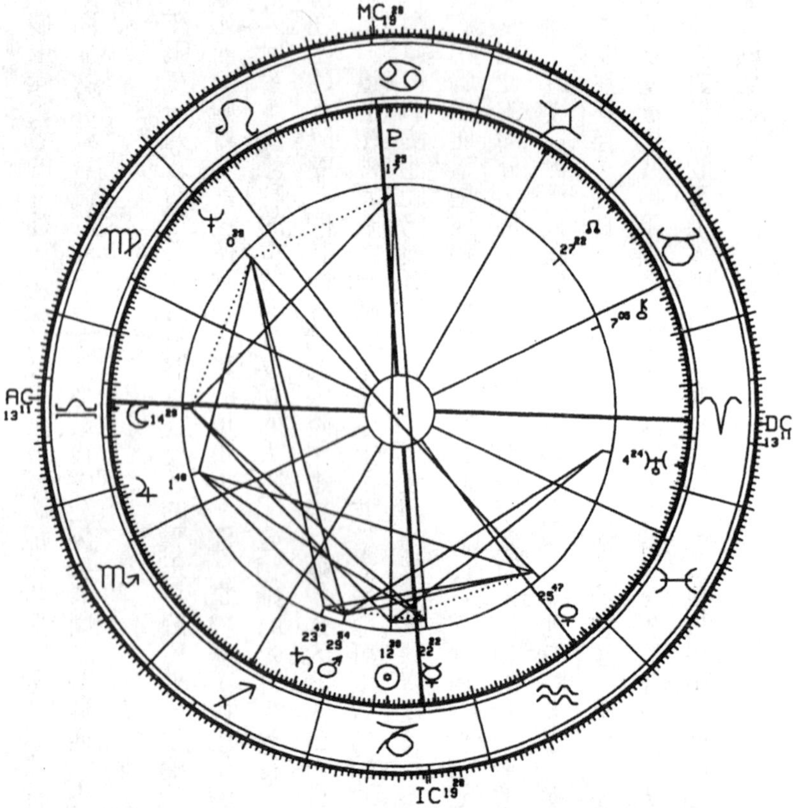

圖表十一　伊麗莎白．泰勒和李察．波頓的組合中點盤

回歸黃道。普拉西度分宮制

這裡的恐怖在於（酒精）如此隨手可得，如此歡樂，如此美好，你只需要坐在酒吧裡，看一個人倒酒。我開始喝酒，是因為我無法面對上台的時候沒有酒。酒可以穩定神經，之後又讓神經崩潰。

你如果稱這是自我毀滅，對我而言，這是因為觸及死亡的痛苦越來越強烈。

你看，這並不真是我的錯：都是這山谷和礦坑入口。這就是我的出身，而我是受害者。我是真實的黑暗聲音，替我的世界痛苦折磨的部分發聲。我想被認為充滿男子氣概，如踢威爾斯橄欖球般強悍，能用我自己的雙手做所有事——而且沒錯，還可以承擔這個世界——而現實完全不是這麼回事。

現實就是我有一個基本的缺陷，所有的形象都只是表面。我需要一個女人把我拉出這種缺陷。總是有這樣的女人，無論是西碧兒（Sybil）或伊莉莎白（Elizabeth），後來又更愚蠢了，或是蘇珊（Susan），還有現在的莎莉（Sally）。

必須有這些精緻、脆弱、美麗但意志堅強的女士們來拯救我。**20**

20 David Jenkins, *Richard Burton: A Brother Remembered*, quoted on pp. 186-187.

第三部

世界之魂

海王星與集體意識

你們的羊一向是那麼馴服，那麼容易餵飽，據說現在變得很貪婪，很凶蠻，他們把人吃了，將每一個人都吞下肚。

——托瑪斯．摩爾（Sir Thomas More），
《烏托邦》（*Utopia*），第一部

【第七章】

神祕經驗裡的海王星

欺騙是方便真理的教誨；
唯我所思為終極真理。

——密勒日巴（Milarepa）《十二騙局》（*Twelve Deceptions*）

神祕主義是一個模糊難辨的世界。自詡為現實主義者的人，常用此稱呼身旁未察覺的事物；自認為正常的人，也常用這個字來定義那些遠離社會主流關切事物的孤僻者。神祕主義的態度也常和容易受騙、思緒混亂和忽略正統科學法則劃上等號。神祕主義孤獨又沒有朋友，不只招來科學家、商人和學者的懷疑，神職人員也心生猜疑。儘管每一種正式的宗教，無論古今，當中都有神祕主義的元素，但是這些宗教體系中的神祕主義就算沒有遭到公開譴責，也總是令人質疑。羅馬世界的神祕教派，包括早期的基督教，不僅被當時傳統的宏偉宗教架構視為破壞份子，更重要的是，當時的國家也將它們視為危險因素。儘管神祕教派教義的哲學背景總是召喚著一群特定的、有教養的知識份子，然而長年以來鍾愛這些帶有救贖及千禧年思想的神祕教派的人，主要多為窮人和受壓迫者。因為這些教派承諾了某種事物，得以超脫短暫俗世可悲的不公不義；同時也為寂寞和個人悲劇的痛苦餘波，提供了些許慰藉。

這條神祕之路與正統大道必然會朝兩極化發展，而導師、救世主、上師或天神下凡者受到靈性啟發的個人顯聖，通常會被詮釋又詮釋，再經過適當的修潤之後成為教條，最後會融入既有的宗教階級制度中，而此制度會反對任何新穎、「異端」的顯聖。第一手個人宗教經驗的真實性，總是遠勝過集體宗教權威提供的第二手經驗，但就另一方面而言，一個成熟宗教機制的教條比較不容易被神祕主義者個人病態的妄想所扭曲。這種奧祕及公開教義的兩極化原型自古流傳至今，我們可以在早期基督教與羅馬之間看到這種兩極化，在卡巴拉教與公開的猶太教之間、蘇菲主義與公開的伊斯蘭之間、還有如今新世代靈性公社與公開的基督教之間，這種兩極化也都存在。[1] 這種分裂反映了海王星與土星之間永恆的掙扎，這是宗教機構、同時也是個人固

1 關於現代的兩極化有一些令人不安的描述，最明顯的就是大衛教派事件，其中兩方日益高漲的相互投射，最後導致該教派在一九九三年二月二十八日，於美國德州韋科市發生毀滅慘案。詳情參閱William Shaw, *Spying in Guru Land* (London: Fourth Estate, 1994). Shaw引用槍擊射殺和大火發生之後的英國媒體頭條，提到：「他們都在玩同樣的陰謀，誘騙年輕、天

有的本質。有些神祕教派或神祕途徑的確是有意地顛覆破壞，常是透過一種政治或社會意識形態攜手共進，期待或是透過自身無法無天的權力來創造千禧年的末日降臨。

> 神祕或靈性的世界觀與通俗的世界觀形成強烈對比，後者基本上是唯物主義論的。神祕的觀點代表一種現實的定義，這種定義與後現代世界中大多數人的生活方式剛好完全相反。最重要的是，這種神祕觀點也代表了另一種道德觀，這可以讓許多完全沒有道德感的人產生共鳴，但這並非反駁道德價值。2

「神祕」這個字來自希臘字mystos，代表神祕儀式的神職人員，或是mysterios，意指祕密的宗教典禮。《錢伯斯二十世紀字典》把神祕主義定義成「……一些人的宗教思想、感受的習慣或傾向，意圖與上帝或神性進行直接對話：想法帶有模糊且非現實的性質。」神祕經驗的詮釋具有許多具特色的方式，我們可以在這些方式中看到海王星所有如謎般的支派。一個人要不是厭惡理智的詮譯，帶著全然地信任，或是一種輕率的漠視，放縱自己體驗出神的經驗，就是對經驗領域抱持著徹底的懷疑。這種領域顯然非常主觀，開放接受最恐怖的濫用、操控和嬰兒般的自我妄想。懷疑論的基礎當然是確鑿有力，舉個例子，我們很難對奧修（Rajneesh）崇高的神祕主義維持一種調合的觀感，他宣稱自己已經開悟，一生卻擁有九十三輛勞斯萊斯和六萬四千公頃的土地。但是這種信仰也有令人信服的基礎，我們可以在奧修的喚醒和療癒能力，或是德國瑜伽大師喬治・福爾斯坦（George Feuerstein）所謂的「神聖瘋狂」（holy madness）中看到證據。就如據說盧爾德的伯納德（編按：Bernadette of Lourdes，又稱聖伯納德，中世紀修女，被尊為中世紀神祕主義之父）曾經說過的，相信上帝的人不需要解釋，不相信上帝的人，任何解釋都不可能。至於「模糊且非現實的想法」，許多神祕論者必然十分確定，人們非常難以描述他們為何想要追求與上帝融合，其困難程度遠勝過任何正統宗教所能想像。

沒有任何一個行星擁有通往靈性的特權，每個行星都有自己通往神性的方式。古代占星學中行星的天神，都被視為「合一」（the One）的擬人化表現，而任何一個在個人星盤中居主導地位的行星，都可以提供一種有效（但可能不完整）的世界觀，還有一條適當的途徑，通往柏拉圖所稱的「永恆的實在」（eternal realities）。美國心理學家詹姆斯・希爾曼（James Hillman）把這種原型定義為「感知的模式」（modes of perception），這是一種極佳的方式，可以認識一個行星在星盤中居主導地位時的表現方式。一個人會透過最貼近自己心智、身體、

真又脆，放棄他們的金錢、房屋、生活方式和家庭，以滿足一個對權力瘋狂的惡魔的飢渴，這也是一位邪惡的性狩獵者，最終會帶領他們走上毀滅之路。」（p. xiii）.

2 George Feuerstein, *Holy Madness* (London: Arkana, 1992), p. xix

心靈和靈魂的原型鏡片來理解並評估世界。水星人也可能像任何人一樣具有深度的靈性，但會透過無數的方式，在人類思考、演說、足智多謀和技藝的奇蹟中露出明亮的光芒。土星人也可能具有深刻的靈性，但可能會避免感情用事地將上帝擬人化，反而在支撐物質宇宙的恆定法則中辨識神的存在，所以法國統計學家麥可・高葛林（Michael Gauquelin）在自己的統計書中，發現科學家的星盤中都有居於主宰地位的土星，其中有些人在追求科學的真理中證明了個人形式的敬神。冥王星人可能透過強迫性的熱情活動、命定的遭遇，或是一些在我們無助時能支撐自己的本能智慧，在無底的深淵中發現神性。火星人可能在由勇氣和英勇啟發的行為中接觸到靈性，這些行為既出人意表又顯得崇高。木星人可能因為漸漸發現每一種生命經驗都是教導靈魂成長的一門功課，藉此追求宇宙意義的線索。天王星人就如笛卡兒（Descartes），可能是在理智的人類力量和無法遏止的人類進步精神中見到神的存在。凱龍星人可能會在人類意圖療癒受傷心靈的同情力量中，一窺神的面貌。金星人可能會在音樂劇的驚嘆或數學的和諧及對稱之中，或是在大自然和人類形式的美麗展現之中，看到更高層或更深層的現實。

感知模式有很多原型，所以這世上總會有許多宗教存在。每一種宗教都有其特別的原型觀點，會讓追隨者產生共鳴，但也可能會換來另一群人的冷漠，甚至仇恨，認為它對神的幻想極度地不適當。海王星並不比水星、土星或火星更具有靈性，因為祂不是「合一」，它只是眾多行星之一，所以會針對神性反映出特別的原型認知。這種認知無疑是神祕的，因為它仰賴的是一種內在的情感融合狀態，體驗到的神是一種毫無條件的、慈愛的母性來源——即使理性的意識賦予它一個陽性的名字、陽性的臉龐。海王星人從來就不是正統的追隨者，雖然他或她可能追尋、甚至成為魅力十足的上師，用今生或來生永恆極樂的承諾，令信徒著迷入魔。不過當海王星以集體接受的裝扮面貌進入教堂、清真寺、猶太教堂或寺廟時，其激發的力量並不在於傳統教條的心智外表或道德面貌之中，而是脫離自我的出神狂喜經驗。聖十字若望（St. John of the Cross）曾經在《寫於高度提升狂喜之後》（*Verses written after an ecstasy of high exaltation*）詩文中，美麗地描述海王星體驗宗教的方式：

這提升如此高昂，如此地醉醺暈轉
我狂迷至極，如遭全面席捲
在意識或感受的國度中
我的意識或感受無法停留
而我靈魂深處顯露某種覺知
儘管其中空無意識
隨著我的思緒超越知識

……這是無須理解的智慧
擁有絕對的力量
沒有任何智者能抗拒祂的進程
除非他們能輕觸祂神奇的源頭
為求所知甚多，即使一無所知
他們帶著思緒超越所有知識

頂峰如險峻高塔
其突顯之貌如此崇高
沒有任何的人類技巧或能力
能攀升至如此高聳的頂峰
任何此般險危之人必能取得
即使一無所知，仍能超越所有思緒
永無止盡

你若想問其本質為何

這是所有意識及認知的巔峰
這來自最神聖的存在
源自祂突然流露的意識
存在於祂最仁慈的賜予
此賦予讓人類顯得一無所知
卻能以思緒傳遞知識[3]

聖十字若望在整首詩中含蓄地暗示，他體驗到的不只是超越知識，而是一種無論這個人多麼明智或得體，都無法觸及的境界，除非他或她能「輕觸祂神奇的源頭」。這種當事人無法或不願意解釋的神祕弦外之音，很容易引起一些人極度的不信任和憤怒感，這些人刻意或非刻意地，感覺自己被海王星特許傳授的神祕圈拒之門外。（通常是）當人們在信奉一種宗教之愛時，海王星具有某種傑出的天賦，可以能勾起別人的憤怒甚至殘忍，正如福爾斯坦所說，這種神祕的顯現常常剛好與當時的傳統道德和社會階級對立。祂也常趨向一種帶有政治平等主

3 *Poems of St. John of the Cross*, trans. Roy Campbell (Glasgow: William Collins Sons & Co. 1979), p. 31.

義的精神菁英論，即使祂本身的階級不帶有這種意味——至少對祂挑戰的體制而言的確如此。但是，海王星的傾向常在宗教領域中引來譏笑或迫害，無論是十五世紀熟稔的「靈魂解放兄弟會」（Brethren of the Free Spirit）或是二十世紀的「門徒」，但這在個人心理層面上，都可能還有更深層的根源。神祕主義者自我加諸的宗教殉道，常會與擁有某種神祕奧義有密切關聯，而靈性層次無法相稱或演化較慢的人，則會被這種奧義永遠地排拒在外；而這種態度會隱藏了所有嬰兒對如天神般全能的純真想像。

海王星人常容易覺得自己是世俗的受害者，所以擁有靈性特權這件事，對他們有一種無法抗拒的吸引力，而這還能替自己的痛苦、軟弱、無能和無助帶來滿足的補償。英國史學家孔恩（Norman Cohn）在描述中世紀神祕教派時提到：

> 那些如此依附一位救贖者的人常會自視神聖，這種神聖來自於他們全然服從這位救贖者，全然奉獻於他所定義的末日任務。他們是他的乖孩子，獎賞就是能共享他的超自然能力。4

認同一位領袖或上師的力量，不僅是中世紀神祕教派的特色。在許多現代的神祕教派或宗派中，我們也能看到同樣的情況。這種宗教態度和佛洛伊德對原發自戀（primary narcissism）的描述有明顯關聯性。儘管這種如沼澤般的感情氛圍常伴隨著個人疆界的失去，但是在與「某物」或「某人」進行直接的內在溝通時，的確會有一股巨大的力量能療癒自己和別人，這是神祕經驗的重要部分，無論我們如何稱呼「某物」或「某人」。這些領袖本身，以及他們個人的動機和道德規範都高度令人質疑，但是這些靈性團體的成員常會因為強烈的奉獻與同化，喚起非凡的個人轉化。神祕主義者通常不會與別人交流自己的經驗，理由非常務實：因為這種經驗通常是不能交流的。這些神祕經驗之所以成為祕密，並不只是因為沒人願意揭露這些經驗，有時是因為沒有人能透露其中奧祕。

在過去數世紀以來，海王星總會把它特別的韻味融入宗教運動中[5]，但這並不表示任何特定的教派、宗派或門派都是海王星專屬。當一個教派開始組織發展時，基本上就已經具備了土星的結構傾向，而它的教條可能包含其他原型觀點的元素，譬如火星的十字軍精神，天王星改革社會的衝動，或是冥王星的強迫性，意圖破壞老舊、穩固的宗教架構時。相較之下，這種神祕的渴望反而成為每個集體宗教機構的一部分（儘管有時是很隱密的），這也是許多人的旅程的精華所在。羅馬帝國晚期這些神祕的救贖者教派，大部分都是被想與神性融合的海王星渴望主

4 Norman Cohn, *The Pursuit of the Millennium* (London: Granada Publishing, 1978), p. 85.

5 如欲透過宗教史來認識人們對天堂的追求，可參閱以下極出色的觀察，Cohn, *The Pursuit of the Millennium*, Bernard Levin, *A World Elsewhere* (London: Jonathan Cape, 1994), Colleen Mcdannell and Bernhard Lang, *Heaven: A History* (London, Yale University Press: 1988).

導。早期的基督教深受海王星影響，最後成了一個主要渠道，讓將臨的雙魚世代救贖渴望順流通過。[6]自從康士坦丁大帝統治以來，教會的結構及其發展出的複雜階級，不再屬於海王星的風格，反而變成土星的巨大架構——特別是當我在寫這本書時（編按：本書原著於一九九六年出版），顯然現任的教宗不僅要對女性、性和生育控制維持僵化的土星方式，對占星學和精神分析亦然如此。[7]基督教的神祕主義至今在天主教和新教徒的教堂中仍很活躍，但是人們對它們非常小心，深怕它衝破邊界，破壞辛苦建立的架構。聖公會教堂對於神祕主義的角色及其附屬的心靈論有一些很有趣的分析，都由英國小說家蘇珊．哈沃奇（Susan Howatch）呈現在一系列帶著深刻見解的小說中[8]。我發現任何針對神祕主義的神學討論，如果沒有把曾經體驗海王星領域的人類心理納入考量，就無法觸及神祕經驗的本質或其可能的分派。如果你也有同感，我會建議你閱讀哈沃奇的小說。

新世紀的海王星

奧祕的海王星仍活躍於許多現代的另類靈性運動，以及一些仍能感動我們的古老形象裡。聖杯（Sangraal 或Holy Grail）是眾多的海王星救贖形象中最有力量、最複雜，也最亙古的一個。在神祕的創造水源底下，深藏著一只神奇長生不死的大鍋，我們已看到它的前身，它如子宮般的外型，忠實地反映了孕育生命的女性特質，而其擁有的一切都深藏其中。聖杯起源於異教信仰，但最後融入了基督教的神祕意象，變成耶穌在最後晚餐上飲酒的杯子。聖杯傳說中從中世紀基督教領域湧現，[9]當中充滿了海王星的二元性和渴望，然而越來越受土星主宰的教堂，一直都認為那是異端邪說，阿爾比十字軍聖戰甚至企圖將它從基督教世界全然抹去。因此，聖杯開始與隱藏、禁止和祕傳的傳統有關。對於現代某些神祕教派而言，特別是在英國和法國，聖杯仍然是靈性救贖的精髓意象。它象徵的力量是如此永存不滅，不僅是音樂家華格納最後一齣、也是最偉大的歌劇《帕西法爾》（*Parsival*）的主題，我們甚至能從電影裡的印第安納·瓊斯（Indiana Jones）發現的古蹟殘骸中看到它。[10]

---

6 參閱C. G. Jung, *Collected Works, Vol. 9 Part 2, Aion,* 特別是以下章節 "The Sign of the Fishes"以及"The Historical Significance of the Fish"。他在其中討論與早期基督教有關的魚的象徵意義和受害者－救贖者形象。

7 最新的《梵蒂岡通諭》提到拜訪占星師或精神分析師，都是對基督教教條極為嚴重的冒犯。

8 參閱Glittering Images, Glamorous Powers, Scandalous Risks, 以及Ultimate Prizes，以上著作都由蘇珊·哈沃奇撰寫。Glamorous Powers特別關注教會中神祕主義者的角色及問題。

9 我們在德國史詩家沃爾夫拉姆·馮·埃申巴赫（Wolfram von Eschenbatch）的《帕西法爾》（*Parzival*）中第一次看到有關聖杯的文獻記錄，但是在這首詩中，聖杯是一塊煉金的「石頭」，不是一個杯子。杯子的意象來自於法國吟遊詩人克雷蒂安·德·特魯瓦（Chretien de Toryes）。

10 我們應該說明，儘管電影《聖戰奇兵》（*Indiana Jones and the Holy Grail*）這種電影的本質有些「幼稚」，但卻吸引了各個年齡層和不同教育背景的觀眾，證明了海王星的力量足以在深刻的集體層次上得到迴響。

根據二十世紀某些神祕教派的說法，聖杯傳說起源於早期的靈知派基督教。[11]我們無法證實或否決這種說法，這本身就帶有海王星特質。我們對於公元初期的靈知派文獻所知甚多，卻從來沒有任何文獻提到聖杯傳說；另一方面，這個傳說的基本特質，即使不是在文字上，也在精神上反映了許多靈知派教義的基本主題，特別是強調道德純淨、痛苦和超越物質世界的部分。這個傳說和其他海王星靈性主題的特色之一，就是對於聖杯的追隨者而言，聖杯屬於某種單一神祕的「傳統」，被悄悄交接了好多世紀——這是一種靈性源頭，每個傳承的世代都能從中重新發現永恆的現實。這種「回家」的熟悉感常常伴隨著海王星的神祕經驗，通常會被臆測、解釋成一種絕對的真理，被物質主義蒙蔽的人無法看見，但是具有靈性覺知的人必能一眼認出。當然，海王星的二元論和救贖主題已經跟隨著我們很長時間了，但是我們沒有看到其中哪個主題屬於任何具有連貫性口頭或書面傳統，這些傳統有時還是偽造的。對我們比較有幫助的方法，就是把海王星的神祕世界視為原型，所以在有人的地方就會不斷出現——無論它是否傳達明確的教義。我們可以在目前各種不同的團體和教派中，看到海王星主題的共通性，儘管它們都宣稱創始者提供了全然獨一無二又不容爭辯的宇宙觀，但這些主題都包括必要的痛苦和犧牲，分享或放棄個人財產，對教派領袖或上師的絕對順從，世界即將毀滅，耶穌再臨、靈性天神下凡或超自然個體的類似降臨，消滅邪惡並拯救被選定的子民等。「阿姆」（Emin）教派就是一個很好的例子。它創立於一九七二年，當時行運的海王星第一次進入射手座。它的創辦人雷蒙・約翰・蕭特利伯（Raymond John Schertenlieb）出身於英國倫敦的勞動階級，他自稱「李奧」（Leo，以他的太陽星座命名）。在他的追隨者眼中，他是半人半神。他曾經創作產出大量的神祕文本，內容受到印度宇宙觀的強烈影響。他為英國皇家空軍在印度服役時吸收了這種觀念。威廉・蕭（編按：William Shaw，英美記者、作家，因記述洛杉磯男孩的企圖成為嘻哈藝人的故事而聞名。）曾經提到這個教派：

> 他們的核心信念就是，他們已經與一個巨大有力的「看不見的世界」建立聯繫。古代的文明了解這個世界，我們卻因為盲目地依賴科學、理性和工業化，與它失去聯繫……「阿姆」對於即將到來的災難，流露出千禧年降臨之前的愛。[12]

有些古代神祕傳統的主張，成為二十世紀前半時期某些靈性運動的精髓元素，譬如「神智學協會」（Theosophical Society）和「路西弗基金會」（Lucis Trust）。這兩個組織就像比較現代的「阿姆」和「國際奎師那意識協會」（International Society for Krishna Consciousness），

11 Isabel Cooper-Oakley, *Masonry and Medieval Mysticism* (London: Theosophical Publishing House, 1990), p. 145.
12 Shaw, *Spying in Guru Land*, pp. 24 and 52.

肯定都受到東方教誨的強烈影響，許多概念基本上都源自於印度傳統，像是業力、幻象、「上師」（Master）或「啟蒙者」（Adept），並將這些概念轉移到西方基督教的奧祕思想，通常都是很粗淺單純的詮釋。此外，也有團體宣稱是自己源自於凱爾特人的靈性傳統；另有一些，像是「耶穌軍」（Jesus Army），被認為是基督徒，但其實比現代的天主教或新教教堂更像中世紀的基督教神祕公會。在這個新的「救贖者－教派」的新紀元中，還是有更陌生的海王星航道，譬如喬治．金恩（George King）創立的「空靈學會」（Aetherius Society），就宣稱其上師直接從外星人接收智慧。無論這些神祕傳統說法為何，無論這些傳承的智慧來自哪些神性源頭，它們的表面下都潛藏了同樣的主題。

大致而言，大多數的神祕團體及其作為，都為投身其中的人們提供了有效且寶貴的作用。它們也許並不總是與一個更高層的存在連結，反而可能是在人們陷入無法承受的寂寞和無助時，一種更為基本的人類友誼。這種友誼到底是真實還是虛幻，是海王星最難解的謎題。帶有懷疑性情的人可能會懷疑這些宗教，認為它們只是既可憐又危險的替代品，像是比較「正常」的家庭。然而，有多少家庭可以免於欺騙、剝削和與愛連結的幻覺，只為了隱藏比較破壞性的「目的」？我們很容易把焦點放在受傷的人身上，這些人因為明顯的心理問題需要幫忙，很容易被操縱，進而相信可疑的信仰和行為，而這些都會破壞他或她對清楚神智脆弱的掌控能力。每個教派都有前成員，很樂於提供一些追隨者因為團體和上師的壓力而抓狂的故事，但是問題仍然在於，這些人倒底是真的因為教派被逼到極限，還是他們無論找到何種友誼陪伴，都會出現這種如碎片般瓦解的表現？更甚者，他們最後常會落入精神病院冷漠的懷抱中，而不是被同門信徒接受，雖然一般來說，後者較能表現理解與同情心。

在不相信的人眼中，有些神祕教派似乎無害，但顯然非常愚蠢，就像在英國康瓦爾郡（Cornwall）針對「神聖約翰」（Holy John）這個模糊形象形成的古怪公會。在一九八〇年代晚期曾有兩年，威廉．蕭稱這個公會「結合了不適應社會的人、嬉皮和新世代的旅者，他們把自己視為英國的放逐者」[13]，定居在荒涼的康瓦爾郡核心地區的肯尼傑克谷（Kenidjack）的原始小屋裡。在那裡，他們領袖的領導越來越專制，這領袖做過古董交易商，因為持有藥物輕罪入獄，在獄中時看到一種幻影。這群人崇拜一個被稱為「女士」（Lady）的偉大土地女神和她的配偶「潘」，他們將會重返人間，統治英國，拯救英國免於迫在眼前的生態災難。這裡將會發生洪水，有些土地會永遠消失，所有的車輛都會波潮吞噬，不公者會潰敗，老舊世界會死去，新的亞瑟（Arthurian）世代會露出曙光，而在波潮之中則會升起古代神話的萊昂尼斯（Lyonesse）大地。但是，千禧年宣告來到時，大海中並未出現萊昂尼斯。這個教派還在當地待

13 Shaw, *Spying in Guru Land*, p. xii.

了一陣子，幻滅的追隨者開始慢慢地散去。我們可以將這整個情節斥為愚蠢又可悲，就是一個不牢靠的人把浪漫夢想強加在一群容易受騙又心靈脆弱的追尋者身上。這無疑是真實的，但是在海王星的世界裡，人們總是會參與一些他們無法輕易駁斥的事物，我們也許也做不到。蕭摘錄了一位前成員尼克的話：

> 某個夜晚……當他站在懸崖邊，他看到一個分外清楚的幻影。月光突然清澈照映整片天空，他看到了一顆家族樹，他的父母站在樹的底層，還有一連串歷史人物奇怪地沿著天際延伸列隊。他似乎聽到一個聲音在對他說，「這所有的臉龐，所有的人都曾經來過，所以這一刻將會到來……你要成為一束光，一個希望，一種精神所在。」14

對於尼克而言，萊昂尼斯和「聖約翰」最後都令人徹底失望，但是這個幻影及其不容爭辯的真實內在情感，仍然存在。

其他異教團體就比較帶有災難色彩了。有少數十分恐怖，當中的師徒關係不僅常常充滿催眠師和極易受暗示的對象之間海王星式的「集體參與」，以及冥王星背叛、偏執、更黑暗的強迫性，通常是領袖和信徒都有這種傾向。這樣的團體不僅能帶來奇蹟的「療癒」和轉化經驗，也可能帶來悲劇，譬如一九七八年十一月十八日降臨在圭亞那「人民神殿」（People's Temple）

的不幸，成員和領袖吉姆．瓊斯（Jim Jones）一起喝氰化物自殺。由大衛．考雷什（David Koresh）領導的「大衛教派」（Branch Davidians）也同樣恐怖，當美國聯邦調查局探員試圖一窺其祕，幫助成員逃離那位宣稱被上帝選定的救世主時，有很多人死於子彈或大火之中。還有在一九九四年秋天，一個名為「太陽神殿」（Solar Temple）的瑞士祕教，成員跟著領袖一起自焚。雖然海王星的虔誠獻身有這麼多嚴重走偏的恐怖先例，我們仍無法指出到底誰該負起真正的責任。在一個異教激增的年代，這就像一種流行，在反對異教的編制看來，異教社群中充斥了「心靈控制」技巧，會破壞成員的自由意志，也會讓他們淪為被虐待、剝削的受害者。當千禧年前夕的緊張升起，當我們所有人心中的海王星按鈕都被按下時，我們其實身處一個新的獵殺女巫世代。蕭指出了這點：

> 當任何一個異教遇上一個充滿敵意的外在世界時，他們的態度會更強硬，同時會燒毀溝通的橋樑。他們會發動攻擊，只為了確認所有在一開始就相信的事。**15**

14 Shaw, *Spying in Guru Land*, p. xix.

15 *Spying in Guru Land*, p. 163.

他繼續暗示，人民神殿和大衛教派的悲劇，可能會因周遭反異教立場的偏執變得更加嚴重，即使這些悲劇可能不完全是偏執導致的。

祕教對於外界的偏執，會帶來外界對於異教的偏執，這又會助長了異教的偏執。這就像一隻狗在追咬自己的尾巴一樣。**16**

目前美國流行的「消滅毒化思想」方法，主要是要破壞成員與教派之間的情感連結，有時會透過激烈的手段。這常會導致以前的成員覺得自己被虐待和剝削，進而變成充滿敵意的反異教指標。當一個人學習用土星的保守主義對抗海王星的顛覆時，海王星的狂熱信徒就變成了海王星的投射。

當外界鼓勵他們相信這種受害者和虐待者的治療意識形態時，他們就會相信自己從來沒有選擇加入祕教，他們只是被催眠或被強迫加入。所有他們和其他成員的複雜關係，他們分享且共同奮鬥的信仰、愛與互信，都只是一個巨大、憤世嫉俗的謊言……從受害者的角度看來，自己曾經感受到的熱愛，馬上就像是剝削一樣。**17**

我們如今已經真的沉浸在海王星的水域中，但到底是誰在剝削誰？真相到底在哪裡？受到海王星強烈影響的人會用全部的精神與靈魂來擁抱海王星的領域，不惜犧牲個人價值和選擇的自由。他們可能把海王星最具殺傷力的領域投射在一個合適的代罪羔羊身上，激烈地對抗這個水域的威脅牽引，而神祕異教的世界就提供了一個最棒的鈎子。海王星的上師和信徒們會在這場共謀中心手相連，這可以提供彼此急迫想要的融合體驗。我們到最後唯一可能找到的真相就是，這都是人性使然，如此絕望地試圖透過別人——他們的領袖或追隨者——尋找一種無法在內心找到的接納、愛和救贖。我們會因為絕望陷入極大的危險，蕭非常清楚扼要地提出他的觀察，而我根據自己這些年來的經驗，完全贊成他的觀點：

> 我花了一年時間觀察人們加入異教的情形。能吸引人們加入異教的誘惑，除了他們自己對相信的渴望，別無他物。18

16 *Spying in Guru Land*, pp. 191 and 204.
17 *Spying in Guru Land*, p. 191.
18 *Spying in Guru Land*, p. 185.

更高層次

通靈（channeling）是很普遍的靈性現象，其中包含了傳遞來自其他存在層次的智慧教誨，而這通常都會被認為是「較高」的層次。通靈可能來自脫離現實的靈體，像是超脫肉身的大師，或是來自前來幫忙的外星人，或是來自一種像是「阿卡西記錄」（Akashic Records）或「自然記憶」的非人類源頭。透過通靈得到的智慧教誨不僅成為許多新異教的基礎，由於某位特別人士可以透過通靈的訊息，奇蹟地獲得一個全新的、具有更開悟視野的靈性道路，通靈而來的智慧，同時也會偏離了比較受到集體肯定的教誨。我們會用「傳達」這樣的字眼，是因為這些通靈者宣稱自己只是容器或管道，提供了看不見的世界中未受玷汙的知識。通靈不比任何海王星的現象更具新意。「德爾斐神諭」（Delphic Oracle）就是在癲狂出神的狀態下所傳達的，這是阿波羅天神對於凡人問題的答案。而羅馬人熱愛的「西比拉神諭」（Sybilline Books）則是由女性傳達未來預言。按照目前的精神評估，她們當時顯然處於歇斯底里狀態。在梅斯墨的年代，催眠狀態中的夢遊者偶爾會發表一連串奇怪的看法——有時甚至會說著當事人清醒時不懂的外語。「說方言」是一種古老的通靈表現方式，至今仍相當活躍於許多基督教的教派中，特別是在美國南方的州。「靈媒」（mediumship）就是通靈的形式之一，但無論是死去的親人或超脫肉體的智慧導師，這套做法在十九世紀中期就已經聲名狼籍，如今卻依然存在。像是靈媒艾德格・凱西[19]可以傳遞前世的訊息，宣稱那是來自一個宇宙以太或星體「記錄」，人類所有的記憶都刻印在其中。這種傳遞通常發生於一個人處於恍惚出神狀態時，比較少發生在意識清楚時，這個人會自動「站到旁邊去」，好讓靈性的聲音說話。許多神祕異教全心接受通靈，因為這顯然是藉由一種更高層次的生命源頭，讓讀者或聽眾與管道建立連結。這通常也不令人意外，同時也成為某些人懷疑甚至譏諷的目標，他們會帶著疑慮觀察，認為聲譽崇高的本源與人性管道令人疑慮的特徵之間，通常存在著一道鴻溝。

將兩者聯想在一起的確很難，舉個例子，我們很難把通神論者愛麗絲・貝利（Alice A. Bailey）比較自以為是的道德觀和鮮少掩飾的種族歧視，和她如基督般的本性融合為一，而後者都來自於她的導師「西藏人」。我們之前提過的「阿姆」創辦人李奧，宣稱是因為他有通靈才能，所以擁有隱藏的力量，所以他能治癒血癌和骨髓的癌症。他在接受英國媒體《普特尼及旺茲沃斯衛報》（*Putney and Wadsworth Guardian*）訪問時告訴記者，「我估計我是你遇過最出色的人」。[20]空靈學會創辦人喬治・金恩曾在一九五四年時，從他摯愛的外星人接收到「溝通」

19 關於凱西和其著作，參閱Jess Stearn, *Edgar Cayce: The Sleeping Prophet* (New York: Bantam, 1983)。凱西的太陽、水星、金星和土星都落入雙魚座，而海王星與月亮合相於九宮，他成為一個很好的占星案例，讓我們看到一個海王星人如何追求海王星的志業。

20 *Spying in Guru Land*, p.50.

（The Communication），當時他正在起居室裡洗碗。

似乎從腦海中迸出一個清脆的聲音：「做好準備！你將成為太陽系國會的發言人！」[21]

他們之中有些人，雖然不是全部，可能因此飛黃騰達。有些人則鮮少掩藏他們在種族或宗教上的盲從，宣稱不用為此擔負個人責任。然而，我們不能真的了解什麼是通靈。這些能回應通靈教誨的人，認為那是來自於一個更高層的靈性存在次元。這些教誨本身有時複雜得不可思議，很難理解。〔舉個例子，你可以試著躺在床上配一杯熱巧克力，讀一下《祕傳教義》（*The Secret Doctrine*）〕即使不是所有的通靈例子皆是如此，但在許多例子中，我們看不到蓄意的算計欺騙。無論是什麼樣的資料，無論來自何處，這個管道（通靈者）通常都沒有察覺到自己對這些訊息很熟悉，在平常清醒的狀態中，他們通常都無法想出這麼複雜的概念，並且很清晰地表達出來。

通靈不僅限於傳遞教誨，也能傳遞能量。許多靈性療癒者宣稱自己只是上帝愛與光的通道，愛與光會穿透他們，傳遞到受苦者的身上，會在生病的肉體和心靈上施展魔法。他們無論做什麼都能見效，這讓正統醫學機構既迷惑又惱怒。海王星精神融合的狀態，無論是歸功於哪位天神或力量，再次地在人的內心形成某種會激怒物質和醫學已知法則的東西。團體冥想的目標是傳導正面的療癒能量，而團體成員之間的「神祕參與」常會產生超出所有成員總和的能量。我們必須用梅斯墨和夏考的研究背景來看待這些靈性或宗教的療癒經驗，因為，與療癒者之間的心理融合狀態，可能可以為一個童年孤寂的原始帶毒傷口提供渴望已久的解方。我們不知道這些早期的創傷與生理疾病之間有多深刻的關聯性，也無法評估重返至全然默許和信任的出生前狀態，是否能改變一種顯然已無藥可救的絕症，無論其中傳遞的能量是真的具有神性，抑或只是人類愛與同情的力量，這兩者同樣都不可思議。或許，這兩者根本就是一樣的。靈性療癒者並不是造假或欺騙，卻避開了個人責任的議題。當我們把療癒歸功於上帝，認為這是上帝透過療癒者或老師運作，許多其他可能具有極高毀滅性的事情也就可以算在上帝的帳上。光是認清到底是哪種力量在運作，就可能足以摧毀與神一體的無意識想法，這通常會讓海王星型的老師或療癒者，以及他們的信徒及病人都飽受痛苦折磨。

這些通靈之間有重要的連結，就像神祕圈子裡所理解的通靈，還有當藝術家「站到旁邊去」，讓影像或想法自然出現的那個過程。許多作家、畫家、雕刻家、演員和音樂家都描述過這種特別的感覺，作品是自行創造的，他們只是把它收拾起來的工匠，供外界消費。莫札特

21 *Spying in Guru Land*, p. 50.

（Wolfgang Amadeus Mozart）作曲時彷彿在接收「指令」：他會「聆聽」心中聽到音樂。白遼士（Hector Berlioz）也宣稱有同樣經驗，英國演員諾爾・寇威爾（Noel Coward）也有同感。舒曼（Robert Schuman）有時會在出神的狀態下作曲，他相信，是舒伯特（Franz Schubert）和孟德爾頌（Felix Mendelssohn）的靈魂在夢中給了他音樂劇主題。藝術家有時會把一種神性的來源歸於一種自發性的創造力，透過自己的人類眼睛、耳朵和雙手展現出來。我們會在第十章深入探討海王星與藝術家的關係，還有海王星在上述藝術家的星盤中的位置。但是在這裡，我們可以討論通靈和藝術創造之間的密切關係。兩者之間的差異，也是其中最重要的一點，就是藝術家是有意識地參與作品，為它塑形琢磨，讓它最後能成為自我與「他者」合作的產物，而且因為身為人類的部分限制，所以失敗是可以接受的。但是在通靈時，並沒有這種合作關係，所以也無需為好壞負責。姑且不論在這種背景下失敗可能帶來的幻滅，這當中還存在著更嚴重的危險，譬如療癒者的自我膨脹，病人失去辨識和判斷，還有最終會對彼此人生造成傷害的相互依賴。

我們在檢視像是通靈這麼敏感的話題時，很難不會冒犯到別人。它其中的某些成分顯然與歇斯底里的狀態有關，其中可能會出現自我和無意識的極端脫離，此時無意識會依其自發性的本質展現，彷彿它是個「實體」。人們很容易拿加州一些神祕團體更遙遠的領域開玩笑，這裡有許多印度大師、美國印第安酋長、外星人、有智慧的中國官吏，還有逝世的親人排隊等著傳遞他們的智慧，讓人不禁覺得是否還有星際的交通管制。但這裡有一種難以理解的奧祕，讓人無法一笑置之，輕鬆帶過。某些溝通的成果具有極佳的心理力量，能對心靈、也能對心智說話。它們反映了一種前後一貫且容易辨識的原型世界觀。這種世界觀是海王星的，其傳達的訊息就是我們同為「一體」。但是這種語言的邏輯和宇宙觀，讓我們能從心智和感覺接觸到「一體」。我們可以在美國靈媒作家珍．羅伯茲（Jane Roberts）的《賽斯》（*Seth*）系列書籍中，還有偶爾在愛麗絲．貝利難以閱讀卻會讓人產生心神不寧的共鳴感的著作中，看到這種比較精緻的通靈。[22]當我們帶著一些心理的洞察力閱讀這些書籍時，姑且不論一些特別屬於通靈書籍的專業術語，或是用一些可理解的字眼來轉譯這些術語，我們必能發現一些基本的真理，而這就很清楚地解釋了為何這些書擁有力量，讓許多人深深感動。

貝利在自傳中，描述她第一次被西藏人「接觸」的經驗，她宣稱能傳遞這位大師的智慧。

> 我聽到了清楚音調，我以為是天上傳來的，它穿透山丘，進入我。然後我聽到一個聲音對我說：「這裡有些受人渴望的書，應該被寫出來給大眾閱讀，你可以寫出它們，你願意這麼做嗎？」我不加思索地說，「當然不願意，我不是該死的靈媒，我不想被扯進任何這類的事情

22 參閱*Seth Speaks* (Englewood Cliffs, NJ: Prentice Hall, 1974); *The Gold of Jane: A Psychic Manifesto* (Englewood Cliffs, NJ: Prentice Hall, 1984).

中。」[23]

貝利在第二次拒絕這個「聲音」之後，終於同意嘗試一下，接收她的第一本書《啟蒙、人類和太陽》（*Initiation, Human and Solar*）。她接著堅持下去：

> 我在做的事情絕對與自動寫作無關……我採取強烈、正面的注意力。我仍然能完全控制自己所有的感官認知……我只是聆聽，寫下我聽到的字，把這些一個一個扔進我腦海中的想法登記下來……我完全沒有改變西藏人給我的東西。我只要這樣做過一次，祂就再也不會來指示我了。[24]

貝利宣稱在通靈的過程中保持意識清醒，這很不尋常；但是她宣稱自己只是一個更高智慧來源的謙虛通道，這種說法就無獨有偶了。這個來源希望把他、她或祂的教誨傳給盲目又浮躁、需要超世俗指引的人類。海王星有種與救贖者形象融為一體的傾向，基於此，許多宣稱能傳導更高智慧或能量的人，也許就跟他們想要幫助的人一樣，因為同樣深刻無助的孤獨而受痛苦折磨。許多通靈者和靈媒，人生都充滿了疾病、不快樂，或是某種形式的犧牲。貝利和凱西就是兩個很典型的例子。我們與其推測更高的來源要求一個生病又痛苦的通道，不如認為這個通道為了體驗救贖者的原型，會在無意識中需要體驗犧牲的感受，並將其視為心理包裹的一部分。他們就跟許多藝術家一樣，害怕一旦放棄受苦，就會被取走神性連結。這種觀點的正當性至今仍值得嚴肅質疑，但是在我所遇過擁有或宣稱擁有通靈天賦的人中，大部分都會放棄任何心理探索的想法，或是不願面對能解決他們問題的治療方法。對他們而言，至少是對海王星人而言，這顯然是更好的方式——即透過無意識地認同受苦的救贖者，以維持一種祕密的神性意識。就像神話中的阿基里斯（Achilles）選擇了短暫卻永恆的光榮，而非冗長又平凡的人生，海王星也會為了能淺嚐一口本源之水，擁抱灼熱的大地。

海洋高峰經驗

超個人心理學是一個比較新的探索領域。在一九六〇及一九七〇年代，義大利心理學家羅伯托・阿沙鳩里（Roberto Assagioli）、美國心理學家亞伯拉罕・馬斯洛（Abraham Maslow）、美國心理學家查爾斯・塔特（Charles Tart）、奧地利精神病學家維克多・法蘭可（Victor

23 Alice A. Bailey, *Autobiography* (New York: Lucis Publishing Company, 1951), p. 163.
24 *Autobiography*, pp. 163-164.

Frankl）和美國精神分析家伊拉．普洛戈夫（Ira Progoff）都將他們的洞察力奉獻給這個成長中的研究和詮釋領域。[25] 他們其實是立基於榮格早期打下的基礎，榮格強調宗教直覺的自主性，也準備承認這些靈性經驗是獨立存在的，而不是原生的自戀。人們會認為靈魂心理學的探索是很合理的，這在相當程度上也要歸功於一九六〇年代半政治、半神祕的花童世代（編按：flower children，指一九六〇年代高喊愛、和平與反戰的年輕世代，他們常贈花宣揚和平，與「嬉皮」一詞近乎同義）的世界觀，還有他們執著於藥物造成的另種意識狀態，全神投入東方的醫藥和瑜珈。在超個人心理學的領域中，人們採用研究和分析的經驗論途徑，同時依照這些經驗挑戰理性認知的本質，承認它們的現實存在，並試圖在禱告書和嬰兒車之間的古老海王星分裂之中搭起橋樑。當人們在嘗試結合心理學和宗教之際，有時會產生一種不可能實現的、理想主義的心理治療方法，執意忽略人性動機比較黑暗的一面。這有時也會提供一些啟發心靈的洞見，讓我們見識到意識狀態改變的正當性、意義和轉化力量。在占星學的世界中，超個人心理學永遠比其他精神分析途徑更具吸引力。所有門派明智的精神治療師都會承認，必須有許多不同的地圖，來探索人類心靈的未知荒野。占星師如果想要探索海王星水域未知的水流，手中擁有的地圖也必然不只一張。

就如其他門派的心理學，超個人心理學途徑的哲學觀、理論或實行方式，並不能完全整合統一，但其中仍有一些一般標準是所有超個人治療師一致認同的。其核心準則就是，一個人可以從個人的遭遇中，透過一種超乎個人界線、更深層或更高層的現實存在，獲得強化生命的意識轉化。超個人經驗會以許多形式和偽裝出現，但是大部分都是樸實無華的。很多人會在生命的某些時刻遭遇這種經驗，卻無法認出其本質，只能體驗到這經驗所帶來的感受，覺得自己獲得療癒和支持，接觸到一種全新的意義感。

> 我們可以把這些經驗視為當下存在的證據，證明有「某個人」或「某個東西」在關照我們，無論你認為這個關照者是一種宗教或非宗教的力量，像是上帝、生命或大自然……超個人經驗常出現在壓力和失望的時期，就像從深淵中直接升起高峰。26

另一個超個人途徑的基本準則概念，就是認為我們都具有二元本性。我們擁有一個自我，

---

25 對這個領域有興趣的人，應該閱讀下列書籍：R. Assagioli, *Psychosynthesis* (New York: Viking Penguin, 1971) and *The Act of Will* (New York: Viking Penguin, 1974); A. Maslow, *Toward a Psychology of Being* (New York: Van Nostrand Reinhold, 1968), and *The Father Reaches of Human Nature* (New York: Viking Penguin, 1971); C. Tart, "Scientific Foundations for the Study of Altered States of Consciousness," in *Journal of Transpersonal Psychology*, 1972, 3; V. Frankl, *The Will to Meaning* (New York: NAL Durton, 1988), and *The Unconscious God* (New York: Touchstone Books, 1976); and I. Progoff, *The Symbolic and the Real* (New York: McGraw-Hill, 1963). 有關這個領域早期成果的完整書目，可參閱*Transpersonal Psychology*，請參考註腳26。

26 Joseph Fabry, "Use of the Transpersonal in Logotherapy," in Seymour Boorstein, ed., *Transpersonal Psychology* (Palo Alto, CA: Science & Behaviour Books, 1980), pp. 85-86.

這是一種「小的」自性，同時還擁有（或是更準確地說，也就是我們會以個人性格表現出）一個更高層或完整的自性，這是我們存在的真實核心，也是我們會在超個人的本質經驗中遇到的自我。比較大的自我是我們「命運」和生命意義的源頭，但矛盾的是，它雖然是我們人獨一無二的基本個體核心，但是當我們體驗到它時，卻會深深感受到自己與他人的關係，會對他人產生同情。我們若只認同自我，就會被禁錮、孤立，與自己的核心分離。然而，當疾病、壓力、藥物導致的狀態改變、強烈的夢境、激烈的情感起伏，或是一種特別的身體或心理修行（像是瑜珈、冥想、引導式的幻想或活躍的想像力）導致了自我的瓦解，我們就會超越狹隘的自我認同意識，同時還能覺察到自己內在的某種事物，足以療癒、更新、淨化和修復我們對生命的信仰，猶如一個充滿良善、美麗及意義的內心角落。

這種對人性的二元性詮釋當然不是新的說法。我們可以在《柏拉圖》27中看到這種二元論，還有許多早期新柏拉圖主義者，像是柏羅丁（Plotinus）、普羅克洛（Proclus）和楊布里科斯（Iamblichus），他們神奇的修習，會邁向達到我們現在所謂的高峰經驗。馬爾西利奧·費奇諾（Marsilio Ficino）在文藝復興時期施展的「自然神奇」（natural magic），也是這樣。28超個人心理學之所以會被稱為「心理學」，要從一九六〇年代說起（當海王星開始行運通過天蠍座），其中會有一股企圖想要觀察、記錄並分類、歸納改變的意識狀態，這不是根據一種先驗信仰或是宗教宇宙觀，而是來自一種經過考驗的心理動力知識，還有對個人關切的直接驗證。

當然，正如那些反治療遊說團體的說法，心理學本身可能只是另一種比較精微的宗教宇宙觀。精神分析的科學巨屋與愛麗絲·貝利通靈的神祕教誨之間的距離，也許並非我們想像的巨大。到最後，這種主觀經驗並沒有所謂的客觀觀察，但是至少這個心理學的支派做出某些努力，試圖把海王星與土星結為連理，而非把海王星的信念棄之不顧，或一味認定理性就是信仰的敵人。

超個人心理學主要發生在巨大危機之際。這有時與痛苦熬過的青春期有關。但是，這種經驗多半帶有中年的特徵，此時已經確立的自我身分意識可能變得太過僵化，再也沒有空間容許尚未發展的人格次元出現。這並非巧合，三十八歲至四十八歲的十年期間，是這些經驗最常發生的時期。我們都會在這個時期經歷三次重要的占星循環，在此可委婉地將其稱為中年危機，其中包括行運的天王星對分出生盤的天王星，行運土星對分出生盤的土星，行運的海王星四分出生盤的海王星。從超個人心理學的觀點來看，困難徵兆在這些生命重要階段出現的模式，反映出的可能是更大自我所隱藏的和諧排列。憂鬱、失去意義、身體疾病，甚至是精神崩潰，都可能不是在暗示一種深埋的病態，而是一種創造力、一種尋求瓦解老舊疲乏的生命模式和態

27 請特別參閱*Phaedrus*和*Timaeus*，其中有他們對靈魂二元性本性的討論。

28 參閱Frances A. Yates, *Giordano Bruno and the Hermetic Tradition* (London: Routledge & Kegan Paul, 1964)

度。所以我們之前以為很正常的方式，現在會透過僵化和過度認同，為生命帶來毀滅和傷害，而被診斷確定的疾病，可能只是一種祕密療癒的過程不討喜地浮出檯面。許多在精神分析架構中的問題，可能會被歸因於從童年延續至今、而且還繼續化膿的傷口，但從這個觀點看來，這些問題可能是一種基本靈性危機的外在跡象，生命如果是朝創造性的方向前進，我們就必須認清並確定危機的本質。此時會出現對救贖的渴望，因為沒有人能接受生命的真相。同樣地，會出現這種渴望，也可能是因為過多的「現實主義」，加上不甘願面對自己的現實，導致生命停滯不前，與心靈及靈魂的湧泉失去連結。

這裡有許多的超個人經驗，但並非都是與本源融合的狀態。因為每個行星都具有其靈性形式，當一個人遇上超心理學所謂的更大的自我時，藏在每一個人背後的本性，可能會用不同的方式展現。有些高峰經驗比較偏向心智而非心靈，這通常會伴隨驚人的揭露，讓我們看清構成生命基礎的祕密模式。這也可能就像一些佛洛伊德派者、克萊恩派者、存在主義者、甚至是我熟識的榮格派分析家，把超個人心理學的所有方式只視為一種概念，或是重返子宮的昇華幻想。這種單向的態度，反映出一個被嚇壞的土星的防禦性。超個人經驗會對土星人構成威脅，不只是因為這種經驗具有高度的個人特質（這可不能衡量，或透過統計來評估），也因為其中也有一些藏在個人意志控制背後、人類心靈中非常神祕的面向。我們不一定要把這些經驗認為是靈性或神性次元的，這種看法甚至可能不正確。然而，這些經驗的確是超個人的，也就是在個人界線之外的經驗。我們在所謂「海洋」形式的超個人經驗中，最能清楚瞥見海王星的面貌。我們體驗到的本質並不具有海王星的特色，帶有海王星的風格的，是經驗的性質。我們實在很難溝通或理解海洋經驗的主要問題，要它聽起來不像是一九六〇年代花童因為嗑大麻茫掉了，這實在頗有難度。高峰經驗跟大麻不一樣，但也很容易上癮，這也會讓人想起伊甸園。這不僅能啟動靈魂的療癒過程，還能勾動潛伏的幼稚症。通常，是海王星人最容易擁有超個人經驗，而且不讓人意外地，也是海王星人最難在事後統整這些經驗。

美國心理學家哈洛德．布魯姆費德（Harold H. Bloomfield）在他的論文《先驗冥想作為附屬治療》（*Transcendental Meditation as an Adjunct to Therapy*）中，提到了一個海洋類型高峰經驗的案例，這是一位名叫「安妮」的女士。按照她的描述：

> 這太不可思議了。我睜開雙眼，發現房間裡面充滿了光，一道金色的光芒讓萬物煥然一新，閃閃發光。這就像我又是第一次看到這個世界。這讓我熱淚盈眶。所有一切都如此美麗，如此珍貴。我覺得被洗淨罪惡，變得完整。生命基本上很美好：戰爭、爭吵和抱怨看起來很愚蠢。愛，宇宙的愛是唯一的現實……但我沒有在思考。我只是知道。這裡面沒有恐懼——只有光、愛及和平，可以挑戰所有形式。這包容萬物，時間靜止了，每一個似乎都是無限，充滿極樂……當這種感覺持續時，感覺棒極了（這只持續了八小時，在接下來十小時慢慢地消退），

但是當感覺離開時，我覺得粉碎了。這種感覺好像比我一次失去丈夫、小孩、父母和最好的朋友還要更糟。我感覺我被驅逐出境了，彷彿通往靈性國度的大門賞了我一巴掌。我覺得自己沒有價值，比之前感覺得更沒價值。少了這種更廣大的愛的覺知，我的存在顯得非常空洞又微不足道。[29]

布魯姆費德繼續提到在這樣的出神經驗之後，「……當這種生命一體性、愛和喜悅的體悟和經驗開始消退時，個人的危機還可能繼續延續。」[30]這種經驗明顯具有療癒的潛力。其真正的本質是很神祕的，無法只被簡化成一種與神性母親創造者融合的幻想狀態。這種令人敬畏的智慧可以讓人釐清之前毫無意義又狹隘的生命形式，這若不是傳統宗教意義中的神性，也肯定是超過所有意識自我的能力。不過這種海洋高峰經驗也有明顯的上癮特質，尤其是覺得生命充滿太多變數的人特別容易上癮。

在上述的鮮明描述中，無論是在一體性經驗的本質中，或是她在之後被天堂大門甩了一巴掌時的痛苦和罪惡本質中，都已經非常清晰地表現海王星的特質。在這種結合之中，顯然需要一種比較簡化的智慧，這樣才能與經驗的真實性結合，畢竟，上述例子所描述的無價值感和失望，通常與比較古老、深層的童年議題或是生命早期混亂不安的分離過程有關。海王星在這裡最需要土星的現實和牽制，但也很令人難過地，通常也就是在這裡，有許多在超個人領域中的助人者，無法幫助當事人把這種經驗與日常生活整合，也無法幫助他或她更深入地理解為何自己會覺得如此罪惡，覺得一切都被剝奪了。他們反而試圖引導這個人如何透過超驗或消滅自我意識的手段，再次體驗這種海洋式的高峰經驗。海王星的內在動力就是對天堂的永遠上癮。在這種海洋高峰經驗中，我們看到的不是一種象徵與本源融合的替代品，而是事件本身：這是一種意識狀態的改變，所有的疆界都溜走了。換言之，一個人可以在出生之後重新進入天堂，進入另一邊的死後世界。我們雖不知道是什麼領域帶來療癒經驗，但並不是海王星本身。然而，這種允許我們以海洋方式看見天堂的精神作用，都可以從出生盤中的海王星看出端倪，看出這到底是一種自發性的經驗，或是由搖頭丸或迷幻藥所導致。海王星也很堅持，只有那個世界有價值也值得奉獻，但不是眼前的這個世界，個人的自我人格根本就毫無價值，毫不相干，而且已經過了販售的保存期限。海王星打開通往消融的狂喜經驗的大門，但也讓我們對它上癮，讓我們與兩極化的世俗生活相互對抗，而非允許我們自己去認識這兩種現實次元都是同一個更大的自我設計的一部分，也就是我們剛剛才遇到的更大自我。

在超個人心理學領域中有許多技巧，其用意是幫助個人體驗超個人領域。有些會包含藥

29 Harold H. Bloomfield, "Transcendental Meditation as Adjunct to Therapy," in Boorstein, *Transpersonal Psychology*, pp. 132-133.

30 "Transcendental Meditation as an Adjunct to Therapy," p.133.

物，有些則是呼吸練習，還有其他會利用視覺化技巧的想像練習。對於處在特定時刻的某些人來說，這可能全都有效，但是如果沒有用紀律、辨識力和洞察力看待這種追求背後的動機，無論是對治療師或個案而言，這些技巧在許多層次上都可能非常危險。超個人心理治療和由一些靈性公會及教派進行的假心理治療之間的界線，並沒有防禦線，也不需要通行證。海王星在人的內心扮演如此重大的角色，不只是那些被這些方法吸引而來的個案如此，那些成為執業醫師的人亦然，看似如此令人渴望的融合狀態，也許可以、也許無法讓人盡情難忘。一個不快樂的人如果先「退出」世俗，住在奧修靜修所幾年，然後帶著全新的連結感和自我價值感搬出去，他或她可能會比那些每月定期出現在精神科門診要求另一罐抗憂鬱藥的人，甚至是開處方藥的精神科醫師，都更有智慧。這個人也可能比過去十一年每週五次報告精神分析診斷的病人更有智慧。同樣地，對於一些心理尚未誕生的人而言，還有一些一直留在如子宮般城牆內的人而言，即使水早已冷卻，這些社群團體就像是模糊的伊甸園，可以拿更大的開悟為藉口，合理化自己的惰性。通常我們如果不知道狀況是如何，就無法對此下評斷，每件事都要視個人而定，無論是治療者或被治療者。不過我們可以再次合理地推測，海王星可以療癒海王星造成的傷口。這種海洋的高峰經驗最後可以讓人感受到一種無條件的愛，而這正是受傷的海王星追尋者最渴望的東西。超越個人疆界驚鴻一瞥伊甸園的面貌，可能並非幼稚，也不是逃避生命，而是一種存於生命背後的真實美景，不僅在生前或死後，而是永遠都存在。

上師的興起

過去許多世紀以來，在印度，上師是人們熟知且非常尊敬的人物，但我們要感謝披頭四合唱團把這個概念引進西方，讓它變得廣為人知。更有甚者，布拉瓦茨基女士（Madame Blavatsky）的神智學會（Theosophical Society）都試圖把東方的哲學和東方靈性進展的技巧引介到二十世紀的基督教中，而神智學會菁英主義的宇宙觀和令人質疑內部政治，一直都只吸引小部分靈修追隨者。但是隨著「至聖」（Maharishi）和「超覺靜坐」（Transcendental Meditation）運動的到來，加上美國心理學家蒂莫西．利里（Timothy Leary）「激發熱情、內向探索、脫離體制」口號的推波助瀾，在一九六〇年代末期，歐洲和美國整個世代的年輕人開始擁護一種我們也許可以稱之為海王星式的世界觀。我們若想要評估這種巨大文化和靈性革命的牽連性，絕大部分必須探討海王星在政治和藝術中的表現方式，這之後會有獨立章節深入討論。但是，印度上師仍以許多形象和偽裝存在我們周遭，從莊重、荒謬到公然的欺騙都有，而對於星盤中海王星居主導位置的人而言，開悟和自我超越的允諾自從跟隨著披頭四《比伯軍曹寂寞芳心俱樂部》（*Sergeant Pepper's Lonely Hearts Club Band*）登陸之後，從來不曾失去絲毫吸引力。

就東方神祕路線的背景來看，開悟是一種去除自我認同的狀態。感覺、想法和身體感官都是自我意識次元的表現，因此會分散了對其背後現實的覺知。採取東方紀律的西方追尋者認為，即使是「我」的感受都是一種分心，當一個人深刻理解物質世界中所有分離的存在都帶有虛幻的本質後，就能得到開悟。這反映了印度的幻象概念：自我會認為現實都只是浩瀚宇宙海洋的一場夢而已，甚至自我意識本身也只是夢一場。我們和宇宙海洋融合時體驗到的極樂狀態，可以滿足對所有熱情的愛慕，而這也容許一個人達到超凡的平靜，既無衝突，也無慾望。上師的冥想和瑜珈練習，都只是要幫助一個人擺脫認同外在現實的控制，最終能放下任何有「我」存在的幻象。這時，海王星就從所有行星群中緩緩升起，直達「終極真理」的狀態了。這種不存在的狀態勝過任何短暫現實經驗，而且非常愉悅。

我們常會提出一個問題：當我們把西方各種心理學的取向和東方文化混合在一起，而且是透過一套本質上貶低個人價值的教義，這對西方的心靈而言到底有沒有價值？當個人意識和自我表達的重要性在西方如此蓬勃發展時，在東方，也慢慢興起一種源自集體靈魂最底層的、無執的重要性。我們甚至可以泛論地認定，西方靈性源自太陽的途徑[31]，而東方的靈性，則無疑來自海王星。不同的文化會沿著不同的原型道路發展，對神性本質的不同理解，也會在人類宗教發展中做出獨一無二的貢獻。沒有任何一種方法擁有所有答案。西方的靈性接受了某些海王星的箴言，卻一直沒有忽略自我的重要性，視其為靈魂的載具，這跟印度的幻象傳統和擺脫輪迴之輪的觀念，其實是徹底不同的。在西方，當我們談到神性的實現時，總會想到必須透過個人努力在人世間重建天堂的重要性，個人的生活和服務行為是很重要的。海王星對於救贖、與本源融合的渴望，可能滲透融入了東方和西方神祕主義。但是在西方，這兩種方式是否能成功整合，則要看這種超個人領域的經驗是否能落實在日常生活之中，讓一個人能夠同時參與兩個世界。明智的上師很清楚這一點，所以會很謹慎地讓東方的靈性修練符合西方心靈的需求。但是這份覺知可能會讓海王星的信徒感到困惑，因為他們決意要一勞永逸地犧牲自我，只為了逃離生命的痛苦。

奧修和靜修所

一九七〇和一九八〇年代的靈性運動，主要始於印度上師們將思想帶到西方，這吸引了大群不快樂又忿忿不平的年輕人，他們覺得西方文化中的土星元素帶來令人無法忍受的痛苦、壓迫和無意義。這個偉大上師年代的出現，就如我們可預見的，就是發生在海王星行運通過射手座時，當然主要還是發生在海王星進入摩羯座時。我們保留了某些元素，有些方式就像「超覺靜坐」，變得徹底符合了西方的需求，轉變成為摩羯座的價值系統，被當成一種極能紓解壓力

31 我們可以從最早期美索不達米亞、埃及、希臘—羅馬、條頓和凱爾特文化的宗教神話中看到太陽神的重要性。甚至連基督的形象，儘管在許多方面的確是海王星式的受害—救贖者，也具有太陽的特質，這存在於他與光和天國的關係，他擁有毀滅地獄軍團的能力，還有他關照的每個靈魂的個體性。

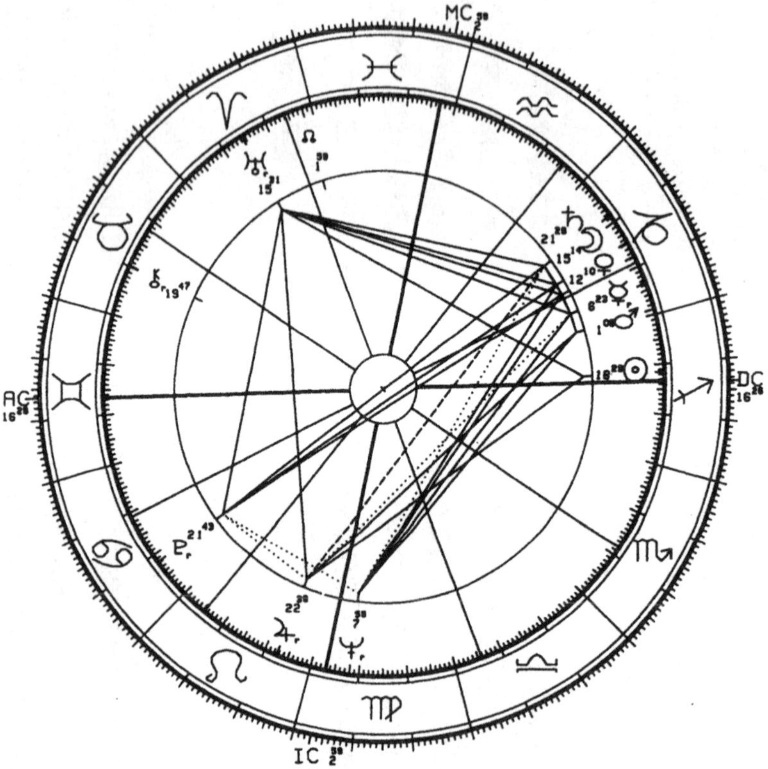

圖表十二　巴關・希瑞・羅傑尼希

1931/12/11，5:13 P.M. IST（11:43:00 GMT），印度，朱巴爾市（Jubal）庫其瓦達（Kuchwada）。回歸黃道，普拉西度分宮制，真交點。資料來源：私人提供。

的方法，用來教導商業界的高層人士。英國的自然法則黨（Natural Law Party）就是一個極佳的例子，讓我們看到海王星易變的流動如何從射手座進入摩羯座。超覺靜坐現在已經進入英國的政治。我們必須更謹慎地檢視其中一位上師的現象，這並不是為了確定這位上師或其教誨最後的正當性（這也許是不可能的，除非是以個人為出發點來評斷），而是為了能更完整地認識海王星。

圖表十二是巴關・希瑞・羅傑尼希（Baghwan Shree Rajneesh）的出生盤，他的信徒都稱他奧修。他誕生於一九三一年印度賈巴爾普爾市（Jabalpur）附近的小村落，本名是羅傑尼希・香卓拉・莫罕（Rajneesh Chandra Mohan）。他是家中的長子，共有七個弟弟和五個妹妹，他由富裕的外公外婆扶養長大，備受溺愛。他因為外公的死而心力交瘁，變得很孤僻，很害羞，不敢跟別人有親密接觸。他後來表達了自己的孤獨，「……我從來就沒有被社會接納過，我一直是獨自一人，很疏離。」[32]他宣稱自己在七歲時擁有第一次出神覺知經驗，即所謂的「三昧」（samadhi）。他還提到，自己在一九五三年春分日就已經完全開悟，當時他才二十一歲。在經歷那次「爆炸」之後，他再也無法與身體融為一體。值得注意的是，春分當天除了其他強烈的

32 Rajneesh, *Dimensions Beyond the Known* (Los Angeles: Wisdom Garden, 1975), p. 156.

行星移動，行運的天王星精準地四分他落入八宮的月亮，而八宮就是傳統認為的死亡宮位。

奧修儘管已經開悟，仍然繼續求學。他就讀蘇格大學（Saugar University），在一九五七年拿到哲學碩士學位。他接下來九年都在教導哲學，後來辭去教授職位，致力於重建人類的靈性生活。他在孟買一系列的講座中，向一群沉浸於印度清教主義的聽眾表示，性是天然且神聖的，這讓聽眾們震驚不已。就是從這裡開始，埋下一粒種子，滋生了反對他在印度的教學的力量。他還稱甘地（Gandhi）是受虐狂、印度沙文主義者和性變態。當時印度剛好在慶祝甘地百歲冥誕，這讓他更不受人們歡迎。他旅行了一陣子後，最後跟一小群追求靈性的跟隨者安定落腳。一九七一年，他開始自稱「巴關」（Baghwan），意思是天神下凡。一九七四年時，他搬到浦那（Puna），到了一九七九年時，他成功發展的靜修所已經吸引了兩百位永久居民，大多數都是外國人。印度的「羅傑尼希基金會」（Rajneesh Foundation）試圖想要買下一個小山谷，重新安置越來越多的信徒，但是印度政府封鎖了這筆購地案。一九八一年，奧修發誓禁語。這個決定剛好與他祕密前往美國相互呼應。為了確定居留身分，他娶了一位希臘富豪的女兒，對方是美國公民。在這段混亂時期，當奧修漸漸在全球獲得廣大的追隨者，他與政府權威之間的問題也漸漸增加。值得一提的是，此時行運的海王星正在射手座，合相他的太陽，並即將要通過下降點，進入第七宮，而行運的冥王星也精準地四分出生盤中緊密的土冥對分相。前一組相位完美地描述了他滿盈的神性使命感，後一組相位展現在他與「外在」力量的對抗中，他的態度既頑強又具防衛性，就如他本身的個性。

羅傑尼希基金會在奧勒岡州安特洛普（Antelope）附近取得了六萬四千英畝農地，當時那只是四十個人的小村莊。他計畫偷偷地打造一個「奧修靜修所」（Rajneeshpuram）的城市，目標是收容五萬信徒。他已經展開行動，而且非常積極。這計畫當時已投入一億兩千萬美元資金，但靜修所對於當地政治的野心，以及日益明目張膽的軍國主義作風，再加上某些犯罪活動，終於引來了警方、聯邦調查局和移民署官員的調查。在一九八四年，奧修破了禁語的誓言。隔年，他以各式各樣的罪名控訴自己的執行長瑪．阿納德．席拉（Ma Anand Shella）。一九八五年九月十六日，他宣布奧修靜修所結束，讓數千名信徒迷惘又幻滅。奧修短暫入獄一陣子，後來被判十年緩刑，最後被美國驅逐出境。他離開之後回到印度，在一九九〇年一月辭世，那段期間行運的海王星正在他的火星、金星和水星前後徘徊，已經觸及八宮宮頭，並即將合相月亮。

奧修至今仍是個謎。他的生活方式和性格充了令人吃驚的矛盾。正如喬治．福爾斯坦所說：

我們這有位上師，誠如他自己所稱，並不存在於自己的身體裡；他宣稱自己不想要創造信徒，但是在過去多年來，他是數千名男女的精神領袖，要求他們全心奉獻。他的表現看起來清心寡慾，卻因為禿頭而痛恨拍照；他偏好富裕與權勢，擁有九十三台勞斯萊斯的車隊；他宣稱已經開悟，卻需要定期使用笑氣，無法自制地看影片打發無聊；他允許一大群對權力飢渴的女人經營他的龐大組織和私人生活。33

我們可以預期，海王星會主宰一位靈性上師的星盤。在奧修的例子中，海王星的影響力十分顯著，但也剛好有其他因素配合。儘管海王星接近天底，並三分火星、水星、金星與月亮，同時一百三十五度土星，四十五度冥王星，但上升守護的定位星是土星，故以土元素為主導。海王星與火星、水星、金星和月亮的良好相位，反映出他具備的夢想、想像力、精微細膩、敏銳覺察他人未明言的感覺和情感需求，以及優秀公關家的操縱天賦。而他深層的無根感，還有創造一個世俗天堂而後進住的渴望，都明顯反映出海王星落入天底的位置。但奧修出生盤的整體結構是奠定在火土元素的對立，再加上太陽、天王星和木星的大三角相位，平衡了七顆行星（編按：指太陽、月亮……至土星的七顆星）的力量，其中一個還是落入土元素的上升守護星。我們很容易把奧修貶為一個聰明絕頂的「騙子」，一個善於發明的策略家，將海王星包裝得如此誘人，吸引了容易受騙的西方心靈，還因此飛黃騰達。這種評價的確有相當真實性，卻不能一窺全貌。這火象大三角結合了落入三宮的獅子木星，擁有直覺性的語言天賦，與位於七宮頭射手太陽的活力、寬廣心智和溝通能力，還有落入十一宮的牡羊天王星，象徵的堅定破除迷信。這是一個具有領袖魅力的組合，儘管帶有十分傲慢和自我膨脹的傾向，但他也的確是一位能啟發人心的老師及思想家。他狡猾、世故又專橫，他位於摩羯座的星群由土星主宰，再加上土星與月亮的合相與冥王星形成對分相，確保了他會忠於自己的真實動機，除了自己的法則，容不下其他法律。我們可以預期，在一個極具影響力的政治領袖或企業家的星盤中，能看到這種組合。在某種程度上，奧修其實兩者兼是。

我們不能說他只是個江湖術士，就以此解釋他的為人及其持續的影響力。但我們也無法說他只是一位受物質社會邪惡力量迫害的開悟大師，就解開關於他的謎題。我本身不是奧修的擁護者，也從來沒有涉獵過他的教義，不曾去過他的靜修所，對這些也不感興趣。但是根據我跟許多個案的經驗，他們採納了「門徒」（sannyasin）的方式，試圖把這種方式與生活整合，結果成敗不一。他們證明了，我們如果能從一個更冷靜、更客觀的角度來理解奧修運動的現象，就能更深入理解海王星的天賦及其危險。奧修本人可能已經用更世俗的特質平衡了海王星，但是他的追隨者通常都無法找到平衡；他的訊息是海王星的，而且更重要的是，那股深層的集體渴望，不斷醞釀出更多以他為名的海王星社群。

福爾斯坦公開批評奧修，描述了靜修所生活最具破壞性的一面。這也許是因為他對這個異

33 Feuerstein, *Holy Madness*, p. 65.

教採取了很必要的客觀眼光，也許是因為他把自己所謂的擁護，獻給了另一位上師；也許兩者皆有。他指控靜修所生活造成諸多不愉快的副作用，其中一種就是奧修以獨裁方式對待虔誠的信徒。這部分反映在他出生盤中象徵強烈控制慾的月亮、冥王星與土星的相位，當他在奧勒岡取得土地，開始夢想自己的未來城市時，就觸動了這些相位。我們也可以從他火象大三角浮誇和自我神化的傾向，看出他的專制態度。根據福爾斯坦的說法，奧修把他的靜修所變成某種勞動營，要求大量的付出和絕對的服從。這讓許多虔誠信徒生病，精疲力盡，無法作出健全明智的判斷，有些人甚至因此走上自殺絕路。按照奧修自己的說法：

……你變成白痴。你看起來像個白癡！人們說你已經被催眠或變成另一種東西，你已經不再是以前的自己了。此話不假，但這是某種震撼。而且是好的震撼，因為這會破壞過去……這就是門徒（斷絕的象徵）和門徒身分的完整意義：你的過去已經完全被洗滌一空，你的金錢、你的自我、你的身分認同，全都必須散去。**34**

儘管奧修的土星天性過重，無法像印度靈性導師梅赫·巴巴（Meher Baba）和其他上師一樣迴避世俗成就，不過他肯定知道如何按下自己門徒心中的海王星按鈕。他的靈性帝國瓦解之後，許多信徒都陷入了深層的心理危機，才赫然發現自己過去活得有如機器人。上師也是會讓人上癮的，而這種習慣可不容易被攆走。但讓我們再次回到這個無法回答的問題：到底誰該對此負責？到底是上師或信徒？我們至今仍能在許多奧修追隨者的被動之中看到海王星對救贖的渴望，他曾經是他們渴望的神性本元的化身，至今仍然如此。上師和信徒的關係中是否必然存在著依賴？倘若說這位上師已經真正開悟，他或她就能引導信徒超越母親與嬰兒的連結，體悟內在源頭的智慧和極樂？這仍有可議之處。同樣地，若主張發掘個人內在的真理，應是個人（而非上師）的責任，也仍是有爭議的。

奧修為了讓信徒能接觸到自己堵塞的情感（或是按照德國神祕主義作家佛爾斯坦（Feuerstein）猜測，接觸到他們對上師的抗拒），發明了各式各樣的治療技巧，目的是創造一種淨化作用，帶來信徒渴望的後續的覺知轉化。我們在此值得回想梅斯墨的作法，他就像奧修一樣，非常專制，同時要求病人絕對服從。他也跟奧修一樣，想要創造一種同樣的「危機」淨化。奧修部分技巧的治療強度可以持續好幾天，其中包括言語羞辱、集體性愛和肢體暴力。拒絕參與的人就會被視為自我中心、冷漠和反社會化。在靜修所中，非常盛行隱微和公然的強迫。海王星的主宰形式是透過罪惡感，這跟火星或冥王星時常表現出的無恥霸凌截然不同，祂會明顯表現在對

34 摘錄自*Holy Madness*, p. 67.

信徒的指控中，不順從上師的信徒就是自私、靈性未進化，將會被整個團體驅逐。

當集體（異教）已經發展成形，沒有人敢破壞秩序，大膽地說：「等一下，我們做的事實在很愚蠢。」你一旦開始撕裂現實，用另一種不同的方式加以重建，你就不會想要踏出界線，否則這整個岌岌可危的架構就會粉碎。**35**

儘管這是一種共謀，但意志薄弱的人常會在這種驅逐下讓步，他們無法應付被同儕孤立，因此會讓自己充分體驗一些通常是情感上或道德上不自在的經驗。奧修也不排斥透過靜修所中的女信徒，幫助自身修行。他會按照胸部尺寸篩選，只有大胸部的女信徒有希望加入他的「媒介」菁英團體。外界的觀察者和有意變節的信徒必然會指控這是虐待和洗腦。這種異常的情節並不罕見，自古至今一直存在於海王星式的狂喜教派和異教之中，人們也時常（而且通常有正當理由）對許多時下的另類宗教和靈性團體提出類似控訴。正如佛爾斯坦指出：

當一位靈性導師如此對待信任他的信徒時，這根本不是神聖的瘋狂，而是無法原諒的罪過。我們不能否認，奧修對數千名滿懷希望的靈性追尋者造成正面影響，但也不容爭辯地，他欠缺辨別能力，加上他個人的癖好及詭計，對許多人造成極大的傷害……在當代的上師中，奧

修也許該負起最大的責任，他扭曲了西方對於上師與信徒關係的公共形象……[36]

當我們讀到這個被重述的古老故事時，我們可能會想問，為何有這麼多人可以被騙得如此徹底，相信這樣的人已經開悟？但我們也可能想問，為何宗教和政治歷史上會有許多類似的情節？一個人甚至可能冒著遭天譴的危險，提出一個有關聖保羅或教宗的問題：「你怎麼可以誤導我？」這是海王星在吶喊。然而奧修的「媒介」熱切想要與大師發生性關係，就像大師也急切地想要與她們上床，她們自身的動機也很難稱得上是天真清純，這所有一切，讓我們學到海王星的戀母傾向。在奧修的例子中，看得出他的缺陷如此繁多又明顯，但這樣的洞察並不是為了譴責上師的缺陷，而是認清在壓倒性救贖渴望裡，同時並存著靈性和幼稚，可以讓許多人自願放棄所有個人的自我價值感和自我決定能力。上師在何時已真正開悟？他或她在何時只是像湧入靜修所的靈性追尋者一樣受傷又迷惘？這些是互不相容的嗎？或是這根本就無關緊要？

這些問題的唯一答案，也許就在於一個人如何應付自己的海王星。有許多人經過奧修的經

35 Shaw, *Spying in Guru Land*, p. 38.

36 Feuerstein, *Holy Madness*, p. 69.

驗洗禮後得到正面的結果，多過於那些覺得被操縱、被傷害的人。而到最後，那些努力處理個人依賴問題的人會從中攫取有價值的部分，同時找到力量，在面對別人過多的要求時奮力脫身。或者我們可以換種說法，他們就是成長了，可以從一種更客觀的角度看待奧修和其教義，而不必完全否認他們在其中發現的價值。這是一種與神性父母分離的原型過程，其中帶著所有不可避免的幻滅，發現這位照料者根本不是永生全能的生命源頭，他或她，只一個有缺陷的人，其所作所為有對也有錯。這也許就是海王星的挑戰之一，我們必須知道自己最終不能把自己的悲慘不幸，怪罪於上師、救世主或政治領袖；因為是我們選擇了他們，盲目地追隨他們，自己沒有充分地評估他們的教義和政策。當我們的上師讓我們失望時，我們就會跟他們分割。但是我們還是留下了古老的渴望，依然擁有非凡的能力去創造另一個救世主，企求他或她能引領我們回到天堂樂園。

奧修的教義和榮格理論、超個人心理學之間有許多類似觀點，跟一些重返中世紀靈性社團的西方神祕傳統元素，也有些絕非偶然的相似之處。奧修的一段話特別具有啟發性：

> 你可以被謀殺，你可以是小偷強盜，你可以是希特勒、成吉思汗或一個最糟糕的人，但這都毫無差異。一旦你憶起自己，光就在那裡，所有的過去都會瞬間消散。37

這不僅反映了基督給予罪人的寬恕，同時也呼應了榮格的名言，意即我們必須面對自己性格中比較黑暗的面向，也許有時表現出來，才能變成一個更完整的個體。奧修對於西方心靈及海王星狂暴猖獗的問題，有比一般人更精明透徹的理解。他無恥地操縱他的信徒，但是他也擁有充分的夢想願景，創造一個如子宮般的收容地，讓寂寞、失落又受傷的靈魂可以找到包容及保護，直到他們有能力替自己的人生負起更大的責任。我們可以在奧修和他的靜修所中看到一些較具毀滅性的元素，這些都顯而易見也令人厭惡，但是跟當地的精神病院病房比起來，這些團體真的比較不道德、比較沒效果嗎？在精神病院中對付海王星災難的唯一方法，就是強迫性的藥物治療，甚至用電痙攣療法來麻痺這位心理未誕生的人心中的恐怖絕望。奧修真的比一些傾向生理療法的精神科醫生更獨裁、更誇張嗎？後者受過醫學訓練，卻對治療會遇到的狀況和無意識心靈的現實一無所知，而且仍然相信一種正常的絕對定義？我們無論如何延伸想像力，都無法將古老的避難所（asylum，源於希臘，意指「不可褻瀆」）概念——一個免於外界危險的保護之地——應用在精神病機構中，因為這些地方的設立是要收留病人，而非把世界踢除在外。不過一個猛烈的海王星常會有如變色龍一樣，出現各式各樣的心理問題，而這的確可以

37 Rajneesh, *Tantra: The Supreme Understanding* (Poona, India: Rajneesh Foundation, 1975), quoted in *Holy Madness*, p. 65.

從精神病院的經驗中獲益良多，就像一艘方舟，讓人可以憂慮地駛向獨立人格，不需要受到外界的譴責。這就是心理治療的基本原則，許多療癒的出現，是因為個案或病人可以在治療師身上體驗到一個不帶偏見的父母，而這正是他或她在人生早期遍尋不著的。我們會一直渴望不曾擁有過的東西。在奧修靜修所的子宮中，沒有界線，可以容忍人類行為中各種極端的黑暗面，許多人可以在此體驗到自己仍是嬰兒時所獲得的無條件接納，而在某種程度上，這些人仍是嬰兒。

有些奧修信徒無法離開如子宮般的靜修所，而我們當然可以很輕鬆地怪罪奧修操縱這些脆弱的靈魂。但是這些人無論有沒有奧修，一定都會抗拒生命，而且如果他們手邊唯一可得的海王星物質不是靜修所，而是海洛因、古柯鹼或酒精，肯定對自己或別人造成更大的傷害。而且，誰又能說奧修宣稱自己已經開悟，這到底是真是假？高峰經驗可能消逝，而超個人的狀態就像海王星一樣易變，又很容易在生活的日常秩序中消失。海王星的一體幻想不是刻畫在花崗岩上，而是寫在水裡，這些幻想的領受者也不只來自於優秀又正常的階級。靜修所內全體一致的服裝和生活方式也餵養了海王星對於融合的渴望，而這正是時尚流行所做的事；如此明顯的一致性會創造一種情感上的連結感，彷彿與全世界廣大的追求者和受苦者同伴建立某種連結。當我們都相同一致時，我們就不再孤單了；我們同歸一體。當海王星通過摩羯座時，我們對於上師提供的東西，會變得更有經驗，更為世故。我們的身旁一直會有背叛的靈性教派和異教，以後也還會如此，但是我們現在會用不同的名義來追求救贖，就如「社區精神」和「愛心社會」。當海王星進入水瓶座時，我們無疑會找到新的上師，這些人會穿上政治和科學的服飾，讓人們可以透過他們開明的智慧，追尋「月亮的銀蘋果，太陽的金蘋果」。

【第八章】

海王星與潮流之魅

流行雖然是傻子的孩子，愚者的指引。
但最有智慧的人也受它支配擺佈，不斷學習它的規則
——英國詩人喬治・克雷布（George Crabbe）

時尚就跟海王星的水一樣，永遠流動、改變著。我們不可能預測時尚，因為這是由夢想的事物組成，它可能神奇地消失，就如它會神奇地出現。之後，就必然讓位給另一種時尚，一種同樣無法解釋的時尚。社會學家可能會觀察其背後的經濟、政治或社會因素，試圖理解為何會有這麼多人沒有任何明顯的理由，就把辛苦掙來的錢花在某種特定風格的衣服上面，無論自己穿起來好不好看；然後又會把這些珍愛的護身符拋棄，因為新的時尚又出現了，就跟前一年的

時尚流行一樣，同樣地無法抗拒，同樣地在消費靈魂。舉個例子，迷你裙在一九六〇年代出現，這屬於一場更廣泛的社會運動，意圖邁向更豐富的性表達。在占星學中，這個整體的背景不只反映在海王星的行運正通過天蠍座，還有在這十年期間，天王星與冥王星強而有力的合相，並與海王星形成六分相。社會學的觀點通常只能碰觸到時尚之謎的表面，傾向於與外在的因素——譬如同一時間的經濟興衰——作連結，而不是以因果的方式來分析。為何性自由會突然流行起來，畢竟就在幾年前，童貞還是結婚之前的必要條件？為什麼一種特別的「外表」，就像是迷你裙，會比其他同樣情色的外表更能表達自由的主張？而且，為何有這麼多平常理智的人會感染一種無法抗拒的強迫性，加入這種集體的渴望，分享著同樣的時尚夢想？這也許是我們在探索海王星時最重要的問題。

時尚時常成為人們譏笑的目標，特別是那些覺得必須在群體面前堅持個人特質的人。但很多人無法體會的是，個人主義本身也是一種時尚。讀者可以回想電影《萬世魔星》（*Monty Pythons Life of Brian*）一個特別場景所描述的狡猾智慧，數百人擠在他們選擇的救世主的家門外，齊聲大喊：「我們都是獨立個體！」時尚也可能成為一些人輕視的目標，這些人認為自己在心智上、精神上或道德上都高於那些無意義、平庸或自私的潮流，但是，在意識形態上反對時尚，根據某些圈子的意識型態的訴求來看，這其實還是一種時尚，而且他們還會表現出同樣的集體成員宣示，譬如在倫敦的斯隆廣場穿亞曼尼（Armani）西裝或圍著古馳（Gucci）圍巾。

人們要是以反時尚為基礎，抗拒象徵時尚的化妝和衣服，就常會創造出一群古怪的制服軍團。他們是一群時尚的非時尚者，彼此看起來都很像，就像伸展舞台上打扮過度的時尚模特兒。我們最後都會以某種方式感染上時尚，無論我們抗拒或接受；政治與宗教也會跟隨時尚的腳步，儘管那些向來都擁有絕對真理的人，可能不情願承認滋養自我信念的能量，其實是來自一種千變萬化的集體「神祕參與」。占星學本身也在各種不同歷史時期，在時尚的潮流中進進出出，而在占星學中也有某些時尚。這意味著，學生也許會衝去買一本威廉・莉莉（William Lilly，十七世紀英國占星師）的書，或是墜入榮格的分析中，或是努力學習古希臘文。

當我們試圖想要定義時尚的神祕力量來自何處時，它就會像水一樣溜走。到底是誰開始了一股潮流？是誰決定要把某種特定的裙擺、顏色、化妝技巧、髮型、歌曲、電影或小說賣個數百萬人？如果我們能找到這樣的魔術師，他或她的力量到底來自何處？為何會有某些人可以當數百萬人的服裝設計師、製片商、音樂家或作家，「知道」詹姆斯・龐德的賣相已經過時，而《侏羅紀公園》將會成為一九九三年的「賣座」電影？我們如果把一種特別產品的成功「原因」只歸咎於廣告工業，那就太荒謬了，因為廣告只是時尚的發言人，而不是創造者。廣告也可能要聽令於時尚——只要看一下過去三十年或四十年的電視廣告，觀察一下它們如何呼應「花衣魔笛手」（Pied Piper）呼喚中不斷變換的旋律，就能明白這個道理了。無論市場如何氾濫，沒有一種廣告可以強迫人們購買他們不感到心醉神迷的東西，而聰明的廣告商必須擁有某種跟創造者一樣的恐怖直覺，畢竟，這些創造者還必須仰賴廣告來散播他們的作品。當我們試著抓住時尚的骨架時，它們就會像海王星的夢一樣融化。但這些仰賴時尚的產業，特別是時裝、化妝品、電影和流行音樂，會製造巨量又非常實際的現金山丘，足以讓那些意外發現美人魚祕密的人變得非常富有，遠超過他們最狂野的夢想。

若我們用「時尚」這個字用來形容宗教或政治運動，似乎會有些貶低。不過，當任何異教或宗教運動快速蔓延時，我們的確可以觀察到一種強烈的集體心理認同趨力在背後運作。在安東尼君主統治的公元二世紀，非常流行救贖者教派。如今，美國某些圈子很流行通靈，而在其他地方，基本教義派的基督教則非常盛行。當一個人在情感上認同某種特別的集體觀點時，一聽到別人把這稱為時尚時，常會覺得被冒犯了。但是任何曾經參加過像是胡士托音樂節（Woodstock）這種大型流行音樂會的人，都可以認出在聽眾歇斯底里的狂喜出神中有某種東西，跟在許多政治集會和宗教聚會中出現的歇斯底里非常相似。個人不再是個人，他們不再有任何觀點，他們已經被「這種」觀點占據。

流行音樂明星和上師之間有密切關係。當決定買一條破爛Levi's牛子褲時，儘管我們可能還認不出，但這已絕對是一種海王星的渴望，我們希望能透過認同一些已經消失的、狂野西部土星式黃金世代的事物來獲得救贖，雖然這只是救贖夢想的一小部分，還加上了一些如海王星護身符般的象徵性物件及形象。當海王星繼續通過摩羯座時，蓋著茅草的屋頂、玫瑰花環繞門前，這樣「象徵某個時代的」鄉村小屋並不會讓我們思考一下茅草的保險成本、窗戶的尺寸不合、缺少適當隔絕，還有都市計畫官員的頑強難搞，或每隔兩個禮拜就必須替玫瑰花噴灑農藥對抗黑點和蚜蟲等問題。這種小屋承諾我們能重新找回天堂。在英國房地產市場中，這種房屋的需求量從來不曾像現在這麼高，儘管重新整修和維修的成本非常昂貴。[1] 這些時尚的夢想如果沒有改變基礎的情感內容，通常只會改變他們的表象，這大致上與海王星在數個黃道星座上的行運相互呼應。儘管我們總是不停地嚮往，不斷地做夢，但是透過救贖者引誘的象徵性形式會不斷地變換，不斷地改變外貌，時而表現出獅子座高貴的亞瑟王幻想，時而又展現處女座不喜出風頭的謙卑及服務的理想化；時而表現天秤座的夢想，幻想在毫無衝突的完美社會中存在著完美的愛，時而又呈現天蠍座變化形式的熱情，同時與死亡調情；在另一段時間，則會表現出射手座進化的樂觀主義以及對宇宙知識的追尋，或是摩羯座對消失的黃金世代的渴望，這也許是在二十年前、五十年前或一千年前，彼時，我們知道何者為對，何者為錯；彼時，也沒有「惡少文化」（yob culture），沒有大型購物中心玷污全無害蟲的伊甸園美景。

時尚是一種商業用語，是一種難以捉摸的特質，也就是我們所謂的「魅力」（glamour）。當我們試著表現時尚時，我們其實希望變得有魅力。魅力屬於海王星的領域，也同樣難以定義。魅力會讓我們陶醉，這個字原本是誤用了中世紀表達「讓人困在咒語裡」的英文字「gramarye」或魔法（magic）。演員、流行歌星、具有領袖風采的政治家或足球明星的魅力，是很微妙又無形的，無法透過任何人工的方法複製。一個人不可能有自覺地創造魅力，不然觀眾可能會很有禮貌地回應，但下次絕對不會再買票。魅力就跟時尚一樣，必須視世代的「時代潮流」（zeitgeist）而定。模仿明星的髮型、服裝、化妝和態度不能讓我們擁有魅力，但是服裝和化妝產業製造的巨大利潤證明了一件事：即使我們很清楚這一點，但我們仍然會相信不可能的事。

魅力不僅限於年輕人，就像莎士比亞筆下的克麗奧佩托拉（Cleopatra）：

> 歲月無法讓她衰老，習慣也不能減損
> 她變化無窮的千姿百態 **2**

魅力也是充滿矛盾的。它的力量中最重要的面向就跟海王星一樣，充滿了明顯無法相容的

---

1 就在我寫這本書時，全英國眼光敏銳的建商看到所有潛在的買家，對各種現代化風格和建材的房屋不感興趣，已經開始重新創造「傳統風格」新房屋，利用一些傳統的建材，像是科茲沃爾德石材或回收的維多利亞時期磚塊。

2 這段話取自莎士比亞的 *Antony and Cleopatra*, Act II, Scene ii, lines 235-239, in *The Complete Works of William Shakespeare*, (London: Octopus Books, Ltd., 1980).

對立。善與惡，清純與腐敗，靈性與肉慾，會在單一的本性中不斷地變換交替。我們可以再次透過莎士比亞的克麗奧佩托拉洞悉這種矛盾：

……其他的女人令人煩膩生厭
她卻是越令人滿足，越使人飢渴。
因為卑鄙污穢之事到她身上，都會變得美好，
都融為她的一部分。

儘管性常是魅力的主要元素，但魅力也不僅限於肉體之美。真正有魅力的肉慾迷惑是很難定義的。就傳統的感覺來看，許多有魅力的人一點也不具有肉體吸引力。就像已故的希臘船王亞里士多德．歐納西斯（Aristotle Onassis），你無法把他的魅力列入任何一種經典的俊俏，在大部分的照片和影片中，他非常像是還沒有被對的公主親吻的蟾蜍。但是有許多女人——包括很有魅力的瑪麗亞．卡拉斯（編按：Maria Callas，女高音歌唱家，是義大利「美聲歌劇」復興的代表人物，被認為是史上最有影響力的女高音之一。）和賈桂琳．甘迺迪（編按：Jacqueline Kennedy，美國前總統約翰．甘迺迪夫人，被認為是六〇年代美國婦女心目中公認的時尚引領者）都覺得他很有性魅力，而光以他的財富，絕對無法充分解釋他令人著迷的潛力。

一九五〇年代末期兩位最具影響力的魅力偶像，貓王艾維斯・普利斯萊（Elvis Presley）和碧姬・芭杜（Brigitte Bardo，她剛好在海王星進入天蠍座時竄起成名），都讓我們很難只用漂亮或性感的形容來打發他們。許多演員和歌手也很漂亮又性感，但是在一次表演或一首暢銷歌之後就銷聲匿跡。普利斯萊看起來衣衫不整，有些可怕，特別是他老了以後；芭杜年輕時，也比傳統的美貌顯得野氣難馴。我們非常難去定義倒底是哪種捉摸不定的特質，讓他們充滿魅力。就某部分來說，我們必須檢視主要的海王星行運，以了解到底是什麼在迷惑大眾。一位新起之秀獲得意料之外的歡迎，通常都與即將冒出的集體幻想有關，而這位新起之秀就是這幻想的具體化身。普利斯萊和芭杜的性吸引力，都與毫不遮掩、侵略性，帶有點壞又殘酷的性氣息有關，這剛好滿足了當海王星離開天秤座、進入天蠍座的集體夢想。這兩位明星都暗示了粗野、不道德、打破禁忌，還有他們在性邂逅中受虐和虐待的可能性。芭杜在第一部大片《上帝創造女人》（*And God Created Woman*）中，就像讓亞當和整個人類惹上麻煩的狐狸精。普利斯萊則用他在電影《監獄搖滾》（*Jailhouse Rock*）中的囚犯角色，征服了全世界的心靈和下半身。

天秤座如空氣般的情慾，深根於戰後童話故事的美麗及優雅魅力中，但到一九五〇年代中期就消磨褪色了，群眾開始集體渴望比較有衝擊力的東西。我們現在需要一個墮落天使來拯救集體。如果性吸引力是魅力的元素之一，我們不只要看這個有魅力的人的海王星天賦，如何投射出集體的祕密情慾幻想，同時還要了解這如何反映出海王星通過的黃道星座代表的感覺和意象原型。舉個例子，普利斯萊的出生盤中，太陽三分海王星，兩者都六分落入天蠍座的木星。
3 在他的事業高峰時，行運的天王星和冥王星在處女座合相，正要經過他的海王星，三分他的太陽，而行運的海王星六分行運的天冥合相，也合相他的天蠍木星，並六分他的太陽。天體之間這個強而有力的組合，反映出六〇年代的時代潮流，又與他的出生盤組合連成一氣，所以他從一個開卡車的無名小卒竄起，變成他那個時代最主要的魅力象徵人物之一。

魅力也與一種直覺能力有密切關聯，足以勾勒一些普世性、循環重複的感覺和意象，在特定時代中滿足集體心靈的無意識夢想及渴望。十六世紀像德國畫家彼得・保羅・魯本斯（Peter Paul Rubens）的紳士很難覺得英國名模崔姬（Twiggy）有魅力，當時的人們可能會認為她好像挨餓沒吃飽，因為某些恐怖的消耗性疾病處於極度痛苦中。我們也不覺得喬治時代（編按：指英國一七一四年至一八三七年間四位名為喬治的國王在位的時期）象徵魅力的面頰豐潤、一臉蒼白的女性魅力十足，在我們眼中，他們就像愛德華國王時期穿著蕾絲的馬鈴薯。在一九四〇年代，每個人都抽煙喝酒，行徑有如《北非諜影》主角亨弗萊・鮑嘉（Humphrey Bogart），有點邪惡，就會被認為很有魅力。現在抽菸的人會被排斥，萬寶路男士（Marlboro Man）被視為反社會化，非法盜用了英國健保的資金，現在的魅力是純潔無瑕和政治正確，旁人都會被英雄令人目眩神迷的光芒矇蔽了雙眼。

海王星人在同世代的人眼中都非常有魅力，但我們無法從中知道他們真正的身分意識、他們的價值、他們具備的個人完整性，或是他們的動機、意見和信念。這些人獨具天賦，可以知道世界想要他們變成什麼樣子，並精準地投射出來，就像小嬰兒可以投射出母親未說出口的需求及期望。集體的需求會根據時代改變，但總是有人能有這種能力，以個人的方式將需求表現出來。這種神奇的海王星天賦有時會與真實、甚至驚人的才華結合在一起。這有時就像國王新衣的故事。在個人的出生盤中，海王星並不是才華的指標，而是代表激起別人夢想的力量。我們這些做夢的人之所以被深深地感動，是因為自己的海王星會因為共鳴悸動，我們一點也不在意自己偶像的魅力形象背後有什麼東西，而我們也不會用看待其他比較不出名的公眾人物的角度來評斷他們。剝下魅力的外表，大眾可能會對他們的心上人失望不已，當演員、政治家、上師、藝術家或皇室成員表現凡人的缺點、需求和怪癖時，人們的反應通常不是同情，而是憤怒。這就是為何就某部分而言，當我們嗅到怪癖的氣味時，我們會不自覺地想要殘暴地分解魅力四射的海王星偶像，就像泰坦巨人對戴奧尼索斯做的事情一樣。這也就是為何海王星的小孩們到頭來，會有意識或不自覺地讓自己的神話永垂不朽，即使需要使上欺騙的手段也在所不惜；因為他們非常清楚，如果他們像莎士比亞《暴風雨》中的普洛斯彼羅（Prospero）一樣燒毀

3 Birth data from J. M. Harrison, ed., *Fowler's Compendium of Nativities* (London: L. M. Fowler & Co., 1980,) p. 237.

魔法書，宣洩而出的將不會是理解，而是野蠻兇殘。

隨行運展現的魅力：海王星行運通過十二星座的八十年

● 海王星行運通過獅子座：一九一四年九月至十二月，一九一五年七月至一九一六年三月，一九一六年五月至一九二八年九月，一九二九年二月至七月。

> 梅西在一九二三年看到新系列的男孩風時嚇壞了！但她不惜犧牲健康和外表來搞定它。[4]

第一次世界大戰的驚恐慘狀粉碎了既有的社會價值，也轉化了傳統的性別角色。許多女人與過去決裂，開始追求新的夢想和目標，而婦女參政者的成功也激勵了許多女人在家庭之外追尋生命。女人已經在戰爭期間證明了自己的價值，當人們越來越強調個體的自我表達時，對女性的傳統成見也開始受到質疑。瑪格麗特．桑格（Margaret Sanger）和瑪莉．史托普斯（Marie Stopes）推動更能垂手可得的避孕方法，婚姻不再是不可避免的命運，因為在英國，每七名男性中就有一人死於戰爭。政治意識，還有能帶來刺激的工作，都比婚姻都更具吸引力。許多女性會選擇盡量打扮得很男性化，穿上品菸裝（男性便服的一種）、背心、領結和訂做的西裝，藉此表達自己的新解放。這種形象想要傳達力量、權力和個人性。當時流行簡單俐落的直線條，最後變成《時尚》雜誌（*Vogue*）所謂的「對於得體身體文化的憤怒，也是現代女性的決心，要讓自己看起來盡可能地年輕。」[5] 穿著暴露的泳裝做日光浴，一時蔚為風潮；女性晚禮服幾乎只限於跳舞禮服或酒會禮服——若隱若現，曲線畢露，坦胸露背，最重要的是服裝要有趣味。她們會誇張地濃妝豔抹，甚至在公開場合上妝。雙乳呼之欲出，短裙露出雙腿，令人緊盯著絲襪和鞋子不放。這種青春洋溢的年輕風格，具體呈現了戰後的道德放蕩、全新的墮落和耀眼奪目的個人主義。

戰爭也刺激了剛起步的美國電影工業。在一九一四年至一九一八年間，歐洲國家並沒有很重視電影，這不是優先考慮的事情。所以到了一九一〇年代末期，好萊塢已經在電影業穩穩奠定其中心地位，偉大的電影製片廠年代就此揭開序幕。早期的好萊塢有如一塊皇室的海外領

---

4 Angus Wilson, *For Whom the Cloche Tolls*, quoted in Jane Mulvagh, *Vogue History of 20th Century Fashion* (London: Viking Press, 1988), p. 48.

5 Jane Mulvagh, *Vogue History of 20th Century Fashion*, p. 52.

土。這是一個精英的圈子，裡面有漂亮又出名的紅男綠女，每個人都像太陽一樣，身旁有仰慕者和阿諛者圍繞打轉，所有人都互相認識，都在狂野奢華的派對上娛樂彼此。明星就是要為了愛慕他們的平民大眾們，無論是穿著打扮或行為舉止，都得像王子和公主，就像皇室一樣。製片廠就形成了一種封建的階級制度，最至高無上的就是對片廠的忠誠度。第一次世界大戰後，歐洲製片廠也開始甦醒。德國電影業的表現主義派運動，在《卡里加里博士的小屋》（*The Cabinet of Dr. Caligari*）這部電影中達到巔峰，片中用內心強烈的情感和想像，具體呈現一個人的內心世界。獅子座的海王星除了在美國統治明星異教，也在別的地方培育出一種截然不同卻同樣戲劇化的自我表達方式。俄國人則由電影導演謝爾杰·愛森斯坦（Sergei Eisenstein）的電影《波坦金戰艦》（*The Battleship Potemkin*）為首，正在發展先進的電影剪接和蒙太奇手法，比起沿著時間軸的線性排序剪接，這種新手法能更強烈地傳達情感。法國導演阿貝爾·岡斯（Abel Gance）輝煌盛大的五小時電影式自傳《拿破崙》（*Napoleon*）在一九二七年拍攝完成，是史上最知名的獅子座作品之一，當時行運的海王星合相拿破崙出生盤中的太陽，讓這位作古已久的皇帝享受了一次榮耀復興。這是新默片電影技巧中最傑出的作品，常被認為是史上最佳的電影之一。最後，就在法國史詩鉅片完成的同一年，華納兄弟（Warner Brother）發起了第一部聲話同步的電影《爵士歌手》（*The Jazz Singer*），整個電影工業就此掀起革命。當電影還是默片時，可以說是全球皆通。聲音的出現，帶來了語言差異，從此每個國家就開始發展高度獨立經營的電影藝術。

● **海王星行運通過處女座：一九二八年九月至一九二九年二月，一九二九年七月至一九四二年十月，一九四三年四月至八月。**

> 這裡有許多陷阱，每個細節都可能是對的……你必須穿對的鞋，還有必要的炫耀。你不能戴一條非洲項鍊，除非你想要故作姿態；當你帶著聖特羅佩（Saint Tropez）牧羊女帽時，必須有過人的自信。當你的吊帶皮短褲（Lederhosen）上面有標記時，絕對不能面紅耳燥。[6]

當經濟災難慢慢浮現時，裙擺就往下垂了，適度地蓋住之前挑逗激人的雙膝。高挑、苗條又優雅的輪廓剪影，成為流行美感的理想典範。絲質內衣和樸素緊身衣是身材線條勻稱的基本要素。女人們開始穿上長襪，放棄吊帶襪，不再使用可怕的吊帶，那會在衣服下面造成刺眼的突起。完美主義者替每一種長禮服打造內衣，避免造成即使是最細微的皺摺。當雜誌、報紙和

6 Cecil Beaton, quoted in Jane Mulvagh, *Vogue History of 20th Century Fashion* (London: Viking Press, 1988), p. 84.

電影開始把時尚資訊散播到社會的每個層面時，時尚風格不再是少數人獨有的特權。在美國，成衣業如百花綻放；足智多謀又務實的水星開始應付財務緊縮。莊重的訂製女裝會效法倫敦薩佛街（Savile Row）裁縫師完美無瑕的剪裁和精巧的手藝，倫敦時裝以手工精巧、實穿的便服出名。經濟蕭條和嚴重的失業率導致時裝產業的利潤大幅下滑，但是在整個三〇年代，運動服裝卻是非常成功暢銷，如同在褒獎縮短工時和更多的戶外活動。就審美觀而言，時尚長大了，瑣碎淺薄、表現狂和過度華麗的摺邊已經「過時」。古希臘和法國督政府俐落又優雅的布料在晚禮服中再度復活。美國《時尚》雜誌建議新女超人：

……結合時尚美感和拜占庭時期的聖母瑪利亞……在工作的世界中，勇敢又聰明的臉龐帶著智慧及熱忱。無論再辛勞，忙得像陀螺一樣打轉，她還是保持如百合花般的優雅。7

英國影評家貝利．諾曼（Barry Norman）認為一九三〇年代是美國電影工業的黃金世代。8因為沒有太多歐洲的競爭：德國已經趕走或消滅了大部分的創意人才，漸漸專心一致地生產政治宣傳電影，義大利也是如此；法國試著在坎城建立國際電影節，但是必須等到戰爭之後才成氣候。偉大的好萊塢片廠就像強力又有效率的機器不斷運轉，控制了整個電影工業，根據腦海中特定的明星來構思電影：克拉克．蓋博（Clark Gable）、史賓塞．屈賽（Spencer

Tracy）、賈利・古柏（Gary Cooper）、葛麗泰・嘉寶（Greta Garbo）、貝蒂・戴維斯（Betty Davis）、瓊・克勞馥（Joan Crawford）和許多明星。這種量身訂做就像一套薩佛街的手工西裝，在這個時期，電影技巧純熟、優雅又時髦，《亂世佳人》（*Gone with the Wind*）等電影都在經典電影榜單上找到一席之地。微妙又錯綜複雜的情節很重要，就如亞弗烈德・希區考克（Alfred Hitchcock）執導的《國防大機密》（*The Thirty Nine Steps*）和《貴婦失蹤案》（*The Lady Vanishes*）。聰明又思緒縝密的劇本很重要，所以像是《咆哮山莊》（Wuthering Heights）這種小說就被搶來當成電影題材。當人們忙著發展製片的技巧時，處女座式的別出心裁，還有對道德責任的成見，並未在電影主題中有太多發揮〔或許最有名的例外就是《綠野仙蹤》（*The Wizard of Oz*）〕。好萊塢變成了國際大熔爐，大量引進的外籍演員、導演和製片人，都帶有不折不扣的水星折衷主義。在英國，約翰・葛利爾森（John Grierson）奉獻心力，替英國記錄片運動打下基礎。

7 *Vogue History of 20th Century Fashion*, p. 88.

8 Barry Norman, *100 Best Films of the Century* (London: Chapmans, 1992), p. 16.

●海王星行運通過天秤座：一九四二年十月至一九四三年四月，一九四三年八月至一九五五年十二月，一九五六年三月至十月。

看著我，只看著我的絨布洋裝！瞧這金色如絨毛般滑順，這是最新的性語言，帶有公主般的魅力。[9]

戰爭時期的縮衣節食只創造了節儉和愛國主義，這顯然非常不時尚。但戰爭一結束，服裝樣式馬上迎合了社會對於和平與優雅的渴望，這與歐洲的「美好年代」（從十九世紀末到第一次世界大戰爆發之前）有關，讓英國愛德華時代的服裝再次復活。女性現在想要被認為是休閒的裝飾女郎，這是對戰爭需求很合理的反應。為了強調這種浪漫的氛圍，《時尚》雜誌在一九四六年推出服裝系列時，舞台背景掛著布夏德（Bouchard）和法國畫家尚－奧諾雷・弗拉哥納德（Jean-Honore Fragonard）的畫作。時尚不只是坦然無掩的漂亮，還極度地過分裝飾。所有的小配件都很重要——緊身衣、歌劇舞鞋、雞尾酒帽、手套和陽傘——所有顏色都必須協調一致。迪奧（Dior）是時尚世界的晨起之星。英國新選出的工黨正在非常努力地想要說服國人，這種不必要的奢華是不愛國又浪費的行為，但是位於天秤座的海王星贏了。到了一九四〇末期，英國大街小巷都可看到迪奧的新裝扮。這種新裝扮與重返至傳統女性的婚姻和母親生活方式同時出現。蜂腰、豐胸和寬臀的剪裁宣告了戰後嬰兒潮的生育力，寬平純真的雙眸，稚氣如玫瑰花蕾的雙唇，與性感的維納斯式唇型形成驚人對比。緊身衣產業如耍了詭計般地業績大漲，就像鍊金術一樣，把本質不完美的東西變得完美，一件晚禮服幾乎可以自己站在那兒。

在納粹佔領時期，法國電影業多少處於停滯狀態，因為每個劇本都必須由德國或維琪（Vichy）政權審查。在戰爭時期，德國電影業主要都是由宣傳部長約瑟夫・戈培爾（Joseph Goebbles）控制，照貝利・諾曼的說法，「幾乎不堪入目」。[10]

不過，不只是德國把電影當成政治宣傳的工具。在英國，類似《鵝步升天》（*The Goose Steps Out*）的電影，都大刺刺地拙劣模仿敵人；恐怖片《魔影襲人來》（*The 49th Parallel*）的目標則是要協助（說服美國）參戰。諾爾・寇威爾（Noel Coward）的《與祖國同在》（*In Which We Serve*）、卡洛・李德（Carol Leed）的《最後突擊》（*The Way Ahead*）和勞倫斯・奧立佛（Laurence Oliver）演出的《亨利五世》（*Henry V*）都是在頌揚英國的英雄主義和復原能力。戰爭結束後，電影製片廠試著贏回被電視誘惑而流失的觀眾，他們投注大量的金錢在音

9 James Joyce, Finnegan's Wake, quoted in Jane Mulvagh, *Vogue History of 20th Century Fashion* (London: Viking Press, 1988), p. 122.

10 *100 Best Films of the Century*, p. 18.

樂劇和史詩片上，讓這個世界看似再次充滿光明和美麗。聖經史詩片中那些能滿足感官（但是通常都不符史實）的服裝和場景，像是西席・帝密爾（Cecil De Mille）的《十誡》（*The Ten Commandments*）和威廉・惠勒（William Wyler）的《賓漢》（*Ben Hur*）（這顯然是要告訴觀眾，上帝和好人是永遠的贏家），彌補了電影《飛燕金槍》（*Annie Get Your Gun*）、《奧克拉荷瑪之戀》（*Oaklahoma*）、《刁蠻公主》（*Kiss Me Kate*）和《萬花嬉春》（*Singing in the Rain*）中輕浮的感官享樂。演技好壞其實並不重要，而劇本更淪為乏善可陳。只需要壯觀的場景、美麗的明星和傑出的電影配樂就夠了。而天秤座這位政治宣傳家變成了愉悅幻想的提供者。此時英國出現了所有難忘的喜劇——《慈悲心腸》（*Kind Hearts and Coronets*）、《拉凡德山的暴徒》（The Lavender Mob）、《荒島酒池》（Whiskey Galore）和《白衣男子》（*The Man in the White Suit*）。這再次保證了紳士就是紳士，淑女就是淑女，一眼就能認出壞人，而壞人一定不會有好下場。

● 海王星行運通過天蠍座：一九五五年十二月到一九五六年三月，一九五六年十月到一九七〇年一月，一九七〇年五月至十一月。

哇！爆發了！這是六〇年代。純粹、誇張、瘋狂！碰、碰、哇！地甦醒了。披頭四

（Beatles）、「吉米」漢德里克斯（Jimi Hendrix）、卓別林（Joplin）、「地下絲絨」（Velvet Underground），如此美好的爆發！11

在一九五〇年代末，時尚公然反抗父母、社會，甚至是地心引力。從街頭誕生的迷你裙一路爬升到高級女裝的沙龍中，這就像年輕人對老年人慷慨激昂的宣示，殘酷地壓縮新世代的憤怒，與戰後年代的偽善和膚淺對抗。就人生歷程來看，青春總是叛逆不羈的。但是這種特別的叛逆無疑帶有天蠍座的傾向。為什麼女孩的外表不能帶有侵略的情色，採取性主動？畢竟，避孕這檔事是由她們作主的。當每個人都很清楚生命的真實面貌時，為何要把暴力和死亡藏在合宜的粉飾之下？這個垮掉的世代在紐約格林威治村「離經叛道」，賣力仿效他們的偶像傑克．凱魯亞克（Jack Kerouac）、威廉．伯洛茲（William Burroughs）和艾倫．金斯堡（Allen Ginsberg）；而在倫敦，失望的存在主義者閱讀尚—保羅．沙特（Jean-Paul Sartre）和阿爾貝．卡繆（Albert Camus），他們聚集在左岸，不只質疑夏爾．戴高樂（Charles de Gaulle）的保守主義，同時也懷疑存在的本質。時尚攝影師放下了攝影棚索然無味的人為做作，開始把鏡頭轉

11 Betsy Johnson, quoted in Jane Mulvagh, Vogue History of 20th Century Fashion (London: Viking Press, 1988), p. 238.

向街頭。在這場時尚的「青春地震」中，搖滾樂迸出鮮明的性節拍，首先是貓王挑釁的扭擺屁股，接著大量出現一堆冥王星的流行團體，投入過量的情感、性和麻醉藥，哼唱的是〈憐憫惡魔〉（Sympathy for the Devil）和〈十九世紀緊張的崩潰〉（Nineteenth Nervous Breakdown），不再是〈甜美擁抱著你〉（Sweet Embraceable You）。當海王星行運到天蠍座最後幾度，碰到蠍子帶刺的尾巴時，其中許多音樂家都死於用藥過量（例如吉米．漢德里德斯，吉姆．莫里森（Jim Morrison）、布萊恩．瓊斯（Brian Jones）和珍妮絲．賈普林（Janis Joplin））。電影中也有明顯的性、危險和死亡的魅力。

現在戰後嬰兒潮的孩子已經到了上電影院的年紀，他們的品味可不同於父母。這些終究是「搖擺的六〇年代」（Swinging Sixties），這是一個放縱、抗議、年輕叛逆和越南的世代，這個更年輕的世代期望看到能反應當時氣氛和情感的電影。亞瑟．潘（Arthur Penn）的《我倆沒有明天》（*Bonnie and Clyde*）、丹尼斯．霍伯（Dennis Hopper）的《逍遙騎士》（*Easy Rider*）、山姆．畢京柏（Sam Peckinpah）的《日落黃沙》（*The Wild Bunch*）、麥克．尼可斯（Mike Nichols）的《畢業生》（*The Graduate*）和喬治．羅伊．希爾（George Roy Hill）的《虎豹小霸王》（*Butch Cassidy and the Sundance Kid*）都捕捉到了這種氛圍。[12]

接著，噘唇淫蕩的碧姬・芭杜（Brigitte Bardot）登場了，還有瑪麗蓮・夢露（Marilyn Monroe）和珍・曼斯菲德（Jane Mansfield），一大群同樣噘嘴淫蕩的義大利明星，像是克勞蒂亞・卡汀娜（Claudia Cardinale）、莫妮卡・維帝（Monica Vitti）和蘇菲亞・羅蘭（Sophia Loren）。在義大利，導演費德里柯・費里尼（Federico Fellini）以《甜蜜的生活》（*La Dolce Vita*）、《8½》（*8½*）和《愛情神話》（*Satyricon*）開啟了屬於他的燦爛年代，盧奇諾・維斯康提（Luchino Visconti）拍了《納粹狂魔》（*The Damned*）。詹姆斯・龐德電影〔從一九六二年的《第七號情報員》（Dr. No）起〕黑暗危險的吸引力，把電影明星圈帶到了史恩・康納萊（Sean Connery）的跟前。而英國電影界也製作多部發人省思的經典之作，像是《回頭怒視》（*Look Back in Anger*）和《長跑者的孤寂》（*The Loneliness of the Long Distance Runner*）。在瑞典，電影業由謎樣的英格瑪・伯格曼（Ingmar Bergman）在眾多同儕中引領潮流，他執導了《穿過黑暗的玻璃》（*Through a Glass Darkly*）、《沉默》（*The Silence*），還有天蠍座式電影幻想的極致之作《第七封印》（*The Seventh Seal*）。在德國，寧那・華納・法斯賓德（Rainer Werner Fassbinder）用《愛比死更冷》（*Love is Colder than Death*）為大銀幕注入能量。瑞典

---

12 *100 Best Films of the Century*, p. 31.

導演維爾格特・史約曼（Vilgot Sjoman）的《好奇的是我》（*I Am Curious: Yellow*）也帶來同樣的效果，其中露骨的性色彩，被人們視為幾乎是色情片。在美國，約翰・施萊辛格（John Schlesinger）的《午夜牛郎》（*Midnight Cowboy*），由強・沃特（Jon Voigt）飾演一名西部牛仔到紐約討生活，提供寂寞女子性服務，這變成首部獲得奧斯卡金像獎的限制級影片。

● 海王星行運通過射手座：一九七〇年一月至五月，一九七〇年十一月至一九八四年一月，一九八四年六月至十一月。

> 性別融合。啊哈！這是一場遊戲。年輕人知道打扮像妓女一樣，並不能反映一個人的道德立場——也許那些穿著輕薄短小香奈兒套裝的漂亮貴婦們，才是真正的妓女。我只是在提供平等的性吸引力。[13]

這個美國作家湯姆・沃爾夫（Tom Wolfe）所稱的「『我』時期」，開啟了海王星眺望遙遠的地平線。時尚的選擇變得十分多廣，女性可以打扮成自己想要的模樣，不需要符合自我形象。「時尚」的概念已經不再由高級訂製服裝店決定，而是任何想要為個人創意表態的人都能自行定義。當海王星進入射手座時，時尚雜誌鼓勵「吉普賽」的造型。美國時尚業不滿於只從單一民族身上獲得創意，開始向全世界汲取靈感，任何長度的裙子都能接受，只要穿起來很舒服。胸罩、緊身衣，還有任何束縛女性身體的偉大產品，開始從時尚照片中消失，最後女人的衣櫃裡也沒有這些東西了。混合搭配的經典現在變成自行搭配的民族風，開啟了一個輕鬆、不會過度講究的穿衣世代。比較炫耀財富的裝扮——大件珠寶、奢華皮草，比較浮華誇張的衣服都被拋到一旁去了。人們越來越關注對於瀕臨絕種物種的威脅，皮草也變得越來越退流行。當我們進入全新啟蒙的世界時，一九七〇年代的上師和神祕教派相繼出現，時尚變成了靈性，而靈性也變成了時尚。女明星的吸引力不僅是因為臉蛋和身材，還有公開宣示的社會和靈性良心。女星莎莉・麥克琳（Shirley MacLaine）就寫了有關冥想和輪迴轉世的書，而的大衛・鮑伊（David Bowie）則靠著專輯〈大衛鮑伊與來自火星的人〉（Ziggy Stardust and the Spiders from Mars）名利雙收。

大螢幕也擁抱宇宙的浩瀚無邊和想像力。一九七五年，年僅二十八歲的導演史蒂芬・史匹柏（Steve Spielberg），他出生盤的太陽位於射手座，完美地接收到即將來臨的海王星行運，拍出了《大白鯊》（*Jaws*），發掘了一群全新的、更年輕的電影觀眾，年齡介於十二歲至二十四

13 Jean-Paul Gaultier, quoted in Jane Mulvagh, *Vogue History of 20th Century Fashion* (London: Viking Press, 1988), p. 342.

歲，這群人通常還無法看透生命最大的謎語。

> ……他們對任何弦外之音、政治或社會訊息都不感興趣，他們只想要行動、興奮、刺激、暴力、性和笑聲。14

在當時，《大白鯊》變成史上最賣座的電影——不過這個地位只是短暫的。喬治．盧卡斯（George Lucas）在拍了紅遍全世界的《星際大戰》系列電影之後，他的實質收入更如天文數字。在木星來襲的那些年，片商很快就明白了一件事，電影必須拍給對的觀眾看，也就是年輕、追求刺激的觀眾群，他們最後會成為印鈔票的那群人。導演彼得．波丹諾維茲（Peter Bogdanovich）把這個時期形容成電影「青少年化」的年代。連續不斷、不安的移動化為行動，而每一部恐怖片或探險故事的主要收場都是一場狂野的追尋或全面性的破壞。15 這位永遠年輕的天神也主宰了這個永無止盡的系列的年代，就像《金牌警校軍》（*Police Academy*）系列有四集和《十三號星期五》（*Friday the Thirteenth*）系列有七集，還有充滿特效和猛烈動作的冒險賣座片，就像《法櫃奇兵》（*Indiana Jones*）三部曲、《回到未來》（*Back to Future*）三部曲、《超人》（*Superman*）四部曲、《魔鬼剋星》（*Ghostbusters*）、《小精靈》（*Gremlins*）和《綠寶石》（*Romancing the Stone*）。這個時期也拍了一些比較有思想的電影，都逃不了某種宇宙或哲學的傾向：法蘭西斯・柯波拉（Francis Coppola）的《現代啟示錄》（*Apocalypse Now*）、伍迪・艾倫（Woody Allen）的《安妮霍爾》（*Anne Hall*）、史蒂芬・史匹柏（Steven Spielberg）的《第三類接觸》（*Close Encounters of the Third Kind*），接著就出現了那個時代最具射手座特色（不只電影主題，也包括七億美元票房）的電影《E. T.外星人》。

● 海王星行運通過摩羯座：一九八四年一月至六月，一九八四年十一月至一九九八年二月，一九九八年十月至十二月。

> 我昨天在街上看到一名年輕女子。她穿著香奈兒套裝，看來很時髦，還有香奈兒的鈕扣、皮包、皮帶和鞋子。她的母親在二十年前曾有過一模一樣的打扮，而她的外婆在四十年前也是這身模樣。這太驚人了。你看，香奈兒很清楚關於吸引力的一切。[16]

當全球經濟首次快速發展又暴跌至谷底時，大墊肩的「權力穿著」也隨之出現又消失。喬

14 *100 Best Films of the Century*, p. 32.
15 *100 Best Films of the Century*, p. 34.
16 Marc Bohan, quoted in Jane Mulvagh, *Vogue History of 20th Century Fashion* (London: Viking Press, 1988), p. 342.

治亞曼尼（Giorgio Armani）和拉夫・勞倫（Ralph Lauran）永恆又剪裁精緻的經典服飾，適合穿上好多年，取代了每年奢華鋪張的「新模樣」；摩羯座特有的復古習性，開始讓女裝設計師回顧過去。在其他生活領域中，保守取代了炫耀，在服裝上亦然。越野汽車、自由放養的雞蛋和有機園藝，變成了環保意識和傳統鄉村生活的時尚宣言，甚至是那些住在城市的人也開始跟進，他們從來沒有開過自己的「設計師坦克車」到任何比附近街道更有挑戰性的地方。由「自然」成分製造的成品大賣，美體小舖（the Body Shop）開始傷害化妝品大廠的利潤收入。經濟衰退，加上對於全球貧窮和人口過度的意識高漲，讓高級時尚變得很不時尚。任何不是簡單樸素，或不是由喀什米爾羊毛或絲等天然纖維製成的衣服，現在看來都是一種自我放縱。世界領袖們全都穿上了灰色西裝，看起來非常一致地正派可敬。受到了賀爾蒙補充療法和美國肥皂劇《朱門恩怨》（*Dallas*）和《朝代》（*Dynasty*）的激勵，「老女人」增添了新魅力。自給自足、四十幾歲女子閱歷豐富的魅力，就像一瓶好酒一樣，比起較為生澀又無腦的適婚「浪蕩女子」，更能散發細微又持久的吸引力。而在電視「肥皂喜劇」中的家庭主婦，都變成了上班的妻子和專注於事業的女性，她們會穿著完美無瑕的亞曼尼套裝，讓她們沙文主義的老闆活像個傻子。

在大螢幕的世界裡，賣座片的泡沫終於隨著經濟衰退破滅。舊公式不再奏效，再也沒有人知道該如何預測一部賣座電影。大冒險故事、幻想、犯罪和幫派史詩片再也無法吸引群眾。貝利・諾曼挖苦地說，觀眾手頭比較緊時，無疑會比較有識別能力。[17] 墨詮艾佛利（Merchant and Ivory）電影公司用美麗的手工訂做古式傢俱，壟斷了奧斯卡金像獎，像是《窗外有藍天》（*A Room with a View*）和《此情可問天》（*Howard's End*），讓人回想起土星式的黃金時代；史蒂芬史匹柏總是能感受到海王星的無形流動，毫不費勁地從木星式的印第安納瓊斯的流浪成癖，穿越過《侏羅紀公園》（*Jurassic Park*）的舊石器時代樂趣，到《辛德勒名單》（*Schindler's List*）深觸人心的歷史傷痛。凱文．柯斯納（Kevin Costner）的《與狼共舞》（*Dances with Wolves*）以更真實的聲音重寫了美國歷史，奧立佛．史東（Oliver Stone）嚴肅真誠的《誰殺了甘迺迪》（*JFK*）也有同樣效果。《沉默的羔羊》（*The Silence of the Lambs*）讓所有人都意識到我們之中的精神病患，肯．洛區（Ken Loach）一九九四年的《折翼母親》（*Ladybird*）讓所有人都覺察到我們之間的社會服務，而這有時候會累積成同樣的東西。在這個社會意識日益高漲的摩羯座海王星年代，諾曼曾說：

> 在這十年間的一開始（一九九〇年代），多次嘗試對人們表現比較慈愛的態度時，當然很引人注目……但至少這改善了不斷加劇的暴力，同時在許多情況中，也改善了一九八〇年代的

---

17 *100 Best Films of the Century*, p. 45.

社會思潮，當時的普世成就以為貪婪就是美好。18

諾曼還認為那些年最有趣的發展之一，就是黑人電影強勢地登上美國的大銀幕。一九九一年，美國就製作了十九部黑人電影——黑人導演、演員和作家，通常還有製片人——比起前十年的總數都要多。史派克．李（Spike Lee）和夥伴們創造的電影描述了美國黑人的文化、驕傲和問題，這是出自黑人本身的認知，而非由「白色和粉紅色的好萊塢自由派人士」和象徵性的黑人演員所詮釋，這些黑人演員根本就在說別人的台詞。可能在當海王星完成在摩羯座的行運之後，歐洲和美洲其他種族或部落團體，也會出現同樣的發展趨勢。這個電影年代不只是墨詮艾佛利電影公司的時代懷舊，同時也是對社會現實銳利又中肯的觀察，不會只是擁護任何特定的政黨平台。我們也可以希望千禧年之前的慌亂，還有隨之而來對集體問題的極端反應，不會讓這個新電影時代即將誕生且充滿創意的小孩早夭死去。

魅力成為毀滅的力量

時尚、電影和流行音樂，是海王星魅力最明顯的集體展現。這些不只是輕鬆的娛樂或自戀的自我放縱，而是必然的潮流，讓我們可以沉浸其中，體驗與時代集體融為一體的感覺，它們是我們未表達的夢想的發言人。但是，魅力是比這個更深刻且更模糊的東西，一九五〇年，愛麗絲・貝利（Alice Bailey）寫過一本叫做《魅力：普世問題》（*Glamour: A World Problem*）。[19]儘管貝利的書本反映出她獨特的靈性態度，但是她對於魅力的想法仍很值得繼續深究，因為這些想法以極為簡潔的方式（儘管是負面的），凸顯出許多海王星的議題。根據貝利的說法，魅力是一種危險又腐敗的特質，人們必須將它根絕或超越它，才能獲得真正的靈性洞見。

> 如果想要對魅力的本質有些了解，最貼切的象徵之一就是把星界……想像成一片籠罩在濃霧中的大地，霧濃霧淡還會變化不一。原始人最初的光亮，就有點類似汽車的頭燈，而他們僅能自足的火焰，只會讓問題更嚴重，無法穿透水氣和濃霧……當霧底下的狀況被揭開時——而這就是全部了。所以在星界和魅力的關聯性中，光亮就是人類，能自行感應，自行生成，但無法穿透也無法驅散這片黑暗、模糊的霧霾。唯有靈魂，才能驅散魅力的濃霧，讓生活擺脫魅力的壞影響……[20]

---

18 100 Best Films of the Century, p. 50. 括號內文字來自作者詮釋。
19 Alice A. Bailey, *Glamour: A World Problem* (London: Lucis Press Ltd.), 1950.
20 *Glamour: A World Problem*, p. 139.

貝利對於魅力的觀點，帶有一種古怪的反海王星色彩，儘管在過去四十年，她的許多追隨者都對她提供的救贖夢想報以海王星式的奉獻。她的寫作本身充滿了靈性的魅力，用一種帶著譴責的風格書寫而成。不過，她對於魅力和感情需求的關係，對於我們必須放棄相當程度的心智辨識能力才能回應魅力的呼喚，她的立場是非常堅定不移的。

> 魅力和情感會互相幫襯，而當感覺變得很強烈時，通常與魅力有關。所以我們在此不可能帶著輕鬆和效率引進知識的光芒。21

儘管有貝利的譴責，我們還是可以享受魅力，包括自己和別人的魅力，但不會陷入危險的著魔之中，也不會激烈地撕毀來自個人生命中任何少許的魔力。我們需要魅力，因為它可以帶我們進入神話的世界，那裡的色彩比較鮮豔，感受更加強烈，生命會散發著光與美的特質，足以彌補在日常俗世求生存的陰鬱和艱難。沒有魅力，我們的靈魂會飢渴不已；沒有充滿魅力的人，我們就無法照映出我們自己最深原型渴望的朦朧輪廓。皇室永遠是引誘集體投射魅力的主要陷阱之一，這是因為我們還是會無意識地體認到皇室與神性之間的原型關係，就算我們知道個別皇室成員的缺陷。因此沒有皇室的國家，像是美國和法國，傾向於回應具有魅力的政治人物，彷彿他們就是皇室（甘迺迪家族就是最佳例子），或是不由自主地迷戀其他國家的皇室，這證明了他們在政治上拒絕這個「時代錯誤的」制度根本就是虛假扯謊。當查爾斯王子和黛安娜王妃訪問澳洲這個充滿強硬共和派氛圍的堡壘時，他們的足跡每踏上一個城市，就有一百萬人跟著遊歷，只為了見他們一面。作家安德魯．莫頓（Andrew Morton）如此描述：

> 當時的歡迎幾近狂熱。在布里斯本，有三十萬人擠在市中心，當被華氏九十五度的高溫烤曬時，人們越來越歇斯底里，越來越興奮。[22]

就像面對海王星的所有問題一樣，如何理智地應付魅力，似乎成為了一種平衡問題，也就是說，當我們在魅力難以捉摸的喜悅中尋找樂趣和滋養時，如何還能維持個人的價值。否則我們一旦著迷，就必須犧牲個人的道德選擇；或是會惡毒地反對每一種自己祕密渴望的東西。貝利列出了她所認為的典型魅力，這個名單正確得令人不安，因為許多生活領域都與海王星的夢想有關。我們甚至可以推測，當一個行星與海王星形成相位時，該行星的領域也會染上魅力，

---

21 *Glamour: A World Problem, p. 145.*

22 Andrew Morton, *Diana: Her True Story* (London: Michael O'Mara Books, Ltd., 1993), p. 84.

讓我們難以用日常生活的方式理解祂，並表達其本身的能量。我從貝利的名單中選出一些魅力[23]，然後透過一些可能的占星學與心理學關聯性來觀察它，也許可以提供一些想法。讀者想必會發現，以下全部或大多數的魅力都能適用在自己身上，因為貝利的魅力名單儘管跟占星學沒有明確的關聯性，但其實定義了海王星在我們所有人心中的運作方式。

身體力量的魅力。體能也許不是海王星的議題，但會讓祂充滿魅力。我們會把運動員、肌肉型電影明星或是我們自己的勻稱身材視為偶像，因為體能的英勇非凡暗示了神性的潛力。神性的特質之一就是力量，而強壯的身體象徵了全能的天神，可以保護我們免於生命的驚恐。嬰兒需要在父母身體的懷抱中覺得安全有保障，一個人如果在嬰兒時期感受到母親重病，會是很恐怖的經驗，因為這似乎是個無力對抗滅絕的深淵。儘管女性運動提出正當的抗議，我們仍然固執地將體型完美的女性典型理想化，雖然我們對於完美的定義，會隨著海王星行運通過的黃道星座而改變[24]。不過任何時代的完美，通常都會包括年輕的特徵，這暗示著不只是力量，還有長生不死的幻想，這都與某種魅力有關。金海相位和月海相位肯定與過度迷戀肉體有關，無論是別人或自己的肉體，特別是與應的宮位有關，像是二宮或六宮。如果是整張出生盤偏重火元素和風元素的話，海王星又落入二宮或六宮，也會有這種傾向。厭食症或暴食症等飲食失調，這部分可能源自於重返子宮之水的強烈需求，這要求肉體完美無缺，也伴隨著全能和不朽的強力象徵。

隔離、孤獨和冷漠的魅力。二十世紀的電影明星具體呈現了這種魅力，像是葛麗泰・嘉寶（Greta Garbo）、詹姆斯・狄恩（James Dean）和克林・伊斯威特（Clint Eastwood），展現了局外人和叛徒的魔力。這些人的形象其實是原型的代罪羔羊，這些犧牲的救贖者即使被集體大眾殘忍地排斥，仍能展現正直、高貴、勇氣，甚至是聖潔。我們在電影、小說或公眾生活中遇到的孤獨者，會對憂慮不安的靈魂施展特別的魅力，這些人覺得自己像是局外人，或是私底下認為自己為了追求歸屬感而「出賣靈魂」。這在心理上顯然與家庭的代罪羔羊和孤獨的童年有關。這些神祕人物有悠久血統，他們都具體展現了孤獨的魅力，從天神奧菲斯到耶穌都是。這可反映在日海相位或是土海相位上，特別是這些相位落入較為內向的星座，像是天蠍座、摩羯座或處女座，或是有重要的土星和冥王星相位，或是有強勢的八宮或十二宮，再加上居主導位置的海王星。

愛和被愛的魅力。這種魅力與童年時期有條件的愛有關，也與瑞士心理學家愛麗絲・米勒

23 Bailey, *Glamour: A World Problem*, pp. 120-123.

24 我們根據海王星的行運來觀察電影明星表現的美麗定義，非常具有教育性。舉個例子，比較碧姬・芭杜和蘇菲亞・羅蘭在她們事業高峰時表現的煽情愉悅，此時行運的海王星通過天蠍座；還有當海王星行經天秤座時，桃樂絲・黛表現出比較健康又率直的「美好」形象；或是當海王星進入射手座時，茱莉・克莉絲蒂表現的男孩氣魅力。現在海王星進入摩羯座，已經在「較老」女性身上形成某種神祕感，就像瓊・考琳絲，彷彿她們就如老酒一樣，會越陳越香。

（Alice Miller）所謂的「自戀傷口」有關。[25]就最基礎的層面看來，這屬於一個敏感（通常是海王星型）孩子的模式，他或她從嬰兒時期就被教導認為必須忠實地反映出母親的情感需求，才能獲得愛與接納。成年之後，當一個人沒有受到愛慕，不被別人需要時，便常會覺得空洞、空虛、虛假又沒價值。這個人的自我身分意識，在某種程度上是根據童年時期的母親投射，他或她從來沒有機會發展自己的身分意識，他或她從來就逃不開為了取悅別人期望的迫切需求。愛與被愛的魅力，是讓治療師或諮商師特別苦惱的魅力，他們需要一個依賴又傾慕的個案；電影或流行音樂明星則必須靠著一群愛慕的聽眾和觀眾，來定義他們的現實與價值。這也可能出現在私人關係中，此時兩人連結的基礎是來自其中一方熱情理想主義的陶醉經驗，而不是真正地互相欣賞彼此的個體性。當理想主義的階段結束、似乎失去了超現實的特質時，必然會產生嚴重的問題。被愛的愛，反映出全然認同某種魅力形象，而這取代了一種穩固的自我感。這可以部分解釋為何「名人婚姻」通常只能延續幾週或幾個月。就占星學來看，這種魅力可藉由強烈的金海相位反映出來，還有出生盤上海王星位於上升點或天頂的有力位置，以及與日土相位、金土相位或日凱相位的組合有關，以上皆暗示著會深感自己的不足。

自我犧牲的魅力。我們對於這個特別的議題已經有過許多討論。這在助人的行業中特別盛行，在家庭中可能也具有主導的影響力，當事人或其他家族成員，通常是母親，會以無私的愛為名，合理化所有侵略性和破壞性的行為。通常這也與歷史上的殉教有關，常被一種特別的宗教或政治觀點視為真理的可靠象徵。貝利提到的自憐的魅力，也與這個議題有關。我們身為集體的一份子，特別能接受自我犧牲的魅力，卻很少能花長時間停下來思考在一些出自其他名義、比較炫耀的自我犧牲行為當中，還有哪些次要收穫。我們如果認為一個人在對別人「做好事」，而且顯然因此受苦，就很容易忽略他們正在做的事情本身，還會認為他們很神聖、不平凡。這是海王星魅力最明顯的特色之一，而在占星學上，這可以反映在日海相位上，特別是出生盤中有偏重的水元素——雖然海王星落入上升點的人也可能會認為不值得培養或表達自己的個體性。金海相位，及海王星落入五宮或七宮且具有強的力的相位時，也可能在愛情中表現自我犧牲的魅力。

積極規劃的魅力。這是水海相位中較為模糊的特質。水冥相位並不反對極度微妙的操縱，但冥王星並不關心魅力這檔事；而一個人的生存顯然是要靠保密和偽裝。我在許多有水海相位，及海王星落入三宮、同時形成強力相位的人身上看到，他們把成功的欺騙變成一種個人的興奮而非必須的防衛。這些人如果有其他相位反映的強烈不安全感，再加上水海相位具備的豐富想像力和創造力，便可能很享受於把事情複雜化，愚弄別人，只為了展現他們優越的聰明與

25 參閱Alice Miller, *The Drama of Being a Child* (London: Virago, 1983) 或中譯版《幸福童年的祕密》。

機靈。當這種傾向出現時，這個人一定會在心理上想到要彌補，但這通常會伴隨著很深的困惑和心智的自卑感。這是這種魅力的另一種面向，但是貝利似乎忽略或漏提了這一面。這個人會傾向於打造一個精巧複雜的宇宙連結和互動網絡，藉此感覺接觸到「更高現實」，把演化程度較低的人排除在外。貝利把擁有靈性祕密稱為智慧的魅力，參與奧祕事物的人特別會有這種問題。這不僅是水海相位的特徵，日海相位（除非這個人擔任神的發言人，否則不會覺得真實或值得）、火海相位（可透過擁有更高層的智慧來彌補無力感或無能）和木海相位（絕對的道德正當性讓自我質疑顯得多餘）也會有這種傾向。

缺乏真實動機的創作的魅力。我們不清楚貝利所指的「真實動機」。但這的確是海王星的一種特徵，會以創作為名把許多事情合理化，即使根本沒有產出任何作品，或是作品本身只對創造者自己有意義。許多海王星人會把幻想的天賦理想化，還認為自己能豁免於日常生活的要求，把這視為具有這種想像性格者與生俱來的權利。這種魅力也許與日海相位、土海相位有關，但也可能與海王星落入五宮的強力相位有關，特別是出生盤中有偏重的火元素。這些相位也常會衍生出一種常見的想法，認為創意性格的人在情感上和財務上都應該靠別人資助。其實，每個人都擁有這種能力，可以透過某些形式表現個人創意，人們可以找到方法滋養這種能力，同時也能尊重世俗的界線，因此上述想法的「應該」等號也許並不成立。這種魅力的另一種面向，就是必須把藝術家視為權力與魔法的人物。這是與創造女神融合的另一種表現，祂能從虛無中召喚生命。也許，當一個人要創造任何東西時，必然要有些自戀，但一如往常地，這是個平衡問題。

抗爭魅力。把不可能達到的正當性與和平視為目標，在過去許多年來，已經導致了許多戰爭，在現代世界中，我們也常見到這種魅力以不同面貌存在。這與貝利所謂想像主義的魅力有關。歷史上各種宗教信仰團體鍾愛的聖戰，也許可以反映這種魅力，信徒在聖戰中為了信仰殉教，盡可能地像一場大火一樣毀滅一切，這取代了更多合理的目標，像是互相合作、國家或群體之間的尊重，或是一個人更好的人生。試圖勾起暴力的抗爭和吶喊，有時也是海王星的一種特徵，這是因為這個人唯有在道德掙扎的痛苦之中，才能覺得自己活著，覺得自己很重要，就像瑪爾杜克和蒂雅瑪。如此一來，這個人就能藉此與神話世界建立連結，當中的英雄和女英雄會以一種不可能的理想為名，定期地沉迷於戰爭的狂喜中。抗爭的魅力也與死亡願望的魅力有關，我們稍早已討論過後者的魅力。當我們浸淫在海王星的渴望中時，可能會把這種高貴的動機偽裝成必須認同狀似犧牲的受害者—救贖者，才能為自己的存在找到理由，而不是選擇認同謙虛、但比較真實的造福他人。這可能會反映在星盤中的火海相位加上木海相位，或是海王星落入九宮，又形成強力相位。也可能是日海相位部分的個人願景，如出生盤中還有其他元素（例如特別強烈的牡羊座或射手座，或是火星落入九宮）暗示天生的聖戰精神。

超自然感應取代直覺的魅力。我們已經深入檢視了海王星超自然論的本質。儘管超自然論常會伴隨著痛苦的缺乏個人疆界，常會反映出一個未成型、甚至歇斯底里的個體，而非已經進化的個體性。不過在靈性團體中，體驗靈性表現的能力仍然具有相當魅力。許多祕傳教派，像是阿姆教派（Emin）和「經濟科學學院」（School of Economic Science），會提供培養某些超自然能力的「訓練」，像是看到靈光場的能力。就這些個人或其身處的社會而言，這種天賦的用處常會被忽略或不予理會，而他們身上的超自然現象似乎都帶有點允諾返家的意味。因為有大量的經驗記錄，這種現象的發生是不容爭辯的。但是這種經驗為什麼會有魅力？也許是對於許多人而言，這展現了一種與本源神性世界之間的特殊關係，也可能是因為這讓人感覺最貼近靈性融合的境界，而這正是神祕之路的目標。這也可能是因為，儘管這分明沒有半點魅力，但對有些人而言，超自然論提供了一種與母性本源的祕密連結感，這也賦予了安全、保護和父母般的恩惠。無論是哪一種靈性演化，這只要是有個人的存在，必然會有許多種定義。把超自然論理想化，顯然不能替任何人帶來建設性或助益，尤其對心靈無益。大部分的超自然現象都很有趣，主要是因為它們證實了在物質現實之外，還有其他層次的物質存在。當超自然的表現變成一種魅力，而非心智質疑和研究的基礎時，我們也許可以發現以下的占星指標，像是擁有月海相位、水海相位或木海相位，再加上出生盤中偏重的水元素，或是海王星落入四宮、八宮或十二宮形成強力的相位。

物質性的魅力。物質性（或物質主義）是最有問題的用詞，因為不太會處理日常生活責任的人，常會用這用來對付設法在世俗世界開創一席之地的人。這個用詞充滿了政治的弦外之音，有時也會成為「妒忌政治」的一部分，而這非常具有海王星意識形態的特色。人們也會用物質主義來描述頑固科學思想家的價值系統，他們拒絕承認任何無法用工具或統計方法計算及定義的現實。所以物質性這個字變得帶有許多輕蔑的意味。貝利在使用這個字時，指的可能是形式世界的魅力——這不僅是金錢和世俗力量的魅力，同時也是神性的具體表現、而非神性本身的魅力。這不僅是科學家的特別魅力，也是某種特定類型占星師散發的魅力，人們會被他們的能力迷惑，因為他們能預測事件或累積統計數字，追求具體結果的技巧堆積如山，任何內心世界和個人心理都會在其中銷聲匿跡。土海相位可能與這種魅力有關，一張出生盤中如果有強勢的海王星，但卻由土元素主導，這是與海王星世界不相容的元素，也可能會展現這種魅力。26

多愁善感的魅力。我們很難去定義多愁善感。《錢伯斯二十世紀字典》如此解釋字義：「……有意識地激發一些不誠摯的感受；沉浸於感傷的傾向；細微感受的矯情做作；感情脆弱。」因為多愁善感顯然是在表達一種微妙的情感本質，因此當一個人沉浸其中時，便很難客觀地看待它。我們社會中所有那些畫有可愛貓咪、天使般的小孩和老派玫瑰的生日卡，就集體

26 舉個例子，參閱第三章（原文第九十二頁）提到的法蘭茲・屈蒙的出生盤。他對異教占星符號的興趣，只限於這些符號出現的古蹟上面；但他對這些符號強調的意義和其伴隨的世界觀深感困惑又生氣。

而言都是極為神聖的，同時也是象徵性地反映了一種「美好」，就像我們在中世紀文獻中看到的天堂一樣。我們對童年和母性太過多愁善感，但是母親和小孩現在的行為舉止，要是都像迪士尼卡通的角色一樣，一定會變態到令人覺得毛骨悚然。我們對愛情太過多愁善感，以致於我們不再能誠實地互動；只有美國喜劇演員費德茲（W. C. Fields）可以說討厭狗和小孩的人並非壞到極點，他顯然對這種特別的魅力免疫。但是多愁善感到底有何魅力？也許這與海王星藝術的表演者有關，他們感覺表現的方式極具風格，取代了真實的個人回應。我們如果都用約定俗成和社會許可的方式來表達感覺，我們就會去愛與被愛，而且有歸屬感。在占星學上，多愁善感可能與金海相位和月海相位有關，特別是在風元素和水元素（特別是巨蟹座、天秤座和雙魚座）偏重的出生盤上，這些人的金星價值和月亮的個人情感反應常會被壓迫，因為他們想要家庭和社會接納個人的需求。多愁善感的魅力充滿了純淨和甜美的形象，會令人不禁想起古羅馬基督教作家拉克坦提烏斯（Lactantius）對來世的描述，會刻意地將血腥、肉慾、熱情，還有個體性本身的分裂天性排拒在外。多愁善感會讓我們覺得比較靠近天堂，因為這不只一種風格化的感受，也像是一種具體化的權力被剝奪了的感覺。海王星的本質就是多愁善感的，這一點也不令人意外，但是對於辨認與表達個人情感反應，我們仍深感困惑。

世界救星和導師的魅力。我們已經在前面的章節中檢視過這種現象。我們會將海王星的渴望依附在一個人身上，這個人似乎能提供救贖，特別是我們如果能順從某種特別的教義或一套戒律，就能卸下個人反省和選擇的重擔。世界救星和導師的魅力也是來自於同樣的根源。我不想把這種魅力與任何特別的占星相位扯上關係，因為這是每個人的海王星趨力的固有本質。不過當海王星在九宮，或是木海相位，再外加上大量的射手座或雙魚座能量時，會使得這些傾向更為突出。

以上只是貝利清單中的少數魅力，這其實是綜合列出了海王星的弱點。一個人幾乎不可能不表現出上述的任何一或兩種魅力，而且通常會表現出其中大多數的魅力。閱讀貝利的魅力清單像是在閱讀一本精神科或醫科教科書：當一個人看完之後，會發現自己顯然所有的毛病都有。我們可以把貝利的魅力視為對人性本質所提出的、令人沮喪的指控，因為魅力一直是一種令人上癮的藥物，可以慢慢巧妙地滲入生活的每個層面。無論是個人或是集體，當我們被誘惑時，我們是盲目的。但我們仍然很懷疑，如果不是因為我們對魅力的魔法如此著迷，人們是否會創造出任何偉大的藝術創作？是否會出現宗教和靈性幻想的傳承？是否會出現科學或社會的成就？我們不能只將魅力斥為一種腐敗的力量，或是就如貝利暗示的，是一種通往真實靈性智慧的阻礙。我們可以假想，如果真的有真實的靈性智慧存在，這本身就是默認了魅力蔓延的影響力。我們無法逃避對魅力的需求，但是我們能以幽默和諷刺看待自己的易感性。我們也可以學習崇拜魅力，同時展現魅力，卻無需出賣自己的靈魂。

魅力的個案：黛安娜王妃

無論你對英國皇室、還有查爾斯王子與黛安娜王妃令人擔心的婚姻有什麼感覺，很少人會爭辯黛安娜的魅力。她已經證明自己不只能在英國令人傾慕，在全世界各地亦然。很多人對她耀眼公眾形象的真實性提出質疑，儘管她的形象已經在現實生活中獲得證實，但是黛安娜就像許多海王星人一樣，會引起全面的質疑和厭惡。在媒體上，在她的朋友眼中，她常常像是一位二十世紀的聖人，就像從泰瑞莎修女身上切下一角，她充滿深切關愛，全心投入奉獻，替世上所有不幸的人熱情發言。她的密友卡洛琳．巴索洛梅（Carolyn Bartholomew）說過：

> 我不是一個非常精神性的人，但我真的相信她（黛安娜）必須做她現在正在做的事，而她肯定也相信這點。她以前（嫁給查爾斯王子之前）身旁圍繞著金色的光環，讓男人無論多喜歡她或不喜歡她，都無法再進一步，從來沒有人成功。有某種完美的光在保護她。**27**

從這個觀點看來，黛安娜就是一個冷酷不忠的丈夫及其嚴謹傳統家族制度下的無辜受害者，而她的反抗一直被視為勇氣和慷慨精神的展現，對抗著一個亟需大幅改變的過時制度。安德魯．莫頓（Andrew Morton）是在皇室婚姻醜聞最高潮之際，發表上述這本公然偏頗的傳記，這發揮了極大的影響力，為大眾在心中具體形塑了一位「聖母黛安娜」：數以百萬計的女性把她視為榜樣。

另一面的黛安娜，則表現出海王星的黑暗風貌，也同樣吸引了媒體的注意，特別是那些記者，已經在媒體版面的各種故事中，看出其中的時間點和本質有一種謹慎算計過的模式。當媒體報導黛安娜每年在服裝和化妝品上的鉅額花費之後，她就很巧合地救了一位溺水的遊民。在晚間新聞中，人們看到黛安娜裝著一襲絕美又暴露的黑色雞尾酒禮服，參加一場在海德公園舉辦的文化活動。但是就在不久以前，她才宣布不想要再公開亮相，而很巧合的是在同一晚，電視上也在播放一部有關她丈夫的引人共鳴的記錄片。黛安娜被拍到跟一位知名小報記者祕密會面後，激烈抗議媒體侵犯她的私生活。較令人質疑的黛安娜，常會被形容成情緒化的嬰兒，如此渴望愛和關注，讓她不惜透過各種欺騙和媒體操縱，來得到這些東西。她很憤怒，因為她的丈夫拒絕被她勢不可擋的感情需求的大水淹沒[28]，而根據比較不健康的說法，她因此展開了一場巧妙但特別骯髒的報復行動，就算無法動搖查爾斯王子未來的繼承王位，也要毀掉他的

27 Morton, *Diana: Her True Story*, p. 45.

28 打給奧立佛．霍爾（Oliver Hoare）的匿名「騷擾」電話事件，最後查出是從黛安娜私人電話撥出的電話，這在一九九四年夏天對英國媒體造成重創，導致幾名記者和公眾人物重新思考這位他們之前理想化的、帶著有色鏡片的聖人。

名聲。這個「最毒婦人心」的黛安娜和「泰瑞莎修女」形象的黛安娜顯然互不相容。從比較黑暗的角度來看，最能讓她稱心如意的是查爾斯讓位，把王位讓給她的長子威廉王子。她顯然小心策劃自己的公共形象，目的是按下愛慕群眾心中的海王星按鈕，而她也不斷地用有如優秀演員的高超技巧，來妝點受害者—救贖者一體兩面的原型。當她的仰慕者看到她表面上的利他主義、同情心，還有純然的母性表現時，都會被她魅惑不已，而她的丈夫相較之下就顯得很冷酷又粗野。查爾斯無法欣賞黛安娜，還有他在公共場合對孩子的含蓄態度，都要歸咎於他本身的情感缺陷。莫頓引述黛安娜朋友詹姆斯．吉爾比（James Gilbey）的說法：

> 她認為他是一個壞父親，一個自私的父親……當我跟她說到這件事（查爾斯王子與孩子在桑德林漢姆府騎車的公關照）時，她真的得壓下怒氣，因為她認為這張照片會證明他是個好父親，但是只有她才知道真相。[29]

就像許多丈夫「錯誤」對待受傷的妻子一樣，黛安娜的某些本質也與丈夫的拒絕脫不了關係，但是這位「最毒婦人心」黛安娜竭盡所能，確保這種想法不會進入大眾的心中。

我們不知道黛安娜的真面目。也許可以說，我們根本就不在乎，但是報紙會印讀者想看的故事，而她總是新聞的焦點。我們可能永遠都不知道她的真面目，或許她自己也不知道，因為我們不可能完全揣摩海王星個性的感覺和動機。黛安娜具有分化人群的獨特天賦，所以人們對她不是報以仰慕，就是十分厭惡。她的兩種形象可能都是對的，而這正多少造就了她較深刻的誘惑魅力。她的極端可以非常極端，而在許多人眼中，她擁有最美好或最糟糕的女性原型。人們如果給予她的性格更多正面的解釋，她可能就不會吸引如此強大的投射；她如果只是個理智派，一般的八卦小報讀者就會忽略她，看不起她。但是她的不成熟，她那羞澀迷人的舉止，加上莫頓所謂的「她天生的平民氣息」[30]，都造就了她的魅力。她的多變和天性，從歇斯底里的操控者搖擺到充滿同情的療癒者，兩者都令人困惑，同樣也令人著迷，而她顯然不曾為自己的模稜兩可感到抱歉。她就跟在她之前的瑪麗蓮．夢露一樣，會刻意或不自覺地（大部分都是後者）設法在人類戲劇史上其中一個最偉大的原型角色上面獨領風騷，讓別人相形見絀。

黛安娜的出生圖[31]（參閱表十三）顯示她的上升點在射手座十八度。占星師尼可拉斯．坎比恩（Nicholas Campion）在他的書《為主宰而生》（*Born to Reign*，）提到，

29 Morton, *Diana: Her True Story*, p. 123-124.
30 *Diana: Her True Story*, p. 69.
31 出生盤來源: Hans-Hintich Taeger, *Internationales Horoskope Lexikon* (Freiburg, Germany: Bauer Verlag, 1992).

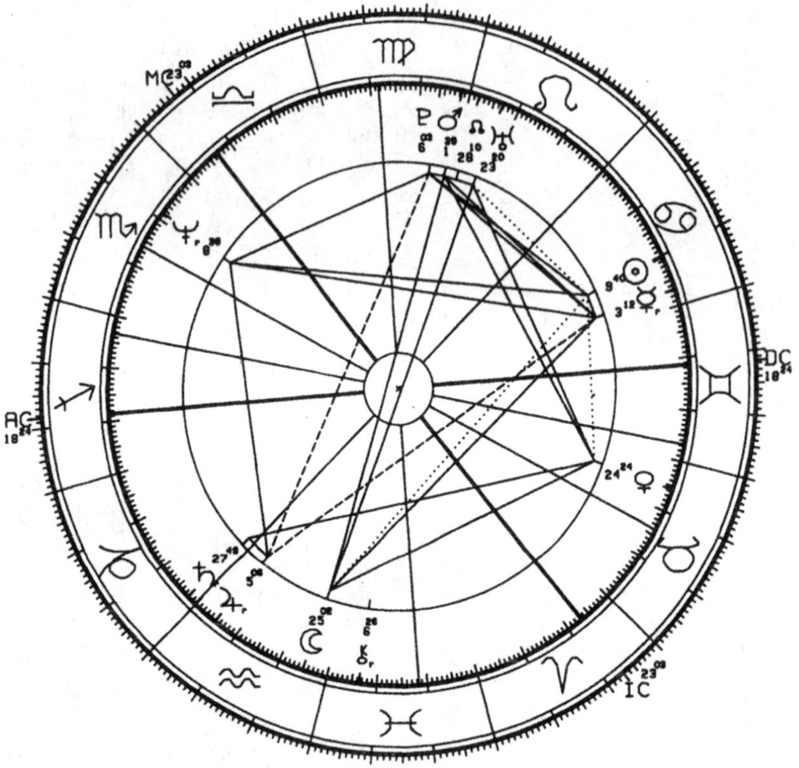

圖表十三：黛安娜王妃

1961/07/01，7:45 P.M. BST, 英國桑德林漢姆（Sandringham，52N50, 0E30），回歸黃道，普拉西度分宮制，真交點
資料來源：*Internationales Horoskope-Lexicon*。

黛安娜到八〇年代中期時，已經完全發展出與這個星座有關的自由與愛的特質，包括她有信心用白金漢宮無法預期的方式，展現她的皇室職責。她開始透過公開的競爭，表達她對查爾斯王子的個人失望，發現她比他更能喚起公眾的崇拜仰慕。[32]

儘管這個上升點擁有自由的愛和獨立，黛安娜的太陽落入巨蟹座，三分天蠍座的海王星，另與位於雙魚座的凱龍星形成一個水象大三角。海王星落入十宮，代表她會透過日海三分相，將她個人擁護的價值呈現在世人面前。雖然她的星盤中有個強大、固執、任性和十分目無法紀的特質——特別是她的T型相位，包含天火冥合相（火星是天王星和冥王星的中點），對分月凱合相（火星是月亮和凱龍星的中點），兩組合相同時四分金星（火星也是金星和冥王星的中點）。黛安娜在公眾前，也許包括在自己面前，一直都是一個海王星人。我們可以從她的話中一窺海王星的順從和自我折磨特色：

「結婚前一晚我非常冷靜，如死亡般地冷靜。我覺得自己像是待宰的羔羊。我很清楚這件

32 Nicholas Campion, Born to Reign: The Astrology of Europe's Royal Families (London, Chapmans, 1993), p. 149.

事，但是我無能為力。」[33]

莫頓還提到：

> 她是財富的人質，被她的公共形象俘虜，被她在憲法體制上的獨特地位綑綁，她是威爾斯王妃，也是自己日常生活的犯人。[34]

她的一位占星師菲利克斯·萊爾（Felix Lyle）曾說：

> 發生在她身上最糟糕的事情之一，就是她被放在一個顯要地位上，卻不允許她依照自己想要的方向發展，只強迫她要在意形象與完美。[35]

這些摘錄的話傳達了同樣的訊息。黛安娜無法替她發現自己身處的痛苦困境負責；她的心理問題是由周遭的人造成的；她是受害者，被一股她無法掌握的外在力量控制，甚至近乎將她毀滅。

在諸多的評論家中，尼可拉斯·坎比恩罕見地提到黛安娜的出生盤，其是一張好戰女性主義者的星盤[36]。比較傾向於心理學的占星師都會發現，上述的相位不只反映了極為強烈的獨立精神，同時也意味著她會對任何想要阻撓她的意志、甚至要求她妥協的人，產生深沉又無情的憤怒。而在她強烈的安全感需求中（太陽巨蟹座，金星金牛座，月亮入二宮）有一種深刻的內在衝突，她還有一股狂熱的決心，想要控制自己的處境和人生。外界並不清楚星盤上的呈現，而只看到這星盤的外在形象，但如果人們往後一步綜觀她生命的整體方向，就會看到她的太陽星座，及其守護行星的相位。如此一來，對她美腿較有興趣的群眾們就會看到由日、凱、海組成的水象大三角，同時理解受害者—救贖者一體兩面的原型形象。

行星的配置能描繪加諸於我們身上的外在命運，這並非毫無根據。這些配置反映了我們的性格，而這會有意或無意地引導我們，創造或找到一個有如我們內心世界的外在世界。這同時也是性格使然，會讓我們以高度個人化的詮釋和反應來回應外在的事件。我們可以有效地從心理學的角度分析，看到黛安娜的童年時期儘管有財富地位等外在裝飾，但其實很痛苦，在情感

33 *Diana: Her True Story*, p. 65.
34 出處同上，p. 133.
35 出處同上，p. 94. 斜線字體是我的詮釋。
36 Campion, *Born to Reign*, p. 148.

上十分匱乏，我們也可以從這個背景來了解她的暴食症，特別是從她敏感又脆弱的巨蟹座和海王星本質切入。我們也可以看到這世界上有很多人在童年時期有過被剝奪的經驗，然而，黛安娜的出生盤不只象徵她會永無止盡地需要絕對且無條件的愛，同時也意味著她的天性不會馬上原諒或忘記侮辱和傷害，還很容易將自己選擇的結果怪罪別人。以上兩種觀點都很正確，兩者都描述了受了傷的海王星人，再加上火冥合相與月凱對分相，將有什麼樣的反應。

黛安娜的父母在她六歲時離婚，這無疑對她帶來深刻的創傷。根據莫頓的說法：

> 二十五年過後，她仍然可以在心中勾勒那一刻，仍然會被喚起拒絕、違背信任和孤單的痛苦感受，這就是父母婚姻破裂對她的象徵意義。**37**

值得一提的是，在她童年這個重要時刻，行運的海王星正在天蠍座，移向她出生盤上的T型相位，對分她的金星，同時四分她的月亮和天王星。「拒絕、背信和孤單的痛苦感受」是這海王星行運困難相位的特徵。之後，其他行星陸續揭開了這個舊傷口。一九八〇年和一九八一年，行運的天王星經過天蠍座，觸動她的T型相位，當時查爾斯追求她，而就在他倆結婚後不久，天王星也在這位置完成了最後一次停留；一九八二年至一九八三年，行運的凱龍星經過金牛座，觸動了她的T型相位，她經歷了第一次懷孕和生產，而在生產之後，她飽受嚴重的憂鬱折磨，不時出現強烈的猜忌，還要面對復發的暴食症狀，更發生了眾所皆知的自殺未遂事件。行運的冥王星在一九九二至一九九三年間通過天蠍座，觸動她的T型相位，她與查爾斯王子正式分居，莫頓替她寫的自傳也在此時發行。值得注意的是，查爾斯的太陽位於天蠍座二十二度二五分，直接落在這不斷受創的T型相位上，象徵著無論他怎麼做，都會不斷刺激她想起痛苦的內在衝突，她六歲時第一次從外界體驗到這種感受，當時她的母親為了另一個男人拋棄了她的父親。當我們需要治療內心的某種事物時，會無意識地讓自己一再地陷入同樣的情境之中，讓我們面對不想要面對的事物。我們如何處理這個顯然很糟糕的命運安排，就得看我們向內觀察自己的能力，還有我們對生命的看法，而這通常會反映出我們的內在傾向。黛安娜在許多方面，都是透過海王星的認知來面對自己的困境。

我們無法將魅力歸於一張出生盤上任何的特定相位或位置。但是我們可以借用「多元決定」（overdetermination）這個精神病學術語，它代表結合了許多因素，每個因素都很迷人，然後才產生魅力。海王星能反映出我們最私密的心願、渴望和傷口，而這就是黛安娜的魅力中最重要的元素。她似乎能對我們所有人心中那個受傷的小孩說話，訴說自己被傷害、被剝奪的愛

37 *Diana: Her True Story*, p. 9.

和忠誠，而她也暗示了受害者可以重新站起來，透過勇氣和愛，克服自己的痛苦。她也用保護人的天性照耀了她的仰慕者，她公開表現得樂於助人，不帶著情感的界線，這也與查爾斯王子的高傲冷漠形成明顯對比。他無論感受到任何痛苦和傷害，都會受到性格的本質束縛，這還有很大部分是因為他的教養（太陽天蠍座，月亮金牛座，並三分處女座的土星）要求他維持尊貴和自制[38]。黛安娜星盤上的水象大三角也可能與魅力有關，特別是涉及到海王星時。出生盤中的大三角通常有非常矛盾的表現，這反映出當事人能在行星與星座涉及的領域中，展現與生俱來的天賦或才華。在黛安娜的例子中，她的天賦就是能憑著直覺知道別人的情感需求，她可以創造性或毀滅性地運用這種天賦，或是同時用這兩種方式來展現天賦。如果一個人能用兩種方式表現，通常就能擺脫矛盾，因為他或她沒有任何會倉促導致外在抗爭的內心衝突。黛安娜擁有的情感天賦不只讓她有同理心，甚至有超自然能力。[39]這種天賦也讓她能巧妙地操控別人，輕易地影響別人的需求和夢想。當大三角還伴隨著其他較為騷動的相位時，如黛安娜的例子，這些人通常會「躲在」大三角中，然後盡可能地把其餘的特質投射在適合的「陷阱」上。這會導致這個人在內心和外在世界中都有兩極化的表現。這種極端的分裂，也成為黛安娜部分的魅力所在。

當行運的冥王星在一九八六年，經過黛安娜出生盤上的海王星時，此時行運的海王星在摩羯座，也將對分她的太陽，她可能在此時終於對婚姻死心，再也不抱挽回的希望。當這些重要的行星行運，其中還涉及出生盤和行運的海王星時，通常不僅會將內心中最深沉、古老的海王星夢想浮於意識表面，這是對完美的愛與融合的夢想，還在冥王星的參與下，這些夢想終究幻滅。這些行運在進行中時，也會釋放極大的憤怒。出生盤中太陽三分海王星，也意味著黛安娜在父親身上感受到浪漫的理想主義和深刻的幻滅。在她眼中，父親就像個犧牲的救贖者，落入一個童話故事邪惡繼母的手中；查爾斯在她的成年生活中也實現了同樣模式，他最後落入了卡蜜拉．帕克爾—鮑爾斯（Camilla Parker-Bowles）的手中。黛安娜對查爾斯感到痛苦失望，顯然是因為他與卡蜜拉的關係。但無論她有沒有結婚，無論他有沒有這麼做，當行運的冥王星通過她的海王星，行運的海王星對分她的太陽時，在這關鍵時刻她一定會有這些體驗。這些占星指標描述的痛苦過程，其實說出了更多她自己的夢想和期望，說出了更多她與父親、母親和繼母之間複雜的連結，勝過於丈夫的實際行為。沒有任何的行運只描述一個外在事件。到一九八九年，當她與丈夫不合的謠言甚囂塵上時，行運的天王星、土星加入了行運海王星的行列，一起

38 根據一部真情流露的電視記錄片，還有強納森．丁伯畢（Jonathan Dimbleby）最近出版的傳記，我們顯然可以看到查爾斯就跟他的亡妻黛安娜一樣，極力地討好大眾。不過在傳記跟書中，都明顯沒有提到對婚姻破裂的責任。他自始至終都維持著尊貴和自制。

39 莫頓提到她兩個超自然感應的例子。她在一九七八年十二月時，即父親發生嚴重中風的前一天，她曾經感應並清楚表達一個強烈的預兆。她還曾清楚說出查爾斯的馬「艾利伯」（Allibar）會心臟病發作死亡。沒多久後，查爾斯的馬就因嚴重的冠狀動脈心臟病死亡。

對分她的太陽。她的幻滅現在已經具體化為決定，決定掙脫婚姻的傷害和壓迫。但是從心理學的角度看，這場充滿魅力的童話故事婚禮，嫁給一個充滿魅力的童話故事的王子，從一開始就不是一場婚姻。這只是一場巨大的幻想，一場海王星的愛之死，一個耀眼的美夢，它源自於浪漫天性對童年痛苦傷害的複雜化學反應，而這注定要破滅，因為它絕對不可能在現實世界中實現。

【第九章】

政局裡的海王星

因此我深信，如不徹底廢除和驅逐私有制度，物品不可能公平分配，人類也不可能獲得幸福。只要私有制度繼續存在，人類中最大部分也最好的一群人將始終背負著沈重且無法逃避的貧窮和悲慘。

——托瑪斯．摩爾（Sir Thomas More），《烏托邦》（*Utopia*），第一部

剛接觸占星學的外行人，通常很難理解歷史事件和新行星的發現之間有神祕的同步性。天王星、海王星和冥王星不只莫名地獲得了「正確的」神話名字，當它們進入人類的覺知領域時，也剛好出現一些政治、社會、藝術、科學和宗教的劇烈變化，忠實地反映出行星的本質。這並不是因為這些行星象徵著新的準則，畢竟在整個歷史上，這些準則已被人們和各個國家週

期性地表現過。我們如果把這些行星置入數百年前古人的星盤上，仍能從中獲得許多領悟，不只能更深入認識這些「新」行星的意義，同時也能理解這些人的生命議題，而這都是無法從個人性格來解釋的。不過當我們發現一個之前未知的行星時，它會展現一股新力量，通常都帶有顛覆革新的特質，因為集體意識終於追上了它的腳步，雖然仍然很原始。

舉個例子，人類在一七八一年發現天王星時，就伴隨了兩場偉大的革命：一七七六年的美國革命以及一七八九年的法國革命。兩場抗爭都源自一種理念，主張社會和政治結構奠基於基本且不可剝奪的人權，而占星師則已經認定這是天王星的特徵之一。兩個國家分別擁護憲法和權利法案，規定什麼是不可剝奪的權利。民主指的是個人有權利參與自己的政府，這並非新的理念。古希臘哲學家曾寫過大量針對民主的討論，古希臘的城邦就是試圖實現民主，結果成敗不一。[1]然而希臘的民主國家，最後只變成菁英的民主，外來移民、奴隸和女人都沒有投票權。就如作家喬治．歐威爾（George Orwell）說過，所有的動物生而平等，但有些動物比其他動物更平等。瑞士在一二九一年建立民主制度[2]，是全世界現存最古老的民主國家，在天王星被發現之前，它曾經擁有過美好的五百年，但是瑞士的施維茲（Schwyz）、烏里（Uri）和翁特瓦爾登（Unterwalden）的永久同盟是聯邦體制，並不是我們所知的民主。我們可以預期，太陽落入獅子座的「永久同盟」，會以極個人主義的方式來面對政府，它源自於自己獨特且當下的需求，而非整體意識形態的考量，而當時歐洲的其他地區都仍由神聖羅馬帝國管轄。然而，人類發現天王星，呼應了一種新的集體意識出現，對民主的概念有新的詮釋。儘管法國大革命淪為一場血洗屠殺，儘管許多世界領袖仍無視於民主概念的落實，天王星偉大的人權確立仍繼續激勵許多國家與人民。

所以我們一點也不意外，當人們在一八四六年發現海王星時，浪漫主義不只強烈影響了歐洲的文學、藝術、宗教和情感[3]，同時也對歐洲靈性的整合帶來了一種全新且極度理想主義的夢想。這種融合各個族群的夢想，不像過往的勝利者帶來的啟發，如亞歷山大、奧古斯都、查理大帝和拿破崙等，它不只是要滿足統治者的擴張野心，同時也要在社會中展現人類全體的靈性整合。一八四七年十二月二十五日一場在法國魯昂（Rouen）的演說中，一位名叫維西涅（Vésinet）的律師首次使用「歐洲聯邦共和國」（United States of Europe）這個名詞。隔年，國際組織開始採用這個字眼。此後，堅持基本教義的和平主義派，還有宗教啟發的運動開始迅速

1 公元五世紀，當時的雅典是由伯里克里斯（Pericles）統治，也許是最接近民主理想的時期。伯納德．雷文（Bernard Levin）在《A World Elsewhere》（London: Jonathan Cape, 1994）中提到：「梭倫（Solon）、克里斯提尼（Cleisthenes）、伯里克里斯這些人，不只把一個貧窮又落後的城市轉變成愛琴海最重要的樞紐地，在這個過程中，不只奠定了法律和公民關係的制度，成為已知世界的模範，同時也打造了一個舞台，讓希臘的光芒可以大放異彩。

2 星盤來源：Nicholas Campion, *The Book of World Horoscopes* (London: Aquarian Press, 1988).

3 有關海王星與浪漫運動的關係，更詳細的討論請參閱第十章。

蔓延歐洲，形成了許多團體和集會，例如在一八五〇年成立的「大英和平社會」（Peace Society of Great Britain）。一八五〇年，法國作家維克多．雨果（Victor Hugo）在巴黎一場和平集會上發表演說：

> 這一天終將到來，當你們法國人、俄國人、英國人和德國人，你們所有人，這片大陸上所有的國家，都會將自己融入一個更緊密、更高層的整體之中，卻不會失去你們獨具的特質和個人的光芒……這一天終將到來，兩個偉大的集團會面對彼此，美國和歐洲聯邦共和國將會跨越海洋攜手合作，交換彼此的貨物、貿易、工業、藝術和才華，一起改造這個世界，殖民至沙漠，在造物主的凝視之下改善萬物。[4]

雨果既是預言家，也是夢想家，他的太陽、金星及冥王星合相在雙魚座，一百三十五度上升點的天蠍座海王星，而雙魚座的水星則三分海王星。[5] 之後，在一八六七年一篇名為〈未來〉（The Future）的文章裡，他補充道：

> 二十世紀會出現一個非凡的國家。這個國家非常大，但這不會妨礙它的自由。它將會十分傑出、富裕、富有思想、和平、友善地對待世上的其他人……它在二十世紀，會被人們稱為歐

洲，而在未來，仍需更多的改造轉化，它將會被稱為「人類」（Humanity）。[6]

一八四六年九月二十三日，當德國天文學家約翰．格特佛里．伽利（Johann Gottfried Galle）第一次看到海王星時，海王星正合相在水瓶座二十五度的土星。[7] 占星師認為這個現象極具教化意味，因為土星在傳統上就是主宰主流概念、感受和形象的準則。然而，我們應該看到土海合相具有更多的意義，不單只是發現這顆難以捉摸的行星。當人們在一八四七年末公開提出歐洲聯邦共和國的概念時，行運的海王星已經移到水瓶座二十八度，土星也換置到雙魚座七度，二者仍然在合相的容許度內。海王星終於在一八四八年的春天，進入了自己所屬的雙魚座。雖然海王星已經物質化了，但是歐洲聯邦共和國還沒有。一八四八年，剛萌芽的民族主義夢想在歐洲各地

4 Jean-Baptiste Durocelle, *Europe: A History of its Peoples*, Richard Mayne, trans. (London: Oxford University Press and Thames & Hudson, 1990), p. 324.

5 星盤來源：Birth certificate, data published in the Guaquelines' collection, in *Fowler's Compendium of Nativities* (Romford, Essex: L. N. Fowler & Co., 1980), p. 148.

6 Durocelle, *Europe: A History of its Peoples*, p. 324.

7 土星在水瓶座二十五度八分，海王星在水瓶座二十五度五十三分。（星盤來源：Internationales Horoskope Lexikon, p. 1126.）

煽風點火，暴動、革命和戰爭烽火四起，這種夢想就跟和平主義運動者的美夢一樣神祕，而後者正努力地熄滅火焰。在巴黎、西西里、拿波里、佛羅倫斯、羅馬、杜林、威尼斯、皮埃蒙特、柏林、維也納、布拉格、斯德哥爾摩、哥本哈根、馬德里和布達佩斯，政府被推翻，各地的政治救世主如野草蔓生，平民走上街頭。愛爾蘭飢荒肆虐，這是史上知名的愛爾蘭大饑荒。卡爾·馬克斯（Karl Marx）和佛列德里希·恩格斯（Friedrich Engels）發表了《共產黨宣言》（*Communist Manifesto*），這本書是在土星合相海王星時寫的。英國歷史學家泰勒（A. J. P. Taylor）曾說：「……一八四八年的革命象徵了尊敬和既有秩序的結束，國內或外交事務皆然。」[8] 海王星終於帶著祂與生俱來且顯然無法融合的二元本質，以報復的姿態進入了集體意識。

正如宗教中充滿了政治，你只需思考一下天主教教會的歷史就不難體會，政治之中也充滿了宗教。即使是美國前總統羅納德·雷根（Ronald Reagan）也認清了這一點，他在達拉斯一場基督教祈禱早餐集會中，對著一萬七千人說：「……宗教與政治必然有其關聯。」[9] 歷史上的救世主和統治者，在其追隨者眼中就是神性的化身；但是統治者體現神聖的權力及權威時，救世主總會宣稱自己是受壓迫者的發言人和救贖者。當一種傳統生活方式瓦解，傳統價值信念腐壞時，海王星的救世主會活躍於窮人和受壓迫者之間，不只承諾他們能獲得天上的救贖，同時還承諾他們能獲得權力和財富，報復他們過去在這地球上受的所有苦痛。他們也許是政治的救世主，也許是靈性的救世主，但比較常見的是兩者兼具。我們已經在千禧年的神話和上師的現象中討論過這個主題的心理學。我們現在要透過特定的政治意識型態再討論一次，特別是帶有千禧年色彩的政治意識型態。透過政治來表現對救贖的渴望，並不僅出現在羅馬帝國初期破壞性的狂熱異教崇拜中，也不只是中世紀激進的政治宗教運動，它不僅盛行於十九世紀，現在還很普遍常見。正當我們邁向另一個千禧年時，我們也看到了傳統價值的腐敗，還有傳統生活方式的毀滅消逝。

海王星政治的二元本質

當一個社會現存的結構和價值受到瓦解威脅時，會出現哪些典型的反應？英國經濟學家阿諾德・湯恩比（Arnold Toynbee）在《歷史研究》（*A Study of History*）中，曾經針對此提出一些重要觀察。他認為，一個國家體驗到「靈性不確定」和「道德挫敗」時，會激勵人民追求烏托邦幻想，以取代無法容忍的當下。[10] 在這種情形下，飽受不確定和挫敗折磨的個人，會轉而

8 A. J. P. Taylor, *The Struggle for Mastery in Europe, 1848-1915* (London: Oxford University Press, 1954), p. xxii.

9 摘錄自David Nicholls, *Deity and Domination* (London: Routledge, 1989), p. 2.

10 Arnold Toynbee, *A Study of History* (London: Oxford University Press and Thames & Hudson, 1972). p. 245.

進入海王星的世界，追求海王星的護身符，因為生命已變得如此不堪承受。湯恩比提到，人們可以在擬古主義和未來主義者運動中看到兩者的明顯對立，但是它們基本上都帶有烏托邦色彩（或是海王星色彩），都是集體意圖脫離現實的表現。

> 在這兩種運動中，人們拋棄了以個人取代整體的小宇宙，竭力觸及一個理想世界，並假設這在現實中是可以實現的，而完全不去面對靈性國度出現艱鉅改變的挑戰。**11**

根據湯恩比的說法，人們以前就曾經試圖以二元的烏托邦，取代務實面對現存的社會和經濟問題，就像試圖重返虛構的黃金世代，或是狂熱地投入一個夢想的未來，無視於必要的調整和妥協，而這，正是創造一個可容忍的現世的必要條件。我們可以在一八四六年至一八四八年的政治事件中看到這種二元性，人們如飛奔似地，進入「和平運動」（Peace Movement）所描述的未來中，此時歐洲正因地方戰爭和革命四分五裂，而這些都深植於一些對崇高國家歷史的美夢。湯恩比提到，人們追求擬古形式烏托邦主義的主要動力之一，就是「民族主義的病毒」：

> 當一個國家屈服於這種嚴重的靈性弊端時，很容易把它的文化過失怪罪於文明，對文明感到憤怒。但文明本身只是一個碎片，而在這種心態框架中，它會把絕大部分的精力致力於創造

> 一種狹隘的國家文化，宣稱這可以不受外國影響。而它會在發現自己已經融入一個超越國家文明、更廣大的人類社會之前，嘗試著在自己的社會、政治機制與美學文化中，再次體驗一種民族獨立年代的純正表象。12

湯恩比提到強調「德國精神古代精髓」的納粹德國，這就是暴力擬古主義的主要實例。我們現在可以在前南斯拉夫和中東看到其中的元素。暴力擬古主義最極端的形式可能包括種族屠殺，把這視為確保「純淨表象」的一種手段。

占星師常認為希特勒的掌權與冥王星的象徵有關，當然發現冥王星的時點間不只與納粹政權的興起一致，同時也與一群獨裁者出現的時間點相互吻合，像是俄國的史達林（Joseph Stalin）、西班牙的佛朗哥（Francisco Franco）、義大利的墨索里尼（Benito Mussolini）和土耳其的凱摩爾（Mustafa Kemal）。但在占星圈中，冥王星可能替海王星背負了大部分的指責，或至少應是由令人暈頭轉向的土海相位、天海相位或天冥相位來承擔這些責任。獨裁者並非前所

11 *A Study of History*, p. 245.

12 *A Study of History*, p. 245.

未見，他們一直在我們身旁，現在依然如此。我們如果要了解為何一個國家允許獨裁者上台掌權，我們不只要看當時的集體心理潮流，也必須觀察這個國家的性格特質。我們可以在海王星的許多面貌中，看到「靈性不確定」和「道德挫敗」的德國人民容易接受希特勒閃閃發光的救贖承諾。[13] 他是他們渴望已久的救世主，他們的太陽神齊格菲（Siegfried），而他們就是他順從的信徒。他為了恢復想像中古代純正雅利安血統所提出的「最終解決方案」，也許帶有冥王星的色彩，也許更正確的說法是，可以在他無情的絕對主義中看到土星的風貌。畢竟土星才是神話中的原型暴君，他吞下了自己的孩子，以維持永恆的統治。納粹德國的星盤在十宮驕傲地展現了太陽與土星的合相，而希特勒本身的土星也在第十宮，合相天頂。但是他傳達的訊息，還有他的魅力來源，都帶有救世主的本質。「國家社會主義」這個名詞，本身就完美地表現了湯恩比的論述。很有趣的是，希特勒的出生盤中，除了海王星與冥王星合相，此外便沒有與其他行星形成任何相位，象徵著在他出生時，集體的心靈中有一種強烈醞釀的救贖渴望正在發酵，其中還混雜著想要徹底毀滅現有結構的強迫驅力。海王星合相冥王星的週期，每四百九十二年才會發生一次，《世運占星學》（*Mundane Astrology*）的作者們提到：

> 這兩個行星必然與集體深層的意識與無意識有關，開啟了更高層、超然的集體思想及理想。我們可想見這在一定程度上，與當時的更高思想及理想有關，也與即將展現的更宏大的精

神、宇宙及人類目的有關。正如我所提，這個（合相）循環為當時潛在和強迫性的熱切渴望奠定基調。[14]

希特勒就是在這個合相時出生，他能夠實現，能表達這些「強迫性的熱望」，雖然他對這些熱望的特別詮釋，很難稱得上是「更高層」。

湯恩比提到，這裡還有一種「比較溫和但同具腐敗性的」擬古主義，這不同於納粹德國的暴力擬古主義。追求前者的人們，會試著將尚－雅克·盧梭（Jean-Jacques Rousseau）重返大自然的呼喚，結合對某個西方歷史年代的幻想。那個年代比較過時，據稱比較不複雜。海王星的政治觀點通常帶有隱約的菁英主義，但顯然比較有同理心，可以反映出人們如此渴望在天堂樂園中失去的純真無瑕。內心深處與生俱來的墮落和罪惡感，就如同外在世界的罪惡。但是無論是暴力或溫和，擬古主義都是企圖透過擺脫蛇的誘惑，重新恢復原始的伊甸園，而行使誘惑的蛇總會被投射在代罪羔羊身上。當蛇以化學污染和環境破壞的形式出現時，這可能帶來建設性；但是當蛇被投射成所有技術和物質的進展，卻罔顧它們是否能改善生活品質時，這很快就

13 參閱威瑪共和國的星盤，我們將在本章稍後討論，其天蠍座的太陽合相金星，四分獅子座的海王星。

14 Michael Baigent, Nicholas Campion and Charles Harvey, Mundane Astrology (London: Aquarian Press, 1984), p. 178.

會變成一種問題；而當蛇與任何顯然比較「優秀的」種族、宗教、社會和國家團體畫上等號，或是化身成任何有不同意見、生活方式、性嗜好或外表的人時，它就會成為黑暗的海王星洪水。擬古主義很常見於政治團體之中，這常會被理想化成逝去的黃金世代，而在靈性團體中，就會被理想化成一種遺失的密教傳統。這並非新現象。這有可能往右傾，也可能往左偏。它與湯恩比所謂的未來主義之間有清楚的家族相似點，雖然大部分的人都認不出來：

> 當有充分的力量否決了現實時，這種炫耀的希望就不再實際，而它也正是未來主義形式烏托邦的根源所在。在西方文明化的歷史上，當週期性的地方危機出現時，最常見出現的一種未來主義就是千禧年幻想。但是我們也可能在比較不引人注目的宗教用詞中看到脫離正軌的表現。我們最熟悉的未來主義，就偽裝成目前的政治革命——這種概念……否認了所有必經的痛苦經驗（否認了「苦難生智慧」），宣稱我們可以跳過悲慘現況和預期幸福之間的階段，只要向前踏出一大步，即能進入未來。[15]

海王星的國度就一個像掛滿鏡子的大廳。共產主義者受到完美世界烏托邦夢想的驅策，法西斯主義者亦然，他們倆被困在相互憎惡的仇恨之中。他們的方法時常相同，彼此之間的所有差異都僅在於對蛇的定義。「軍事左派」和「民族主義前線」份子在倫敦街頭打架；英國工黨政治家斯卡吉爾（Arthur Scargill）和英國保守黨前首相柴契爾（Margaret Thatcher）相互侮辱；英國工黨政治家湯尼・班恩（Tony Benn）對右派的「英國腐敗者」勸戒說教，而英國保守黨前首相約翰・梅傑（John Major）在眾議院的另一邊，斥責左派的「小流氓文化」；新世紀遊居者和極度仇視外來人的當地村民，為了村民的私人土地大打出手，因為他們希望在此地舉行慶典。所有一切都瀰漫著政治正確性的陰影，他們看似不同，但都以是烏托邦美夢為名義，威脅要讓左派、右派、還有中間派都緘默無聲。現在看來應該很明顯了，海王星其實跟一般占星學的意見相反，祂在政治上並不一定象徵著左派。反而反映出一種特別的政治途徑，深深感染了一種失落天堂的浪漫幻想，希望透過創造一個完美社會來尋回天堂。海王星人可能站在任何一邊的政治圍欄旁，這必須看出生盤上其他的因素，如何描述這個人的習性、價值，還有對完美社會的個人定義。戴高樂（Charles de Gaulle）的浪漫國家主義常被批評太過獨裁，但其實它跟湯尼・班恩的浪漫社會主義一樣，都帶有烏托邦的色彩，而班恩也同樣獨裁（戴高樂的太陽和水星在射手座，二者對分海王星，月亮六分海王星，火星與木星合相，並同時三分海王星。班恩的太陽在牡羊座，三分落入十二宮獅子座的海王星，木星與海王星形成一百五十度，土星四

15 Toynbee, *A Study of History*, pp. 246-247.

分海王星）。儘管海王星的政治家和哲學家會互相鄙視，甚至企圖毀滅對方，他們其實有更多相同之處，比他們知道的還多。我們並不是由擁護左派或右派來認出他們，而是透過他們的整體想像、情緒和詩意，還有常用徹底幼稚盲目來渲染其政治觀點。我們不可能讓海王星的渴望遠離政治。我們可能在其中一方偽裝成對方時認出他們，能用其他觀點來平衡海王星的立場。這樣至少可能實現部分的夢想，但不用經歷一場肉體或心理血戰。

海王星與烏托邦社會主義

占星師通常不承認，浪漫國家主義的海王星特質，深植於對於已逝去的黃金時代的渴望，其中充滿了種族或國家的純粹和自給自足。我們比較能馬上認出海王星的浪漫社會主義，而這也有很古老的根源。兩種政治觀點都帶有對救贖的渴望。

逃避主義者的烏托邦包括全世界的神話、傳奇和民間故事，全都有關伊甸園、黃金時代、至福樂土或柯基恩聖地，還有其他在遠古時空中帶有些許原始主義色彩的天堂；此外還包括所有針對這個主題精巧的改編文獻，從古雅典喜劇到現代的科學小說都不脫離這個範疇。就另一方面而言，這是一個嚴肅的政治理論，也是西方特有的產物。這是一種堅持不懈的思考傳統，不斷思索完美社會的可能性，認為完美在基本上就等於消除社會衝突。16

有些人會把烏托邦主義視為政治理論，而對此有興趣的人通常會從柏拉圖開始切入，畢竟這就算不是柏拉圖發明的字眼，也是他發明的概念。不過希臘人早在柏拉圖之前，就在創造理想社會的夢想。杜恩·道森（Doyne Dawson）在《眾神之城》（*Cities of the Gods*，暫譯）中定義了烏托邦傳統的兩種面向。這並不一定是照時序發生，可能同時出現在任何一個時代裡；兩者都描述了海王星的政治意涵，還能巧妙地互相支持。第一種是「民間的」烏托邦主義，這包含了我們之前曾經討論過的期望救世主的神話和幻想。第二種是「政治的」烏托邦主義，這包括了古今哲學家們提出的社會、現實主義和重建理論。道森又把第二種烏托邦主義分為兩種類別：一種是古典烏托邦主義，這是由柏拉圖和其仿效者提出，把理想社會視為理論的標準；另一種是現代烏托邦主義（這也是古代的），把理想社會視為政治行動的計畫。17無論人們把烏托邦的政治美夢視為鼓舞人心的理想或改變社會的行動方案，都相信著完美的可能性，也就是消除社會衝突的可能性，而這就揭露了海王星夢想的地下伏流。

16 Doyne Dawson, *Cities of the Gods* (Oxford: Oxford University Press, 1992). p.3.

17 *Cities of the Gods*, p. 5.

道森接著又根據民間和政治兩種類別來劃分古希臘的烏托邦文獻。舉例而言，我們可以在古希臘詩人荷馬（Homer）和赫西俄德（Hesiod）的著作中，找到具有神祕和救世主色彩的民間烏托邦主題。

> 在一開始，定居在奧林帕斯山的凡人創造了凡人的黃金世代。他們住在克羅諾斯的時代，當時克羅諾斯還是天上的國王。凡人住在那裡，彷彿他們也是天神，他們的心能免於所有悲傷，他們不用努力工作，也沒有痛苦，也沒有悲慘的老年逼近，他們的手、腳都不會改變。他們在慶典中享樂，無憂無慮地過日子。當他們死去時，就彷彿睡著了。所有的作物都屬於他們。農地會自行豐收，物產豐饒，他們只要隨興地、安靜地在美好的事物中看管自己的作物。18

這當然是希臘版本的伊甸園，當然有人會將此斥之為一個詩人對失去純真的幻想。不過，赫西俄德的黃金時代不只是神話，也是以寓言方式呈現的道德和社會評論，對隨後出現的「古典」或「高等」政治烏托邦主義有極大影響。把神話的黃金時代轉換成理想國家模範，就是柏拉圖《理想圖》想要傳達的訊息，也是公元前三世紀犬儒主義烏托邦或斯多烏托邦想要表現的意涵。我們可以在這些完美的社會中，一眼認出海王星的世界觀，而這最能象徵獨立及自給自足的財產，一定屬於眾人共享。這種共享甚至可以延伸至廢除獨立房屋和永久婚姻，性伴侶也可以共享，孩子由眾人共同扶養。「共同擁有」的這個主題不只存在於柏拉圖的理想憧憬之中，至今仍非常活躍於二十世紀的社會主義裡，並且深藏在海王星的政治習性中，值得我們進一步地研究。這是非常古老的規則，公元前六世紀的畢德哥拉斯社會和稍早的基督教社會都曾實行過這個規則。新約《使徒行傳》第二章第四十四至四十七節（金恩・詹姆斯版本）曾經清楚地提到：

> 信的人都在一處，凡物公用，並且賣了田產、家業，照各人所需用的分給各人。他們天天同心合意恆切地在殿裏，且在家中擘餅，存掾歡喜、誠實的心用飯，讚美上帝，得眾民的喜愛。主將得救的人天天加給他們。

《使徒行傳》第四章第三十二至三十五節再次提到：

> 那許多信的人都是一心一意的，沒有一人說他的東西有一樣是自己的，都是大家公用。使

18 Hesiod, *Works and Days*, 109-119, trans. Richard Lartimore, quoted in Dawson, *Cities of the Gods*, p 13.

徒大有能力，見證主耶穌復活；眾人也都蒙大恩。內中也沒有一個缺乏的；因為人人將田產房屋都賣了，把所賣的價銀拿來，放在使徒腳前，照各人所需用的，分給各人。

公元二世紀時，我們可以看到作家伊皮法紐（Epiphanius）對此提出滔滔雄辯：

上帝的正當性是某種宇宙的公正與平等……富人與窮人、人民與官員、愚者與智者、男人與女人，還有自由的人與奴隸之間並無明顯差異，但是廢除群體的共用與公平，是與神性法則反其道而行，會導致家中的動物和水果遭竊。19

我們之後也在一九六〇年代的嬉皮地盤、奧修的靜修所，還有一九七〇及一九八〇年代的靈性社群中，看到人們制定這個規則。就某種程度來看，我們可以馬上理解它的正義與內在真理，因為財產共有制明顯象徵著我們與彼此的融合，以及我們承認每個生命都有其價值。然而，當我們在日常事務中面對海王星毫無界線的基本規則時，其原型正義可能會因某種威脅和壓迫而淡化，這取決於被瓜分和分享的東西是否是我們自己的金錢與財產。當公平是由法律執行，而非出自由衷的慷慨時，必然會產生這種實際的問題。我們也不難理解，此時海王星的地下伏流中會冒出一股原始自戀主義的不滿氣息，因為這等於宣示了誰才是母親的聖子，而他無論付出多少或性格優劣，與生俱來就能擁有所有東西。所以就像在其他地方一樣，神祕主義和幼稚在此也會攜手合作，共同為海王星的堅持努力，竭盡所能地消滅私有財產制。可以想見的是，面對這種表面看似高貴的政治夢想，我們會對自己模擬兩可的反應感到困惑，然後改而選擇各式各樣的折衷方案。道森把這些折衷方案稱為「低等」（或現代）烏托邦主義。理想社會的形象只是要批評現有的體制，只是為一些比較謹慎務實的改革提供模範。在「低等」烏托邦主義中，海王星和土星會謹慎地共處，但會不斷地變化，再試圖取得平衡。我們承認理想社會是很有價值的抱負，它源自人類精神中最高貴的一面；但我們也承認在可見的未來，這種完美的夢想是不可能實現的。

儘管我們可以在柏拉圖的《理想國》看到有關「高等」烏托邦主義的描述，但是根據這本書的整體性質，「理想國」的政治夢想顯然只是鼓舞人心，勝過於實踐，這只是要開啟人類的心靈與心智，而不是要變成一種採取行動的政治平台。柏拉圖在《法律》（*Laws*）中提出他對「低等」烏托邦的描述，其中大部分可以作為改革社會的實際方法。無論如何，柏拉圖的理想國家，即使是在《理想國》中提出的「高等」烏托邦，本意都是追求公平正義，而非伊甸園般

---

19 Epiphanius, *Miscellanies*: 3.2.6-7, quoted in Dawson, *Cities of the Gods*, pp. 265-266.

的樂園。其中的土星色彩，並不少於海王星。他很少考慮公民個體的幸福，只提到身為一個特定階層中的成員應得的幸福。

柏拉圖的社會已經冒犯了許多人，至今仍是如此，因為他分明是個不肯認錯的不公平主義者……他缺乏支持人權理論的人類價值與尊嚴平等的想法。[20]

柏拉圖懷疑透過漸進的法律改革，是否能達到公平正義，但他卻暗示，唯有透過人類心靈與心智的徹底改變，才能到達這種境界——這是人性本質中更偉大的覺知，必須透過長期的訓練才能出現。要抵達真正的海王星烏托邦，我們還有很長的路要走。對於柏拉圖而言，必須透過更好的教育來實現漸進的社會改變，而非革命。而且就算公平正義的社會只是一個無法達成的理想，這也無關緊要。只要每一個公平正義的人將此視為一種理想，試圖在自己的人生中實現它就好。對於柏拉圖而言，這個世界任何的改善進步都是個人、而非集體的責任。海王星的浪漫派社會主義者最終不可能從他的立場獲得太多滿足。

對於所有海王星的左派政治思想家而言，最基本的文獻就是托瑪斯·摩爾的《烏托邦》。這本帶有哲學意味的浪漫鉅作寫於一五一六年，作者摩爾是一位太陽落入水瓶座的男士，海王星合相上升點，且緊密四分太陽。[21]不出所料地，他在寫這本書時，行運的海王星正通過水瓶座，將合相他出生盤的太陽，四分海王星。摩爾是第一個使用烏托邦這個字眼的作家，這在希臘文中意味著「不存在之地」。他的書給了我們一種理想社會的典範，雖然有時會有矛盾，當中也奇蹟似地將嫉妒根除。每個成員都以公共福祉的名義，喜悅地接受鄰居的好運。摩爾的夢想兼具了「高等」和「低等」的烏托邦，他的目的不僅是要啟發人心，還希望能按其行事。那是五百年前的世界，而這在如今非常難以實現，因為它就像那些失落黃金時代的古老夢想一樣，刻意地對人性本質的複雜視而不見。不過我們可以說，這是幸運也可能是不幸，或是兩者兼有摩爾的烏托邦夢想至今仍未離我們遠去。它導致了許多戰爭、死亡和殘忍的野蠻行為，它也促生了許多恐怖暴政的統治者，像是史達林、毛澤東和波布（Pol Pot，赤柬最高領導人）；但它也激發了許多重要的社會改革，促進我們用更高貴、更富於同情的方式對待彼此，超越我們之前以為可能達到的程度。

一八三〇年代初期，「社會主義」這個字首次出現在歐洲，當時行運的海王星正離開摩羯座，準備進入水瓶座（正如一九九八年的情形）。正如我們所見，當海王星通過各個星座時，

---

20 Julia Annas, *An Introduction to Plato's Republic* (Oxford: Oxford University Press, 1981), pp. 172 and 183.

21 星盤來源：*Fowler's Compendium of Nativities*, p. 211.

可以透過流動變化的意象反映出人們的救贖所在。當海王星通過水瓶座時，伊甸樂園似乎會透過社會改革的理想，以及為了集體福祉消融個人性的做法，引誘著我們。托瑪斯．摩爾寫《烏托邦》時，剛好是海王星在十六世紀通過水瓶座的行運。當海王星在十九世紀通過水瓶座時，社會上普遍可見一種新類型的都會和工業貧窮，這都是工業革命導致的現象；而有社會良知的人，正在尋求一種激進的方法解決許多人身處的絕望處境。這時出現了一種能夠滿足他們的原型夢想，這跟在十六世紀滿足摩爾的夢想完全一樣。人們把「社會主義者」這個名詞，用來描述一些想要改革社會的人，希望能改善法國哲學家聖西蒙（Saint-Simon）所謂的「人數最多也最貧窮階級」的命運。22社會主義有時像是平等主義，有時像是集體主義，最後不只變成工業資產階級的復仇者，也變成了農民的復仇者。畢竟許多農民想當然爾，就跟現代的農民一樣，希望能保住他們一生耕耘的一小片土地。把浪漫社會主義視為一種哲學的風氣，並不是源自於憤怒、受壓迫的勞工階級，而是一直到一八五〇年代，由一群熱情的知識份子率先提倡，他們太多信仰和平主義，這些人擁護一種宗教性的完美社會夢想。直到一八四六年，土星合相海王星合相在水瓶座時，無政府狀態和革命的暴力才變成社會主義的正式信條，而這也主導了《共產黨宣言》的問世。在法國，夏爾．傅立葉（Charles Fourier）是「紳士」社會主義者的典型代表，他提出了一系列的烏托邦社群或「共住村」（phalanstery），這是由經過細心篩選過的男人與女人組成，所有人會致力於各種貿易，而他相信這最終可以形成一個理想社會。有一段鮮為人知的美國歷史：傅立葉的追隨者伊田．卡貝爾（Etienne Cabet）曾經送過一群一千五百個男人與女人到德州，組成一個共住村，其中所有財產都是共有。這個實驗徹底失敗。在一八四〇至一八五〇年間，在美國大約有三十個這樣的共住村。然而，美國集體的輿論對他們仍很冷漠。[23]

海王星在一八三〇年代和一八四〇年代初期通過水瓶座，當時出現的浪漫社會主義是一種熱情的、同情的、改革性且帶有神祕色彩的社會主義。儘管我們現在看來，這已經落伍過時了，還帶有點上層階級自詡的責任感，但至今它的擁護者依然存在。湯尼．班恩就是很好的例子，他放棄了世襲的貴族頭銜，變成工黨的國會議員。隨著馬克思社會主義的出現，一套完全不同、整體而言更殘忍的元素進入了海王星的政治競技場。諷刺的是，無論我們如何想像，都無法把馬克思歸為海王星人。儘管他出生時，海王星合相天王星，四分冥王星，但海王星並沒有和任何內行星形成主要相位，也不在出生盤的四交點上。[24]身為一名政治哲學家，馬克思的太陽和月亮落入金牛座，採用陸德維希．費爾巴哈（Ludwig Feuerbach）的物質主義和黑格爾的辯證法，讓歷史變成一場早已注定的巨大運動，而其中的驅策力量就是階級戰爭。他認為無產階

22 Durocelle, *Europe: A History of its Peoples*, p. 302.

23 *Europe: A History of its Peoples*, pp. 303-304.

24 星盤來源：*Fowler's Compendium of Nativities*, p. 201.

級能透過吸收大部分的中產階級和中下階級，變得更加強大。當無產階級實現了自己的團結與力量，就能透過革命掌權。馬克思認自己他的社會主義是很「科學的」，其中要是真有什麼的話，不是些許的同理心，就是神祕主義。但是，它是一個救贖的承諾，它按到了全世界廣大貧民心中的海王星按鈕，還有一些有抱負的獨裁者心中的權力按鈕，這一切從列寧開始，他很快就認出了這個東西的市場吸引力。

馬克思社會主義傳達了革命和暴力的訊息。馬克思也許就像希特勒一樣，是他那個世代末日救贖夢想的發言人，這反映在他出生盤中海王星和天王星的合相，及海王星四分冥王星的組合上。他也可能透過表面「客觀」的政治哲學，來表達他對父母、社會和宗教背景的不滿。《世運占星學》的作者們認為，馬克思的社會主義與土星和海王星的行運有關。這兩個行星每隔三十六年才發生一次合相。馬克思的出生星盤上沒有這組土海相位。但是我們可以看到，當他在寫《共產黨宣言》時，這組相位在行運中正居於主導地位。而下一次的土海合相發生在一八八二年，歐洲主要的社會派政黨都是在當時建立的；再下一次的合相是在一九一七年，當時發生了俄國大革命。之後的合相，史達林辭世，蘇聯的勢力進入了非洲和第三世界。蘇聯的垮台則發生在一九九八年，土海在的摩羯座合相，當時天王星也進入了摩羯座，並與海王星合相，就像馬克思出生時的天王星與海王星合相。[25]

土星與海王星的合相就像這些歷史關鍵時刻的天體記號，此時人們會努力地讓伊甸園變成現實，有時透過暴力，有時則和平。這兩個行星與藝術和藝術家特別有關，我們稍後會在第十章中討論。我們會在十二章中，解釋在一個人出生盤中，土海相位的整體心理表現。但是我們也得提到，這兩個行星產生相位時，會出現哪一類型的政治心理。因為土星還象徵了我們在物質世界中求生存的需求，這包括了個人和集體的需求；而土星的本質是防禦性的行星，不會適應改變或進步，比較傾向於保留制度與結構，這些足以保障安全，維持自治和主權。土星與控制有很深的關聯性，而控制就是我們生存的主要手段之一。如果我們能控制自己、控制身體、感覺、環境、關係、經濟，甚至未來，就不會受到生命變幻無常的傷害。土星的最佳表現就是健康的現實主義者、強悍、彬彬有禮、自給自足，讓這世界表現出最好的一面，而非夢想著這個世界的未來或過去。

具有強烈土星特質的個人或集體，通常都很能應付生命的種種，因為他們善於順應當下需求，內心也很抗拒感傷未來或過去。土星的最糟表現就是暴君，無論是個人的精神或一個國家，控制的需求會壓過所有其他的渴望，創造出一種絕對的專制。一個過於認同土星特質的人可能會試圖否認或壓抑所有依賴、脆弱或混亂的蛛絲馬跡，土星特質顯著的國家也會有同樣的

25 參閱Baigent, Campion and Harvey, *Mundane Astrology*, p. 182.

表現。海王星的渴望讓我們用最依賴、脆弱、混亂且最無準備的一面，去面對日常生存的壓力和負擔。因此當這兩個行星形成直接的相位時，就會產生一種深刻的掙扎，但通常是無意識。這有時會導致偉大的創作天賦或非凡的能力，讓幻想化為真實。但更經常地，導致這兩個行星代表的基本法則在私底下遭受逼迫，或是被投射到別的地方。此時土星就會被祂自己的恐懼禁錮，注定要不斷地巡邏圍牆，把天賦浪費在毫無意義地尋找一些永遠無法撲滅的破壞力量。海王星則會受被動禁錮，注定要永遠扮演被迫害的受害者，將天賦浪費在自艾自憐、還有朦朧末日夢想的迷惑上。

土海相位的政治傾向通常很極端，特別是當二者合相和呈現強硬相位時。無論他們從哪一邊開始，無論是左派或右派，當他們在實現原型的角色時，通常都會出現古怪的相似處。國家社會主義或是社會國家主義，無論玫瑰叫做什麼名字，聞起來都一樣甜美芳香。救贖者會出現在被踐踏的群體中，他會推翻壓迫者，然後變成一個新的被踐踏群體的迫害者，而這個群體必須透過另一位救贖者來尋找自由。無論這隻破壞性的代罪羔羊是第一次世界大戰後的德國，或是德國猶太人，或是沙皇統治下的布爾什維克革命派，或是史達林統治下的異議知識份子，海王星和土星相位永遠需要一位迫害者和一位受害者。

當這兩個行星形成「柔和」相位時，情況可能比較容易，其極端表現不會太過激烈。但是，故事都有同樣的特質，因此我們不必只靠著觀察土星和海王星的相位循環，在歷史中觀察這種特別形式的海王星救贖。我們也可以觀察某些人和政治機制的星盤，他們的人生和社會特別容易浮現這種觀點。舉個例子，亞瑟．斯卡吉爾是當代英國政治人物中最喧鬧的一位，他就有這種暴君—受害者的觀點，他的土星對分海王星。[26]湯尼．班恩是土星四分海王星。[27]工黨黨魁尼爾．基諾克（Neil Kinnock）尋求比較溫和的方法替海王星的夢想定位，他的土星三分海王星。[28]英國工黨是在土星對分海王星時成立的，而在土星三分海王星時聯合形成了國會工黨。[29]但是，為了避免讀者以為迫害者和受害者的土海相位夢想只限於左派政治份子，在此我們也不該忘了伊朗領袖魯霍拉．霍梅尼（Ruhollah Khomeini）也有土海對分的相位[30]，德國納粹頭目海因里希．希姆萊（Heinrich Himmler）也有這個相位。[31]

歐洲國家偏好「改革主義派」社會主義，強調透過立法來逐步改善，這與馬克思主義的暴力意識形態並不相容。它比較受到十九世紀浪漫社會主義的影響比較多，勝於《共產黨宣

26 星盤來源：*Internationales Horoskope Lexikon*, p. 1344.
27 星盤來源：出處同上，p. xxxx.
28 星盤來源：出處同上，p. 858.
29 星盤來源：*The Book of World Horoscopes*, p. 335-336.
30 星盤來源：*Internationales Horoskope Lexikon*, p. 855.
31 星盤來源：出處同上，p.748.

言》。海王星會在一九九八年再次進入水瓶座，但不會與土星合相，這如果在歷史上沒有具體的展現時，也很容易重複它原型的主題。我們可以預見，彼時會出現溫和版的托瑪斯．摩爾的烏托邦夢想，而且就會像以前一樣，會出現更多令人迷惑的力量。當然未來會有其他的土海合相，未來還是會出現一些時代，彼時暴君和受害者會被一起困在殘暴的擁抱之中。無論如何，共產主義不會把我們帶回曾經見過的情境中，海王星的救贖夢想雖然是永恆不變的，但是祂試圖展現的形式卻非如此。馬克思的社會主義就像希特勒的國家社會主義一樣，也是一個不具海王星特質的人想出來的夢想，替那些身處境不幸的人提出剛萌生的海王星渴望，而凡人的憤怒和嫉妒，讓這些夢想容易因天啟的千禧年夢想和現世救贖承諾所影響。

海王星社會主義的心理學

就心理層面而言，海王星社會主義有三個主要元素。心理學的方式並不意味著這是「對」或「錯」的意識形態，就像海王星不會把神視為「對」或「錯」的宗教概論。海王星只是十一個行星中的一個。[32]但海王星的世界觀卻可能會為一個人的政治信念染上色彩，就像祂可能渲染其他的生命面向。在這種世界觀中，第一個元素無疑是同情，這來自於認同其他人的痛苦：直覺地認為這是全人類的狀態，不分財富、地位、才華或是否有顯著社會貢獻。第二個元素是生命中比較深層或靈性的面向（不一定要是基督徒），這讓人類的痛苦顯得高貴，政治理想可以提供一個宗教和道德的架構。第三個元素是原始的自戀主義，這會滋生一種特別有敵意的嫉妒。在最好的狀況下，嫉妒這種普遍存在的人類特質，在某些人的身上可能會變成催化才華的發展，激勵一個人積極地追求個人目標。但若嫉妒混合了太多海王星的水，可能演變成一種先入為主，強裝成一種政治理論，主張我沒有的東西，你也不應該擁有。這種想法部分源於某種憤怒的無能和犧牲感受，這就是一個無助小孩對於生命不公和現實限制的反應。在摩爾的烏托邦中沒有嫉妒的元素，但在現實生活中，這是人類本質中很基本的一部分，且總會成功破壞海王星的社會實驗，就像是伊田．卡貝爾的共住村。海王星的政治通常不只是簡單地融合了上述的三種元素，我們有時非常難以分辨哪一個元素才是最強勢的。

人類同為一體的夢想，及其伴隨而來會強調要用關愛和堅定的態度來回應集體需求，在本質上就是人類心靈與靈魂最具啟發性的產物。但是這就像所有的海王星產物一樣，都具有一種原始的抗拒，不願意被轉化成日常生活的方式。人們對於把夢想透過可行方式落實的承諾程度，以及對社會各層面成員個人界線的尊重，成為歷史上所有政治家和政黨的奠定基礎。海王

32 我把凱龍星也列入其中，祂有自己獨特的世界觀，或是原型的認知模式。

星夢想實現的成敗不一，例如一九四二年十二月的「貝佛里奇報告書」（Beveridge Report），延伸形成了英國的國家健保制度。可能是當時土海三分的相位主導著行運（再加上天王星六分冥王星），導致能恰到好處地融合理想主義、現實主義和創新思想，提供一個可行的方案。無論國家健保制度有何缺點或限制，它的存在都證明了海王星夢想改變社會的力量。那些花時間大肆抱怨國家醫療不完美的英國民眾們，可以就此更深入洞悉自己海王星的完美期望，這源自於生病的經驗，手邊沒有多餘的錢，而國家沒有健保機制來照顧人們。

不過海王星的政治努力也時常失敗。一九七〇年代初期的英國工黨運動因為罷工導致經濟癱瘓，稅增至百分之九十，如此龐大的稅率造成英國最優秀的專業人才，從醫生、科學家到藝術家都離鄉到海外定居，找一個他們有權保留並消費超過十分之一個人薪資的地方。而窮人們，儘管政策以他們為名義大幹壞事，他們依然赤貧如洗。從「擁有者」取得的錢，從來沒有進到「全無者」的口袋裡，而是被越來越笨拙龐大的官僚巨樓揮霍掉。

海王星社會主義的部分困境，在於其政治夢想中無意識的幼稚元素，這必然與每個人自身的救贖渴望息息相關。我們不難看出，我們對無條件慈愛、支持我們的父母天神的渴望，已經轉化成一種夢想，希望能出現一個無條件慈愛、支持我們的國家。我們也可能看到，一些自稱為受壓迫者發聲的人物，是如何與救贖者的形象融為一體，開始用更偉大的榮耀來神化自己的善行，忘記他們本來想要救贖的人們。母親畢竟只能擁有一個鍾愛的孩子。在最極端的例子中，這最後可能到了某個程度，其底下的基本態度不再是真正地與自己的同胞感同身受，而是必須以施捨的形式，不斷供應奶水來餵養同胞，還會對那些能自給自足的人產生一種極具殺傷力的憤怒。一個充滿魅力的上師需要貧窮的海王星追隨者，就如一位充滿魅力的政治家需要貧窮的海王星選民，我們不難在兩者之間看到出自同一家族的相似處。這是海王星政治比較黑暗的元素，人們適切地將其稱為「嫉妒的政治」。人們常常（有時是情有可原地）指控左派政黨會在「為了窮人更好生活條件」的掩飾之下，無恥地操控、甚至盜用公共資產，特別是地方市政府。令人難過的是，這個問題通常與個人痛苦和個人童年的傷口有關，最後可能變得極具殺傷力，導致這個政黨結構中一些真正比較關心別人的成員也不被人們信任，因為他們的同僚會痛恨任何不被認定為受害者的人。

當我在寫這本書時，「政治正確」的現象正在北美蔓延，甚至滲透進入英國這個土星堡壘。美國從來不曾跟社會主義眉來眼去，更遑論與真正的社會主義談一場浪漫的戀愛了。[33] 海王星以最古怪的掩飾進入美國政治的競技場。其中著墨最多的就是針對宗教、種族和他人感受的公共意識日益高漲，同時徹底消除媒體和出版物中公然冒犯他人的種族主義和性別歧視的字

33 許多美國人認為民主黨太過「傾左」，但是它的觀點和政策大約只等同於英國保守黨中比較溫和的元素。許多英國人認為美國共和黨比較保守的部分，根本就是法西斯主義者。

眼。基本上，這會讓任何理性的人拍手叫好。但是這顯然已經跨越了一條界線，恐怕會讓我們陷入海王星的濃霧之中。一九九四年六月，《時代》雜誌一篇文章就提出了極佳的實例，該期雜誌報導了一名過度肥胖的女士威脅控告當地的電影院，指控他們沒有針對因為太過肥胖而坐不下正常座位的人，提供雙人尺寸的單人座。這位女士宣稱像她這樣的人，應該跟苗條的同胞享有同樣的權利，而這樣的疏失已對少數人構成迫害。我對這個實例的敘述，無疑會激怒一些政治正確的讀者。那就這樣吧！不過針對那些能夠完美面對並處理個人強迫性問題的人，別人真的有責任應付他們的憤怒和嫉妒嗎？這是一個嬰兒在要求母親，以社會的形式（最後就是以納稅人的形式）毫無異義、毫無條件地滿足一個人格未成形的個人的需求，而他或她根本就不希望誕生在這個世界上。我沒有這位《時代》雜誌報導的女士的出生盤，但我很肯定其中有非常濃厚的海王星特質。在海王星的水世界裡，一個人針對母親供應不足的痛苦和憤怒，很容易變成一種政治觀點，並在當中尋找一隻代罪羔羊，任何的代罪羔羊都可以，只要能讓自己不要太快被逐出伊甸樂園。

國家星盤中的海王星

個人出生盤中如果有顯著的海王星能量，我們可以從這個人身上看到海王星所反映的獨特的社會和政治態度，而當一個國家星盤中的海王星居主導地位時，我們也能得到同樣的觀察。外界所知的世運占星學也是很珍貴的來源，可以讓我們深入了解海王星，就像理解所有的個人星盤一樣。在某個時間誕生，就會帶有當時特質，無論誕生的是一個人，或是一個國家的政體。[34]在集體心靈和個體心靈之中，都運作著相同的心理法則。諸如盧梭的「政治社會」（body politic）或德文「民間靈魂」（Volkseele）的概念，與榮格描述集體無意識的心理學用語，其實有相似之處，可以透過個別的民族國家和個人，具體呈現在世人面前。

> 這種理論假設一個民族的所有成員都分享一種共同的思想資產，這可能來自歷史，或透過歷史傳遞，同時有共同的意願，願意在未來以民族的形式一起生活。所以當一個民族組成國家時，就是在表達目前集體思想資產、記憶、希望、恐懼和願望的發展階段，而這就是所謂的集體無意識。[35]

分析一個國家的星盤，能更正確地理解這個國家的心理，包括它天生的才華、力量和缺

34 如果想要更進一步認識這個領域的占星學研究，參閱Baigent, Campion and Harvey, *Mundane Astrology*.

35 *Mundane Astrology*, p. 98.

點，它的恐懼、抱負、衝突、情結和防禦機制，還有它重視的神話和價值。活在這個民族主體集體結構之中的人，或多或少會被周遭的集體精神影響，這要看他們對集體的認同程度，或是要看他們有多努力地想要形成一套相對獨立的價值觀。但即使是個人意志最明確的人，在意識或無意識上，都會被自己所屬的整體的「共同資產」形塑或影響——對於海王星在星盤中具有主要象徵意義的人而言，特別會透過海王星對融合的渴望發揮作用。所以占星學家們要謹記在心，必須透過一個人誕生所屬的集體，來理解集體會對他或她的個人揭露之旅，提供什麼樣的支持或衝突。

一個國家就像個人一樣，或多或少都具有意識。有些國家明顯地缺乏意識，而他們的人民很容易被一些權威的政治和宗教人物操縱或控制，這些人能讓這個集體受壓抑的特質具體表現出來，無論是光明或黑暗的。同樣地，一個缺乏意識的人很容易被一些人和機制操縱和控制，而這就象徵了他或她人格中的隱藏的面向。我們可以在第一次世界大戰後的德國看到這種模式，這個國家召喚了希特勒的出現，因為他就是國家集體救贖渴望的代言人。36 一個國家的意識程度，必須要看組成這個國家的人民的意識發展（還有辨識力、反省和自足能力的發展）。國家如同個人一樣，也有一套目標和價值（太陽）、特有的自我表達方式（上升點）、呈現在世人前的面具（天頂）、安全需求（月亮）、防禦機制（土星）、侵略的本能（火星）、溝通模式（水星）、幸福的概念（金星），還有滲透其法律及宗教架構的理想（木星）。一個國家也會有進步的夢想（天王星），在面對內在或外在威脅時、一股想要生存的原始強迫趨力（冥王星）。英國歷史學家尼可拉斯．坎皮翁認為，一個國家的「統治階級」是由太陽和木星做代表，「中產」或「勞工階級」主要是由月亮主宰。[37] 一個國家的太陽可以反映出人民容易有意識地選出或無意識地召喚的領袖人物，而月亮則反映出百姓的本能需求和情感反應的特徵。

國家也會有救贖的渴望，這反映在它星盤的海王星上面。在海王星影響的領域中，國家就會像個人一樣，擁有他們最高貴的熱切抱負，還有他們最可怕的迷惑。《世運占星學》的作者們針對一個國家星盤中的海王星，提出很有幫助的定義。

> 比起其他行星，海王星與顛覆的關係最為密切，因為祂是理想的統御者，同時與「理想社會」有關。所以祂也主宰了社會主義、所有的新幻想和完美社會的夢想，還有發起這些夢想的

---

36 希特勒出生盤的土星，合相威瑪共和國出生盤的海王星，他曾被選為擔任威瑪共和國總理。我們一定可以在一個國家的出生盤和國家領導人的出生盤之間，看到重要的關聯性。當我們比較美國總統的出生盤和美國的出生盤時，就會得到一些有趣的見解，我們可以看出每一位總統當選的原因，可以看到人民在他身上投射的東西，還有為何他可以或無法實現人民的期望。最好的例子就是比爾．柯林頓（Bill Clinton），他天秤座的火海合相落於上升點，剛好又與美國出生盤的土星合相。在希特勒的例子中，集體大眾透過他尋找救贖，因此偏離正道。在柯林頓的例子中，我們可以猜測柯林頓無意識地透過當上總統，追尋自己的救贖，因此偏離正道。

37 Baigent, Campion and Harvey, *Mundane Astrology*, p. 103.

> 人們。祂代表一個集體追求完美的需求，所以也主宰了迷惑，因此還有幻滅、魅力、藝術和時尚、國家的自我形象和呈現在別人面前的形象……由於海王星與困惑和迷惑有關，所以也可能主宰戰爭……海王星的管轄範圍還包括醜聞，這就是困惑與欺騙的結果。38

簡單地說，這個行星在國家精神中的運作模式，就跟在個人身上完全一樣——也會跨越同樣廣面的領域，而這必須視與海王星形成相位的行星而定。當一個國家失去（或是從來不曾擁有）自我身分認同和自我價值感時，就很容易被「迷惑」，開始透過一個不可能的理想來尋找救贖，而這會貶低或是毀滅不同的生命態度。

在一個國家的星盤上，海王星的渴望並不一定是主要因素，就像這個渴望在某些人的出生盤上會比較模糊（如馬克思的出生盤）。所以海王星的夢想也許不會主宰集體的整體價值。最好的例子就是美國的星盤，相對地「欠缺」海王星的幻想，美國的海王星並未與太陽或月亮形成相位（圖表第十四）。海王星入九宮，雖然寬鬆的合相天頂，四分七宮雙子座的火星。但是我不會稱這是張海王星的星盤，尤其海王星與太陽不成相位，所以不會傾向期望政府能帶來救贖，也不會把領導者當成半人半神的化身。美國的熱情抱負較像是木星，而非海王星，所以我們並不意外它的太陽合相木星，有個射手座的上升點，所以較不會將人民的個體性淹沒在集體精神中，而是重視每個人的平等機會，包括健康、財富和追求幸福的機會。這裡不會以公共利益為名義，出現一些集體犧牲和苦難的哲學。我們很難將任何一個如此野蠻保護公民擁有軍火的國家，視為一個海王星型的國家。雖然美國有許多古怪、通常很狂熱的宗教教派（畢竟它出生盤上的海王星落入九宮），但是在宗教和政治領域中，海王星的神祕主義一直都很孤立隔離，都只屬於被驅逐的次文化。基本教義派基督教在政策決定上發揮極為重要的影響力，但不會令人恐懼，這在本質上較像土星，而非海王星，而這可藉由星盤上的緊密日土四分相呈現。儘管宗教信仰占有重要地位，但是美國人從來沒有渴望追求烏托邦社會的美夢。我們前面討論過，海王星政治意識型態具有特別的氣質，這個強烈個人主義的國家一直很厭惡這些東西，而整個二十世紀中最主要的妖魔鬼怪，就是來自共產國家集團的海王星「顛覆」威脅。

如果想要一個直接的對比，我們可以觀察中國的星盤（圖表十五）。當毛澤東宣布這個新共和國的中央政府成立時，日水海合相在天秤座。這個國家主體形塑著特定的目標和價值，完全散發著海王星的氣質。即使目前的天海合相似乎顛覆了東歐所有共產國家的統治強權，還是不能除去海王星理想在中國的神聖光環，而這正是現代中國形成的本質。當然，想要完全了解現代中國歷史的錯綜複雜，還需要更多有關這個國家特有的政治和經濟知識，這遠超過我的涉

38 *Mundane Astrology*, p.224.

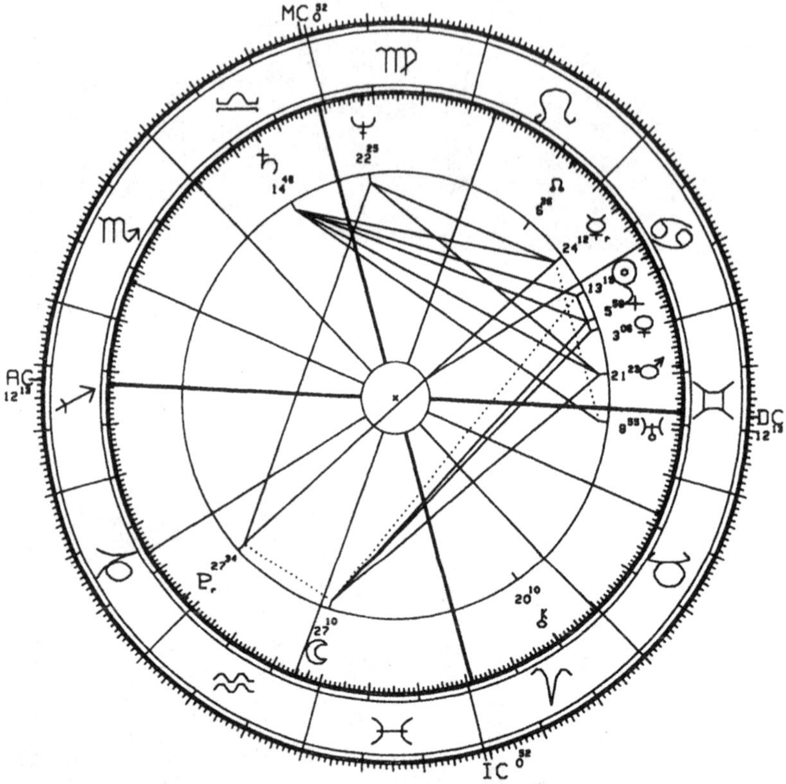

圖表十四　美利堅合眾國

1776/07/04 5:10 P. M. LMT（22:10:00 GMT），費城（Philadelphia），賓州（39N57, 75W04）。黃道回歸，普拉西度分宮制，真交點。來源：*The Book of World Horoscopes*。

獵。儘管我所知有限，但是我們還是可以看到當中國共產黨在一九五〇至一九五一年期間上台時，大肆屠殺一百萬農民，這件事就帶有海王星獨特的矛盾色彩。毛澤東身為馬克思革命的領導人，幾乎被奉為神明，反映出這個國家的日海合相，暗示這個國家的領導人會混合著救贖者的形象，即使是無意識地，但顯然帶有宗教本質。一九七五至一九七八年間，行運的冥王星經過這個國家的日海合相，這時毛澤東正在與修正派進行冗長的鬥爭，他的文化大革命也在此時劃下句點。在這行運走到一半時，一九七五年九月九日，毛澤東辭世。儘管他被降級到次等救贖者的地位，但是這個國家從來沒有全盤否認他的哲學；這種情形也不會發生，除非有另一場重大的革命發生，為這個集體帶來新的出生盤。

最後還有一個值得討論的例子：這裡有三張星盤反映出德國政治演化三個不同的階段。第一張星盤是威瑪共和國，這是威廉二世退位之後，在一九一八年十一月九日宣示成立，當時的海王星正在天頂（圖表十六）。德國的帝國制度在社會主義革命中劃下句點，這場革命橫掃全國，產生了一個新的國家主體，以聯邦政府取代了中央統一的政權。這個新國家主體的星盤上，日金合相在天蠍座，四分獅子座的海王星。這個國家主體帶有強烈、漫無目標的情感性理想主義，這都源自於對於國家主義的模糊夢想，還有擺脫帝國控制後的自由，最後終於在一九三三年一月找到了它的救贖者——希特勒。當他被任命擔任威瑪共和國最後一任總理時，行運的太陽合相土星，剛好對分這個共和國的海王星。我們之前已經看到，希特勒出生盤的太

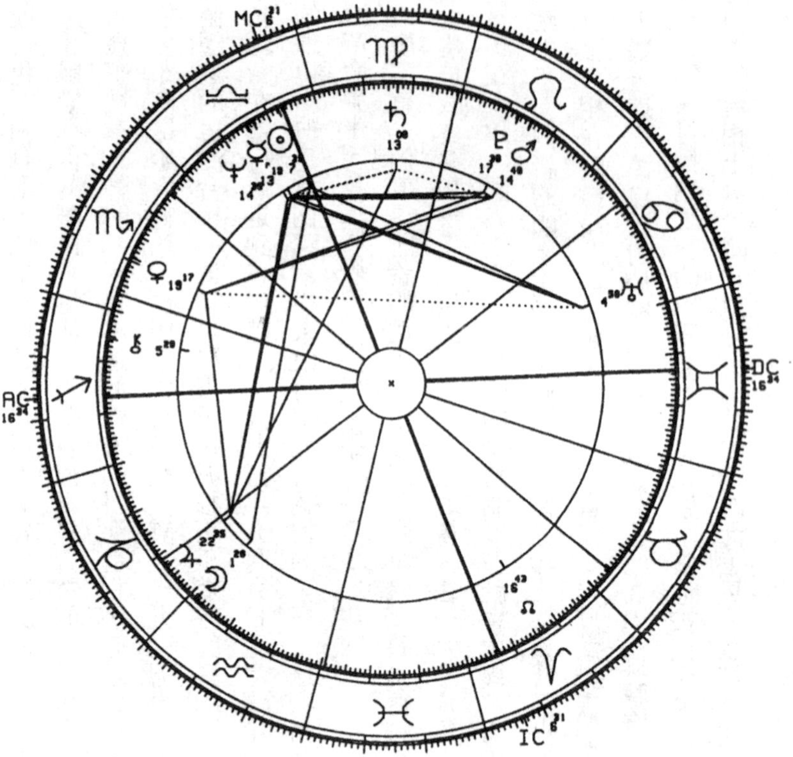

圖表十五　中華人民共和國

1949/10/01 12:00 P. M. CCT（04:00:00 GMT），中國北京（39N55, 116E25）。黃道回歸，普拉西度分宮制，真交點。來源：*The Book of World Horoscopes*。

陽合相威瑪共和國的海王星，因此他從一開始似乎就是在具體實現人民對於救贖的渴望。[39]

下一個星盤（圖表十七）則是納粹德國的誕生，這讓我們觀察到日土合相將在國家的自我上展現截然不同的能量。隨著希特勒的出現，德國不只變成一個中央集權化的國家，而且很諷刺地，這個國家在希特勒的統治下享受了當時史無前例的真正政治統一，下一次的統一則是東德與西德的合併。在納粹德國的出生盤上，水星合相土星，顯示了納粹意識形態的僵化刻板。海王星隱微地發揮力量，不僅一百五十度太陽和土星，也三分摩羯座的金星。納粹時代把上個世紀浪漫主義運動的神話，挪用在自己的目標之上，其中充滿了「狂飆突進」運動（編按：Sturm and Drang，指一七六〇年代晚期到一七八〇年代早期在德國文學和音樂領域的變革，是文藝形式從古典主義向浪漫主義過渡的階段）的末日幻想，最明顯的就是令人反感的「藝術」主題，將雅利安人的體格理想化。這個「千年德意志帝國」帶著它的老鷹徽，它有效率的道路系統、留名青史的建築，意圖重現古代羅馬帝國的光輝——一個希特勒能帶領人民重返的黃金時代。依此看來，這也是個海王星的政權，不難從其政治競技場中瘋狂上演的暴君與受害者模式來證明，這顯然就是土海相位的特有表現。

39 關於海王星與土星合相的相位，請參閱我在pp. 464-pp.467(原文)的解釋。

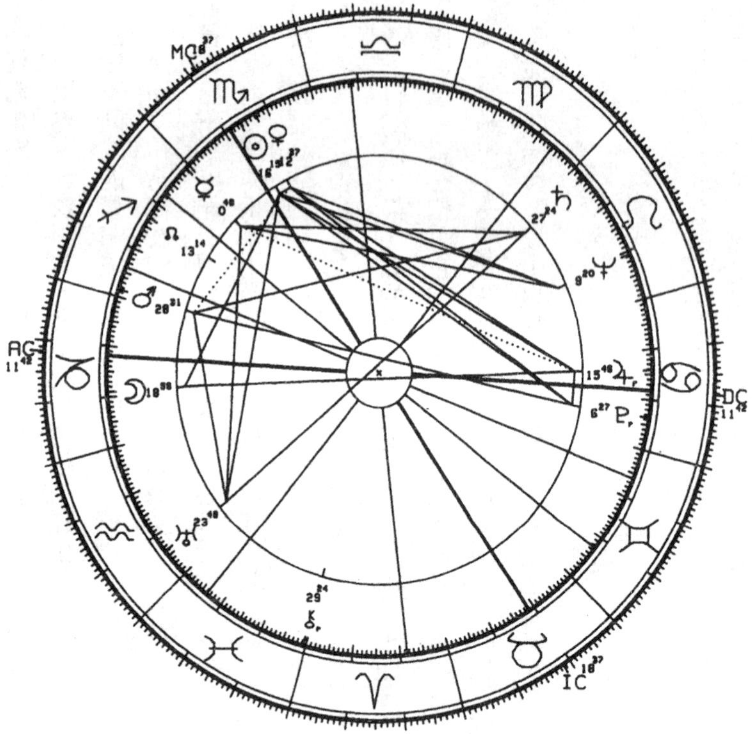

圖表十六　德國：威瑪共和國

1918/11/09 12:00 P.M. CET（11:00:00 GMT），德國柏林（52N30, 13E22）。回歸黃道，普拉西度分宮制，真交點。來源：*The Book of World Horoscopes*。

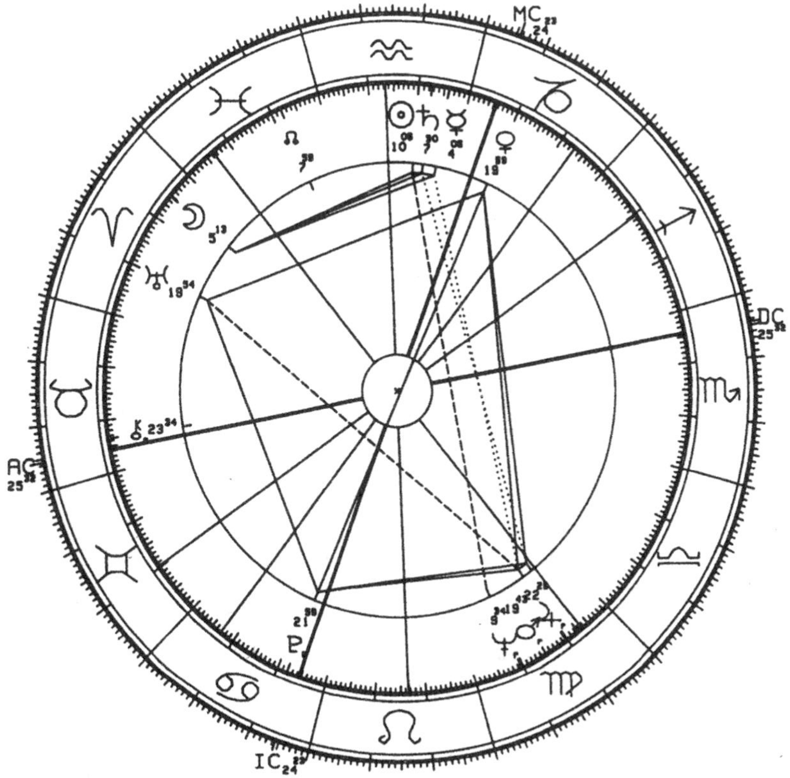

圖表十七　德國：納粹德國

1933/01/31 11:15 A.M. CET（10:15:00 GMT），德國柏林（52N30, 13E22）。回歸黃道，普拉西度分宮制，真交點。來源：*The Book of World Horoscopes*。

第三個星盤（圖表十八）就是德意志民主共和國，也就是昔日的東德。東德自一九四五之後被蘇聯統治，直到一九四九年才成為獨立的國家。當時太陽在天秤座十三度五四分，緊密合相位於天秤座十四度五三分的海王星和水星；此時烏托邦的夢想以共產政府的形式捲土重來。在國家的星盤中，太陽象徵了領導人，月亮則反映人民，這張盤上的月亮對分日海合相，象徵了政府與人民的需求之間存在著激烈的衝突。建造柏林圍牆不是要阻止人們進入，而是要把他們留在裡面。在這張星盤上，天王星更加惡化這種緊張和不穩定，天王星在巨蟹座五度一分，四分水日海這組合相。東德在一九八九年打開柏林圍牆，當時行運的土海合相在摩羯座十度，行運的天王星緊緊跟隨，位於摩羯座二度，對分行運在巨蟹座十度的木星、行運在巨蟹座十六度的凱龍星。然而東德的正式瓦解發生在一九九〇年十月三日東西德統一時，當下行運的土星在摩羯座十八度四九分，合相行運中在摩羯座十一度四九分的海王星，行運的上升點在摩羯座十二度二一分，行運的天王星則在摩羯座五度四三分。所有行星的行運位置都四分東德出生盤上的日海合相，這個懷抱著厄運烏托邦夢想的國家已脆弱不堪，搖搖欲墜。而當行運的天王星準確地對分東德的天王星時，行運天王星也正位於星盤上水日海合相對分月天合相的T型端點上，這暗示我們所有人，無論是個人或集體，遲早都會面臨中年危機，其影響力極具爆炸性，特別是對那些獻身於海王星幻想的人，終於發現人生並非如此。東西德統一時的星盤，當然就是新德國的出生盤，其中仍有明顯的烏托邦遺跡。太陽四分海王星，海王星合相上升點及伴隨

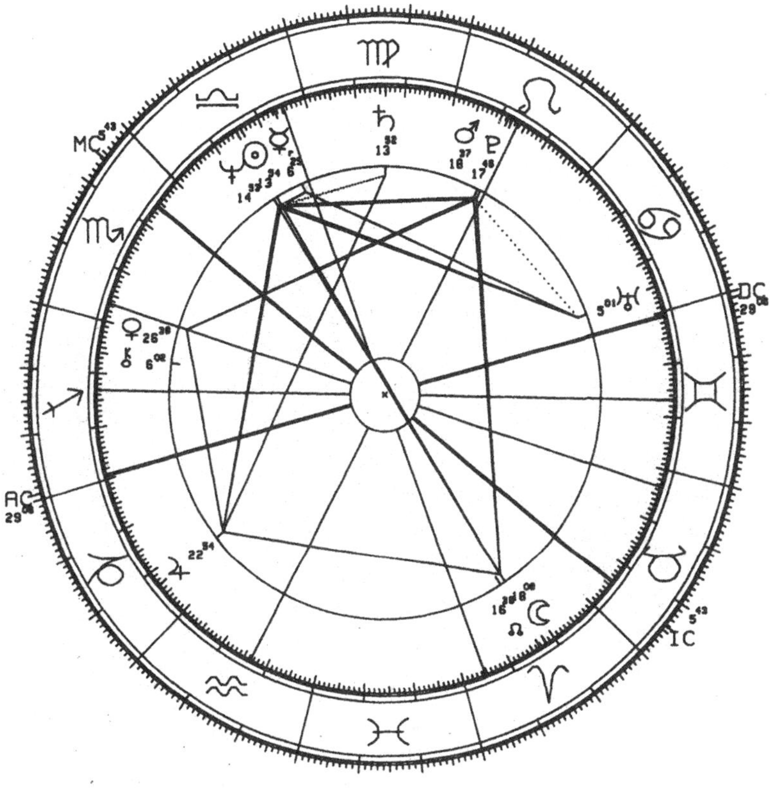

圖表十八　德意志民主共和國

1949/10/07 1:17 P.M. LMT（12:17:00 GMT），德國柏林（52N30, 13E22）。回歸黃道，普拉西度分宮制，真交點。來源：*Internationales Horoskope-Lexikon*。

在旁的天王星和土星。月亮位於雙魚座。期盼這個新生的德國能在它充滿海王星幻想與失敗海王星夢想的歷史上，留下建設性的一頁。

【第十章】

海王星與藝術家

……因為仁慈有一顆人心，
憐憫有一張人的臉龐，
愛有至上的人形，
和平有一套人的服裝。

……所有人都得愛人的形象，
愛土耳其人，或猶太人；
它寓有仁慈與愛與憐憫，
上帝也在其中居住。

——威廉·布雷克（William Blake）《至高的形象》（*The Divine Image*）

藝術與魔法有著緊密的關聯性。這是種無中生有的能力，能從難以捉摸的想像事物中創造大千世界；這種行為帶有神祕特質，即使是規律從事創作的人也同樣迷惑不解。在神話和傳說中，藝術家總是扮演著特別又含糊不明的角色，也許是先知、亡命之徒、天神的代言人、邪惡力量的工具，或是被人類及天神報復的受害者。創造力在偷竊的玷污下更顯神祕，因為藝術家可以憑藉著無中生有的能力變為天神，這等於侵犯了嫉妒守護的天國領土。普羅米修斯的可怕命運不僅是藝術家神話的底蘊，祂的地位也因此更為崇高，成為天神文化的提供者。

神話把兩類的成就歸功於藝術家——藝術家不僅創造了存在，還打造了可以直達天廳的建築物，其規模與雄偉之大，與天神的住所不分軒輊。這兩種行為都侵犯了天神的特權，兩者都會招致懲罰。1

已有許多大部頭書籍從各種可以想到的角度，冗長地討論藝術家的主題，包括從美學、宗教、社會、心理和政治的角度。關於藝術的本質，關於一個人何以成為藝術家，關於創作是否必然帶有心理疾病或傷害，關於藝術家是否受到「神性」啟發，關於到底是時代創造了藝術家，還是藝術想像的能力預告、甚至塑造了時代的來臨……，人們對於這些問題至今仍爭論不休。為何藝術能擁有這種能力，這也是神祕難解的謎題。榮格認為：

一種原型無論是透過當下的經驗或口語表達，它之所以能觸動人心，是因為它喚醒了一股比自我更強大的聲音。能透過原型意象發聲的人，他的話語必然千變萬化。當他讓試圖表達的想法超乎偶然和短暫，讓它進入永恆不朽的境地時，他能迷住人們，征服人們。他將我們的個人命運轉化成人類的命運，這會激起我們內心所有慈愛的力量，迫使人類不時想尋找一個避開所有危險的庇護之地，度過最漫長的黑夜……這就是偉大藝術的奧祕，還有它對我們的影響力。在我們至今所知道的創作過程裡，包括無意識地活化一種原型意象，以及為塑造這個意象竭盡所能，讓它化為成品。當藝術家在塑造它的形狀時，如同將它轉化成現代的語言，讓我們能藉此找到重返生命最深泉源的道路。[2]

我們可能以為人們會感激藝術家，因為他們幫我們找到「重返之路」。然而，被他們的藝術幻想感動和啟發的人們，其實時常不信任他們，誹謗他們，有時甚至會毀了他們。也許這是因為「活化原型意象」這件事，可能會讓讀者、觀眾或聽眾感到不舒服，甚至是劇烈的情緒起

1 Ernst Kris and Otto Kurz, *Legend, Myth and Magic in the Image of the Artist* (Stamford, CT: Yale University Press, 1979), p.84.

2 C. G. Jung, "On the Relation of Analytical Psychology to Poetry," *Collected Works, Vol. 15*, Bollingen Series XX (Princeton, NJ: Princeton University Press, 1966), p. 129-130.

伏，而人們抗拒改變的意識，也可能不太歡迎這種內在的喚醒。不過，或許藝術家也得替自己的精神痛苦負責，畢竟，如此貼近原型的領域會帶來許多心理問題。正如電影《阿瑪迪斯》（Amadeus）中揭露的義大利音樂家安東尼奧．薩列里（Antonio Salieri），當藝術家遠遠不是神性靈感的完美傳達者時，他可能用一種反社會、無政府狀態又混亂的方式來感受、說話和行動，而這都會威脅既定的秩序。透過藝術家發聲的「時代精神」並不總是循規蹈矩的。德國作家托馬斯．曼恩（Thomas Mann）的說法是：

> 就政治意義而言，藝術永遠不可能是道德或善良的，而任何的進步都無法讓政治信任藝術。這有一種無法信任和背叛的基本傾向，這是一種肆無忌憚、非理智的喜悅，這偏好能帶來美感的「野蠻狀態」，這些都是堅不可摧的……這是一股非理智但很強大的力量，而人們對它的依戀證明了人們無法、也不願意只靠理性主義活在這世上。3

藝術正如其看來，與海王星有些相似，都是難以捉摸、具有顛覆性、神奇，又頑固地抗拒被馴服。在占星師的詮釋中，海王星一般被認為與藝術家有些關聯。有些占星師甚至將海王星定義成象徵創造性想像力的行星，以此暗示只有在出生盤上具有強烈海王星特質的人，才能真正發揮創意。不過，如果我們熟讀任何一本「名人誕生錄」，就很容易挑戰這種看法。我們可以在過去的歷史中找到無數具說服力的例子，說明他們的出生盤反映了其他行星的創造力。其實，任何一個行星都能有自己的創造性貢獻，可以反映某種特別形式的藝術想像，正如每個行星都有自己的靈性形式一樣。但當海王星在出生盤上居主導地位時，反映的是一種特別的感受能力，能感應到源自心靈更深層、更宇宙性層面的特定感覺和意象。這些感覺及意象，與融合、救贖和重返本源的原始主題有關。在創造的過程中，以及在藝術家的一生中，海王星到底扮演了什麼樣的實質角色？海王星是否與任何特別的藝術媒介或藝術學派有關？我們是否能有意識地鼓勵這種獨特的海王星創造能力，讓它以建設性、而非破壞性的方式展現在世人面前？

藝術和無意識

童年時期，因為嬰兒漸漸地脫離與母親的心靈融合，開始以獨立的形式自我發揮，此時，幻想成了很必要的創造活動。幻想具有過渡期的目的，能彌補一種黑暗的空虛。這種空虛夾在中間，一邊是寂寞得令人害怕的自主世界，一邊是母親懷抱的安全感。幻想能產生感覺和畫

3 Thomas Mann, *Pro and Contra Wagner*, Allan Blunden, trans. (London: Faber and Faber, 1985), p. 65.

面，在這兩者之間搭起一座橋樑，這正是心學理所謂的「過渡客體」，可能是小孩玩的搖鈴、哄睡玩具或抱偶，變成了母親的一小部分。在幻想的粉飾之下，讓小孩獨自熬過黑夜。幻想能轉化恐懼和無助的羞辱，讓親密和分離同時並存，因此能保留一些對於力量和潛力的原生自戀感。這場與龍的戰鬥，以及冒險旅程結束後，等著榮耀英雄的「聖婚」（hieros gamos）承諾，這些神話意象都描述了每個嬰兒試圖不再依賴母親，進而脫離與母親的關係，成為一個分離的存在個體。但是在過程中，幻想可能會被剝奪。母親可能太依賴孩子持續的關注，或是對孩子太過疏離，讓孩子每次感到無法承受的不安全感時，就會想要縮回自己的內心世界。如此一來，這個重要的分離過程永遠沒能完成。這通常會在日後出現問題，這樣的小孩長大成人後會面臨孤獨的問題。精神分析就常會處理這類議題[4]，而這也與許多人無法允許自己保留時間、空間和必要的隱私進入幻想領域有關。有些人在嘗試做任何創意性的工作時，就會感受到恐怖的焦慮，就與這個困境有直接關聯。

海王星的問題不是無法幻想，而是有幻想過度的偏好。對於受海王星主導的孩子而言，分離是一種更冗長、更痛苦的過程，讓嬰兒與母親之間的過渡世界，也變成了成人與救贖允諾之間的過渡世界。幻想變成了一種與神性本源融合的工具，可能也是海王星創造性驅力的一種表現。但是，這可能也成為避免自立的手段：幻想的能力，變成了對現實的逃避，而非創意性意象和概念的源頭。海王星通常都無法讓幻想成形，因為幻想的世界只是代理的子宮，是一個靜態而非流動的地方，是沒有痛苦的遺忘之地，而非人類與神性間的橋樑。如果想要用具體形式固定海王星的世界，就必須捨棄原生的自戀，這種自戀讓嬰兒自以為是天神，無所不能。海王星的藝術家即使搭起了橋樑，讓意象以具體形式表現，可能也無法完全超脫，亦無法正確、客觀地看待自己的作品；他們仍然還是未被賞識的天才，無論其創作多粗糙原始，或充滿瑕疵，都沒有必要再改善，或是轉化成別人能理解的語言。英國兒童心理學家唐諾．溫尼考特曾經描述一位病患，耽溺於沒有生產力的幻想之中：

> ……病患只要開始實際做點事情，例如畫畫……她就會發現一些令自己不滿意的限制，因為她得放手停留在想像世界裡的無所不能之中。[5]

有些占星師認為出生盤中一顆強勢的海王星，象徵絕對可靠的創造能力，但其實並非如此。這通常只象徵對幻想的上癮，就像所有的耽溺一樣，反映了一個人非常不情願進入土星的

---

4 參閱D. W. Winnicott的著作，特別是*Playing and Reality* (London: Penguin, 1980).

5 *Playing and Reality*, p.35.

現實國度。每個小孩都有創造的渴望。若要替這種基本的渴望找到占星指標，那肯定是太陽和土星，因為把想像化為具體，就是發展自我意識的功能之一。把幻想化為物質的形式，就像一種工具，可以讓一個人在不存在和已定義的身分認同之間搭起永久的橋樑。

強勢的海王星就如同一條通道，可以讓人碰觸到天堂神話的原型意象和感受。當海王星的幻想世界具體化為藝術形式時，就能發揮力量，撥動全宇宙人類內心深處痛苦、孤寂和渴望極樂的旋律。但是這股創造的衝動，意圖將幻想世界具體化的渴望，其實是一種肯定生命的行為。沒有這股衝動，海王星便退縮到幻想世界裡，而這行為其實是一種對生命的否定。遠離創造的衝動可能會激起另一種渴望，讓人想要停留在子宮的天堂樂園裡，不願冒險面對樂園大門之外的寂寞和死亡。這就是海王星藝術家的難題，他們常會體驗到一種深刻的內在衝突，在想要誕生和不想誕生之間掙扎。這在有日海相位和土海相位的藝術家身上特別明顯，尤其當二者呈現強硬相位時，因為每種創造行為都會變成與本源分離的過程。當海王星與太陽和土星這兩顆行星形成相位時，藝術家必須把自己的幻想具象化，但是每一次的創作，又都遠離了生命湧泉一步，而這是某種形式的死亡。

若出生盤中有行星與太陽形成相位，這些行星的意象和特質會融入我們的認知之中，包括我是誰、什麼讓生命有意義。因為太陽象徵每個人的自我身分認同，其相位比本身的星座還重要，常會反映出一些特徵和原型認知，這就體現在「我是誰」和「我的目的何在」上。所以就一個人的事業而言，太陽是最重要的因素。事業與工作不一樣，兩者可能並不相同。我們會在追求事業時找到成就感，因為我們最有機會藉此表現關於身分認同和人生目的等內在感受。所以按照這個背景看來，我們稍早提過某些人的出生盤上有顯著的日海相位，我稱他們為「海王星人」，是很貼切的形容。對救贖的渴望，再加上身分認同的意識，常會讓一個人創造海王星的事業。他們必須找到出口，不僅對別人傳達救贖的信息（像是政治、藝術或「照護人」的職業），同時透過與某種大於自我的事物融合，找到個人的救贖感。

然而，有土海相位的人，並不一定會想要當音樂家、詩人、療癒者或政治哲學家。以他們的情況來說，是「必須」成為這樣的人，才能應付在世俗的生活架構與限制之間不斷的內心衝突，還有在土星疆界之外的混亂洪水。土星與外行星形成主要相位的人，常會不斷地遭受到集體精神力量的打擊，讓他們必須找到一些方法去應對。土海相位常與憂鬱、害怕和禁止的感覺、恐懼或某種形式的上癮有關。6 這是土海相位的黑暗面。在許多例子中，這些人會認同土星

6 舉個例子，可以參閱Robert Pelletier, *Plants in Aspect* (West Chester, PA: Whitford, 1974), p. 319:「……你會在私人關係中忍受極大折磨，因為你會發現越來越難分辨誠實和不誠實…這可能表現在嚴重的財務和情感損失…注意憂鬱的情緒，這可能會讓你很容易罹患身心失調疾病。」參閱Reinhold Ebertin, *The Combination of Stellar Influences* (Aalen, Germany: Ebertin-Verlag, 1960), p. 176:「……苦難、捨棄和禁慾……痛苦或折磨的情緒抑制，遭破壞的情況很容易導致生病，一些精神官能症，或是很難確定病因的疾病。」

的價值，感覺海王星的世界是一種恐怖的威脅，會建立大量的防衛牆，抵抗這個世界。內心恐懼的東西常會向外投射，我們常會看到出生盤中有這個相位的人有種無來由的焦慮感，感覺一直遭到隱形力量的暗中破壞（像是共產黨、新世紀遊居者、傳染性疾病）。某些特定的生理和身心失調疾病也與這個相位有關，特別是那些慢性病、難以診斷的疾病，讓人無助的疾病——這就是身體表現衝突的方式，這是這個人感覺無法解決的衝突，或是一開始沒有意識到的衝突。一個人如果認同海王星的世界，那麼通常是土星變成了投射的敵人，而非海王星。湯尼·班恩就是最好的例子，他出生盤的太陽三分海王星，成為他意識裡政治價值的基礎，而土星同時四分海王星與月亮，這會被向外投射，讓他顯得非常焦慮，很容易憂鬱沮喪。我們稍後會討論到許多的藝術家，他們都選擇了這條比較混亂無序的道路。他們會與浪漫的社會主義結盟，把任何權威的象徵，包括政治、宗教、政治或藝術的權威，都視為敵人。

這個黑暗的面向有許多種表現方式。但即使是在柔和相位中，也可能會出現一些恐懼和憂鬱的成分。即便這些人已經找到有效的方式來處理一些在土星需求（結構、穩定、永恆、形式基礎和自足）和海王星需求（出神、融合、消融、救贖和重返本源）之間無法避免的原型衝突，亦是如此。但是，我們絕對有很好的理由把土海相位稱為「藝術家的相位」，因為這讓顯然難以相互理解的實體形式世界和無窮想像世界，終於可以交會，雖然它們是在藝術家的創作中不完美地交會。這是在人類努力中的唯一領域，幻想和現實可以在此互訴衷情，但不會削去雙方的活力元素。土海相位的人也可能被政治或是與照護人相關職業中比較神祕的面向吸引，這裡頭的一些東西，也許能提供一種可行的平衡。但是，政治的領域充滿太多的嫉妒、貪婪和挫折，無法提供遺失的海王星樂園，而靈性療癒的世界又充滿了太多的肉體痛苦、疾病和死亡。海王星在這些領域中遭遇太多的苦難，這導致了更痛苦的幻滅。但在藝術中，海王星雖必須容忍不完美，卻不必放棄永恆。

這是否意味著每個有土海相位的人都應該成為藝術家？顯然不是。有些人根本就沒有藝術天分，有些人則會被生命中一些同樣重要的追尋吸引。但是有土海相位的人，遲早有一天都必須適應幻想世界和形式世界之間的差距，因為沒有任何一個世界會拋下他們。有些不被傳統認定為藝術的工具，其實也能算是藝術。終究，占星學比較像是藝術而非科學，許多占星師發現，占星的象徵符號就算受限於占星秩序模式，它們的所描述的「永恆的現實」，同樣擁有魔力和意義，就像音樂對莫札特發揮的影響力。深度占星學也比較像是藝術，而非科學；夢想的領域，活躍的想像力和無意識心理的混亂，都被保留在治療過程有結構的容器中，也可以為這兩個古老的敵人提供一個會面點。如果想要建設性地運用土海相位，我們必須重新評估何謂藝術。我們如果能把任何領域的努力，只要付出了同等於在音樂、繪畫、詩歌和戲劇上的奉獻、技巧和想像力，都稱為藝術，那麼每個有土海能量需求的人，都能在某個生命領域中成為藝術家。

不意外地，接下來我們要討論的許多藝術家，他們的出生盤上都有土海相位。這相位通常都伴隨著日海、月海或上升點與海王星的相位。土海相位對於形塑這些藝術家的人生方向，具有極重要的影響力，也許更甚於日海相位，因為只要是土星涉及的領域，便有一種急迫感，以及源自於衝突的個人痛苦，即使三分相和六分相也是如此，而這需要某些類型的決心來面對。也許，比起太陽的相位，土星的相位最能顯現可在哪些領域中發展自己最優異的天賦，如果土星與外行星形成相位時，也可以看出我們能在哪些領域最貼近當代的潮流。好比土星與海王星形成相位時，海王星的世界必須在個人的生命中具體呈現，而這既是生命的來源，也是死亡之所在。

德國心理學家埃里希・諾伊曼（Erich Neumann）對藝術家提出一種心理詮釋，可以帶領我們直接進入海王星的水域。[7] 舉李奧納多・達文西（Leonardo da Vinci）為例，諾伊曼認為達文西的天生性格，特別能夠認同「大母神」（the Grant Mother）的原型，所以比較能體悟集體無意識的生命以及隨之而來與個人界限和性別議題有關的心理問題。因此，我們不能總以為是童年時期的創傷促生創造才華，就像我們不能認為都是童年創傷「造成」嚴重的心理問題。這其實更像是一扇天生就對無意識心靈敞開的大門，會增加童年創傷的可能性。任何人只要一腳踏進了這個原型領域，就幾乎不可能避開某些心理問題，必然要去試著調適身體和日常現實的需求。諾伊曼如此形容李奧納多：

他總是更貼近無限，勝過於有限的事物，他會用一種神祕、象徵性的方式，活在至高女神的神話中。對他而言，「靈父」、偉大造物主和孕育風神的形象，總是次於至高女神，她已經選中了搖籃中的孩子，向他展現她的天賦，讓她的靈性雙翼遍佈他的一生，遍佈整個世界。對於李奧納多而言，這股重返她身邊的渴望，這股重返至他的來源和故鄉的渴望，並不只是他個人生命的渴望，而是全世界生命的渴望。[8]

他還引述李奧納多自己的話：

> 你瞧，重返祖國和重返原始混沌的希望和渴望，就像飛蛾撲火一樣，就像人們會永遠帶著喜悅期盼每一個新的春天、新的夏天，還有新的年年月月，總認為他期望的東西來得太慢。而他不會理解，他渴望的其實是自己的毀滅。但是這種渴望的精華之中有一些元素的精神，這種精神受到禁錮，就像靈魂被困在身體裡面，不斷渴望能重返至它的發送者身邊……[9]

7 Erich Neumann, *Art and the Creative Unconscious* (Princeton, NJ: Princeton University Press, 1959).
8 *Art and the Creative Unconscious*, p. 79.
9 *Art and the Creative Unconscious*, pp. 79-80.

諾伊曼並沒有規定，他的理論是否能適用於女性藝術者。他也沒有提到在集體心靈中，除了母性的統治者，是否還有其他原型的統治者。把集體無意識跟大母神畫上等號，似乎是源自於榮格的學說，榮格認為無意識擁有一位海洋天神的神祕特質。但是榮格就跟每個人一樣，他對於現實的描述，都被與太陽形成相位的許多行星渲染了。這是因為我們必須透過太陽獲得個人的生命意義，我們會帶著目的和賦予生命的力量，來體驗出生盤中與太陽形成相位的行星，而且在有意無意間，這些行星會影響我們對神性的認知。這就是「職業」（vacation）這個字更深層的意義，這個字源自於拉丁文「vocare」，意思是召喚，就是上帝的召喚。榮格出生盤上的太陽緊密四分海王星。

在許多例子中，諾曼對於藝術家的心理描述是很正確的，但這只限於一些把海王星水域視為靈感和意象來源的藝術家。我們不能一概而論，這並不總是適用，但是這類的藝術幻想的確比較容易透過音樂表現。李奧納多沒有日海相位或土海相位，只有日木六分相、日土對分相和日冥四分相。但他星盤中的海王星絕對不黯淡。水星對分海王星，且水星位於土星和海王星的中點上。火星一百三十五度海王星，木星一百五十度海王星，金星三分海王星，月亮和上升守護星木星都位於雙魚座（圖表十九）。在感情的層面上，李奧納多顯然就是海王星的小孩。他的創作並沒有向我們訴說救贖的訊息。但是，就如諾伊曼所說，在作曲家身上常見的日海相位和土海相位「比較接近無限，勝過有限」的頻率，在李奧納多的身上還是十分明顯，我們可以在稍後看到這點。在藝術家的出生盤上，另外兩個外行星的力量通常也很明顯，但主要是在作家和畫家身上。天王星比海王星的靈性更能驅動作家，這不亞於對科學家的影響，我們可以從愛爾蘭詩人葉慈（W. B. Yeats，日天合相）、英國作家路易斯．卡羅（編按：Lewis Carroll，日天合相，《愛麗絲夢遊仙境》作者）、法國藝術家與導演尚．考克多（Jean Cocteau，日天四分相）、紐西蘭小說家凱瑟琳．曼斯菲爾德（Katherine Mansfield，日天三分相）、英國文學家狄更斯（編按：Charles Dickens，日天四分相，《雙城記》作者）這些人物可以證明這一點。冥王星則能激勵產生偉大的詩人，例如德國作家歌德（Johann Wolfgang von Goethe，日冥四分相）和英國文學家約翰．米爾頓（John Milton，日冥三分相）。在這兩位作家最主要的藝術創作《浮士德》（*Faust*）和《路西法》（*Lucifer*）之中，可見清晰的冥王星意象和原型主題。有些藝術家顯然受到三個外行星的啟發，像是法國藝術家馬蒂斯（Henri Matisse，日海四分相，日天對分相，日冥三分相）。雖然還是有些例外，好比美國作家海明威（Ernest Hemingway，唯一的太陽相位是日木四分相），及法國短篇小說家莫泊桑（Guy de Maupassant，唯一的太陽相位是日土三分相），但我們可以一再地在各類偉大藝術家的出生盤上，看到三個外行星與太陽的相位。[10]

10 所有的出生盤都取自J. M. Harrison, ed., *Fowler's Compendium of Nativities* (London: L. M. Fowler, 1980.)

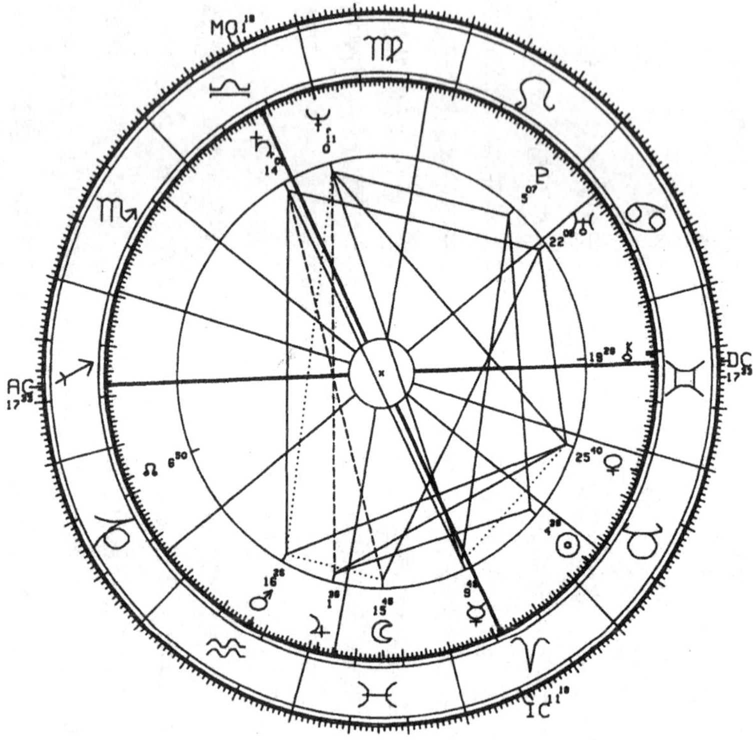

圖表十九　李奧納多．達文西

1452/04/15 10:30 P.M. LMT（21:46:00 GMT），義大利，芬奇市（Vinci）。回歸黃道，普拉西度分宮制，真交點。來源：*Internationales Horoskope-Lexikon*。

我們可以看到，這些外行星的相位就是許多藝術家背後的神性力量，他們的創作發揮影響力，贏得喝采，超越了自己的文化和時代。我們如果知道這些外行星會反映集體靈魂中更廣泛的變遷，勝過於深根於個人經驗中的價值，那麼當看到天王星、冥王星和海王星會在藝術家的國度中占有主宰地位時，我們就不會覺得意外。依此看來，可以證明諾伊曼的看法：藝術家的確是集體心靈的代言人。但是，我們無法把外行星在星盤中的活躍度跟藝術才華的存在和程度畫上等號。這就像所有方形可以是長方形，但不是所有的長方形都是方形。出生盤的太陽與外行星形成有力相位的藝術家可能擁有一種宇宙性的視野，超越受到文化規範限制的個人觀點，但並非所有太陽與外行星形成有力相位的人都是藝術家。大部分的人其實都不是。我們無法更進一步了解藝術家天賦的占星特徵，儘管從薩比恩星度（Sabian symbols）到第五泛音盤，占星圈內有很多人試著對其做辨識，但都沒有令我印象深刻的結果。我仍然深信，藝術才華就像智慧一樣，都是一種神祕的資產，可以透過一個人的性格和出生盤中受到時空限制的媒介表現出來，具體呈現。遺傳、環境和個人選擇這些因素，可以滋養或扼殺一種藝術天賦。我們只能推論，當藝術家擁有藝術眼光，再加上讓它落實化為形式的能力，此時他們出生盤中強勢的海王星（特別是與太陽或土星形成相位時），可以點出哪一種原型觀點最容易渲染他們的創作主題——就像在歌德和米爾頓的作品中看到明顯的冥王星色彩。

諾伊曼認為，藝術家可以「表達」每個世代的時代精神，將它「賦予形式」。[11] 他們可能遵循既有的文化規範創造作品，具體表現一個特定社會或社會階層的價值意識。在這種情況下，人們會認為這個作品非常偉大，不只是在當代，在未來的時代中也同樣能受到肯定；但是這絕對不具有預示性或革命性。藝術家們也可能違背文化規範，這可能是受到個人和集體的無意識力量激發，誕生一種直接挑戰、甚至改變宗教、政治、藝術或社會現況的眼光。特別是當出生盤上，太陽或土星與外行星形成相位時。在這種情形下，當代的人不會把這些藝術家視為「偉大」，反而會把他們當成破壞份子。他們的作品可能會被禁止或被燒毀。當我們從諾伊曼所謂「強化覺知」（enhanced consciousness）的觀點來看時，未來世代的人也許能夠重新發掘或評估這些創作，肯定它們的重要性。許多偉大藝術作品的永恆特質，部分必須仰賴這種強化的覺知，這可以超越時代的文化規範。這也必須仰賴藝術家強化的覺知，他們可以在原型、而非世俗短暫的領域中找到靈感。

在許多藝術家的作品中，海王星顯然是最觸動人心的靈魂。威廉·布雷克的太陽三分海王星，土星四分海王星，當我們讀他的詩或看他的畫時，不失為是一個不錯的介紹，能帶領我們認識海王星的神祕領域；當我們聽蕭邦的音樂時也有同樣的效果，蕭邦的太陽、金星和冥王星在雙魚座，三者皆四分海王星，土星又合相海王星。我們可以預期，出生盤上有這些相位的藝術家，他們的創作中會固定地出現海王星的主題、感受和意象。海王星也可能主宰一次重要的文化興盛，就像祂在十九世紀浪漫運動中發揮的影響力。在這種情形下，我們可以預期，在發起和打造這場運動的藝術家的出生盤中，看到海王星發揮主宰力量；我們也可以預期，海王星無法言喻的世界，可以成為這場運動的藝術哲學和創作的主要焦點。在這種探索過程中，我們可以更加認識出生盤上有強勢海王星的人的內心世界。我們也可以從歷史上偉大的海王星潮流中學習，這也塑造了我們的個人生活。

浪漫運動

藝術家和藝術的理想化在浪漫運動中達到神化的境地，這場運動從十八世紀後期到十九世紀中期橫掃歐洲和俄羅斯。我們一點也不意外，這場運動就在海王星被真正發現之前到達最高潮。儘管浪漫運動跟我們上一章提過的國家主義和社會主義政治運動，有著不可避免的關聯性，但是它在本質上是一場反理性主義者的文化革命，其基本的宗旨會透過認同這場運動的藝術家表現出來，絕對具有海王星的特質。浪漫的眼光會把世界視為單一的有機體，而大自然天

11 Neumann, *Art and Creative Unconscious*, p. 94.

神神祕運作的面紗和面具。於是這個世界就充滿了魔法，會被一種無形的魔力主宰，我們唯有全心接受非理性的事物，才能領悟這種力量。天王星啟蒙的世界觀重視的是人類的推理能力，並能透過智力改變社會；海王星浪漫運動的世界觀重視的是人類的想像力、靈性啟發、情感深度和藝術創造力。

這類的歷史運動通常都與外行星的象徵，或是與外行星彼此結合的象徵有關，因為這些運動起源於集體心靈的事物，唯有透過每個藝術家的創作（還有內行星）才能變得個人化。每個詩人、畫家、作曲家、小說家和劇作家會以非常個人化的方式表達宇宙性的海王星主題。有些人幾乎完全認同它的主要宗旨，有些人則會試圖用其他的藝術方式來綜合特定的元素。舉個例子來說，歌德在年輕時就非常認同浪漫運動，創作了他的第一個作品《鐵手騎士格茲・芬・貝里興根》（*Gotz von Berlichingen*），這象徵把「狂飆與突進」（Sturm und Drang）引進德國文學，接著就出現了浪漫小說《少年維特的煩惱》（*Die Leiden des jungen Werthers*），這就像電影《侏羅紀公園》電影上映時一樣，贏得大眾的熱烈迴響。當時如果有「少年維特」的T恤肯定會大賣。不過當歌德成熟之後，他又繼續往前走，他的《浮士德》很難稱得上是「浪漫派」作品，其中包含且超越了所有人們熟悉的藝術分類。歌德跟他大部分浪漫運動同時代的人不同，他並不是由海王星主宰。[12] 儘管他出生盤的月亮在雙魚座，一百三十五度海王星，但冥王星則發揮了更大力量（冥王星是出生盤的上升守護星，落入自己的星座和第一宮，同時四分處女座的太陽），而在同樣強勢的土星的提醒下，也漸漸節制他年輕時在文學上的浪漫主義過度氾濫。他的土星緊密合相上升點，並三分月亮，能勝過摩羯座火星三分太陽的力量。另一方面，威廉・布雷克的太陽落入射手座，三分第一宮裡獅子座的海王星，對分水瓶座的土星，[13] 他一輩子都忠於浪漫主義，堅持藝術的最高目標是要表達無法言喻的事物，詩一定要曖昧模糊，而想像的世界就是永生不死的世界。[14]

我們不僅可以透過探討藝術家的個人心理學來認識海王星與藝術的關係，同時也許還能開始透過檢視海王星在藝術創作史最愛的主題，來理解兩者的關聯性。首先，我們得把這個部分放在正確的歷史背景中討論。

> 「浪漫主義」這個字不只有一個意思。一方面，我們可能可以用狹隘但非常明確的方式來認定它……一種文化和心智潮流，盛行於理性年代的衰敗之後，其部分是要反抗理性年代的價值……另一方面，我們也可以用更廣義的方式解釋「浪漫主義」，這指的是藝術中一種特定的

---

12 星盤來源：*Fowler's Compendium of Nativities*, p. 122.
13 星盤來源：*Internationales Horoskopeu-Lexikon*.
14 節錄自Maurice Cranston, *The Romantic Movement* (Oxford: Blackwell Publishers, 1994), p. 53.

性格或精神，由於它擺脫了形勢和傳統，追求感覺和想像的真相，它的靈性真諦和主觀性，讓它與傳統形成對比。[15]

這種「藝術之中的性格或精神」最主要的面向是很神祕的，而非傳統宗教的，理查·塔爾納斯（Richard Tarnas）口若懸河地形容過這個面向：

> 我們在浪漫主義中重新發現的上帝，不是正統或自然神教的上帝，而是神祕主義、泛神論和內在宇宙過程的上帝；這不是法定一神論的主教，而是一位神祇，帶有一種更難以言喻的神祕，更多元性，能夠包容萬物，通常是中性甚至陰性的神祇。這並非缺席的造物主，而是一種存在於大自然和人類精神之中的神祕創造力。[16]

如果說海王星「主宰」過什麼藝術領域，肯定就是浪漫運動的藝術。

尚—雅克·盧梭（Jean-Jacques Rousseau）誕生在一七一二年，他是偉大的浪漫主義先驅。正如我們預料地，海王星在他的星盤上發揮有力的影響，落入十二宮的金牛座，緊靠月亮，六分太陽，同時四分土星與木星（三者形成T型相位），並四十五度金星。海王星也三分處女座裡的天冥合相——有些類似一九六〇年代天冥合相在處女座——這組合相，在十八世紀的第一個十年期間，主宰了集體思想及社會意識的徹底改變，過程有時會轉趨激烈。十八世紀初期的天冥合相三分金牛座的海王星，一九六〇年代的合相則六分天蠍座的海王星。我們可以將二十世紀「花童」激烈的社會和超自然夢想，視為盧梭浪漫主義哲學的迴響——主張重返自然與質樸，提倡熱情和想像的重要性，拒絕工業化的枯燥和心靈的匱乏。這種週期性出現的外行星相位，在日後會留下許多同步性的社會改變。但是它們最偉大且最顯著的改變，往往在許多年後才出現，而帶來改變的人，通常都是在這些相位之下誕生、並與內行星產生緊密連結的人。他們手中握有將新眼界具體呈現的任務。盧梭就是其中一人，他的太陽和月亮，都涉入了三王星的相位，土星又四分海王星。（參閱圖表二十）

我們常讚譽盧梭在一七六一年發表《新愛洛伊斯》（*La nouvelle Héloïse*），為歐洲文化史引進了浪漫運動，這是一本最原始的「浪漫小說」。不過盧梭把他所信任的公眾面前發表本小說在時，曾經約略勾勒出一種新的音樂哲學，以此自娛。他的主要對手就是尚—菲利浦・拉莫（Jean-Philippe Rameau），他是法國偉大的古典音樂傳統代言人。在十八世紀中期的巴黎，就像在歐洲大部分的地方（除了義大利歌劇以外），音樂是很學術、權威且菁英主義的，它讚揚

15 *The Romantic Movement*, p. 138.

16 Richard Tarans, *The Passion of the Western Mind* (New York: Harmony Books, 1991), p. 373.

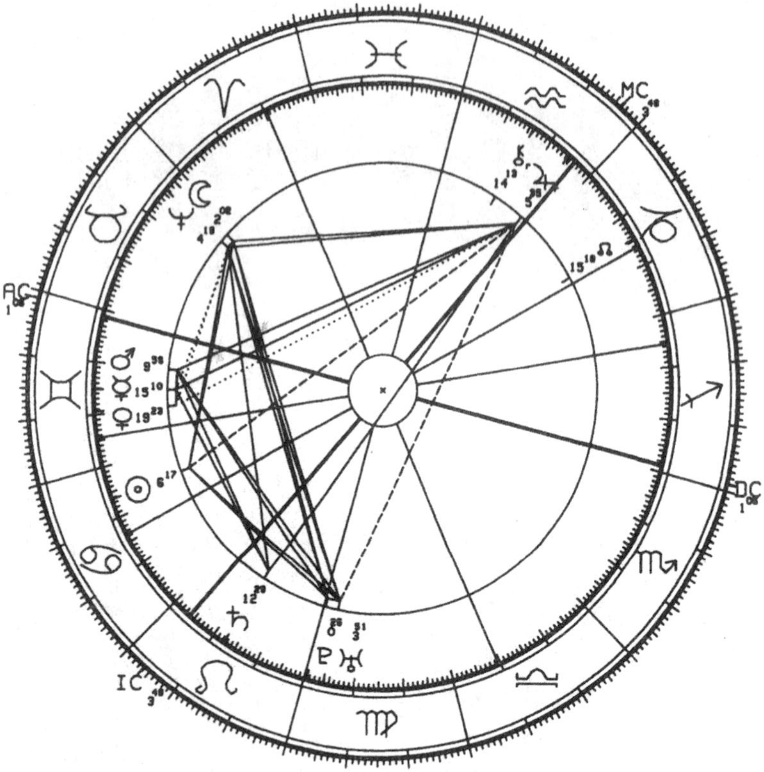

圖表二十　尚—雅克·盧梭

1712/06/28, 2:00 A. M. LMT（01:35:00 GMT），瑞士日內瓦（46N12, 6E09）。黃道回歸，普拉西度分宮制，真交點。來源：*Internationales Horoskope-Lexikon*。

君主的傑出顯赫，它的秩序戰勝混亂。拉莫是一位忠誠的柏拉圖主義者，深信音樂、數學和幾何學都是源自同樣的宇宙秩序，堅持音樂的目的不只是愉悅耳朵，更是要透過聽力的驗證，提供聽眾現實的知識，這形同肯定了作品帶有的理性秩序。

> 當我們想到藝術與其他事物之間，以及科學家彼此之間的無限關係時，唯一有邏輯的結論就是，它們都是由一種相同的法則主宰。這種法則就是和聲。[17]

盧梭並不認同這種看法。他主張音樂跟數學徹底不同，人類也並非由理智主宰，而是被熱情掌控。儘管音樂可能是藝術之首，但音樂的主宰法則不是和聲，而是旋律。

> 音樂可以描述出我們無法聽見的事物，但是畫家無法畫出我們看不見的東西；而音樂是藝術的偉大天賦，這只能透過樂章發揮，甚至能利用樂章表現寧靜的意象。音樂甚至可以描述靜止、夜晚的沉靜、孤獨，甚至是沉默的場景。有時聲音可以產生沉默的效果，有時沉默可以成

17 Cranston, *The Romantic Movement*, p. 7.

為聲音的效果……音樂家的藝術創作包括取代物體的無形意象，這就是它在觀眾心中激起的波動……音樂家不只能任意地移動海的波浪，不只能煽風點火，不只能讓溪水潺潺流動，不只能讓雨水落下，不只能讓洪流沖刷大地，他還可以擴大灼熱沙漠的恐怖，讓地牢圍牆更加黑暗，平息一場暴風雨，讓天朗風清，帶著他的管弦樂取四處傳送，讓一陣清新的微風穿過林間。[18]

換句話說，人們根本無需費心將宇宙的順時鐘秩序，還有理性和進步的至高無上，訴諸於枯燥的理智。現實就是自然和人類的精神。藝術的目的就是將人類與自然世界的超自然力量連結，這種連結唯有透過人類的感受才能建立；而透過旋律，人們能最純淨、最壯觀地表達感受。也許就藝術的眼光看來，一九六〇年代的搖滾樂團顯得口齒不清又原始粗野，但是我們的確可以在當中看到同樣的觀點。

盧梭相信透過旋律可以勾起的內在意象，其實就是一個還未被人類文明腐敗破壞的伊甸園。盧梭本身有很深刻的宗教天性，但是他崇拜的對象是大自然——特別是還未遭人類染指的荒野景色。[19] 盧梭召喚的伊甸園變成了靈感的來源，能讓繪畫、音樂和詩如獲新生。他的音樂理論為克里斯多夫・格魯克（編按：Christoph Gluck，德國作曲家，歌劇的改革者）和莫札特的歌劇鋪路。小說《新愛洛伊斯》其實就是音樂中的旋律，是感受的真實心聲[20]，可以即刻強烈地傳達一種對於人類經驗的透徹理解。它對文學帶來重大且永恆的影響。盧梭的社會理論在下一個世紀的偉大政治運動中找到棲身之處，包括社會主義者和國家主義者都奉之為圭臬。他的個人生活也充滿了濃厚的海王星色彩，他非常認同受害者—救贖者的原型形象，因此被社會控制，飽受折磨。對他而言，基督不是上帝的兒子，而是一個跟他一樣的人類，是一個預示了這世上被踐踏的一切而遭到凌虐的好人。

浪漫運動就跟古典主義一樣，擁有自己的英雄和征服者，但是海王星人與眾不同的就是，他或她是個反英雄的形象、是個受害者，是個像盧梭這樣自我懊悔的人。照一個後期浪漫主義詩人雪萊（Percy Bysshe Shelley）宣稱，詩人就是：

> ……因錯誤醞釀出詩句
> 他們在痛苦中學習那些他們在歌中教導的事[21]

盧梭的思想後來傳到德國，讓浪漫主義找到最有力量、最具說服力，也最具爭議性的

18 出處同上, pp. 7-8.
19 *The Romantic Movement*, p. 16.
20 出處同上，p.12.
21 Percy Bysshe Shelley, "Julian and Maddalo," I. 543, *Oxford Dictionary of Quotations* (London: Oxford University Press, 1941).

聲音。一開始散播這種新哲學的是路德教派牧師尤漢・哥德佛列・赫爾德（Johann Gottfried Herder），他宣稱可以透過有意識地與萬物整體合一，獲得上帝的知識。赫爾德出生盤中巨蟹座的海王星合相上升點，四十五度太陽，六分土星和水星。[22] 他曾寫過《語言的起源》（*The Origin of Languages*）一書，煞費苦心地闡述盧梭的想法，認為人類的第一種語言就是詩，也就是一個人的真實心聲。赫爾德接著對年輕的歌德產生極大影響。另一個被這波潮流狂掃的早期浪漫主義者，就是海王星詩人諾瓦利斯（Novalis，原名是弗里德里西・馮・哈登伯格（Friedrich von Hardenberg），他是「超世俗理想主義純潔無瑕的擁護者」[23]。在諾瓦利斯的出生盤上，金牛座的太陽落入二宮，三分七宮裡處女座的海王星。[24] 他對愛的想像反映了海王星的相位，他的愛完全超脫世俗，呼應了中世紀初期吟遊詩人的風雅夢想與神祕「愛之死」。蘇菲・馮・庫恩（Sophie von Kuhn）是他這一生最極致的熱情，他們訂婚時，她才十三歲，但她十五歲就過世了。諾瓦利斯在他短暫的一生中，把對絕對意義的哲學探索，變成一種真誠的宗教追尋。想像力就是詩的國度，他相信，既然透過想像力可以達成永恆，所以詩人能比接受邏輯準則來訓練想像力的哲學家，更加了解終極的真理。詩人真實的故鄉就是失落的黃金時代，它存在於未來，或某個遙遠的境外之土。諾瓦利斯把浪漫主義定義為「賦予平凡更高的意義，賦予有限之物無限的外表」。[25] 對他而言，有形與隱形的世界同為一體，生與死的唯一不同之處，就是他比較偏愛後者。他的《夜頌》（*Hymns to Night*）不只表達浪漫主義者對無限的殷殷期盼，也表達了對赦免的模糊渴望——就如詩句「睡眠是永恆的夢想」。[26]他在二十九歲時死於肺癆。行運的土星正要貼近他出生盤的土星，顯然對他發出訊息，告訴他回家的時間到了。

浪漫運動對音樂帶來非凡的影響。在十年期間，從一八三〇至一八四〇年，作曲上所有的和聲的詞彙都改變了。作曲家開始使用第七、第九、甚至十一和弦、變化和弦，甚至與古典全音階和弦相對的半音階和弦。浪漫主義的作曲家著迷於不尋常的合音，複雜的和弦和不和諧音，如果拉莫還活著，聽到肯定要塞耳朵。這種影響非常豐富、感受強烈、多采多姿，帶著遼闊無垠的氣息。這種音樂因為與浪漫主義文學結為緊密的同盟，同時受到它的啟發，因而訴說了人類、超自然熱情和渴望的故事，而非實現拉莫對於和諧、精準和秩序的要求。早期的浪漫主義作曲家主要都把德國作曲家韋伯（Carl Maria von Weber）視為領袖，他和他的音樂，都實現了大部分的浪漫主義標準。他出生盤上的海王星，三分六宮的土冥合相。他是肺癆病人，髖關節天生不健全，他終其一生拄著枴杖，過完短暫而多采的一生。他的歌劇《魔彈射手》（*Der*

---

22 星盤來源：*Internationales Horoskope-Lexikon*.

23 Cranston, *The Romantic Movement*, p. 35.

24 星盤來源：*Internationales Horoskope-Lexikon*.

25 Cranston, *The Romantic Movement*, p. 37.

26 *The Romantic Movement*, p. 37.

Freischütz）寫於一八二〇年，它的「神祕和魅力」，它對惡魔力量的召喚，它自然的筆觸和純淨的色彩，它的力量和想像力，跟之前所有的歌劇都不一樣。[27]儘管現在韋德的歌劇不如他死後的那段時間那麼受歡迎，但是他對日後追隨他的浪漫派作曲家影響甚鉅，包括孟德爾頌（Felix Mendelssohn）、白遼士（Hector Berlioz）、舒曼，最後還有華格納。

當然，德國浪漫主義不只滲透藝術領域，還包括大學校園，然後開始影響政治。它在一八四八年的革命和起義之中扮演主要角色，在未來不斷出現迴響，帶來無法估計的結果。近期的浪漫主義已經聲名狼籍，因為在十八世紀末期和十九世紀初期，浪漫派的國家主義一開始以靈性融合的祖國幻想出場，後來在華格納和理查·史特勞斯（Richard Strauss）的音樂中找到出路，最後融入了希特勒的政治宣傳之中。就在我寫這一章時，我剛好同時聽到倫敦的嘉年華開幕，慶祝著德國的浪漫主義[28]，活動不只包括繪畫的展覽，也有從舒曼到華格納等作曲家的講座和音樂會。《泰晤士報》曾以一篇短文報導這場嘉年華，標題是〈嘉年華的精緻外交〉，提到：

> 浪漫主義是德國政治的燙手山芋。浪漫運動與國家主義緊緊糾結，而在德國，自從納粹時代的國家主義之後，似乎已染上無法挽回的「棕色污點」……

這篇報導繼續引述英國藝文作家亨利·梅瑞奇·休斯（Henry Meyric Hughes）的話，他是海沃德藝廊負責人，他投入這場嘉年華：

> 這是德國自柏林圍牆倒下之後第一場大型的展覽，而且是個棘手的主題……我們很快就發現，沒有任何德國的機構敢接下這個任務。只要這是英國的提議，他們就願意幫助我們。[29]

我們很難因為希特勒利用了浪漫主義者喚起的神話和幻想，而怪罪十八、十九世紀的德國浪漫派詩人和作曲家。我們也許可以把浪漫運動之後的社會主義和共產主義運動，怪罪於浪漫運動，因為就如湯恩比所說，浪漫派的哲學可以同樣輕易地往擬古主義或未來主義的方向邁進。但是，當時到底要怪誰呢？海王星總是帶著顛覆的險惡氣息，總會宣洩救贖的渴望，無視於土星的現實主義和分辨能力的克制，讓集體和個人意識對大洪水敞開大門。我們如果明白，救贖的允諾在集體心靈裡發酵已久，早已壓縮在浪漫主義的夢想之中，夢想著國家可被淨化，可以在心靈上獲得救贖，可以透過先知們的藝術宣洩獲得統一，我們就能更加理解希特勒提出

27 Harold C. Schönberg, *The Lives of the Great Composers* (London: Abacus, 1992), p. 118.
28 這場慶典在一九九四年九月二十九日揭開序幕。
29 *The Times*, 24 September, 1994.

的救贖允諾，為何會變成一股無法抗拒的力量。

在歐洲大陸的其他地方，浪漫運動也找到許多非常奇特的藝術代言人。法國出現維克多．雨果（Victor Hugo，日海一百三十五度），還有作家奧諾雷．德．巴爾札克（Honoré de Balzac，土海三分相），還有一群傑出的作曲家，包括白遼士（月亮海合相）和馬斯奈（Jules Massenet，日海四分相，月海三分相，海王星合相上升點）。除此之外，在俄國出現了文學家亞歷山大．普希金（Alexander Pushkin，土海三分相），還有最典型的海王星人柴可夫斯基（Pyotr Tchaikovsky，日海四分相，土海六分相）。在西班牙、義大利、瑞士和斯堪地那維亞國家出現了一群詩人、畫家和作曲家。沒有一個歐洲國家能逃過浪漫主義這股無法抗拒的洪水。浪漫主義革命也在南美熊熊燃燒，由哥倫比亞的西蒙．波利亞（Simón Bolivar）率先起義。只有在美國，沒有真正出現過浪漫運動。這可能反映了美國出生盤上相對弱勢的海王星。英國哲學家莫里斯．克蘭斯頓（Maurice Cranston）曾說：

> 美國是十足的啟蒙運動產物，相對於浪漫主義，它的文化被十八世紀的理性主義和經驗主義徹底影響，它們可以在這裡立即獲得賞識。**30**

此外，美國強大的清教徒傳統，對於深植於中古歐洲天主教神祕主義的奔放想像力也不太友善。按照歐洲人的理解，愛默生（Ralph Waldo Emerson）是浪漫派作家，但即使是他，也以「超驗主義」為名，掩飾任何初萌的海王星浪漫主義傾向。但說來諷刺，到了二十世紀，美國卻用最普遍的藝術形式為浪漫主義提供管道：電影。

英國的浪漫運動也比德國來得嚴肅冷靜，儘管倡導者通常並非如此。這可以追溯至哲學家艾德蒙．伯克（Edmund Burke，日海一百三十五度，月海四分相），儘管他猛烈批評盧梭的政治學，但他仍呼應了盧梭的浪漫派理想。他在《論崇高與美麗概念起源之哲學探究》（*A Philosophical Inquiry into the Origins of our Ideas on the Sublime and the Beautiful*，暫譯）中抨擊理性主義，認為藝術中最偉大也最高貴的元素就是無限。藝術必須滿足想像力，而非理性。藝術必然可以透過想像力得到熱情，在藝術中，清醒明晰就是敵人，妨礙了熱情和對重高的直接體驗。他還進一步提到，詩比繪畫更為崇高，因為詩更能表達朦朧晦澀和模糊不清的事物。崇高就是能喚起喜悅的事物；恐懼感是喜悅的一部分，因為它與理性或道德要求無關。

這裡的海王星特質已經昭然若揭了。伯克對於之後的詩人有極大的影響，特別是布雷克（日海三分相）、山謬爾．泰勒．柯勒律治（Samuel Talyor Coleridge，日海合相）、威廉．華茲華斯（William Wordsworth，土海四十五度）、雪萊（土海對分相）、約翰．濟慈（John

30 Cranston, *The Romantic Movement*, p. 145.

Keats，日海合相）、拜倫（Lord Byron，月海四分相、土海三分相）。不過十九世紀的英國小說家仍很抗拒浪漫運動，除了知名的艾蜜莉·伯朗特（Emily Brontë，日海四分相）的《咆哮山莊》（*Wuthering Heights*）是個例外。就大致上而言，英國畫家同樣不相信一些浪漫主義無以計數的成果，稍後的法國象徵主義詩人亞瑟·韓波（Arthur Rimbaud，土海四分相）把這稱為是在追求崇高的過程中「有系統地擾亂意識」。當浪漫運動開始在歐洲各地衰變之後，才在英國臻於高峰，之後在眾人最預料不到之際，在維多利亞時代以令人驚訝的方式出現。維多利亞女王本身海王星合相天王星，海王星三分金星和火星，也四分雙魚座的土星，她本身就非常浪漫[31]，而我們應該也不會太驚訝，浪漫主義會在英國捲土重來，透過維多利亞歌德式的建築，透過由但丁·加伯利·羅塞帝（Dante Gabriel Rossetti，日海三分相、土海對分相）開啟的前拉斐爾派運動，透過威廉·莫利斯（William Morris，日海六分相、土海三分相）的藝術與工藝美術運動，還有隨之而來的浪漫社會主義政治哲學，最後就是愛德華·艾爾加（Edward Elgar，土海三分相）的音樂，還有跟隨他的腳步踏入二十世紀的英國浪漫派詩人。

海王星與英國浪漫派作曲家

英國浪漫派音樂帶有神祕的國家主義色彩，這深藏於根本無形的「英國風格」精神之中。

它的靈感來自於本土的民俗音樂和傳奇，以及早期的歐洲浪漫派作曲家。就年代排序，我們可以從愛德華．艾爾加爵士談起，他生於一八五七年。他終其一生，以及他死後的許多年，人們都認為他在音樂上具體實現了帝國主義，主要是因為《威風凜凜進行曲》（*Pomp and Circumstance*）。這些進行曲儘管並非出自他的本意，卻具體表現出大英帝國的偉大，一推出就大受歡迎。現代的製片家對此也反應熱烈，時常用艾爾加的音樂做電影背景音樂，例如《格雷斯托克》（*Greystoke*），描述愛德華時期貴族任由他們的豪華古宅荒廢。不過幸好艾爾加的形象漸漸改變。英國作曲家伊恩．帕羅特（Ian Parrott）在他撰寫的艾爾加自傳中，曾經引述一個稍早對艾爾加的描述：

> 他是神經質又內向的夢想家，與外界斷絕，充滿無限的哀傷。「他不斷遇到社會和藝術界的勢利眼光，這傷害了他……某個時刻……每件事或某個人深深地傷了他，一再地傷害他，讓他無法完全痊癒……他把受傷的祕密深埋在心中。這只會表現在他某些苦惱且孤寂的音樂片段

31　她將艾伯特王子理想化，在他死後，她花了驚人冗長的時間意圖與他的靈魂「接觸」，反映了她的海王星傾向。她最聲名狼藉的就是非常著迷於艾伯特死後的去處，這故事一直沒完沒了，當首相迪斯雷利病危躺在床上時，聽到維多利亞女王在外面等候，想要對他致上最後問候時，他說：「不要讓她進來，她只是要我捎個消息給艾伯特。」

之中。」[32]

艾爾加年輕時受到德國浪漫派作曲家的影響，特別是舒曼、孟德爾頌和蕭邦。我們也可以在他的作品和他使用的管弦樂規模上面，看到布拉姆斯、史特勞斯和華格納的影子。但是艾爾加就如早他一百年的歌德一樣，不只是浪漫派的作曲家。他有時會被認為是「後浪漫派」，這代表他身處的年代，還有他的作曲，就正式認定的浪漫運動時期而言都晚了一步，但他還是受到同樣的音樂精神啟發。他的作品其實包含、且超越了一般所有的藝術分類。我們因此可以推測，他的出生盤就像歌德一樣，並非受到海王星主導；只有雙魚座的土星三分巨蟹座的海王星，讓我們一窺真實浪漫主義的海洋世界。[33] 然而，我們可以在這一群獨特的英國作曲家身上，一再地看到土星與海王星的出現。

在艾爾加之後，戴流士（Frederick Delius）是這群音樂家中最重要的代表人物。他出生盤上的太陽和海王星沒有相位。[34] 然而他的上升點在雙魚座，海王星入一宮，六分月亮。處女座的土星對分海王星，且土星位於雙魚座金星和凱龍星的中點上，我們可以透過戴流士的音樂，鮮明地看到這帶有深刻憂鬱的相位組合。他一八六二年誕生，是個孱弱多病的嬰兒，最後因為梅毒末期失明又癱瘓，享年七十二歲。他的一生多采多姿又極不傳統，他坦承自己的世界觀是異教徒和泛神論的，而他的性情非常難搞又倔強，尤其是晚年。他的音樂深受民俗音樂憂鬱的和弦進行影響，對於某些樂評家而言，這太模糊，也缺乏明確的形式。戴流士拒絕所有既有的形式，對於學院派的音樂態度不屑一顧。

我不相信學習和聲或對位法。學習會抹殺天性……對我而言，音樂非常簡單。這只是表達詩意和情感的本質。[35]

對於戴流士而言，唯一重要的就是「流動感」。奧地利作曲家荀白克（Arnold Schönberg）說他的音樂有一種敏銳的精緻感，常帶有悲劇式的暗潮洶湧。[36]英國指揮家湯瑪士・畢勤爵士（Sir Thomas Beecham）形容他是「我們浪漫、情感及美好的音樂年代中，最後一位偉大的先驅者」。[37]從戴流士各種不同的作品中，光是曲名就能看出他的浪漫偏好：《海流》（*Sea Drift*）、《走向天堂樂園》（*Walk to the Paradise Garden*）、《夏夜河上》（*Summer Night on the River*）、《越過山丘飄然遠去》（*Over the Hills and Far Away*）。也許最具強烈海王星色彩

---

32 Ian Parrott, *Elgar* (London: J. M. Dent & Sons, 1971), p. 2.

33 星盤來源：*Internationales Horoskope-Lexikon*, p. 459.

34 星盤來源：*Internationales Horoskope-Lexikon*, p. 387.

35 Schönberg, *The Lives of the Great Composers*, p. 451.

36 *The lives of the Great Composers*, p. 452.

37 Sir Thomas Beecham, *Frederick Delius* (London: Hutchinson, 1959), p. 221.

的就是他的歌劇《鄉村羅密歐與茱麗葉》（*A Village Romeo and Juliet*），描述了年輕的英雄和女英雄寧願投水淹死，也不願意痛苦分離。下面抄錄的歌詞是在歌劇末尾，其中的對話和舞台動線，還有音樂，都完美地捕捉到海王星的古老渴望。戴流士自稱這齣歌劇不只是要表現浪漫愛情，還要傳達「泛神論的神祕主義」，宣稱「（最後的）音樂意味著深不可測、環繞萬物的水域」38。

鄉村羅密歐與茱麗葉

「月亮冉冉升起，遙遠的山谷滿溢流瀉輕柔圓潤的月色……某種神祕的事物對花園施展了魔法。」

船夫（在遠方，慢慢地靠近）：

嗨呦，嗨呦！風兒在林中嘆息。

嗨呦，嗨呦！我們的輕舟順流而下。

嗨嗬！風兒低鳴輕吟，低聲地唱著。

芮臣：你聽！這就是天堂樂園。聽著，天使正在歌唱。

莎莉：不是，那只是河上的船夫。

船夫（更接近）：

我們四周散落著家園
人們住在那兒直到死去
我們的故鄉不斷改變
我們都只是路過的旅人
嗬！我們都只是路過的旅人

莎莉：我們只是路過的旅人？所以我們也該順流而下隨與飄流嗎？

芮臣：永遠漂流嗎？我每天都會出現好幾次這種念頭。我們永遠無法結合，沒有你我活不下去。喔！就讓我跟你一起死吧！

莎莉：短暫的快樂，然後死去——這不就是永恆的喜悅嗎？

莎莉和芮臣：

看這月光親吻著草地
還有那樹林和所有花朵

---

38 Anthur Hutchings, Delius (London: Macmillan & Co., 1948), pp. 125-127.

河流在輕柔地吟唱
順水划過，似乎在召喚
聽啊！那遠方的音樂聲
喚醒那顫抖的回音，移動著
悸動著，膨脹著，虛弱地消逝
那些回音徘徊的地方
我們兩個不敢去嗎？
看啊！我們的婚床在等著我們。

（他們走向撲滿乾草的船。黑暗提琴手出現在客棧的陽台上，瘋狂著演奏著。）

芮臣：你看，我的花環先走一步了（她掏出懷中的花束，扔在河中。莎莉跳到另一艘船上，解開繩索）

莎莉：而我拋棄了我們的生命！（他拔出船底的栓塞，把它扔到河裡。船慢慢下沉，直到芮臣懷中抱著乾草。）

船夫（在遠方）：嗬！我們都只是路過的旅人。

英國作曲家弗漢．威廉斯（Ralph Vaughan Williams）比艾爾加晚了十五年，比戴流士晚了十年。弗漢．威廉斯並沒有演出海王星的悲劇面，他在八十六歲辭世前不久，還在設法完成自己的第九號交響曲。他的家裡很有錢，也不是疾病或厄運之愛的受害者。然而海王星不只在他的出生盤中發揮強大能量（日海對分相，土海四分相），也活躍展現在他的音樂中。弗漢．威廉斯儘管有很強的海王星，但他從未認同過德國浪漫學派狂飆突進的氣質，也許這是因為他的性格太平衡，也太理性了。他排斥德國十九世紀的傳統，反而喜愛英國民歌和伊莉莎白音樂流傳下來的合唱作品。他會「下鄉」收集當地的音樂，盡可能找到最純淨原始的版本，因為他對音樂有強烈的國家主義感受，這不是為了政治宣傳，而是因為對他而言，這些古老整齊的旋律和古式的和弦進行，具體表現出靈魂的「英式風格」。儘管這刻意限制了音樂靈感的來源，但是他總是設法避免被歸入荀白克所謂的「你家茶櫃」（Ye Tea Shoppe）派音樂。他的作曲並不漂亮——他的交響曲充滿「崎嶇不平的事件，帶有強烈的不和諧」[39]，反而古怪，詭異，尖銳又令人心神不寧。弗漢．威廉斯曾說，他「無法預期一個全世界的訊息，但他可以合理地擁有一個給自己人民的特別訊息」。[40] 對於弗漢．威廉斯而言，藝術家是集體的代言人，但卻受限於個人壽命與能力限制所給予的現實評價。

39 Schönberg, The Lives of the Great Composers, p. 455.

40 出處同上，p. 454.

在弗漢·威廉斯之後，還有古斯塔夫·霍爾斯特（Gustav Holst）、羅傑·奎特爾（Roger Quilter）、阿諾·巴克斯（Arnold Bax）、法蘭克·布利吉（Frank Bridge）、約翰·艾爾蘭（John Ireland）、亞瑟·布利斯（Arthur Bliss）、愛德華·亞歷山大·麥克道威爾（Edward Alexander MacDowell）、彼得·沃拉克〔Peter Warlock，他原名為菲利浦·海瑟泰（Philip Heseltine），他的筆名很發人省思〕、葛蘭維爾·班托克（Granville Bantock）、賀伯特·哈沃斯（Herbert Howells）和威廉·華爾頓（William Walton），最後就是一九〇五年誕生的麥克·蒂皮特爵士（Michael Tippett）。其中許多的作曲家，即使不是絕大部分，在英國之外並不太有名。關於他們的偉大或不足之處，最好留給樂評家和音樂家來定奪。但是將他們結合在一起的，是他們對浪漫運動音樂和音樂哲學的認同。基於之前提到的原因，我們可以預見他們的出生盤上有日海相位，同時／或有土海相位，就如艾爾加、戴流士和弗漢·威廉斯一樣。這樣的評量標準也許太過粗糙簡單，海王星與其他行星的相位又如何解釋？特別是和水星與金星的關係？中點和泛音盤又該如何解釋？這些顯然也很重要。但是一個人如果有意識地認同海王星的世界觀，譬如浪漫主義，那麼，涉及定義個人自我的行星，一定會與海王星有密切關係。有時缺乏完整的出生資料也是個障礙，當我們不知道上升點的位置，而月亮的位置也因時間的不同而有所差異，這時，這種簡單的評量標準就非常必要了。我們也可以合理推測，如果一個擁有音樂天賦的人有日海相位或土海相位，他或她的音樂很可能會表達一些可以辨認出來的海王星感受，像是神祕的渴望、憂鬱和無疆界感，這不只是我能認出這些感受，評論家、傳記作者和音樂家也會有同感，而這都是透過盧梭很樂於宣稱的「旋律的力量」。

我們接下來會根據日海相位和土海相位來檢視以上提到的英國浪漫派作曲家。正如我們所見，艾爾加的土海三分相。戴流士的土海對分相。弗漢．威廉斯的日海對分相，又有土海四分相。霍爾斯特的日海一百五十度，土海四分相。奎特爾的日海對分相。巴克斯的日海對分相。布利吉有緊密的日海六分相。艾爾蘭的日海四分相。布利斯的日海六分相，土海對分相。沃拉克的土海一百三十五度。班托克的日海三分相。哈沃斯的日海一百三十五度，土海三分相。華爾頓的日海四分相，土海一百五十度。蒂皮特（當我寫到這裡時，他還在世）的日海對分相。[41]

我不知道在這一群英國浪漫派作曲家中，出現日海相位或是土海相位的機率為何，但在這十五個例子中，有六個兩者皆有。我不是法國占星師米歇爾．高格林（Michel Gauquelin），也不關心是否能透過統計來「證明」海王星與英國浪漫派音樂的關聯性。我只是根據海王星和這種音樂的本質，發現了我所預期的趨勢。其中最啟發人心的就是霍爾斯特的組曲《行星》（*The*

41　所有的星盤資料都來自於被引用過的文獻*Elgar*。目前在Internationales Horoskpoe-Lexikon和Fowler's Compendium中有部分作曲家的完整出生資料。我採用的容許度如下：針對合相、四分相、三分相和對分相，容許度是十度；六分相的容許度是六度；補十二分相（一百五十度）和補八分相（一百三十五度）的容許度是兩度。我通常會在解釋星盤時使用這些容許度。

Planets），這位作曲家帶給我們海王星最直接的音樂詮釋。任何關心海王星的占星師，都不會錯過聆聽霍爾斯特的〈海王星〉。我們有霍爾斯特正確的出生時間，可以發現，他除了上述提到的日海相位和土海相位外，也有月海的四分相。[42] 他很可能不僅能在心智層面上理解這個行星的象徵意義，對它還有很深刻的情感體悟。

就像每個藝術領域的付出一樣，「偉大作曲家」的定義通常都非常難以理解。我們最後還是得面對常識的評斷，這需要有足夠的時間，也就是諾伊曼所謂的「強化覺知」，而在這之前，這個人甚至只能獲得謹慎的信任。我們不能只因為有很多人要求在英國廣播公司（BBC）第三樂台播放特定的一段音樂，就認為這個作曲家很偉大；他或她可能只是這個禮拜很受歡迎，或是這個月，或是這十年。當海王星行運通過某些星座，時尚的潮流會有所反映，而祂在「高格調」音樂上發揮的威力，也絕不少於「流行」音樂。艾爾加是在冷冽的新古典主義年代中加入這堆被拋棄的音樂，這個年代對浪漫主義有強烈的厭惡，特別是在一九二〇至一九四〇年代，行運的海王星沒有和主宰當時的天冥四分相形成主要相位，樂評家們大肆讚揚著伊格爾·史特拉汶斯基（Igor Stravinsky）和巴爾托克·貝拉（Bartók Béla）刺耳的不和諧。直到一九六〇年代，當行運的天王星和冥王星與海王星形成良好相位時，就像盧梭出生時的天象一樣，大部分的音樂家要是都會對「艾爾加是重要作曲家」這種說法嗤之以鼻。作曲家與一種特定文化的社會和政治關聯性也是額外因素，華格納在他自己的年代被逐出德國，但是在納粹時期大受歡迎，因為納粹領袖很認同他的《齊格菲》歌劇。

即使是「藝術」的定義也令人憂慮。為何巴布・狄倫（Bob Dylan，海王星三分太陽、月亮、木星、土星和天王星）的藝術家地位不如孟德爾頌？他的音樂就如同一九六〇年代美國的發聲筒，絕不亞於孟德爾頌在英國維多利亞時期的重要性。持久不衰的流行，似乎告訴著我們一個藝術家具備某種普世的吸引力，儘管這並不是比他人更偉大的天賦才華。技巧本身並不意味著偉大，技巧結合了普世性的流行，仍然不能賦予我們一個可以接受的定義。把技巧、普世和長久的流行和創新的風格都結合在一起，也許才能開始接近我們正在追尋的事物。但是即使在那個當下，我們依舊在盲目掙扎，因為藝術家的作品可能會因金融、社會、政治困境或自我謙卑等本質而退出歷史覺知的巨流，在他們當時或身後的時代中沒有獲得足夠的曝光，一般輿論通常只會認同本身知道的東西。我們對藝術的定義常仰賴集體的共識，而這至今仍混雜著前浪漫時期的菁英主義，傾向於否定像是民族音樂等創作，也很容易否定被商業化（這就是與日常生活有關的同義詞）所邪惡玷污的「混種」藝術，像是電影配樂，還有室內、時尚、景觀和服裝設計所構成的龐大世界。[43]

42 星盤來源：*Fowler's Compendium of Nativities*, p. 146.

43 「偉大」作曲家的作品常被電影奪用，像是《格雷斯托克》用了艾爾加的作品。他們已經死了，無法抗議這部電影可能的海王星不只在浪漫派作曲家的出生盤中非常顯眼，在大部分偉大音樂家的出生盤中亦然。這應該不令人意外，因為在所有的藝術媒介中，音樂最接近海王星的流動世界。浪漫派的音樂也許最能明顯表達海王星的感受，因為它的旋律最優美悅耳，也最不受正規結構所限制。但是基本上，音樂本身就帶有海王星特質。音樂不像繪畫、雕刻、詩或小說，它是最極致的神祕參與。戲劇也許能緊追其後。但是戲劇同時要求心智和情感的反應，人們不可能在聽戲時忽略台詞，但是卻可以對音樂，甚至是歌劇產生強烈的反應，完全不需要理解其中的心智和結構面向。音樂是直接對心靈和靈魂說話，對於為何它當下瞬間散發的情感能帶來這種影響力，我們只能作些許的解釋。政治和宗教領袖早在無法追憶的古老年代，就開始利用音樂把人們凝聚起來，以一種特別的情感方向來感動人們，有時是用崇高莊嚴的方向，有時則是惡意破壞的方向。動人聖歌的莊嚴，還有一首美好進行曲的刺耳煙火表演，就是兩個最明顯的例子。無所不在的「國歌」就證明了音樂對於一個國家因善或惡的團結，有多麼重要的影響力。

為何艾爾加的大提琴協奏曲讓人憂鬱，歌劇《魔笛》中巴巴吉諾開場的詠嘆調卻振奮人心？為何不同類型的韻律會勾起不同的生理和情緒反應？韻律也許是音樂神奇力量中最基本的面向，甚至更勝旋律，因為我們還在母親子宮裡時，曾經分享過母親心跳的韻律。身體會根據心臟的原始韻律運作，季節的循環也會隨著地球圍繞太陽公轉的原始韻律更替，就連天體也會以韻律的模式運行。我們現在進入了畢達哥拉斯的神祕宇宙，在那裡，音樂是從數字開始，一開始只是韻律和和聲，這就是「合一」最基本的特質。儘管浪漫派作曲家關心直接的情感經驗勝過任何心智性的宇宙理論，但是在古老的世界裡，音樂與占星學總是緊緊相連，被視為同一種準則的兩種面向。在希臘、羅馬世界最偉大的療癒聖壇中，音樂也是醫生醫術的基本面向，在聖壇中，音樂領主阿波羅和他的兒子亞斯克雷比奧斯（Asklepios）會一起展現宇宙「共感」的力量，治療受苦的靈魂。

就某種角度來看，莫札特的音樂不只告訴我們何謂喜悅，也不僅是創造喜悅。音樂就是喜悅的國度。這怎麼可能？希臘人知道答案：音樂和人類靈魂都是永恆的一面。當其中一方強烈刺激另一方時，我們幾乎可以帶著科學性的精準呈現，這多虧了兩者之間基本的親切感。某個

微不足道，也無法抗議他們的作品在死後盜用，糟蹋了他們的偉大。很不幸地，全世界音樂知識淺陋的電影觀眾，只有在某個傢伙替電影《魂斷威尼斯》做主題曲時才知道古斯塔夫．馬勒（Gustav Mahler）。英國浪漫派作曲家威廉．華爾頓（William Walton）為勞倫斯．奧立佛的電影《亨利五世》創作電影原聲帶，但是他在此冒險之前，人們只尊崇他是一位嚴肅的作曲家。奧立佛自己挑選華爾頓來寫電影配樂，因為他認為華爾頓是個天才；這部電影是在第二次世界大戰末期拍攝，對當時國家戰爭有部分貢獻；但這劇本畢竟是出自莎士比亞之手。作曲家開始替電影創作音樂，但這通常都只有短暫的讚譽，隨著電影的開始（或結束）一閃而逝。他們的作曲無論多麼超群出眾，很少被評論家嚴肅看待，也很少在音樂廳中演奏。

> 晚上聽歌劇時，如果音樂的演奏完美至極，我們會說：「這是個莊嚴又超乎體驗的經驗。」這些話可能會變成演講中的空洞描述，但卻是這源自於深植內心的人類需求，想要感受與「絕對」的連結，超越現象的世界。[44]

我們會被音樂強烈地感動，是因為音樂觸及了我們心中與本源融合的渴望，繞過了分離的心智，讓我們能在對遺失純真的共享夢想中、在靈魂理所當然的家鄉中，融合成為一體。就這看來，盧梭的觀點是正確的，如果我們只根據海王星的價值來評估藝術的話，音樂的確是最崇高的藝術。邁向天堂樂園，不僅是人類可以夢想的美夢，也是海王星在我們內心滋養的美夢。爵士樂也可能比浪漫派的音樂更貼近海王星的核心，因為其中包含所有一切，甚至更多。爵士音樂家即興演出，只透過最鬆散的和弦和韻律結構，便會隨著音樂的流動和正在演出的合奏自然擺動。在我們學會寫作、甚至發明語言之前，我們都可能曾經圍坐在營火旁跺腳，猛擊骨石，一起放聲嚎叫。

有些作曲家符合我們海王星悲劇天才的形象，無論是浪漫派或其他派別都有。莫札特、舒伯特和舒曼這個悲傷三人組就證明了這一點。他們都年輕早逝，飽受折磨，或是成為某種形式的受害者，他們全都有日海和月海的主要相位。莫札特與舒曼還有土海的強勢相位。悲劇的一生、年輕早逝和海王星的音樂幻想，是否都是強勢海王星必然的表達方式？不過，也有像弗漢・威廉斯這樣的作曲家，教會我們另一套表現方式——海王星可以在音樂中泰然自若，但不一定要在現實人生裡狂亂失控。然而，可怕的是，海王星式救贖者—受難者的音樂實例，實在很常見。最令人難過的例子就是俄羅斯作曲家亞歷山大・史克里亞賓（Alexander Scriabin），他的太陽四分海王星，土星四分海王星，與海王星的神話幾乎融為一體。他年輕時非常喜愛蕭邦的音樂，甚至連睡覺時都在枕頭底下還放著蕭邦。成年以後，他的音樂概念變得更模糊且神祕。他閱讀尼采（太陽三分海王星，土星四分海王星）的書，貪婪地涉獵神智學的著作，開始認為音樂是一種神祕的儀式。後來他的音樂越來越古怪時，他也變得越來越怪異，開始強迫性地洗手，碰觸金錢之前會戴上手套。他自戀到無以復加，花了無數時間尋找臉上皺紋和禿頭跡象；他還患了憂鬱症，且在酒精——這個海王星喜愛的護身符中盡情放縱。他遺留了一些筆記，筆記中記錄了最純粹無雜的海王星世界。

> 某種東西開始微微閃爍悸動著，這個東西就是合一。它在顫抖，還微微發光，但它是一體的，這個合一完全沒有相對的事物。它就是所有一切。我就是萬物。它可能是任何東西，而這

44 Jamie James, *The Music of the Spheres* (Boston and London: Little, Brown, 1994), pp. 17-18.

還不是「混沌」（意識的門檻）。在它之中，所有的歷史和未來都是永恆不滅。所有的元素都是混合的，但都能共容其中。45

史克里亞賓最終相信自己已經融入了宇宙的韻律之中，然後開始與上帝合為一體。儘管不斷陷入財務的困境，他仍計畫創作一個偉大音樂作品《神祕》（*Mysterium*），宣稱這是「帶來激變的樂作，其中融合了所有的藝術，承載所有的感官進入催眠般、方式多樣的盛大演出，包含了聲音、視覺、氣味、感受、舞蹈、佈景、管弦樂、音樂、歌手、燈光、雕刻、顏色和幻想」。46《神祕》中有世界末日，創造一種人類的新種族，可以在眾人面前建立史克里亞賓的偉大。他宣稱自己是不死之身，是真正的救世主，想要在印度的一個半圓穹頂的神殿中表演《神祕》。但他還沒有機會動手寫這個作品，就因為嘴唇上的一個癰傷，死於血液中毒，得年四十三歲。

有些作曲家就如阿希爾—克勞德．德布西（Achille-Claude Debussy），出生盤上既沒有日海、月海或土海的相位，也不符合我們對於藝術家悲慘人生的想像。還是有一些作曲家，像是弗漢．威廉斯，他們有強勢的海王星，但是過著相對穩定的生活，只透過音樂的類型來表現海王星。海王星到底是描繪了音樂，或是生命的類型，這實在是個有趣的主題。也許最後要看的是，這個人是表現了海王星，還是被海王星徹底征服；或是換種說法，這個人是否能用自己的語言形容難以言喻的事物，把它們深植於個人的經驗和價值之中（就像是弗漢・威廉斯的做法），或是緊密認同海王星的原型，不願意或無法體驗到獨立的自我，而注定要演出受害者—救贖者的原型悲劇（就像史克里亞賓一樣）。但是無論是悲劇或平靜，在偉大音樂家的星盤中，很高比例都具有日海、月海和土海的強勢相位。我們在接下來兩頁中列出的作曲家，大部分都有至少其中一個相位，通常是三種相位都有。[47]這個表格當然不完整，讀者可能會好奇，為何少了他或她最喜愛的作曲家；但是，即使沒有他們，壓倒性多數的作曲家，仍擁有強勢海王星與發光體（編按：意指太陽和月亮）、土星和上升點形成的相位，證明此說成立。

以薩・阿爾貝尼茲（Isaac Albéniz）：沒有日海、月海或土海相位。

約翰・賽巴斯蒂安・巴哈（Johann Sebastian Bach）：土海對分相，月海合相（加上金星／水星／海王星合相在十二宮的雙魚座）。

45 Schönberg, Lives of the Great Composers, p. 461.

46 *Lives of the Great Composers*, p. 463.

47 星盤來源是*Internationale Horoskope-Lexikon, Fowler's Compendium*和Lois Rodden, *Astro-Data IV* (AFA, 1990). 少數幾位只有日期和年份，但是這不妨礙列出日海和土海的相位。我已經省略一些之前提過的作曲家，像是莫札特、舒伯特、史克里亞賓和英國浪漫派作曲家。有關容許度的標準，請參閱41。

山謬爾・奧斯本・巴伯二世（Samuel Osborne Barber II）：日海三分相，土海四分相，月海一百三十五度。

巴爾托克・貝拉（Bartók Béla）：月海四分相。

路德維西・范・貝多芬（Ludwig van Beethoven）：月海四分相。

文森佐・貝里尼（Vincenzo Bellini）：日海合相。

埃克托・白遼士（Hector Berlioz）：月海合相。

路吉・布吉里尼（Lugi Boccherini）：日海三分，月海對分相。

皮耶・布列茲（Pierre Boulez）：太陽與海王星一百三十五度，土海四分相。

約翰尼斯・布拉姆斯（Johannes Brahms）：土海三分相。

班傑明・布里頓（Benjamin Britten）：日海三分相，海王星合相上升點。

安東・布魯克納（Anton Bruckner）：日海三分相，土海一百五十度。

馬克—安東尼・夏龐蒂耶（Marc-Antoine Charpentier）：日海四分相。

艾瑞克・寇提斯（Eric Coates）：日海四分相。

阿隆・柯普蘭（Aaron Copland）：土海對分相，月海六分相。

諾爾・考沃德（Noël Coward）：日海對分相，土海對分相。

萊奧・德利布（Léo Delibes）：土海四分相，月海四分相。

葛塔諾・董尼采第（Gaetano Donizetti）：土海三分相。

保羅・杜卡斯（Paul Dukas）：日海對分相，月海六分相。

安東尼・德弗札克（Antonín Dvořák）：日海一百五十度，月海六分相。

曼紐爾・法雅（Manuel Falla）：日海一百五十度，土海六分相。

加布利・佛瑞（Gabriel Fauré）：日海四分相，土海合相。

艾瑞克・范比（Eric Fenby）：土海三分相，月海四分相。

席薩・法蘭克（César Franck）：土海三分相。

喬治・蓋希文（George Gershwin）：日海四分相，月海三分相。

米哈伊爾・格林卡（Mikhail Glinka）：土海六分相。

克里斯多夫・格魯克（Christoph Gluck）：日海六分相，土海三分相，月海六分相。

夏爾・古諾（Charles Gounod）：日海對分相。

里昂・古森斯（Léon Goossens）：日海合相，土海三分相。

愛德華・葛利格（Edvard Grieg）：日海三分相。

格奧格・韓德爾（Georg Händel）：日海合相（入十二宮雙魚座），月海三分相。

約瑟夫・海頓（Joseph Haydn）：日海六分相，海王星對分上升點。

漢斯・亨采（Hans Henze）：土海四分相。

保羅・亨德密特（Paul Hindemith）：沒有日海、月海或土海的相位。

萊奧什・楊納傑克（Leoš Janáček）：日海三分相，土海四分相。

愛德華・拉羅（Édouard Lalo）：土海三分相。

法蘭茲・李斯特（Franz Liszt）：沒有日海、月海或土海的相位（但是海王星合相上升點）。

古斯塔夫・馬勒（Gustav Mahler）：沒有日海、月海或土海的相位（但上升雙魚座，海王星入一宮）。

朱爾・馬斯奈（Jules Massenet）：日海四分相，月海三分相（海王星合相上升點）。

奧立佛・梅湘（Olivier Messiaen）：日海一百五十度，月海合相。

賈科莫・梅耶貝爾（Giacomo Meyerbeer）：土海對分相。

莫傑斯基・穆索斯基（Modest Mussorgski）：土海六分相，月海一百三十五度。

卡爾・尼爾森（Carl Nielsen）：沒有日海或土海的相位。

雅克・奧芬巴赫（Jacques Offenbach）：日海對分相，土海四分相，月海一百五十度。

卡爾・奧福（Carl Orff）：日海一百五十度，土海一百三十五度，月海三分相。

尼可羅・帕格尼尼（Niccolò Paganini）：月海四分相。

法蘭西斯・蒲朗克（Francis Poulenc）：土海對分相。

謝爾蓋伊・普羅高菲夫（Sergei Prokofiev）：土海四分相。

賈柯莫．普契尼（Giacomo Puccini）：日海四分相，月海三分相。

謝爾蓋伊．拉曼尼諾夫（Sergei Rachmaninoff）：土海四分相。

尚—菲利浦．拉莫（Jean-Philippe Rameau）：土海對分相，月海四分相，海王星對分上升點。

約瑟夫—莫里斯．拉威爾（Joseph-Maurice Ravel）：沒有日海或土海的相位（但海王星合相上升點，太陽／月亮／水星在雙魚座）。

奧托里諾．雷斯畢基（Ottorino Respighi）：日海六分相。

尼可拉．林姆斯基—高沙可夫（Nikolai Rimsky-Korsakov）：沒有日海、月海或土海的相位（但太陽、月亮、水星和木星都在雙魚座）。

喬奇諾．羅西尼（Gioacchino Rossini）：沒有日海或土海的相位。

卡米爾．聖桑（Camille Saint-Saëns）：土海四分相。

艾瑞克．薩提（Éric Satie）：月海四分相。

多明尼哥．史卡拉第（Domenico Scarlatti）：日海三分相。

阿諾德．荀白克（Arnold Schönberg）：土海四分相。

德米契．蕭士塔高維契（Dmitri Shostakovich）：土海三分相。

西恩．西貝流士（Jean Sibelius）：日海三分相，土海一百五十度。

卡爾海因茲．施托克豪森（Karlheinz Stockhausen）：日海緊密合相。

老約翰・史特勞斯（Johann Strauss, the Elder）：月海四分相。

小約翰・史特勞斯（Johann Strauss II）：日（在雙魚座）海三分相，土海六分相。

理查・史特勞斯（Richard Georg Strauss）：月海一百五十度，土海對分。

伊戈爾・史特拉汶斯基（Igor Stravinsky）：土海合相，月海六分相。

彼得・柴可夫斯基（Pyotr Tchaikovsky）：日海四分相，土海六分相。

朱塞佩・威爾第（Giuseppe Verdi）：日海六分相（海王星合相與上升點）。

海托爾・維拉—羅伯斯（Heitor Villa-Lobos）：沒有日海或土海的相位（但海王星合相上升點）。

安東尼奧・韋瓦第（Antonio Vivaldi）：沒有日海或土海的相位。

威廉・理察・華格納（Wilhelm Richard Wagner）：月海六分相。

胡戈・沃爾夫（Hugo Wolf）：日海合相。

個案探討：舒曼

舒曼出生時，[48] 剛好遇上外行星群一次最偉大的循環排列，但並不是令人開心的組合。（參閱圖表二十一）。當時行運的海王星通過射手座，與土星合相，兩者都四分雙魚座的冥王星。

我們對海王星行運經過射手座有直接的認識，因為海王星在一九七〇年代和一九八〇年代初期曾經過這裡，剛好符合了當時迅速蔓延的樂觀主義精神，以及靈性與經濟的擴張。不過在海王星在最近一次通過射手座時，並未與土星合相，兩者直到摩羯座才相遇；也未四分冥王星。這樣的組合主宰了舒曼的誕生，也意味著這個年代充滿了強烈不安的擴張主義者，和半宗教性的熱切渴望，這是浪漫國家主義的開端，與一股強烈的集體趨力碰撞抵觸，這股趨力想要毀滅所有已經施行的結構與制度。黑暗的宿命論和暴行，挑戰了幻想光榮未來的模糊樂觀主義；土星加入海王星四分冥王星，則反映出殘酷的現實世界，顯示人類不可能在面對破壞之際，還懷抱著浪漫理想。一八一〇年，拿破崙狂掃整個歐洲，為了追求統一的帝國，他搶奪了一大塊德國領土。為此，一股猛烈的反帝國愛國浪潮席捲了整個德國，迅速發展的浪漫國家主義，讓這氛圍更為激烈。舒曼誕生在這個戰場上，他的雙子座太陽，對分海王星和土星，四分冥王星。儘管他的天性文雅，會思考反省，也很謹慎認真（太陽雙子座，月亮處女座，上升摩羯座），但是他不管自己的本性，天生就能感應到周遭世界正在集體運作的狂暴暗潮。

浪漫派音樂在舒曼的貢獻下趨於成熟。他是第一位徹底反古典的作曲家，而他的音樂幾乎完全跳脫了古老的形式。他勝過其他的作曲家，包括蕭邦（蕭邦的音樂在很大的程度上也是反

48 星盤來源：*Fowler's Compendium of Nativities*, p. 259.

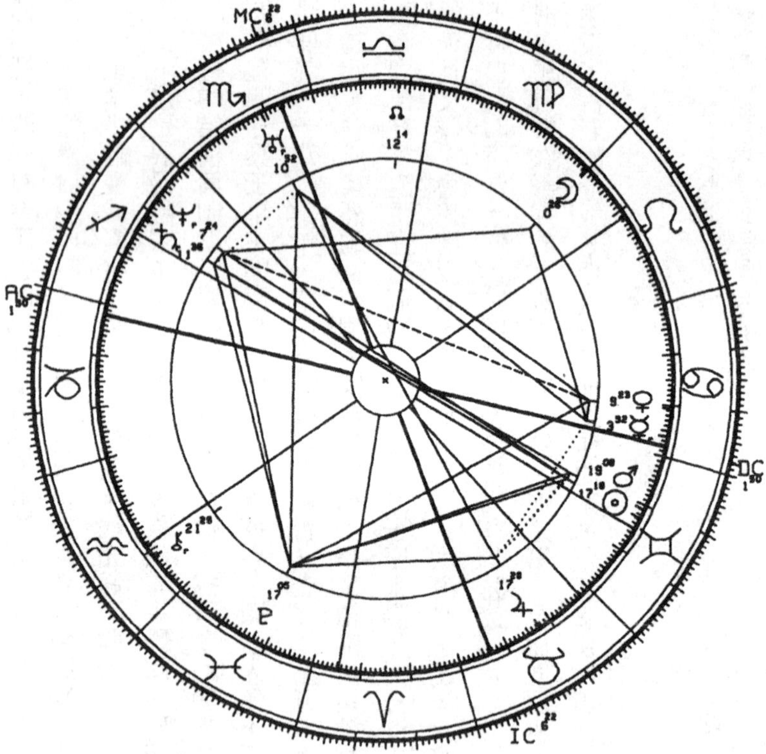

圖表二十一　舒曼

1960/06/08, 9:10 P. M. LMT（20:20:04 GMT），德國茲維考（Zwickau）（50N44, 12E29）。回歸黃道，普拉西度分宮制，真交點。來源：*Fowler's Compendium of Nativities*。

古典，他也同樣在土星、海王星與冥王星三者互成相位的背景下誕生），建立了一種近乎印象主義的音樂美學。

> 心情、色彩、猜測、暗示——這些對舒曼都很重要，比寫出正確的賦格曲、迴旋曲或奏鳴曲還重要。他的音樂總會出現善變又難以預料的轉折，具有萬花筒似的結構和情感，這是一種只能用天文單位衡量的、強烈的個人表達風格。歐洲每一位學究和學者立刻就會將舒曼定位成該打屁股的男孩。對他們而言，他的創作就是音樂的末日，象徵了時代的墮落。他的音樂怪異、沒有形式、混亂無序，彷彿來自虛無。[49]

舒曼的浪漫作風不只表現在音樂裡，也表現在他的性情和人生型態。他很溫和、內向，非常認同那個年代的浪漫文學。他的父親是書商和出版商，非常熱愛英國浪漫派作家。他從小四周圍繞著華特爾・司考特爵士（Sir Walter Scott）的小說和拜倫的詩集，徹底沉浸在海王星的文學氣氛中，直到少年時期。海王星比較黑暗的一面也在這個家庭的靈魂質地中發揮作用。他父

49 Schönberg, *The Lives of the Great Composers*, p. 138-139.

親患有所謂的「緊張失調症」，晚年日子沒一天安寧。他的姊姊艾蜜莉雅也有身心缺陷問題，最後自殺身亡。舒曼從年輕時就很害怕自己也會瘋掉。他終其一生都無法擺脫這個念頭。

舒曼從年輕時就十分熱愛浪漫派作家暨作曲家 霍夫曼（E. T. A. Hoffmann）的作品，法國作曲家奧芬巴哈（Jacques Offenbach）後來把霍夫曼不真實的故事寫成歌劇。霍夫曼的月亮在雙魚座，另有位於天頂的日水冥合相、五宮的海王星及十二宮的天王星組成的大三角相位。[50] 舒曼餘生的音樂，都深受霍夫曼作品中的想像元素所影響。舒曼也非常崇拜浪漫派作家尚・保羅（原名利奇塔）的作品，保羅宣稱只靠音樂就能開啟通往無限的終極門徑。顯然地，舒曼一心投入音樂與文學，他的母親卻堅持他要接受必要的傳統教育（舒曼的父親在他十六歲時就去世）；而他在壓力下從未反擊，一路順從地研讀法律，直到二十一歲。不過打從他一出生起，海王星就認定要跟著他一輩子。

> 如果有哪個作曲家注定要投入音樂，那個人就是舒曼。他還在襁褓時，希臘悲劇中的某種東西就透過音樂找上他，擄獲他，滋養他，最後將他毀滅。打從一開始，他的情感就過於緊繃，如此反常。他的心智就像敏銳的地震儀，音樂會留下強烈震動的記錄……他曾經描述自己孩提時，就會在晚上偷偷跑去彈鋼琴，彈出一連串的弦律，不斷痛苦地啜泣……當他聽到舒伯特的死訊時，也無法克制地整夜哭泣。[51]

他唸大學時偷偷練習音樂，花的時間勝過於他理應投入的法律功課。在當時，他因為使用一種增強指力的新玩意，導致手指麻痺，毀掉他變成表演家的夢想，也因為如此，作曲成了他的必需品，成為他展現音樂天賦的唯一出口。一八三一年，他首次發表作曲作品。當時行運的土星在處女座，對分他的冥王星，四分海王星與土星，也四分太陽和火星。他把對職業鋼琴家夢想的哀悼拋在腦後，看到了整個世界向他敞開雙臂：

> 在失眠的夜晚，我眼清楚前出現一個任務，有如一座遙遠的山丘……春天降臨在我的門前，望著我——它就像個孩子，生著如天堂般的藍色雙眸。[52]

我們可以猜想到，當時行運的土星，正觸動他的T型相位，土星具體落實的力量，讓他的生命出現方向。

舒曼剛開始學習音樂時，拜師於偉大的鋼琴老師弗里德里希・維克（Friedrich Wieck）門

---

50 星盤來源：*Internationales Horoskope-Lexikon*.

51 Schönberg, *The Lives of the Great Composers*, p. 139.

52 *The Lives of the Great Composers*, p. 142.

下，維克的女兒克拉拉（Clara）當時只是個孩子，之後成為他的妻子。他們在一八四〇年結婚，就在土星剛剛回歸到出生盤的位置，而行運的天王星走到他的冥王星上，又一次觸動了他的T型相位。克拉拉也是藝術家，是當代最傑出的鋼琴家之一。世人對於她丈夫作曲的理解認識，大部分都要歸功於她。舒曼出生盤上比較快樂的組合就是水象大三角，七宮的巨蟹座金星，與天王星和冥王星形成大三角。這個組合可能反映在他的戀愛和婚姻上面。他的妻子不只是妻子和母親，更是朋友、同事、靈感女神和職業的經紀人。舒曼形容這段婚姻如田園詩歌般平靜美滿，這是兩個非凡心智的結合。克拉拉穩定了舒曼的人生，而舒曼能激發她的靈感。[53]他們一起辦過幾次巡迴演奏，而她對他的創作帶來無價的影響。舒曼展現了純正的雙子座精神，他在當代的音樂圈中非常活躍，不只創辦編輯一份音樂報紙，還帶領他的海王星浪漫主義同伴——蕭邦（Frederick Chopin）進入了公眾認同的光環之中。

身為一位作曲家，舒曼在世時便贏得了鄭重的讚譽，也是極具影響力的權威人士。但他的靈魂也有著縈繞不去的困擾。他成人之後，發瘋的妄想不斷啃囓著他的靈魂，這部分是源自家庭遺傳，部分是因為他自己內心的衝突。恐懼發狂可說是土海相位的典型表現（甚至還無需想到與冥王星四分相的額外問題），我常在許多在一九五二年至一九五三年土海合相（當時二者還與天王星形成四分相）出生的個案中，看到他們表現出不同程度的類似恐懼。如果一個星盤中明確地強調理性和自我控制，就像舒曼的太陽、月亮和上升的組合，這種恐懼就會被更加強化。海王星水域微弱但無所不在的聲響，微繞著土星自我防衛的保護牆，無論是在內心或外在，都會勾起對於深水的極度恐懼。這是一種自我混亂和渴望赦免的恐懼。舒曼認為這個危險敵人是內在的，把這歸因為家族不穩定的過去。其實，他把這種特質投射到外面的世界也很合理，因為當他長大成人時，整個歐洲開始分崩離析。舒曼經歷過發現海王星之後的一八四八年巨潮爆發，他一直就是心理學家連恩（R. D. Laing）慣於理想化的「代罪羔羊」，也就是四周瘋狂的無助化身。如果藝術家是集體幻想和熱望的代言人，他們就是集體病態的代言人。舒曼自己說過：

> 我會被這世上發生的一切影響——政治、文學和人群——我會按自己的方式忖量一番，然後渴望在音樂中表達我的感受。這就是為何我的作曲有時很難理解，因為這與遙遠的愛好有關；我的作曲有時是非正統的，因為發生的任何事都會在我身上留下印記，驅策我將它表現在音樂裡。**54**

53 *The Lives of the Great Composers*, p. 143.

54 *The Lives of the Great Composers*, p. 146.

舒曼在這段話中表現出對浪漫主義的信仰，這呼應了海王星詩人諾瓦利斯的說法：「個人的靈魂應該與世界的靈魂合一。」問題在於，這個世界的靈魂可能不時瘋狂失序。

約在一八五一年，舒曼開始失去控制。他開始出現幻覺，聽到來自天堂的和聲。有天晚上，他幻想舒伯特和孟德爾頌的靈魂帶給他一個主題，他馬上從床上跳起來寫下。他就像威廉·布雷克，也會看到幻影，但他卻無法跟布雷克一樣，與幻影共生共存。當他的心越來越不平衡時，他退縮至自己的世界裡。他耳中不斷出現一個A的聲音，讓他無法交談或思考。他總是很安靜又內向，話越來越少。他宣稱天使對他口述音樂，而惡魔會以老虎和土狼的模樣出現，拿地獄威脅著他。一八五四年，他試圖自殺（這已不是第一次），從橋上跳下萊茵河。後來他要求被關在一間精神病院，兩年後辭世，得年四十六歲。在他人生最後幾年是個悲慘的時期，就如洪水淹沒了大地，行運的海王星在雙魚座，合相他的冥王星，同時四分海王星、土星、太陽和火星。這位音樂天才在行運的土星牽動他的T型相位時，具體表現出他的才華，當行運的天王星走到相同的位置時，他開始獲得外界更多的認同，而當行運的海王星走到這個位置時，終於聽到了該回家的呼喚，他的人生就畫下了句點。

藝術家是否要像舒曼一樣，歷經徹底的痛苦才能創造出偉大的作品？關於這個問題，我們可能永遠沒有答案。這是個錯誤的問題，儘管人們因為這些才華洋溢卻飽受折磨的早夭靈魂，不斷提起這個問題。舒曼幾乎完全融入自己的靈感來源國度，他只是名義上活在這個物質世界中，雖然有八個小孩，且維持著日益成功的事業。海王星在他的生命中縈繞不散，而這萬水深淵不斷地在他的跟前波蕩，即使是音樂，也無法讓他擺脫苦難。他就像諾瓦利斯一樣，愛上了被淹沒的感受，但是他跟諾瓦利斯不同的地方，就是他沒有誠實面對這一點。舒曼如果活在現代，如果經過徹底的分析治療，他還會繼續作曲嗎？也許。治療無法治癒一個人的本質，這充其量只能提供更強化、更整合的覺知意識，讓這個人能理解、同時更能應付許多衝突，而這些衝突，都是他天性的一部分。由於海王星、冥王星與舒曼的太陽及土星形成強硬相位（再加上海王星四分月亮），他的天性會與他身處世界的集體潮流如影隨形，無法分離。他所遭受的折磨不能只歸因於海王星，還有冥王星與太陽、火星、海王星、土星形成的四分相，再加上土星反映了天性，容易著迷、恐懼內在隱藏的殘忍，且土星對分太陽與火星，更意味著他在建立個人價值時，會有著強烈的自我不安全感，並遇上困難。然而，土海合相與日海對分相，以及月海四分相都顯示了一個人能完全地被滲透，敏銳地感應到海王星世界無邊無際的救贖渴望。舒曼也許可以選擇，要讓自我的身分意識與時代的精神融合到什麼程度。但是在當時的文化氛圍之下，既還沒發明心理學，也把藝術家的自我犧牲理想化成受害者─救贖者，他如果真能選擇的話，顯然會改而選擇浪漫主義。他如果生在現代，他無疑會變成另一種不同時代精神的子民。他可能會變成流行音樂明星或電影演員。二十世紀的時代精神帶給我們心理學和社會學作為工具，在時代的困惑中指引著我們；在舒曼的時代，浪漫運動為自我神化、狂喜、悲劇性的痛苦和對赦免的渴望，提供了更多采多姿的解答，也讓藝術創造成為與神性融合的一種方法。舒曼必須是一個受苦的藝術家，而非心理學家、靈魂療癒者或英國工黨國會議員。他深受浪漫運動形塑，就如他的音樂也刻畫了浪漫運動；他無法脫離自己的原型基質。在他的年代，在真正藝術家的神話中，悲慘、瘋狂和年輕早逝都是基本要素，這就像某種神祕的憧憬。莫札特和舒伯特早他一步踏上此路，而在浪漫主義的時代精神消失殆盡之前，還有很多人跟隨著他的腳步。儘管到了今天，海王星不一定要經歷這種極端的苦痛。

> 何謂詩人？他會經歷不尋常的心理狀態，這有時會讓他顯得古怪或狂亂，彷彿他失去了平常所謂的理智。他的創作常包含了這種經驗的過程，或是經歷之後的當下感受，有時甚至他自己也無法理解。詩源自於一種類似出神著魔的狀態，這常帶有某種真實性，這讓詩既能啟發人心，又令人心神不寧。但是那些最能徹底啟發且擾亂人心的藝術家，通常會被神性的創造能量毀滅。
>
> 何謂詩人？他在揭露美麗與真實之前，必先飽受崩解之苦。他若沒有經歷過這種自我的瓦解，就無法達到真實詩歌中如神喻般的權威。經歷過死亡與瓦解的詩人心聲，的確會更加晦澀玄妙，吐露永恆與普世的先知真理。**55**

---

55 Elisabeth Henry, *Orpheus With His Lute: Poetry and the Renewal of Life* (Bristol: GB: Bristol Classical Press, 1992), pp. 152, 164.

第四部

魚的佳餚

海王星的食譜

我們幾乎可以斷言，人類最初認識的食物之中必然有魚。自此之後，人對魚的態度就不曾改變。從古至今，人類一直很需要魚，也許日後還會變得更加需要，因為魚類富含蛋白質又沒有脂肪（特別是淡水魚），是現今健康飲食的理想食物。魚肉清淡，又容易消化，常是特殊餐點、病患或嬰兒料理的食材。

——瑞士名廚安東·莫希曼（Anton Mosimann）

《魚的料理》

【第十一章】從宮位看海王星

你能看到我正佇立在你身旁，聽著我的聲音；
但我要向你吐露一切，是的，從繁星乍現的夜幕，到厚實穩固的大地。
我說這一切都只是夢境和陰影：
這些陰影將真實的世界掩蓋於目光背後。
那裡有一個真實的世界，但安置在魅惑之外；
而這憧憬遠超過
「阿拉斯（編按：法國地名，由凱爾特語而來，意指「神聖的空間」）的追逐，志業的美夢」，
就如同將這一切藏在帷幕之後。

——威爾斯作家亞瑟・瑪臣（Arthur Machen）《大神潘》（*The Great Gold Pan*）

海王星位於出生盤裡的宮位，象徵了我們在生命中追逐救贖的領域，也就是帷幕之後的「真實」世界。若想透過宮位來認識海王星的各種表現，就必須將祂的原型核心謹記在心。每個行星闡述一種基本意義，與其他行星象徵的意涵截然不同，並具有各種層次的呈現，包括肉體、情感、心智和想像面向，也包含我們的內心和外在世界。海王星描繪了我們對於伊甸園的渴望。這種渴望會讓個人的自我界線充滿漏洞，任由集體靈魂的海洋滲透穿入。我們透過海王星追尋源頭，尋找失落的天堂，且定能重返極樂聖地。我們在渴望之中同時嗅到了危險，感受到恐懼。當我們憂心地向助人的聖母瑪麗亞伸出雙手，為自己的罪惡求情時，飢餓的蒂雅瑪母神會冷不防地將我們吞下肚。我們在海王星坐落的位置上，既是拯救者，也是被拯救者。我們無意識地認同那些無助的受害者，辨識不清受害者和施虐者之間的連結。我們企圖拯救的受害者，就是受了傷的自己；當我們幫助他們的時候，便會觸碰到隱藏在自己靈魂裡的傷痛。我們渴望一位拯救者帶領我們從痛苦中釋放，而這拯救者其實就是自身靈魂裡的一部分。在出生盤中，海王星所在宮位象徵的生命領域，就像一個四處充滿鏡子、療癒者、施虐者和受害者的大廳，但我們也許只須往廳內看一眼，藉由同理他人的感受，便可從今生寂寞的牢獄中獲得救贖。

與海王星相遇的領域，很容易失去自我的客觀性和獨立感。我們失去理智，也對別人盲目，我們虛偽詐欺，也遭受他人欺騙，即便我們否認這種感覺，到頭來仍會踏上以融合為目標的道路。此時我們不再是個人，終將與集體的海洋融合。當我們失去個人界線時，心房即將敞開，意志也隨之軟化。犧牲往往非常現實，卻也有其必要性；在能分辨自我幻想與外在現實的差異之前，終究要放下自己的拯救幻想，才能停止自我犧牲的行為。這是海王星最大的挑戰。投射自我意識是海王星的必然過程，意指將屬於自己的片段歸屬到他人身上，然後在無意識的層次上，體驗與對方合而為一的感受。然而在海王星的國度裡，並不區分彼此，所以無法從已經合一的人事物身上，辨認出自己對於救贖的嚮往。

接下來將按照宮位排序，逐一闡述海王星在各個宮位中的呈現。闡述各宮位的原則是一貫相通的。每個宮位都是一個中性的生命領域，我們會依據自己的天性來妝點此處。公元一世紀詩人曼尼烏里斯（Manilius）將每個宮位形容成一個「區域」（拉丁文*templum*），這個古老的字有助於我們了解宮位的意義。[1]這個字也代表聖殿，在曼尼烏里斯的年代裡，指的是一個空洞的建築物或被指定的神聖場域，但在尚未放置天神肖像供人們膜拜前，這個場地並不具有任何的神聖性。我們可以透過每張出生盤中的聖殿（編按：即宮位），經由其中的行星，體驗到這些天神和原型的力量，而這其實就等同於我們靈魂的心智模式。

海王星在一宮

上升點是生命呱呱墜地的開端，出生盤的一宮象徵個人進入世界的窗口，這是火星守護的宮位。一宮不僅代表了出生時的肉體經歷，也意味著我們會在生命中每個宛若新生的情境裡，透過獨立意志的行為，讓自我的存在加入外面的世界。因而一宮談論的是一個人對外生活的潛力與效率感。我們在其中展現力量的方式，如同給予外界的形象；而呈現方式則會符合自己的規劃，因為周遭環境內的所見所聞，無非就是自我對於外界的詮釋。隨著光陰流逝，我們將以對這個世界的認知來形塑世界，證實自己先入為主的想法。

> 上升點附近的行星或上升星座的特質在我們生活裡一覽無遺。兩者猶如一幅鏡片，透過鏡片我們理解存在的意義，這是生命的焦點，也是為生命「加上引號」的歸類方式。既然我們是以這種方式看待世界，必然會採取與觀點一致的行為。此外，生命也會回饋我們的期待，將自己的觀點投射回自己的身上。2

海王星位於一宮時，將引發緊張的兩難困境。尤其當海王星與上升點相距十度以內時，因

1 Manilius, *Astronomica*, Book II, lines 856-967, G. P. Gould, trans. (Cambridge: MA: Harvard University Press and, London: William Heinemann Ltd., 1977), pp. 151-159.

2 Howard Sasportas, *The Twelve Hours* (London: Aquarian Press, 1985), P38.

為海王星與火星的本質對立。火星想確立自己對於生命的力量，海王星卻企圖避免出生。在體驗海王星的領域裡，我們可能感到無助又無能，猶如受控在至尊的命運之手裡。海王星一宮的人對於誕生的感受，好比一段沒有意志和選擇的過程。這也許來自於母親、醫生，或助產士的意願，但絕不是自己的意願；而在這些人誕生的過程中，卻常常古怪地看不到誕生過程中固有的火星的奮鬥原型。我常聽許多出生盤上有此配置的人提及，他們的母親在分娩中因施打藥物而失去意識，所以母嬰皆會受到藥物影響而導致遲鈍和倦乏。整個過程就像發生在水裡。在往後的人生裡，這些人傾向用同樣的倦乏和被動來面對現實世界。海王星一宮的人在面對需要表態的選擇和挑戰時，可能會暗自感到軟弱，並有很深的焦慮感，特別是當其中帶有一丁點分離或寂寞的危機時。他們有時反而會抱持著奇怪的宿命論調，彷彿生命終究是黃粱一夢，因此不值得痛苦與掙扎。逃避個人責任，可能會破壞了他們建立一致性的生命目標。因為無論是好或壞，都是「命中注定」。

海王星一宮的人為了防止自己成為受害者，可能會產生一種虛假的能力，但這並非真實的能力。這些人可能會利用同理和想像的天賦，演變為外界期待的模樣，並透過迷惑、取悅和回應他人的情感需求來獲得力量。海王星一宮的人可能同時有著太陽合相冥王星於天蠍座，或太陽四分摩羯座土星的相位，而前述的行為將遮蔽他們人格中極有力量的部分。但是這種組合的力量並非淺顯易見，甚至連當事人都難以辨認。海王星一宮的人常展現出圓滑和體貼的特質，他們擅於操縱，而非形塑外在世界。他人的需求會替他們塑造出一種拯救者的形象，在互相取悅的欣喜狀態中與對方融合，就是一種救贖的形式。人人都喜歡強勢的海王星，因為欣喜愉悅是**祂**致力的目標，並常將路特伊美人魚般的神奇幻想點石成金。然而當出生盤中其他較為確定穩固的元素，開始對海王星輕易施展魅惑的手腕感到煩躁又憤怒時，問題就將白熱化了。

占星教科書中，海王星入一宮的名聲就是盲目和自我欺騙。德國占星師萊侯德・艾伯丁（Reinhold Ebertin）曾說：「過度敏感，困惑，一個沒有目的或目標的人」。[3] 以上的形容並不難理解，因為海王星會將拯救者的形象投射在日常生活和置身於其中的人，所以每段人我互動都可能成為一個救贖經驗，結果就在互動中消融清晰、主觀及主動。只有在缺乏自我意識來平衡海王星渴求，才會出現抹滅自我的極端破壞力。一個人如果能辨識自己的感受，了解自我的價值，別人的需求就無法吞噬自我的疆界。海王星一宮的人常是天賦異稟的演員；瑪麗蓮夢露和李察波頓便是其中最為人熟知的二位，卻也是最令大眾感傷的例子。兩人才華洋溢又魅力四射，令人惋惜的是，他倆幾乎完全認同群眾投射在自己身上的形象。他們只能依靠藥物和酒精，在夢幻的伊甸園裡找到價值。而夢露的辭世，顯然就是用藥過量的自殺行徑[4]。海王星一宮

3 Ebertin, *The Combination of Stellar Influences* (Frieburg, Germany: Ebertin Verlag, 1960), p. 50.

4 夢露的死到底是自殺或是經由他人「幫忙」，至今仍是個謎。如果是後者，無論是她與甘迺迪家族的關係，或是她無視威

的人最大的挑戰並不在於這個行星的有害本質，而是如何在有如變色龍般的自我價值和自我保護中取得健康的平衡。

海王星一宮的人也有成為諮商師或療癒師的特別天賦，因為海王星擁有融入他人感受的獨特能力。然而這些人也可能會對需要幫助的人上癮。這是照護行業中許多人的慢性問題，過度依賴別人對他們的依賴，導致工作過量、收費過低、忽視自己的需求，最後會對他們無法拒絕的需求，建立一個巨大、無意識的憤恨倉庫。他們也常生病，迫切需要別人的支援，儘管他們不承認這一點，因為他們的問題就如自己病人的問題一樣。這一路上，他們會以拯救受苦者為名，失去日常平凡的自我。這獨特模式的背後，可以看見隱藏的拯救者與被拯救者，但在拯救的過程中卻隨之失去對自我限制的察覺。這與電影明星陷入的兩難無所差異，他們早已不再記得，少了以伊甸園養分來餵養惡習的日子是什麼模樣。

海王星一宮的人缺少堅定的自我扎根，可能會展現出濃厚的操縱性格。這種巧妙操縱並非針對算計過的目標，除非星盤中有較為冷靜或自私的元素擁有這類能力，否則他們只會用海王星來確保融合的經驗。對海王星一宮的人而言，救贖存在於有能力操控環境的感受，這種能力出自於無能，無能可以獲取別人的同情和支持。因此，他們可能會發展出犧牲模式，讓自己成為一連串困難關係中的被動者。當他們越受到他人需要時，就越有安全感。如果他們能表現出直接與誠實，海王星的敏感和魅力將成為人格特質中的巨大資產。假若這些人有足夠與良好的自我疆界感，海王星就不會無意識地入侵他人的領域。很大程度上，海王星在一宮的表現方式，取決於如何運用星盤中的其他能量，其中需特別關注火星，這是一宮先天的守護行星，此外還有土星，這是海王星天生的互補品。海王星一宮的人面對的難題之一，便是這位天生的演員從小就會展現誘惑和取悅的能力，從誕生那一刻起就已知曉自己的提示對白。長大成人後，如果身旁沒有人能提供自戀的鏡子，他們可能就會覺得越來越孤單，越來越不真實。

海王星一宮的人有時與藥物和酒精的議題相關。也與特定的疾病有關，其中包括某種程度的無助，必須仰賴他人；而其最致命的形式，通常與長期、浪費的狀態有關，像是長期需要臥床或仰賴輪椅維生。我曾遇過部分海王星一宮的人，患有多發性硬化症、「慢性疲倦」、極度過敏反應、牛皮癬和氣喘，以及常見的上癮狀況。[5] 儘管按照現代醫學理論，多發性硬化症被認為是生理性的疾病，但我們在此如能想起法國心理學家夏考，將會很有助益。這些人退縮進入疾病和上癮的祕密樂趣裡，部分原因似乎是源自無能和虛幻的感受，當他們一旦感到生命的

脅，公開洩露兩人關係的細節，都是一種更隱微的自我毀滅。她其實是在政治陰謀的世界中超出了自己的能力範圍，而她生命末期都在這個世界中打轉。

5 參閱第五章的個案。無須多說我們也知道海王星在一宮，並不代表任何這些或其他的身體疾病。但當有這樣的疾病時，其中常存有海王星渴望的心理因素。

寂寞和嚴峻時，便常因上述的感受而飽受折磨。疾病猶如返回舒適子宮的象徵，所有的需求都在其中無條件地獲得滿足。由於自作主張總是帶有隔離和孤單的危險，所以他們極力避免火星的表現方式，卻可能會無意識地將這表現在激烈的需求中，用衰弱的疾病和上癮來利用朋友和家人，而較為正面的方式，是在面對癱瘓的疾病時展現非凡的勇氣。海王星人疾病發作的時間點，可能帶有高度操縱的成分。因為旁人必須在情緒層面和實際層面配合生病的人，生病受苦的人常需要極多的關切，與照料小孩沒有兩樣。這當然不是有意識的，也並非經過算計的。不過有些時候，這些「神祕」疾病中有一種隱藏意圖或「次要收穫」的成分，醫學知識至今仍對這些疾病的生理成因束手無策。也許，這是因為我們常不夠深入看待這些疾病背後的憤怒。這種憤怒不僅是身體無能的結果，同時可能是導致生病的原因之一。

上升點海王星的人具有開放性及感應性，這是一種豐富又神奇的天賦。無論是透過演戲或唱歌等創意性方式，或是療癒這種同樣有創意的方式來展現天賦，又或是在人際關係中表現較不明顯、但也很珍貴的溫柔與共鳴，他們並非天生就會被某些事物「折磨」，而是這些事物永久毀了他們應付生活的能力。然而任何一個外行星的原始能量都需要健全的自我意識來接納與表達，否則將成為毀滅生命的驅力，而這不只是影響當事人的生活而已。這種性格的內在完整性決定了海王星一宮的天賦，究竟是要通往遺忘的水域，還是生命的水域。

海王星在二宮

海王星坐落一宮與潛力有關，坐落二宮則與物質自理和個人價值的形成有關，而這些價值能提供我們內在的穩定和連貫性。二宮是金牛座的先天宮位，由金星守護，反映在身體之上，以及一個人哺育的能力、衣裝和在這世上自足的能力，無論是物質層面或心理層面。金錢是自我價值最基本的集體性象徵符號，不僅標示出個人生產的價值，也標示出對於自我的評價。

> 我們此刻的功課是要進一步地探索自我，對於「我」或個人自我的概念，建立更具體的認知。我們需要更多的定義，更多的物質，更廣泛地去感受自我的價值及能力，同時也需要一些概念，知道自己擁有什麼，知道可將哪些東西納為己有。我們也必須有些想法，知道什麼是我們珍惜的？什麼是我們想要累積的？我們又想獲得些什麼？才能依此逐步地建構人生。[6]

在這土象的國度中，海王星可能顯得笨拙又不知所措。物質自理的議題，與海王星的缺乏

6 *The Twelve Houses*, p. 43.

疆界徹底牴觸。人生初期個人身分意識的開端，源於身體的感受，一開始便是飢餓和滿足飢餓。身體成為獨立自我最原始的建磚。照此看來，細想佛洛伊德最極端的反海王星的肛門期理論，將有助於我們理解。所謂的肛門期指的是嬰兒的某個發展階段，此時期擁有控制括約肌的能力，同時能體驗自主性的排泄，而非隨意便溺的全新感受，這些都將成為日後自我控制和自足感受的基礎。身體讓我們理解，我們能能控制自我情感需求的混亂；身體能讓我們維持安全，知道自己可以獨力建立自尊和自信，以面對物質生活。

海王星入二宮，通常與財務的議題有關。許多有這個配置的人長期地與最簡單的物質需求搏鬥。他們通常很有創作天賦，但卻無法「收支相抵」。他們也可能因為某種盲目，或是蔑視處理自己的收入，因而失去已經掙來的東西。然而金錢議題只是一種表面徵兆，象徵了潛藏在海王星水域下的感覺及渴望。我已聽過太多有神祕傾向的人抱怨自己的財務混亂，只是「因為」海王星位於二宮。他們可能控訴自己是無情物質世界的受害者，卻與貶低自我技能這件事狼狽為奸；而且最後總會有人買單了結，也許是他們的父母、伴侶或納稅人。海王星的受害者意識，會在暗地裡與拯救者融為一體，也會強化這種模式。一個嬰兒理所當然地假設擁有食物和物質的保護，因為尚未出現一個獨立的自我能以「我的」角度來思考。但若一個成年人無意識地攜帶這種假設，許多物質問題就將接踵而生。海王星的同情特質同樣適用於二宮。假如某人提出更多需求時，海王星二宮的人會為了與人合一的感受，迫使自己捨棄一切。他們常會對那些真的無力顧及的人，產生深刻的同理心。

二宮的海王星願意免費分享資源和物質，這既是真誠的慷慨，也是母嬰連結的複雜表現。海王星二宮的人如果想要最有創意地運用這挑戰位置，也許該有效率地禁止說出「我幫不上忙」，改成較為真誠地「我不想幫忙」或「我很害怕幫忙」。海王星二宮的人會導致財務困難，部分原因可能是當事人不想自理。海王星渴望受到由唯物主義、感官享受、貪婪和忌妒（所有金星的黑暗面向）帶來的懲罰，如此才得以洗脫罪惡，進而享受伊甸園的喜悅。海王星二宮的人也許常說著必須為「有意義」或「更高層」的事而努力工作。就許多面向看來此話不假，因為擁有這位置的人最珍貴的資源就是對生命一體的直覺。然而，追求「更高層」的職業常常意味著收入短絀；「有意義的」物品則傾向滯銷，或者更常見的情形是，他們並未努力地將這些商品化為市場銷路的形式。海王星的軟弱感和無助感會在檯面下蟄伏，深信一個人不值得在活著的時候享受物質帶來的舒適。

二宮常被描述成才華與資源的宮位，落入其中的行星象徵得以具體形式連結，可用來維持生活，同時帶來自我價值感的天賦。位於二宮的海王星好比其他位於此處的行星，能展現前述的天賦，只要海王星仍與海洋領域維持必要的聯繫；不必將生活維持在貧脊狀態才能呼應這個配置。海王星向我們訴說著救贖的渴望。海王星二宮的人將渴望轉化成形式後，便展現出一種能力，意即透過實際呈現想像力和與生命融合的一體感，培養出自我價值和物質的獨立性。海王星二宮的人天生具有印度女神摩耶的創造能力，能把「元素」化成美的形式。他們可將海王星的情慾天性和敏感細膩展現在音樂和舞蹈的面向，同時透過改善他人生活的工作，展現海王星理想主義最佳的一面。但別忘了運用金星的土象個人價值來衡量海王星不分國界的夢想；否則他們將依然像襁褓中的嬰兒，儘管極有天賦卻仍需照顧，還可能難以找到心甘情願的照顧者。對於二宮海王星的平衡而言，土星的紀律也相當重要。如果音樂家不願意學習音符、音階和和弦等技藝，該如何發展出個人風格的創作？

海王星二宮的人需要誠實面對原罪中古老的亂倫議題。海王星很容易將內心深處的力量投射在肉體上，因為二宮是極度肉慾的領域。海王星入一宮時，常表現為個人的疾病或無助，所以迫切需要結合火星的決斷魄力。當海王星入二宮，可能因才華無法展現或沒有受到賞識而痛苦，因此成為財務的受害者，所以迫切需要與金星的自我賞識結合。不過，這些人常在無意識中非常貪婪，就像他們指控貪婪的人一樣，這就是蒂雅瑪女神以常見的海王星鏡子大廳的風格，在金牛座的土象世界中現身。二宮的海王星也會在某些極端的離婚過程中興風作浪，其中「受傷的」一方從未試經濟獨立，卻在此時突然要求所有東西作為補償。一個人如果能誠實應對平衡伊甸園和世俗現實的挑戰，便可依據海王星賦予的想像力和共鳴的天賦，在財務和心理層面上建立真正的獨立。當海王星入二宮卻忽視金錢這類基本事物時，並非明智之舉。這只會確定別人必須為他們收拾殘局，且越來越厭煩替他們支付帳單。海王星落入土象宮位，特別是最具土象特質的二宮，「靈性」這字眼並不總是很有幫助。即使是以當牧師或靈媒維生，對於海王星二宮的人而言，比較合適的字眼應該是「賺取」自己的生活。但如果他們無法認同身體、肉體愉悅和物質需求的金星國度，認清其神聖程度並不亞於賦予身體誕生的宇宙之海，便不可能做到這點。

海王星在三宮

三宮通常與教育、溝通及演說有關。三宮象徵了心智世界，特別是向外觀察環境、想要知道周遭無數事物名字的心智層面。三宮反映了認知、分類和表達的能力，以及一個人獲得知識的需求，將知識作為處理生活的手段。我們如何理解周遭的世界，如何形成對世界的經驗，都將反映在這個宮位；還有早期求學，如何與手足和同儕的互動，這些經驗會形塑我們對現實的定義，影響成年後的心智態度。

> 我們想要成長和探索，與此最為相關的就是語言發展、溝通以及指認事物的能力……大部分的心理學家確信，一個人要到學習語言的階段之後，才能建立真正的個體感。[7]

7 *The Twelve Houses*, pp. 48-49.

語言，以及辨識一項物品、知道此物非他物的能力，皆屬於我們對生命形成概念的能力範圍。概念的重要性並不亞於肉體的經驗，我們會用想法來定義自己與他人的不同。在三宮中，一個人對「椅子」的概念，並不限於某種特別的椅子，這種概念讓我們看到椅子，便可認出這項物品。當我們為物體命名和分類時，也等於從自身開始為人類命名和分類。人與人之間的差異，在於每個人擁有自己的想法和概念；一個人的概念越是與其他人不同，便越能鮮明地描繪出獨有的輪廓。

對某些人而言，明確闡述一個概念與急迫地向外表達是一種愉悅，他們藉此確立自我的存在，認為如此運做比帶來觀念的生理和情緒的經驗更為重要。這些人還有交流想法的迫切渴求，並以此衡量人我之間的實質差異。三宮提供了獨立性的效能，當一個人發展出一種概念，將其說出口或寫下來，這概念便因而全然地屬於這個人，成為自我身分意識的表現。由此看來，三宮的先天守護星水星，與海王星的渴望呈現對立，其程度比以自我為中心的火星與土星更為明顯。心理治療中最有力量的轉化元素之一，就是確立並清楚表達內在的經驗，這能將一個人從含蓄未明，缺乏定義的祕密子宮內釋放出來，而文字恰似神奇的媒介，讓獨立意識猶如一道光影優遊其中。

大多時候，三宮裡的海王星會表現成口齒不清，以致老師們誤解為智力不足或注意力不集中。雖然這是出自無意識，但我們可以將此解讀為想要避免文字和概念介入所產生的分離特質。三宮海王星最典型的驅力，就是心不在焉的模稜兩可。他們只願意記得不會破壞融合的事物，不願意說出任何會導致爭吵或造成距離的話語。這種機制有時會衍生成明顯的口是心非。海王星三宮的人也許會成為優雅累犯的騙子，儘管他們的謊言並非工於心計或欺騙他人。海王星的不誠實比較像是自我欺騙（如果我假裝它不在這裡，也許它就真會消失了），其動機是為了避免衝突。所以這些人嘴上常掛著：「我討厭傷害別人的感覺」，或是：「我真的不是很聰明，所以你能否替我想一想，幫我說出來？」用來掩蓋自己真實的想法。

這股趨力中較具創意的一面，就是海王星「圖像思考」的傾向。他們的記憶是由情感基調和影像構成，而非概念和觀念的連結。海王星三宮的天賦可能從過目不忘的記憶，到詩歌、說故事和繪畫的驚人才華。對他們而言，外在世界的事物沒有名字或概念，只有感覺氛圍、色彩和形狀。他們只記得事物的共通性，而非與自己的關聯性。海王星三宮的人不會用概念來區分人我，反而會用影像來凸顯人我之間的相似性，誘發共同的感受。然而他們可能蓄意地模糊不清，常以「我辦不到」來逃避束手無策的狀況，然而更適當的說法，這其實是他們無意識的拒絕，拒絕清楚地思考，抗拒誠實地說話。海王星三宮的人可能躲在看似無法理解的面具背後。但我們要知道，無論任何一個行星位於三宮，或是位於其他宮位中，皆無法代表智商或智商不足，這僅顯示一個人對生命的敘述和表達概念的方式。因為海王星無論在文字上或身體上皆不願具體化，所以會避免統合思考這件事。有些人可能是壞學生，有些人欠缺注意力，有些人是閱讀困難。有些人會對智力的邪惡產生模糊的概念，藐視重視思路的人。有些人則非常容易受到影響，他們在星期四冒出的第一個念頭，可能與星期三最後說話的人有關。而這一切都是海王星的煙幕彈。

如果海王星三宮的人要提升生命的品質，釋放出色的影像製成能力，神奇的關鍵在於不可或缺的水星的清晰度。一旦少了水星，海王星的渴望會破壞人我之間的溝通，包括學習和說話的能力。倘若缺乏清澈的思緒，海王星三宮的人很容易受到誘惑，也容易誘惑他人，鮮少能與他人誠實地對話。海王星在暗示和臆測上獨具天賦。這對從事創作的作家而言，是不可多得的天份。但臆測很可能帶來深刻且惡意的傷害，他們容易在下一刻便矢口否認，推說是他人誤解了原意。海王星三宮的人常覺得由於他人的誤解，使得自己遭受傷害，而他人憤怒的起因卻常是海王星無意識射出的暗箭。一個人如果無法說出自己的感覺和想法，便無法預期他人能夠理解；這種蓄意的語焉不詳常會導致孤立和寂寞。爾後，他們會期待無需文字就能了解自己的救贖者現身。然而海王星在三宮的人會努力讓別人了解其所言，這種人可能會比一般人：

……在情感上更纖細，其自身的經驗、行為，及對世界的觀察與覺知都會影響這層敏感度。這種人的特殊天份能夠讓他們以取悅他人的方式表達人類的情緒。一般人會以為這項神祕的天賦來自神性的本源，認為這種人所創造的事物為「真」、為「美」，這種人能夠賦予聽眾一種與生命歷練相關的感官感受，就算這種經驗極為痛苦，但還是能帶給聞者深刻的私密滿足感。8

海王星在四宮

四宮在傳統上與根源、家庭和宗族背景有關。關於四宮到底是代表父親或母親的經驗，至今仍有相當的爭議。我在此不想探討這個爭議，因為別的地方已有充分的闡述，接下來的詮釋只是我個人的觀點，我認為四宮是父親的領域，無論在個人層面，或是更重要的原型意涵上皆是如此。透過神話的觀點，父親是精神領域的具體化身，像是隱藏的祖靈在天國主宰一切，持

8 Elizabeth Henry, *Orpheus With His Lute* (Bristol: Bristol Classical Press, 1992), p. 26.

續看顧著毫不知情的子孫們。在每個文化的傳說和神話中，精神性父親的主題不斷出現。他與凡間的母親結合，孕育出一個英雄族群，在人間執行神的旨意。他的無形，以及賦予子孫的使命感，讓四宮成為一個神祕的領域，蘊藏必須深入尋覓的某項物品。原型的父親提供神性生命的永恆火花，而神性生命能從內點燃我們的身體動能。某些特殊的生命如果曾經在襁褓時期經歷過特別的情境，這種源於精神而非肉體的經驗，可能較與母親有關。一般情況裡，我們與母親的關係親密，和父親則保有一定的距離，因為我們從母親的身體中誕生，對父親一無所知。這一無所知的本質反映在不可見的祖先原型意象中，體現了一個人今生之旅的終極意義。

> 天底和四宮提供「我就在這裡」的認知，從內在去充實一個人的想法、感覺、認知和行動。就如我們能維持並管理自己的身體。四宮也可以讓個人的自我特質保持穩定。9

當海王星入四宮時，救贖的領域就是靈性本源的領土，並以具體方式呈現在父親身上。由於人們將拯救者的形象投射在海王星座落的宮位，拯救者雖歷經風霜，但也能帶來療癒，所以當海王星入四宮時，受害者—拯救者一體兩面的模式會滲入與父親有關的經驗裡，也會影響當事人對待父親的感情態度。現實狀況常與出生盤中的父母象徵祕密共謀，當然也與這種投射暗中合作；這些人的父親可能因為分居、離婚、死亡或是罹患某種罕見、情緒上或身體上的疾病，從他們的童年生活中缺席。因此父親成為勾住這種投射的極佳陷阱，而當海王星越靠近天底，這種陷阱就越加明顯。此外，通常這些人的父親本身就帶有強烈的海王星特質，其出生盤中可能有戲份很重的雙魚座或十二宮，或海王星合相四交點，又或海王星與太陽或月亮形成相位，發揮強勢的影響力。海王星在四宮的人會在雙親身上察覺到難以捉摸、無法親近的海王星特質，似乎會投射成自己已經失去了天堂樂園的魔法，即使這些感覺都是無意識的。

在以下的感覺中，理想主義扮演了重要角色。海王星四宮的人同情弱勢，並渴望獲得拯救者的療癒碰觸，這種特質常在他們與父親的情感聯繫上占有一席之地。這些人的父親可能具有不凡的想像天賦，即使父親並不承認或沒有表現出來。他們與父親互動的經驗值裡，通常圍繞著極大的哀傷氛圍，因為父親似乎並不在身旁或沈默寡言。他們如果不承認這種複雜的感覺，便可能會刻意表現出憤怒或冷漠。海王星四宮的人會透過父親替身的形式，追尋已經遺失的靈魂故鄉，而替身通常是位上師或精神導師。這種追求可能成為他們生命的主要動機，但當事人卻渾然不知父親在這份渴望中扮演的重量。這並不代表他們在追求超越感官與現實生活的體驗，僅是昇華了對於父親的愛。然而，若是他們以替身的形式來尋找摯愛的靈性父親，海王星

9 *The Twelve Houses*, p. 55.《占星十二宮位研究》，積木文化出版，第71頁

的幻滅便會接踵而生。海王星四宮的女性常以進入婚姻，或是愛上一個無法得到的男人，以尋覓替代父親的拯救者。令人好奇的是，這樣的模式為何會發生在她的生命裡，她不僅不願承認內在深處對父親的感受，並在意識層面上，宣稱討厭或瞧不起父親。海王星四宮的男性則會透過展現力量和理性，以彌補軟弱且令人失望的父親形象。然後他可能會納悶，儘管有了外界的成就，卻還是覺得失落又沮喪，無法認清內心嚮往的父親是一位會讓自己失望的人。海王星的理想主義充滿了痛楚的渴望。當任何一位海王星四宮的人將父親貶為不重要、不可愛或無趣的人時，常象徵有更深層的議題在表面下運作。

海王星四宮的人可能深為漂泊感受困擾。沒有實際的住所可以稱之為家；沒有任何村落、城市或國家，能讓他們擁有真正的歸屬感。這種神性的匱乏狀態，可能會導致他們成為一個流浪者，四處旅行，從不安定落腳。他們主要的人生目標，可能就是發現或創造一個完美的環境。依此前提，我們可以參考奧修出生盤裡落入四宮的海王星（參閱圖表十二，見P.388）。海王星渴求地球上不存在的國度，這也許帶來痛苦，但也因此避免對身旁的環境或國家產生刻板且排他性的認同，而這些認同常滋生許多的偏見和偏狹的狀態。最重要的是，這開啟了與眾生感受連結的大門，不限於家庭、國家或種族的義務。很大程度上，海王星無歸屬感的悲傷，也許可以透過與他人親近的滋養經驗而減輕，特別是沒有血緣關係的人。他們對父親的理想化，也許會轉變為對家庭生活的理想化，卻時常以失望收尾。當他們越期待家庭能成為救贖的源頭，就越容易面臨幻滅的痛楚。這些人可能需要找到建立於友誼或相似情誼之上的另類家庭，從中體驗現實世界中平凡人的支持和關愛。雖然真正的故鄉可能遠在山丘的另一端，但對於海王星四宮的人而言，也許旁人每日的陪伴，就足以讓這個世界成為令人滿意的地方。

海王星在五宮

在傳統上，五宮與小孩和創造力有關。但五宮的「小孩」不一定涉及血緣，此處談及有血緣關係的小孩，也並非以養育能力來看，而是將內在的永恆和獨特形象投射在這些肉體創作品上。我們若要更恰當地稱呼五宮，應該把五宮稱為內在小孩的宮位，因為這是神性小孩的原型意象，支持與太陽有關的獨特感，太陽是五宮先天的守護行星，也是「玩樂」的動能，自發性地表達我們的童心。五宮和九宮一樣帶有「宗教性」，但也許還更為強烈，因為九宮追求的意義在本質上多半偏於心智，但我們是直接透過五宮與內在的神性相遇，在照料孩子和實踐創意中體驗神性，沒有經過中介，而這一切都無法辯駁。

當海王星入五宮時，與我們相遇的神性小孩是耶穌之子，是密特拉（編按：一位古老的印度—伊朗神祈）的孩子，是天國的子嗣，也是救贖的源頭。創意的表達可能因而成為救贖的工具，藉此離開物質世界的黑暗，進入與生命本源的合一狀態。但為了追求創作精神，我們也許會覺得必得受點折磨，因為與五宮海王星結盟的創造力，帶有浪漫派詩人的淒美幻想。藝術家必須為自己的創作受苦，藉此獲得救贖；然而藝術家也是神性的代言人，承載著社會救贖者的角色。我們應當不意外在詩人的出生盤中，看到位於五宮的海王星，例如德國浪漫主義作家、作曲家E・T・A霍夫曼，因為他的創意表現不亞於天神本身的表達；或是史考特・費茲傑羅，其作品《大亨小傳》（*The Great Gatsby*），全然是以小說的篇幅來詮釋海王星入五宮的表現。完全沉浸在想像的領域裡，與天神融為一體；但當他們重返日常生活時，便如同被伊甸園驅逐出境，象徵某種形式的死亡。

五宮也被稱為愛的宮位。然而，五宮描述的愛，是來自太陽這位生命賦予者的表現，並非指向兩性之愛，也不是狀態對等的關係。太陽的愛是無限的光芒，如同它照亮地球，將光芒灑落在人和物體之上。五宮所謂的與別人談「戀愛」，對象其實並不是個人。戀愛的對象其實就像地球繞著太陽運轉，他們在我們身旁打轉。我們談戀愛，其實是要體驗我們對他們的愛意。我們還能透過認識自己的愛的能力，瞥見內在有如神一般的慈愛。五宮的海王星令人想起吟遊詩人的愛。對於吟遊詩人而言，他們所愛的人宛如一扇明鏡，激情的經驗是引領他們與難以言喻的事物相融的途徑，愛人本身根本無關緊要。艾伯丁在描述海王星入五宮時提到「一種美與藝術的愛……揮霍無度、自命不凡、誤導的熱情和誘惑」。[10] 海王星的熱情會被「誤導」，這並不令人訝異，因為愛戀的對象只是一面鏡子，作用是在讓當事人看見自己靈魂中的不朽。當愛中夾帶著全然的理想化意象時，人們容易在選擇中缺乏辨識力。海王星入五宮，讓人們徹底愛上的是談戀愛的感受。然而愛與痛苦總是如影隨形，我們透過愛的經驗成為受苦的人，卻也因此獲得救贖，並為其他受苦的人帶來救贖。五宮裡的海王星有時與愛裡的欺瞞有關，無論是來自加害者或受害者。這一點也不令人意外，因為海王星會為浪漫際遇帶來理想化和幻滅的傾向。

五宮內的行星描繪出我們天生最容易創造何種事物；透過五宮行星帶來的神性經驗，則可看出我們會遇到什麼形式的天神。海王星最具特色的創作，是讓我們與生命來源產生連結的作品。若給予五宮海王星一定的限制，將有助於藝術方面的發展，能在音樂、詩和戲劇方面擁有最佳表現。我們的孩子就是自己的創作。當海王星落入五宮，人們會將海王星受害者－救贖者一體兩面的神話帶入孩子的領域。這可能會導致許多問題，因為孩子不僅是太陽創造力的延伸，也擁有做為獨立個體的權力。海王星入五宮，我們可能會將孩子理想化至某種程度，而無法認清他們也是個單獨的個體。然後我們會非常痛苦，因為孩子會用某種方式抗拒自己的身分意識遭受漠視。許多海王星五宮的人將孩子視為自己潛在神性的光芒，但這終將導致孩子的抗拒，最後讓自己產生犧牲受害的感覺。海王星五宮的人，也可能把父母的職責視為受難，這證

10 Ebertin, *The Combination of Stellar Influences*, p. 51.

明他們愛上了自我犧牲。他們或者會在被認為無助且脆弱的孩子面前扮演救贖者。海王星五宮的父母，可能會悄悄地透過孩子的愛與獨立，尋求自己的救贖。

海王星犧牲和受苦的主題，也許會用其他方式與子女產生連結。由於海王星不願意劃定界線，這將為戀愛事件帶來深層無意識的影響，以致常發生「意外」懷孕的狀況，儘管在現代避孕工具隨手可得。因為這種無意識，位於五宮的海王星也與不愉快的墮胎經驗有關。「意外」懷孕有時會成為一種直覺性的手段，以綁住他們害怕失去的伴侶；以此前提建立的婚姻，雙方從一開始就有誘捕、束縛和犧牲的感受。這類結合誕生的孩子，就像一般的孩子一樣，自認應該為父母的不幸與挫敗負責。他們可能會讓自己成為某種負擔，確保父母能變成犧牲者。雖然父母最終也可能分開，然而，一旦發生激烈的監護權爭奪戰，無論是成為負擔沉重的單親，或是小孩由另一方帶走，海王星五宮的人都會深深覺得自己是犧牲者。在這種狀況下，沒有人是贏家。要在這種例子中找出罪魁禍首，並不是恰當的做法，因為當一個年輕人深陷激情漩渦時，通常很難辨認出海王星尋找融合的迫切渴望。但這種模式可以幫助我們理解，海王星傾向將一切歸咎於「業力」，然而，海王星五宮的人建立在無意識選擇和渴望之上的模式，到頭來都無關業力，一切還是出自於他們自己。

五宮的海王星有時會與不受歡迎的孩子相關，可能是身體或心理有殘缺，又或是體弱的孩子。在此類例子中，實在不能「責怪」海王星。當五宮裡沒有行星，甚或是有象徵吉利的行星落入，好比木星，也會發生同樣令人悲傷的狀況。根據占星實證的結論，海王星想表達的並不是生病或殘障孩子帶來的負擔，而是一種特別煎熬的歷程，是這些父母傾向面臨的情境。因為我們都是不一樣的人，會以不同的方式去處理這類的生命的挑戰。有些父母會表現憤怒，有些父母則會認命；有些人會盡快讓孩子接受體制機構的安排，有些人則會長年把孩子留在家裡，即使這會讓家中其他比較健康的孩子飽受折磨。由於沒有人能夠完全了解或評斷他人的處境，所以無法替他人做出「正確的」選擇。對海王星而言，藉由深切的罪惡感和救贖的渴望，能讓他們走向「正確的」選擇，即是踏上受難的道路。當海王星落入五宮，再加上扶養殘障小孩的挑戰時，常是父母而非孩子帶有悲傷和拯救的神話背景。同情憐憫和敞開心門也許是撫養經驗中的禮物，因而深化了父母的宗教或靈性層面的覺知，但這也是他們自我犧牲的慣性，對於他們來說，或許因為孩子飽受折磨，有一天便能獲取通往天堂的護照。覺察自己的感受是非常重要的事，這不只是為了孩子。有些人極度渴求小孩，卻無法如願，此時誠實地質疑這種絕望的本質，將帶來一定的價值。倘若海王星五宮的人視孩子為救贖的工具，那麼無法擁有孩子，便等同獲得終身禁入天堂的宣判。如果擁有孩子的慾望與生命整體的需求較無關聯，他們就比較能透過其他方式來滿足這種慾望，即使不能全面滿足，也能部分滿足。在這類案例中，海王星入五宮最有建設性的表現方式，並非自艾自憐。某些比較有智慧的人會藉由其他非肉體形式的小孩，來展現海王星的救贖渴望。

海王星入五宮，有個創作的出口是非常重要的，因為戀人和子孫等真實世界的人物，無法承載海王星的神祕能量，終究會從理想化的高臺上跌落。海王星的同理心與敏感性，讓這些人擁有與小孩相處的天賦，但不限於自己的孩子。但當這個行星落入太陽的守護宮位時，最有利的表現方式是透過創造性的工具，讓人即時體驗到深埋於「我」的奧祕。而透過「小孩」、「投機」和「戀愛」似乎能使這體驗顯得較為容易——至少在一開始時——因為這些都出自本能，不需要反思。創作需要土星的紀律和太陽的自我定義，二者都屬於海王星抗拒的面向。矛盾的是，五宮的海王星可以讓人們經由創作，發現內在的神性之子，藉此滿足部分的救贖渴望。

海王星在六宮

六宮的評價總是卑微，通常與責任、服務和健康有關，同時還不太光彩地被賦予小動物的主宰權。但我們如果沒有將六宮的守護行星水星的本質列入考量，就無法展現這個宮位的奧祕。神話裡的水星有許多面向。然而無論**祂**是——旅人的守護神，小偷的幫兇，奧林匹亞眾神的信使，樂器發明家，或是亡靈的引渡者，**祂**都是邊界、界面和連結的天神。六宮是十二宮位中前半與後半的界面。儘管隸屬土象宮位，但這裡也是一個競技場，我們在前五個宮位培養出的一切，都會在這裡被賦予形式，在日常生活中找到定位。

透過六宮的議題，我們昇華並淨化了自己，讓自己趨近完美，最後變成一個更好的「管道」，成為天命注定的自己。**11**

六宮如同十二宮一樣神祕，兩者都與整合世俗生活及生前或死後的事物有關。十二宮是海王星的先天守護位置，人們會透過瓦解個人的界線遠離具體的化身，只為了能與神性的源頭融合。而我們在六宮遠離源頭，以求透過疆界和儀式來定義我們的人生，疆界和儀式具體呈現了被我們遺忘的種種。六宮的「責任」不只是世俗的工作，而是類似宗教儀式等更神聖的事物，為宇宙整理秩序，確保我們能與更廣大的生命結合。六宮的「服務」也不僅是一般意義的幫助他人，因為我們服務的不是他人，是上帝或天神，祂們最能透過具體呈現神性意義的工作和技能來展現本色。然而這搭建天人之間的橋樑工程，卻常為人們忽略，甚至缺乏覺知。關於這點，人們通常也很難覺察其他宮位更深層的意義。不過六宮內的行星會以堅守儀式及看似著魔的方式呈現，因為我們試圖在日常生活中依序並體現這些行星的原型能量和模式。就如每一位

11 Sasportas, *The Twelve Houses*, p. 69.

神職人員都知道，在儀式的結構之下，最能傳遞和控制超個人能力。

當海王星入六宮，海洋般的源頭是祂追求的化身。這是本質上的兩難，因為海王星並不傾向忍受六宮加諸的疆界，所以在這個宮位的表現較不具吸引力。海王星如水般的無形，其中一種典型的表現便是憂鬱症，人們在此十分害怕無形混沌的湧入，所以會透過致命疾病的幻想，把這投射於身體上。海王星入六宮，也可能與神祕難解的疾病有關，正統的醫學診斷或治療方法都束手無策。即便這類疾病的本質不是百分之百，但大致上都與心理有關，在身體細胞的層次上表現了海王星的渴望和無助感。這些人的身體可能有海王星傾向，對於來自環境的入侵極度敏感。過敏、濕疹及牛皮癬等皮膚病都很常見，意味著沒有能力將外界隔離在身體之外。導致此類症狀中的壓力成分也可能與海王星有關，因為這些人在面對日常生活的責任時，會覺得無助和遭受犧牲。他們沒有找到其他方式來具體呈現海王星的渴望，反而逃離了海王星水域的威脅，然後身體就會用典型的方式表現海王星的需求和感受。艾伯丁在描述六宮的海王星時，曾提及「磁性的療癒力量」和「病態的敏感」。這兩種屬性都反映了海王星在神祕參與狀態中的滲透性，還有與外界物體融合的傾向。海王星六宮的人可能具有真實的療癒能力，但這也可能成為他們巨大痛苦的來源，他們如果不想將前來尋求治療的患者的內在衝突、壓力和痛苦吸取到自己身上，首要之急便是建立起個人的界限。任何海王星六宮的人如果從事照護工作，必須非常清楚自己從事這份工作的深層動機。因為他們照顧他人的渴望，可能與他們自己在面對紛擾世局的情境時，對疾病、無助和犧牲產生的無意識感受有關。

傳統上，六宮也與工作有關，執行日常任務象徵了在外界的層次上實踐內在的自我。但長久以來，人們都沒有意識到工作是神聖的，時至今日，工作對我們而言只是賺取金錢的方式。每個人都能根據自己的技能，快樂地對整體貢獻一己之力，這種政治理想反映了海王星會透過六宮，在工作上展現烏托邦的願景。佛教智者能帶著平靜的心，謙卑地接受「卑賤」的工作，並不是因為屈服的奴性精神，也不是渴望「行善」。這顯示了一種覺知，意即人們可以在最微不足道的世俗儀式中，瞥見所有顯象生命背後的神性秩序。這種服務不一定與別人有直接關聯，可能會藉由能傳達想像創造力的技巧或手藝，呈現出最好的一面。海王星六宮的人也可能會將工作理想化。然而這在與人共事，或在大機構工作時會造成許多麻煩。並非所有人都是透過海王星的救贖願景來看待工作，所以海王星六宮的人容易被剝削。他們可能會發現自己很難以誠實且直接的方式來處理實際的事物。此時，騙子和受騙者將在工作場合中攜手合作；因為這些人可能粗心草率、刻意盲目和無法辨識日常的限制，以致成為被動的接受者，或是無意識的加害者，表現得極度狡猾，非常善於操弄。海王星六宮的人也可能讓救贖的美夢超出界線，覺得自己根本就不應該工作。

他們如果能在對立的兩端之中找到平衡，結合兩端的特質，就會獲得極大的報酬。海王星是雙魚座和十二宮的守護行星，天生就對處女座和六宮反感。因而容易出現極端的狀態，也許是試圖清除海王星的混亂威脅（可能會導致恐懼症、過敏和憂鬱症），或是逃避日常生活的需求（可能基於身體和世俗的需求而產生犧牲自我的感受）。海王星在六宮的最佳表現，便是理解儀式的本質，以及當下的神聖性。透過某些宮位——例如七宮——我們可以認清特定生命領域的重要性，而在其他宮位，卻可能已經遺忘或是從未發現這些宮位的事務，和看似較有趣的活動一樣具有價值、一樣地重要，對於我們的內在幸福而言，一樣地不可或缺。當出生盤上的某個宮位有行星落入時，此處象徵的生命領域便成為天神入住的聖地。我們必須對這些宮位帶有更多的覺察力，勝於沒有行星落入的宮位。六宮內的行星要求我們認清與無形世界相互連結的關係，並在日常生活的儀式中，執行能力所及的事，以表現這種關係。對海王星六宮的人而言，這無形世界有如海洋一般，充滿了渴望。如果人們可以透過手藝、技巧和儀式，為這般景色賦予形式，那麼與生命融為一體的經驗將會讓生命的每個當下更有趣味，讓所有層面的實體存在都充滿了美與意義。

海王星在七宮

當海王星出現在七宮時，天堂的美夢變成完美結合的幻想，一個永遠能被包容、被滋養和無條件地被愛的境界。然而，當事人未必能意識到這個幻想。許多理性特質鮮明的人，通常無法覺察這類的期望，甚至還會激烈地否認。不過這模式會透過投射，按照古老神話的情節上演。伊甸園如水般的喜樂會在令人窒息的大魚咽喉中現身，因為兩者都是海王星的面貌；我們可能會聽到索求無度又依賴他人的伴侶發出類似的吶喊聲，哭喊著自己不想被吞噬。關於七宮海王星在關係中反映的矛盾感受，最適當的形容詞就是困惑。這種困惑源自一個人在無意識中想要透過他人來追求救贖。

當海王星入七宮時，人們將實際演出追尋救贖者的情節。他們的結婚對象傾向是父母的替代品，其結合了雙親的特質，但經過一段時間後，便如同大魚張口吞噬；此時這位救贖者會變成充滿創意卻為生活傷害的愛人，在需要被拯救的同時，還得提供救贖。這條大魚會割分成兩條魚，如同神話中的亞舍拉和羅坦，這些人會同時投射出兩種形象。他們的伴侶或配偶也常變為受害者。當一個人在拯救這種伴侶時，其中也蘊藏著自身對於救贖的盼望。海王星七宮的人可能會在軟弱的伴侶面前扮演「堅強的」另一半，藉此來逃避自己的軟弱和脆弱事實，他們的伴侶可能是酒鬼、藥物上癮者，或是有嚴重的情緒問題。但如果當他們遇到一個更強的人，就會表現得像個小小孩；而當表面的力量崩塌時，就會揭發底下的混亂和不堪。海王星七宮的人並非命中注定在關係中失望，也沒有被「業力」詛咒，必須完全放棄關係。但是他們會表現出不情願，不想面對關係中的複雜議題。土星、天王星、冥王星或凱龍星落入七宮的問題也是從投射開始；每個落入七宮的行星皆是如此。一旦當這成為實際運作的模式時，這些人通常會願意去探究其中原委。然而七宮裡的海王星人卻不會跟進，因為他們無法忍受如光般的明亮。

　　這些在別人懷中尋找救贖的人可能會扮演情人的角色，樂於去破壞別人的關係，宣稱這是要「拯救」一個可憐的男人或女人，以協助他們擺脫可怕的伴侶。他們也可能是被欺騙的伴侶。海王星七宮的人享受三角關係。在他們高貴地拯救失落的靈魂時，背後藏了一個飢渴的小孩，企圖從伴侶身上獲得一切。但是伴侶可能不願意面對如此龐大的需求，或是懊悔兩人的相遇。土星的出現可能有助於關係的穩固，因為土星的現實主義會揭發一個人的操縱把戲，同時也能提供必要的自足，避免尋找伊甸園的行徑發生在關係之中。海王星七宮的人也可能是位極具天賦的諮商師，或是照料別人需求的牧師，這也許是較為合適的方式，演出人類關係中的神話救贖者角色。但若這只是個無覺知的嬰兒以神仙的裝扮掩飾凡人的慾望，那無論自己或是他人，都不會從中獲得療癒。

　　海王星七宮的人會沈迷於追求無法得到且難以捉摸的目標，因為這二者等於承諾了救贖的無限可能性。人們一旦建立了實際的關係，就無法維持海王星的理想化。基於這種驅力，海王星七宮的人常偏好已婚或厭惡性愛的對象，甚至是神職人員。這也可能激起自我毀滅的衝動，驅策著許多海王星七宮的人避開快樂關係中的所有希望，寧願在不快樂的關係中飽受折磨，只期盼能在遙遠的未來，在死前能獲得自己的獎賞。海王星七宮的人常有這類的傾向，以遮掩內心底層的陰鬱水域。到頭來，他們無法從犧牲中獲得個人的滿足，而是認清救贖就即是被救贖者。

海王星入七宮時，我們必須透過他人來體驗祂的渴望、熱切和神奇。我們身旁也許需要海王星型的人。受藝術或神祕的派別吸引，並不等同被內在小孩投射出來的幼稚所吸引。當內在越趨於平衡時，吸引我們的物品也會隨之改變，但是其中的原型核心都是一樣的。七宮不僅限於伴侶或愛人的親密關係，有時會被稱為公開宮位，因為這是我們進入他人世界的入口，反映了人我之間的互動方式。任何位於開創位宮（一、四、七、十宮）的行星傾向藉由事件和人物來展現其特質。七宮的海王星需要他人來揭露故事，所以需要一面實際的鏡子。海王星七宮的人常在生命中的某個時刻，對他人投射演出海王星戲碼的特質——貪婪的海洋之母、神性的救贖者和痛苦的受害者。對方常屬於三者之一，個性介於三者之間的人便不會受到他們的注意。由於海王星七宮的人有強烈的政治傾向，所以也可將社會大眾依據以上三者來分類。海王星的理想化以展現在公共面向為主，因為這樣的理想化賦予了感受集體的需求和苦痛的能力，但是對於自己的權力追求，卻常視而不見。

當海王星七宮的人決定投入政治領域時，最重要的是誠實看清自己對於社會認知的主觀性。海王星型的領袖很容易變成海王星的受害者，最後被群眾四分五裂，這是一種比喻，也可能是實際發生的事。在現代史中，最有趣的例子就是埃里希·昂納克（Erich Honecker），他是柏林圍牆倒塌前東德的馬克思主義領袖。昂納克的出生盤顯示，海王星在下降點附近，距離七宮宮頭約三度。[12]嚴格說來，任何在六宮、靠近下降點的行星，將會透過七宮表現。昂納克一開始將自己視為東德人民的救贖者，大眾也如此看待他。但當柏林圍牆在一九八九年年底倒下時，他成了人們的代罪羔羊，因為他的手段正如他憎恨反對的法西斯政權一樣。他的自我盲目是典型的海王星黑暗面，他變成了自己一開始獵殺的目標，毀滅了自己意圖拯救的一切。

透過海王星渴望的朦朧鏡片來看待世界，是一種充滿各種可能性的天賦。這使得人們能以顯著的敏銳度感應「外面」世界的脈動，以及近距離接觸的人。他們能透過多樣創造或治療的手法來回應這種特質。然而海王星七宮的人，承接來自他人的痛苦，大多是親手造成的。這來自於混合了理想化想像和幼稚的需求，以及呼應他們召喚前來參與戲劇演出的人的本質。對他人幻滅，是海王星在七宮的天生產物。海王星七宮的人必須有能力處理這種幻滅，充分認清人我的限制，而這也決定了他們是創造一個犧牲付出的人生，還是一段豐富有益的關係。海王星從不滿足於平凡乏味的互動。他們的人生必須充滿戲劇的光芒，因為整個世界只是一個舞台，而海王星七宮的人就是主角。他們沒有辦法能壓抑海王星的渴望，因為這渴望會偷偷地從後門溜進，或出現在伴侶的身上，或出現在已經遺忘偶像並對偶像並高聲反對的群眾身上。也許其中的奧祕，就在於能允許他人同時以虛構的和真實的形象現身。

海王星在八宮

八宮的海王星與六宮的海王星一樣聲名狼藉，雖然兩者的原因截然不同。但這並不難理解，因為八宮與死亡有關。有人會爭論八宮與死亡無關，這實在很愚蠢，因為任何人只要看過一些早逝的人的出生盤，就會熟悉地在八宮中看到各種凸顯的意義。但無論我們談論的是實際的肉體死亡，或是超乎肉體的死亡，這都是複雜的議題。八宮也與真實物質的無形基礎有關。這不僅包含肉體終止後存在的物質，也包含在世時，藏在身體感官中對真實物質認知的部分。八宮內行星的表現有如從隱藏領域爆發的惡魔力量。肉體的死亡就是這種爆發的結果，可能會在某個時刻出現。當然，其他形式的死亡也會相繼出現。二宮關乎的是透過生活連續經驗獲得的價值；而八宮就像是連接點，在此必須屈服於隱藏在生命底層和內心中的力量，才得以轉化生命。在此前提下，我們可將肉體的死亡視為許多層面的一種轉化，藉由活出潛在的模式，實現瓦解及重建的過程。當行星在八宮時，也可能透過肉體的死亡來展現與無意識勾結的成分。死亡不只出現在無法和解的衝突上，或反向毀滅性的衝動中，也可能來自天生對於生命的否

12 星盤來源：Hans-Hinrich Taeger, *Internationales Horoskope-Lexikon* (Freiburg, Germany: Verlag Hermann Bauer, 1992), p. 760.

認。當海王星入八宮時，我們必須以後者的背景來思考。

由於八宮內的行星是來自靈魂的未知層次，所以常打破現有的生活狀態，引起巨大的焦慮和憂傷。其中一個例子是我們在第八章討論過的黛安娜王妃。當火星、冥王星和天王星合相在八宮時，顯然有股超出個人控制的力量在主導她的人生。與其說她父母婚姻的破裂是此合相的表現之一，更適切的說法是，這呈現出她對失去情感和物質保障的激烈情緒。[13]此合相的另一種表現是她患有暴食症，以毀滅性的強迫驅力，打碎了身心的寧靜。而她婚姻的悲劇則是第三種表現，拋開事件的表象，能看到她在婚姻中無法控制局勢的形象。每當她體驗八宮的行星時，就像接獲一個威脅生命的死亡預告，以及必須著手重建人生的通知書。

人們常以身不由己的方式體驗海王星在八宮的能量。海王星初萌的渴望會以不可抗拒的力道在意識層面爆發，因為人們並未察覺渴望的感受。這股對本源的渴望轉為追逐淹沒的巨浪，以致常發生藥物過量的死亡。最可悲的例子就是流行歌手珍妮絲．賈普林，她在一九七〇年死於海洛因過量。她的出生盤上，海王星位於八宮頭，分別與日水合相及土天合相形成大三角，並四分月亮。[14]海王星尋求伊甸園水域的模式在她的一生中，也在她的死亡中，皆是以特別尖銳的方式呈現。另一個更為可怕的例子是「人民神殿」的領袖吉米．瓊斯，他在一九七八年帶領信徒飲用氰化物自殺。[15]他的海王星也在八宮，但與其他行星唯一的主要相位，便是三分四宮裡的水星。這張星盤與賈普林的不同，並非由海王星主導；瓊斯的太陽合相凱龍星在金牛座，三分土星，六分木冥合相，同時四分獅子座的火星。這些相位反映出更強悍、也更有說服力的本質。但當海王星指出回家的道路時，就無法再發揮絕對的力量。海王星落入八宮時，救贖者可能以死亡的面貌出現。

艾伯丁認為八宮的海王星是「憂鬱的狀態、錯誤的行為，靈魂或心智中的病態，與身體的痛苦或疾病截然不同」。16 海王星入八宮時，肯定與某些類型的憂鬱或「靈魂疾病」有關。在這種狀態下，珍妮絲．賈普林無疑會結束自己的生命。如果我們不想因此受害犧牲，而是希望更有意識地面對這些問題，就必須了解自己正在處理哪種憂鬱或疾病。海王星的憂鬱是被流放的孤寂。對於曾觸碰這種感受的人們來說，海王星的表現是苦樂參半的週期性愁思，由於這隸屬意識層面，所以將根據每個人的能力與天賦而有不同的展現。然而在此不會發生強迫性的爆發，因為他們已經知道自己寧願回家。許多藝術家能在這種深刻的哀傷中獲取靈感，這是海王星世界觀的基本面向。當海王星是無意識地運作時，也許會突然冒出勢不可擋的「靈魂疾

---

13 在目前高離婚率的環境中，有許多人都會在生命早期體驗到這種巨變。但我觀察過無數的個案，他們的八宮內並沒有行星。
14 星盤來源：*Internationales Horoskope-Lexikon*, p. 817.
15 星盤來源：*Internationales Horoskope-Lexikon*, p. 814.
16 Ebertin, *The Combination of Stellar Influences*, p. 51.

病」，而人們卻會不假思索地回應這股呼喚。因為這些原始的感受可以紓解世俗生活的悲涼，並預告了可能（同時也必須）發生一次重要的生命淨化，必須捨棄阻礙心靈與靈魂的舊習及依戀。當八宮的海王星受到行運或推運的引動時，可能會成為先知的預言者，預告深刻、建設性的生命改變即將到來，人們自然對這些改變產生憂鬱和渴望的感受，但這卻能讓自我有足夠的力量去認清經驗的價值何在。

八宮描繪的是生命的連接點，在那當下我們必須像蛇一樣，褪去舊皮，自我重生。八宮被強化的人常在一個空間中體驗好幾次的「輪迴轉世」，因為重大危機常會打斷他們的生命歷程，他們需要激烈的更新。這些人常找不到持續的平靜，平靜似乎永遠避而不見。而透過這些危機，他們可以意識到紅塵之下的事物，也將遇見藏在表面下的真相，提醒自我並非所見一切的真正主人。八宮的行星意味我們在這些危機時刻會有何反應，傾向用哪種情緒狀態來體驗，雖然我們習慣將危機歸咎於外在因素，但卻應為經歷的一切負責。海王星在八宮時，我們的危機可能圍繞著分離、寂寞和無助；我們的反應可能充滿了哀傷和渴望；而我們在這種行為背後瞥見的原動力，就是生命的海洋本源，這將我們逐出了伊甸樂園，如今在召喚著我們踏上回家的路。

八宮反映的性就像是一種經驗，我們在其中放下了自主能力，被某種不同於清醒自我的事物「刺穿」或「占有」。八宮也代表失去，失去那些在二宮靠著自立和建立個人價值獲得的力量。當我們在性行為中對另一個人敞開時，就不再能控制自己。在英國伊莉莎白女王一世的時代，人們將性行為稱為「小死亡」。除非我們假裝自己的反應，否則將透過伴侶體驗到被某種本能力量接管的感受，這股力量既是來自我們本身，也不屬於我們本身。海王星在八宮也會對失去自我上癮。性行為本身會變成我們渴望的救贖者。我們在性高潮中被淹沒、腦中一片空白的當下，就成為了與神性重新融合的時刻。

> 肉體的親密有如一種擺脫寂寞的緩刑……有些人會覺得性就像一種服務、取悅甚至治療他人的方式。性也是一種很方便的手段，可以讓他們逃避人生的其他問題。[17]

海王星入八宮可能代表擁有忘神愉悅的天賦。同樣地，在一張抗拒海王星的星盤中，這可能代表很害怕自己的脆弱，試圖試著緊閉這扇門。八宮的海王星也常呈現出性壓抑與性開放的狀態，因為並非每個人都可以毫無防衛地表現出這種脆弱。如果否認了八宮的海王星，便可能將祂的特質投射到伴侶身上，覺得伴侶對情感和性的需求很大，有如狼吞虎嚥。這些人也可能

17 Sasportas, *The Twelve Houses*, p. 300.

在無意識中選擇一位性無能或是無法進行性行為的人，以避免面對自己的脆弱，也無需承認自己的恐懼。八宮的海王星也可能將內心的寂寞帶至意識層面，而這種寂寞會藏在艾伯丁描述的「憂鬱」或「靈魂疾病」背後。

對於無形事物的渴望，也可能帶來相當的天賦。因為介於自我和無意識之間的界線是流動不定的，這些人可以洞悉屬於集體的感覺、形象和渴望，這可以成為心理或心靈工作的天賦，穿透人性底層的事物。無意識可能會以救贖者的姿態出現，而夢想和幻想可能擁有非凡的意義和力量。海王星在八宮最危險的情形，就是忘記祂存在於我們之中，或是太認同祂到了忘我的地步。消融的渴望並非心理性的，而是一種原型。也許沒有人可以去評斷他人是否有權力在實際生活中追求這種渴望。然而如果把生命視為凌駕死亡的選擇，八宮的海王星的確是通往神祕事物的入口。

海王星在九宮

海王星的神祕主義在木星的「區域」中有如回家一般，也許是因為生命的源頭常被視為神聖的，而且這種神聖性無法被取代。九宮關心的並非一般定義的宗教，所有探索生命意義的管道，都歸九宮管轄，像是高等教育、旅行和出版等，而以上類型與宗教並沒有直接的關聯。較為正確的九宮定義，指的是培養世界觀或哲學觀的生命領域，在此可將個人的經驗與宇宙的律例整合為一。宗教是透過上帝的概念來行使這種功能，而在九宮關心的其他領域，像是社會、政治、心理和宗教等面向，則是以理解生命中一切的意義來整合。我們在九宮的領域中試圖理解萬物存在的基礎法則，這可能會被詮釋為神性、心理學、法律或社會經濟層面中的人性。當海王星九宮的人願意面向神性時，其所接收的神性本質與目的，大部分都是由九宮的行星來定義。

當海王星在九宮時，人們所經驗到的上帝就是海洋般的神性本源。無論海王星九宮的人接受哪種宗教洗禮，最常體悟到的神性就是上帝的愛。救贖或許是公開的宗教或靈性主題，但對海王星而言，並不傾向在生活中去取得人性和神性之間的平衡。天堂和地獄對九宮的海王星很重要，終結所有痛苦和邪惡的千禧年夢想也攸關輕重。但海王星不只是如基督般展現無盡的同情的天神。祂也是母性的來源，祂會懲罰、吞噬和毀滅。在九宮海王星人的心中，上帝的恐怖如救贖的渴望一樣活躍。犧牲和痛苦會成為海王星主要的宗教特質。靈性的排他性也是特質之一。宗教並不一定象徵著救贖，也可以是一種生活的方式，按照神的旨意活出最好的人生。舉個例子，在猶太教中有些方式重視以「正確的」行為看待人類與上帝的關係，這並未提供能獲得神性融合的承諾，因為正確的生活就是一種獎賞。

艾伯丁將九宮的海王星描述成「預感的能力……靈感、過度的幻想和想像、因為缺乏評判能力導致的自我欺騙」。[18]這種形容適用於任何宮位的海王星。海王星在九宮的主要議題之一，是傾向把靈性和道德的權威投射在他人身上，而將自己變為教義的盲目追隨者。但是對他們而言，這種教義根本就不健康或不恰當。他們也可能主張絕對的宗教真理，倘若他們只是單純的信徒便無傷大雅，但因為他們常在無意識中以為是救贖者，強迫他人接受。海王星也會將救贖的渴望投射在上帝身上。這聽來並無不妥，因為這是基督教大部分渴望的基礎所在。但我們必須質疑這種假設：以為上帝是永遠體貼，無條件慈愛的母親，祂的存在是為了滿足我們的個人需求，無論我們做了哪些低劣不堪的行為，祂都會原諒。對於想要逃避責任，不想面對自己行為和選擇的人而言，這種上帝特別有吸引力；有些人會固定地上教堂或在懺悔中袒露自己的靈魂，只因為他們「相信」如此可以替自己的行為找到藉口，像是打老婆、虐待小孩、動物，或是對他人做出偏執又無法容忍的事情。這是海王星在九宮較為黑暗的一面，就像美國某些基本主義教派會使用一些有待商榷的方式，以他們宣稱的天啟來啟蒙自己和無知的同胞們。海王星的水域中沒有倫理，也沒有禮貌和尊重他人智慧、權利及界線的行為。這些被救贖者搖身一變成為自封的救贖者，所以他們不像基督徒，反而更像是醜惡的蒂雅瑪，打著救贖者的招牌行使心理、甚至是肉體的暴行，[19]我們從來沒有在基督耶穌的教義中看到這些主張。

一個人的自我若有反思的能力，能控制九宮內的海王星，就能表現出動人且真實的靈性和藝術啟發。艾伯丁說過的「預示能力」，指的是能進入集體靈魂的情感流動，對於未來帶有直觀性的洞察力。海王星在九宮的天賦之一便是洞悉歷史事件的發展和人類演化的目的或意義，這種能力會主宰一位藝術家成為集體道德和宗教困境的先知和代言人。最好的例子就是歌德，他是德國浪漫運動的先鋒，而他在《浮士德》中不只具體表現了藝術家的原型困境，同時也預示了他自己國家的未來。在他的出生盤中，海王星在巨蟹座，剛好就位於九宮宮頭，與雙魚座的木星、天蠍座的冥王星形成水象大三角。另一個範例是巴比．狄倫，他是一整個美國世代的音樂先知。海王星在九宮可以超越個人文化規範的框架，透過創造性的洞察力，清晰地表達人類痛苦和渴望的普世性主題。

九宮的海王星也可能表現出對神祕靈性的偏好，這些人會忠於一位上師或某種哲學，因此必須犧牲財產或之前依附的人事物。對於海王星九宮的人而言，靈性團體特別有吸引力。他們如果未在短時間內獲得開悟或拯救，海王星對於靈性或宗教領袖的理想化就會導致深度的幻滅。海王星九宮的人如果沒有足夠的能力透過自己的經驗和價值系統來過濾這些教義，就很容易受騙上當。然而對於上帝忠誠的順從，也可能是條正確的道路。這種神祕感不只是海王星在九宮的一種幻想，而在他們期盼與神建立的關係中，必然會有原生自戀的成分存在，也很常見

18 Ebertin, *The Combination of Stellar Influences*, p. 51.

19 舉個例子，我們可以想一下，一九九四年十二月，一位基本教義派基督徒在美國兩間墮胎診所中犯下的謀殺案。

有如海洋般、深觸人心的超個人經驗。這裡的挑戰在於如何分辨是神性本源或自稱是神性的代言人在發聲，並確保不因個人自戀而導致自我膨脹，進而破壞了自我與外界的關係。

旅行是九宮的傳統領域之一。九宮受到強化的人常透過旅行恢復活力與精神，並因此在個人層次上獲得不同、更寬廣的認知。九宮的旅行經驗可以讓我們接觸到更廣大的世界，其中充滿了各種態度、語言、習俗和生活方式，凸顯了我們生命的整體意義。對於九宮的海王星而言，旅行可以提供救贖的承諾。海王星刻骨的飄泊感意味著永遠無法在地球上找到家，因為他們真正的家在此之外。所以海王星九宮的人也許會不斷地追尋完美的文化或是完美的視野。他們可能會將一些地方理想化，特別是去朝聖的人，就像虔誠天主教徒心中的盧爾德（Lourdes），或是奧修信徒心中的浦那（Poona）。當他們抵達夢想之地時就會感受到失望和幻滅。但海王星九宮的人也擁有一種天賦，可以讓國外充滿了神奇和意義，而這是務實的旅人無法體悟的。當他們沉浸在海王星水域的想像和感覺中時，即使是嘈雜混亂的長途巴士上人聲鼎沸，也無法破壞他們將內在幻想的美麗畫面投射在實境中。

由於海王星和救贖的主題有關，從雙魚時代的世界觀解讀，可詮釋為「宗教的」主題，所以當海王星在九宮時，我們會看到更純淨的靈性形式。但是我們必須記得集體對於上帝的定義並非永恆不巧的，每種定義都專屬於某個特定的時代。例如早於基督教時代的佛教，或是柏拉圖主義「非基督教」的哲學，就因其中缺少海王星的渴望和痛苦而受到衝擊。但對於世界上許多人口而言，這些途徑也是一種對宗教真理的理解，就如同康士坦丁大帝時期後西方一直擁護基督教信條。九宮海王星的宗教性，不比其他的行星來得多或少。但祂的確看來具有更多的宗教色彩，因為祂充滿了救贖與犧牲的主題，並依此背景來定義「真實的」宗教感受。同樣地，海王星人也傾向於真心誠意，且有時過於草率地認同他們選定的救贖者，所以海王星的崇拜者看似更投入靈性。這種認知會染上雙魚座的世界觀，將對靈性的忠誠和服從宗教權威畫上等號。海王星九宮的人是天生的預言家，他們可以深刻表達對於更高層、更深層現實的直觀性領悟。如果他們無法控制這種領悟，就會導致盲目的狂熱。不過篤信天神的善良也是海王星在九宮的固有特色，無論個人或國家皆然。而這大部分都取決於一個人是否有覺知，或是能否用反省、客觀和常識來平衡海王星對於本源之愛的動人想像。

海王星在十宮

十宮很複雜，因為它不只與「外面」世界的職業、成就和地位有關而已。這排序最後的開創宮位呈現出母親或母親原型的特別面向。十宮的母親既是形式的賦予者，也是代表實體世界的象徵。當一個嬰兒出生時，母親的身體便是構成宇宙的實質元素；身體的母親與物質世界就是同一件事。母親的身體界線，母親的管教規範，最終形成認知中的界限；我們投射出來的外界便是日後打交道的環境，在其中我們會試圖用「事業」讓這些投射具體成形。每個嬰兒都由母親顯現的行為中認識特別的原型成分。這成分將影響一個人如何認知更大世界對於自己的期望，以及將如何表現才能出人頭地。這是種傳承，但卻不是傳承自母親的客觀形象。相反地，比較像是母嬰關係中最初體驗到的形象，以及日後該如何在充滿限制和法則的世界中努力讓自己成為獨立的成年人。十宮內行星反映的議題，形塑出我們設想在該社會中的地位、如何做出貢獻、擁護或爭取哪些社會議題，並挑選戴上什麼面具。這並非指母親的個人行為影響了孩子，而是她在孩子面前具體呈現的神話形象，但這主宰了我們的認知。因此我們擁護的物質目標，與我們早年經驗的母親限制及界限，有著深刻的關聯性。

海王星十宮的人，可能認為世界就像一個戰俘營，囚禁著需要救贖的人。在這種狀況下，小孩會視母親為無條件付出愛的受害者，背負著生命中的不公平和痛苦。母親形同「痛苦聖母」（mater dolorosa），她的眼淚可以洗滌人性的罪惡，而她的痛苦需要奉獻和一生的回報。如果孩子日後將這種形象轉移到外界，世界就彷彿充滿了悲慘；因此海王星十宮的人常受照護的職業的吸引，以此為一種手段，讓他們心中的原型模式具體成形。不過海王星十宮的人也可能認為母親是歇斯底里患者，就像大魚飢渴的肚子，正如亞歷山大大帝曾經說過，母親會為了寄住九個月（譯按：意指懷胎時間）要求過分的租金。母親也可能呈現出海王星特有的心理問題，即仍未從母體內脫離。她可能會被誤認為是個獨立的個體，努力為了自己的孩子而活，並藉著孩子活下去。海王星的理想化傾向與渴望融合的特質，往往會同時出現在母親與孩子的身上；兩人可以共享完美融合的美夢，其中沒有任何寂寞或衝突，是一個無法破壞伊甸園永恆極樂的境界。他們的救贖模式就是先滿足母親的需求，之後再滿足世界的需求。這裡的界線很模糊，孩子可能會覺得自己不只受到召喚成為救贖者，同時也是大魚的食物，從誕生，接受滋養，再被吞下肚。

海王星容易感應母親心念的能力，並可能會透過其他的方式，如舞台和銀幕的世界，向集體展現這種能力。在觀眾的「神祕參與」下，海王星十宮的人重造與原始融合的狀態，從觀眾的正面迴響中獲得滋養。但若觀眾否定了他們的付出，他們就會體驗到深刻的失落、焦慮和失望。此時集體就變成了本源的具體化身，集體的愛能賦予生命，集體的憤怒則會威脅生命。海王星十宮的人會與集體形成非常矛盾的關係，就像與自己母親的關係一樣。一旦成為「他們」想要和需要的模樣時（這也等於母親想要和需要的東西），海王星十宮的人就會讓無條件愛的幻想更加穩固。然而這隻「多頭怪獸」就如所有的羅馬皇帝所知道的，既有反對救贖者的傾向，也有崇拜他們的渴望。莎士比亞在許多戲劇中提及這個主題，特別是《科利奧拉納斯》（*Coriolanus*）。十宮的海王星如果透過演員的天賦展現在世人前，會顯得很有魅力，也有些神祕。但同樣地，也可能因為無意識的認同導致犧牲，好在平凡生活中演出受害者—救贖者的神話。十宮海王星如此的表現方式，最佳的範例即是第八章中討論過的黛安娜王妃的星盤。

針對十宮的海王星，艾伯丁曾提過「奇怪的目標」，還有「透過不正當手段達成目標」。
20 因為海王星的被動和無助，這些人覺得無法掌握人生的進度。當他們在規劃未來時，常帶著宿命論的態度，所以可能不時更換工作，而他們換工作的動機並非發自內在，而是受到別人幫忙。這些人會因此變成一個小小孩，想要滿足母親的野心和期許，急著取悅母親，但卻毫無內在動機去做出獨立的決定。對於某些海王星十宮的人而言，事業是個必須品而非選項，這受到無意識的強迫力引導，所以能容忍沒有其他選擇的情境。我們可以將這股強迫力稱為幼稚，或是靈性，或是兩者的綜合。還有些海王星十宮的人會覺得這個世界如此浩瀚、令人困惑又勢不可擋，沒有足夠的「我」可以根據個人意志找到一席之地。所以海王星十宮的人可能成為社會的受害者，生命的「輸家」，但他們不是因為缺乏能力，而是願意經由隱晦的被虐待傾向，為一個既定的身分意識犧牲。在這種情形下，他們會自覺為專制社會力量（保守的政府、家長的態度、資本主義或其他土星式投射的好圈套）下的受害者，等待著千禧年的到來，彼時邪惡會被推翻，由馴服者繼承人間。

他們如果把受害者—救贖者的形象，與非法之徒（就如大部分救世主在的社會中的形象）結合，就會覺得欺騙是達成任何事情的必要手段。他們可能有迫切的需求，想要以顛覆性的手段行事，還想要受人注意；他們會無意識地打造自己垮台的方式，像是留下一些不誠實行為的線索，或是與一位不誠實的同事或商業夥伴牽扯不清。也可能假設有某些豁免權，其中之一是自認「高於」社會的法律。十宮的海王星有時與醜聞有關。這種海王星的自我破壞有個耀眼的例子，即是美國流行音樂作曲家歌手查克・貝瑞（Chuck Berry）。貝克憑混合搖滾、鄉村和西洋音樂的特殊類型，在一九六〇及一九七〇年代大受歡迎，暢銷曲包括Mabelline和Johnny Be Good。他還因為Go, Johnny, Go和Let the Good Times Roll兩部電影創下更多成就，並在一九八四年贏得葛萊美獎。在他的出生盤上，獅子座的海王星落入十宮，六分十二宮的太陽，並同時四分一宮的土星及七宮的火星，三顆行星形成一個T型相位。[21]他在十八歲時就因為偷車入獄三年；一九六二年，三十六歲的他又因為帶著一名十四歲的妓女跨越國界被判三年徒刑；之後還因漏繳十萬八千美元的稅被關了四個月；一九八八年，他又因為毆打一名配唱的歌手遭到起訴。不管是什麼東西在腐蝕著貝瑞，名聲和財富都無法療癒。他的事業本質極適合十宮的海王星，因為他是眾名流歌手中的一員，這些歌手實現了整個世代的夢想。但他卻讓自己不斷的受到法律的折磨。這也許是因為他出生盤海王星、火星與土星的T形相位用強迫性的方式呈現，警察演出了土星的角色，他自己無法控制的暴力則扮演了火星。

十宮的海王星可能會受到崇高的啟發，為群眾服務，也可能受到惡魔般的刺激而魅惑群

20 Ebertin, *The Combination of Stellar Influences*, p. 51

21 星盤來源和自傳資料：Astrodata IV (Tempe, AZ: American Federation of Astrologers, 1990), p. 17.

眾，也可能兩邊都沾上一點。海王星十宮的人永遠不會失去「偽善」的天賦。他們星盤中的其他相位可能沒有明確的海王星色彩，但外界會將海王星投射在他們身上，因為他們也把海王星向外投射。他們的職業和公眾生活通常帶有「神祕參與」的元素，而他們在大眾眼中扮演的角色也沾染了些戲劇色彩。我們的世界也許並不大，不是每一位海王星在十宮的人都能成為「名人」，但他們確有容易受到注意的傾向，因為他們有種神祕的鏡射特質，讓不認識的人們心生幻想。然而當接觸較為密切後，這種神祕感便會消失了。而海王星入一宮或七宮的人即便在近距離的親密關係中也難以捉摸。不過無論十宮的海王星吸引的是誹謗或崇拜，都具有龐大的吸引力，因為海王星擁有巨大的直觀力，能洞悉集體的內在運作。如果海王星十宮的人有相當的覺知，足以自我覺察，不與在公共舞台上演出的神話形象融為一體，他們的吸引力就能為社會帶來極大的益處，或者至少大眾可以透過他們的才華表現獲得極大樂趣。但是他們必須誠實面對與母親有關的救贖議題，才可能出現必要的自我覺察。若海王星十宮的人沒有這種洞悉能力，就可能變成內外在集體力量的受害者，而他們確實對此無法控制。

海王星在十一宮

十一宮有時被稱為希望和願望的宮位，有時則被稱為團體的宮位。

十一宮最深層的意義就是……一種超越自我認同的嘗試，意圖變成一個更偉大的人。為了達到這個目的，最重要的就是要認同一種超越小我的事物，例如友誼、團體、信仰或意識型態。22

十宮關切的集體是一種我—你的關係，我們將培養技能、才華、地位或權威，並貢獻給「外面的」世界（還有一位母親）。然後這個世界會正面或負面地回應我們，但是即使海王星位於十宮，這個世界仍是「在外面」。十一宮也與集體有關，但我們會用不同的方式處理。在此將透過共享的理想和抱負，加入更大的人類家庭，成為其中的一份子。這不只為我們的努力賦予意義，也為自我形成的寂寞道路上提供了紓解，自我形成位於星盤中的最高位置，也就是天頂。在十一宮，我們不再寂寞並有所歸屬。身旁圍繞著志同道合的人，無論是有共同喜好的電視節目或哲學品味，都能藉由他們的接納來確立自己。「我」變成了「我們」，我們的生活在心智層面上透過與身處的社會融合，呈現出更寬廣的景況。人道主義和心理學界已對「集體

22 Sasportas, *The Twelve Houses*, p. 92.

意識」有許多討論。這有時被奉為一種令人嚮往的理想。不過集體意識並非總是如此迷人。當一群人為了足球暴動或三K黨相聚，人們就很難談到比較進化的覺知。十一宮也會反映這種類型的活動。我們選擇的團體就像我們選擇的朋友，可以用來衡量我們的理想和價值，反映出更寬廣的本質。我們能為這生命領域帶來哪些高貴的品質，要看我們是什麼樣的人，以及我們如何回應出生盤中十一宮內的行星。

海王星十一宮的人需要一個歸屬的團體。無論這個團體是職業的、鄰居的、意識形態的、靈性的或「嗜好的」社團，都象徵著救贖的源頭，沒有了這個團體，他們會很迷惘、失落和寂寞，若失去這個更大的舞台，個人的、職業的和創造性的成就顯得毫無意義。海王星十一宮的人可能會表現出強烈的社會道德，對集體的情感需求具有高度的感受性，以致終身投入為人類服務的領域。救贖是透過需要救贖的人而成立，因為人們藉由拯救別人的行為獲得拯救。海王星的利他主義並不單純，其中包括孩子氣的需求，及對全人類相互連結的真實感應。然而，除非這些人能應付寂寞，否則團體的理想化會吞噬了其中的個體性，腐蝕個人的價值和完整。艾伯丁曾提到，「探索靈魂的結合……高貴的目標和抱負……一個人容易被他人影響」。[23]十一宮中的「靈魂結合」不是感情或性的戀愛婚姻。對於海王星十一宮的人而言，這是心智與靈魂的相遇，為輪迴轉世的寂寞提供解藥。海王星探索的基礎不是個人成就，而是把個人生活奉獻給一個更寬廣的目標，理想層面上，伴侶應該要參與他們的工作，或分享他們的靈性或政治信念。海王星十一宮的人很難容忍與情感融洽的伴侶（或朋友），在目標上分歧。這種趨力表現在非個人的層面上，其中一個有趣的例子就是「戒酒無名會」的成立，即透過一群有關聯的受苦同伴來彼此協助。這團體的海王星落入十一宮處女座，對分土星，三分太陽，並合相月亮。[24]若要洞悉海王星在十一宮的運作方式，莫過於從有此配置的團體星盤中來認識。

海王星在十一宮的人常是政治動物。有些人呈現出烏托邦的傾向，有些人則支持右派。但烏托邦的夢想不僅限於政治上的左派。當海王星透過十一宮表現對伊甸園的渴望時，常會喚起人們對於完美社會的夢想。我們很容易在浪漫國家主義中和浪漫社會主義中找到完美的定義，還有達到完美的方式。國家主義本身並非特別地浪漫。舉個例子，在希特勒的首席政治宣傳約瑟夫・戈培爾（Joseph Goebbels）的出生盤中，海王星位於十一宮，合相冥王星。[25] 這並不是指出他在追求權力時選擇的道路，要歸咎於十一宮的海王星。但戈培爾對身旁的集體潮流異常地敏銳，所以能出色地操縱集體潮流。他藉由自己特別的直覺天賦替希特勒完成夢想，因為他知道人民無意識中想要什麼樣的德國。儘管他醜陋恐怖，卻全然實踐打造完美社會的幻想，相

23 Ebertin, *The Combination of Stellar Influences*, p. 51.
24 星盤來源：*Internationales Horoskope Lexikon*, p. 65.
25 *Internationales Horoskope Lexikon*, pp. 649.

信他為了達到這個目的，可將自己任何的罪行合理化。而海王星與冥王星的合相，無疑成為他履行任務時的殘酷驅力。雖然這是一個海王星在十一宮失控的恐怖例子，但這只是程度上的不同。有些人在追求自己的救贖時，也決心要「改變」別人接受特別的完美願景。這是海王星投射到社會上的正面意涵，但是與每個個體在社會裡擔任的居中協調角色無關。

更多時候，海王星的烏托邦美夢是在個人及政府層面上，與社會中較為弱勢的成員共享資源與責任。整體比個體更為重要。從歷史上來看，海王星行運通過水瓶座時，剛好是托瑪斯·摩爾書寫《烏托邦》，馬克思書寫《共產黨宣言》的時刻。十一宮是水瓶座的先天宮位，所以當海王星入十一宮時，這些作品讓我們看到海王星最典型的政治願景。將人們結合起來是神性之愛的世俗表現，而唯有當人類認團體情誼時，才可能達到救贖。假如個人能以現實主義來平衡崇高的願景時，就能將夢想落實，同時為改善別人的生活提供寶貴貢獻的準則。但若他們無法控制海王星，完全融入救贖者的角色，就會進而抑制或傷害他人的個體需求。當這些人發現社會拒絕他們提供的救贖時，就會痛苦地幻滅。海王星十一宮的人在選擇志同道合的夥伴時缺乏辨識能力，可能會發現自己成為了集體的受害者，集體在一開始時能提供救贖，之後就變成貪婪的野獸，苛刻要求隊伍中的成員要絕對服從。

對於海王星十一宮的人而言，神祕或靈性社團極具吸引力。所以，他們有著將特殊靈性途徑視為人類救贖的工具的看法。舉個例子，教宗若望·保祿二世的出生盤中，獅子座的海王星位於十一宮，合相木星。[26]史上從沒有一位主教曾發表過「教徒製造」書，向靈性未開悟的集體宣揚天主教。[27]教宗獻身於信仰的忠誠，自然無庸置疑。但該信仰對於全人類的適切性，卻令人質疑。海王星十一宮的人常會不屈不撓、全心全意地救贖別人，毫不考慮救贖就像上帝創造的萬物一樣，能以許多形式出現。就本質上而言，海王星十一宮的人並不容易受修道院生活的吸引。直接投入人類靈性的演化，其中有太多的需求。社會的生活也是家庭的生活，其中的成員顯然不再由血緣決定。然而實際的家庭常是導致受傷和幻滅的場所，尤其是與母親的互動，海王星十一宮的人可能會將母親—孩子的關係帶入團體，並依附其中。至於誰扮演母親，誰扮演小孩，則又將我們帶回海王星的鏡子大廳裡。這些人可能擇一扮演，但又總是偷偷地同時扮演兩種角色。

十一宮的友誼通常建立於共同的利益或理想上，鮮少涉及個人的情感互動。然而海王星在十一宮的友誼，傾向於參雜濃烈的情緒暗流，因為海王星渴望融合。這些人會視特別的朋友為救贖者，一旦少了這些朋友形同失去親人，遭受拋棄。這可以促成深刻且持久的關係，但對天性需要更多呼吸空間的人，可能會覺得緊密到無法呼吸。海王星可能會出現極度的占有慾，如

---

26 星盤來源：*Internationales Horoskope Lexikon*, p. 808.
27 Pope John Paul II, *Crossing the Threshold of Hope* (London: Jonathan Cape, 1994).

同小孩依附母親，或母親對待小孩一樣。海王星友誼的特徵之一是因友誼帶來極大的痛苦及幻滅，因為當對方無法全心全意地忠誠奉獻時，海王星的理想化就將導致背叛的感受。他們樂於對生命不幸的朋友伸出援手；海王星十一宮的人會吸引已被他人放棄的「流浪者」、生病的人，或因後天悲慘狀況而迷失的人。這些模式反映了在人類關係最重要的面向中，受害者—救贖者的神話是如何運作的。十一宮的海王星，描繪出與朋友結合的強烈神祕感，這不只是全心全意地奉獻和同情，也是真心誠意地付出犧牲。這種友情可帶領我們接近伊甸園的大門，並在此生進入其中。為了能有特權一窺這個神性本源，我們勢必在痛苦中付出極高的代價。但十一宮的海王星絕不吝惜付出這樣的代價。

海王星在十二宮

十二宮的海王星猶如回到了故鄉。我們可以看到海王星處於自己「區域」的水域時，不受外界人事影響時的模樣。十二宮也和六宮、八宮一樣聲名不佳。也如同海王星一樣難以定義。就傳統而言，這是一個監禁、限制和自我毀滅的宮位，對占星學子也是個焦慮的來源，當他們發現自己出生盤上有行星落入十二宮，並參考了較為古老教科書的解釋，只會得到駭人的結論。

從最基本的層面分析，十二宮……代表了每一個人心中的消融慾望，我們會渴望回到融合無界的生命源頭，回到本體的最初狀態。28

由於十二宮描述了個人對於源頭的個人經驗，所以這也與遺傳有關。但這裡講的不是四宮和八宮描述的父母遺傳。十二宮的遺傳可以遠遠回溯至中國人所稱的祖先。以種族、宗教和國家發源的角度，就家族出自的文化來看，這裡就是我們最深遠的根。甚至當我們切斷了比較久遠的過去，只認同目前在世界中為自己開拓的狀態和生活時，十二宮永遠在那裡提醒著我們，我們不只繼承了父母的形象、迷思、傳統、感覺和夢想，同時也繼承了祖父母、曾祖父母和我們來自「血統」的一切。遠古的鬼魂會從十二宮回到我們的身邊，陰魂不散，像是家族「不可告人的祕密」，一位被遺忘曾信奉正教的曾祖父，另一位被長期隱瞞自殺事實的曾姨婆，曾曾祖母的「預視」能力，移民的貧困和兩百年前的宗教迫害。遺忘之地的惡魔也會住在十二宮，像是早被遺忘的國家、民謠和部落的祖先圖騰。我們甚至可以追溯至人類起源和人類發展的原始神話。關於所有的一切，出生盤中落入十二宮的行星都能理解，都會接收到信號。有鑒於對

28 Sasportas, *The Twelve Houses*, p. 98.

集體無意識靈魂的存在和力量如此無知，十二宮必然會帶給我們許多麻煩，但這都是預料之中的事。

十二宮的海王星會傳遞我們誕生之前的富足、黑暗和光明。十二宮是誕生之前的宮位，所以也描述了母親懷孕的時期，當時的我們在子宮的羊水中怡然自得。做為傳遞祖先集體原型主題的媒介，海王星十二宮的人特別能接收到苦難和救贖的感受與意象。宗教議題也屬於家族的傳承，而這議題可能顯得特別強大，所以對這些人而言，學習心靈遺產是很重要的事；如果這類議題在家族精神中占有重要的份量，海王星十二宮的人絕對無法置身事外。而若他們沒有意識，十二宮的海王星便可能帶著渴求的力量，以強迫性的、壓倒性的、脅迫性的方式吞噬當事人，但這股力量其實是來自於許多亡者，這些先人將他們的渴望變成一個不斷加強的精神指令。想像的能力和用創造性形式表達意象的能力，也可能是家族傳承中的急迫議題，此時這些人就必須找到藝術性的方式，傳達遠勝於個人的古老且龐大的幻想。十二宮被稱為自我毀滅的宮位，一點也不令人意外；倘若我們沒有覺察來自祖先想要回家的巨大渴望，就將不由自主地被拖回家去。

對於十二宮的海王星，艾伯丁曾提過「神祕主義，追求幻想和藝術……內在或精神生活開放接受外界的影響……渴望藥物和麻醉劑。」[29]可以預見，當海王星十二宮的人藉由某種替代品體驗到純粹的原始渴望時，將呈現出隱退、幻想和神祕主義的傾向。而天生能感應到如此強烈的救贖意象，也是成為藝術家的天份。如果他們獻身於宗教或靈性的道路，可以撫慰海王星的愁思和厭世，同時能成為一種不僅能拯救自己的寂寞，也能解救過去受害者孤寂的工具。海王星十二宮的人可能要肩負拯救家族罪惡和痛苦的重擔，尤其當他們傾向認同受苦的救贖者時。有鑒於此，如果海王星十二宮的人沒有覺知，或者還不夠成熟，很可能成為家族紛爭的工具或代罪羔羊，而這紛爭可能源於好幾代之前。倘若海王星十二宮的人無法控制自己的內在經驗，便會與某些心理和生理的崩潰形式有關，這是具體展現家族累世的不幸和難題。在此前提下，十二宮的海王星也與藥物的上癮有關。

集體無意識中蘊含了無止盡的原型夢境和幻想，這都會成為海王星十二宮的救贖象徵。這些人可能會對靈魂的創造力上癮，迴避與外界的關係，以享用本源的宇宙之水。也可能自視為基督般的人物，來到這裡拯救受苦的世界。這和十一宮的海王星不同，十一宮的海王星是對完美社會的願景。十二宮的海王星則較像是在情感上絕對認同生命的受害者。由於政治有時可提供一個舞台來展現宗教的感受，所以海王星十二宮的人有時會投身於某種捍衛弱勢者的政治哲

29 Ebertin, *The Combination of Stellar Influences*, p. 51.

學，因為家族的遺傳在無意識中驅迫他們去拯救一段隱藏的過去。在這種背景下，我們可以回想一下英國工黨議員湯尼．班恩的出生盤。他的海王星與月亮皆在十二宮，二者都四分土星。當他為了成為左派政治人物放棄繼承的貴族身分時，[30]這不只是一種政治表態，也像是在宣誓意義重大的義務，他必須拯救內心中的某種事物，而那可以追溯至在他誕生之前的家族歷史。

十二宮的海王星，究竟是預言家、藝術家、療癒者、上癮者，還是殘疾者或精神病患，其中並沒有明確的界線。位於此處的海王星讓我們了解自身非常有限，有時又相當愚昧的神智清明定義為何。海王星十二宮的人常會體驗到神祕或「海洋的」高峰經驗，這可能帶來救贖，對生命有益。但當他們徹底成為上帝的代言人時，則可能會被大浪征服。就某些背景來看，情況的確如此。海王星十二宮的人的確比大多數的人，更容易認清生命之中一切的基本神性。他們只有任由原生的自戀成分主導人生的舞台，不許其他人與自己有同樣的地位時，才會開始焦慮。海王星表面上的瘋狂是不尋常地清醒，雖然祂關注的是內在世界，而非外自世界。但有些海王星十二宮的人，特別是海王星與內行星形成強硬相位的人，他們在面對集體靈魂的潮流時，無力維持自己的界線，便會演出十二宮的傳統意義，終其一身或斷斷續續地受到監禁。

海王星十二宮的人也許不認為自己需要幫助，也或許實際上他們真的不需要幫助，除非當他們對別人構成危險，或是因為無法控制的強迫驅力讓自己變成受害者。或許海王星永遠的朋友、也是永遠的敵人的土星，些許的土星現實成分可以幫助深陷水中的十二宮海王星，而過多的土星成分則會讓試圖逃避的海王星氾濫成災。水星的功能也可能同樣重要，這是六宮先天的守護行星。榮格相信當這些人在處理被原型意向或強迫力淹沒的議題時，對於物質象徵性本質的理解，能提供極佳的療癒，協助這些人在水流中前進。即使崩潰發生，當事人能否建設性地利用過往的經驗，部分取決於是否在清醒狀態中理解發生了什麼事。對於海王星在十二宮，再加上出生盤中風元素或土元素被強化的人，理解是十分重要的事。因為正如格林童話《侏儒妖》（*Rumpelstiltskiin*）故事告訴我們，當你知道某件事的名字後，就能解開它的神祕，讓它變得容易親近。水星在神話中的角色就是靈魂的指引者，可以為海王星十二宮的人提供支持的架構，雖然水星的本質是理智的，但卻能提供海王星有利的協助。

占星師霍華．薩司波塔斯曾經說過，海王星在自己的宮位中是十分強勢的。[31] 這裡的挑戰在於如何控制且運用**祂**的力量，好讓生命可以繼續前進，而不是崩潰瓦解。在海王星最具感應性、最具想像力的位置中，我們必須謹慎質疑正常和清醒的定義。這些人有時必須退隱一段時

---

30 在此向不熟悉英國政治特性的讀者解釋，一個有貴族頭銜的人無法被選為國會下議院的議員，但可以任職於上議院。儘管上議院也可以與左派連成一線，但是湯尼．貝恩感受到一種召喚，讓他覺得自己無法透過上議院傳達自己的社會主義理念，所以他犧牲了自己的繼承。

31 Sasportas, *The Twelve Houses*, p. 306.

間，或是用某種形式的消融，替代活躍於外界的時間。只有這些人能決定什麼是適當的平衡。但當海王星在十二宮時，祂反映的是遠超過個人的祖先遺產，將無法再容忍壓抑。對他們而言，海王星對救贖和重返生命源頭的渴望，已壓抑了好幾個世代，正如前美國總統亨利．杜魯門（Henry Truman）所說，對於海王星十二宮的人而言，「任何的推卸責任都到此為止」。

【第十二章】從相位看海王星

彭休斯：我聽說有個外地人從利狄亞來到這裡。這個魔術師，這個騙子的金黃色捲髮散發芬芳，雙頰紅潤，雙眸藏著愛的魔法。他日以繼夜與年輕女子廝混，引誘她們參加狂歡的神祕盛典……這位神祕的外地人，以他這種厚顏無恥的放肆行徑，難道不該被活活地痛苦吊死？

——歐里庇得斯（EURIPIDES）《酒神的女信徒》（*The Bacchants*）

海王星拜訪星盤中的其他行星，就像戴奧尼索斯探訪彭休斯。海王星就如《酒神的女信徒》中的天神戴奧尼索斯，他狡猾、迷人又令人不安。人們面對他時，需要更複雜的反應，不僅是嚴格的控制（這是彭休斯的好戰姿態），或是不假思索的屈從（這就是瘋狂性女信徒的狀態）。這位外地人需要尊重，但很諷刺地，他也需要自我尊重；他需要認清自我放縱的價值，而不是盲目地浸淫其中；他需要在謹慎界定的界線之內交出控制，而這既需要紀律，也必須有出神的狂喜。這些矛盾的需求也許不如表面上困難，很多藝術表達可以滿足這些需求。任何深觸人心的儀式崇拜也能提供滿足。當有他人涉入時，人們就必須透過個人的需求與限制來平衡同情和情感的親密。不過彭休斯的表現終究和我們一樣，並沒有把這處理得十分妥當。

彭休斯：你們那些祕密祭典是什麼形式？

外地人（戴奧尼索斯）：這不能告訴異教徒，這是犯規的。

彭休斯：那些祕密對信徒有什麼好處？

外地人：這些值得探究，但告訴你就犯規了。

彭休斯：你這花言巧語的粉飾，只想勾起我的好奇。

外地人：天神的祕密祭典憎恨對神不敬的人。

彭休斯：既然你說曾經清楚地見過天神的面貌，他長得什麼模樣？

外地人：他喜歡怎樣就怎樣，這不是由我規定。

彭休斯：又是巧妙地避開重點，你的話不著邊際。

外地人：把智慧說給愚蠢的人聽，他們還以為你是傻子。1

彭休斯具體表現了極致的力量，還有自我覺知的最大缺點。他既是太陽，也是土星。他為了減輕自己的焦慮，一開始先要求簡單的答案，之後才展現權威的主張。不過，他對這位天神問錯了問題；而我們或許，也和他一樣。

海王星和內行星

任何兩個行星之間的相位都代表了兩股活躍能量的關係。對於個人而言，這兩者都很實際且必要，但也傾向以各自的方式運作。詮釋一個相位時，最重要的不是解釋這是「輕鬆」或「困難」相位，而是這兩個行星能否、如何建立一種合作關係，即使有時會打架，但最後終能在自我的容器中贏得榮耀的一席之地。覺知在此扮演了非常重要的角色，因為它就像一位仲裁者，能調停兩股交戰的靈魂強迫力，而這些強迫力就是古人所謂的命運。但海王星就像一位預言家，在這群比較外向的人群之間流浪徘徊，不知所措又不善辭令，的確不容易與其他行星形成合作關係。月亮能理解海王星語言中的一些元素，月亮對於親密情感的需求，為兩者之間提供了共同基礎。但月亮象徵了根本的本能需求，不會自願地犧牲自我。海王星有時被稱為高八

1 Euripides, *The Bacchants*, From *Ten Plays by Euripides*, translated by Moses Hadas and John McLean (New York: Bantam, 1960), p. 290.

度的金星，所以金星也能理解海王星的語言；祂倆都能在任何驚鴻一瞥的美麗裡，或在概念中或在形式的世界中，感受到某種提升。但是金星不會隨著海王星進入遺忘的水域中，金星渴望的是愉悅，而非消融。太陽能就生命的目的與海王星交談，但太陽希望透過積極的具體化來服務神性，而非透過被動的犧牲。木星也能與海王星消磨一些時光。祂們都是雙魚座的守護行星，都在追求世俗限制之外的真實。但是木星的篤信宗教源自於哲學，而非與神性的融合，而祂對於宇宙目的的理解，會成為針對生命餽贈的知識，同時能帶著自信和信念來表達個人的目標。對於海王星而言，生命需要被超越，而非被探索，而且無論知識如何地舉世皆通，都會干擾「神祕的結合」（unio mystico）。海王星的幻想必須被轉化成概念和創造性的技能，才能與水星交談。凱龍星能分享海王星對於人類痛苦的體悟，但是會透過理解來尋求療癒，而非消失存在來終止痛苦。火星與土星，則和海王星完全搭不上話。

海王星與內行星的相位，就像來自朦朧宇宙水域的入侵勢力，進入了內身分意識的明亮世界，宣示能在內行星管轄的生命領域中帶來普通滿足辦不到的事。當海王星造訪內行星時，一切都與個人性格的需求有關，這無關好壞。只是宣告個人命運中某種「惡魔」，能讓集體的救贖渴望穿透性格，而個人也必須付出某種特別的努力，以交換其為生命帶來的甦醒。我們不能忽略或壓抑這個惡魔。否則它遲早會從內心或毫無頭緒地掀起一場海嘯，毀滅了性格的架構，這種破壞不僅是在心理上，通常也包括身體。同樣地，如果一個人因為缺少一致的疆界，或對平凡的自我缺乏尊重，任這惡魔戰勝了服侍自我的功能，這個人就會因為沒有能力接受分離，破壞了自己的生命潛力。這個人就會無助地受到母親情結控制，然而無論外界在這貼上什麼難以理解的標籤，他或她就會變成生命和自我的受害者。

海王星的困難相位可能會有極端表現，這要看整體星盤的配置，相位只是部分因素。逃避生存的挑戰和忠於自我的完整性，這二種態度都有同一個前提，即是成功的獨立。海王星不一定要在自我的彭休斯面前扮演戴奧尼索斯，毀滅個人清醒和自給自足的基礎。海王星無須成為全職專業的女酒徒，因為接踵而來的情緒影響陷入無助。也不必非得不斷地扮演救贖者，或是因為盲目地依賴變成被動的受害者。海王星是一種偉大的創造力，可以透過各種形式展現，同時向宇宙海洋的水域、個人的界線和世俗的需求獻上敬意。當一個人擁有強化的海王星能量時，可能永遠都不會「正常」，任何形式都不可能，但是他可能非常有趣且充滿活力。無可避免地，我們會誤解海王星，有時會誤解很多次，有時是可怕的誤解，之後才能認清可能會有另一種結果，不一定要呼應《酒神的女信徒》的結局，落得一顆人頭被插在竿子上遊街示眾。年輕時，我們只覺得有某種隱形的事情正在腐蝕我們的清醒和意志，讓我們不快樂，充滿困惑，因為人生並不像伊甸園。我們可能會缺乏土星的強悍和太陽的自信，來忍受這樣的失望；這可能太令人痛苦。之後，當土星回歸時，回到其在出生盤上的位置，以及再晚一些，當行運的天王星對分它原在出生盤上的位置時，我們才比較能夠思考正確的問題。

對於防衛心過強的人而言，海王星的存在是恐怖失控的；對於界線薄弱的人而言，這就像是會上癮的極樂，就像諾瓦利斯（編按：Novalis，德國浪漫主義詩人）對遺忘的致命渴望。有時我們可以預期同時看見這兩種反應。如果沒有個體自我的存在，當站在海王星和其他行星形成的相位中，海王星就極可能像戴奧尼索斯對付彭休斯一樣；或者個體永遠都沒有機會成為完整的個體，在特定的生命領域中，永遠地飢渴，永遠地沒有誕生。儘管我們不必將歐里庇得斯對天神的描述，當成海王星意涵中的殘忍和多變指標，但記住其中的敘述，仍是很有幫助的。

外地人（戴奧尼索斯）：讓我們懲罰這個人。首先，讓他失去理智，讓他有一點瘋狂。他只要還有一絲理智存在，就永遠不願穿上女人的衣服。但他如果已經喪心病狂，他就會了……他要知道宙斯之子戴奧尼索斯，生來就是絕對的天神，祂有最恐怖的力量，但對人類也最為仁慈。**2**

海王星與太陽的相位

任何人的死亡都是我的減損，

因為我是人類的一份子；
別問喪鐘為誰敲響，
它是為你而響，為你我而敲。3

當在出生盤中，海王星與太陽形成相位時，意味著個人自我表達的需求，還有對誕生前無形混沌的渴望，兩者必須進行對話。無論是在意識或潛意識中，這二個行星對話的主題就是人生的目的。太陽與海王星並無法好好地同床共眠，當事人通常得等到第一次土星回歸之後，才能開始揣摩如何在這令人困擾的同居中生活。可能就像希臘人的暗示一樣，他們在德爾菲的一間神殿中共同祀奉這兩位天神，向膜拜者呈現太陽的清晰和長期出神狂喜的交替旋律，兩者在一年之中都有各自的時節，舉行合宜的儀式。太陽象徵我們在中年完全發展出來的價值和目標，成為我們對自己命運感受的底蘊，所以日海相位的人必須將海王星的世界納入自己選擇的人生道路中，否則就會有挑惕嘮叨的不滿、幻滅和冷漠，破壞他或她想做的所有事情。

所有的日海相位，無論是強硬或柔和相位，都必須透過個人發展成熟的方式，展現誕生之

2 *The Bacchants*, p. 300.

3 John Donne, "Devotions," in *The Oxford Dictionary of Quotations* (London: Oxford University Press, 1941), 186:28.

前的領土風貌，這最好能成為一個人的職業或專業，但不一定非得如此。將海王星的世界融入人生，這聽起來很簡單。從表面上看，只需要當事人有一些超驗的想法。但太陽的動力會追求表達和實現，祂必須向外發射光芒，照亮生命，對外面的世界帶來一些影響，無論這影響有多麼微不足道。若想避開逃避主義者「靈性」的虛幻撫慰，就必須找到一種管道發洩海王星在肉慾和情感上的戲劇性，紓解祂與神性融合的渴望。最重要地，這必須是個人性的管道。無論教義多麼美好，多麼有價值，除非是經過個人的經驗和價值觀消化，否則都不是個人性的。

日海相位象徵了音樂家、演員、作曲家、劇作家、詩人、小說家、畫家、導演、攝影師、占星師，與仰賴靈感和經驗研究的實驗性科學家[4]，或是治療師和諮商師，還有老師，他們會利用想像力的作品進行治療。海王星人在滋養或拯救一個能喚起伊甸園記憶的環境時，也會有回家的自在感。基於海王星對於人類痛苦和渴望的同理心，他們的創作通常都帶有宇宙共通的特質，能用一種所有人都能理解的語言與人溝通。他們的表達形式既像太陽，也像海洋。他們擁有身體，卻變幻不定；他們需要帶著覺知努力、奉獻、做出個人的選擇、肉體接觸和比喻，隱微地詮釋與其他生命的關係。海王星會讓太陽充滿滲透性，對看不見的世界的水域敞開大門。然而看不見的事物不僅是超然的光亮，也是原始的黑暗。如果這些人只試著與小魚為友，忽略了大魚，黑暗就會透過其他管道出現：酒精、藥物上癮、強迫性飲食失調、性的問題、失能崩潰的心理或身體疾病。他們也可能透過投射體驗到黑暗力量，就像一些黑色幽默的巧合，他們的配偶或孩子會具體呈現海王星比較陰鬱的特質，而這正是他們內心強烈否認的特質。日海相位的人可能會像彭休斯一樣，一開始成功地限制了天神，最後卻和一個躁鬱症者、歇斯底里者或酒鬼結婚，生下一個小戴奧尼索斯，長大之後還會變成毒蟲。

日海相位渴望透過臣服於某種更偉大、更高層事物的行為，藉此體驗自己被「取出」的感受。太陽是五宮先天的守護行星，這個宮位不僅與創造性的努力有關，也與愛有關。若想真實地反映出內在的自我，我們在愛和創作的行為中都必須完全地坦蕩赤裸。我們無法在這其中任何一個領域中假裝掩飾，又希望能感受到太陽的自我誠實。但坦蕩赤裸並不等於「放棄自我」。這是一種誠實做自己的狀態，沒有任何防衛或偽裝。這些人常會做一種夢，夢到自己在公共場合的人群中一絲不掛，這象徵了自我暴露的痛苦經驗，就如失去了可以接受的人格面具或社會角色。即使在面對寂寞和集體反對之際，他們仍必須將太陽表現獨特自我的需求與海王星的消融渴望達成平衡。假使他們的太陽被淹沒了，就會透過其他公開的管道表現個體性，例如一些症狀，好讓他們理所當然地表現想要被注意的無意識需求，或是一種關係模式，透過

4 在科學領域中表現最佳的海王星例子就是湯瑪斯・阿爾瓦・愛迪生（Thomas Alva Edison）。他的水瓶座太陽緊密合相海王星，還與不同星座的雙魚座土星合相。星盤來源：J. M. Harrison, ed., *Fowler's Compendium of Nativities* (London: L. N. Fowler & Co., 1980), p. 91.

「自私」或跋扈的伴侶、孩子、父母或朋友的控制，由自己受折磨的程度來衡量個人的獨特性。當海王星的能量受到壓抑時，他們可能會表現出無助和依賴，或是不斷地被一些無助或受害的人吸引。他們也可能偏執地渴望一些未知或看不見的事物，根據較古老的占星學課本，唯有透過所謂「自我毀滅」的行為才能滿足這種消融的渴望。

日海相位就像所有的太陽相位一樣，代表了一個人對於父親的認知。這些人可能會體驗到一個「消失的」父親，在情感上或實際上缺席，或生病虛弱的父親。他們通常會在無意識中將父親理想化。可能父親本身就是一個海王星人，他的出生盤中有日海或月海的相位，或位於四交點上的海王星，或有強勢的雙魚座能量。父親的本性可能也極有創造性的想像力和通靈的感應能力，也許追溯至好幾代前的父系祖先都有這些特質，但這些特質通常沒有發展完全，或是因為掛心一些更物質的事情而被模糊了。父親的一生就像是被浪費了，他的創造潛力都消散在酒精、外遇、憂鬱、疾病或不斷的財務失敗中。某種程度上，這位父親讓人無法接近卻令人充滿想像；毀了一切卻能允諾融合的狂喜，深受子女喜愛卻是一個失敗者，彷彿是基督耶穌下凡，但就像需要被拯救的救贖者，躲在平凡的妻子背後，或是被她趕走。

個人父親與原型父親的形象融為一體時，就象徵了每個孩子的自信和創造力。這就是為何我們會對自己的父親有如此多的期待，但他們或多或少都會出錯，因為他們也是凡人。這也就是為何星盤中的太陽象徵了從父親身上「繼承」的東西，就如我們個人命運的原料。神話英雄的探索之旅永遠都是對外表現父親天神擁有的某種特質。[5] 所有與太陽形成相位的行星，都展現了原型父親中的一種特別面向，代表了這個人必須正視的「任務」，盡可能地在其中表現創意。海王星的父親到底是被肢解的奧菲斯，還是受傷的聖杯之王，會因為生命的嚴厲或自身人性罪惡的重擔變得軟弱無能。這種內化的父親形象變成生命目的的雛形，就如內化的母親會提供生命中某種本能信任的基礎。海王星型的父親就像一個沒有在生命中具體成形的靈魂，而他的孩子必須為自己找到自信人生的模範。這並不意外，許多日海相位的人花了很多時間做這件事。

這些人常從父親身上繼承許多創造性的潛能。許多日海相位的人的父親是極有天賦的演員、音樂家、作家和畫家，雖然這些父親常無法向外界展現他們的才華，或是放棄了才華，甚至一旦踏入婚姻、為人父親之後就再也不曾展現這一面。日海相位的人可能會因為這位夢想家父親，內心之中一直被某種無能感啃噬折磨。他或她遲早得「從零開始」培養自信，因為他

5 舉個例子，忒修斯（Theseus）就是公牛天神的波賽頓（Poseidon）的兒子，他必須殺死米諾陶斯（Minotaur），這隻牛頭怪物象徵了他的父親與國王米諾斯（Minos）的衝突。羅慕勒斯（Romulus）是戰神瑪爾斯（Mars）的兒子，必須殺死比自己更暴力、想要殺死自己的兄弟雷穆斯（Remus）。這些英雄必須實際去面對父親天神較為黑暗的一面，才能拯救這些天神本身的某種事物。

們的父親無法提供一個典範。我們都會因為某人某事殘缺不全，因為父母畢竟是凡人，而非天神的原型。日海相位並不意味著比較好或比較差的父親。占星術也無法客觀地評斷一個人的父親或母親是慈祥或無愛，是良善還是邪惡，是有覺知或無意識。出生盤中的父母指標只象徵了一種原型模式，反映出我們最先在父母身上體驗到的特質。日海相位的模式就是受害者─救贖者、藝術家和夢想家。消失的父親會變成消失的天神，我們會超越生命追尋他的擁抱。有日海相位的女性可能將父親理想化，這意味著當她們長大成人陷入愛河時，對象常是在某種程度上無法擁有的人。她們也可能完全不和男人建立關係，因為在無意識層面，沒有人可以與神性的父親相比，但在意識中，她們又會鄙視這樣的父親。日海相位的男性則可能把這些感覺轉移到女性身上，女性象徵了神性的母性本源，可能會閃避或吞噬他們；他們也可能將感覺轉移到男性身上，在無意識中尋找曾經一度消失的摯愛靈性父親。日海相位反映出巨大的想像力和創造潛力。但這個人如果沒有表現這些潛力，他們就必須找到牢靠的容器來盛裝這些神聖的佳釀。

海王星與月亮的相位

但是她在編織中看到的景象仍能讓她心生喜悅

她經常能在靜謐的夜晚看到
裝飾著羽毛、火光和音樂的送葬隊伍向卡美洛（編按：英國傳說中亞瑟王的宮廷所在地）走去
或是在明月高掛的時分
看到一對新婚燕爾的愛侶
「我對虛幻的影像有點厭倦了」
夏洛特的女孩如此說[6]

海王星與月亮有許多共同點。祂倆都守護水象星座，兩者都與母親、滋養和歸屬的需求有關。在出生盤中有月海相位的人常會表現出同理心、仁慈、細緻的感受和高度發展的想像天賦。這些相位也有痛苦不幸的名聲，特別是透過身體的疾病和關係問題。雖然月亮是水象的，就如水充滿了身體，這也代表了個人的本能需求。因為月亮如此個人性，也代表了人們明確的生理和心理滿足的需求。個人的需求也可以像是比較清楚、比較具侵略性的太陽或火星需求。但是月亮背後總有一個「我」，儘管這是本能的我，就如太陽背後也有一個「我」，而

6 Alfred, Lord Tennyson, "The Lady of Shalott," in *The Oxford Library of English Poetry*, Vol. III, John Wain, ed. (London, Guild Publishing, 1989), p. 81.

海王星就是「我」的敵人。人們如果想要在月亮的個人需求及海王星宇宙性的渴望中找到可行的平衡，就必須確定想要與他人融合的慾望，而不會淹沒了一個人的感覺、慾望和身體需求的表現；同樣地，對於物質與情感保證的依賴，也不會遏制了想超出「正常」家庭生活領域的渴望，無論是在情感上或在想像中。一個人必須願意捨棄自我犧牲的魅力，才能達到這種平衡，同時學習如何控制在情感上操縱和受難的天生傾向。回想一下生命早期的情感經驗可能很有幫助，特別是與母親的關係，因為月亮是母親主要的占星指標。

海王星的「神性不滿足」會逼著月亮天生的宗族重心超越個人生活的界線。這種結合可能會反映出對人類共有的渴求和恐懼感受的深刻同情，特別是寂寞。月海相位能了解別人對於無條件愛的需求，而他們本身也需要這樣的愛回報。他們這種深刻的感受並不只與少數的朋友和家人有關，而是與整個受苦的世界連結。他們對於自己的感情需求如果沒有些許的確認，就可能變成他人需求的憤怒僕人，永遠地飢渴不滿足，卻又把自己像食物一樣送上每張出現的飢渴大嘴。有月海相位的人有被需要的需要，這會主導他們的整個人生。有時他們在意識人格中無法承認月海相位的無限飢渴，特別是在星盤中有強化的風元素和土元素，或是居守護地位的土星或天王星，展現比較自負的觀點。那麼他們可能會透過一個匱乏、要求很多或生病的伴侶和孩子來體驗這個相位；或是從事試圖幫助或療癒別人的職業。他們可能會透過身體來表現無意識中的月海相位，身體就會變成替一個不善表達的嬰兒說話，而這個嬰兒無法透過任何其他形式來表達自己的飢渴和脆弱。

月亮反映了母親與小孩的連結、還有母性遺傳原型的早期經驗。月亮在星盤中的位置和相位通常非常精準地描述了嬰兒時期的情感氛圍。二次推運中的月亮可以提供寶貴的觀察，因為在誕生時，月亮與任何一個行星的入相位，會在誕生後九個月內某個時間點形成準確相位。月亮任何的出相位，已在誕生前九個月內的某個時間點形成準確相位。換句話說，推運中的月亮相位可以涵括約從懷孕到出生後九個月的期間。舉個例子，在出生盤中，有個月亮合相天王星的入相位，按照二次推運計算，月亮會在嬰兒出生後四個月時形成準確相位，意味著在出生後第四個月時，嬰兒會體驗到身體上或情緒上的崩潰或不安穩。月天相位的人會在成年後飽受長期焦慮的折磨，反映出隱約記得嬰兒時期不確定或突變的經驗。當我們知道月天相位的典型恐懼會被投射到未來，而這都與過去的情感經驗有關，就能幫助這些人更容易處理自己不安的預期心理，他們總以為所有事情都會可怕地出錯。

同理而論，月海相位也代表過去的經驗可能會變成未來的預期心理。月海相位的人可能是「最得寵」的孩子，與母親享有一種特別且神祕的連結，預期在成年之後，自己愛上的人能持續提供絕對的感情滋養。但「最受寵的」也必須付出昂貴代價。父母親對於最受寵的孩子，通常無法認清孩子的身分意識，反而將孩子視為一種機會，藉此活出自己未實現的人生。這當然是一種融合，但孩子得付出相當大的代價。孩子長大後可能會發現，如果沒有獲得不斷的情感保證，就會覺得很寂寞，很不真實。月海相位的犧牲傾向，有時是一種工具，希望藉此重新創造生命早期的融合。這個相位比較困難的表現與藥物和酒精上癮有關，也與飲食失調有關。我們如果能理解這種飢渴，其實是在渴望無條件慈愛的母性本源，也就不令人意外了。月海相位的飢渴中帶有強迫性的元素，暗示這些人並不想體驗一個真實的母親，而是想體驗與原型形象相互滋養的極樂狀態，這種形象代表著巨大的情感力量。月海相位的人可能會看到母親承受極大的痛苦，經常被「壞」丈夫控制；這種痛苦有時與非個人性的事件有關，像是戰爭或貧窮；也可能是在他們年幼時，就有身體或情緒性的疾病。無論他們童年經歷哪種狀態，這種犧牲者—救贖者的原型有時也如海洋之母蒂雅瑪，而這可能模糊了母親真實的身分意識和個性。

這種被吞噬又「無私」的被愛，可能會導致深沈的罪惡感，而這正是月海相位內心世界中一種最折磨人的困擾。當小孩長大成人，當他們沒有把母親或母親的替代者放在第一位，而是優先考慮自己時，就會因為「自私的」行為感到罪惡。我們不能用月海相位來指控母親是「壞」父母。通常最糟糕的說法是這位母親在心理層面上也還是個孩子；而任何年紀的小孩，無論是從兩週大或到八十歲，只要他們的需求沒有被滿足，通常都會很難應付。我們無法給予孩子自己沒有的東西，而如果我們長大成人後都還在尋找伊甸園，就可能會透過自己的後代來追尋。月海相位的小孩會對別人的情緒轉變極度敏感，而母親的痛苦不幸可能帶有某種神話意味，讓小孩不自覺地想要拯救她的痛苦。月海相位的人長大後，最主要的折磨就是模糊但永遠存在的罪惡感，只要他們表現出任何的情感獨立，就會出現這種感受。當他們把母親理想化時，其底下通常都隱藏著憤怒，因為他們覺得自己沒有受到重視與滋養，徹底地遭受操控玩弄。對於月海相位的人而言，最重要的就是學會說「不」。他們所經歷的愛，伴隨著極度的多愁善感，而他們要學著節制。月海相位的人必須先活出月亮，承認個人生理和情感幸福的主要價值，然後才去扛起滿足別人需求的責任。

月海相位帶有同理心和易感性，能展現極度細緻的知覺，對於觸覺、嗅覺、味覺、顏色、動作和聲音具有敏銳的鑑賞力。他們出生盤的能量如果協調一致，就可以在任何類型的創作中展現這種天賦。月海相位的人體質敏感，傾向出現各種過敏，特別是食物過敏。對他們而言，天堂樂園外面的世界太粗鄙且磨人，所以會透過身體表達厭惡感。上癮和過敏是海王星困境的一體兩面。月海相位在面對世界的粗俗時，如果能有足夠的內心滋養來中和極度的脆弱感，就能克服部分的過敏反應。但是這種敏感會一直存在。月海相位的細膩可能會表現在社交、助人和教學環境中的魅力、練達和溫和。有月海相位的人，他們的人生歷程中可能有太多母親的影子，卻缺乏滋養。這種個人的困境背後，其實還存在人類天生孤立的更大難題，在這種氛圍下，他們的家庭成員間可能會完全地互相依賴，害怕被對方拋棄，試圖在對方身上找尋伊甸園。月海相位的人比起任何其他相位的人，更能深刻地體會到人類寂寞的悲劇。

海王星與水星的相位

想像！就在我的眼前，就在我的歌聲中自行揚升
它就如憑空出現的水氣
它在偉大的餽贈中展現威力
迎面撲來穿過我
讓我迷失在雲霧中……[7]

艾伯丁稱海王星和水星的結合是「想像天賦」。[8]他列出的正面特質包括豐富的想像力，理解微妙的關聯性；負面特質則是錯誤的判斷、混亂的認知和說謊傾向。水星是小偷和騙子的天神，會借助海王星的情感力量和想像天賦，編織迷人的謊言，因此成為天賦過人的故事家，但也可能是渾然天成的騙子。說故事，說穿了也是一種欺騙的形式。我們在當下被引領進入一個完全可以相信的世界，直到最後才發現這其實是「虛構的」。記憶也是一種說故事，因為我們是在回憶所有影響我們情緒的事件，卻會忘記一些沒有觸及自己靈魂的情節。對於水海相位而言，事實可能是易變且有彈性的，而想像可能是真實且實際的事件。像是英國已故名作家瑪莉・雷諾特（Mary Renault）的歷史小說《阿波羅面具》（*The Mask of Apollo*），其真實性會少

於西元五世紀雅典歷史的學術著作嗎？荷馬（Homer）的《伊利亞德》（*Iliad*）會因為其中有天神和人類的戰爭行為，就顯得不真實嗎？牛津大學的古希臘羅馬文學教授可能會認為這種小說是不可靠的，因為作者「編造」許多事情；歷史是值得信任的，因為是根據事實記載。但是就如許多水海相位的人深知，「事實」就跟夢想一樣，也會對主觀的詮釋敞開大門。

水星就像靈魂指引者，可以從海王星的水域中擷取具體化和儀式的力量，還有一種不可思議的洞察力，可以望穿人類靈魂的隱藏領地。對於水海相位，內心世界如同物體的世界一樣真實，甚至更加真實；符號和意象也具有實體，這都是物質實體缺乏的東西，其中沒有顏色和感覺。別人未說出口的想法和感覺，往往比他們穿的衣服或是頭髮顏色更加實際。水海相位的天賦就如美人魚，最明顯的證據就是他們把海王星變化不定的領域轉化成人們能懂的語言，這些人被關在陸地上，無法進入原始海洋的水域。這些語言不一定是文字，也可能是影像或音樂。但水海相位的最佳表現就是成為伊甸園和外在世界之間的橋樑，替彼此傳達訊息，同時能夠透過溝通無法交流的領域，觸動靈魂和心智。這裡的問題在於，這些人不一定能分辨這兩個世界

7 William Wordsworth, "Crossing the Alps," in *The Rattle Bag*, Seamus Heaney and Ted Hughes, eds. (London: Faber and Faber, 1982), p. 116.

8 Ebertin, *The Combination of Stellar Influences* (Freiburg, Germany: Eertin Verlag, 1960), p. 116.

的差異。就像一位雙語的翻譯者，再也記不得自己正在說哪種語言。水海相位可能會用自己的想像來取代外界的經驗，而非加強這些經驗。更糟糕的是他們會相信自己的謊言，混淆了外在和內在的世界，而他們對人與事件的認知，都會絕望地被自己對救贖的渴望扭曲。水海相位需要強烈的自我來擔任調停者，這些人如果太脆弱，就會過於深入想像的世界，把其中種種當真，同時以為現實就是個人幻想的演出。基於這個原因，水海相位不只會刻意地說謊，同時還有嚴重的妄想。外面的世界可能會漸漸因為神話的情節相形見絀。而別人就和他們自己一樣，只能扮演蒂雅瑪或基督耶穌的角色。

我們就身處外在世界與內在世界的中間。在我們的眼中，外面的世界是如此巨大陌生，就如一個獨立的存在，儘管內在的世界屬於自己，也屬於每一個人，但也是同樣地巨大又陌生。我們必須記住物體和經驗，感覺和意象，同時認清它們的本質和來源，根據它們到底是對生命有益或有威脅來加以分類，同時在許多層面上勾勒出它們對我們的意義何在。水星會讓我們有能力保持覺知，清楚覺察自己的存在。所以中世紀的煉金士會把汞提煉到某種程度，足以讓人類的鉛化為黃金。我們如果想要洞悉水星的面貌，其中一種最深刻也最令人不安的方式就是觀察自閉症兒童，他們顯然把這個地球放在冷凍庫裡。自閉症兒童很少和外界溝通，或是沒有溝通，也沒有任何外界的事件可以進入他們在子宮之水中的領域。對他們而言，感情的經驗無法通過他們的屏障，除了恐懼或憤怒，無法產生任何足以辨識的反應。某種層面上，我們的都有自閉的本質，這會出現在某種領域中，我們在其中的溝通管道壞了，不再具有覺察能力，只剩下曾經存在或我們相信存在的東西。水星與其他行星的相位，不只暗示了我們可以在哪個領域中，替兩個世界搭起橋樑，同時也意味著我們在這個領域中，無法與任何禁錮自己的世界之外產生聯繫。水星與海王星的相位可以在想像的領域和智力之間、在個人世界和如海洋般的本源之間提供一個管道。但這也像是斷裂的橋樑，切斷的電話線，這個人就如被關進了天堂樂園，無法理解樂園高牆之外的任何事物，只會感到消滅的威脅。

當海王星吞噬水星時，這些人與別人的往來可能會被自己的想像嚴重扭曲。他們會把一切都合理化，包括最惡名昭彰的欺騙，只為了保護自己的想像世界，不要讓別人的想法、感覺和願望入侵。他們可能會用很古怪的方式記住事情，可能會記得從來沒有發生過的交談，從來沒有說出的話語，還有一些計算在別人頭上的動機。他們的破壞之中帶有蒂雅瑪的色彩，他們的聖潔又有如耶穌基督，而這些只有旁人才看得見，他們自己並沒有察覺。這種行徑並不會減損水海相位的能力，這些人可以用原型世界的外貌來施展魔法。詩人、小說家和音樂家即使是糟透的騙子，仍是才華洋溢的天才。但是水星也可能會扼殺海王星，有這個相位的人可能非常害怕不理性，甚至瘋狂錯亂，可能會揮舞智力的武器來對抗一些看似會危險破壞「客觀事實」的渴望和夢想。如果水星想要對抗海王星的巨浪，可能會試著壓抑所有的想像傾向。這常會導致無意識的狡猾——這是一種很不幸的特質，這些人會竄改統數字，隱藏資訊，用來證明某種科學或政治的真理。當一個人帶有這種傾向時，很容易將海王星特質投射在看似容易受騙又不理智的人身上。這種動力最極致的表現，就是幾年前發表在《人道主義者》期刊（The Humanist）上的一篇文章，許多「卓越的」科學家為了否定占星學，興高采烈地扭曲、誤解或略過不提高葛林（編按：法國統計學家，曾提出「火星效應」的占星研究）勤勉的統計研究，而在他們眼中，占星學只是一團謊言和扭曲。若水海相位能承認並誠實面對自己的傾向，練習將幻想和事實融合成對現實更具包容性的理解，就能表現出這個相位最具創意的一面。

對水海相位而言，教育也是一種特別的挑戰。時下的價值強調事實的呈現，重視線性勝於聯想，要求思考；大學則要求專業化。柏拉圖對教育的理想是重新喚醒靈魂的記憶，把數學、占星學、哲學、幾何學、音樂和身體發展融於一種偉大崇高的計畫中，反映出與宇宙的相互關係，而不是目前西方學校中盛行的這一套。英國某些綜合性的學校已經出現另一種潛在的不安，他們開始把「菁英主義者」對學術成就的抱負放在一旁，支持學生在教室中「自我表達」。這對水海相位的想像世界或任何的教育理念幫助不大，只是給了人們一個正當的理由，不用費心學習如何拼字，如何標點或如何用連貫的語句說話，只是假裝所有人的智力都無差異，藉此來處理智力差異的難題。儘管目前的趨勢如此，我們社會中的教育仍然用一些非常具體明確、能被科學機構接受的方式來定義真理。對於水海相位的人而言，這些方式通常都非常陌生。這些人常被指控在做白日夢、懶惰，甚至有「學習障礙」，只因為他們習慣在事實之間的縫隙中遊走，並在其中尋找真理，而且他們發現的東西往往比事實本身更為真實。教育機構通常不重視水海相位說故事的天份，比較看重水土相位的勤勉研究和水火相位的實際技巧。所以水海相位常覺得自己智力不足，對此深感痛苦。這是因為他們本身的認知模式，與文化標準尊崇的集體模式相互衝突。水海相位的另一種才華就是模仿天份，這可以讓演員光芒四射，卻無法讓平凡的小學生在學校裡名列前茅。他可能還因此被指控剽竊，但這不一定是合理的指控。

對於水海相位的人而言，意識的協調是很重要的。他們必須稍加反省早期學習經驗帶來的創傷。水海相位小孩的創傷也可能來自於他們的父母無法、也不願意了解他們的語言表達。這個充滿想像力的小孩，可能會用象徵性的語調說話，然而因為象徵性語言的本質就是不直接，就是拐彎抹角的，所以他們可能根本沒有說謊就被懲罰，或是被斥責為愚蠢或懶散不動腦。水海相位的人是推論、意涵和雙關語的大師。這種相位的小孩可能很自然地、沒有任何意義地在父母的防禦牆下失言犯錯，引起無來由的憤怒和報復。水海相位最後必須認識自己的才華和傾向的本質。他們要學習的重要功課就是清晰、心智紀律和樂於承認，明白除非用一種別人能理解的語言交流，否則所有的溝通都是徒勞無益的。除了海王星如海洋般的宇宙真理，他們也應該尊敬世俗和概念性的真理。水海相位能夠辨識真理的許多面向，但這必須仰賴他們是否具有清醒的覺知辨識其中的差異，如此才能用合適的方式來表達每個面向。

海王星與金星的相位

追求一個少女，卻抱住了蘆葦一枝。
神和人啊，我們都如此受到欺騙！
我們的心被刺碎，血流不止。9

無論是從口頭上或歷史的意涵來看，海王星和金星的相位是最浪漫的相位。金星談論的不是感情層面的愛，而是一種愛的理想，其中包含了一個人認定的愛與價值。金星的關係讓我們發現自己的價值，自己所愛的事物，還有這些特質在背地裡形成個人價值感的根基。當金星與其他內行星形成相位時，我們可以在人、物和日常經驗中具體展現祂對美的幻想。我們會透過個人品味表達個人價值，這可以創造滿足，透過感官的愉悅和人們陪伴的喜悅，帶來日常的幸福感。海王星與金星不同，海王星傾向於長期的不幸，因為無論這世上的一切再美麗，也無法彌補失去的天堂水域。兩種金海相位最典型的表現就是與愛有關的「神性的不滿足」，以及干擾個人追求幸福的能力。有這個相位的人，當他們的愛人不夠完美時，他們就會覺得被背叛了；當環境不完美時，他們就會沮喪；如果社會不完美，他們就很失望；如果身體不完美，他們就渴望讓身體縮小，擴大，整修和掩飾，而當所有的方法都不管用時，就採取毀滅的手段。因為他們無法忍受任何不如伊甸園無瑕之美的東西。

人們常把金海相位聯想到性的吸引力和誘惑，就像電影世界中的碧姬・芭杜和瑪麗蓮・夢露。當一個人擁有這種魅力時，足以變成眾人渴望的一切，但這不是充滿希望的預兆，保證他或她能在未來擁有安穩與滿足。這個人可能會在無意識中透過個人的性徵，讓自己變成受害者或救贖者，也會試圖透過把自己獻給那些被生命傷害的人，從中尋找更穩固的自我價值。在他或她對愛的定義中，都帶有很強烈的同情、甚至是憐憫成分。金海相位的人也很容易被一些似乎能提供救贖的人吸引，這是追求得不到人事物的典型相位。他們會把愛的理想，與受苦和犧牲的主題結合，只有痛苦和贖罪的關係才能讓他們覺得真實。風雅愛情的詩歌一直不曾遠離金海相位的夢想。風雅愛情中的伊底帕斯三角情節，也一直與金海相位的心理緊緊相扣。金星對於競爭的重視不亞於和諧，因為一個人必須透過與別人對比才能定義個人價值。我們常在生活中見到金星形成三角關係的傾向，這在女神的神話中也很常見。但若我們相信佛洛伊德的說法，無論那是常見的三角關係或是天堂樂園變形的伊底帕斯三角情結，都是我們童年時期常見

9 Percy Bysshe Shelley, "Hymn of Pan," in *The Oxford Dictionary of Quotations* (London: Oxford University Press, 1941), 494:2.

的情節，只是在海王星的水域中看起來更加戲劇化。他們想要承認的父母是神性的來源，伊底帕斯的罪惡不只是禁忌的情慾，更是一種渴望，希望能透過融合追求萬能的神性。正如哲學家柏羅丁曾經說過，「我們關切的不是清白無罪，而是想要成為神」。10 金海相位不要一個愛人，不想在愛人的鏡子中反射自己的價值；他們追求的是與神性的融合。唯有在那裡，才能找到絕對的美與完美。

金海相位對於愛的熱切渴望背後，總是閃爍著伊甸園的完美光芒，所以身體完美，以及欠缺身體的完美，往往會成為這些人關係模式中的主題。這些人一旦發現愛人的身體有瑕疵時，就會體驗到一種不願意卻又無法改變的冷感。有時只要發生過一次性經驗，就會幻滅；有時則是經年累月，當伴侶顯露出一些微小卻又明顯的老化跡象時，便挑戰了天堂的永生不死。肉體行為的技巧通常離完美性結合的幻想非常遙遠，而肉體行為只會帶來很深的失望。幻滅總是如影隨形，伴侶也總會受傷又憤怒，無法理解為何只因存在於一具肉身之中，就被他們拒之門外。金海相位的人最困難的一面，並不是他們很容易不滿，我們可以把這種鬱悶狀態視為犧牲之愛的某種氣質，而是他們對別人造成的痛苦，對方可能無法認清問題並不在於自己的身體或性的瑕疵。金海相位的人也許可以在藝術中一窺他們追求的完美，而他們也可以在此發揮這個相位最豐富的資源。即使這些人沒有音樂才華，通常也會對音樂感觸甚深；音樂可以滿足人們對於絕對和諧的渴望，滿足許多金海相位最迫切的盼望。詩歌、繪畫、小說和戲劇也能喚醒失落的伊甸園，這個伊甸園彷彿愛人的臉龐引誘著我們，但總是很快地消失無蹤。當我們仔細研究許多知名藝術家的星盤時，常能看到許多的金海相位，雖然他們的創作衝動並不是由此而生。但若沒有衝動，金海相位的人可能只會變成藝術的審美家或愛好者，特別是對浪漫派的藝術，因為這反映了海王星的救贖夢想。

就傳統而言，金星在海王星的宮位中處於擢升的位置，所以人們常著墨於這兩個行星之間的和諧，還有祂們與宇宙之愛的連結。金海相位的人在與世界的互動中，常會細緻且敏感地表現對人類的同理心，特別是對生命的受害者，還有一種對於自然萬物的神祕認同感。他們也很容易對象徵愛的理想的對象，表現無限的寬容和同情，有時甚至願意為此容忍各種傷害和羞辱。海王星的「無我」軟化了金星與生俱來的虛榮和驕傲，這些人可以展現真心的寬容和極度的仁慈。但海王星的黑暗面永遠陰魂不散，這些人的愛也可能在理想化的聖母和被鄙視的蒂雅瑪之中出現分裂——或是在象徵她們的男性之間出現分裂。金海相位的人會對原始海怪形象的投射對象，展現極度的殘忍和麻木不仁，同時會對受害者—救贖者形象的投射對象，表現非凡的同情和毫不吝惜的慷慨。金海相位的宇宙之愛好比義大利公路的限速一樣，只是嚮往的理

10 Plotinus, *Enneads*, Stephen MacKenna, trans. (Burdette, NY: Larson Publications, 1992), I. 2. 6. 2-3.

想。這個相位的男人可能會將海王星轉化成理想化的母親和配偶，對方可以要求他們的奉獻和憐憫，卻無權索討性愛的熱情；這種關係充滿了罪惡感和義務，再加上他們傾向在更黑暗的國度追求金星的滿足，會讓關係更加惡化。這種三角關係的傾向有時只是枯燥乏味的伊底帕斯情結，有美化傾向的金海相位人無法認清這一點。金海相位的女人則會把任一行星的特質轉移到一位對手或是其他女人身上，對方就像一種理想典範，象徵了她們自覺缺乏的性吸引力或靈性女性特質。她們也可能為了融入這個相位，犧牲了星盤中的其他元素，讓自己像是美人魚或蛇身女妖一樣，為了維持自己的魔力和神祕，注定無法得到一個完整女人應得的愛；或是注定被金海相位型的愛人拋棄，而對方也困在同樣的神話網域裡。

雖然有這麼多潛伏的陷阱，金海相位的人擁有、也能創造非凡的魔力。他們的細緻、詩意和浪漫善感，足以提升對愛與和諧的想像，為創作增添極致的美感。這些人的個人生活中常充滿了深深的不快樂，但這並未與金海相位本身的觀點牴觸，也不是無法避免的業力，或是一種更高靈性的特徵。這通常只是伊底帕斯衝突情結的產物，染上了海王星濃厚的虛構夢想色彩，只要他們沒有意識到海王星的驅力，就會成為：某種無法避免的心理狀態。然而，無論金海相位的心理發展有多 成熟精細，通常會避免反省自己情感模式的本質，除非痛苦變得劇烈難耐。唯有到了那種地步，他們才會在風雅愛情的悲劇之外，考慮另一種觀點。當這些人終於提出這個問題時，占星師必須提供一些答案，而不是說「這是你的業力」。假使金海相位的人能建立有如凡人般的自我價值感，而不是苛刻地要求愛人，便能從伊甸園的驚鴻一瞥中獲得滿足，無需每天都要有同樣的滿足。如此一來，他們就能完全享受天賦，讓日常生活充滿精緻美感，將兩人之間的日常交流變成一種藝術創作。

海王星與火星的相位

我可以向你們坦率講述有關我戀愛的完整經過。
告訴你們我用什麼藥物和符咒，
什麼趨神役鬼的手段，
什麼神奇玄妙的魔法，
騙到了他的女兒。
因為這就是他控訴我的罪名。[11]

11 Shakespeare, *Othello*, Act I, Scene iii, lines 72-76, The Complete Works of William Shakespeare (London: Octopus Books Ltd., 1980).

在占星學的文獻中，火星與海王星的相位一向帶有諸多凶惡。艾伯丁曾提到「虛弱」，還有疾病、上癮、厭惡工作和幻想主義。他承認靈感可能是柔和相位的產物之一，但顯然不願在這兩個行星組合之中找到任何愉悅的特質。12 特別是「強硬」相位與性虐待和黑魔法有關。文獻中有時會提到火海相位的創造面向，但通常只限於演員或音樂家。人們往往把這個相位視為危險相位，應該對抗或「超越」相位。火海相位無疑會用一些有問題的方式展現。但任何的海王星相位都有這個可能性，就此而論，所有的行星都有這個可能性。但我們必須探究火海相位之下的核心意義，了解為何在有酗酒或藥物問題、有海王星型重度身體殘障的人的星盤中，時常會看到這個相位。火星就像太陽的戰鬥力，祂的侵略和慾望功能都是身體和心理獨立生活的基本元素。一個孩子唯有透過想要某個東西，因為挫敗而生氣，才可能開始脫離與母親的原始融合，形成自己的身體意識或個人潛力。火星就像巴比倫神話中的火神瑪杜克，他與海洋母親對抗，創造了這個世界。我們一開始會透過自己想要的東西變成自己，早在太陽的覺知把原慾（libido）轉化成所謂的目標和抱負之前，我們原始的慾望是肉體的、熱情的，捍衛生命的。光是抽象地討論身分意識是不夠的，人們遲早都會被要求表示立場，為自己在外面世界的自主權而戰。一個人的火星如果生病了，就無法適當地分離獨立，也很難落實成人世界中所謂的目標和願望。他或她可能完全切斷慾望和侵略的感覺，把自己推進無意識中，任由自己從容地潰爛惡化。這些人可能會偷偷地對別人發洩自己隱藏的憤怒，或是將這股憤怒內化來對付自己。

我們如果責怪父母「創造」這種問題，這種解釋就過於簡化了。儘管童年的環境可能會惡化火星的衝突，但所有的種子都必須落在肥沃的土地上才能發芽生長。由於海王星渴望融合，所以火海相位的人天生就會避免任何公開的表現意願。伊甸園是一個沒有火星的世界，因為憤怒和一體性是互相逃避的；在天堂的國度中，動物不會吞噬彼此。天堂樂園也不歡迎個人的進取心，或是自然發展的慾望，這都會被視為不順從。這會破壞了融合，犯下原罪，因為這個罪過被無情地逐出樂園。在伊甸園中，伊底帕斯的慾望是一種罪惡，這不是因為他們要求肉慾的融合，而是因為父親或母親不贊成競爭。所以火海相位的人會在不冒犯任何人的情況下滿足自己的慾望。海王星對集體的感受性可以轉化火星，讓火星不再是荷馬著作《伊利亞德》中的殺人戰士，而是化身成為詭妙的魔法師，能夠理解「神祕參與」的力量，還有「我們」這個字的巨大吸引力。火海相位的人可以進入別人的夢想和慾望之中，用非常精微的方式表達「我要」的東西，以致看起來像是每個人都想要的東西。在藝術和治療這兩種典型的海王星舞台中，這可能是一種極大的天賦。對於政治和軍事領袖而言，這也可能是極大的資產。在這些領域中，都必須具有勾起「神祕參與」的能力。演員必須能感應到觀眾，治療師或諮商師必須能同情地認同個案，也必須有能力用一種微妙、非侵略性的方式挖掘出個案的感覺和洞察力。政治或軍

12 Ebertin, *The Combination of Stellar Influences*, p. 150.

事領袖要能振奮自己的追隨者，若少了這點，當他們強加實行紀律時，只會引起反抗。[13]火海相位的人就像戴奧尼索斯一樣，他們是誘惑者，而身為集體的我們，有時需要被誘惑。我們可以在宗教的崇拜中，在音樂或戲劇表演的淨化作用之中看到這種被誘惑的渴望。這是一種共同分享熱切渴望的感覺，若是少了這種感受，我們就會被孤獨地拋棄在荒野之中，毫無希望。在火海相位的世界中，狂喜出神都有一個目的。

此處的難題在於這個目的的完整性，還有追求的手段。火星是天生自我中心的慾望，會被海王星的水稀釋。有這個相位的人如果想要滿足個人的慾望，一定要把別人納入其中。如此一來，慾望就去除了罪惡，因為就表面上看來，這追求的是所有人的救贖。這就是十字軍的精神，恐怖的殘暴被救贖的名義神聖化，我們可以在神聖的陷阱下赫然看到蒂雅瑪的臉龐。但這也是捷克政治家亞歷山大．杜布切克（Alexander Dubček，他的火星六分海王星）的精神，無私地為自己的國家戰鬥。英雄式的殉難有很多面向，有些與恐怖主義和種族屠殺有密切關係，有些則非常地崇高。如果嬰兒出生盤中的其他相位有強烈的不足和自卑感，這通常是有困難的土星或凱龍星，他或她就會利用火海相位的魔力，把這當成避免拒絕、同時也能獲得力量的手段，卻不用擔負任何的責任或結果。他們可能會用表面上的順從來掩飾侵略，潛伏在表面下的憤怒可能會成為藥物和酒精上癮的主要原因，這反映了對生命的憤怒與報復，還有逃避生命的慾望。假若火海相位的人沒有替英雄式的浪漫主義找到明亮的表現管道，無論是政治的、軍事的、科學的或藝術的，他們可能會在更黑暗的水域中尋找出口。火海相位的人也可能被選出來扮演反英雄的角色，就像美國罪犯查爾斯·曼森（Charles Manson），他毀了別人，也毀了自己，忍受一個體面卻不光彩的人生帶來的淒涼。

火海相位的人無法輕易地向外界表現自己的侵略性和慾望，因為他們害怕這會勾起的分離恐懼，最好就是完全不要有慾望。酗酒和藥物上癮通常都伴隨著性冷感和整體的冷漠感。在這些行為表現中有明顯的死意，也有明顯的受虐狂成分，因為當一個人真的想離開人生舞台，其實是可以找些較不痛苦或不拖延的方式。火海相位也與性受虐和性虐待有關，後者是施加痛苦的慾望。他們把顛倒的慾望、罪惡感、融合的渴望、憤怒和無能困惑地混在一起，只會變成一種強烈卻礙事的身分認同，讓自己變成英雄式的受害者—救贖者。這種心態不是來自於任何火海相位的天生「惡魔」，而是源自於太過幼弱的人格，無法用創造性、有益生命的方式來面對傳達神話意涵的挑戰。每個強暴犯都知道，無能會滋養殘酷。這個道理也可以用在火海相位的「黑魔法」上。我們很難用任何合理的方式來定義這個名詞，這會令人想到英國作家丹尼斯·

13 舉拿破崙為例，他的火星合相海王星在處女座。霍雷肖·納爾遜子爵（Lord Horatio Nelson）的火星**四分海王星**（天蠍座的火星，獅子座的海王星）。奧古斯都皇帝（Emperor Augustus）是史上最偉大的政治操縱家之一，他的**火星六分海王星**（金牛座的火星，巨蟹座的海王星）。他們都不是透過強行施加野蠻的暴力來獲得權力，而是因為他們受到人們的愛戴，他們被人民理想化了。

惠特勒（Dennis Wheatley）的一本小說，其中提到把猶太惡魔阿斯莫德（Asmodeus）的魔法和犧牲雞隻的屍體放在地下室裡。但是總是有人樂於利用海王星的集體脆弱來獲得自己想要的力量；大部分的政治家都與這種心態有點關係，只是方式不同，而他們利用的對象，通常也不是雞。政治口號是魔法的形式之一，政治符號則是一種護身符。我們可以在有些人的身上發現黑魔法，他們會因為自己的傷口和不安全感，想要操控別人的無意識，藉此獲得海王星祕密渴望的原始全能力量。火海相位的人可能玩弄黑魔法，也可能施展白魔法，其中的差異就在於他們是否具有覺知能力，還有在他們設法建立的事物之中是否具有個人的完整性。

火海相位也偏好將性這件事理想化。神話中有許多天神，包括男神和女神，他們不只繁衍血統，同時還會用自己無限的魅力和生育能力製造英雄族群，讓天神和人類都無法阻擋。這些意象能幫助我們理解火海相位的性幻想世界。有火海相位的人，若再加上出生盤中還有個受傷的土星或凱龍星與火星、金星或月亮形成相位，就有可能變成男性或女性的唐璜（Don Juan，編按：西班牙的傳說人物，以英俊與風流著稱），不斷地追求性征服來肯定自己的神性。我們更常看到他們會對這種征服有持續的幻想，而在個人關係中造成不滿足和挫敗感。如果他們還有強烈的恐懼和不安全感，就會在幻想和現實之間體驗到極大的落差，導致世俗的性滿足再也不具有任何吸引力。火海相位的人可能會過著如僧侶或修女般的禁慾生活，這不是基於靈性的召喚，而是因為他們想要與神融合，勝過於與充滿缺陷的凡夫俗子之軀融合。火海相位的人對較深層的靈性趨勢極度敏銳，所以可以是感官細膩又敏感的愛人，可以激起伊甸園的喜悅；他們可以將性的愉悅當成重返本源的主要手段，而非被驅逐趕出伊甸花園。當火海相位出錯時，可能錯得恐怖。然而這世界如果少了火海相位的白魔法，我們只會擁有一個悲哀的貧困世界；沒有藝術家可以帶領我們體會戴奧尼修斯的出神狂喜；也沒有充滿想像力的領袖、老師、科學家或療癒者，可以幫助我們達成集體夢想。

海王星與木星的相位

從一粒細沙中窺探世界，
在一朵野花裡尋覓天堂；
掌中握無限，
霎那成永恆。[14]

14 William Blake, "Auguries of Innocence," in *The Penguin Book of English Verse*, John Hayward, ed. (London: Viking Penguin, 1964), p.243.

這兩個雙魚座的共同守護行星能分享遼闊無限的滋味。當出生盤中有木海相位時，可能會用許多形式來表現延伸自我超越物質和世俗的渴望，但這畢竟是夢想家和預言者的印記，有這個相位的人能真切地感受到生命的一體性，對生命的限制懷抱著一種莽撞的天真。即使木海相位有比較黑暗的一面，也沒有絲毫惡毒或卑劣的成分。但是他們可能會無意識地膨脹靈性的份量，過度認同某種神性的使命感，完全忽略凡間的界線，無論是自己或他人的界線。艾伯丁曾形容兩者的結合是「明顯或表面的幸福」，還有理想主義、對人類的愛、神祕主義和對藝術的喜愛。關於這個相位的負面表現，他曾提到「性格易受誘惑」和「投機和浪費的傾向」。比較好的特質則是「仁慈和同情的本性」和「不勞而獲」。[15]木星和海王星是天神們光明又純潔的後裔，他們從不希望任何人生病，但他們可能會對生命有太多期待，而且常常是過多的期望。

在傳統上，木星與宗教傾向有關，這常會被定義為「信仰」。這象徵了我們必須體驗生命的意義和良善，感覺有某種事物或某個人在看管我們，即使有痛苦或不幸的經驗降臨在我們身上，我們仍能從中獲益，因為我們「注定」要學習和成長。由於木星是在理想和直觀的層面上運作，所以當他們追隨某種特定的法則時，其中並不一定帶有宗教意味。房地產商或 貨幣投機者也可能有濃厚的木星色彩，儘管這完全與宗教無關。他們擁有慾望和能力去賭一把，預測自己會幸運或有好運氣，這就像他們生命的基本法則，遲早都會得到好的結果。木星式的美夢是不勞而獲的夢想。在人生彩虹的盡頭，總有大筆的黃金在等著我們，只要我們不斷地尋找，最後一定能找到它。這種心態的確帶有深刻的宗教意味，儘管有時顯得脫離世俗又幼稚。木星對幸運的信念也帶有某種特殊感，為什麼是我而非他人能擁有這種幸運？這些人會期待不需要明顯的努力，就能獲得宇宙的慷慨餽贈，而這有時真的會發生在他們身上。他們認為別人必須努力贏得自己擁有的一切，但是自己的正念期望則可帶來免費的好處，這是木星明顯的特色之一。他們以為，一個人理應獲得最好的，只因自己值得這一切；如果最好的結果還沒發生，一定是因為還沒有輪到自己，或是必須學習一些功課，而在那之後一切都會很好。當一個人根深蒂固地相信生命最終會有獎賞，就能慷慨且心胸寬大，因為並不需要任何自衛的防禦性行為。當一個人受到照料時，就能不吝惜地付出自我和物品。而且如果其他人也能明白這最棒的人生真理，就能放下自己的武器，打開自己的大門和錢包，認清會有良善的天神們在照顧著芸芸眾生。

當木星的表達被削減時，特別是因為有太多的土星能量，我們就不會相信牙仙子的童話故事，不相信有好運，不相信宇宙是善良的，最後生命就會顯得很沈悶、枯燥又沉重。當我們將木星的信念融合了其他確鑿的世界觀時，就會以為生命是沒有極限的，永遠無法將我們擊倒。如果生命真的把我們擊倒，一定是因為更高層的計畫，儘管我們現在無法理解，遲早有一天會

15 Ebertin, *The Combination of Stellar Influences*, p. 164.

揭露真相。我們也會認為別人因為自我防禦樹立的界線，說好聽點是多餘，最糟糕的就是病態；我們也自以為有權對一些不如自己慷慨、慈善精神不如自己的人進行道德批判。有木海相位的人，他們的世界觀帶有光明與黑暗的成分，但是都可能太過度了。木星會煽動海王星的渴望；而海王星會讓木星的眼界超越大樂透，直達其上的天堂國度。當人們把宇宙是善良的直覺，結合了與本源融合的渴望，就可能鄙視得來不易的土星智慧。慷慨是真誠且無限的，但也是投機主義。在他們眼中，如海洋般的、無條件慈愛的天神看管著生靈萬物，無論偉大或渺小，天神都會透過每一次神祕的事件同時性來傳達訊息，告訴我們伊甸園會永遠為不依戀世俗的人敞開大門。矛盾的是這種態度會結合了野心和強烈的物質慾望。即便如此，成就與金錢也不具有太大意義，重要的是透過一次又一次成功的賭博，證明這個人的幸運和特殊。

在宗教的事務中，木海相位的天神結合了基督的同情與慈愛，還有聖誕老人的歡樂和慷慨。木海相位是非常神祕的組合，這個相位能在一個虔誠的未知論者或無神論者的星盤中揮灑自如，他們可能會在無意識中將自己的神祕主義，轉化成形式世界中的某種神祕運作。在一九七〇年代初期，行運的海王星通過射手座的木星，一種神祕教派在美國大受歡迎，它宣揚只要簡單地吟唱咒語，眼前就會出現個人的生命目標。還絕對天真地宣稱，當一個人在吟唱時想像一台全新的BMW 525i（還要指定喜歡的顏色），這種想法形式就會透過某種方式在乙太的層次上聚集能量，這台車子接著就會出現在眼前。「正向思考」學校在美國如此流行，多歸功

於木海相位，就如莎士比亞在《哈姆雷特》中宣稱，

> 世事無所謂好壞，全看你們如何去想。16

畫面式的想像能力和正面思考，是木海相位的世界觀和眾多天賦的重要元素。木海相位的人憑直覺意識到的想像力，會影響許多生命層面，而他們可能會施展一種溫和的魔法，賦予物質生活的物品意象及象徵，假藉自己的夢想來重塑人生。有木海相位的人通常對符號象徵有深刻的感應力，他們會覺察到事件奇怪地同時出現，憤世嫉俗的人會把那稱為巧合，但是他們知道這是神意的記號。在創造的層面上，這個相位可以透過許多不同的藝術手法來表現它的想像天賦。木海相位的魔法也常常激怒世俗的人們，因為這種魔法通常能奏效。木星知道一種祕密，如何利用自己的樂觀和慷慨，激勵別人給予善意的回應；而海王星很清楚另一種祕密，明白「現實」其實有多　地善變又容易塑造。這種魔法也可能失靈，因為這與別人的現實相互牴觸，而且對方頑固地拒絕被誘惑。木海相位的畫面想像能力也可能與一些堅持土星法則的人相

16 Shakespeare, *Hamlet*, Act II, Scene ii, lines 254-255, *The Complete Works of William Shakespeare* (London: Octopus Books Ltd., 1980).

互違背，而這些法則是任何正面思考的個人力量都無法動搖的。木海相位的魔力和自我幻想有一個比較好的例子，就是基督教科學教會的創辦人瑪麗·貝克·艾迪（Mary Baker Eddy）。她的出生盤中太陽四分木星，木星位於天底，三分上升點的海王星。[17] 對於那些能根據她的法則自我療癒的人而言，她是真正的救贖者。但是在她的追隨者中，有些病重的人因為刻意拒絕接受醫療協助導致死亡（包括有些父母沒有給生病孩子選擇的機會），她的幻想不只是傲慢自大，更是殘害生命。木星對於上帝獎賞抱有孩子般的純真信念，這可能會誘惑海王星的原始自戀無限擴張，彷彿自己可以在水上行走，自行戰勝死亡。

當海王星與木星形成相位時，海王星深刻的憂鬱可能比較不會如此沈重。有這個相位的人甚至被釘在十字架上時還笑得出來。消融的渴望不會變成嚮往誕生前的無意識狀態，而會轉化成為追求永恆的喜悅。木星可以帶出海王星最好的一面，也可以用信仰來平衡海王星特有的悲傷，讓人們即使在忍受肉身之苦時，還能享受宇宙的賜福。木海相位的神祕不帶受虐傾向，這個相位的人不會把追求痛苦視為救贖的手段。但歇斯底里者的過度情緒大部分要歸咎於木海相位，因為他們對自我放棄和戲劇化表現的喜愛中，帶有強烈的戴奧尼索斯色彩。這些人對於豐足和儀式的喜愛，可以表現在對於顏色、聲音、香味、質料和味道的深刻鑑賞之中，這可以讓他們陷入完全忘我的境界。這也明顯說明何以對於從事藝術工作的人而言，如果有一個穩固的自我架構來控制這個相位，將能發揮巨大的價值。我們也要謹記在心，羅馬帝國皇帝尼祿

（Nero）的太陽合相冥王星在射手座，合相上升點，並與月亮形成緊密的T型相位，他展現了前所未見最華麗的情感和藝術表現。[18] 讓我們目睹了一個掌權的凡人自認為是上帝時，會有什麼樣的表現，但我們卻沒看到慈愛的人道天性。木海相位如同其他相位一樣，我們必須以整張星盤來考量，同時分析與這個相位連結的其他行星。這個相位能將宇宙的願景和無限的渴望用在愛、創造力、物質成就、人道工作或靈性追求上。也能變成對他人施展卓越的自我迷惑和膨脹的能力，造成心碎的損失、失望和自我毀滅的悲劇行為。這個相位正如所有的海王星相位，一切都仰賴於這個人是否有能力打造並駕馭一艘方舟。

海王星與土星的相位

對在黑暗中掙扎的人，

---

17 星盤來源：*Internationales Horoskope-Lexikon*, p. 451.

18 星盤來源：*Internationales Horoskope-Lexikon*, p. 1126. 尼祿在被暗殺時留給歷史的遺言，滔滔雄辯地展現了這個相位的精神：「我體內那位何其偉大的藝術家死了！」

上帝的現身有如光明；
但對在白晝中生活的人，
上帝幻化為人性。19

在土星與海王星的配對中，存在著一種人生最基本的衝突。這是有形與無形的衝突，可能產生將幻想具體化的能力，或是心理層面的抗拒誕生。我們在第十章中討論藝術家時，曾詳細地介紹過土星和海王星的進退兩難；但無論一個人是否從事傳統定義的藝術工作，都能將對藝術家的觀察結果應用在這個相位上。土海相位的人可能會非常認同烏托邦類型的政治理想，而土星和海王星的運行週期也與共產主義的起落有關。政黨的本質反映出土海相位的色彩，因為二者都試圖把社會願景轉化成具體形式。所以我們不意外在英國工黨的星盤上看到土星三分海王星，在英國保守黨的星盤上看到土星與海王星形成一百三十五度相位。20同樣的議題也適用於個人身上，海王星對於救贖受苦的人抱有無限的憧景，對抗著世俗的限制，而土海相位的人永遠都會被這種衝突不斷地打擊。在一九五一年至一九五三年出生的世代，他們的土星合相海王星在天秤座，這群人在中年時剛好遇到千禧年的降臨，這可以提供占星師許多深入的觀察，大規模地認識土海相位的意義。土星觸及的一切都會被引進形式的世界，海王星觸及的一切則會消融在誕生前的水域中。土海相位反映了終生的矛盾不定，有時會驅策一個人公開地或偷偷地逃避，其餘時間則會要求他們在耐久且有意義的架構中表現創意。艾伯丁曾提過「受苦、斷絕、禁慾主義……準備犧牲，照顧他人，自我克制、謹慎、願景和預視」。[21]「強硬」相位（包括合相）常反映出犧牲的傾向。但是這個行星組合並不一定要受苦或放棄；衝突會勾起長期又深刻的個人罪惡感，而解決衝突的唯一方法就是自我犧牲。

我們主要會透過投射來體驗土星，直到我們能承認自己的防禦、恐懼和不信任領域。土星主要是針對無助豎立防衛之心，而大部分的無助經驗都與海王星有關。我們也很容易將海王星投射出去，直到自己願意揭露內在的嬰兒。海王星的逃避主義策略主要是用來對抗獨立，而這大部分是屬於土星的經驗。自我越強烈，海王星就會顯得越可怕；我們越想要堅持留在子宮的水域，土星就會變得越可怕。許多有土海強硬相位的人，常會把其中一個行星向外投射，同時讓自己變成另一個行星。有時這種情形會持續一輩子，除非他們因為個人的不幸開始自我質疑。海王星會認同對別人展現愛、開放和同情的特質。需要並不丟臉，反而代表了一個溫柔和同理的靈魂。土星認同自給自足、集體接受的行為，以及控制混亂的情感和情緒。界線不是防

19 William Blake, "Auguries of Innocence," lines 130-132.

20 星盤來源：Campion, *The Book of World Horoscopes* (London: Aquarian Press, 1988), pp.334-336.

21 Ebertin, *The Combination of Stellar Influences*, p. 177.

禦或冷漠，而是尊敬生命和負責態度的必要配備。兩者當然都是對的，儘管這些人可能會被強逼著理解這一點。

擁有土海相位的人可能會有強烈的左派或右派政治觀點，而且他們的敵人是不分國界的。他們的表現方式之一，就是不惜任何代價實現法律和秩序，維持傳統價值，認為那些在社會邊緣的人（通常是年輕人或少數族群的成員）是破壞份子，十分懶惰，藥物上癮，需要嚴厲的紀律。另一種表現方式則是不惜任何代價實現平等，認為渴望穩定、盼能維持自己努力目標的人（通常是中層和上層階級，或是主要族群的成員）很貪婪、自私、無情，理應受到破壞，或是至少要強迫重新分配他們的財產、精力和時間。這顯然會產生深刻的兩極化敵意。悲劇就在於一個人會先有這兩極化的表現，然後在外面的世界裡再勾起兩極化。出生盤的土星會鄙視海王星緊抓不放的手指，瞧不起海王星抱怨地訴說「我無能為力，這都是別人的錯」。而海王星會退縮遠離土星的冷酷控制，因為土星咆哮大吼「停止發牢騷，把事情搞定」。土海相位的人可能會用任何一種聲音說話。甚至在占星學和心理學的領域中，會看到這兩個行星排成戰鬥行列，發展出複雜的哲學辯解，而這基本上就形成了個人掙扎。這種相位可以帶來驚人的天賦，用來實現願景和夢想，但土海相位的人首先必須發現以上的兩種聲音，其實都存在於自己體內。

海王星與凱龍星的相位

哦！在快樂居住的殿堂裡面，
隱匿的憂鬱有一至尊的偶像，
儘管唯有咀嚼過歡樂之酸果，
味覺靈敏的人才有緣看見，
靈魂一旦觸及她悲傷的力量，
立即束手就擒，在白雲紀碑上懸浮。[22]

每個人都體驗過被生命傷害的感覺。生命中有許多類型的傷口，而許多占星符號也可以反映受傷、失望、挫折和寂寞的經驗。生命中的主要傷者之一即是土星，祂敘述了一些必須用來發展自信和自我價值的基本元素遭受剝奪。土星的痛苦是個人的，這通常與早期的生命經驗有關，有時是來自環境，有時是因為父母沒有認清孩子的需求和價值，人們可能會學習用防衛的

22 John Keats, "Ode to Melancholy," in *The Penguin Book of English Verse*, p. 298.

方式來保護自己的脆弱，但這只會在往後的人生中造成更多傷口。土星並不輕鬆簡單，但可以透過個人的努力來處理。儘管人們無法改變過去，卻有建立穩固和可靠內在的機會，用以療癒對於已經失去的傷痛。凱龍星的受傷就不一樣了。雖然這種不幸的經驗可能經由個人觸發，但其實暗示著一種更大的集體傷口，就本質上來看，是人們在一生中都無法療癒的。凱龍星反映在我們面前的是生命的缺陷和不公本質，是毀滅了自己的身體和靈魂都無法紓解的痛苦。當我們體驗到凱龍星時，面對的是無法被療癒的經驗。只能獲得一種哲學態度，允許自己從痛苦中學習；因為凱龍星的傷口是數代人類無知的產物，只會讓我們感受到無法抹滅的傷痕。失去純真是無法彌補的，當我們失去純真時，就永遠失去它了。平靜可以算是夠格的替代品，但終究還是不一樣。當海王星與凱龍星形成相位時，救贖的渴望需要全新又熱情的迫切性，但這可能會導致持續追尋某種療癒或逃避。有凱海相位的人也可能表現出犧牲般的順從，而這只會耗損他們對生命的信念。凱海相位可能產生極度的痛苦和絕望。海倫·凱勒（Helen Keller）是比較少見的例子，[23] 她的海王星合相六宮金牛座的土星，為她帶來了勇氣，並能接受痛苦。這不僅超越了理性與信仰，也為所有與她有同樣處境的人帶來了不凡的療癒力量。

對於許多投入治療或諮商領域的人而言，凱龍星的痛苦本質是個問題，因為承認某些事情並無法改變，看起來像是承認了失敗。在玄祕性的團體中，這種看法會引起憤怒，因為這挑戰了海王星對於最終救贖的幻想，還有對於痛苦的神奇轉化。就此看來，凱龍星就跟土星一樣，都像是海王星的敵人，兩者不分上下。凱龍星和土星的確有許多相似之處，兩者都要求人們要接受生命當下的狀態，而非生命可能的表現。凱龍星的挑戰有時會表現在肢體傷殘上。也許我們能同時在生理和心理層面上治療許多疾病，但有些身體狀態是再多的努力也徒勞無功的。這可能是天生的，也可能是因為受傷，但這並不是任何人的「錯」。這就像人類存在的悲劇面向，會對承受者和其周圍的人帶來極大的挑戰。對於這種不應發生的人類痛苦，海王星的反應可能非常激烈。當我們認同罪人的原型時，會產生啃噬人心的罪惡感和「邪惡」。當我們認同受害者的原型時，會產生排山倒海的自憐，以及一種根深蒂固的信念，認為其他人都應該為我們的痛苦付出代價，或更常見的表現，就是瘋狂地追尋一種方法來強行打開伊甸園的大門，奇蹟般地治癒所有痛苦。這就是為何中世紀的治療神殿和「庸醫」診所中總是擠滿了絕望和極度失望的靈魂。然而，上帝到底要如何調解這些痛苦，對於凱海相位的人而言，這就像是一場持續中的辯論。

凱龍星的形象就是受傷的療癒者，這一看起來就像是神性的受害者—救贖者。但在神話中，凱龍星扮演的角色是老師，而非救世主。在希臘—羅馬的宗教中，凱龍這隻半人馬怪獸從

23 星盤來源：*Internationales Horoskope Lexikon*, p. 844. 海倫・凱勒一出生就失明耳聾，儘管她有看似無法克服的殘障，卻活出了生命的動力和意義，成為二十世紀最卓越的典範之一。

來沒有像奧菲斯（Orpheus）或阿斯克勒庇俄斯（Asklepios）一樣形成救贖者信仰的教派，也許是因為祂半野獸的天性，以致無法成為完美人性的原型。儘管凱龍星的外型古怪，但若我們只認同祂的救贖精神，前述的觀點就顯得太「人性」了。認同凱海相位形象的人，可能真的會成為一位療癒者。但若海王星破壞了凱龍星的現實主義和同理特質，一股真心想要治療和教育的渴望，就會被萬能嬰兒的無限膨脹影響。這些人會以為自己是萬中選一的，自己的傷口是「注定的」，這象徵了上帝的鍾愛；自己能做到任何事。當他們的努力失敗了，可能會陷入可怕黑暗的憤怒和絕望之中。凱海相位最黑暗的一面，就是他們對於感情毒藥的偏好，這會產生末日的幻想，因為他們憤怒是如此地全面性。所以別人，當然也應該受苦。在神話中，凱龍這隻半人馬怪獸是臀部或大腿受傷，此部位象徵的是動物性，而非神性。凱龍的受傷感受與身體的不完美或醜陋有關。而海王星天生就與身體的世界對立，會對此生出一股無法抵擋的罪惡感，同時會有一股強迫驅力，渴望超越世俗和不完美。凱龍在團體中的孤獨感受通常與社會或種族歧視有關，或是與父母或祖父母移民的困境有關。這些問題是無所不在的，屬於集體意識裡無法解決的部分，而即使這完全發生了，解決的過程也可能需要非常長的時間。如果排斥的經驗沒有產生另一種排他性，就能成為一台強大的同情發電機，並且成為一個跳板，藉此躍向海王星欠缺的內在自足感。就此來看，凱海相位可以為一個人的性格帶來巨大的強化力量，雖然他或她必須先經歷過許多極端的經驗，才能與這個世界和人類的本性和平共處。

在凱龍星的世界中，我們無法挽回失去的純真，其中充滿了差異、傷口和寂寞，我們必須擴大自己對於現實的覺知，要對自己的犧牲有足夠的抽離，用更寬廣的角度來看待。海王星會為基本的人類經驗帶來一種厭世的救贖渴望，希望能擺脫世俗的苦難。當凱龍星費力地為自己的受苦尋找意義時，海王星可能會勾起他們對於拯救和報復的幻想美夢，戰勝凱龍星的辛苦努力。海王星本身也可能會被凱龍星防禦性的憤怒淹沒，此時這些人除了自艾自憐，再也無法對任何人心生憐憫。但若一個人能在這兩個行星之間保持中立，祂們都與人類痛苦的奧祕有深刻連結，凱龍星能為海王星帶來非常需要的現實主義，還有對生命的寬容。海王星也能提供凱龍星一個慈愛宇宙的願景，雖然無法減輕個人的不幸，卻能讓其充滿意義與尊嚴。凱海相位可以帶來許多的天賦和洞悉能力，這些人能透過涉入別人的問題來面對自己的痛苦，他們可能積極投入照護行業或是創作，其中不僅能表達人類的絕望，也能展現人類渴望重返天堂的夢想。

海王星與外行星

海王星與天王星及冥王星的運行週期，象徵了集體心靈的強烈改變。我們已經在第九章和第十章簡單檢視過這些相位，這些都與政治和文化運動有關。海王星與外行星的相位可能反映了政治、宗教、科學或藝術的趨勢。這些相位凸顯了歷史上的某些時期，集體對於救贖的渴望會與創新的社會及科學改變，以及意圖毀滅或重建既有生活方式的強烈衝動連成一氣，或是產生激烈的衝突。這些外行星的相位有兩種表現層次。第一種是對當下世界的影響。第二種是在個人出生盤中的重要性，因為在這些偉大週期中誕生的人，最終必須在生命中不斷地展現外行星的意義。

海王星和天王星的相位

> 通情達理的人會試著適應世界；不明事理的人會堅持讓世界來適應自己。因此，所有的進步都必須仰賴那些不明事理的人。24

海王星與天王星的週期從合相到再次合相，約需一百七十二年。而我們若把任何一次特定位置的天海合相視為更大週期的起點，那麼這個循環必須經過二十一次的合相，或是花費三千六百年，才可能進入距離起點六度容許度的範圍之內。25在二十世紀，天王星合相海王星在摩羯座。這個相位從一九八七年年末開始，在一九九三年二月準確合相，之後一直保持在合相的容許度內，直到一九九九年年初，兩個行星一起進入水瓶座的前面度數。距離這回，上回天王星與海王星的準確合相時間是在一八二一年，更早的合相則發生在一六五〇年和一四七八／一四七九年間。就像所有的行運一樣，當這偉大的組合形成準確相位時，並不會馬上見到相關的象徵。這需要很長的時間消化，通常會出現一個偉大的通報者，而在個人生活中，可能會先出現一些夢境或別具意義的巧合預告。有時會在好幾年前就預告了一場重大的生命危機，而當行運發生時，這場危機剛好抵達了高峰點。因為天王星和海王星的相位反映了一個冗長的歷史週期，所以兩者之間的任何重要的相位均會呼應之前相位反映的歷史議題，並以此為基礎，挑戰這些議題，又或是具體呈現出這些議題。天海相位就像華格納在歌劇《尼伯龍根的指環》中一個不斷重複編造的「主導動機」，這個相位也在不斷重複著一種關係，一邊是人類的獨創性、發明才能和對進步的渴望，另一邊是人性的渴望，想要放棄生命的苦難，在生命之外找到救贖。天海相位帶有烏托邦的本質，至於會呈現出哪種面貌，則必須看是哪一個行星在主導大局。

一四七八／一四七九年的合相剛好是歐洲文藝復興的開始。天王星革新的社會和科學願景，與海王星的想像靈感融合為一，很容易在社會、宗教和藝術思想上產生革命性的改變，人

24 George Bernard Shaw," Maxims for Revolutionists," in *The Oxford Dictionary of Quotations* (London: Oxford University Press, 1941), 490-34.

25 參閱Baigent, et al, *Mundane Astrology* (London: Aquarian Press, 1984), pp. 178-180.

類史上最偉大的文化榮景莫過於文藝復興。在此合相下誕生的人逐漸發起並參與宗教改革，為神賦予一個更開明的形象，這必然會產生文藝復興時期的柏拉圖主義、新柏拉圖主義和赫爾默斯主義的宗教、哲學、政治和科學思維，大舉入侵中世紀的天主教世界。馬丁・路德（Martin Luther）是在天海合相在射手座時誕生的，這一點也不令人意外，這是宗教和哲學思想的傳統領域。之後，一六五〇年的合相又發生在射手座，我們很難用文藝復興這種單一的重大運動來定義這個合相。在英國，查理一世被砍頭，奧立佛・克倫威爾建立了英格蘭聯邦。此時也出現了藝術、建築、音樂和文學的巴洛克運動。還發生了知識和科學的革命，挑戰教堂日漸式微的權力，最終為啟蒙運動拉開序幕。

一八二一年的循環剛好發生了拿破崙的死亡，歐洲興起了浪漫國家主義和浪漫社會主義。這些運動導致了西班牙和葡萄牙在中南美洲的前殖民地獨立，在歐洲也出現了有抱負的、獨立的民族國家。藝術領域的浪漫運動也開始百花齊放。此時的合相也是在射手座，卡爾・馬克思（Karl Marx）和偉大的浪漫派作曲家蕭邦及舒曼都在此時期出生。至於一九九三年的合相，現在評論也許言之過早，有失恰當，然現在已經發生了鐵幕崩解，建立了一個統一的歐洲（意指歐盟）。不過這個合相對宗教和文化層面的影響仍不明朗。[26] 在這合相的預兆下，我們進入了電腦科技的時代；在經濟和社會層面上的最終結果，目前仍無法衡量。

我們也必須觀察在這個合相下誕生的小孩，會在二十一世紀留下哪些耀眼的成就。重量級的歷史人物像是路德、馬克斯和舒曼，已經展現天王星和海王星的革命及烏托邦本質，存在於我們大部分的人心中，而一般人無論他們樂意或不樂意，都不是希望能擁有這特質就能擁有的。在兩者週期性的合相間，天王星和海王星形成其他相位的時期，也有些團體對這相位的基本主題做出回應，有些非常輕鬆，有些則遭遇極大的衝突，必須視相位而定。一九〇四年年底，摩羯座的天王星對分巨蟹座的海王星，這相位一直延續到一九一二年。一九五〇年初，巨蟹座的天王星四分天秤座的海王星。另在一九三九年至一九四五年間，有個天王星三分海王星的相位。當時天王星從金牛座移入雙子座，而海王星由處女座移入天秤座，精準地符合第二次世界大戰的起訖。這證明了這些行星行運形成的三分相，並不總是反映了和平與和諧，至少在當時並非如此。**27**在集體的層面上，所有的團體都是受到召喚來表現一種基本衝突，一邊是用人類的智力改造現實，另一邊則是人類心靈的渴望，期望能找到一個截然不同的現實。我們必須檢視在出生盤中，這些外行星相位與內行星（特別是太陽和月亮，也許最重要的就是土星）的

26 上一次在這個摩羯座角度（十九度三十三分）附近的準確合相發生在西元前一七〇七年，當時古邁諾安文明瓦解，「野蠻的」希臘人為地中海世界帶來了新的天神，新的政治地圖和新的文化。

27 矛盾的是，許多發起「花的力量」運動的音樂家像是巴比．狄倫和約翰．藍儂都誕生於這個三分相時期，這場運動在一九六〇年代大放異彩。這個世代的理想是愛、和平、東方哲學，還有一個重生、更具靈性的開明社會，全都在此三分相的時期冒出頭，當時也正是戰爭的混亂時期。

連結程度，才能看出一個人是否會在私生活中展現這種原型的衝突。這些內行星反映的議題，可能就會在他或她的生命中占有強烈且戲劇化的重要性，沒有類似相位的人可能會很難理解其重要性。

海王星與冥王星的相位

我遇見一位來自古國的旅客，
他說：一雙斷落的巨腿，
佇立在荒漠中，附近的沙塵中，
還半埋著一張破碎的臉，蹙額深思。
那皺裂的唇，那冷酷統治下的輕蔑，
這雕匠顯然心領神會那箇中熱情，
它依然鮮活，烙印在這無生命的巨石上。
彷彿有雙手在撥弄著，有一顆心在滋養著，
石座浮現一段話：

「我是奧茲曼迪亞斯，眾王之王。
看我的功績！如此強大，萬物臣服！」
此外無一物，這巨大的廢墟四周盡是衰敗，
一望無際，光禿赤裸，渺無人煙。
寂寞平沙伸向荒涼的四方，綿延。[28]

海王星與冥王星要每隔四百九十二年才會合相一次。上回的緊密合相是在一八九一至一八九二年，希特勒就是在這個合相時誕生。再上一回的合相則發生在一三九九年，《世運占星學》作者們認為這些偉大的天體事件，代表了新世界觀的種子，而最近一次的合相預示：「……眼前的加速前進，邁向一種全球性文化。」[29]這種觀點很樂觀，就長期來看，也可能是正確的。因為我沒有直接接觸過在這個相位下誕生的人（沒有任何人仍活在世上），所以我無法從直接的互動中來評估這個相位的本質。希特勒的例子顯示，當救贖的渴望與徹底消滅舊秩序

28 Perry Bysshe Shelley, "Ozymandias," in *The Oxford Library of English Poetry*, Vol. II, John Wain, ed. (London: Guild Publishing, 1989), p. 436.

29 Baigent et al., *Mundane Astrology*, p. 178.

的強迫驅力結合在一起時，足以產生某種強烈的千禧年願景，其所殷殷期盼的一切就如在世界末日前重返伊甸園。我們也可以看到一個溫和版本的海冥相位，從一九四一年開始，這兩個行星形成長期的六分相（天秤座的海王星六分獅子座的冥王星），兩者不斷地形成出相位和入相位，一直持續到二〇三五年。當海王星進入天蠍座時，會繼續六分處女座的冥王星；而當進入射手座時，便會六分在天秤座的冥王星。我在寫這本書時，摩羯座的海王星六分天蠍座的冥王星。之所以會發生這個長期的六分相，是因為行運的冥王星通過秋天的星座時（處女座、天秤座、天蠍座和射手座），比較靠近太陽，此時運行的速度會比在對面黃道軌道上時來得快，所以會有一段時間與海王星「踱步」，以差不多的速度移動。

我們還無法客觀地評斷這一百年行運的意義，但也許可以說這將有利於推動全球性文化的願景，這個願景是在十九世紀末期海冥合相時誕生的。海冥相位主要表現在宗教層面上，好比希特勒宣傳的願景本質是宗教性的，也是末日論的，只是用政治來掩飾。而六分相也許象徵著這是改變對上帝的認知與對神性態度的時刻。目前的六分相起始於一八九一年的合相，自那之後世局經歷巨大且無法挽回的改變，到了二十世紀末期和二十一世紀初期，這相位象徵的願景才在六分相下開始向外散播。《世運占星學》的作者們指出，一三九九年的合相剛好出現了強烈的千禧年情緒，象徵了中世紀封建社會和天主教世界觀的結束。發生於公元四百一十一年和四百一十二年的合相，則宣告了異教徒世界的終結，而在公元前五百七十五年至五百七十九年的合相時期，出現了畢達哥拉斯、佛陀和老子，古希臘時期也在此時拉開序幕。這些主題很有趣，很值得探討，但不可能用任何科學能夠接受的方式來賦予定義。歷史潮流中的宗教運動有如海王星的水流，會在隱形的地下水道中流動，祂的出現有時如療癒溫泉，有時則像毀滅萬物的洪水。所有在一九四一年之後誕生的人都會與這兩個行星有些連結，因為這個六分相會一路延展，幾乎涵蓋了二十世紀整個後半期。目前，我們已經習慣去質疑宗教的巨型架構，將宗教爭議視為理所當然。二十世紀後半時期的宗教衝突不僅限於基督教，還有伊斯蘭教，這些衝突既深刻且具挑戰性，但也是世局結構中的一部分，而誕生於第二次世界大戰之後的人從不曾看到它們消失過。因此，當一個相位深植於我們的現實生活中時，我們很難進行客觀的觀察。

【第十三章】

比對盤與組合中點盤的海王星

直到大海乾涸水流盡，親愛的，
直到太陽將岩石熔成灰燼；
喔，親愛的，我將會永遠地愛你，
直到生命的沙漏流瀉。

——蘇格蘭詩人羅伯特・伯恩斯（Robert Burns）

自古以來，人們用千萬種方式描述與靈魂伴侶相遇的經驗。二十世紀的心理學文獻嘗試用理性的角度來解釋這個現象，但只成功闡述某些特定的面向。我們與另一個人神祕融合的經驗帶有某種詭異的宿命感。若事後諸葛，似乎揭露了其中有一種驚人的智慧在運作著。在靈魂伴侶的關係中，我們通常會看到海王星在雙方的出生盤或是推運盤之間奔走，在組合中點盤（以下簡稱組合盤）中也有同樣現象。對許多人而言，與另一個人的深層交融是生命中所能發生最美麗、最動人、最能轉化人性的事，即使這會帶來痛苦。無論其中有什麼父母情結作祟（總是如此），無論結局多麼令人失望（常常如此），當海王星在兩人的比對盤中非常活躍時，他們的溝通明顯帶有心電感應的特質。對有浪漫傾向的人而言，這就像不容駁斥的證據，證明了一種非世俗的、更神聖的現實存在。這種另類現實暗示了靈魂的永世不滅，暗示這種愛的連結可以天荒地老永不毀滅，暗示著必然可以從痛苦和失去之中生出智慧與美德。這個人的性格如果尚未成熟，美夢的破碎可能會帶來徹底的毀滅，就像是某種滅絕。但若這個人的性格能適當地整合出生盤中的太陽和土星的功能，就能找到充分的自足性，並以務實態度來應付隨之而來的失望或悲傷，同時指引海王星的經驗成為生命中的永恆和創造面向。

對於許多人而言，靈魂融合是一種喜悅卻短暫的陶醉，其中的浪漫比較像是口語形容，而非帶有哲學意味。這可能會發展為成熟的愛，但結局常是幻滅和徹底冷感。人們可以享受它，讓生活別具滋味，但可不能太認真，否則最後看起來跟傻子沒有兩樣。人們可以沉溺其中，但不要有任何承諾。這看似是合理且平衡地處理海王星式的關係，但之後又可能出現糟糕的反彈，導致結局事與願違。如果一個人想要崇拜戴奧尼索斯，又不想落得與彭休斯一樣的下場，就必須帶有點傻氣，就像塔羅牌中站在懸崖邊緣的愚人，單憑著幻想跨步向前，聽從純真心靈之聲的指引。我們儘管被多愁善感模糊了視線，但內心的土星仍會維持如暴君般的控制，不會收容所有的內在經驗。此時，就不會出現海王星之水的淨化洗禮，也沒有生命的復甦，還可能會有一位非常憤怒的天神在旁邊等著發難。對於許多從事照護工作的人而言，靈魂融合只是投射或轉移了對父母的理想化幻想。對於在童年時期曾為海王星之愛付出高度代價的人而言，靈魂融合只是一種短暫的、可能帶來毀滅的精神失常狀態，最好能避開不碰，而其最糟的狀況就是盡可能地恢復正常。土星可能會想徹底剷除海王星，發揮如閹割、吞噬般最黑暗的神話力量。然而，一個人會因為關係帶來的海王星失落感，陷入厭倦和情感孤立的荒漠，這常會導致憂鬱，甚至生病，因為生命的湧泉已經乾涸枯竭了。

當兩人的比對盤中有強烈的海王星能量時，通常會有「一體旅行」的經驗。但是這種旅行可能是無意識的。一個人可能體驗到這種狀態，卻無法認清這種狀態特有的理想化和精神認同。因為對於許多人而言，海王星原始的大洪水實在恐怖至極，所以一個人只能無來由地憤怒或恐懼，莫名地渴望傷害或毀滅。比對盤中的海王星動力不一定會帶來愛情或性的結合。這可能出現在老師與學生之間，上師與信徒之間，或是父母與小孩之間。也可能出現在朋友之間，一位演員和一群觀眾之間，或是一位已故作家和在一個世紀之後拜讀其著作的仰慕讀者之間。這種關係有時會因為距離或缺少機會無法落實在日常生活之中，但反而會強化（甚至是必要的）靈魂深刻交會的感受。這種靈魂融合可能會妨礙了性的接觸。關係中的一方或雙方可能無意識中安排某些情境，讓性的結合無法完整或令人失望，或是因為一些無法克服的環境而省略了。其中一方或雙方會不斷地或在最後感到挫折，這是海王星在比對盤中常見的表現方式。

海王星的愛情無論是源自於飢渴的嬰兒或成熟的靈魂，都是同樣地重要，也同樣地真實。但是在前者中，較不健康的行為模式恐會破壞一段緊密的連結。在一段海王星式的關係中，放鬆自我界線常會勾起內心的渴望，意圖與萬能、無條件慈愛的本源融為一體。其中一方或雙方都有無法面對獨立的議題時，此時心理的洞察力就非常重要了。無論一個人是在扮演貪婪的大魚，或是被吞噬的小魚，檢視無意識犧牲和操縱的問題，有助於打破一再重複自我毀滅的順從模式。這也能幫助人們看清在哪些領域中，理想化會與發展自給自足這件事相互牴觸。我們假若無法理解這個觀點，就常會覺得無助且憤怒，儘管可以用業力解釋，仍會讓一個人陷入痛苦，感到深刻的幻滅。我們與另一個人的海王星式互動，會點出我們還沒誕生的領域，而這個過程通常很痛苦。

那麼到底誰是救贖者？誰是被救贖的人？誰是騙子，誰是受騙者？當兩張星盤的比對盤中有強烈的海王星相位時，任何一方都有可能，因為這就像所有比對盤形成的交集相位一樣，其中一方的感覺和行為會觸發對方的反應，雙方都覺得自己身處掛滿鏡子的大廳裡。一位男士的土星如果對分一位女士的金星，其中一方或是雙方都會傷害對方。土星會因為金星的自在優雅和肉體感官享樂感到威脅，這位男士會把抗拒她當成自我保護的手段。他會因為不安全感顯得挑剔又苛求，最後就逼著他的金星伴侶去別的地方尋愛。而金星可能會被「責怪」缺少足夠的深度來理解土星的複雜。但是這種不幸又常見得可怕的情節，起始點都是土星無意識的恐懼感、嫉妒，還有想擁有又想壓抑的渴望。在海王星式的關係中亦是如此，迷惑和欺騙的起始點通常是海王星方，他會她會被認為是救贖者，會體驗到原始渴望如洪水氾濫。海王星方可能會試著扮演任何需要的角色，其中包括救贖者，只為了能被愛，獲得療癒。但是他們在面對另一方的深度依賴時，也可能會覺得被洪水淹沒，感到無力，陷入長期的憤怒。我們常看到對方被海王星的投射傾向「欺騙」或「變得盲目」，最後覺得被傷害了。但是真正盲目的是海王星這一方，他或她把原始的內在形象與實際的另一半融為一體，因此失去判斷能力。因為海王星方在對方臉上窺見了長久渴望的救贖，渴望能擺脫世俗的痛苦和寂寞，拒絕讓對方走出迷霧、以真實血肉之軀的伴侶面貌現身。在這樣的需求下，伴侶可能會欺騙或閃躲，以避免冒險挑起海王星方的痛苦與憤怒。

在比對盤中，海王星方總會把對方的行星當成海王星來回應。這是絕不含糊的。不過在比對盤中，海王星相位的表現主要得視雙方的覺知能力，也必須考量其他涉入的行星。當一個人的海王星合相土星時，這個合相透過與另一個人的太陽或月亮形成相位，帶來與靈魂伴侶相遇的經驗，兩人會幸福地墜入愛河。但若此人的土星有些困難特質，便會有揮之不去的恐懼，害怕失敗和拒絕，這會勾起自我控制的強烈需求，讓自己的行為舉止顯得極度地冷酷無情。他或她可能先責備因為愛人誘惑的操縱，讓自己意亂情迷，然後找個藉口拋棄對方。一開始海王星會體驗一股無法抗拒的情感洪水，之後就會因投射作用而不屑一顧。相較之下，如果另一人是海王星合相月亮在天蠍座，又三分十二宮內的巨蟹座金星，當他或她跟對方的出生盤形成了與靈魂伴侶相遇的經驗，就能在對方都已經離開很長一段日子後，還會不斷地穩固這種經驗的美麗與意義。此時就是由對方扮演欺騙者，海王星方扮演受害者，因為對於海王星方而言，感覺的原始洪流是很自然的，是很容易接受的，但這會勾起對方的恐慌，覺得自己被困住了。海王星反映了我們能在某個領域中，開放地接受與原始本源的融合經驗，其中還有我們在世俗監獄中對救贖的渴望。當某個人的出生盤強烈觸動了我們內心之中這塊最脆弱的境地，任何事情都可能發生，從荒謬到崇高，無奇不有。

比對盤中的海王星與太陽相位

太陽是偉大的生命賦予者，所以太陽方的創造力可以觸動海王星方的渴望。無論是出生盤或推運盤的太陽，這股趨力都是一樣的。但對前者而言，這可能是一輩子的迷戀；對後者而言，則可能是短暫即逝的。海王星方可以在太陽伴侶的身上體驗到生命力和獨特性，甚至連太陽伴侶本身都沒有覺察到自己的這一面，而這看似承諾能帶來希望、喜悅和救贖。海王星方顯得不夠成熟又模糊衰弱，會在太陽力量的光明之中取暖。即使有些人向來很獨立，具有個人特色，但要是對方的太陽與自己的海王星形成緊密相位時，自我保護界線的封印就會崩裂開啟。他們常會把太陽方的「與眾不同」和「自我表達」理想化。如果其他交集相位也很和諧，海王星這方理想化的愛就會加深某種信念，認為太陽方是自己內在的一部分，是自己最深的核心，是人生的絕對基礎。海王星這個偽善者可能會試著滿足太陽方的所有需求，主要的做法就是當個仰慕的觀眾，欣賞太陽的個人特質。這可能會延續一種特別的關係模式，太陽方扮演著慷慨大方、具有創造力的愛人，海王星方則扮演自我犧牲和奉獻的鏡子。比對盤中的太陽及海王星相位帶有希臘雕刻家皮格馬利翁（Pygmalion）的色彩，因為太陽永遠喜歡有個追隨者。易經第十三掛「天火同人」就優雅地描述了這種驅力，英國佛學家蒲樂道（John Blofeld）把這翻譯詮釋為「愛人，被愛的人，朋友，志同道合的人，宇宙性的兄弟情誼」。

> 這個卦象意味著一個弱小的人獲得力量，占據舞台的中央，表現創造力。這就是被愛的人。上文敘述的是創造法則的運作，這會帶來強烈淬煉的影響力……強勢且具才華的人遲早會掌控並指引較弱小的一方。1

太陽和海王星的相位，可能為雙方帶來振奮和啟發的力量。但是相位的本質很重要，也必須考慮兩個行星在雙方出生盤中的狀態，還有雙方的覺知程度。如果是「柔和」相位，兩人之間會流動著狂喜和鼓舞的感受，毫無困難，因為這種感受通常都很低調，不帶有強迫性。理想化並不具有殺傷力，只要這是根據對方真實的本質。精神分析會把這解釋為回憶與母親的原始融合，柏拉圖則認為這是在愛人面前回憶靈魂的原貌。理想化會讓我們想要付出自己最好的一切。

一個人的太陽合相另一人的海王星，這是能量最強的相位。如果相位很緊密，這段關係很難避免一種宿命或業力的感受。太陽方會感受到強迫性的義務，覺得必須保護和支持海王星，海王星方則把太陽視為救贖者。太陽方會深信自己必須為海王星方的快樂和幸福負起完全的責任。即使雙方形成的是緊密的四分相或對分相，吸引力還是同樣強烈，但是會出現一些不可能的期望，再加上對另一方的誤解，必然會帶來一些失望。因為這種「強硬」相位象徵海王星的無止盡需求和太陽的個人現實之間具有一種本質上的衝突。經過一段時間後，太陽方常會覺得被榨乾，被利用，而當他們把注意力轉移到其他地方，或是顯露出自己畢竟只是凡人且自私的一面時，海王星方的夢想就很容易粉碎幻滅。

1 I Ching, *The Book of Changes*, John Blofeld, trans, (London: Mandala Books, 1965), pp. 114-115.

「柔和」相位也可能帶來相互的失望感。但當幻滅出現時，並不一定預告了兩人的關係結束，也不代表太陽與海王星共同產生的創造性交流會就此結束。雙方可能願意認清發生的一切，詳細討論問題所在，做出必要的妥協與調整。對於海王星方而言，被逐出伊甸樂園也許是極大的損失，因為這意味著必須接受另一人的真實面，同時為自我的救贖擔負一些責任。海王星方有時會轉而憤怒，尋找另一個比較可靠的救贖者，而海王星的憤怒就像蒂雅瑪一樣無所不在。他們也可能認定這種狀態其實很幼稚無聊，可能會把憤世忌俗當成矯正的手段。海王星方也可能以為要重新贏回太陽的愛，唯一的方式就是變得更需要，更依賴。所以他們可能無意識地變成一個長期的受害者，生病、無助又黏人，只為了提醒太陽負起救贖者的義務。太陽這一方一開始會覺得受寵若驚，很樂於當一位生命的賦予者，之後便會覺得被操縱與榨乾了。也可能是海王星方的幻滅感，還不足以切斷這份關係，就會把些許的欺騙合理化。最後，海王星方在最虛弱的時候，可能會指控太陽故意利用一個脆弱又貧乏的人。

海王星方如果只有薄弱的獨立個體性，如果就像槲寄生一樣，很少嘗試脫離寄主而生，就很可能表現出日海相位中最不可愛的一面。太陽方如果沒有意識到自己的力量慾望，把海王星方當成自己的創作，這也可能產生問題。人們互動時所有的個人反應，都會表現出比對盤中強烈相位象徵的原型背景。日海相位的原型背景就是神性的創造者和具有依賴性的後代。無論太陽方是男性或女性，都會在海王星方的面前散發救贖者的光芒，身懷聖杯，透過人類的眼睛凝視萬物。而無論海王星方是男性或女性，他們的渴望就是世俗萬物痛苦的靈魂渴望，迫切希望能從肉身轉世的牢獄中獲得救贖。當這齣原型戲碼在兩人之間上演——雙方具有強烈的比對盤相位，幾乎總是如此——我們通常無法輕言轉身離開。或也可能對釋放的力量感到害怕，所以快步跑開。但我們仍然會和其他演員重複演出這齣戲，因為我們最終必須在某種層面上活出自己的神話。兩人如果努力在土星的現實主義、太陽的自我定義和理想化的海王星奉獻之間找到一種可行的平衡，就能將太陽方當成自信和自我表達的模範，用來推動實現海王星的想像天賦。海王星方也能提供無價的恩惠，幫助太陽方在成為獨立個體的英雄之旅中，減少些許孤寂感。

比對盤中的海王星與月亮相位

海王星與月亮的相位時常涉及母親原型經驗的多樣面向，其中包含大量不同的感情狀態，從嬰兒的融合需求、感覺被愛和被需要，這是所有人都具有的本質。這個相位可能會表現成極度的互相依賴，還有深刻的同理心。雙方也會強烈地需要滋養和珍惜，甚至拯救對方脫離「外面」世界的寂寞與黑暗。但是這種相位也會有陰鬱的暗潮流動，雙方都只想當對方的母親或孩子。海王星方會把月亮方視為理想的安慰者和包容者，對方可以完全回應自己內心小孩沒有說出口的需求和慾望。海王星那種被保留、被收容在子宮狀態的感覺，會超越性別藩籬。由於月亮與身體和本能有關，這帶有種質樸和穩定，也能讓海王星有安全感。海王星方會在月亮方（即使是男士）身上看到自己最初夢想及幻想的母性救贖者。這位救贖者不需要解釋就能理解一切，無論海王星方有多麼罪過，都能賦予同情，月亮方的愛不需要評斷和測試，會永遠提供情感的溫暖和庇護，給與滋養和原諒。

我望見那雙唇蕩漾著甜美微笑，
就如兒時撫慰我的笑容。
此處闃然無聲，我卻清楚地聽到：
「我的孩子，無需悲傷，我會趕走所有的恐懼！」2

月亮方可以正面地扮演滋養的角色，至少是在一開始，我們個性中的月亮面向，都有被他人需要的需求。月亮方常會感受到海王星的脆弱和無助，即使海王星方在別人、甚至是自己的面前隱藏這一面。海王星方會覺得終於找到一個人，能在他或她的面前敞開心房。這個交集相位可以帶來很多的療癒，特別是月亮方的早期生活中有情感被剝奪的經驗。月亮方在扮演母性的角色時，等於在救贖自己的童年，同時也能承受接納海王星方的渴望。比對盤中月亮與海王星的相位，透過這種帶有強烈療癒原型的連結，可以創造一種深刻且持續的關係，其中充滿了同理及信任，有助於舒緩雙方心中的創傷，彌補家族過去的傷痛。不過當任何一方面臨獨立的威脅時，就可能出現問題。海王星方可能變得太依賴月亮方特別的同理心，當有朋友和配偶，甚至是自己的孩子介入時，就會覺得失落又迷惑。當一對伴侶之間出現這種相位時，他們的傷害和不幸常圍繞著孩子打轉，這與孩子對月亮方的親子需求有關，因為海王星方雖然身為父母，卻希望自己才是那個永遠最受疼愛的孩子。一般而言海王星方不會嫉妒，因為嫉妒是太個人又太熱烈的情緒。海王星方不會表現明顯的嫉妒，其實正是導致伴侶憤怒的原因，伴侶會覺得自己被貶低了。海王星方只會覺得剝奪了，覺得空虛，可能會表現無助的被動，變成極度地操縱，只為了能重新獲得月亮方的注意。這可能表現成失敗、憂鬱或疾病——這一切都是在無意識地試圖重建母親與孩子之間的原始融合狀態。

月亮本身具有相當程度的占有慾（在這一方面，巨蟹座比起天蠍座只有過之而無不及）。月亮方會有獨佔的主權感，憤怒海王星方也需要別人，月亮方希望自己是這個特殊、神奇孩子唯一的照顧者。月亮方會用非常具體的方式表現占有慾，要求海王星方隨時都在身旁。海王星

2 William Cowper, "On the Receipt of My Mother's Picture Out of Norfolk," *The Oxford Library of English Poetry*, Vol II, John Wain, ed. (London: Guild Publishing, 1989), p. 171.

方可能會覺得無法抗拒月亮方的要求及其勾起的依賴感，因此感到憤怒又害怕，進而排斥月亮方。海王星方也可能會因為月亮方本身的需求感到幻滅（救贖者本身不應該有任何需要），覺得委屈和被背叛，用此來合理化自己的欺騙或報復。當一段關係中出現這種月海的交集相位時，可能會出現有些濕黏、深陷泥沼的氛圍。雙方可能都試圖操縱對方，以保持關係中的親密感。月亮方可能會暗自希望海王星永遠像個孩子一樣，當對方有任何嘗試獨立的跡象出現時，就會感到憤怒，因為這預告了共生的結束，也預告了海王星方會體驗到一些不曾從月亮方身上獲得的幸福快樂。月亮方可能會無意識地試圖破壞海王星方的自信，強調對方的缺陷，貶低對方的力量。這個交集相位可能會演出母親與孩子連結之間所有的回饋和問題，而且與性別無關。異性伴侶、同性伴侶、朋友或親子之間都可能出現這個相位。有時是父母的海王星與孩子的月亮形成強烈的交集相位，父母會對孩子表現出自己的不成熟，無意識地召喚孩子當自己的父母。

月海的交集相位可能會產生一種強烈細膩的「孿生情誼」，像是一種超越血緣的「靈魂家族」。月亮海王相位可能會產生安全、溫暖和信任的氛圍，幫助彼此度過人生的困境。這種相位的調性比較像是「靈魂朋友」，勝過於「靈魂愛侶」，可能會極度理想化對方的想像力和敏感特質。其中一方如果無法脫離這份關係，維持獨立的個體性，就可能變得很執著，令人無法喘息。這如果是「強硬」相位，較易出現不可能達成的理想化，互相誤解對方的需求，還有更多的失望和憤怒。這個相位會有潛在的殺傷力，因為海王星和月亮都不是以直接聞名，鮮少公開表達幻滅和受傷。月海的交集相位可以提供滋養、平靜，療癒許多早期的創傷。但雙方也可能在無意識中解放了古代眾水之母的貪婪胃口。雙方的表現大部分必須看他們是否嘗試著切斷自己生命中的臍帶，至少要稍作努力。其中一方或雙方如果沒有做到這一點，那麼，伊甸園的極樂至喜遲早會被占有、操縱和欺騙的慾望之蛇瓦解中斷。

比對盤中海王星與水星的相位

在海王星著了魔的雙眸中，水星變成了天神墨丘利（Mercurius），他既是魔法的鍊金士，也是等候重生的靈魂召魂者。海王星會在水星的聰明、機敏、易變和彷彿會飛的雙足中，找到一種萬靈丹，足以讓任何揮舞灼熱之劍的蹙眉天使軟化，獲得僅此一次的寬恕。甚至即使水星方沒有聰明的特質，海王星方還是會把水星其中一種特質理想化，把水星視為朋友、同伴和嚮導，依此解答自己所有不曾表達的問題。海王星方也會打開水星方務實的眼界，看到心靈與想像力的奧祕。兩人之間的對話時常充滿詩意和靈感，水星可以替海王星表達未說出口的感覺世界。這兩個行星的主要問題在於無論是在對或錯的狀況下，他們都是無恥的騙子。海王星是因為投射的天性，再加上不惜一切的取悅需求，水星則是因為身為騙子和小偷的天神，在其看來所有的事實都只是相對的。

當相位很緊密時，兩人之間可能出現心電感應般的溝通，特別是合相。海王星方憑直覺就知道水星方的思考方向，而水星方可以不加思索地清楚表達海王星方還在琢磨思索的事。這種交流有一個非常傑出的例子，就是音樂家戴流士和芬比（Eric Fenby）的關係。芬比本身也是音樂家，他在戴流士晚年因梅毒末期，失明癱瘓臥病在床時，曾有好幾年當他的「聽寫員」。戴流士最後的作曲是透過哼唱和叫喊出音符完成的，芬比就會記錄這些簡略的訊息，將其轉化成樂譜。雙方眾多的強烈相位中，芬比的水星合相上升點，又合相戴流士的海王星。3 海王星方也可能依賴水星的邏輯與記憶力。正如在戴流士與和芬比的例子中，海王星方可能是才華洋溢卻如孩子般稚嫩的藝術家，水星方就像是經紀人或私人祕書。古希臘戲劇家米南德（Menander）曾經寫過，每個人的智力就是上帝。在水星與海王星的比對盤中，水星的智力可以為海王星帶來神性的啟發。水星也喜歡有一個聽眾如此讚賞自己的聰慧；若說海王星是個偽善者，水星就是獨角喜劇演員。但很不幸地，這有時會讓海王星方在面對水星方的才華時，覺得自己很愚笨、無助又不善言辭，很害怕心智和務實的聰敏會勾起依賴和理想化的感覺。水星的處女座面貌能勝任並有效處理日常生活事務，也可以隨時穿上救贖者的長袍，戴上雙子座的面具，散發耀眼靈活的智慧。

經過一段時間後，海王星方會急迫地想要取悅，隨時吸收水星的理想、說話模式、姿態和癖性，以維持情感的親密性，因此壓抑了自己的智力和務實天賦。海王星方可能越來越依賴水星來組織日常生活事務，回答所有問題，無論是宇宙大哉問或瑣碎小事，水星方都有答案。水星方會對海王星產生本能的不信任，因為身為小偷和騙子的天神，他們很擅長看到虛假謊言。水星方可能會對交叉扮演祕書和上師這件事，越來越惱怒不耐煩，也會對海王星方明顯的心不在焉和心智懶惰感到挫折。水星方可能會不加思索地批評，一不小心就傷害了海王星方，海王星方就會開始公然地說謊，迫切地想要取悅對方，試圖避免對方的攻訐。如果海王星被水星支配自己思想的力量徹底地感到害怕，可能會試著開始破壞水星，也許是打斷計畫，或是針對重要的討論拋出煙霧彈，製造整體混亂。儘管這兩個行星的相位沒有明顯的情慾結合，但是海王星對融合的渴望就帶有情慾成分，而海王星方可以發現對方心智的美麗及誘惑。

> 如此柔順，如此溫婉，你聲如銀鈴。
> 任誰聽到都會被蠱惑，無法言語。
> 可我竟能見你走動，聽你低吟，
> 和著珠光閃爍的七弦琴，婉轉抑揚地輕唱。[4]

---

3 我們曾經在第十章討論過戴流士的星盤。芬比的星盤來自Internatoinales Horoskope-Lexikon, p.539. 導演肯・羅素（Ken Russell）曾經在電影《夏日之歌》中描寫兩人的關係。

4 Robert Herrick, "Upon Julia's Voice," in *Oxford Dictionary of Quotations* (London: Oxford University Press, 1941), 247:14.

愛情關係中如果出現這個相位，會表現出強烈的迷戀。但是雙方如果不能對彼此坦誠，特別是有關情緒的問題，就可能產生許多問題。水星方可能不敢說真話，因為海王星方極度敏感，會把任何事情都當成拒絕；海王星方可能會避免正面衝突，因為言語本身就是獨立的工具。

我們會透過言語傳達自己的本性，定義自己的世界觀。當我們把話說出口後，就如覆水難收，這會導致許多差異甚至爭吵。儘管水星守護的兩個星座都有能力算計謊言，但水星方可以覺察到謊言，然後運用辨識能力。一個人假若要把謊話說得圓滿，必須能辨識真相。但是在海王星的水域中，真相是流動變化的，因為這只反映了當下的感受。回憶上個禮拜說過什麼話這件事，是水星在運作。海王星通常都記不得上個禮拜說過什麼話，因為這只是言語。無論如何，當時的情緒都已事過境遷，此時的情緒狀態早已不同。海王星也可能認為自己說過什麼，實際上卻沒說，或是記得自己說了其他的話。水星方可能會被海王星方弄得既憤怒又挫折，因為海王星方對言語的溝通顯然漫不經心。水星方也可能無法瞭解在海王星國度裡，言語並不是非常重要。水星的言語雖然微妙，卻很精準。海王星的語言則是示意、推論、暗示和喚起，其所隱藏的意涵遠超過其所揭露的一切。在比對盤中，這個相位最正面的表現方式就是共同進行一種創作，海王星的意象和感覺可以透過水星的清晰和辨識建立架構，變得具體化。在創造的過程中，他們可以為不同的認知和表達方式找到共同舞台，雙方都能被珍視。水星方如果沒有低估海王星方的智力，不會對海王星的迂迴思考失去耐心。海王星方如果也願意替自己的話和想法負責，就能帶來如魔法般的創造交流。即使是困難相位，我們也能看到幾個罕見的例子，雙方可以實際合作寫一本書，一起創造戲劇或樂曲。除此之外，水星與海王星雙方能在日常生活的溝通中保持魔力，最終會比一些看似比較浪漫但較無法長久落實的夢想更加持久。

比對盤中的海王星與金星相位

比對盤中的金海相位就和出生盤中的金海相位一樣，都是十足浪漫的。金星方既重視感官享受，也講究美感，這反映在祂守護的金牛座和天秤座，兩者結合了肉體的魅力和心智的優雅，能為海王星的渴望帶來強烈的聚焦效果。不過這種交集相位的性趨力，可能會在愛情關係中帶來一些困難。早在遠古時代，金星和海王星的能量交會就能替詩和小說帶來靈感，其中常有明確的肉體和精神的古老衝突，也有私情慾望的痛苦。海王星與金星不同，海王星的摯愛奉獻是針對理想化的形象，而不是對一個人或其他獨立個體的欣賞。海王星方常會把愛情中的肉體結合想像成神祕的融合；但是性行為中比較粗俗的面向，像是聲音和氣味，稍縱即逝的愉悅，都有違神聖的意味。古羅馬詩人卡圖盧斯（Catullus）曾寫過，所有的動物在交配之後都很悲傷。金星方可以加深海王星方的幻想，但海王星方可能要等很久之後才會採取行動；海王星方甚至可能在關鍵時刻臨陣脫逃，或是在性行為的當下或之後莫名地冷感。金星的欣賞通常比較世俗（即使是落入任何的風象相位），也與另一個人的特質比較有關，包括另一個人的身體特質；金星也喜歡自己的身體受人愛慕。海王星是愛另一人的靈魂。金星只是愛另一個人，想要用所有人類可能的方式來表現這份愛。這可能讓雙方之間產生細緻敏銳的溫柔；但是也可能帶來痛苦的幻滅。

金星和海王星的關係有時不會有肉體的「結合」，也可能在肉體層面上感到幻滅。其中一方可能一開始就在其他地方尋求性的慰藉，沉浸於在大量的欺騙之中；雙方的性關係也可能因為前任關係的義務受到限制或被阻絕。這個相位有時候會表現在兩人因為種族或宗教的差異衝突而分開，或是其中一方住在國外，導致關係無法扎根。有時是其中一方願意，對方卻必須遵守宗教的承諾，因此無法繼續共處。金星可以勾起海王星夢想，這是源自於情慾的想像，深植於體內的慾望。海王星的理想化會讓金星方覺得自己更美麗，更有價值；當一個人的金星與愛人的海王星形成強烈相位時，可以神奇地療癒許多兒時的傷痛，也可能紓解所有凡人都會體驗到的肉體缺陷感，至少一開始是如此。比對盤中的金海相位可能會表現成最極致的「戀愛狀態」，而這兩個行星的緊密相位時常強烈到足以焚毀所有之前的承諾，甚至能顛覆頑強土星對於愛情與生活的憤世忌俗。英國詩人約翰・鄧恩（John Donne）的詩曾經極致地描述過金海相位的些許感受。

兩人陷入愛河時，
宛如靈魂的交融激活。
靈魂滋生，心靈盪漾，
叛離孤獨的掌控。
此時，我們了悟生命的脈絡，
我們源自的微塵即是靈魂，
任何改變都無門而入。

……倘若愛人的靈魂就如我們，
聽見了靈魂如一的話語。
且任愛人擺佈，
他將能見到些許的改變，
當我們肉身凋零時。[5]

---

5 John Donne, "The Extasie," from *The Penguin book of English Verse*.

然而，這些永恆的感受與靈魂的共融可能如此令人無法抗拒，這會讓海王星方無意識地避免性行為，雖然他們對性行為並無幻想。海王星方可能會因為渴望消融，完全不甘願涉入個人的付出與給予，而這是性愛的基本條件。金星方可能開始納悶哪裡出錯了，可能會對身體接觸更直接主動，有時會施展明顯的誘惑。海王星方如果太害怕失去控制，就會指責金星方用性來操控；海王星方會變得在道德上無法忍受性愛，把所有可恥的身體渴望都投射在困惑又受傷的金星方身上。因為海王星與我們對母親最原始的感受有關，而海王星的情慾幻想可能有亂倫或非法的色彩，海王星方可能會因為這種無意識感受中生出的罪惡感，把金星視為原始的魅惑妖精。海王星方與母親的關係如果有些焦慮不安，那麼當他們與金星方在經過了一開始的吸引之後，常會出現上述反應。海王星方因為恐懼臣服於金星方的性力量之下，開始挑惕金星方的身體。海王星方會覺得幻想遠勝過於金星方左肩上的疣，或是三根白頭髮，或是一次愉悅的度假後腰臀變得肥厚。這可能預告了對性愛失去興趣，會是追求另一個情慾對象。在海王星方的眼中，新歡看似更貼近自己的理想，直到他們發現新歡的右肩上也有顆疣，或是有扁平足。金海相位最不愉悅的面向之一，就是海王星方逃離金星方的肉體之愛，而這可能帶來極大的痛苦。金海雙方假使能對這種防衛機制背後的運作有些覺知，就有助於解決這個難題。金星方能從中學到更多的同情及敏感，海王星方也能學會更加欣賞肉體層次的情愛。

海王星方在面對金星方的幻想力量時，也可能試圖綁住金星方，一開始會卯足全力地取悅對方，然後開始自我犧牲。海王星方可能會試著情緒勒索，要求金星方表示更多的愛和忠誠，因此變得很需要，很黏人，甚至生病。神話中的金星並不是特別有耐心或有同情心的天神。她很虛榮、善變，目的是追求自己的愉悅。金星方會越來越厭惡海王星方的操縱計謀，很容易去找一個比較不可悲的同伴。我們常在一些已經確立的關係中看到這種不幸的情節，其中一方因拒絕和羞辱飽受折磨，很清楚另一半的不貞，卻無法脫離理想化的箝制，與伴侶串通演出金星原型的膚淺及不忠。此時金星方扮演了誘惑者和欺騙者的角色。金星方也可能只是既憤怒又受傷地轉身離開，讓海王星方失去希望，留下一些未被實現的渴望，成為別人性愛詭計的受害者。比對盤中金海相位的微妙、複雜和強烈，最重視的就是自我的界線和情感的率直，雙方都必須誠實且敏感地回應對方。金星方可以提供海王星一個機會，為實際生活注入細膩且具有啟發性的情感。金星世俗性的愛及知足的能力，也可以療癒海王星許多深刻的寂寞及對肉身的厭惡。透過比對盤中的金海相位，雙方可以把性愛當成一種工具，體驗與眾生融為一體的極樂感受。海王星可以用同情敞開金星的心靈，這不是建立在個人美德之上，而是來自於所有人類之愛的悲傷、美麗、悲劇與高貴。

比對盤中的海王星與火星相位

由於海王星與火星在本質上是對立的，所以雙方的比對盤相位通常從開始就有許多問題。有些人認為這個比對盤相位是絕對的凶相，暗示海王星方會帶領火星方墮落。儘管這個相位名聲不佳，但如果能用創意的方式發揮，最後可以為雙方帶來更多的成就感，勝過於月海相位，其中的退化引力會為性關係或親子關係帶來幽閉恐懼現象，令人喘不過氣，或是勝過金海相位，其中的極度浪漫主義可能無法忍受老化或平凡人的小缺點。火星和海王星之間的緊張和抵觸有時也會帶來破壞力，導致關係中的殘忍和犧牲。但若這股趨力中帶有些許覺知，也能帶來巨大的興奮、能量和創造熱情。

海王星方能覺察到火星方的力量和活力，將其視為如英雄或女英雄般的救贖者，強悍、擁有權勢、果決，能在這世界有番作為，主導事情發生。即使火星是位於比較柔和或不具侵略性的星座，像是巨蟹座、天秤座或雙魚座，或即使火星方絲毫不帶英雄性格，海王星方仍然會把火星方的勇敢精神理想化，可以透過敏感且老練的方式表現出來。海王星方會將火星方視為一種同伴，對方可以為自己的戰爭奮鬥，保護自己的脆弱，承擔自己的世界，同時也或許能「承擔」他們的世界。海王星方與火星方之間的性吸引力可能非常強烈，但是他們之間的性幻想，與海王星與金星之間的幻想並不相同。海王星方渴望能被火星方更優越的力量主宰，儘管要海王星方在意識層面上承認這種感覺，通常會覺得十分尷尬，因為其中帶有脆弱的成分。當一位男士的海王星與一位女士的火星形成緊密合相時，他原本以為自己是性愛中的主動者，遇到這位女士後，卻發現自己渴望能變換角色，他可能會對此感到困擾，覺得受到威脅。他有時也會發現自己只要在她身旁，就會變得依賴又無助，卻又很享受這種感覺。

反過來，火星方也很容易因為扮演戰士和保護者的角色而更加活躍，覺得自己更強壯、更有能力、更有成就感，因為能為值得的原因而奮鬥。火星方會樂於扮演騎士，海王星方就是落難的少女。無論性別，這就是這相位背後的原型趨力。火星方就是天主教烈士聖喬治（St. George）、珀耳修斯（Perseus）或聖女貞德（Jeanne d'Arc），充滿笨拙，但散發真摯的同情，隨時願意擊敗惡龍，拯救王子或公主脫離危險、禁錮或是世人的無法理解。海王星方可能勾起火星方更強烈的力量感受，火星方則可能勾起海王星方的脆弱和來世意識。事情發展至此，一切都很好。海王星方會激勵火星方產生更偉大的願景，而火星方可以提供海王星方一面盾牌來對抗不幸。但就如我們很常看到，海王星會對自我的控制需求感到恐懼和危險，所以海王星方會拒絕承認自己的依賴，或在無意識中深深地嫉妒火星方的強勢和性能力。海王星方可能會因為這種祕密的恐懼、羨慕和依賴，用高度操控的方式破壞火星方的進取心和自信，這會讓火星方很挫折，激起火星方的憤怒，甚至暴力。火星方無法對抗潛流，當他們被欺負時，偏好一拳對決或叫囂對戰。我們也很常看到海王星方容易耽溺於被引導；火星方最後可能很厭倦總是必須穿上戰袍，海王星方卻在享受另一次的熱水泡澡。

海王星方會認為火星的性魅力既不值得信任，也很危險，因為保護者可能隨時離開，去保護或征服另一個人。海王星方可能會試著透過失敗、疾病或犧牲來綁住火星方，或是透過微妙的拒絕和閃躲，無意識地破壞火星方的力量，讓火星方覺得不確定又困惑。海王星方也可能阻礙了火星方對於明確行動的需求，要求火星方做決定，然後破壞結果。海王星方會在性方面扭捏作態或奸詐欺騙，阻撓火星方在性愛上採取較為粗野但卻比較誠實的方式。海王星方很擅長製造「今晚不行，明天也許可以」的經典劇本；火星方被拒絕了，但從來不是直接拒絕，這位心急的騎士不斷地希望和等待，會越來越憤怒又挫折，海王星方則會演出純潔或挑逗的角色，或是獨特地結合兩者。不斷的挫折可能會引出火星方的殘忍和暴力，就像逗弄一隻熊，只會引起熊的凶殘。在這種悲傷的誘惑後，其實是海王星方害怕失去他或她的戰士，戰士的力量和性吸引力是如此完美，若是沒有了戰士，自己可能墜入深淵。火星方若是無法誠實地表現自己的侵略能力和創造潛能，這股伏流便可能越加地黑暗。

比對盤中這兩個行星形成的交集相位會帶來高度緊張的交流，不僅能產生巨大的性愉悅和成就感，也能激發雙方的創造想像。在性愛和創作中，火星方可以為海王星方的想像指引方向，加以落實；這個相位如果出現在兩個工作夥伴之間，可以產生令人驚喜的成果與獎賞。這個相位最困難的表現也許是在父母與孩子之間，尤其當孩子是海王星方，而父母是火星方，可能會有些較黑暗不堪的主題渲染了其中的伊底帕斯趨力。火海相位之間模糊的施虐—受虐刀刃，對成人而言可能比較無害，甚至能帶來高度的愉悅，但在家庭組織中，可能會造成極端的殺傷力。海王星方的天賦之一是隱微的挫折感，性情激烈的火星方會因而勾起心中的暴力。罪惡和羞恥的感受會加劇火星方心中的困惑。然而，把自己的父母或小孩理想化，無論是情慾或其他方面，並非是天生地病態。但這是若無意識地，又盲目地發洩情緒，就會出現病態的表現。比對盤中火海的相位，可能會表現在暗中的性操縱，隱微的殘忍，彼此的界線失去尊重。但比對盤中的火海相位並不是「危險」或「壞」的。假使火海相位想要表現最好的一面，就必須比其他的比對盤相位具備更多的自我意識。然而其所獲得的獎賞，會讓一切的努力都值得了。

比對盤中的海王星與木星相位

木星與海王星就像是一起探索來世國度的同伴。在比對盤中出現木海的相位，可能表現在雙方對宗教或靈性的奉獻有深刻的契合。木星方對意義的探索，以及對善良宇宙的樂觀視野，可以明朗地落實海王星方朦朧又無法言喻的想像；而海王星對於萬物一體的真切感受，可以深化木星方對於超自然奧祕的思索推論。當這個相位以此方式運作時，可為雙方對於生命的信心及信念注入崇高、昇華及正面的助力。木星方可能受到啟發，為海王星方長期的心靈困惑尋找並提供答案，也可能為海王星方的生命提供一個更喜悅的版本，其中充滿了善良與慷慨。海王星則會把智慧的救贖者和導師形象，投射在木星方的身上，相信對方能以智慧的方式揭開生命的奧祕，信任對方能為彼此在天堂中找到棲身之處。

這個相位也可能變成盲人引導盲人的傷心戲碼，這並不令人意外。這兩個行星都會對世俗現實的限制感到憤慨，儘管原因不盡相同，兩者也都會漠視在追求崇高時遭遇的限制。木星方可能會用耀眼的未來計畫來勾引海王星方做出蠢事，特別是財務的計畫，這些計畫不僅無法達成，還可能公然違抗明顯的物質、甚至是法律界線。海王星方會扮演木星方偉大計謀的鏡子，助長木星喜好擴大的天生傾向，讓自己變成一個順從的信徒和子弟，而非扮演木星方的務實夥伴，也沒有充當木星方不時需要的批評者。如果沒有一方傾向於用藝術或靈性的方式展現雙魚座的世界，兩人可能會在無意識中變成共謀，很容易把對方扯進更大的麻煩之中。雙魚座是這兩個行星共同守護的領土，祂們就如回到家般地自在，此時過度表現不會造成明顯的傷害。如果這兩人用世俗野心的方式來追隨上帝，可能會凝聚一種共同的天真，這可能會破壞雙方的物質能力和適應外界的能力，甚至帶來明顯的危機。

比對盤中的木星與海王星相位，可能會在藝術層次上出現豐富且多產的表現。木星方會慷慨地提供鼓勵和樂觀，幫助海王星方找到勇氣，表現內心的憧憬和想法。海王星方的奉獻與理想化可以幫助木星方擴張心智和想像力，而木星方也會嘗試一些新計畫，若這裡沒有海王星方的同理心和忠誠，木星方可能會卻步不敢追求。雙方都可能刺激對方產生更深廣的宇宙觀，也可能激發對方的想像天賦。這個相位假使能以創造的形式表現，成果會十分驚人。但在情感的層面上，這種相互刺激可能會帶來更多的含糊不清。因為海王星方會在木星方的仁慈中看到救贖者，期待對方能不間斷且可靠地給予善意、慷慨和智慧。當海王星方盲目地追求木星方的救贖承諾時，可能會忽略、低估或抗拒木星方的其他特質。這個相位本質上並不關心個人的情緒反應，但可能讓雙方間其他更清楚的感情議題變得複雜。舉個例子，一位男士的海王星如果三分一位女士的木星，又對分她的土星，他會將她的智慧和仁慈理想化，因此很難承認土海相位造成的挫折、受傷和憤怒感。這段關係進展一段時間之後，他可能會有更強烈的幻滅感，因為他花了許多時間才認清這一點。

信仰銅板的黑暗面就是想像。木星方和海王星方有時會鼓勵彼此穿上絕對知識的披風。這兩個行星通常不會去辨識直覺性的信念，所以彼此都可能讓對方更加確定自己掌握了終極的靈性真理。這不一定是件壞事，這種信念可能為彼此帶來體面的生活，同時還能參與改善別人的人生。不過木星方天生就喜歡改變別人的信仰，再加上海王星不分青紅皂白的鼓勵，木星方可能會要不幸的人硬吞下他們的意見。若說海王星是個偽君子，木星就可能是無恥的偽君子。這裡有個有趣的互動例子，就是美國電視福音佈道家吉米・貝克（Jim Bakker）和妻子黛咪・菲亞・貝克（Tammy Faye Bakker）的比對盤。6 貝克本命的木星合相火星，落入一宮的牡羊座，對分位於處女座二十五度的海王星，也對分妻子位於處女座二十九度的海王星。他的火星在雙魚座二十九度，緊密對分她的海王星。由於海王星移動很慢，很容易與另一個年齡相近的人，形成這種與海王星有關的出生盤及比對盤的雙重相位。但這不會改變基本的意義。一個人會在外界遇到內心的自己。吉米・貝克創立了一個電視傳教網，每年賺取一點二九億美元的收入，直到一九八七年五月因為外界揭露他利慾薰心的私生活，他才失寵垮台。貝克和妻子一開始過著謙卑的生活，有非常虔誠的宗教信仰。但到了一九七〇年代，他們開始過著有如東方君主般的生活。他的私人緋聞包括同性戀的偷情，更糟糕的是二十四項詐欺和陰謀罪名的審判，他最後因此鋃鐺入獄。黛咪・菲亞・貝克沒有被送進監獄，但她也有自己的婚外情，據說還對處方藥物上癮。當然，我們不能把一切都歸咎於木海的相位。但這兩個行星在出生盤和比對盤中的相位，顯然滋長了貝克夫婦的傲慢臆測，自以為可以永遠帶著虛偽和詐欺逍遙法外。這個相位也為兩人共同的宗教熱忱注入能量，這讓他們能凝聚力量，共同建立職業的基礎。

木星與海王星都有想像的天賦，都喜愛過度的展現。就如古老的童謠告訴我們，當他們是天神時，他們非常非常的好，但是當他們很壞時，就非常恐怖。木星是老師和哲學家，可以替海王星憂鬱的夢想注入喜悅和樂趣；但是木星也是賭徒和自大狂，拖著海王星一起墜入自我毀滅的漩渦中。海王星這個受害者可以操縱木星的慷慨和美好信仰，當海王星變成信徒時，可能會讓木星的自我神化走上危險的極端。不過海王星也是藝術家和夢想家，可以溫和地引導木星超越心智臆測和直覺靈感的領域，進入雙方都熱切追尋的奧祕核心之中。

比對盤中海王星與土星的相位

當一個人出生盤的土星，與另一個人出生盤中的海王星形成相位時，就像原型對立的相遇。這個相位最基本的就是心理獨立的難題。在一段土星與海王星參與的緊密關係中，最主要的議題就是學習「我」和「我們」的棘手任務。沒有任何與海王星有關的相位（也許海凱相位是例外）會在兩人之間產生如此的恐懼、防禦和無意識的報復手段。但若雙方都能在這兩個行星完全不同的需求和價值間找到可行的折衷方式，就能在有效促進個人發展自給自足的同時，還能維持更廣大的一體性，其成效遠勝過其他的比對盤相位。就許多方面看來，土星與海王星的關係就是本書主要議題的典範，因為我們唯有透過土星的架構，才能真正理解海王星，反之亦然。這個原理非常適用本章的主題，因為行運的土星在一九五一年至一九五三年間合相位於

6 星盤來源和自傳資訊取自：Lois M. Rodden, *Astrodata V* (Los Angeles: Data News Press, 1991), pp. 7-8.

天秤座的海王星，就傳統而言，天秤座（與關係有關的星座）是土星的擢升位置。當我在寫作時，在這合相誕生的人們剛好年約四十，行運中在摩羯座的土海合相（一九九〇年代初期），四分了這群人的土海相位，且行運的天王星與海王星合相，也四分他們的土海相位。這些人教會了我許多功課，讓我明瞭土海相位的挑戰，無論是在他們的個人生活或與另一半的關係中。我接下來許多的觀察都要特別感謝這些案主和接受精神分析的個案。

海王星方會在土星方的力量、世俗、還有如父母般的包容中看到救贖。即使土星方是一位女性，或是土星方覺得自己毫不俗氣，也不具包容性，這都無關緊要。海王星方就像一個脆弱的小孩，指望一個更有智慧、更踏實的人，更能用厚實的肩膀扛起世俗的責任。海王星方可能會將土星的生存天賦理想化，因為這能保護海王星方避開內在和外在世界的黑暗與混亂。這在非個人的層面上亦是如此。就像脆弱如散沙般的威瑪共和國，它的海王星會對希特勒的土星產生同樣反應；就如看到救世主降臨。土星方也可能被海王星方難以捉摸的魅力迷惑，這暗示了土星人覺得自己缺乏或無法表達的濃厚情感及豐富的想像力。土星方也可能因為海王星的依賴感到高興，很樂於給予海王星方渴望的指引及保護。土星方的態度可能會染上強烈的保護色彩，但海王星方並不覺得這有損人格，至少是在一開始。土星方在一開始也不覺得這是個負擔。我們都想要相信自己已經夠強壯，可以主宰自己的人生，但我們也都會透過自己的土星，看到自己在面對別人需要指引時，會變得多麼脆弱。土星方會因為指導者和保護者的角色，覺得自己很強悍，很有信心，這對土星方長期不斷的自我不足感而言是很好的解藥，至少是暫時的。然而這些行星的關係並不是平等的，這就像小說《特利比》（*Trilby*）中的斯文加利（Svengali）和特利比（Trilby）。在土星方看來，海王星方似乎很失落又脆弱。土星方會很慷慨地提供支持，但也可能會宣稱主權，就像富裕的庇護人對上貧窮的藝術家，替海王星方做決定，指揮海王星方的才華。此時這個相位可能會開始產生衝突。

因為土星象徵一種慾望，渴望用形式來固定未成形的事物，祂回應其他行星能量的方式，就是將試圖鞏固祂們，為祂們建立結構。這需要限制可能性，而這就是土星在神話中將父親烏拉諾斯閹割的意義。閹割暗示了不可能再產出任何後代。這縮短了無限的孕育能力，只有眼前存在的一切是真實的。當土星方對海王星方施展這種限制和穩固的功能時，注定只會換來挫敗。短時間內，海王星方可能會默默順從。不過即使海王星方接受了控制自己的形式，但其中還是容不下太多的定義。當海王星方嗅到禁錮的威脅時，可能會變得越來越難以捉摸，越來越混亂無章，挑戰土星方意圖獲得承諾和一致性的所有努力。海王星方可能會漸漸地開始有所保留，避談自己真實的感覺、想法和幻想的祕密，漸漸脫離土星的掌控。海王星這位偽善者會開始欺騙，不過通常都是拐彎抹角，而非算計的說謊。海王星這位歇斯底里者也可能會利用身體或心理的疾病，就像對具體化提出沉默的抗議。土星方也可能意識到自己摯愛的獵物想要逃避，開始無意識地使出一些典型的伎倆，讓對手變得軟弱無能，這些伎倆包括毀滅性的批評、冷感、情感或性方面的拒絕、專制的行為和占有慾，還有陰鬱和負面的整體氛圍，讓海王星方無法提供或找到任何的喜悅及啟發。土星方會對海王星的戴奧尼索斯放縱作風蹙眉不滿，或是完全禁止，只會半認真地看待海王星方的神祕夢想，或是完全略而不見。

海王星方可能會覺得被羞辱了，有種被掌控、被破壞的感受。但是海王星方很少直接抗議。海王星方是因為缺陷和脆弱感，才會被土星方吸引，他或她可能很害怕挑戰土星方，因為保護者可能因此離開。海王星方可能會透過疾病變成土星方的負擔，會是透過模糊的情感反應或性冷感來破壞土星方的自信，藉此來表達自己的憤怒。雙方如果想避免這種模式，就必須對彼此坦誠。海王星方必須捫心自問自己的無助，必須為自己的決定和行動負起更多責任。土星方必須面對自己對拒絕和失去的恐懼，學習信任而非限制。嫉妒往往是土星最大痛苦的來源，雖然這常是無意識的。我們常會因為自認為不足而去嫉妒一些人，對方看似擁有我們缺少的東西。土星方可能會因為嫉妒，試圖讓海王星方保持幼稚又依賴。海王星方則必須對抗自己性格中的幼稚面，他們的星盤中即使有更強的相位配置，還是會要求自己被掌控。海王星方最喜歡批評土星方，「你一直試著控制我」。不過在此必須更誠實地承認，雖然土星方有掌控的傾向，但一開始是海王星方想要一位控制型的父母。

當兩張星盤的土星與海王星相位出問題時，通常會非常糟糕。因為這組相位會勾起童年的傷口、渴望和挫折，這些東西在成人的關係中爆發時，可能會帶來恐怖的感情力量。其中會有強烈的憤怒，渴望傷害對方，這對雙方而言都難以承受，因為他們是如此地深愛彼此。雖然土海相位通常會在關係中帶來困擾的情緒反應，但也可能產生巨大的療癒力量。海王星方可以為土星方的荒漠提供伊甸園之水，帶來重生，還有某種希望與信念。土星方也能提供海王星方足夠的安全及穩定，讓海王星方可以去冒險嘗試，用創造的形式表達自己的憧憬。受傷的海王星方可能會抗拒世俗的具體化，但如有另一個人強壯的土星支持，也許就能在自己的平凡人性中找到自信，願意偶爾造訪伊甸園樂園外的凡人世界。受傷的土星方雖然憤世忌俗又充滿不信任，也許會發現至少在某些時候，自己可以放下控制，任由療癒的水讓沙漠生意盎然。

比對盤中的海王星與凱龍星相位

海王星與凱龍星能當對方傷口的鏡子。當兩個被生命傷害的人相遇，彼此能感同身受時，最後能為雙方帶來轉化性的影響。任何一種愛的發展，無論是否帶有性成分，都不能僅仰賴完美的幻想，還必須認同彼此的基本人性。這兩個行星對生命的困境及不公平都極度敏感，通常都帶有家族遺傳的痛苦和失望。這個相位生產的甜美果實之一，就是雙方會對彼此展現驚人的同情心。他們如果不希望果實還很青澀，還沒長成前就枯萎落地，就必須付出極多的努力。他們也可能帶著痛苦和折磨相愛，用任何平衡的方式來看待自己和別人。凱龍星和海王星很容易一起擠在角落，竊竊私語談論著生命有多　可怕。他們很熟悉犧牲的姿態，把這個世界和對方當成所有痛苦的加害者。

即使是在最好的狀態下，海凱相位也會勾起彼此的傷害。海王星方的犧牲傾向會讓凱龍星方想起自己的憤怒與挫折。凱龍星方內心深處的憤怒可能會讓海王星方想起自己對於生命的厭惡。海王星方可能會把凱龍星方理想化為一個耀眼的模範，示範著如何在令人不悅的狀態下生活，但這會不斷地讓凱龍星方想起自己曾是如何地被虐待，這也會破壞凱龍星方的哲學態度，而這正是凱龍星最具創意的特徵之一。將受苦理想化可能會造成極度的破壞，這就像不斷地提醒一個身體殘缺的人，讓他或她想起自己的缺陷、不幸和永遠的犧牲。這有時是很重要且必要的，但是不斷地提醒，就會變得極度枯燥乏味。我們時常在治療師和個案的比對盤中看到海王星和凱龍星的相位。誰是海王星，誰是凱龍星，其實並不重要。個案可能會無意識地維持生病或不快樂，因為治療師就會繼續表現同理心與關心；治療師也可能會無意識地讓個案維持生病或不快樂，這樣他或她就會繼續被需要，能夠繼續把自己的受傷小孩投射到個案身上。但在這個掛滿鏡子的大廳中，沒有人能變得更好。

兩個行星都可能為了保護自己不要受傷，表現出猛烈的防禦機制。凱龍星方在面對海王星方被動的悲慘時，會宣洩自己挖苦、破壞性批評和感情瞬間退縮的一面，這會逼得海王星方更自艾自憐，更犧牲。凱龍星方也可能展現受傷動物的兇猛。在神話中，凱龍星因為自己的苦難被轉化成療癒者的原型前，是一位野蠻的獵人，這是占星師和治療師很喜歡借助的原型。所以我們可以想見凱龍星在一開始，不會禮貌地對待受傷的人；任何受傷的動物只要有能力，都會表現出本能的暴力。凱龍星方的退避傾向可能會與海王星方時而帶有侵略性的同理心，糟糕地混在一起；儘管凱龍星方有自憐的傾向，但比較喜歡獨自療傷。海王星方可能會用自己最喜歡的武器來對付凱龍星方的疏離，就是讓他或她產生罪惡感。海王星方可能會生病或變得無助，藉此召喚凱龍星方扮演療癒者的角色。我們很容易以為只要對某個人提供足夠的同理心，對方就會很感激，親切回應。海王星方喜歡自己的付出，換來雙方情感更加親密。凱龍星是最無法表現情感親密的行星。許多治療師和諮商師很熟悉某種個案，當他們提供同情和理解時，卻會換來兇猛的憤怒，還有傷害別人的渴望。在近距離的個人關係中，當對方表現出同理心時，凱龍星方可能會用憤怒，而非同理心來回應。

如果兩人想要從這個相位中獲得最好的能量，就必須展現極致的正直及誠實。凱龍星方必須有足夠的抽離，認清喜悅就和痛苦一樣，都是人類的資產；同樣重要的是海王星方也必須有足夠的自我覺察，辨識在哪些時刻，對方會在無意識中因為個人的不幸表現出兇殘的一面。海王星方傾向於安靜地忍受殘忍，這可能會讓加劇凱龍星方的問題。這種行為看似無私，很有同情心，但只會增加海王星方自以為是救贖者的自戀傾向，而救贖者常會被自己想要拯救的人肢解分割。就算雙方都認為這種傷害的互動對靈魂有益，但是他們的孩子被迫目睹這種情感大屠殺，可能無法苟同。透過幫助別人來解決自己的問題是很有效的方法，這就是為何有些人會從事助人的職業，無論是邊緣或主流的職業都是一樣。這也會成為許多戀愛關係的基礎，而這都是發自於同情心和吸引力。有些星座的基本天性之一就是被人需要，特別是巨蟹座、雙魚座和處女座，他們寧願與一個自己能照顧的、有缺陷的人相處，也不願意和一個能獨立自處的半神性人相處。然而，假使一個人無法意識到海凱相位的趨力，可能以療癒為名，不斷地讓對方或自己處於生病狀態。海王星與凱龍星可能會串通分享受苦的哲學觀。這可以帶來強烈的宗教或靈性奉獻，但也可能會對生命中較愉悅的面向帶來更深的破壞。

有海凱相位的關係通常都很深刻且持久，沒有一個人能從這個相位反映的重要議題中逃跑。雖然其中通常會有些傷害，但也能讓覺知和觀點沉澱改變。凱龍星和海王星會因各自複雜的因素被彼此吸引，其中包括雙方都有一種需求，希望對方能療癒某種過去、痛苦的傷口，這些都被埋在看似「正常」適應的生命底層。假若他們無意識地釋放凱龍星的悲烈痛苦或海王星的操縱傾向，就可能會加劇雙方的誘捕感、憤怒和懲罰的慾望。每個離婚律師手邊都有很多這樣的夫妻個案，雙方似乎一定會經歷非常惡毒又痛苦的相互指責，才能分開。這兩個行星反映的原始情緒天性可能會讓一個平常善良得體的人，因為原始的傷痛與渴望受到挑釁，而不小心陷入嚴重的詐欺和恐怖的惡毒報復中。然而這個相位基本上具有療癒的潛力，前提是雙方必須認清並面對其中的挑戰。

比對盤中海王星與天王星、冥王星相位

在出生盤中，海王星與天王星和冥王星的相位，反映了世代的需求、抱負及渴望，將個人與其所處世代的藝術、宗教、科學和政治時代精神產生連結。在比對盤中，海王星與天王星或冥王星的相位會表現在雙方都參與了他們所處世代的議題，舉例來說，如果一個人出生盤的海王星四分天王星，當遇到與自己年齡相仿的人，此人的海王星也會四分對方的天王星。若一個人出生盤上的內行星與外行星形成相位，這在比對盤中就會形成獨特的關聯性，因為他或她也將與對方的外行星形成相位。此時世代的議題就會變成個人的問題，並融入關係中的心智、情感或性趨力之中。但在這種個人的交流外，我們都會在與年齡相仿的人的比對盤中，呼應自己外行星的相位表現。他們與我們都因同樣的衝突受苦，也有同樣的願景，因為他們也聽到了同樣集體鼓聲的聲響。當我們被不同年齡層的人挑戰時，他們的外行星與我們的外行星產生衝突時，我們可能會感受到世代的差異，甚至是世代的不相容。

舉個例子，一九〇五年至一九一一年誕生於歐洲或美國的人，他們的天王星落入摩羯座，對分巨蟹座的海王星，他們共同經歷了兩場世界大戰，其中一場在童年（他們可能因此失去父母），另一場在成年（他們可能因此失去配偶、手足或孩子）。他們也經歷過一九三〇年代初期的經濟蕭條，而在歐洲，則是戰後的荒廢及食物短缺。因此當兩個出生在這時期的人形成一

段關係時，不僅天生就能對彼此的艱困和損失感同身受，也能理解對方在面對進步願景與生命幻滅時的衝突，因為雙方的天王星都對分另一人的海王星。而一九五〇年代初期誕生的人，可能很難用同理心來看待伴侶，因為這些人的海王星在天秤座，四分巨蟹座的天王星。若一位父親有剛剛提到的天海相位，他的海王星就會四分兒子的海王星，並合相兒子的天王星，此時兒子在情感上的獨立和抗拒家庭的連結（天王星在巨蟹座），是兒子那個年齡層共有的特質，會對父親把犧牲和家庭奉獻的理想化構成極大的挑戰，因為父親的海王星在巨蟹座。這種父子的組合，其各自的夢想毫無可能與對方的夢想相容。父親把對家、家庭和國家的奉獻視為救贖的手段，兒子可能會背棄一些他認為不必要的痛苦和情感束縛，不斷追尋理想化的關係（海王星在天秤座），因為彷彿能在追尋完美的伴侶時得到救贖。

當內行星與外行星的組合形成相位時，就會把集體的問題帶回家裡棲息。此時我們就不只要處理世代性理想與需求之間的異同，還必須面對個人態度是否會支持或抵觸更大的集體。一個人出生盤的太陽合相處女座的海王星，他或她與同世代的人都會把工作和服務理想化，一個人必須活出有用的人生來支持這種理想。當他或她看到一個月海合相在射手座的人，就會被此人明顯的不負責任和自我中心激怒，並認為這是「錯誤的」，這不只由情感層面而言，同時也關乎個人基本的世界觀。同樣地，一位母親的太陽在天蠍座，四分獅子座的冥王星，女兒的金海合相在天蠍座，母親可能覺得很難跟女兒溝通連結。儘管母親的太陽合相女兒的金星，會表現出深沉的感情和仰慕，但當母親努力表現自己的力量和個體性時，可能會與女兒強烈的理想化和情感需求產生衝突。冥王星位於獅子座的世代，會將自我表達與生存劃上等號；而海王星在天蠍座的世代，則會把情感與性的融合理想化。雖然這不是個人性的衝突，卻會讓雙方產生深刻的誤解和傷害，而這只能從其中一方的行為與覺知態度中找到部分原因。就他們的需求與夢想來看，這兩個世代必然處於戰爭狀態。

在父母與小孩的比對盤，以及年齡差距足以產生不同外行星位置的伴侶身上，我們常可以看到海王星與天王星或冥王星的相位。舉個例子，一九六〇年代誕生的人，擁有天蠍座的海王星，當他們二十歲多歲時，即是一九八〇年代，那時出生的孩子則擁有天蠍座的冥王星。對父母來說，他們的浪漫救贖夢想是透過強烈情感與性經驗而來，但對在下一個世紀中成長的孩子而言，這根本就是攸關生存的議題，毫無浪漫，也不多愁善感，在面對需求時還會發動殘忍的集體行動。而海王星在射手座或摩羯座的小孩，又會有完全不同的夢想。這種交集相位並不帶有病態或宿命的本質。好比沒有兩個人會有相同的需求與價值觀，因為年齡、因為外行星移動進入不同星座而區分的集體世代，當然也不會有相同的需求與價值觀。當我們越理解這點，就越有助於理解年長或年幼的人，理解當他們有什麼不對勁時，只因採用不同的方式看世界而已。當雙方的比對盤中有海王星與外行星的相位時，代表海王星方因為集體救贖幻想造成的世代差異，與冥王星方或天王星方的生存本能或政治社會理想，可能相容或互相抵觸。我們如果要求父母與孩子的需求，與我們完全一樣，這既不合理也不可能，因為同時間內世界已經不斷改變，人類覺知也出現變化。一旦個人的對話越順暢，便越是能與他人相互理解，擴展延伸彼此的眼界。

海王星與四交點的相位

星盤的四交點（上升點、下降點、天底及天頂）象徵我們具體呈現的本質「十字架」。四交點與行星不同，行星象徵內在的積極能量或慾望，而四交點只象徵組成我們的本質，包括身體、情感、心智層面及個人具備和遺傳得來的，以上種種會透過行星表現到外界。四交點類似某種宿命，因為這些交點將我們受制於時空中。星盤中的所有的宮位都是由四交點制決，行星在宮位中的位置也是依照它們而排列。我們與原型領域的經驗如何轉化成日常生活的事件，也必須由四交點決定。一個人的外貌長相，也可以從星盤二條軸線坐落的星座來看。而當有行星合相四交點時，無論是合相哪一點，這個人也容易用具體的形式展現行星的能量。就最深層的層次來看，四交點就是具體化的結構（雖然不是逐步依時序排列），象徵黎明時顯現出的充沛能量，正午時臻於巔峰，日落時，將調整與妥協視為邁向成熟的主要通道，最後在午夜時回到原鄉。

當一個人的海王星與另一人星盤中任何一個交點形成相位時，特別是合相（代表同時會對分對面的另一個交點）與四分相，海王星會把對方物質世界中的一切理想化，將對方的身體、性格、背景、處事態度和社會地位，視為救贖的來源、孤獨的慰藉。四交點這方並不會表現自己的能量，而會把海王星的渴望視為手電筒。當一個人的天頂接受海王星的夢想時，就會透過事業、家庭背景或社會地位來實現夢想；但他或她可能會覺得被海王星的理想化暗中破壞，產生迷惑，而這可能會勾起早期的父母經驗。當一個人的下降點接受海王星的幻想時，可以透過這段關係的強烈情感，對其他人表現出更濃厚的同理心，卻也會發現在面對海王星方的依賴時，很難表現自己的個體性。當一個人的任何行星落在另一人的四交點時，會以該行星特有的能量來回應對方的真實情況。一個人若能以理解來平衡夢想，依此展現海王星的能量時，對方就會被海王星的奉獻滋養和激勵。若一個人是用極力依附伊甸園幻想的方式來表現海王星，對方就會因為海王星的缺乏界線，感覺自己被淹沒、窒息、欺騙或侵略。海王星方可能會在對方身上看到美麗與恩澤，卻沒有看清對方也有需求和慾望，而這遲早都會粉碎完美的幻影。

海王星與另一人四交點的能量交流，有一個令人難過但極有啟發性的例子，就是英國查爾斯王子和黛安娜王妃的關係。查爾斯王子出生盤的海王星合相金星在天秤座，與黛安娜位於天秤座的天頂合相，同時六分她位於射手座的上升點。儘管海王星與天頂的合相容許度很寬，這仍產生了吸引力和隨之而來的痛苦幻滅，讓這段婚姻陷入困境。查爾斯的金海合相，與星盤中的其他元素並不相容。他一開始將妻子的美貌、仁慈及開明理想化，這是天秤座天頂與射手座上升點的表現，但很快就覺得被騙了，並越來越失望。黛安娜也因為丈夫的鐵石心腸，感到欺騙與失望；她的海王星合相他的水星，對分他的月亮。還有許多的比對盤因素導致他們的婚姻問題。我們常會在某種關係中看到海王星與天頂及海王星與上升點的相位，雙方常會把對方的公共形象與地位，視為對對方的真實理解。

當一個人的海王星與對方的上升－下降軸線或天頂－天底軸線形成相位時，本質上並不帶有好壞。這只宣示了幻想和理想化，但卻不知道結局為何。這種相位本身並不帶有行星交會相位的動力，但我們必須以行星交會相位的架構來檢視這些相位，最後才能決定雙方會宣洩哪種能量。當一個人的海王星與另一人的四交點形成相位，海王星與其他行星之間如果擁有足夠的和睦能量，就能讓這段關係充滿浪漫之愛的魔力，創造性或靈性的靈感，一切就像持續不散的魔法。若海王星本身與其他行星如果極不相容，則海王星與四交點的相位，只會讓海王星覺得天堂漸漸從手中溜走，日益幻滅、不快樂又憤怒。救贖者無法拯救對方，也不會接受海王星的救贖。所有的比對盤相位都是將兩者混合為一，所以我們可以預期以上兩種結果都會發生，只是比例不同。海王星所有的交會相位，包括與四交點的相位，都必須依據兩人的覺知與完整性來判斷。一旦形象被刺破，當真實的人類從海王星如水的夢想中現身時，永遠無法預知與我們相遇的是大魚或小魚。

組合中點盤的海王星

海王星對救贖的渴望，無論在關係中，或是在個人身上都同樣強烈。即使雙方各自的出生盤中都沒有特別的海王星色彩，但組合盤中還是可能露出一個強化的海王星。組合盤描述的是關係本身的特質，意味兩人可能會被吸引進入一段關係，共同產生許多海王星的夢想，而這是他們未相遇前絕對無法認同的。組合盤中最為強烈的相位，就是太陽與海王星形成有力的相位，因為這段關係的基本目標和意義都會染上海王星對融合的渴望，還有對世俗痛苦的逃避。這種關係常建立在共同的靈性或藝術奉獻之上。雙方如果能找到這類的共容點，比較黑暗的海王星元素就不會造成太大問題。但如果找不到這類的共容點，這段關係就會出現某種形式的 放棄，否定能以世俗形式維持這段關係的可能性，無論這是否出自兩人的共識。這段關係有時是源自共同的罪惡感或義務，像是意外懷孕。我們也不意外，當一段關係的連結是源自共同的無意識時，必然會帶來失望。這種失望通常與性有關，其中一方或雙方不能性交，或是其中一方因為對之前無法切斷的關係承諾，限制了雙方的性愛滿足。我們也可以在電影或流行音樂明星與仰慕影迷或歌迷的幻想關係之中，在雙方的組合盤中看到一個有力的海王星，後者永遠無法期望能在夢想的世界之外遇到偶像。

我們有時會用「柏拉圖式」來形容沒有性愛的海王星關係。這個用詞可能不太恰當，雖然柏拉圖假設相戀應該源自於靈魂的相互吸引，把愛視為最崇高的人類連結形式，但他可不反對與愛人們共享魚水之歡。一段由海王星主導的關係，可不允許參與者享受這種樂趣。在表面上無法避免的犧牲背後，其實是無法逃避的海王星的理想化、與生命本源融為一體的議題。這不代表組合盤中的日海相位一定會帶來失望和幻滅。這也可能表現成同情與激勵的連結，開啟了雙方的心房。海王星倘若能找到展現夢想的管道，就能表現出最具創意的一面，也許是一種共同的奉獻，雙方可以藉此分享救贖的渴望，不會有任何一方對對方有過多的投射。無論這是靈修道路、藝術計畫或慈善貢獻，這個組合盤相位都必須有這種焦點的存在，才能激發出最好的表現。

在組合盤中，金海相位、月海相位和火海相位比較複雜微妙，因為較難將自己的夢想和理想化與對方分開。這樣的關係在一開始，雙方可能會對情感和性事抱持高度的期待，當現實證明彼此都只是凡人時，雙方都會感到深刻的失望與憤怒。如果是「困難」相位時，情況將會更加困難，因為他們會感到在幻想與現實之間有一道無法跨越的鴻溝。在組合盤中，海王星與其他行星形成有力的相位時，很難在這個行星主宰的生活領域中獲得滿足。他們感受到的喜悅通常都只有在一開始時曇花一現，無法持續，這真的有點令人難過。其中一方或雙方可能在無意識中想要扮演救贖者，這段關係能為過去受過情傷的人帶來某些救贖。極度依賴可能會導致雙方變得強烈地互相操縱，彼此都不誠實。當一張組合盤是由海王星主導，但相位又很困難時，雙方可能會反覆斟酌是否要進入這段關係。但是海王星的誘惑是如此無法抗拒，甚至事先已有預警，一個人還是可能墜入羅網。

這有很大部分取決於組合盤的海王星，與雙方出生盤中的行星形成哪些相位。舉個例子，組合盤的海王星在天秤座，剛好對分其中一方位於牡羊座的月亮，又合相另一方位於天秤座的火星。這段關係的理想化和情感的依賴性，會對月亮方帶來侵略性和禁錮感，也可能會破壞火星方的自主性。但若雙方能夠充分的相處，這段關係就會在某個時間點，甚至是經常性地帶給月亮方強烈且深刻的親密性情感，火星方也能體驗到美妙的性狂喜。但是因為組合盤的海王星會觸動其中一方的月亮與另一方的火星的對分相，所以任何因為海王星美夢破碎引起的幻滅感或互相欺騙，都可能導致憤怒和爭吵。

由於組合盤中的行星不能依個人星盤的運作方式來「處理」，所以組合盤中的行星也會發展出不同於出生盤的表現層次，以致組合盤常會帶有詭譎的宿命感。我不相信這會決定一段關係的未來。但雙方都必須與某種形式的能量共處，無論他們在何時相遇，都會凝聚生出這些能量。每段關係都會有渴望救贖的成分，因為每張組合盤中都有海王星。另一個人的愛可以拯救並療癒這股渴望，而這就是人性交流的基本面向，可以在兩人的相遇時提供一些最敏銳、最有意義的表現。但是就如個人星盤一樣，有些組合盤中的海王星能量較為強烈，會主導了組合盤的表現。此時我們可以談一段海王星式的關係，只要我們能與這個特別的人維持連結，其中的海王星能量就會延續下去。

然而，雙方的覺知意識，以及彼此在心智、情感和性層次上的溝通能力，攸關海王星最後的影響力。然而，我們如能在共同的奉獻中替組合盤的海王星找到聚焦點，就能讓海王星世界在創造的形式中栩栩如生。我們也可以在關係中建立一片領域，在其中自給自足，對於共同的責任、對於建立穩固的物質結構，貢獻各自的力量與真誠，藉此提升組合盤的土星能量。就像在個人星盤中，組合盤中的海王星也能彌補並容納土星。我們也可以合理地說，在一段關係的背景中，人們不僅能體驗到海王星的幻滅和欺騙，也能看到海王星的原型角色，為世俗的痛苦提供慰藉。就許多方面而言，我們都是他人的救贖者，儘管只能憑著凡人肉身的雙足遊走人間。組合盤海王星傳達的訊息，就是我們遲早都必須放下控制，不只是對自己的控制，還有對彼此的控制，才能體驗到同情的淨化與重生，而這就是海王星的獨特天賦。

結語

我們有許多哲學方式來認識占星學。儘管有時在詮釋和技巧上有些衝突，但根據的都是單一的符號系統，當中的語言經過了數世紀的發展仍連貫一致，每種取向對它們的吸引者來說，都有某種價值。自從巴比倫和希臘出現占星學後，無論是在占星師或普羅大眾之間，彼此對占星都有不同的見解。我們也會在希臘、羅馬的占星師、中世紀教堂神父和文藝復興時期哲學家的寫作之中，看到針對命運和自由意志這個永恆謎題的討論與爭辯。哲學家柏拉圖雖反對使用占星學來占卜預測，卻很崇拜這個反映在宇宙天體運行能量之中的智慧秩序。哲學家芝諾（Zeno）相信一切都是由行星決定命運，但是人類可以對此選擇疏離的態度，以保持內心的平靜。數學家托勒密（Ptolemy）宣稱，占星師的預測有時可能出錯，因為人類的選擇以及錯誤的詮釋，可能會改變天上所反映的事件。哲學家西塞羅（Cicero）對這個主題搖擺不定，曾經在兩種不同的論述中改變心意，最後終於總結認為，天體只具有影響力，但不帶有強迫性。柏拉圖之後的哲學家普羅提諾（Platinus）承認天體幾何學的絕對重要性，但卻主張真正的哲學家並不適合從事占卜工作。哲學家楊布里科斯（Iamblichus），一如一千年後文藝復興時期學者馬爾西利奧・費奇諾（Marsilio Ficino），並不反對用一點占星學的魔法來讓命運改變它的心意。當前我們看到的眾多對於占星學角色和本質的爭論，在過去早已經屢屢出現。

由此可知，並沒有所謂「正確的」占星學，一位占星師必須認同絕對的宿命論，但也絕對必須相信自由意志、新柏拉圖主義、基督教、占星師威廉・莉莉（William Lilly）、愛麗絲・貝利、榮格和存在心理學，還有任何綜合其中兩者的觀點，視之為必要條件，藉此在占星符號中發現其對自己、對別人的價值理解及其重要性。在最近幾年，千禧年來臨前的緊張氣氛似乎已經滲透到社會每一層面，不只影響了占星學，也影響其他職業。就如宗教基本教義派的出現，還有一些因共同願景破裂所導致的激進政治、科學和靈性的派系主義，都是人類在集體層面上的防禦手段，用以對抗深刻的不安全感。占星學也出現了派系林立的現象，宣稱何謂「純正」或「不純正」，何謂「傳統」或「替代品」。特別遺憾的是，當人類集體越來越想尋找代罪羔羊，急迫地想要為普世的不幸、失去希望和意義找到原因時，占星師自己也身受威脅，卻仍陷入四分五裂的爭論之中。然而此時，比起任何諮商師或諮詢者，占星師也許能提供更多明智的洞察，讓人們知道自己為何會處於當前處境，以及在未來數十年中，我們將可能預見哪些情況。占星師若要做出上述的貢獻，就必須用一種以上的方法來認識占星學，即便執業時可能用不上它們；同時，占星師也必須認識一些不同於自己世界觀的方法，還有一些對他人同樣重要、甚至更實際的技能領域。海王星對於救贖的渴望，會透過與天王星持續的合相釋放部分能量，其他部分則會透過無法避免的心理緊張來釋放，這種緊張源於正在變化的千禧年和占星年代，已經影響了每一個人。我們都渴望絕對的答案，但我們隱藏的恐懼和夢想必將玷污任何客觀答案。

占星學子和占星執業者如果把海王星視為必然的表現形式或因果報應，可能會認為本書的內容並不合理，甚至覺得受到冒犯。與此同時，也有非常多的占星師，當然也包括他們的個案，並無法滿足於必須受苦的說法，反而會嘗試尋求理解，試著找到方法來脫離自己正身陷的糾纏羅網。這些人必須用心理學的方法來認識海王星。若想從心理學角度認識海王星，不一定要是佛洛伊德派、榮格派、克萊恩派、存在主義者、超個人或任何特定心理學派。他們需要的是對人的內在與外在的尊重。這些心理學方法中，沒有任何一個可以完全解釋海王星這個如此複雜、多層次的符號。就算有人能從上述所有觀點來看到某些價值，光是心理學依然是不夠。就如我們所見，祕傳的指引也有其價值。我們最終必須了解，所謂的心理就是「靈魂的」表現，其實指的就是人類和人類經驗的表現。甚至是海王星行運剛好遇到洗衣機漏水，也可以是一種心理性的詮釋，這賴於我們處理這個事件的態度以及發現廚房地板淹水時心裡的感覺。個人靈魂會在內心和外面世界體驗占星符號的意義，我們如果意圖從中歸納出一種純正的心理學，就實在很令人質疑，因為這等於只剩下一個與人類情感、身體、心智、想像和靈性經驗無關的占星學。在這種空洞的詮釋中，海王星獨特的誇張救贖精神就會興旺起來。

雖然冥王星是距離我們最遙遠的外行星，但是它此刻的運行比較靠近地球。儘管以發現的年代來看，冥王星算是「新來的」，但是我們可能更容易理解它（雖然它也許不太有吸引力）；儘管它有冥府和祕密的意涵，但卻不會帶來幻滅。在面對冥王星毫不讓步的冷酷之際，我們可能會感到反感或恐懼，但這畢竟是生死叢林的生存法則；我們也可能會畏縮，避開內心那些感覺有如命定的強迫趨力，這力量會透過絕對必要的力量來卸除我們的防禦機制。不過，在冥王星的世界裡，我們可以看到自己在面對什麼，即使我們並不了解它，或是發現它與個人道德或價值觀互不相容。但是在面對海王星時，我們看不清、也不知道自己在感受什麼，因為這個造成內心觸動的東西，是在任何「我」的覺知出現之前就存在了。有些社會和宗教的趨勢清楚反映了海王星對救贖的追尋，表現的方式時而明亮，時而暗鬱；而我們，也比過往更能覺察到芸芸眾生的價值，與不幸的命運也有更多牽扯，無論對象是人類或動物。我們已經失去了傳統道德和宗教體制的基石，在接二連三的混亂中，我們試著尋找一些再次令人安心的事物，卻滋生了偏執、盲從、暴力和憎恨。在二十世紀，海王星的精神促成日內瓦公約、聯合國、歐盟、援助非洲飢荒和福利國家的出現，但也助長了種族屠殺，還有當前各種形式的代罪羔羊，從新納粹主義到政治正確的非難都是。我們似乎都忘記了一件事——我們其實還有選擇。

海王星並不惡毒或邪惡。任何歸咎於海王星的惡毒，其實都是人類的惡毒，盲目地宣洩對於原始夢想的渴望。我們都希望被拯救，都希望別人來拯救自己。個案案主渴望占星師提供救贖，占星師則渴望在運用自己的技巧之際獲得救贖。我們會從自己的治療師、諮商師、政治家、家庭、愛人和配偶、孩子，或是任何我們認知為上帝的事物中尋找救贖。海王星最大的挑戰不在於是否可能得到救贖，而是在於我們是否願意為救贖負起自己應盡的責任，而不因此去懲罰別人。也許，當海王星終於離開天蠍座，進入射手座之際，人類集體就會進入下一個重要階段，重新評估我們的宗教和道德價值。我們可以預見一些走火入魔，或是靈魂探索；可能有破壞的衝動，但也有轉化的動力。在這樣的氛圍中，我們如果不知道海王星在自己內心的運作狀態，勢必會在宗教、道德和法律領域中遭遇一些令人極度不愉悅的社會和個人劇變。救贖也許垂手可得，但是無論是在哪個層面的救贖，無論片面或是完整，我們都應該要捫心自問，自己準備好得到救贖了嗎？當千禧年的腳步逼近時，在海王星的眾多面具之中，我們將會把哪一個面具投射在自己的救贖者身上？

【附錄一】

出生資料來源

接下來會詳列本書引用個案的星盤資料來源。現代占星師知道出生資料可能不確定，甚至只是相對可靠，即使是可靠的記錄資料也可能有半小時的差異。醫院的出生資料也無法確保正確。書中使用的星盤不是要以統計方法來印證占星學，也不能用來決定特定的事件，因為這需要更精準的上升點、天頂和宮頭度數。我們是用星盤來描述各種呈現在個人身上和世人面前的心理模式，用此表現出海王星特有的氛圍和世界觀。許多個案的時間充滿變數，甚至資料也無法確定，但這不會改變與海王星有關的主要相位，也不會改變行運和推運的相位，因而導出不同的詮釋。我們的目的是要表現心理原則，而非特定事件的時間點，使用這樣的資料非常合理，也很有幫助。讀者應該知道與名人和事件有關的資料，可能會因為新的研究有所改變。以下的出生資料並非完全詳盡，但有興趣的讀者能以此為探索的起點。

圖表1　梅赫・巴巴（Meher Baba） 1894/02/25，4:35 A.M. LMT（23:54:00 GMT, 1894/02/24），印度普納（Poona）。我使用的來源是 J. M. Harrison編撰的Fowler's Compendium of Nativities（London: L. M. Fowler, 1980）。他依此來源寫梅赫・巴巴寫了一本自傳《The Last Days of Merwan S. Irani》。Han-Hinrich Taeger 詳盡的手冊*Internationales Horoskope-Lexikon*（Freiburg, Germany: Hermann Bauer Verlag, 1992）把梅赫・巴巴列為第3組，代表出生資料不是取自其他記錄，所以無法正確地評估。這可能不確定，但也可能相對地準確。他列出的出生時間是4:35 A. M. LMT，但是出生地點在印度孟買（Bombay）。Lois Rodden的*Astro-Data II* 記載的也是1894/02/25，印度孟買，4:35 A. M. LMT。Rodden提過Kraum在*Best of National Astrological Journal*（1979）中根據私人來源記錄的是5:00 A.M. LMT。Rudhyar（American Astrology, March 1938）也提到4:35 A. M. LMT的官方時間經過稍微修正。Marc Edmund Jones 在*The Sabian Symbols in Astrology*（Aurora Press, 1993）也是採用4:35 A. M. LMT。我不認為這張星盤不確定，但是出生時間可能有二十五分鐘的差異。

圖表2　葛培理（Billy Graham） 1918/11/07，3:30 P. M. EST（20:30:00 GMT），美國北卡羅來納州夏洛特（Charlotte）。我使用的來源是Hans-Hinrich Taeger, *Internationales Horoskope-Lexikon* (Freiburg, Germany: Hermann Bauer Verlag, 1992)。Taeger把這張星盤列為第1組，代表這

張星盤相對可靠，因為是根據登記或記錄的資料。Lois Rodden 在Astrology Data II也記錄同樣的資料，資料是取自Gauquelin的*Book of American Charts*。

圖表3　榮格（C. G. Jung） 1875/07/26 7:32 P. M. LMT（19:02:00 GMT），瑞士凱斯威爾（Kesswil）。我已解釋過這張星盤的各種來源。Taeger給的出生時間是7:20 P. M. LMT，把這列為第3組（沒有提到其他記錄）。他也提到各種來源的差異，時間可能從7:20 P. M. 到7:41 P. M. LMT。Astro-Data II 第321頁提到更多的資料和來源。出生時間約有20分鐘的差異。我認為榮格的女兒也是占星師，應該確認過父親的出生資料。

圖表4　法蘭茲．安東．梅斯墨（Franz Anton Mesmer） 1734/05/23, 8 A. M. LMT（07:24:00 GMT），德國博登（Bodensee）伊茲南（Iznang）。資料是取自*Internationales Horoskope-Lexikon*，被歸為第3組（沒有提到其他記錄）。Taeger提到以下的來源：*The Penfield Collection*, Los Angeles, 1979，via Maurice Wemyss, *Notable Nativities*, London: 1938；Lois Rodden, Astro-Data II（Rodden給的時間是8:00 A. M. LMT，但認為時間不確定）；*NCGR Journal*, via McEvoy；Preuss, *Glückssterne-Welche Gestirnskonstellation haben Erfolgreiche*（Baumgartner Verlag, Hannover, Germany），其中給的出生時間是5:00 A. M. LMT，上升點是雙子座十四度；

Osterreichische Astrologische Gesellschaft給的出生時間也是5:00 A. M. 我們應該謹慎看待這個資料，因為時間有三小時的差異。但是出生盤的相位及行運的討論並不會因此改變。

圖表5　茱莉（Julie）基於隱私保留資料，但是資料來自醫院出生證明，所以有相當的可信度。

圖表6　勞倫斯．奧立佛（Laurence Olivier）1907/05/22 5:00 A.M. GMT, 英國多爾金（Dorking）。Taeger把這張星盤歸為2b組，代表資料是取自傳記。他認為資料相當可靠，儘管還是有些疑點。他列出的來源都給了同樣的資料，其中包括*The Penfield Collection*, Los Angeles, 1979‥Jacques de Lescaut, *Encyclopedia of Birth Data*, *Vol. 6, 600 Personalities, 21 May/June*, Brussels, 1988‥Lois Rodden, *The American Book of Charts*（Astro-Data II）（San Diego, CA: ACS Publications, 1980）‥Grazia Bordoni, *Data di Nascita Interssanti*, Vol 1. CIDA Turin.

圖表7　費雯麗（Vivien Leigh）1913/11/05 5:30 P. M. LMT（11:37 A.M. GMT），印度大吉嶺（Darjeelin）。Taeger把這張星盤歸為2b組，資料取自於傳記，其中提到出生時間是「日落」。他認為這張星盤與奧立佛的星盤一樣可靠，雖然還是有些疑點。他提到與Marc Edmund

Jone的資料出入，後者在*The Sabian Symbols in Astrology*（Santa Fe: Aurora Press, 1993）的索引中沒有提到出生時間，但指出上升點是在處女座二十度三十分。Taeger給的時間也與Lois Rodden的時間有十四分鐘的差異。Rodden在*Profiles of Women*（*Astro-Data I*）（Tempe, AZ: American Federation of Astrologers, 1979）給的時間是5:16 P. M. LMT，但也提到是根據傳記的「日落」。以上對於誕生地大吉嶺當天的日落時間似乎有些衝突。我們也可以參考Grazia Bordoni的資料，來源同上；*The Penfield Collection*, 來源同上；The Astrological Association Data Section和*Deutscher Astologenverband Datenbank*.

圖表9　伊麗莎白・泰勒（Elizabeth Taylor）1932/02/27 2:00 A. M. GMT，英國倫敦。Taeger把這張星盤歸為2p組，資料是來自自傳或本人陳述，所以也相當可靠。他的來源包括：Lois Rodden, Data News, 1989，這是取自包含本人陳述的自傳，她提到的時間點是2:00 A.M.；Mercury Hour, ed. Edith Custer（Lynchburg, VA），也贊成這個時間；Rodden, Data News, 1988，也是取自本人陳述。值得一提的是Rodden一開始在*Astro-Data I*中給的出生時間是7:48 P. M.，但在兩期的*Data News*中都有修正。Penfield給的時間是8:00 P. M.，Jan Kampherbeek, *Cirkels*（Schors: Amsterdam, 1980）給的時間是1:30 A. M.。泰勒自己給的2:00 A. M. 可能相當可靠。

圖表10　李察・波頓（Richard Burton）1925/11/10 11:00 P. M. GMT，英國威爾斯（Wales）龐特海地芬（Pontrhydyfen）。我使用Taeger的資料。他把這張星盤列為第4組，這代表有各種混亂的出生時間，必須特別小心。他的資料來自Marc Penfield, *The Penfield Collection*，其中的出生時間11:00 P. M. 是「私人提供」。Lois Rodden在*Astro-Data II*（San Diego, ASC Publishing, 1980）引用*Astrology Quarterly Summer 1967*, 其中Beryl Sideny給的時間是8:26 P. M.，G Kissinger在*Dell Magazine, December 1975*中，給的時間是5:55 A. M.，Grazia Bordoni, *Date di Nascita Interssanti*, Vol. 1給的時間是7:58 P. M.，還提到Rodden使用同樣的來源。由於資料充滿疑點，海王星與上升點的合相可能不正確，不過大部分看來很「符合」。整體相位還是一樣的，包括非常重要的日土合相，並同時**四分**海王星。他與泰勒的合盤仍然有明顯的海王星相位，行運與推運也發揮同樣的能量，也都有相關性。

圖表12　巴關・希瑞・羅傑尼希（Baghwan Shree Rajneesh）1931/12/11，5:13 P.M. IST, 11:43:00 GMT，印度，庫其瓦達（Kuchwada）。我的資料是私人提供，對方曾參與奧修發起的運動。Taeger給的時間是6:00 P. M. IST或12:30:00 GMT，把這張表格列為第2p組，這是浦那的奧修靜修所提供的官方出生時間。根據這個時間，上升點仍然在雙子座，不過月土合相會變成在七宮。他認為這個資料相當可靠。Lois Rodden在Astro-Data V給的時間是5:13 P.M. IST，這是

根據Ashram in Edwin Steinbrecher, *Private Data Collection*, New York。Heinz Specht , *Astro Digest*（Ebertin Verlag）給的時間是5:31 P. M. IST。Taeger和其他人給的時間有37分鐘的差異，其中包括我自己的來源。這有可能是奧修的靜修所公布兩種不同的時間，可能是因為搞混，或是因為不明的原因。

圖表13　黛安娜王妃（Diana, Princess of Wales）1961/07/01，7:45 P.M. BST, 英國桑德林漢姆。Taeger把這張表格列為2m組，代表資料來源是家族成員。他使用的料包括：*Astrological Association Journal*, London（根據黛安娜繼母給的時間）；John & Peter Filby, *Astrology for Astrologers*（p.233，資料來自黛安娜的母親）；Lois Rodden, *Astro-Data III*（資料來自黛安娜的母親）。各方似乎都同意這個資料，其中包括白金漢宮的正式記錄。這個資料應該十分可靠。

圖表14　美利堅合眾國1776/07/04 5:10 P. M. LMT, 22:10:00 GMT, 賓州費城。Nick Campion在The Book of World Horoscopes詳細討論各種不同的美國出生盤。這張星盤是在《獨立宣言》過後十一年才首次亮相。不巧的是，現在流傳兩種對立的Sibly式的誕生盤，其中之一把時間設為4:50 P. M. LMT，另一張時間是5:10 P. M. LMT。我使用後者。讀者可以在*The Book of World Horoscopes*（Bristol, England: Cinnabar Books, 1995）找到相關的討論。許多占星師對這個資料存

疑，我們應該謹慎使用，但也許沒這麼可疑。

圖表15　中華人民共和國 1949/10/01 12:00 P. M. CCT, 04:00:00 GMT北京。這是我取自*The Book of World Horoscopes*提供的「正午」盤。根據Nick Campion，中國是在這一天正式宣布建國，但是時間未經確認，所以他使用正午盤。不過在新版本的*The Book of World Horoscopes*，Campion使用Charles Carter在*An Introduction to Political Astrology*提供的資料，把時間設為3:15 P. M. CCT，Carter確定是在這個時間點宣布建國。這個時間給的上升點是水瓶座五度五十七分，天頂在天蠍座二十七度九分。日水海的合相落入八宮。不過Campion有提到他無法證實這個時間，所以3:15 P. M. 這個時間並不可靠。我偏好用正午盤，因為比較有關的是日水海的合相，而非上升點的度數。Taeger給了一個完全不一樣的星盤，時間是在1949年，9:30 A .M. CCT。這個資料是根據中國政治協商會議開幕的時間，毛澤東是在會議上宣佈建國。然而根據世運占星學的原則，這張星盤並不是中國成為正式國家的時間，還必須等到公開宣佈的時間。有關中國星盤的討論，可以參閱Campion, *The Book of World Horoscopes*, p. 117。

圖表16　德國威瑪共和國 1918/11/09 12:00 P.M. CET, 11:00:00 GMT德國柏林。來源是Campion, *The Book of World Horoscopes*。這本書稍早的星盤版本是根據查理二世宣佈退位的

時間，還有社會主義派領袖謝德曼稍早在德國國會大廈外宣布的時間。雖然資料來源宣稱是1:30 P. M.，不過Campion使用正午盤，因為來源並不可靠。他在新版本的The Book of World Horoscopes中使用1:30 P. M.，儘管來源很令人質疑。Taeger使用的時間是2:00 P. M. CET，來源是*Astrolog*（ed. Bruno Huber）和*Astrologischer Auskunftsbogen*，兩者給的時間都是2:00 P.M.。他提到自己的時間與跟其他來源有所出入，其中包括Campion，Herbert von Klockler的*Astrologie als Erfahrungswissenschaft*（1988），E. H. Troinski的*Private Data Collection*和*Merdian*（Freiburg），這些資料給的時間都是1:30 P. M.。由於無法確認時間來源，我偏好使用正午盤，因為比較相關的是威瑪共和國出生盤的海王星，合相希特勒的太陽。

圖表17　德國：納粹德國 1933/01/31 11:15 A.M. CET, 10:15:00 GMT德國柏林。The Book of World Horoscopes的兩個版本都是這個時間，而這是根據納粹領袖戈林的筆述：「一月三十日週一，早上十一時，總統任命希特勒擔任總理，七分鐘後組成內閣，部長們宣誓。」但是另一個資料來源宣稱，希特勒堅持必須保證重新選舉，把程序延誤到11:15 A. M.，他才終於正式宣誓就職（Joachim Fest, Hitler）。時間雖然差了十五分鐘，但我不認為這張星盤是不可靠或不確定。戈林提供的時間無疑非常正確，雖然他不是一個很令人愉悅的來源。但他也可能偏向主張刪除重新選舉，因為這會讓希特勒顯得為所欲為。

圖表18　德意志民主共和國1949/10/07 1:17 P.M. LMT, 12:17:00 GMT，德國柏林。根據The Book of World Horoscopes，德意志民主共和國宣布建國的日子，包括自一九四五年五月起歸前蘇聯統治的地區。Campion則因為沒有可靠的資料，採用正午盤。Taeger使用1:17 P.M. CET，這也是我使用的時間。他完整列出以下的來源：*Kosmobiologische Jabrbucher*（Ebertin Verlag）；E. H. Troinski, *Private Data Collection*；*Astrolog*（給的時間是1:45 P. M. CET）；Glenn Malec, *International Horoscopes*，給的時間是11:00 A. M. CET。我們應該小心使用1:17這個時間，但是儘管時間差異多達兩小時四十五分鐘，但日海**合相**對分月亮，同時**四分**天王星，這些相位都是一樣的。

圖表19　李奧納多．達文西（Leonardo da Vinci）1452/04/15 10:30 P.M. LMT, 21:46:00 GMT，義大利，芬奇市（Vinci）。Taeger把這張星盤歸為第3組，沒有其他資料庫收集過這張星盤，可靠性存疑，因為無法確認來源。他的來源包括Thomas Ring, *Astrologische Menschenkunde*（Freiburg, 1956）；Reinhold Ebertin, *Pluto-Entsprechungen*（Aalen, 1965）；Kampherbeek的*Cirkels-800 Horoskpen van Bekende Mensen*（Amersterdam: Schors, 1980），這些來源給的時間都是10:30 P. M. LMT。Penfield給的時間是10:00 P. M.，宣稱資料來源是李奧納多引述自己父親的日記，給的時間是「日落後的三小時」。Lois Rodden在*Astro-Data II*中給的是

9:40 P. M.。由於這是父母給的原始資料，所以可能比較可靠，時間的差異在三十到五十分鐘之間，但這並不會改變主要的相位。

圖表20　尚．雅克．盧梭（Jean-Jacques Rousseau） 1712/06/28, 2:00 A. M. LMT, 01:35:00 GMT，瑞士日內瓦。Taeger把這張星盤列為第4組，代表並不可靠，時間差異很大，應該謹慎使用這張星盤。他引用的來源包括：*The Penfield Collection*，給的時間是2:00 A. M.，根據Barbault的資料，得出上升點是在雙子座：Thomas Ring，*Astrologische Menschenkunde*（Freiburg, 1956），其中提到時間未知：Jacques de Lescaut, *Encyclopedia of Birth Data*, Vol. 7（Brussels, 1989），給的時間是6:30 P. M. LMT，由J. P. Nicola提供。雖然誕生時間令人質疑，但不會改變本命海王星的有力相位。

圖表21　羅伯特．舒曼（Robert Schumann） 1960/06/08, 9:10 P. M. LMT, 20:20:04 GMT，德國茲維考（Zwickau）。Fowler在*Compendium of Nativities*的資料來自Thomas Ring, Astrologische Menschenkunde（Freiburg, 1956）。Taeger把這張星盤歸為第1組，代表這是根據一位登記者或出生證明，資料相對可靠。Taeger給的時間是9:20 P. M. LMT，來源是Lesley Russell, *Brief Biographies for Astrological Studies*（Newcastle: Astrological Association）。他也提到Rodden,

Astro-Data III，給的時間是9:30 P. M.， 他還列出Penfield，Leo和Jones，給的時間都是9:30 P. M.。這些時間有二十分鐘的差異，這可能讓上升點移動三度。但我認為就解釋海王星的位置和相位而言，這張星盤非常適用。

【附錄二】

延伸閱讀

- 《占星全方位：基礎學理與操作技法》（2015），鄭錠堅，釀出版。
- 《家族占星全書：基因、關係、家族命運的模式、延續、與循環》（2014），布萊恩・克拉克（Brian Clark），春光。
- 《宇宙之愛：從靈魂占星揭露親密關係的奧祕》（2013），珍・史匹勒（Jan Spiller），積木。
- 《榮格・占星學》（2012），瑪姬・海德（Maggie Hyde），立緒。
- 《冥王星：靈魂的演化之旅》（2011），傑夫・格林（Jeff Green），積木。
- 《冥王星：靈魂在親密關係中的演化》（2011），傑夫・格林（Jeff Green），積木。
- 《凱龍星：靈魂的創傷與療癒》（2011），梅蘭妮・瑞哈特（Melanie Reinhart），心靈工坊。

- 《土星：從新觀點看老惡魔》（2011），麗茲・格林（Liz Greene），心靈工坊。
- 《占星十二宮位研究》（2010），霍華・薩司波塔斯（Howard Sasportas），積木。
- 《榮格心靈地圖》(2009)，莫瑞・史丹(Murray Stein)，立緒。
- 《當代占星研究》（2009），蘇・湯普金（Sue Tompkins），積木。
- 《人際合盤占星全書》（2009），魯道夫 & Jupiter，春光。
- 《心理占星學全書》（2008），魯道夫，Claire，春光。
- 《占星、心理學與四元素：占星諮商的能量途徑》（2008），史蒂芬・阿若優（Stephen Arroyo），心靈工坊。
- 《占星・業力與轉化：從星盤看你今生的成長功課》（2007），史蒂芬・阿若優（Stephen Arroyo），心靈工坊。
- 《人的形象和神的形象》(2007)，卡爾・榮格(C. G.Jung)，基礎文化。
- 《浪漫主義》（2007），葛 哈特・舒爾茲（Gerhard Schulz），晨星。
- 《占星流年》（2007），魯道夫，春光。
- 《神聖占星學：強化能量的鍊金術》（2006），道維・史卓思納（Dovid Strusiner），生命潛能。
- 《靈魂的符號——從占星學發現你的宿業》（2005），吉娜・蕾克（Gina Lake），麥田。

【附錄三】

參考書目

Aldred, Cyril. *The Egyptians.* London: Thames & Hudson, 1984.

Allen, Richard Hinckley. *Star Names: Their Lore and Meaning.* New York: Dover, 1963.

Annas, Julia. *An Introduction to Plato's Republic.* London: Oxford University Press, 1981.

Aries, Philippe. *The Hour of Our Death.* London: Allen Lane, 1981.

Armour, Robert A. *Gods and Myths of Ancient Egypt.* New York: Columbia University Press, 1986; Cairo: American University in Cairo Press, 1986.

Arroyo, Stephen. *Astrology, Karma and Transformation.* Sebastopol, CA: CRCS Publications, 1978.

Asch, Stuart S. "The Analytic Concepts of Masochism: A Reevaluation," in Robert A. Glick and Donald I. Meyers, eds., *Masochism: Current Psychological Perspectives.* Hillside, NJ: The Analytic Press, 1988.

Assagioli, Roberto. *The Act of Will.* New York: Viking Penguin, 1974.

———. *Psychosynthesis.* New York: Viking Penguin, 1971.

Baigent, Michael, Nicholas Campion, Charles Harvey. *Mundane Astrology.* London: Aquarian Press, 1984.

Baigent, Michael, Henry Lincoln, and Richard Leigh. *The Messianic Legacy.* London: Jonathan Cape, 1986.

Bailey, Alice A. *Autobiography.* London: Lucis Publishing Co., 1951.

———. *Glamour: A World Problem.* London: Lucis Publishing Co., 1950.

Bancroft, Anne. *Origins of the Sacred.* London: Arkana, 1987.

Baring, Anne and Jules Cashford. *The Myth of the Goddess.* London: Penguin, 1991.

Beck, Roger. *Planetary Gods and Planetary Orders in the Mysteries of Mithras.* Leiden: E. J. Brill, 1988.

Beecham, Sir Thomas. *Frederick Delius.* London: Hutchinson, 1959.

Bennett, Simon. *Mind and Madness in Ancient Greece.* Cornell: Cornell University Press, 1978.

Blake, William. *Complete Writings.* Geoffrey Keynes, ed. London: Oxford University Press, 1979.

Blofeld, John, trans. *I Ching: The Book of Changes.* London: Mandala, 1965.

Boorstein, Seymour, ed. *Transpersonal Psychology.* Palo Alto, CA: Science & Behavior Press, 1980.

Bord, Janet and Colin. *Sacred Waters.* London: Paladin, 1986.

Bultmann, Rudolph. *Primitive Christianity.* London: Thames & Hudson, 1983.

Burke, Edmund. *A Philosophical Inquiry into the Origins of our Ideas on the Sublime and the Beautiful*. Adam Phillips, ed. London: Oxford University Press, 1990.

Campbell, Joseph. *The Masks of God: Oriental Mythology*. London: Souvenir Press, 1973; New York: Viking Penguin, 1970.

Campion, Nicholas. *The Book of World Horoscopes*. London: Aquarian Press, 1988. Revised edition from Bristol, England: Cinnabar Books, 1995.

———. *Born to Reign: The Astrology of Europe's Royal Families*. London: Chapmans, 1993.

———. *The Great Year*. London: Arkana, 1994.

Chasseguet-Smirgel, Janine. *The Ego Ideal: A Psychoanalytic Essay on the Nature of the Ideal*. New York: Norton, 1985; London: Free Association Books, 1985.

Cicero. *De divinatione*. William Armistead Falconer, trans. Cambridge, MA: Harvard University Press, 1992; London: Harvard University Press, 1992.

Coen, Stanley J. "Sadomasochistic Excitement," in Robert A. Glick and Donald I. Meyers, eds. *Masochism: Current Psychological Perspectives*. Hillside, NJ: Analytic Press, 1988.

Cohn, Norman. *The Pursuit of the Millennium*. London: Granada, 1978.

Cook, A. B. *Zeus: A Study in Ancient Religion*. Cheshire, CT: Biblo and Tannen, 1965.

Cooper-Oakley, Isabel. *Masonry and Medieval Mysticism*. London: Theosphical Publishing House, 1900.

Cowan, Lyn. *Masochism: A Jungian View*. Dallas: Spring Publications, 1982.

Cranston, Maurice. *The Romantic Movement*. London: Blackwell, 1994.

Cumont, Franz. *Astrology and Religion Among the Greeks and Romans*. New York: Dover, 1960.

———. *The Mysteries of Mithra*. New York: Dover, 1956.

———. *Oriental Religions in Roman Paganism*. New York: Dover, 1956.

Dante. *The Portable Dante*. London: Penguin, 1978.

Dawson, Doyne. *Cities of the Gods*. London: Oxford University Press, 1992.

Dundes, Alan. *The Flood Myth*. Berkeley: University of California Press, 1988.

Duroselle, Jean-Baptiste. *Europe: A History of Its Peoples*. Richard Mayne, trans. London: Oxford University Press, 1990.

Ebertin, Reinhold. *The Combination of Stellar Influences*. Freiburg, Germany: Ebertin Verlag, 1960; Tempe, AZ: American Federation of Astrologers, 1972.

Eliade, Mircea. *Patterns in Comparative Religion.* New York: New American Library, 1974.

Eliot, T. S. *The Complete Poems and Plays of T. S. Eliot.* London: Faber and Faber, 1969.

Ellenberger, Henri. *The Discovery of the Unconscious.* New York: Basic Books, 1970.

Enchanted World Series. Alexandria, VA: Time-Life Books, 1987.

Euripides. "The Bacchants," in *Ten Plays by Euripides.* Moses Hadras and John McLean, trans. New York: Bantam Books, 1985.

Feuerstein, Georg. *Holy Madness.* London: Arkana, 1992; Santa Rosa, CA: Paragon, 1991.

Fox, Robin Lane. *Pagans and Christians.* London: Penguin, 1988; San Francisco: HarperSanFrancisco, 1988.

Frankl, Victor. *The Unconscious God.* New York: Pocketbooks, 1976.

———. *The Will to Meaning.* New York: New American Library/Dutton, 1988.

Frazer, Sir James. *The Golden Bough.* New York: Macmillan, 1936.

Freud, Sigmund and Joseph Breuer. *Studies on Hysteria.* London: Penguin, 1974.

Gauquelin, Michel. *Cosmic Influences on Human Behavior.* Santa Fe, NM: Aurora, 1985.

———. *Dreams & Illusions of Astrology.* Translated by R. Leish. Buffalo, NY: Prometheus Books, 1979.

———. *Planetary Heredity.* San Diego, CA: ACS, 1988.

Ginzberg, Louis. *Legends of the Bible.* Philadephia: Jewish Publication Society of America, 1956.

Glick, Robert A. and Donald I. Meyers, eds. *Masochism: Current Psychological Perspectives.* Hillside, NJ: Analytic Press, 1987.

Godwin, Joscelyn. *Mystery Religions in the Ancient World.* London: Thames & Hudson, 1981.

Graves, Robert. *The Greek Myths.* London: Penguin, 1955.

Green, Miranda. *The Gods of the Celts.* Gloucester, England: Alan Sutton, 1986; New York: Barnes & Noble Imports, 1986.

Greene, Liz. *The Astrology of Fate.* London: Mandala Books, 1983; York Beach, ME: Samuel Weiser, 1985.

———. *Saturn: A New Look at an Old Devil.* York Beach, ME: Samuel Weiser, 1976.

Guthrie, W. K. C. *Orpheus and Greek Religion.* Princeton, NJ: Princeton University Press, 1993.

Harrison, J. M., ed. *Fowler's Compendium of Nativities.* London: L. M. Fowler & Co., 1980.

Hayward, John, ed. *The Penguin Book of English Verse.* London: Penguin, 1956.

Heidl, Alexander. *The Babylonian Genesis.* Chicago: University of Chicago Press, 1942.

Henry, Elisabeth. *Orpheus With His Lute: Poetry and the Renewal of Life.* Carbondale, IL: Illinois University Press, 1991; Bristol, England: Bristol Classical Press, 1992.

Hooke, S. H. *Middle Eastern Mythology.* London: Penguin, 1985; New York: Viking Penguin, 1963.

Howatch, Susan. *Absolute Truths.* London: HarperCollins, 1995.

———. *Glamorous Power.* London: HarperCollins, 1988.

———. *Glittering Images.* London: HarperCollins, 1987.

———. *Mystical Paths.* London: HarperCollins, 1992.

———. *Scandalous Risks.* London: HarperCollins, 1990.

———. *Ultimate Prizes.* London: HarperCollins, 1989.

Hutchings, Arthur. *Delius.* New York: Macmillan, 1948.

James, Jamie. *The Music of the Spheres.* Boston and London: Little, Brown, 1994.

Jenkins, David. *Richard Burton: A Brother Remembered.* London: Arrow Books, 1994.

Johnson, Robert A. *The Psychology of Romantic Love.* London: Routledge & Kegan Paul, 1984.

Jones, Marc Edmund. *The Sabian Symbols.* Santa Fe, NM: Aurora Press, 1993; originally published by the Sabian Publishing Society, 1953.

Jung, C. G. *Collected Works, Vol. 5: Symbols of Transformation.* G. Adler, et al, eds. R. F. Hull, trans. Bollingen Series, No. XX. Princeton, NJ: Princeton University Press, 1967.

———. *Collected Works, Vol. 9 Part 1: The Archetypes and the Collective Unconscious.* G. Adler, et al, eds. R. F. Hull, trans. Bollingen Series, No. XX. Princeton, NJ: Princeton University Press, 1968. London: Routledge & Kegan Paul, 1959.

———. *Collected Works, Vol. 9 Part 2: Aion: Researches into the Phenomenology of the Self.* G. Adler, et al, eds., R. F. Hull, trans. Bollingen Series, No. XX. Princeton, NJ: Princeton University Press, 1968. London: Routledge & Kegan Paul, 1959.

———. *Collected Works, Vol. 11: Psychology and Religion.* G. Adler, et al, eds. R. F. Hull, trans. Bollingen Series, No. XX. Princeton, NJ: Princeton University Press, 1969. London: Routledge & Kegan Paul, 1973.

———. *Collected Works, Vol. 12: Psychology and Alchemy.* G. Adler, et al, eds. R. F. Hull, trans. Bollingen Series, No. XX. Princeton, NJ:

Princeton University Press, 1968. London: Routledge & Kegan Paul, 1968.

———. *Collected Works, Vol. 15: The Spirit in Man, Art and Literature.* G. Adler, et al, eds. R. F. Hull, trans. Bollingen Series, No. XX. Princeton, NJ: Princeton University Press, 1966.

Kerenyi, C. *Dionysus.* London: Routledge & Kegan Paul, 1976.

Kris, Ernst and Otto Kurz. *Legend, Myth and Magic in the Image of the Artists.* Stamford, CT: Yale University Press, 1979.

Larousse Encyclopedia of Mythology. London: Hamlyn, 1975.

LeCron, Leslie and Jean Bordeaux. *Hypnotism Today.* N. Hollywood, CA: Wilshire Books, 1959.

Lefkowitz, Mary R. *Heroines and Hysterics.* London: Duckworth, 1981.

Levin, Bernard. *A World Elsewhere.* London: Jonathan Cape, 1994.

Machen, Arthur. *The Collected Arthur Machen.* Christopher Palmer, ed. London: Duckworth, 1988.

———. *Tales of Horror and the Supernatural.* London: John Baker, 1964.

MacKenzie, Donald. A. *Indian Myth and Legend.* London: The Gresham Publishing Company, 1910.

Manilius. *Astronomica.* G. P. Gould, trans. Cambridge, MA: Harvard University Press and London: William Heinemann, 1977.

Mann, Thomas. *Pro and Contra Wagner,* Allan Blunden, trans. London: Faber and Faber, 1985.

Marinatos, Nanno. *Art and Religion in Thera.* Athens: D. and I. Mathioulakis, 1984.

Maslow, Abraham. *The Farther Reaches of Human Nature.* New York: Viking Penguin, 1971, 1976.

———. *Toward a Psychology of Being.* New York: Van Nostrand Reinhold, 1968.

McDannell, Colleen, and Bernhard Lang. *Heaven: A History.* Stamford, CT: Yale University Press, 1988.

McGinn, Bernard, ed. *Apocalyptic Spirituality.* London: SPCK, 1980; Mahwah, NJ: Paulist Press, 1979.

Menasce, Jean de. "The Mysteries and Religion of Iran," in *The Mysteries.* Joseph Cambell, ed. Princeton, NJ: Princeton University Press, 1955.

Meyers, Helen. "A Consideration of Treatment Techniques in Relation to the Functions of Masochism," in Robert A. Glick and Donald I. Meyers, *Masochism: Current Psychological Perspectives.* Hillside, NJ: Analytic Press, 1987.

Milarepa, *The Hundred Thousand Songs of Milarepa,* Garma C. C. Chang, trans. Secaucus, NJ: University Books, 1962.

Miller, Alice. *The Drama of the Gifted Child.* London: Virago, 1983; New York: Basic Books, 1983.

More, Sir Thomas, *Utopia*. Everyman's Library. London:; J. M. Dent; and New York: E. P. Dutton, 1913.

Morton, Andrew. *Diana: Her True Story.* London: Michael O'Mara Books, 1993.

Mulvagh, Jane. *Vogue History of 20th Century Fashion.* New York: Viking Press, 1988.

Neumann, Erich. *Art and the Creative Unconscious.* Princeton, NJ: Princeton University Press, 1959.

———. *The Great Mother.* Princeton, NJ: Princeton University Press, 1963.

———. *The Origins and History of Consciousness.* Princeton, NJ: Princeton University Press, 1954.

Nicholls, David. *Deity and Domination.* London: Routledge, 1989.

Norman, Barry. *100 Best Films of the Century.* London: Chapmans, 1992.

Owen, A. R. G. *Hysteria, Hypnosis and Healing: The Work of J-M Charcot.* London: Dennis Dobson, 1971.

Oxford Dictionary of Quotations. London: Oxford University Press, 1941.

Parrott, Ian. *Elgar.* London: J. M. Dent, 1971.

Patai, Raphael. *The Hebrew Goddess.* New York: Avon, 1978.

Pelletier, Robert. *Planets in Aspect.* West Chester, PA: ParaResearch/-Whitford Press, 1974.

Person, Ethel Spector. *Love and Fateful Encounters.* London: Bloomsbury, 1988.

Plato, *Plato: Collected Dialogues,* Edith Hamilton and Huntington Cairns, eds. Princeton, NJ: Princeton University Press, 1989.

Plotinus. *The Enneads.* Stephen MacKenna, trans. Burdette, NY: Larson Publications, 1992.

Pope John Paul II. *Crossing the Threshold of Hope*. London: Jonathan Cape, 1994.

Proclus. *A Commentary on the First Book of Euclid's Elements,* Glenn R. Morrow, trans. Princeton, NJ: Princeton University Press, 1970.

Progoff, Ira. *The Symbolic and the Real.* New York: Coventure, 1977.

Rajneesh, *Dimensions Beyond the Known.* Los Angeles: Wisdom Garden, 1975.

———. *Tantra: The Supreme Understanding.* Poona, India: Rajneesh Foundation, 1975.

Renan, Ernest. *Marc-Aurèle et la fin du monde antique.* Paris: Calmann-Lévy, 1923.

Renault, Mary. *The Mask of Apollo*. New York: Random, 1988.

Rilke, Rainer Maria. *Sonnets to Orpheus*. M. D. Herter, trans. New York: Norton, 1962.

Roberts, Jane. *The God of Jane: A Psychic Manifesto*. Englewood Cliffs, NJ: Prentice Hall, 1984.

———. *Seth Speaks*. Englewood Cliffs, NJ: Prentice Hall, 1974.

Rodden, Lois M. *Astro-Data IV.* Tempe, AZ: American Federation of Astrologers, 1990.

———. *Astro-Data V.* Los Angeles: Data News Press, 1991.

Sasportas, Howard. *The Gods of Change.* London: Penguin, 1989.

———. *The Twelve Houses.* London: Aquarian Press, 1985.

Schonberg, Harold C. *The Lives of the Great Composers.* London: Abacus, 1992; New York: Norton, 1992.

Segal, Charles. *Orpheus: The Myth of the Poet.* Baltimore: Johns Hopkins University Press, 1988.

Senior, Michael. *Myths of Britain.* London: Guild Publishing, 1989.

Shakespeare, William. *Macbeth, Othello, Hamlet, Antony and Cleopatra. The Complete Works of William Shakespeare*, John Dover Wilson, ed. London: Octopus Books, 1980.

Shaw, William. *Spying in Guru Land.* London: Fourth Estate, 1994.

Solberger, Edmond. *The Babylonian Legend of the Flood.* London: British Museum Publications, 1984.

St. John of the Cross. *Poems.* Roy Campbell, trans. London: HarperCollins, 1979.

Stearn, Jess. *Edgar Cayce: The Sleeping Prophet*. New York: Bantam, 1983.

Taeger, Hans-Hinrich. *Internationales Horoskope Lexikon.* Freiburg, Gemany: Verlag Hermann Bauer, 1992.

Tarnas, Richard. *The Passion of the Western Mind.* New York: Harmony Books/Crown, 1991.

Tart, Charles. "Scientific Foundations for the Study of Altered States of Consciousness," in *Journal of Transpersonal Psychology,* 1972.

Taylor, A. J. P. *The Struggle for Mastery in Europe, 1848-1915.* London: Oxford University Press, 1954.

Toynbee, Arnold. *A Study in History.* London: Oxford University Press, 1972.

Tustin, Frances. *Autistic Barriers in Neurotic Patients.* Stamford, CT: Yale University Press, 1987; London: Karnac Books, 1986.

Ulansey, David. *The Origins of the Mithraic Mysteries.* London: Oxford University Press, 1989.

Vermaseren, Maarten J. *Cybele and Attis.* London: Thames & Hudson, 1977.

Wain, John, ed. *The Oxford Library of English Poetry.* London: Guild Publishing, 1989.

Walker, Alexander. *Vivien.* London: Orion Books, 1994; New York: Grove Weidenfeld, 1989.

Wili, Walter. "The Orphic Mysteries and the Greek Spirit," in *The Mysteries.* Joseph Cambell, ed. Princeton, NJ: Princeton University Press, 1955.

Winnicott, D. W. *The Family and Individual Development.* London: Tavistock/Routledge & Chapman Hall, 1965.

———. *Home is Where We Start From.* London: Penguin, 1986; New York: Norton, 1986, 1990.

———. *Human Nature.* London: Free Association Books, 1988.

———. *Playing and Reality.* London: Penguin, 1980.

Wordsworth, William. *The Rattle Bag.* Seamus Heaney and Ted Hughes, eds. London: Faber and Faber, 1982.

Yates, Frances A. *Giordano Bruno & the Hermetic Tradition.* London: Routledge & Kegan Paul, 1964; Chicago: Chicago University Press, 1990.

Zimmer, Heinrich. *Myths and Symbols in Indian Art and Civilisation.* Joseph Campbell, ed. Bollingen Series Vol. 6. Princeton, NJ: Princeton University Press, 1971.

Zweig, Paul. *The Heresy of Self-Love.* Princeton, NJ: Princeton University Press, 1980.

心靈工坊 PsyGarden

Holistic 095

海王星：生命是一場追尋救贖的旅程

The Astrological Neptune and the Quest for Redemption

作者——麗茲·格林 Liz Greene

譯者——韓沁林

出版者—心靈工坊文化事業股份有限公司
發行人—王浩威　總編輯—徐嘉俊
執行編輯—趙士尊　特約編審—愛卡（ICKA）
封面設計—鄭宇斌　內頁排版—李宜芝
通訊地址—10684台北市大安區信義路四段53巷8號2樓
郵政劃撥—19546215　戶名—心靈工坊文化事業股份有限公司
電話—02）2702-9186　傳真—02）2702-9286
Email—service@psygarden.com.tw　網址—www.psygarden.com.tw

製版·印刷—彩峰造藝印像股份有限公司
總經銷—大和書報圖書股份有限公司
電話—02）8990-2588　傳真—02）2290-1658
通訊地址—248新北市新莊區五工五路二號
初版一刷—2015年9月　初版五刷—2023年3月
ISBN—978-986-357-035-6　定價—990元

國家圖書館出版品預行編目資料

海王星：生命是一場追尋救贖的旅程 / 麗茲.格林(Liz Greene)著；韓沁林譯. -- 初版. --
臺北市：心靈工坊文化, 2015.08
面；　公分

譯自：The astrological Neptune and the quest for redemption

ISBN 978-986-357-035-6(平裝)

1.占星術

292.22　104012290

心靈工坊 PsyGarden 書香家族 讀友卡

感謝您購買心靈工坊的叢書，爲了加強對您的服務，請您詳填本卡，
直接投入郵筒（免貼郵票）或傳眞，我們會珍視您的意見，
並提供您最新的活動訊息，共同以書會友，追求身心靈的創意與成長。

書系編號－HO095　　書名－海王星：生命是一場追尋救贖的旅程

姓名　　是否已加入書香家族？ □是 □現在加入

電話（公司）　（住家）　手機

E-mail　生日　年　月　日

地址 □□□

服務機構／就讀學校　職稱

您的性別－□1.女 □2.男 □3.其他

婚姻狀況－□1.未婚 □2.已婚 □3.離婚 □4.不婚 □5.同志 □6.喪偶 □7.分居

請問您如何得知這本書？

□1.書店 □2.報章雜誌 □3.廣播電視 □4.親友推介 □5.心靈工坊書訊
□6.廣告DM □7.心靈工坊網站 □8.其他網路媒體 □9.其他

您購買本書的方式？

□1.書店 □2.劃撥郵購 □3.團體訂購 □4.網路訂購 □5.其他

您對本書的意見？

封面設計	□ 1.須再改進	□ 2.尚可	□ 3.滿意	□ 4.非常滿意
版面編排	□ 1.須再改進	□ 2.尚可	□ 3.滿意	□ 4.非常滿意
內容	□ 1.須再改進	□ 2.尚可	□ 3.滿意	□ 4.非常滿意
文筆／翻譯	□ 1.須再改進	□ 2.尚可	□ 3.滿意	□ 4.非常滿意
價格	□ 1.須再改進	□ 2.尚可	□ 3.滿意	□ 4.非常滿意

您對我們有何建議？

□ 本人＿＿＿＿＿＿＿（請簽名）同意提供真實姓名/E-mail/地址/電話/年齡/等資料，以作為心靈工坊聯絡/寄貨/加入會員/行銷/會員折扣/等用途，詳細內容請參閱：
http://shop.psygarden.com.tw/member_register.asp。

廣告回信
台北郵局登記證
台北廣字第1143號
免貼郵票

心靈工坊 PsyGarden

台北市106信義路四段53巷8號2樓

讀者服務組 收

免貼郵票

（對折線）

加入心靈工坊書香家族會員
共享知識的盛宴，成長的喜悅

請寄回這張回函卡（免貼郵票），
您就成爲心靈工坊的書香家族會員，您將可以——

⊙隨時收到新書出版和活動訊息

⊙獲得各項回饋和優惠方案